Brand / Radhuber / Schilling-Vacaflor (Hg.)
Plurinationale Demokratie in Bolivien

Melanie

Ulrich Brand. Politikwissenschafter, promovierte zur Rolle von NGOs in der internationalen Umweltpolitik und habilitierte sich mit einer theoretischen Arbeit zur Rolle von Staat und Politik in der Globalisierung. Seine aktuellen Arbeitsschwerpunkte sind *Critical State and Governance Studies*, Internationale Politische Ökonomie, Umwelt- und Ressourcenpolitik sowie Lateinamerika.

Radhuber, Isabella Margerita. Politikwissenschaftlerin, promovierte in Politikwissenschaft an der Universität Wien. Sie ist derzeit Postdoc-Fellow im Projekt „Nationalization of Extraction in Bolivia and Ecuador" des Instituts für Soziale Studien, Den Haag. Ihre Forschungsschwerpunkte sind Staatstransformation, Demokratisierungsprozesse, Plurinationalität, Lateinamerika und Ressourcenpolitik.

Schilling-Vacaflor, Almut. Rechtsanthropologin, promovierte an der Universität Wien. Derzeit ist sie wissenschaftliche Mitarbeiterin des GIGA German Institute of Global and Area Studies in Hamburg. Ihre Forschungsschwerpunkte sind: Rechtsanthropologie, Andenländer, Verfassungswandel, Indigene Völker, Menschenrechte, Ressourcenpolitik.

Ulrich Brand / Isabella Margerita Radhuber /
Almut Schilling-Vacaflor (Hg.)

Plurinationale Demokratie in Bolivien

Gesellschaftliche und staatliche Transformationen

WESTFÄLISCHES DAMPFBOOT

Gedruckt mit Unterstützung der Rosa-Luxemburg-Stiftung Berlin und
INTERSOL (Verein zur Förderung INTERnationale Solidarität)

Bibliografische Information der Deutschen Nationalbibliothek
Die Deutsche Nationalbibliothek verzeichnet diese Publikation in der Deutschen
Nationalbibliografie; detaillierte bibliografische Daten sind im Internet über
http://dnb.d-nb.de abrufbar.

1. Auflage Münster 2012
© 2012 Verlag Westfälisches Dampfboot
Alle Rechte vorbehalten
Umschlag: Lütke Fahle Seifert AGD, Münster
Druck: Books on Demand GmbH, Norderstedt
Gedruckt auf säurefreiem, alterungsbeständigem Papier
ISBN 978-3-89691-893-2

Inhalt

Klaus Meschkat

Transformationsprozesse in peripheren Staaten am Beispiel Boliviens – Ein Vorwort

Bolivien, im Herzen des südamerikanischen Subkontinents gelegen, steht trotz einer geringen Bevölkerungszahl von etwa 9 Millionen immer wieder exemplarisch für grundlegende Tendenzen in der Geschichte Lateinamerikas. Es ist auch ein bevorzugtes Beispiel bei der Erörterung von Entwicklungsalternativen. Schon in der spanischen Kolonialzeit versinnbildlicht der Silberbergbau des *cerro rico*, des „reichen Berges", von Potosí die Quelle kolonialer Ausbeutung und deren Methoden – die Stadt Potosí gehörte zu den größten Metropolen der damaligen Welt. Der von Tupaj Katari geführte Kampf gegen die spanische Kolonialherrschaft (1781) begründete eine Tradition des Widerstands, an die gegenwärtige „Kataristen" anknüpfen wollen. Die fortbestehende Abhängigkeit von mineralischen und fossilen Rohstoffen – nach dem Silber war es im 19. Jahrhundert Salpeter, im 20. Jahrhundert Zinn, dann auch Erdöl und Erdgas – mündete in imperialistische Einwirkungen seitens Englands, später der USA, einschließlich kriegerischer Auseinandersetzungen mit den Nachbarn, die zum Verlust großer Territorien und des Zugangs zum Meer führten. Es entstand aber auch ein starkes Bergbauproletariat, das 1952 eindrucksvoll in Erscheinung trat: Bei einer der großen Revolutionen Lateinamerikas waren es Bergarbeitermilizen, die die alte Ordnung niederkämpften. Wenigstens in einer kurzen Zwischenperiode hatte sich ein Land Lateinamerikas der Last der überkommenen Streitkräfte befreit. Bezeichnenderweise machten die USA ihre „Hilfe" auch von der Wiederherstellung des regulären Militärs abhängig, womit trotz der erfolgten Verstaatlichung des Zinnbergbaus eine nachrevolutionäre Rechtswende eingeleitet wurde. Sicher war es auch nicht zufällig, dass Che Guevara gerade Bolivien für seinen persönlichen Einsatz im bewaffneten Kampf auswählte, in der Hoffnung, ein erfolgreicher Guerilla-Focus im Herzen Südamerikas könne auf die Nachbarländer ausstrahlen und eine kontinentale Revolution in Bewegung setzen.

Nicht nur an den gescheiterten Versuch Che Guevaras knüpften sich viele Hoffnungen der internationalen Linken, der alten wie auch der neuen. Lange war es das hochorganisierte und klassenbewusste Bergbauproletariat Boliviens, das nicht nur den TrotzkistInnen als Avantgarde der lateinamerikanischen revolutionären Bewegung erschien. Die starke Bolivianische Gewerkschaftszentrale COB, der sich nach anfänglicher Distanz auch Teile der indigenen BäuerInnen anschlossen, wurde in den achtziger Jahren vielfach als Alternative zum bürgerlichen Staat angesehen (Meschkat 2010: 315-333). Und schließlich, nachdem die führende Rolle der BergarbeiterInnen auch durch den Zusammenbruch des Zinnbergbaus hinfällig geworden war, wurde die indigen-bäuerliche Bewegung zur wichtigsten Trägerin des Widerstands gegen eine Umgestaltung des Landes nach neoliberalen Prinzipien, wie sie seit Mitte der achtziger Jahre mit massiver ausländischer Unterstützung verfolgt wurde. Dieser Widerstand kulminierte 2005 in der Wahl des Vorsitzenden der Gewerkschaft der Koka-Bauern, Evo Morales, zum ersten indigenen Präsidenten Boliviens.

Der Wahlsieg eines Aymara, der auf legalem Weg an die Spitze des Staates gelangte, war weit mehr als das Ergebnis einer geschickten Bündnispolitik im Wechselspiel traditioneller Parteien. Nach der grundsätzlichen Entscheidung, überhaupt mit eigenen KandidatInnen an Wahlen teilzunehmen, sollte die von den AnhängerInnen von Evo Morales geschaffene Partei Bewegung zum Sozialismus (MAS) nichts anderes sein als ein Instrument der indigen-bäuerlichen Bewegung, sie sollte einer beständigen Kontrolle der Basis unterliegen. Ähnlich wie zuvor in Venezuela und etwas später in Ecuador erreichte man sogleich die Wahl einer verfassunggebenden Versammlung, die die rechtliche Grundlage einer neuen politischen Ordnung erarbeiten sollte. Dagegen richtete sich der Widerstand der mit dem Auslandskapital verbündeten traditionellen Kräfte, deren regionaler Schwerpunkt in den östlichen Landesteilen mit der Wirtschaftshauptstadt Santa Cruz liegt. Es gelang dem neuen Regime nach erbitterten Auseinandersetzungen, diese Gegenkräfte zurückzudrängen und eine Verfassung zu verabschieden, die einen plurinationalen Staat versprach, dessen zentrale – nicht einzige – soziale Grundlage die indigenen Gemeinschaften sein sollten.

Im Gegensatz zu Venezuela, wo sich viele VertreterInnen einer linken Intelligenz sehr schnell in Opposition zu Hugo Chavez positionierten, gab es in Bolivien anfänglich eine sehr breite Zustimmung zum Regime von Evo Morales und den Wunsch, es solidarisch-kritisch zu begleiten. Viele SozialwissenschaftlerInnen sowie AktivistInnen aus Bewegungen und von Nichtregierungsorganisationen wollten dazu beitragen, das Projekt einer neuen plurinationalen Ordnung theoretisch zu begründen und in den Zusammenhang eigener Forschungen zu stellen. Neben jenen, die zuvor schon als KritikerInnen des Neoliberalismus hervorgetreten waren, brachte nun die indigene Bewegung jüngere WissenschaftlerInnen hervor, die sich als ihre Sprachrohre profilierten.

Bei den bisherigen deutschsprachigen Buchpublikationen über Bolivien stehen verständlicherweise hiesige Bolivien-ExpertInnen im Vordergrund, die über die jüngsten Entwicklungen reflektieren und sie einordnen. Im hier vorliegenden Band finden sich dagegen fast nur Beiträge bolivianischer AutorInnen, mit Ausnahme des portugiesischen Sozialwissenschaftlers Boaventura de Sousa Santos, der allerdings durch seine Mitarbeit bei den verfassunggebenden Prozessen in Ecuador und Bolivien mit den Entwicklungen in Lateinamerika bestens vertraut ist.

Wichtig ist der Hinweis, dass mit Ausnahme der beiden Beiträge der HerausgeberInnen sämtliche Beiträge geschrieben wurden, bevor im Jahre 2011 scharfe Gegensätze im Lager der Unterstützer von Evo Morales zutage traten. Im Vorfeld der Debatten um die das Indigene Territorium und den Nationalpark Isiboro Sécure (TIPNIS) durchschneidende Fernstraße zwischen Brasilien und Peru hat sich eine Gruppe linker SozialwissenschaftlerInnen[1] im Juni 2011 mit einer öffentlichen Erklärung gegen die von Evo Morales Ayma und Álvaro García Linera geführte Regierung gewandt, mit dem schwerwiegenden Vorwurf, sie habe den Auftrag der Verfassung zu einer grundlegenden Umgestaltung von Wirtschaft und Politik nicht ernst genommen und ihm in ihrer praktischen Politik zuwidergehandelt. Mit der harten Antwort des Vizepräsidenten in einem Buch, das seine KritikerInnen als abhängig von auslandsfinanzierten Nichtregierungsorganisationen denunzierte (García Linera 2011), war ein Diskussionszusammenhang beschädigt, wie er zuvor in der Intellektuellengruppe *Comuna* bestanden hatte, der neben dem Vizepräsidenten auch einige der Unterzeichner des Oppositionsmanifests angehört hatten. Trotz der gegenseitigen Vorwürfe, die im Dezember 2011 in einer Antwort auf Álvaro García ebenfalls in Buchform gipfelten (Guzmán et al. 2012), sollte nicht außer Acht gelassen werden, dass auch die KritikerInnen der offiziellen Linie an den Grundsätzen der neuen Verfassung und damit an dem von Evo Morales proklamierten politischen Projekt festhalten. Weil die Beiträge im vorliegenden Buch die Dimensionen dieses Projekts ausloten und seine Voraussetzungen analysieren, dürften sie länger Bestand haben als die ihnen nachfolgende Polemik.

Die bolivianischen AutorInnen, die hier zu Worte kommen, bedienen sich in Hinblick auf die Staatsproblematik auch der Begrifflichkeit international renommierter Autoren wie Michel Foucault, Nicos Poulantzas sowie Michael Hardt und Antonio Negri. Für die LeserInnen ist es vielleicht von größerem Interesse, wenn frühere theoretische Ansätze bolivianischer Autoren referiert werden, die der komplexen Realität ihres Landes gerecht werden wollten: Dabei wird zum Beispiel an René Zavaleta erinnert, der bei seinen scharfsinnigen Analysen der Revolution von 1952 das Konzept der „Doppelherrschaft" auf Bolivien anwandte und später den Zusammenhang von Gesellschaft und Staat mit dem Begriff der „Überlagerung" zu erfassen suchte. So vermittelt der vorliegende Band nicht nur neue Einsichten in die jüngste Entwicklung Boliviens, er präsentiert auch unterschiedliche Erklärungs-

---

1 Das Dokument haben u.a. Alejandro Almaráz, Gustavo Guzmán, Raúl Prada, Oscar Vega, Roberto Fernández, Oscar Olivera Foronda, Marcela Olivera Foronda, Leonardo Tamburini, Pablo Regalsky, Pablo Mamani, Jorge Komadina, Gustavo Soto, Aniceto Hinojosa, Víctor Hugo Sainz, Moisés Torres und Rafael Quispe unterschrieben.

ansätze und Positionen bolivianischer AutorInnen, die internationale Debatten um Transformationsprozesse in peripheren Gesellschaftsformationen und in peripheren Staaten bereichern können.

Bibliographie

García Linera, Álvaro (2011): El „Oenegismo". Enfermedad Infantil del Derechismo. La Paz: Vicepresidencia del Estado Plurinacional.

Guzmán, Gustavo/Almaráz, Alejandro/Olivera Foronda, Oscar/Fernández, Omar/Regalsky, Pablo/Fernández Terán, Roberto (2012): La Mascarada del poder. La Paz: Textos Rebeldes.

Meschkat, Klaus (2010): Konfrontationen. Streitschriften und Analysen 1958-2010. Hannover: Offizin.

Vorwort der HerausgeberInnen

Das Jahr 2011 zeigte eindrucksvoll, dass sich weltweit immer mehr Menschen gegen die unterschiedlich ausgeprägten Zumutungen von Herrschaft wehren. Insbesondere handelt es sich dabei um soziale Proteste gegen die Formen, mit denen eine der größten Krisen des Kapitalismus bearbeitet wird. Erfahrungen mit Krisen und Widerstand gegen einseitige politische Antworten darauf – das ist in einer Region der Welt, in welcher der neoliberale Kapitalismus besonders brutal durchgesetzt wurde und für die meisten Menschen zu deutlich schlechteren Lebensbedingungen führte, bereits seit über zehn Jahren der Fall. Die Rede ist von Lateinamerika. Dort kam es zu vielfältigen Widerständen, in vielen Ländern zu markanten Verschiebungen der gesellschaftlichen Kräfteverhältnisse und zu Regierungswechseln. Einige Gesellschaften stellten gar den Staat mittels neuer Verfassungen auf eine neue rechtliche Grundlage. Diese Veränderungen und die Ausarbeitung von mehr oder weniger weitgehenden post-neoliberalen Alternativen eint die Länder bei allen Differenzen. Sie sind nicht ohne breite soziale Bewegungen, darunter indigene Bewegungen, zu verstehen.

Eines der Laboratorien gesellschaftlicher Alternativen ist zweifellos Bolivien. Bolivien steht vor der Herausforderung der Umsetzung eines neuen „Entwicklungsmodells", welches vielfach mit dem in Konstruktion befindlichen Begriff des Guten Lebens *(vivir bien)* umschrieben wird. Dabei sollen kollektive bzw. gemeinschaftliche Organisationsformen ebenso wie alternative Beziehungen zur Umwelt bzw. alternative Naturverhältnisse gestärkt werden. Außerdem beinhalten die angestrebten Transformationen, die unter anderem in die neue Verfassung (2009) eingeschrieben wurden, die Schaffung eines plurinationalen Staates, welcher sich insbesondere an post-liberalen Demokratieformen orientiert. Diese soll sich durch starke partizipative, deliberative und gemeinschaftliche Elemente auszeichnen. Jüngere Entwicklungen in Bolivien machen jedoch die großen diesbezüglichen Hürden, Spannungen und Konflikte deutlich, welche in diesem Buch ausgiebig diskutiert werden.

Mit diesem Band wollen wir wichtige Arbeiten von Geistes-, Kultur und SozialwissenschaftlerInnen, die aus Bolivien selbst kommen bzw. seit vielen Jahren dort leben und zu dem Land forschen, einer deutschsprachigen Diskussion zugänglich machen.

Die übersetzten Arbeiten der KollegInnen zeigen: Sprache ist kein neutrales Instrument der Verständigung, sondern entspringt spezifischen kulturellen Kontexten. Dies gilt umso mehr bei der Darstellung und Analyse historischer Veränderungen, die sich ganz explizit gegen eurozentrische und post-koloniale Denkformen richten. Das haben wir bei der Zusammenstellung des Bandes und der Übersetzung der Texte ins Deutsche erfahren. Entsprechend sind wir uns der problematischen Semantik von Begriffen wie „Volk", „Nation" oder „nationaler Charakter" bewusst. In Lateinamerika hat jedoch der Begriff „Volk" (*pueblo*) in kritischen Analysen und emanzipatorischen gesellschaftspolitischen Kontexten eine Konnotation des gesellschaftlichen „Unten" – und das gilt insbesondere für „indigene Völker". Das gilt auch für die Bezeichnung „indigen", die keineswegs folkloristisch gemeint ist, sondern – wie auch in anderen lateinamerikanischen Ländern nach 1992 – in den letzten Jahren von einer gesellschaftlich abwertenden Zuschreibung anderer zu einer Kategorie widerständiger Subjekte wurde. Wir halten die LeserInnen daher an, diese Differenzen zu berücksichtigen.

Die einzelnen Beiträge machen – in unterschiedlichem Maße – deutlich, wie die Begriffe verwendet werden. Essentialisierungen wurden von den AutorInnen vermieden, gleichwohl können solche bei der Analyse historischer Gewordenheiten von sozialen Verhältnissen und Identitäten immer wieder mitschwingen. Die begrifflichen Ungereimtheiten sind Ausdruck unterschiedlicher historischer Erfahrungen und mitunter das Salz in der Suppe einer internationalen Verständigung. Sie können in diesem Band nicht immer ausdiskutiert werden, können aber eventuell anregen, eigene Begrifflichkeiten und Denkmuster zu hinterfragen. Im Zentrum des Bandes stehen jedoch die historischen und aktuellen Analysen zu Bolivien. Neben den spannenden Herangehensweisen und Einschätzungen ist hervorzuheben, dass in vielen Beiträgen das oftmals unsichtbar Gemachte einen Stellenwert erhält.

Wir danken zuallererst den AutorInnen, die sich bereiterklärten, für diesen Band zu schreiben oder Texte zur Verfügung zu stellen und die sich allesamt die Zeit nahmen, ihre Beiträge für die deutschsprachige Publikation zu überarbeiten. Wir sind den ÜbersetzerInnen Dana de la Fontaine, Melanie Hernández (die beiden haben gemeinsam acht Texte übersetzt), Frederik Caselitz, Lukas Neißl, Kim Schach, Dorothea Schulz und Stefan Thimmel zu großem Dank verpflichtet. Ein solcher geht auch an Stefan Probst für das Lektorat der Manuskripte. Der Rosa-Luxemburg-Stiftung, und hier insbesondere Lutz Kirschner, danken wir dafür, dass sie einen Großteil der Übersetzungskosten getragen hat; auch vom Verein zur Förderung INTERnationaler SOLidarität (INTERSOL) erhielten wir freundlicherweise einen Zuschuss. Dem Verlag Westfälisches Dampfboot gebührt Anerkennung für eine reibungsfreie Zusammenarbeit. Ulrich Brand freut sich darüber, dass das vorliegende Buch das zehnte ist, das er als Autor, Ko-Autor oder Herausgeber in diesem Verlag publiziert.

Wir sind der Überzeugung, dass die vorliegenden Beiträge nicht nur zu einem differenzierten Bild der historischen und jüngsten Entwicklungen in Bolivien beitragen, sondern auch konzeptionelle und inhaltliche Anregungen für die wissenschaftliche und gesellschaftspolitische Erforschung und Einschätzung von Transformationsprozessen über Bolivien hinaus beitragen können.

Hamburg, La Paz und Wien, im August 2012

Isabella M. Radhuber / Almut Schilling-Vacaflor[1]

Plurinationale Demokratie in Bolivien
Gesellschaftliche und staatliche Transformationen – Zur Einleitung

Seit dem Erstarken sozialer und indigener Bewegungen, die zur Regierungsübernahme durch Präsident Evo Morales und die Partei MAS (*Movimiento al Socialismo* – Bewegung zum Sozialismus) geführt haben, werden in Bolivien Anstrengungen unternommen, einen plurinationalen Staat zu schaffen und ein neues Entwicklungsmodell des *Vivir Bien* (Gutes Leben[2]) zu etablieren. Diese ambitionierten Ziele beinhalten den Übergang von einem liberal-repräsentativen zu einem plurinationalen Demokratiemodell, mit stärkeren partizipativen und gemeinschaftlichen Elementen, der Schaffung von selbstregierten indigenen Einheiten und der gleichzeitigen Konstruktion einer plurinationalen Institutionenlandschaft. Das neue Entwicklungsmodell strebt eine plurale Wirtschaft mit einer starken Rolle des Staates und der Gesellschaft an, sowie die Verringerung der sozialen Ungleichheit und der Umweltzerstörung.

In der Praxis zeigen sich jedoch zahlreiche Hürden und Herausforderungen bei der Durchführung der angestrebten Veränderungen. Diese gehen auf festgefahrene und daher schwer veränderbare institutionelle Strukturen, auf Widersprüche zwischen verschiedenen Politikbereichen und -zielen, auf politische Kräfteverhältnisse im Land und auf die Einbettung Boliviens in internationale Strukturen zurück. In den einzelnen Beiträgen dieses Bandes werden sowohl die Kontinuitäten als auch die Brüche und Potenziale für Alternativen in aktuellen soziopolitischen Entwicklungen

---

1   Wir bedanken uns für die wertvollen Kommentare von Tanja Ernst und Ulrich Brand, die zu einem großen Teil in den Text eingeflossen sind.

2   Bisher hat sich das Konzept im deutschsprachigen Raum als „Gutes Leben" durchgesetzt, die korrekte Übersetzung ist jedoch „gut leben". Wir werden dennoch der Einfachheit und der Verständlichkeit halber sowie um besser an bestehende deutschsprachige Debatten anzuknüpfen, den Begriff des Guten Lebens in diesem Band verwenden. Selbst wenn die konkrete Bedeutung dieses Konzepts noch nicht endgültig definiert wurde und es unterschiedlich interpretiert wird, gibt es einen Konsens darüber, dass es das gute Zusammenleben in der Gesellschaft (mit geringer sozialer Ungleichheit und einem würdevollen Leben aller Menschen) und die harmonische Beziehung zwischen Mensch und Umwelt einschließt (siehe u.a. Acosta 2009). In Ecuador wird vom *buen vivir* gesprochen, während in Bolivien der Begriff *vivir bien* (oder *sumak kawsay* auf Quechua bzw. *suma qamaña* auf Aymara) verwendet wird.

in Bolivien deutlich. Im Folgenden soll eine den Themenblöcken im Buch entsprechende historische und gesellschaftliche Kontextualisierung der Beiträge stattfinden.

Die aktuellen Entwicklungen Boliviens finden nicht in einer abgeschlossenen plurinationalen Einheit statt, sondern im Kontext sozio-ökonomischer, politischer und kultureller Globalisierungsprozesse, die zu neuen Brüchen und Fragmentierungen sowie zu einer Reorganisation von Herrschaft führen. Grenzen der Gesellschafts- und Staatstransformation sowie Chancen der Emanzipation finden sich also nicht nur innerhalb der Dimension des Staates, sondern auch aufgrund seiner internationalen Positionierung als peripherer Staat. Auf diskursiver Ebene etwa erschweren international hegemoniale Konzepte von Demokratie, Rechtsstaatlichkeit und Menschenrechten die Durchsetzung von (dazu alternativen) Projekten in Staaten des Südens wie etwa von in Bolivien entwickelten Verständnissen und Modellen. Andererseits signalisieren innovative Konzepte wie etwa jene eines plurinationalen Staates, eines pluralen Wirtschaftsmodells oder des Konzeptes des _Vivir Bien_ und der damit einhergehenden ökologischen Sichtweise auch für viele AkteurInnen im globalen Norden Alternativen in Zeiten internationaler Krisen, wie etwa der weltweiten Wirtschaftskrise. Staatenübergreifende zivilgesellschaftliche Allianzen – u.a. zwischen sozialen Bewegungen, indigenen Organisationen, feministischen Organisationen, Menschenrechts- und Umweltorganisationen sowie mit Gewerkschaften aus anderen Ländern und Regionen – in Form von Prozessen der „Globalisierung von unten" (Sassen 2006; Sousa Santos/ Rodríguez-Garavito 2005) stützten Veränderungsprozesse der sozialen, symbolischen und politischen Ordnung in Bolivien. Demzufolge wird in den vorliegenden Beiträgen die Veränderung der Kräfteverhältnisse auf unterschiedlichen Ebenen (international, national, lokal) analysiert, wobei emanzipatorische Prozesse und einschränkende, unterdrückende Dynamiken zeitgleich und oft überlappend stattfinden und entsprechend in den Blick genommen werden.

1 Eine neue Verfassung zur Schaffung eines plurinationalen Staates

Die Regierungsübernahme durch die Partei Bewegung zum Sozialismus (MAS) und Präsident Evo Morales gelang in einem Kontext der multiplen Staatskrisen. Diese Krisen drückten sich in Form eines Legitimations-, Partizipations- und Repräsentationsdefizits des vorhergehenden politischen Systems aus (vgl. Van Cott 2000; Wolff 2008). Soziale Bewegungen äußerten in diesem Kontext ihren Unmut über den Status Quo durch soziale Proteste, die in ihrer konzentriertesten Form zwischen 2000 und 2005 zu beobachten waren und sich nicht auf sektorielle Forderungen beschränkten, sondern zur Herausbildung eines neuen Alltagsverstandes sowie einer eigenen politischen Agenda führten (vgl. Schorr 2012). Zu den wichtigsten Protesten gehörten die Märsche der indigenen Tiefland- und Hochlandorganisationen, der

„Wasserkrieg" in Cochabamba von 2000 und der „Gaskrieg" in El Alto und La Paz von 2003. Es kam somit zu einer verstärkten Politisierung von alltäglichen Räumen und Praxen (vgl. Tapia et.al. 2003: 114; 119). Neokoloniale und neoliberale Charakteristika der sozialen und politischen Realitäten Boliviens wurden in den öffentlichen Debatten vermehrt in Frage gestellt und die bestehende Ordnung verlor insgesamt an Legitimität. Die anfänglich v.a. partikularen und thematisch eingeschränkten Forderungen der Proteste potenzierten sich im Rahmen von Allianzen zwischen verschiedenen sozialen AkteurInnen. Das Resultat war, dass punktuelle Reformen als unzureichend betrachtet wurden und sich die Forderung nach der „Neuschaffung des bolivianischen Staates" durch eine direkt gewählte verfassunggebende Versammlung auf nationaler Ebene durchsetzen konnte.

Diese Forderung geht ursprünglich auf die Märsche der indigenen Tieflandorganisationen von 2000 und 2002 zurück.[3] Inspiriert wurden diese Organisationen unter anderem von vorangegangenen verfassunggebenden Prozessen in lateinamerikanischen Staaten. Insbesondere handelt es sich dabei um die Ausarbeitung von neuen Verfassungen durch direkt gewählte verfassunggebende Versammlungen, welche nach der Annahme in Volksabstimmungen in Kolumbien im Jahr 1991, in Ecuador 1998 und in Venezuela 1999 in Kraft traten. In Bolivien schlossen sich aufgrund der Unzufriedenheit mit der bestehenden sozialen, politischen und wirtschaftlichen Ordnung weitere Sektoren der Forderung nach einer neuen Verfassung und einer „Neuschaffung Boliviens" an. Besondere Bedeutung kommt im verfassunggebenden Prozess der Allianz zwischen den heutzutage regierungsnahen LandarbeiterInnengewerkschaften (*Cocaleros*[4], CSUTCB[5], FNMIOCB-BS[6] und CSCB[7]), dem Nationalrat der *Ayllus* und *Markas* des *Qullasuyu* (CONAMAQ) und der indigenen Tieflandorganisationen (CIDOB[8] u.a.) zu, die als *Pacto de Unidad* (Einheitspakt) bezeichnet wird.

Dieser Einheitspakt war insbesondere mit der Ausarbeitung gemeinsamer Forderungen und Strategien für den verfassunggebenden Prozess beschäftigt und beein-

---

3   Die Herausbildung der Forderung nach einer verfassunggebenden Versammlung geht auch schon auf den indigenen Marsch von 1990 und den sog. Wasserkrieg von 2001 zurück.

4   KokabäuerInnengewerkschaft.

5   *Confederación Sindical Única de Trabajadores Campesinos de Bolivia* – Konföderation der LandarbeiterInnengewerkschaft Boliviens.

6   *Federación Nacional de Mujeres Indígenas Originarias Campesinas de Bolivia* – Bartolina Sisa – Nationale Föderation der Originären Indigenen Bäuerinnen Boliviens – Bartolina Sisa.

7   *Confederación Sindical de los Colonizadores de Bolivia* – Gewerkschaftliche Konföderation der SiedlerInnen (interne MigrantInnen) Boliviens.

8   *Confederación Indígena del Oriente Boliviano* – Konföderation Indigener Völker des Ostens Boliviens.

flusste diesen Prozess maßgeblich (vgl. Schilling-Vacaflor 2010). Auch wenn sich alle Organisationen des Einheitspaktes als indigen definierten, gab es große Unterschiede hinsichtlich ihres Verständnisses von indigener Identität und ihren rechtlich-politischen Forderungen. So zeigten sich Konfliktkonstellationen sowohl zwischen den einzelnen Organisationen als auch mit der Regierungspartei MAS. Während in der ersten Amtsperiode von Präsident Morales der Zusammenhalt zwischen indigen-bäuerlichen Organisationen gegen die konservative Opposition im Vordergrund stand, zeigen sich in der zweiten Legislaturperiode der MAS seit 2009 verstärkt Friktionen und Interessenkonflikte zwischen den verschiedenen sozialen Organisationen einerseits und zwischen ihnen und der Regierung andererseits. Dabei wird deutlich, dass die MAS den gewerkschaftlich organisierten indigen-bäuerlichen Organisationen deutlich näher steht als anderen sich als indigen definierenden Sektoren – wie jenen aus dem Tiefland und den in *Ayllus* organisierten Gemeinschaften – und deren Forderungen und Vorstellungen in größerem Ausmaß vertritt. Der größere Einschluss von bisher unterrepräsentierten Sektoren der bolivianischen Bevölkerung geht also mit der Etablierung neuer Formen des Ausschlusses einher.

Nichtsdestotrotz nimmt Bolivien hinsichtlich der Anerkennung der Rechte indigener Völker weltweit eine Vorreiterrolle ein. Es war im November 2007 das erste und bisher einzige Land, in welchem die UN-Deklaration über die Rechte indigener Völker von September 2007 als Gesetz promulgiert wurde. In der bolivianischen Verfassung von 2009 werden die Rechte indigener Völker[9] als übergreifende Dimension des gesamten Verfassungstexts anerkannt. Der Staat – einschließlich der territorialen Ordnung, der staatlichen Gewalten und Institutionen sowie der Sprach-, Bildungs- und Wirtschaftspolitik – soll nun plurinational und interkulturell ausgerichtet werden (siehe Tapia 2008; Sousa Santos 2010; Prada 2010; Gustafson 2009; Acosta/Martínez 2009). Anders als in der vorherrschenden „multikulturellen Politik" im Lateinamerika der 1990er Jahre, ging es in Bolivien also nicht lediglich um die Anerkennung der kulturellen Diversität auf untergeordneter Ebene, sondern um die Etablierung eines

---

9   Die Rechtsträger der Rechte indigener Völker sind in Bolivien verfassungsgemäß die „indigenen bäuerlichen und ursprünglichen Völker und Nationen und die afrobolivianischen und interkulturellen Gemeinschaften". Dieser Terminus wurde vor allem aus folgenden Gründen gewählt: Einerseits aufgrund der bolivianischen Geschichte, in der indigene Gemeinschaften lange Zeit als Bauern-Gemeinden bezeichnet wurden, mit dem Ziel, einen homogenen Mestizenstaat zu kreieren, und andererseits, um ein inklusives Konzept von sozialen Gruppen mit dem Anspruch auf indigene Rechte zu fördern. Die indigenen Tieflandvölker bezeichnen sich generell als indigene Völker, die „traditionell" organisierten Quechua und Aymara als ursprüngliche Nationen, die gewerkschaftlich organisierte Landbevölkerung als bäuerliche Gemeinschaften, die Siedlungen aus internen MigrantInnen als interkulturelle Gemeinschaften (vormals *Colonizadores* oder *Colonos*).

neuen Staatsmodells, in welchem die indigenen Völker und ihre Institutionen wichtige Säulen des neuen staatlichen Designs darstellen.

In diesen plurinationalen Staaten geht es somit nicht nur um die formale Anerkennung indigener Rechte, sondern um die Aufnahme ihrer Werte, Formen und Praktiken in die plurinationale Staatsstruktur (vgl. Vega 2011: 58). Dabei ist es nicht genug, RepräsentantInnen indigener Völker vermehrt in staatliche Institutionen einzubinden, sondern darüber hinaus geht es darum, plurale politische Systeme anzuerkennen und zu fördern. In anderen Worten: Nicht nur soll die Plurinationalität anerkannt, sondern auch gleichwertigere interkulturelle Beziehungen – einschließlich auf der materiellen Ebene – geschaffen werden (vgl. Acosta 2009: 18; 20; Walsh 2009: 165; 168f.). Um dem Aspekt der plurinationalen Gesellschaftsstruktur und dem Anspruch gleichwertigerer interkultureller Beziehungen gerecht zu werden, verwenden wir den Begriff der *plurinationalen Demokratie*. Neben der direkten und partizipativen sowie der repräsentativen, ist in der neuen Verfassung als dritte die gemeinschaftliche Demokratieform vorgesehen (vgl. NCPE 2008: Art. 11). Letztere ist Element des neuen plurinationalen Demokratiemodells und geht mit der Anerkennung nicht nur von individuellen BürgerInnen als politische und rechtliche Subjekte – wie das im liberalen Modell der Fall ist – sondern auch von Kollektiven einher. Ausdruck findet die gemeinschaftliche Demokratie insbesondere in den indigenen Autonomien, in der Wahl indigener RepräsentantInnen nach eigenen Normen und Verfahren und in vorherigen Konsultationen indigener Völker und Gemeinschaften bei allen rechtlichen und administrativen Maßnahmen, die sie betreffen.

Damit werden einerseits bisherige Modelle der liberal-repräsentativen Demokratie und andererseits der privatkapitalistisch dominierten politischen Ökonomie in Frage gestellt. Denn die Anerkennung von kultureller Diversität soll mit der Umverteilung von Ressourcen im Rahmen einer neuen Wirtschaftspolitik in Bolivien in Einklang gebracht werden (vgl. zu Umverteilung und Anerkennung Fraser/Honneth 2003). Das bisherige, in Lateinamerika v.a. seit den 1990er Jahren prominente, Modell des „neoliberalen Multikulturalismus" (siehe Hale 2006; McNeish 2008) soll dadurch jedenfalls überwunden werden. Die Schaffung einer neuen plurinationalen und interkulturellen staatlichen und gesellschaftlichen Ordnung wird in Bolivien dabei als Teil eines umfassenden Dekolonisierungsprozesses in gesellschaftlicher, politischer, rechtlicher und wirtschaftlicher Hinsicht begriffen. Es soll sich hierbei um eine „doppelte Dekolonisierung" handeln: nämlich um die Überwindung sowohl internationaler als auch nationaler neokolonialer Verhältnisse.

Ein Blick auf gegenwärtige Praxen zeigt jedoch, dass die Schaffung eines plurinationalen Staates derzeit nur äußerst eingeschränkt möglich ist. Auf der einen Seite behindern die Konflikte zwischen verschiedenen indigenen und bäuerlichen Sektoren tiefgreifendere Transformationen. Gegenwärtige Interessenkonflikte zwischen indigenen Organisationen und indigen-bäuerlichen Gewerkschaften zeigen sich u.a. in Landkonflikten, wobei die indigenen Tieflandorganisationen und *Ayllus* generell kollektive Landtitel anstreben, während die BäuerInnengewerkschaften meist individuelle Landtitel beanspruchen. In vielen Gebieten Boliviens bestehen außerdem Konflikte zwischen den sich ausbreitenden *Colonos* (die sich seit der verfassunggebenden Versammlung als *comunidades interculturales* bezeichnen) und KokabäuerInnen einerseits und der ansässigen indigenen Bevölkerung andererseits. Auch hinsichtlich der indigenen Autonomien sind Spannungen zwischen diesen Bevölkerungsgruppen zu beobachten.

Auf der anderen Seite schränkt auch die MAS-Regierung mit ihrem Staatszentrismus und ihrem Fokus auf die Machtkonzentration die Möglichkeit der Schaffung eines plurinationalen Staates ein. Beispielsweise regiert die MAS mit ihrer gewerkschaftlichen Basis derzeit über 80% aller Gemeinden Boliviens und nimmt die Gründung indigener Autonomien vielerorts als Bedrohung ihrer politischen Dominanz wahr, weshalb sie diese blockiert. Die neuen Rahmengesetze von 2010 (Gesetz zum Wahlregime, Gesetz zum Justiz- und Wahlorgan, Gesetz zu Autonomien und Dezentralisierung und Gesetz zum Plurinationalen Verfassungsgerichtshof) wurden ohne die vorherige Konsultation indigener Völker beschlossen und beinhalten zahlreiche Einschränkungen der Schaffung eines plurinationalen Staates und der Rechte indigener Völker. So sieht beispielsweise das neue Gesetz zum Wahlregime die direkte Wahl von lediglich sieben Parlamentsabgeordneten von ethnischen Minderheiten vor. Auch die vorherigen Konsultationen werden trotz ihres Verfassungsranges weder bei legislativen noch bei administrativen Maßnahmen effektiv durchgeführt. Besonders augenscheinlich ist dies bei den zahlreichen neuen Megaprojekten, darunter Schnellstraßen, große Wasserkraftwerke, Bergbau- und Erdgasaktivitäten (DPLF 2010; Bascopé Sanjínes 2010). Der „TIPNIS-Konflikt", der seit September 2011 internationales Aufsehen erregte und bei dem die Regierung eine Schnellstraße durch das Indigene Territorium und den Nationalpark Isibore Securé hindurch bauen will, ohne zuvor eine Umweltverträglichkeitsprüfung durchzuführen und ohne die ansässigen indigenen Völker vorher zu konsultieren, ist nur eines von vielen Beispielen der Verletzung von in der Verfassung verankerten Rechten und Prinzipien. Interessant ist, dass die neue Verfassung nun auch vermehrt von der vormaligen konservativen Opposition bzw. anderen ursprünglich verfassungskritischen Sektoren verteidigt wird, während die MAS-Regierung, die eine führende Rolle bei der Ausarbeitung derselben einnahm, das bolivianische Grundgesetz in vielen Bereichen als Hindernis für die Umsetzung ihrer politischen Ziele wahrnimmt und sich über sie hinwegsetzt.

2 Ein neues Entwicklungsmodell des *Vivir Bien*?

Weltweites Aufsehen erregt hat die auflebende Debatte um das neue Wirtschafts- und Entwicklungsmodell Boliviens, welches plurale Wirtschaftsformen anerkennt und auf das *Vivir Bien* in Harmonie mit der Natur abzielt. Das soll einer Verbesserung der Lebensqualität aller BolivianerInnen Vorschub leisten (vgl. NCPE 2009: Art. 306 I; siehe Acosta 2009; Vega 2011).

Angestrebt wird über die Nationalisierung und Kontrolle der strategischen Rohstoffe sowie deren Industrialisierung hinaus ein plurales Wirtschaftsmodell, das die unterschiedlichen Wirtschaftsformen und eine gleichwertige Beziehung unter ihnen fördern soll. Das impliziert einerseits die Ausstattung mit Technologie, und andererseits mit ökonomischen Ressourcen: die gemeinschaftliche Wirtschaftsform soll als Rechtssubjekt und Subjekt für Kredite anerkannt und im Allgemeinen der interne Markt vor dem Export prioritär behandelt werden (vgl. Ministerio de Planificación del Desarrollo 2007: I.).

Von zentraler Bedeutung ist in diesem Kontext die Umverteilung des Reichtums, und dabei kommt dem Staat eine aktive Rolle zu: denn dieser soll die Verwirklichung einer pluralen Wirtschaft ermöglichen und die gemeinschaftliche Wirtschaftsform explizit fördern, welche in der geltenden Verfassung neben der staatlichen, der privaten und der sozial-kooperativen als eine der vier Wirtschaftsformen festgeschrieben ist (vgl. NCPE 2008: Art. 306 II, 307; vgl. MAS/IPSP 2009: 55). Der Staat soll die Wirtschaft stärker regulieren, Ressourcen umverteilen und in produktive Sektoren investieren.

Erfolge wurden bisher vor allem in der Verbesserung der volkswirtschaftlichen Situation Boliviens sowie im Rahmen erster Sozialprogramme erzielt, während die Schaffung von Arbeitsplätzen und die Stärkung der produktiven Strukturen nicht weit fortgeschritten sind. Auch die Umsetzung einer pluralen Wirtschaft und die Artikulation zwischen (formell gleichberechtigten) unterschiedlichen Wirtschaftsformen birgt eine Vielzahl von höchst komplexen Herausforderungen, deren Ausgang noch ungewiss ist (vgl. Radhuber 2010; Ernst/Radhuber 2009 und Gray Molina in diesem Buch). Die Förderung der traditionellen und bäuerlichen sowie gemeinschaftlichen Wirtschaftsformen steht jedenfalls in einer starken Spannung mit der nationalen sowie internationalen Vorherrschaft der kapitalistischen Produktionsweise, die in der Rolle Boliviens als Primärgüterexportland speziell deutlich wird. Auch muss die tatsächliche Fähigkeit der Umsetzung der geplanten Industrialisierung der natürlichen Rohstoffe, mit der eine für Bolivien vorteilhaftere Integration in den Weltmarkt erreicht werden soll, erst unter Beweis gestellt werden.

Auch hinsichtlich der Umwelt und der Lebensgrundlagen der indigenen Völker bedeutet das derzeitige, auf massivem Ressourcenabbau beruhende, Wirtschaftsmodell eine Bedrohung. Beispielsweise unterzeichneten das bolivianische und das venezolanische Erdgas- bzw. Erdölunternehmen (YPFB[10] und PDVSA[11]) am 3. April 2008 einen Vertrag, der die Exploration von Erdgasreserven der Blöcke Securé, Madidi, Chispani, Lliquimuni und Chepite beinhaltet, welche Nationalparks und

---

10 *Yacimientos Petrolíferos Fiscales Bolivianos* – Staatliches Erdgasunternehmen Boliviens.
11 *Petróleos de Venezuela S. A.* – Staatlicher Erdölkonzern Venezuelas.

indigene Territorien im Norden von La Paz, Cochabamba und Beni überlappen (Costas Monje 2009: 160). Es ist also eine Expansion der Ressourcenabbauprojekte in nicht-traditionelle Gebiete zu beobachten, welche häufig fragile Ökosysteme und reiche Biodiversität aufweisen. Die obligatorische Umweltverträglichkeitsprüfung vor der Implementierung von Megaprojekten wurde vielfach nur defizitär durchgeführt und die vorherigen Konsultationen indigener Völker wurden bisher nur im Erdgas- und Erdölsektor durchgeführt, nicht aber beim Straßenbau, Bergbau und der Konstruktion von Wasserkraftwerken.

3 Veränderung politischer Kräfteverhältnisse und territoriale Ordnung

Nicht nur in wirtschaftlicher Hinsicht zielt der konfliktreiche Transformationsprozess des bolivianischen Staates auf seine strukturelle Neuorganisation. Auch in der territorialen Ordnung Boliviens materialisieren sich im Wandel befindliche politische Kräfteverhältnisse, und daher ist deren Veränderung heftig umkämpft. Insbesondere steht dabei die Schaffung von neuen autonomen Einheiten im Vordergrund. Als die konservative Opposition in Folge der Regierungsübernahme durch die MAS an politischer Macht auf der zentralen Ebene verlor, versuchte sie verstärkt, ihre Macht auf den regionalen Ebenen der Tiefland-Departements zu konsolidieren und auszubauen. Daher war die Priorität der Opposition im verfassunggebenden Prozess Boliviens die Anerkennung von Departement-Autonomien mit möglichst umfassenden Kompetenzen.

Das Streben nach politischer Macht war dabei stets eng verwoben mit der Kontrolle von Land und natürlichen Ressourcen. Die Verteilung von Land ist in Bolivien höchst ungleich und steht in enger Verbindung mit wirtschaftlichen und politischen Machtasymmetrien (vgl. Radhuber 2009; Romero 2008). Eine besonders hohe Konzentration von Land in den Händen weniger Familien findet sich in den bolivianischen Tiefland-Departments, zudem befinden sich dort die meisten Bodenschätze (v.a. Erdgas). Die Produktion von Erdgas verdoppelte sich zwischen 2001 und 2009.[12] Während im Jahr 2001 41,8% der Gesamtexporte aus abgebauten Primärgütern bestand, stieg dieser Anteil bis zum Jahr 2009 auf über 74%.[13] Die Forderung nach Autonomisierung der Departements hing mit diesem Phänomen zusammen und fand während des verfassunggebenden Prozesses zunächst lediglich in den erdgasreichen Tiefland-Departements mehrheitliche Unterstützung. Die Zentralregierung stellte sich erst gegen die Einrichtung der Departement-Autonomien, erkannte jedoch im Laufe der Zeit die große Popularität dieser Forderung und veränderte daraufhin ihre Strategie. Sie

---

12 http://websie.eclac.cl/sisgen/ConsultaIntegrada.asp (20. Juli 2011).

13 http://comtrade.un.org/db/(20 Juli 2011).

setzte sich sodann für einen umfassenden Prozess der Autonomisierung Boliviens ein, welcher Autonomien auch in den anderen Departements umfasst. Damit verfolgte sie das Ziel, ihre Macht auch auf Departement-Ebene auszubauen, die konservative Opposition zu verdrängen und die Departements nach ihren Vorstellungen zu gestalten. In dem im Juli 2010 verabschiedeten Rahmengesetz über Autonomien und Dezentralisierung sind neben den Autonomien auf Department-Ebene auch die regionalen, die Gemeinde-Autonomien und die indigenen Autonomien mit je unterschiedlichen Kompetenzen festgeschrieben worden. Gemäß dem Gesetz geht es in erster Linie um eine Verteilung der politischen Macht zwischen den diversen territorialen Ebenen anhand der Zuteilung von unterschiedlichen öffentlichen Funktionen.

Das Gesetz erkennt überdies an, dass die indigenen, originären, bäuerlichen Völker und Nationen Boliviens schon vor der Kolonialzeit existierten, und deren Bevölkerung eine gemeinsame Territorialität, Kultur, Geschichte und Sprache sowie eigene juristische, politische, soziale und wirtschaftliche Organisationsformen bzw. Institutionen haben. Die Existenz von autonomen, selbstregierten und selbstbestimmten Einheiten wurde vom Einheitspakt und von bolivianischen SozialwissenschaftlerInnen wie Luis Tapia, Raúl Prada und Sarela Paz Patiño als unabdingbar betrachtet, um einen plurinationalen Staat zu schaffen (siehe auch Sousa Santos 2007). Die autonome Ordnung soll aus der Perspektive der Regierung eine Lösung für zwei historische Probleme bieten: für den Bruch zwischen dem Staat und den Regionen sowie jenem zwischen dem Staat und den indigenen Völkern (vgl. Estado Plurinacional de Bolivia/Ministerio de Autonomia 2010). Im Autonomie-Gesetz sind Kriterien verankert, die progressiv zur Konstruktion eines Fiskal-Paktes zwischen den territorialen Ebenen beitragen sollen. Die Umsetzung der neuen autonomen Ordnung und die entsprechenden Fiskal-Regelungen werden wegweisend für die zukünftigen Entwicklungen in Bolivien sein.

Das neue Gesetz für Autonomien und Dezentralisierung (2010) erschwert jedoch die Schaffung indigener Autonomien deutlich, unter anderem beinhaltet es die Bestimmung, dass das Ministerium für Autonomien die Existenz traditioneller Territorien, die Durchführbarkeit der Selbstregierung sowie die notwendige minimale Bevölkerungsbasis bestätigen muss, damit eine territoriale Einheit die Autonomie erlangen kann (Art. 56-58 Autonomiegesetz). Gerade für die indigene Tieflandbevölkerung wird damit die Aussicht auf die Schaffung eigener Autonomien deutlich eingeschränkt. Parallel zu den Präsidentschaftswahlen im Dezember 2009 stimmten zwölf Gemeinden in einem Referendum über ihre Transformation in indigene Gemeinden ab; 11 Gemeinden stimmten dafür. Diese sind noch (Januar 2012) mit der Ausarbeitung ihrer Autonomiestatuten beschäftigt; vier dieser Statuten befinden sich in der Abschlussphase. In anderen indigenen Gemeinden wie Tarabuco stagniert der Autonomisierungsprozess bereits seit Monaten aufgrund interner Streitigkeiten zwischen dem Bürgermeisteramt (der MAS), der BäuerInnengewerkschaften und der *Ayllus* von Tarabuco.

4 Aus der Sicht bolivianischer AutorInnen

Die vorliegenden Beiträge analysieren Phänomene innerhalb des Kontexts der kurz geschilderten politischen und sozialen Entwicklungen in Bolivien, darunter die Veränderungen des demokratischen Systems, die sich an einem plurinationalen und partizipativen Demokratiemodell orientieren. Untersuchungen über die Qualität der lateinamerikanischen Demokratien seit der „Dritten Welle der Demokratisierung" (Huntington 1991) in Lateinamerika haben die komplexen Beziehungen zwischen Staat und Gesellschaft nur zu oft marginal behandelt und sich in erster Linie auf die staatlichen Institutionen fokussiert (vgl. Tulchin/Ruthenberg 2007; Hagopian 2007). Die vorliegenden Beiträge hingegen untersuchen Demokratie in ihrem konkreten sozialen, wirtschaftlichen und kulturellen Kontext. Neben formellen institutionellen Designs und den Funktionen staatlicher Institutionen wird verstärkt soziopolitischen und soziokulturellen Praktiken, Aushandlungsprozessen zwischen verschiedenen AkteurInnen und zivilgesellschaftlichen Dynamiken nachgegangen. Von zentraler Bedeutung ist in diesem Zusammenhang auch die Berücksichtigung der Auswirkungen von Asymmetrien und bestehenden Machtverhältnissen auf Prozesse der demokratischen Teilhabe.

Zudem begründet sich die strategische politische und akademische Bedeutung der vorliegenden Beiträge darin, dass Perspektiven von SozialwissenschaftlerInnen aus dem globalen Süden (sowie kritische Positionen jenseits des Mainstreams) bisher deutlich weniger Präsenz in internationalen wissenschaftlichen und gesellschaftspolitischen Debatten zeigen konnten. Diese ausgeblendeten Perspektiven leisten allerdings einen unerlässlichen Beitrag einerseits in der sozialwissenschaftlichen, inklusive der wirtschaftswissenschaftlichen, Theoriebildung, und andererseits, um gegenwärtige sozio-ökonomische und politische Prozesse besser verstehen zu können. Wissenschaftliche Arbeiten zu gesellschaftlichen und staatlichen Transformationsprozessen entstehen nicht in einem machtleeren Raum, sondern in spezifischen Kontexten, die von multiplen Machtungleichgewichten gekennzeichnet sind. Verschiedene Mechanismen der Exklusion wie die Dominanz der englischen Sprache, von Eliteuniversitäten und -verlagen sowie geringe Budgets für Forschungstätigkeiten in ökonomisch ärmeren Ländern führen dazu, dass die am weitesten verbreiteten akademischen Studien zu Bolivien und generell zu Lateinamerika von US-amerikanischen und europäischen WissenschaftlerInnen produziert werden. Dadurch werden bestimmte Formen des Wissens, der empirischen Datengrundlage und der Interpretation lateinamerikanischer Realitäten aufgewertet, während die theoretischen und empirischen Abhandlungen von lokalen und regional in Lateinamerika situierten AutorInnen in den Hintergrund gedrängt und damit abgewertet werden.

Die aktuellen wissenschaftlichen Debatten zu Entwicklungen in Lateinamerika sind daher vielfach ein Ausdruck von postkolonialen Verhältnissen; Entwicklungen in peripheren Staaten[14] werden immer noch häufig aus einer dominanten Sichtweise heraus analysiert, welche als universell und objektiv dargestellt wird, der jedoch unhinterfragte und generell unbewusste, kulturell geprägte Annahmen und Werte zugrunde liegen. Bestimmte Konzepte von Staatlichkeit, Rechtsstaatlichkeit, Menschenrechten, Demokratie und dem „richtigen Wirtschaftsmodell" (liberale oder soziale Marktwirtschaft) werden oft wie eine Schablone auf die Länder des Südens übertragen und Abweichungen von den imaginären Idealtypen werden als Defizite interpretiert. Die materielle Vormachtstellung der Staaten des Westens stützt einerseits diese Art der asymmetrischen und einseitigen Wissensproduktion, und andererseits wird die Vormachtstellung der Staaten des Westens durch diese selektiven Lesarten gesellschaftlicher Vielfalt diskursiv legitimiert und gestärkt.

Diese Publikation beinhaltet Artikel zu Transformationen des bolivianischen Staates aus der Perspektive von AutorInnen des globalen Südens. Bei ihren Analysen aktueller Entwicklungen in Bolivien beziehen sie sich sowohl auf lateinamerikanische TheoretikerInnen wie René Zavaleta, Enrique Dussel, Ernesto Laclau und Aníbal Quijano als auch auf europäische sozialwissenschaftliche Theorien zu Staaten und Staatstransformationen sowie gesellschaftlichen Entwicklungen, z.b. jenen von Antonio Gramsci, Nicos Poulantzas, Pierre Bourdieu und Boaventura de Sousa Santos. Die gegenwärtigen bolivianischen Transformationsprozesse beinhalten emanzipatorische Potenziale und Neuerungen[15], stoßen jedoch gleichzeitig an vielfache interne und externe Grenzen. Sie sind aufgrund ihres dynamischen und teilweise experimentellen Charakters besonders aufschlussreich hinsichtlich möglicher soziopolitischer Veränderungen und nützlich für die empirisch gesättigte Weiterentwicklung von Theorien zu staatlichen und gesellschaftlichen Transformationsprozessen.

Im Anschluss wird ein knapper, von uns kommentierter Einblick in die Beiträge dieses Sammelbandes gegeben. Dabei werden die gegenwärtigen Entwicklungen und die dabei auftretenden Spannungsfelder in folgenden thematischen Blöcken im Detail analysiert: a) Demokratisierung, die Eröffnung politischer Spielräume und gegenläufige Tendenzen, b) Plurinationalität, Interkulturalität und Dekolonisierung, c) Globale Herausforderungen: Weltwirtschaft und Klimawandel, d) Staat und Autonomien und e) Transformation des Politischen.

---

14 Zu peripherer Staatlichkeit siehe Journal für Entwicklungspolitik (2008), vol. XXIV, No. 2 zu „Periphere Staatlichkeit. Kritische Staatstheorie des globalen Südens".

15 In Anlehnung an Roberto Gargarella verstehen wir unter emanzipatorischen Transformationen jene, die die Verringerung von struktureller Ungleichheit und von Machtasymmetrien basierend auf Differenzen hinsichtlich des sozio-ökonomischen Status/Klasse, Gender, Ethnizität, Religion sowie soziale und politische Orientierung beinhalten (vgl. Gargarella et al. 2006).

4.1 Demokratisierung, die Eröffnung politischer Spielräume und gegenläufige Tendenzen

Im ersten Block beschäftigen sich Dunia Mokrani Chávez und Patricia Chávez León sowie Álvaro García Linera aus unterschiedlichen Perspektiven mit Prozessen der Demokratisierung und ihren gegenläufigen Tendenzen in Bolivien. Darin spielen die Öffnung von politischen Spielräumen und die Veränderung der Beziehungen zwischen Zivilgesellschaft und politischer Gesellschaft eine zentrale Rolle.

In Bolivien kommen diesbezügliche Spannungsfelder derzeit deutlich zum Vorschein. In den Beiträgen – teilweise implizit und teilweise explizit – diskutierte Fragen wie *Wie partizipativ sind die politischen Prozesse tatsächlich und wie stark werden diese Prozesse „von oben" gesteuert bzw. eingeschränkt? Wer vertritt die Gesellschaft und wodurch kann neuen Mechanismen des Ausschlusses entgegengesteuert werden? Wie weit werden partizipative Elemente in ein repräsentatives Modell integriert und welche Auswirkungen hat das in der Praxis auf die Institutionalität?* sollten in Zukunft vermehrt diskutiert werden und sind nicht nur für den bolivianischen Kontext relevant.

Während Mokrani Chávez und Chávez León in ihrer Analyse den Fokus auf Transformationen des Staates „von unten" und auf die Rolle der sozialen Bewegungen legen, stehen in García Lineras Artikel die bisher implementierten Maßnahmen zur Schaffung einer neuen Staatlichkeit „von oben", also durch von der politischen Gesellschaft ausgehende Veränderungen im Vordergrund. So wird der erste Artikel insbesondere von der Frage geleitet, welche Rolle soziale Bewegungen und zivilgesellschaftliche AkteurInnen in der aktuellen politischen Konjunktur Boliviens spielen, während im zweiten Artikel die Sichtweise des derzeitigen bolivianischen Vizepräsidenten in den sozialwissenschaftlichen Analysen durchschimmert: Die Konsolidierung des Regierungsprojekts und strategische Überlegungen dazu sind von zentraler Bedeutung. García Linera definiert den Staat in seinem Beitrag dreidimensional als Korrelation von politischen Kräfteverhältnissen, als institutionelle Materialität und als ideologische Dimension der kollektiven Idee. Nach dieser Definition ist der Staat gleichzeitig die politische Konstruktion von drei legitimen Monopolen: jenes über die staatliche Gewalt, nationale wirtschaftliche Ressourcen und politische Legitimität. Mokrani Chávez und Chávez León sehen die Staatskrisen, welche die Regierungsübernahme durch die Partei Bewegung zum Sozialismus (MAS) möglich machten, vor allem im wirtschaftlichen und im politischen Bereich und sprechen in diesem Zusammenhang von einer „doppelten Privatisierung". Neben den ökonomischen Privatisierungen sprechen sie außerdem von einer Privatisierung des Politischen, welche auf die geringe Repräsentanz der pluralen Gesellschaft Boliviens in politischen Entscheidungen anspielt.

García Linera thematisiert diese krisenhaften Prozesse ebenfalls, allerdings teilweise mit anderen Begrifflichkeiten. Er unterscheidet zwischen fünf verschiedenen Etappen der Staatstransformation, wobei er den ersten Zyklus als Enthüllung der Staatskrise und Bruch zwischen Regierenden und Regierten charakterisiert, der zweitens zum katastrophalen Patt führt, welcher durch die Koexistenz von zwei nationalen politischen Projekten gekennzeichnet ist. In diesen ersten beiden Etappen konnten sich in Bolivien territoriale Nischen eines neuen politischen Blocks formen und so kam es in einer dritten Etappe zum Austausch der politischen Eliten in Folge der Präsidentschaftswahlen im Dezember 2005, bei denen Morales mit 54% der Stimmen zum neuen Präsidenten gewählt wurde. Danach folgten in einer vierten Etappe vehemente Konflikte um die Eroberung wirtschaftlicher, politischer und symbolischer Macht, bis es fünftens ab September 2008 zum endgültigen Bifurkationspunkt kam. In der gegenwärtigen Etappe geht es nach García Linera um die Konsolidierung eines neuen Machtblocks und die Sicherung seiner materiellen Basis; um die Erlangung von wirtschaftlicher und symbolischer Macht, ausgehend von der politischen Macht einer neuen Regierungselite. Um die neuen Kräfteverhältnisse im Staat zu stabilisieren, betont der Autor die wichtige Rolle des Militärs als verlässlicher Bündnispartner, der Exekutive (v.a. durch öffentliche Investitionen) im Sinne der Bildung eines neuen Wirtschaftsblocks, und er spricht von der Konsolidierung eines neuen Kollektivwillens, welcher das intellektuelle und politische Feld strukturiert. Er schildert die Ressourcen(um)verteilung aus dem „globalen Kapital" (v.a. dem Erdgas-Abbau), die auch als Bindung von gesellschaftlichen Gruppen an das Regierungsprojekt interpretiert werden kann. Und der Autor weist auf die Strategie neuer Allianzbildungen hin, um die Regierung auf ein breiteres Fundament zu stellen. Die vorrangige Bedeutung der Schaffung einer neuen staatlichen Institutionalität zur nachhaltigen Konsolidierung der gegenwärtigen Transformationsprozesse wird in beiden Beiträgen hervorgehoben.

Mokrani Chávez und Chávez León betonen in ihrem Artikel weitere Herausforderungen für gegenwärtige Entwicklungen in Bolivien, die weniger mit der Stabilisierung des Regierungsprojekts zusammenhängen, sondern vielmehr mit der Etablierung einer neuen politischen Kultur und einer pluralen und partizipativen Form von Demokratie. Als einschränkend streichen sie in diesem Zusammenhang die parteiliche Steuerung von Partizipationsmechanismen hervor, die reaktionäre Ausrichtung der immer noch mächtigen Opposition und die geringen Fortschritte bei der Umverteilung sowie bei der Bekämpfung von Rassismus. Der Erfolg des bolivianischen Transformationsprozesses wird den beiden bolivianischen Autorinnen zufolge ganz zentral davon abhängen, ob die MAS plurale Debatten in der Regierung und innerhalb der MAS zulassen wird, ob es gelingen wird, die oppositionellen Departements zu demokratisieren und ob das liberal-repräsentative Modell überwunden werden kann. Die Autorinnen zeigen in ihrem Beitrag die Öffnung neuer politischer Spielräume durch soziale Bewegungen auf, diskutieren Akteurs- und Konfliktkonstellationen und machen darauf aufmerksam, dass der weitere Verlauf der „politischen Spiele" noch ungewiss ist.

4.2 Plurinationalität, Interkulturalität und Dekolonisierung

Die Beiträge von Pablo Mamani Ramírez, Alison Spedding, Silvia Rivera Cusicanqui und Raúl Prada Alcoreza analysieren Prozesse der Dekolonisierung, mit den diesbezüglichen immanenten Herausforderungen und Schwierigkeiten. Die AutorInnen zeigen die Grenzen der rechtlichen Anerkennung auf und machen darauf aufmerksam, dass als Grundlage für den Aufbau neuer soziokultureller Verhältnisse bisher marginalisierte Interpretationen und Diskurse revitalisiert und ins Zentrum gerückt werden müssen, bei einer gleichzeitigen Problematisierung und einem Bruch mit dominanten Interpretationen und Diskursen über bolivianische Realitäten. Prada Alcoreza betont, dass das Begreifen der Welt und so auch das wissenschaftliche Verständnis nicht neutral und objektiv sind, sondern nur aus einer bestimmten Position in der Welt heraus stattfinden können. Auch die Wissenschaft ist in globale postkoloniale Verhältnisse eingebunden (vgl. Lander 2005). Lokale und von dominanten Sichtweisen abweichende Interpretationen von Geschichte, Politik, Wirtschaft und Recht werden daher aus einer unterlegenen Position heraus geäußert und oftmals nicht gehört (vgl. Spivak 2007). Die Konstruktion von gleichwertigen interkulturellen Beziehungen scheitert oftmals bereits an der Unmöglichkeit eines gleichwertigen Dialogs (siehe Rivera Cusicanqui in diesem Band). Schon die verwendeten Kategorien und Begrifflichkeiten (wie z.B. „Recht" oder „natürliche Ressourcen") sind nicht universell und kulturneutral, sondern entstammen spezifischen soziokulturell geprägten Erzählungen von der Welt.

Rivera Cusicanqui beschreibt in ihrem Beitrag, dass sich auch in der bolivianischen verfassunggebenden Versammlung diese Arten von Asymmetrien zwischen SprecherInnen aus unterschiedlichen soziokulturellen Kontexten zeigten und so war es für spanischsprachige AkademikerInnen, welche die dominante Sprache beherrschten und die dominante Bildung genossen, einfacher, ihre Argumente vorzubringen und sich durchzusetzen. Indigene Personen hingegen müssen sich nach Rivera Cusicanqui stets darum bemühen „sich selbst zu übersetzen", um sich in der dominanten Gesellschaft Gehör zu verschaffen. Bezugnehmend auf die Habermasche Theorie des kommunikativen Handelns (vgl. Habermas 1981), bei der „das beste Argument" gewinnen sollte, ist also zu beachten, dass bestehende Machtasymmetrien, oft auf subtile Art und Weise, dazu beitragen, Argumenten und SprecherInnen einen Status von Macht bzw. Ohnmacht zu verleihen und diese zu reproduzieren. Diese Dynamiken stellen nach Rivera Cusicanqui eine zentrale Einschränkung für angestrebte emanzipatorische Prozesse der Dekolonisierung sowie für die „Indianisierung" des bolivianischen Staates dar. Diesen Hürden wird allerdings aufgrund ihres vorwiegend informellen und impliziten Charakters meist zu wenig Beachtung geschenkt.[16]

---

16 Abgesehen von eher subtilen Mechanismen beschreibt Rivera verschiedene Formen der interethnischen Gewalt in der bolivianischen Gesellschaft, wie häusliche Gewalt (v.a.

In diesem Sinne betont Prada Alcoreza die Notwendigkeit, die soziokulturelle und historische Einbettung der jeweiligen SprecherInnen (auch in der Forschung) explizit zu machen und die Frage zu stellen, von welcher Position aus wir den Staat und die Gesellschaft begreifen. Er beschreibt unter anderem die Schwierigkeit, Geschichte ohne den eurozentrischen Universalitätsanspruch zu denken. Denn einerseits sind lateinamerikanische Bildungs- und Mediensysteme stark von europäisch-US-amerikanischen Modellen geprägt worden, wodurch alternative Formen des Denkens und Wissens marginalisiert werden. Andererseits führt die Geopolitik des Wissens dazu, dass sich Personen aus dem globalen Süden international dominante (und somit auch prestigeträchtige) Diskurse aneignen und sich in ihnen verorten, um sich Gehör zu verschaffen.

Mit einem neuen Verständnis der bolivianischen Geschichte setzen sich die Artikel von Mamani Ramírez und Spedding auseinander. Beide AutorInnen machen deutlich, dass die Dekonstruktion der dominanten Geschichtsschreibung einen notwendigen Schritt darstellt, um eine neue soziale, politische und symbolische Ordnung konstruieren zu können. Spedding und Mamani Ramírez sprechen in diesem Zusammenhang von der „Dekolonisierung der Geschichte" als Basis für die Dekolonisierung in der Gegenwart. Mamani Ramírez setzt sich in seinem Artikel mit dem dominanten Verständnis der Geschichte von La Paz (auf Aymara *Chukiapu*) auseinander, in welchem der Rolle der indigenen Gemeinschaften und insbesondere der Aymaras der Region wenig Beachtung geschenkt wird. Wenn die Aymaras in der dominanten Geschichtsschreibung thematisiert werden, werden diese meist negativ (primitiv, barbarisch oder blutrünstig) dargestellt. Bedenkt man, dass kulturelle Identitäten in einem Beziehungsverhältnis konstruiert werden, ist unschwer zu erkennen, dass es den ErzählerInnen bei dieser Darstellungsweise auch darum geht, die eigene oder die dominante Identität mit positiven Attributen zu besetzen, während der/die Andere als negativ bzw. unterlegen dargestellt wird (vgl. Baumann/Gingrich 2004; Hall 1994 und 2000). Dadurch kommt es neben der Affirmation der eigenen Identität zur ideologischen Legitimierung von Machtasymmetrien. Mamani Ramírez betont in seiner Darstellung der Geschichte und Entwicklung vom Departement La Paz – nach Mamani Ramírez mit 77% indigener Bevölkerung – die Rolle von *Aymara*-FührerInnen (wie den Kataris, den Willkas und Bartolina Sisa) und der von ihnen angeführten Aufstände.

Entgegen der dominanten Geschichtsschreibung und aktuellen dominanten Diskursen (siehe Rivera Cusicanqui in diesem Band), in der die Indigenen Boliviens häufig als Objekte der Geschichte dargestellt werden, über die gesprochen wird, stellt Mamani Ramírez die Geschichte aus der Perspektive der Aymaras dar und zeigt sie

---

gegenüber Hausangestellten), symbolische Gewalt (durch die Darstellung der Indigenen als inferior) und pädagogische Gewalt in Schulen und im Militär.

als Subjekte der Geschichte.[17] Dabei wird deutlich, dass Systeme, welche oft als traditionell und statisch beschrieben werden (wie die rotative Form der Organisation der *Ayllus*), in gewissen Kontexten entwickelt und verändert wurden. Mamani Ramírez unterstreicht die beachtliche Fähigkeit der *Aymara*-Gemeinschaften, wenig vorteilhafte geographische, politische und wirtschaftliche Umstände zu ihren Gunsten zu nutzen. Dabei wird die Spannung zwischen Anpassung und Widerstand der Aymaras als historische Kontinuität bis in die Gegenwart hinein deutlich. Ihre Ziele und Forderungen richteten sich sowohl gegen ethnische Diskriminierung als auch gegen klassenspezifische Unterdrückung. Im Zentrum standen der Erhalt bzw. die Rückeroberung von Landrechten, das Recht auf Selbstregierung und Selbstbestimmung und in der jüngeren Vergangenheit die Überwindung neoliberaler Wirtschaftsmodelle. Ihre Gegenspieler waren Regierungen, Unternehmen und politische Eliten in und außerhalb der Region. Der Einblick in diese historischen Entwicklungen ermöglicht ein besseres Verständnis der aktuellen Beziehungen der *Aymaras* mit der Regierung Morales sowie mit anderen indigenen Völkern Boliviens.

Während es in Bolivien stärkere Bemühungen gibt, die Bedeutung der indigenen Bevölkerung herauszustellen, beklagt Spedding insbesondere die Abwesenheit einer starken feministischen Strömung der Geschichtsschreibung und Gegenwartsinterpretation. Spedding geht davon aus, dass es nicht nur eine Lesart der bolivianischen Geschichte gibt, sondern sie unterscheidet zwischen drei dominanten Strömungen: die marxistische, die nationalistische und die indigenistische. Auch wenn je nach Interpretationsweise verschiedene geschichtliche Daten und Ereignisse als wichtig erachtet werden, wird in allen die spanische *Conquista* als ein bedeutender Moment der Geschichte angeführt. Nach Spedding wird dem Moment der *Conquista* zu viel Bedeutung beigemessen und sie schlägt vor, die Kontinuitäten und Brüche in der bolivianischen Geschichte in einem längeren Zeitraum zu beobachten.

Diese Sichtweise einer „andinen Kontinuität", beispielsweise durch ethnohistorische Studien belegt, betrachtet Spedding als Schritt zur Dekolonisierung der Geschichte, indem neben der Kolonialisierung andere wichtige historische Bedingungen und Ereignisse aufgezeigt werden. Außerdem betont sie, dass die Kolonisierungsprozesse nicht einseitig und linear waren, sondern dass es wechselseitige Prozesse gab, in denen sich auch die KolonisatorInnen verändert haben. Diese Feststellung ist ihr wichtig, um westlich-dominante Interpretationen im Sinne von „Andere konnten

---

17 Der Bruch mit dem „Sprechen über" die Indigenen ist auch Rivera ein großes Anliegen und einer ihrer Kritikpunkte an gegenwärtigen dominanten wissenschaftlichen Debatten über indigene Völker. Kohärent mit Riveras Analysen über Mechanismen der Exklusion der Perspektiven von indigenen AkteurInnen, betonte die Autorin in Gesprächen mit uns, dass sie nur einen Artikel in diesem Buch veröffentlichen würde, wenn mindestens eine indigene Person darin ebenfalls einen Beitrag leistet.

getrost akkulturalisiert werden, sie selbst sind jedoch immer Herren ihrer Geschichte" zu relativieren. Spedding kritisiert aber auch simplifizierende Darstellungen der Geschichte, in denen Widersprüchlichkeiten gerne ausgeblendet werden. So wirft sie etwa einer rein indigenistischen Interpretation der bolivianischen Geschichte Klassenblindheit vor, weil in diesen Erzählungen Klassenunterschiede innerhalb indigen-bäuerlicher Gemeinschaften verschwiegen werden. Insbesondere Spedding und Rivera Cusicanqui verwenden in ihren Analysen einen intersektionalen Ansatz, durch den die Verflochtenheit von Geschlechterverhältnissen, Klassenherrschaft und Ethnizität deutlich gemacht wird. Prozesse der Dekolonisierung sollten entsprechend mit jenen der Depatriarchalisierung Boliviens verbunden werden.

4.3 Globale Herausforderungen: Weltwirtschaft und Klimawandel

George Gray Molina beschreibt die Doppelstrategie von Anpassung und Widerstand der Länder des globalen Südens in der Weltwirtschaft. Dabei geht es einerseits darum, Nischen und Spielräume einer internationalen Arbeitsteilung und dominanten Handels- und Exportarchitektur bestmöglich auszunützen, auch wenn der reale Entscheidungsraum eingeschränkt ist. Andererseits wird versucht, auf die Regeln der internationalen Wirtschaft und Finanzen Einfluss zu nehmen und sie zu verändern. Auf internationaler Ebene sollte an einem alternativen System der *Global Governance* gearbeitet werden, darunter eine demokratischere Vertretung in der internationalen Politik (G 192 statt G8 oder G20), eine stärkere Regulierung der Weltwirtschaft, die Förderung von fairem Handel und das explizite Anprangern von internationalen Machtasymmetrien.

Mit dem spezifischen Fokus auf Bolivien analysiert Gray Molina das aktuelle Wirtschaftsmodell und die Herausforderungen für die Etablierung eines post-neoliberalen Systems. Er beschreibt, dass das Grundprinzip der Entwicklungsstrategie bolivianischer Regierungen stets auf der Rohstoffextraktion beruhte und wirft die Frage auf, inwiefern gegenwärtige Transformationsprozesse die Ressourcenabhängigkeit Boliviens überwinden können. In der Regierung Morales konnten entscheidende Fortschritte gemacht werden, wobei insbesondere die Verstaatlichung der Erdgasproduktion und die Aushandlung neuer Verträge mit transnationalen Unternehmen zu Gunsten der bolivianischen Wirtschaft zu nennen sind. Außerdem waren die Steuereinnahmen unter Morales zum ersten Mal in 20 Jahren drei Mal so hoch wie die Entwicklungsgelder, wodurch ein stufenweiser Abbau der Abhängigkeit von internationaler Hilfe möglicher erscheint. Dennoch bleiben grundlegende Dynamiken der rentenorientierten Wirtschaft bislang erhalten und es wurden nur geringe Fortschritte hinsichtlich der Diversifizierung von Boliviens Wirtschaft gemacht. Um die angestrebten Transformationen des bolivianischen Staates auf eine robustere materielle Grundlage zu stellen, sollte die Anzahl an wirtschaftlichen AkteurInnen erhöht und die Kooperation zwischen diesen AkteurInnen verbessert sowie verschiedene Formen der Produktion gestärkt werden.

Der Klimawandel ist ein weiterer Faktor, der die gegenwärtigen Bestrebungen zur Staatstransformation entscheidend beeinflusst und einschränkt. Denn er verschärft bestehende Problem- und Konfliktlagen und wirkt sich auf Politik, Wirtschaft und Gesellschaft gleichermaßen aus. Boliviens Armut macht das Land besonders verwundbar für Auswirkungen des Klimawandels, da es weder über die notwendigen ökonomischen Ressourcen, noch über ausreichende technische Möglichkeiten verfügt, um die intensiver und immer häufiger auftretenden Umweltkatastrophen zu bewältigen. Auch innerhalb Boliviens trifft der Klimawandel die Schwächsten am härtesten, wie Teresa Flores Bedregal in ihrem Beitrag erläutert. Als Auswirkungen des Klimawandels sind in Bolivien verstärkte Niederschläge und damit verbundene Überschwemmungen und Erdrutsche auf der einen Seite sowie zunehmende Dürreperioden auf der anderen Seite zu beobachten. Die Temperaturschwankungen sind enorm, ein Verlust der Gletscher und der Biodiversität wird sichtbar und der Wasservorrat verringert sich. Doch auch die sozialen und ökonomischen Konsequenzen sind erheblich: Migration, Verschlechterung der Gesundheitslage der bolivianischen Bevölkerung (u.a. Unterernährung, Epidemien), die Erosion und Ertragsverluste von Böden, die Zunahme von Konflikten um Wasser, Land und natürliche Ressourcen sowie Verluste in Land- und Viehwirtschaft. Flores Bedregal sieht einen unauflöslichen Widerspruch zwischen dem „desarrollistischen"[18] und auf der Ressourcenausbeutung beruhenden nationalen Entwicklungsmodell und dem umweltfreundlichen *Pachamama*-Diskurs[19] der Regierung. Flores Bedregal macht zahlreiche Vorschläge zur Veränderung der bolivianischen Umwelt-, Energie-, Wirtschafts- und Klimapolitik, um die Auswirkungen des Klimawandels abzuschwächen und um die Umsetzung des *Pachamama*-Diskurses in tatsächliche politische Praktiken zu unterstützen.

4.4 Staat und Autonomien

Sarela Paz Patiño diskutiert in ihrem Beitrag unterschiedliche Konzepte von indigenen Autonomien. Sie zeigt, dass und wie sich die von den indigenen Organisationen im bolivianischen Verfassungsänderungsprozess vertretenen Autonomie-Konzepte

---

18 Unter *Desarrollismus* ist ein linearer Entwicklungsgedanke zu verstehen, nach dem die Entwicklung nach dem Vorbild bereits entwickelter Staaten (siehe dazu etwa Rostows Stadientheorie) – insbesondere durch die Industrialisierung der natürlichen Rohstoffe und nach dem Leitbild des Wirtschaftswachstums – vollzogen werden soll.

19 Mit „*Pachamama*-Diskurs" meint die Autorin die Diskurse der bolivianischen Regierung und in erster Linie von Präsident Morales auf internationaler (etwa vor den Vereinten Nationen) und auf nationaler Ebene, in welchen die „Rechte der Mutter Erde" betont werden.

von jenen aus marxistischen und multikulturalistischen Strömungen unterschieden. Die Differenz verortet Paz Patiño insbesondere darin, dass die indigenen Sektoren Boliviens nicht lediglich ihr Recht auf Selbstregierung anstrebten, sondern radikalere Forderungen nach einer tiefgreifenden Transformation des Staates vertreten. Daher bezeichnet Paz Patiño die angestrebten Modelle von Autonomie als „radikale und partizipative Autonomien". Die Autonomien wurden also nicht lediglich zur Isolierung und als Schutz nach außen konzipiert, sondern gleichzeitig als Basis zur vermehrten politischen Teilhabe im Staat. Selbst wenn diesbezüglich Einigkeit bestand, so vertraten die verschiedenen Organisationen doch unterschiedliche Vorstellungen über andere Aspekte der zu gründenden Autonomien. Die ländlichen Gewerkschaften betonten die Gefahr, dass sie durch die Schaffung von indigenen Autonomien erneut geschwächt und zu politischen Minderheiten gemacht werden könnten (zu diesem Punkt siehe auch Rivera Cusicanqui in diesem Band). Ihnen ging es daher in erster Linie um die Konsolidierung einer indigen-bäuerlichen Hegemonie in Bolivien und um die Transformation des Zentralstaates. Den Organisationen der *Ayllus* und den Tieflandorganisationen ging es hingegen in größerem Ausmaß um die Anerkennung von kollektiven Territorien und die Förderung von selbstregierten Einheiten, um ihre Position im Staat zu stärken. Die beschriebenen Differenzen hängen mit dem unterschiedlichen Grad an Identifikation und mit Nähe zur aktuellen Regierung zusammen. Die Organisationen der *Ayllus* und des Tieflandes fühlen sich nämlich in weit geringerem Ausmaß von der MAS-Regierung vertreten als die LandarbeiterInnengewerkschaften, welche die MAS 1995 gegründet hatten und teilweise eine symbiotische Beziehung mit ihr pflegen.

Paz Patiño betont in ihrem Artikel, dass die selbstregierten Einheiten die Basis für Staatstransformationen „von unten" sein können und sieht andine politische Systeme als wichtige Referenz für mögliche Innovationen der staatlichen Politik und der dominanten politischen Kultur. Sie thematisiert sowohl die emanzipatorischen Potenziale der Einführung indigener Autonomien als auch deren Grenzen. Als einschränkend betrachtet die Autorin die starke liberale Tradition im bolivianischen Staat, deren Überwindung kein einfaches Unterfangen darstellen würde. In Bezug auf die neue autonome Ordnung Boliviens lässt die Heterogenität und Komplexität verschiedener Sektoren der bolivianischen Bevölkerung wiederum Zweifel daran aufkommen, inwiefern es gelingen wird, verschiedene Formen der Selbstregierung und autonomen Einheiten – es gibt regionale, departamentale, indigene und Gemeinde-Autonomien – miteinander in Einklang zu bringen. Die Herausforderung, neue gemeinsame Formen der politischen Entscheidungsfindung und der Verwaltung zu finden, wird sich vielerorts stellen. Die Aushandlungsprozesse auf lokaler und departamentaler Ebene sollten in nächster Zeit im Zentrum der Aufmerksamkeit stehen, weil sie nach Paz Patiño besonders aufschlussreich für die Richtung der Transformationen des bolivianischen Staates sein werden.

Rossana Barragán Romano und Claudia Peña Claros analysieren in ihren Beiträgen die konfliktreichen Beziehungen zwischen den Departements des bolivianischen Tieflandes und dem Zentralstaat. Während sich Barragán Romano die materielle Ebene dieser Beziehungen ansieht und anhand der Verteilung der Staatsbudgets soziopolitische Entwicklungen der Regionen erläutert, legt Peña Claros in ihrem Artikel besonderes Augenmerk auf die diskursive Ebene, und zwar insbesondere auf die Diskurse zu Autonomie und Identität des größten und reichsten Tiefland-Departements Santa Cruz. Die Autorinnen sind sich darüber einig, dass zwischen der materiellen und der diskursiven Ebene Wechselverhältnisse bestehen und diese sich gegenseitig bedingen und beeinflussen. Beide Texte verfolgen das Ziel, bestehende verzerrte bzw. falsche Darstellungen dominanter Diskurse über die Beziehungen zwischen Zentralstaat und Regionen in Bolivien richtig zu stellen und damit gegenwärtige Debatten auf ein realistischeres Fundament zu stellen.

Barragán Romano belegt mit ihren quantitativ fundierten Analysen zu den Budgetentwicklungen zwischen 1825 und 1952, dass der im Tiefland weit verbreitete Vorwurf der Vernachlässigung des bolivianischen Ostens durch die Zentralregierung in La Paz nicht den Tatsachen entspricht. Während der bolivianische Staat im 19. Jahrhundert vor allem durch die Tributzahlungen der indigenen Bevölkerung erhalten wurde – sie stellten 35% des damaligen Staatseinkommens –, stammten die Einkünfte des Staates zwischen 1900 und 1952 vor allem aus dem Bergbau. La Paz und Potosí subventionierten die noch gering besiedelten und wenig produktiven Regionen im Tiefland über Jahrzehnte hinweg und die damalige Wirtschaftspolitik kam unter Einbezug der Bevölkerungsdichte in größerem Ausmaß diesen Regionen zugute. Die Erzählung vom starken Zentralstaat wird in Barragán Romanos Beitrag durch die Beschreibung der erfolglosen Versuche der Steuereinhebungen relativiert. Der Staat konnte sich Anfang des 20. Jahrhunderts kaum gegenüber den Besitzenden (wie den „Zinnbaronen"[20]) durchsetzen und daher wurden nur bestimmte Produkte überhaupt besteuert. Die Hauptsteuerlast trugen die weniger privilegierten AkteurInnen. Eine Tatsache, die in ganz Lateinamerika zu beobachten war und bis heute zu beobachten ist, denn die Steuer- und Sozialpolitik in der Region kam in den letzten Jahrzehnten vor allem den oberen Schichten zugute (vgl. Burchardt 2010). Nicht zuletzt deswegen stellt Lateinamerika heute weltweit die Region mit dem größten Ausmaß an sozialer Ungleichheit dar und Bolivien ist nicht nur das ärmste

---

20 Die sogenannten „Zinnbarone" waren Magnate des Zinnabbaus und der Zinnproduktion in Bolivien, wobei Simón Iturri Patiño (1862-1947), Moritz (Mauricio) Hochschild (1881-1965) und Carlos Victor Aramayo (1889-1982) herauszustreichen sind. Sie genossen großen politischen Einfluss in Bolivien bis zur Nationalrevolution 1952, im Rahmen derer als eine der zentralen Maßnahmen die Nationalisierung der bolivianischen Minen durchgeführt wurde.

Land Südamerikas, sondern auch jenes mit der größten sozialen Ungleichheit. Die Departement-Autonomien könnten die regionalen Asymmetrien in Bolivien zusätzlich verstärken, denn immerhin bekommen die Erdgas-produzierenden Regionen einen weit größeren Teil der Gewinne als die nicht-produzierenden Regionen (vgl. Humphreys Bebbington/Bebbington 2010).

Peña Claros stellt in ihrem Beitrag die Frage, weshalb die Autonomie-Bewegung in Santa Cruz in den letzten Jahren derart erfolgreich war. Sie beschreibt, dass die *Cruceños* durch populistische Diskurse verstärkt gegen die Zentralregierung mobilisiert wurden. Die Eliten aus Santa Cruz leisteten damit einen entscheidenden Beitrag zur Polarisierung der bolivianischen Bevölkerung nach regionalen und ethnischen Kriterien. Aber auch die polarisierenden Diskurse von RegierungsvertreterInnen leisteten dazu ihren Beitrag. Jedoch distanziert sich die Autorin dezidiert von jenen Diskursen, welche die Autonomie-Bewegung von Santa Cruz ausschließlich abschätzig beurteilen und deren angeblich irrationalen und primitiven Charakter betonen. Peña Claros geht es vor allem darum, die Logik hinter den Phänomenen in Santa Cruz zu erkennen und zu verstehen. Für ihre Analysen verwendet sie theoretische Konzepte von Ernesto Laclau, insbesondere jenes des *significante vacio* (leerer Signifikant). Die Autonomie-Forderung als „Leerer Signifikant" war nicht nur als rechtlich-politisches Programm von Bedeutung, sondern auch zentral für den regionalen Identitätsbildungsprozess der *Cruceños* seit 1950. Die Konstruktion einer einheitlichen Identität mit dem politischen Programm der Autonomie wurde von oben, von den regionalen Eliten, massiv propagiert. Als gemeinsames Feindbild zur Stärkung des inneren Zusammenhalts fungierte in den autonomistischen Diskursen sowohl die Zentralregierung als auch die Figur des *Colla*, also der *Aymara*- und Quechua-sprachigen Hochlandbevölkerung. Nach Peña Claros funktionierten die Diskurse der regierungsnahen sozialen Bewegungen nach ähnlichen Prinzipien, indem eine gemeinsame Identität geschaffen wurde, wobei die traditionellen Eliten als Gegenspieler dargestellt wurden, die es zu bekämpfen galt. Als der vereinende Leere Signifikant fungierte in diesen Diskursen das gemeinsame Ziel des *cambio*, der Veränderung, oft ohne explizit zu machen, worin diese Veränderung konkret bestehen sollte. Die Autorin stellt jedoch auch die interessante Hypothese auf, dass Evo Morales den Leeren Signifikanten personalisiert und er das einende Symbol des Wandels darstellt.

Von zentraler Bedeutung für die zukünftigen Entwicklungen in Bolivien ist die Frage, wann und wie die Prozesse der Polarisierung enden könnten. Peña Claros beschreibt Ansatzpunkte zur möglichen De-Eskalierung und Ent-Polarisierung. Bereits in den letzten Departement- und Gemeinde-Wahlen waren erste Tendenzen einer Abschwächung der Polarisierung zwischen den Regionen Boliviens zu beobachten. Neue Allianzen zwischen der Regierungspartei und Bevölkerungsgruppen aus dem Tiefland wurden geschaffen, vor allem mit konservativen und Mittelklasse-Sektoren.

Gleichzeitig traten Konflikte mit KritikerInnen aus den eigenen Reihen stärker zum Vorschein, die die neuen Allianzen teilweise als Gefahr für die ursprünglich angestrebten Transformationen sehen und die Besorgnis äußern, dass sich derzeit zunehmend eine neue abgehobene politische Klasse herausbildet. Grundsätzlich kann festgestellt werden, dass die Kräfteverhältnisse wieder komplexer scheinen und die bipolare Ordnung aufgeweicht werden könnte.

4.5 Transformation des Politischen

Die politischen Veränderungen in Bolivien gründen auf einem Wandel in den Beziehungen zwischen Gesellschaft und Staat, wobei der Staat als soziales Verhältnis und als Bündel von Strukturen verstanden wird, die aus politischen Kämpfen resultieren. Der Staat wird also als zentrales Feld der gesellschaftlichen Auseinandersetzungen begriffen, wobei von unterschiedlichen AkteurInnen um die Reproduktion bzw. Reform der sozialen Ordnung gerungen wird (vgl. Tapia 2010). Die folgenden Artikel debattieren den Staat in Zeiten der Transition. Die AutorInnen nehmen Aspekte kritischer Theorien auf und erarbeiten auf deren Basis eigene Konzepte, die dazu dienen, den bolivianischen politischen Prozess zu analysieren. Dabei geht es im Speziellen um diese aktuell stattfindende Neudefinition der Beziehungen zwischen sozialen Sektoren, verschiedenen ethnischen und sozialen Gruppen, der Gesamtgesellschaft und dem Staat. Ob deren Reichweite kann hier im weiteren Sinne von einer Transformation des Politischen gesprochen werden.

Oscar Vega Camacho charakterisiert den Staat als etwas Abstraktes – als Beziehungsgefüge, anhand dessen sich die enge Verknüpfung zwischen dem Nationalen, der Gesellschaft und dem Staat verdeutlicht. Die diversen Formen der Konfiguration dieser Beziehungen sind einer permanenten Redefinition und Resignifikation unterworfen und durch die historischen Dynamiken sowie die internationalen Bedingungen und Kämpfe im kapitalistischen Weltsystem bestimmt. Vega Camacho unterstreicht die Notwendigkeit und Dringlichkeit, „vom Süden aus" zu schreiben und zu denken und eine eigenständige Epistemologie des Südens zu (er) finden. Das bedeutet, alle Parameter, nach denen wir denken, unsere Vorstellungen und Handlungen zu hinterfragen, zu dekonstruieren und neu zu erschaffen. Vega Camacho ergründet, was es bedeutet, wenn man den Staat aus der Perspektive des Südens betrachtet und analysiert. Der zugrundeliegende Imperativ ist dabei, den Staat neu zu denken, ausgehend von jenen, die bisher von ihm ausgeschlossen waren. Wenn man diese Herausforderung annimmt: den bolivianischen Staat ausgehend von den politischen Prozessen, die von den sozialen und insbesondere indigenen Bewegungen initiiert wurden, zu begreifen, dann werden auch die dominanten Staatstheorien in Frage gestellt – ihre Formalisierung, ihre Funktionsweise und ihre Effizienz.

Luis Tapia Mealla beginnt mit einer in der westlichen Tradition stehenden Reflexion zum Staat und bezieht sich dabei u.a. auf die Theorie von Max Weber. Der Autor untersucht die Idee, wonach der Staat das Gewalt- und Politikmonopol innehat, und in der Konsequenz auch für die Schaffung von Gesetzen mit dem Anspruch allgemeiner Gültigkeit (ein)steht. Er greift auf den bekannten bolivianischen Autor René Zavaleta zurück, der in den 1970er und 80er Jahren Grundlagen für den Begriff der „überlagerten Gesellschaftsformation" (*formación social abigarrada*) erarbeitet hat, den Tapia nun weiterentwickelt. Es handelt sich um eine Variation des Begriffes der Gesellschaftsformation, aber auch um eine kritische Erweiterung, die es erlaubt, die komplexen multikulturellen Realitäten Boliviens zu erfassen. Der Begriff der überlagerten Gesellschaftsformation geht von der Existenz diverser Produktionsweisen aus und ermöglicht, die mehr oder weniger existente Penetration des Kapitalismus in diese Produktionsweisen zu analysieren. In politischer Hinsicht weist der Begriff darauf hin, dass in einem Land wie Bolivien nicht nur mehr oder weniger republikanische oder moderne Strukturen existieren, sondern dass auch eine Vielzahl anderer politischer Formen der Selbstregierung besteht, die nicht Teil dieses politischen Monopols, das heißt des Staates, ist. Der Autor greift Zavaletas Idee des „Scheinstaates" (*estado aparente*) auf, die auf eine staatliche Struktur anspielt, welche sich zwar als Nationalstaat ausgibt, aber nicht in allen Gebieten die entsprechenden Strukturen aufweist. Das heißt, dass das staatliche Monopol dort aufgebrochen ist, wo andere Autoritätsstrukturen bestehen, wie etwa traditionelle Organisations- und Entscheidungsstrukturen.

Daraufhin charakterisiert Tapia Mealla verschiedene Formen des Staates, darunter die bisher in Bolivien vorherrschende patrimoniale Staatsform, welche speziell durch die ökonomische und politische Dominanz des Großgrundbesitzes gekennzeichnet ist, und dadurch, dass sich keine relative Autonomie zwischen wirtschaftlichen und politischen Strukturen etabliert hat. Das führte dazu, dass das Gewaltmonopol nicht vom Staat, sondern von der herrschenden Klasse ausgeübt wurde. Allerdings ist seit der Regierungsübernahme durch Evo Morales ein Bruch mit dieser Staatsform zu verzeichnen und es hat sich eine relative Autonomie des bolivianischen Staates herausgebildet, welche die aktuelle Konjunktur prägt. Unter der Regierung der MAS wurde so auch die Schwäche des Staates in den departamentalen Regierungen der Halbmondregion Santa Cruz, Beni, Pando und Tarija offen gelegt.

Andererseits unterstreicht Tapia, dass in den letzten Jahren die indigen-bäuerlichen Organisationen nicht nur kulturelle und politische Anerkennung und Ressourcen für ihre partikularen Bedürfnisse forderten, sondern überdies die Fähigkeit entwickelten, eine Reform für den gesamten Staat zu entwerfen. Es bestehen enge Beziehungen zwischen diesen zivilgesellschaftlichen Organisationen und den staatlichen Strukturen, allerdings bleiben die politischen Parteien als zentrale Mediatoren dazwischen geschaltet. Den bolivianischen Staat bezeichnet Tapia Mealla aufgrund dieser beider Umstände als geteilten Staat: einerseits versuchen indigen-bäuerliche AkteurInnen über die parteipolitische Mediation die staatliche Sphäre zu besetzen; und andererseits bestehen weiterhin patrimoniale Strukturen, die eine tiefergreifende staatliche Transformation verhindern. Nach Tapia lässt sich sagen, dass Bolivien im Bereich des Politischen ein „Pluriversum"[21] war, ist, und weiterhin sein wird; also ein „multisozietales" Land mit einer überlagerten Gesellschaftsformation.

Im Rahmen des verfassunggebenden Prozesses stand die bolivianische Gesellschaft nach Vega Camacho vor der Aufgabe, den Staat neu zu entwerfen, und zwar den Staat als Instrument der Gesellschaft. Das steht im Gegensatz zum Paradigma des 20. Jahrhunderts, als der Staat als Subjekt des gesellschaftlichen Wandels angesehen wurde. Die neue Verfassung Boliviens ermöglicht eine neue Definition des Verhältnisses zwischen Staat und Gesellschaft, welcher Vega Camacho in seinem Beitrag nachgeht. Dabei betont er im Speziellen die umfassenden Menschenrechte in der Magna Charta, das die Verfassung durchziehende Prinzip des Pluralismus, das der Staat erfüllen muss, wenn er in Funktion der Gesellschaft agiert. Dieser Wandel der Rolle des Staates wird als Dekolonisierung begriffen und als Herausforderung für eine volle Demokratisierung der staatlichen Instanzen und Apparate.

Die ambitionierten Ziele der neuen Verfassung konnten jedoch bisher nur begrenzt umgesetzt werden. So kritisiert Vega beispielsweise, dass das Recht auf Arbeit zwar in der neuen Verfassung festgeschrieben ist, die Gesetze und Verordnungen hinsichtlich der aktuellen Arbeitssituation und -bedingungen aber noch nicht erlassen sind. Durch den freien Markt wurde auch in Bolivien eine Entkoppelung von Staat und Arbeit möglich, was als Resultat einen sehr hohen Grad an Stratifizierung und Fragmentierung der Arbeitsformen ergab. Vega beschreibt die sozialpolitischen Initiativen der Regierung Morales zum Schutz der benachteiligten Sektoren der Bevölkerung – so etwa die Politik der staatlichen Direktzahlungen (*bonos*) für Kinder, alte Menschen und schwangere Frauen – und reflektiert die zentralen Herausfor-

---

21 Der Begriff Pluriversum spielt darauf an, „[...]dass die Politik ein Pluriversum ist, und das in zweierlei Hinsicht. Einerseits nach Schmitt, der die Idee aufwirft, dass die Politik von unterschiedlichen Subjekten, Kräften, Ideen, Zielen, Werten und Projekten durchzogen ist, welche einander entgegen stehen, und eine heterogene Konstitution aufweisen, und zwar innerhalb desselben Gesellschaftstyps. Andererseits schufen die koloniale Geschichte und Beziehung eine Überlappung von unterschiedlichen Gesellschaften im selben Land. In diesem Sinne existieren in Bolivien nicht nur politisch liberale Strukturen und Institutionen des bolivianischen Staates, sondern auch diverse lokale Autoritätsstrukturen, die Teil anderer sozialer Gefüge sind, und die wiederum der kolonialen, liberalen und neoliberalen Herrschaft untergeordnet sind. In diesen Bereichen ist die Dimension des Pluriversums größer und stärker, da es um das Wechselverhältnis von politischen Praktiken und Strukturen geht, die unterschiedlichen Weltvorstellungen und Zivilisationstypen entsprechen." (García/Gutierrez/Prada/Tapia 2001: 6)

derungen für eine neue sozialpolitische Agenda, welche als Angelpunkte eine die gesellschaftliche Diversität anerkennende und so differenzierte BürgerInnenschaft und die unterschiedlichen Produktionsformen haben sollte. Derzeit verortet Vega Camacho Bolivien in einer dritten Phase des Prozesses des Wandels. Nach einer ersten Phase der Mobilisierungen der sozialen Bewegungen (2000 bis 2005) wurde in der zweiten Phase (ab 2005) ein alternativer und demokratischer Transformationsprozess im Sinne der politischen Agenda vom Oktober 2003[22] begonnen. In der dritten Phase sollen nun der Regierungs- und Entwicklungsplan umgesetzt und die politische Agenda gleichzeitig neu definiert werden. Drei Gefahren bestehen in diesem Rahmen: Zum einen, dass die bei der Wahlkampflogik zutage getretene Strategie der Machtkonsolidierung interne Diskussionen begrenzt und somit tiefgreifenden Veränderungen entgegensteht; und zum anderen, dass die bisher günstigen geopolitischen regionalen Allianzen im lateinamerikanischen Raum nicht unbedingt fortdauern werden. Ein drittes Risiko besteht darin, dass die Modernisierungslogik ausgehend vom alten Modell eines Primärgüterexportlandes alle anderen Wirtschaftsformen dominieren könnte. Dies würde vor allem eine weitere Ausweitung der kapitalistischen Logik befördern, wo doch eigentlich Alternativen zu diesem sozial und ökologisch zerstörerischen und vor allem extreme nationale und internationale Ungleichheiten erzeugenden Weg gesucht werden.

Der vorliegende Sammelband eröffnet einen tiefen und pluralen Einblick in die gegenwärtigen vielschichtigen Kontinuitäten und Veränderungen der bolivianischen Gesellschaft und des politischen Systems. Die Perspektive von bolivianischen und in Bolivien arbeitenden WissenschaftlerInnen liefert zu diesem Zweck besonders dichte empirische Erkenntnisse, die dennoch mit der nötigen kritischen Distanz analysiert werden. Auf einer höheren Abstraktionsebene und basierend auf theoretischen Überlegungen sind die Beiträge dieses Sammelbandes jedoch auch weit über den bolivianischen Kontext hinausgehend relevant, da sie neue Perspektiven zum Verständnis von staatlicher und gesellschaftlicher Transformation eröffnen.

Bibliografie

Acosta, Alberto/Martínez, Esperanza (Hg.) (2009): Plurinacionalidad, democracia en la diversidad. Quito: Abya-Yala.

Acosta, Alberto (2009): Das „Buen Vivir". Die Schaffung einer Utopie. In: Juridikum – Zeitschrift für Kritik/Recht/Gesellschaft, No. 4, S. 219-223.

Bascopé Sanjinés, Iván (Hg.) (2010): Lecciones Aprendidas sobre Consulta Previa. La Paz: CEJIS.

---

22 Die politische Agenda vom Oktober 2003 nimmt Bezug auf den Forderungskatalog der wichtigsten sozialen Organisationen Boliviens, die als zentrale Ziele die Einberufung einer verfassunggebenden Versammlung und die Nationalisierung des Erdgases formulierten.

Baumann, Gerd/Gingrich, Andre (Hg.) (2004): Grammars of Identity/Alterity. A Structural Approach. New York/Oxford: Berghahn Books.

Costas Monje, Patricia (2009): La pluriterritorialidad en el Norte de La Paz. Dos estudios de caso sobre la defensa del territorio. In: Chumacero, Juan (Hg.): Reconfigurando territorios. Reforma agraria, control territorial y gobiernos indígenas en Bolivia. La Paz: Fundación Tierra, S. 145-172.

DPLF (2011): El derecho a la consulta previa, libre e informada de los pueblos indígenas. La situación de Bolivia, Colombia, Ecuador y Perú. Washington: DPLF/OXFAM.

Ernst, Tanja/Radhuber, Isabella (2009): Indigene Autonomie und Wirtschaftsmodell in Bolivien. In: Luxemburg II/2009. Umkämpfte Demokratie. Rosa Luxemburg Stiftung, Berlin.

Fraser, Nancy/Honneth, Axel (2003): Umverteilung oder Anerkennung. Frankfurt am Main: Suhrkamp.

García Linera, Álvaro/Gutierrez Aguilar, Raquel/Prada Alcoreza, Raúl/Tapia Mealla, Luis (2001): Pluriverso. Teoria Política Boliviana. La Paz: Muela del Diablo/Colección Comuna.

Gargarella, Roberto/Domingo, Pilar/Roux, Theunis (Hg.) (2006): Courts and Social Transformation in New Democracies. An Institutional Voice for the Poor? UK: Ashgate.

Gustafson, Bret (2009): Manipulating cartographies: Plurinationalism, autonomy, and indigenous resurgence in Bolivia. In: Anthropological Quarterly, 82(4), S. 985-1016.

Habermas, Jürgen (1981): Theorie des kommunikativen Handelns (2 Bände). Frankfurt am Main: Suhrkamp.

Hagopian, Frances (2007): Latin American Citizenship and Democratic Theory. In: Tulchin, Joseph/Ruthenberg, Meg (Hg.): Citizenship in Latin America. Boulder/London: Lynne Rienner Publishers, S. 11-56.

Hale, Charles (2006): Rethinking indigenous politics in the era of the „indio permitido". In: Prashad, Vijay/Ballvé, Teo. (Hg.): Dispatches from Latin America: On the Frontiers Against Neoliberalism. Cambridge, MA: South End Press, S. 266-282.

Hall, Stuart (1994): Rassismus und kulturelle Identität. Hamburg: Argument Verlag.

– (2000). Ideologie, Kultur, Rassismus. Hamburg: Argument Verlag.

Hoffman, Sabine/Rozo, Bernardo/Tapia, Luis./Viaña, Jorge (2003): La reconstrucción de lo público. Movimiento social, ciudadanía y gestión del agua en Cochabamba. La Paz: Muela del Diablo Editores.

Humphreys Bebbington, Denise/Bebbington, Anthony (2010): Extracción, territorio e inequidades: El gas en el chaco boliviano. In: Umbrales, 20, S. 127-160.

Huntington, Samuel (1991): Democracy's Third Wave. In: Journal of Democracy, 2(2), S. 12-34.

Jenkins, Richard (1996): Social Identity. London: Routledge.

Lander, Edgardo (Hg.) (2005): La colonialidad del saber: eurocentrismo y ciencias sociales. Perspectivas latinoamericanas. Buenos Aires: CLACSO.

MAS/IPSP (2009): Programa de Gobierno 2010-2015, Bolivia País Líder: La Paz. In: CNE Bolivia http://www.cne.org.bo/PadronBiometrico/programas.aspx (05. 10. 2009).

McNeish, John (2008): Beyond the Permitted Indian? Bolivia and Guatemala in an era of neoliberal developmentalism. In: Latin American and Caribbean Ethnic Studies, 3(1), S. 33-59.

Ministerio de Planificación del Desarrollo (2007): Plan Nacional de Desarrollo. „Bolivia Digna, Soberana, Productiva y Democrática para Vivir Bien". Lineamientos Estratégicos 2006-2011. La Paz.

NCPE República de Bolivia/Asamblea Constituyente/Honorable Congreso Nacional (2008): Nueva Constitución Política del Estado. Texto Final Compatibilizado. Versión Oficial. La Paz.

Prada Alcoreza, Raúl (2010): Umbrales y horizontes de la descolonización. In: García Linera et al. (Hg.): El Estado: Campo de lucha. La Paz: Muela del Diablo, S. 43-96.

Estado Plurinacional de Bolivia/Ministerio de Autonomia (2010): Proyecto de Ley Marco de Autonomías y Descentralización. Andrés Ibañez Junio de 2010

Radhuber, Isabella (2009): Die Macht des Landes. Der Agrardiskurs in Bolivien – eine Analyse der sozialen, politischen und wirtschaftlichen Vorstellungen und der Machtbeziehungen. In: „Investigaciones" Forschungen zu Lateinamerika 12. Wien: LIT-Verlag.

– (2010): Rediseñando el Estado. Un análisis a partir de la política hidrocarburífera en Bolivia. In: Umbrales, 20, S. 105-126.

Romero Bonifaz, Carlos (2008): La Tierra como Fuente de Poder Económico, Político y Cultural. Bolivien: IWGIA/ISBOL.

Sassen, Saskia (2006): Territory, Authority, Rights. From Medieval to Global Assemblages. Princeton: Princeton University Press.

Schilling-Vacaflor, Almut (2010): Recht als umkämpftes Terrain. Die neue Verfassung und indigene Völker in Bolivien. Baden-Baden: NOMOS.

– (2011): Bolivia's New Constitution: Towards Participatory Democracy and Political Pluralism. In: European Review of Latin American and Caribbean Studies, 90, S. 3-22.

Schorr, Bettina (2012): Mobilisierung, Protest und Strategien in Aktion: Boliviens Protestwelle 2000-2005. Wiesbaden: VS Verlag für Sozialwissenschaften.

Sousa Santos, Boaventura de (2007): La reinvención del Estado y el Estado Plurinacional. Bolivia: CENDA – CEJIS – CEDIB.

– (2010): Refundación del Estado en América Latina. Perspectivas desde una epistemología del Sur. Lima: IIDS.

Sousa Santos, Boaventura de/Rodríguez-Garavito, César A. (2005): Law, politics, and the subaltern in counter-hegemonic globalization. In: Sousa Santos/Rodríguez-Garavito (Hg.). Law and Globalization from Below. Towards a Cosmopolitan Legality. UK: Cambridge University Press; S. 1-26.

Spivak, Gayatri (2007): Can the subaltern speak? Postkolonialität und subalterne Artikulation (deutsche Übersetzung Alexander Joskowicz und Stefan Nowotny). Wien: Turia+Kant.

Tapia, Luis (2010): Prólogo. In: García Linera, Álvaro/Prada, Raúl/Tapia, Luis/Vega Camacho, Oscar: El Estado, Campo de luchas. La Paz: CLACSO/Muela del Diablo editores/Comuna.

– (2008): Una reflexión sobre la idea de un estado plurinacional. La Paz: OXFAM UK.

Tulchin, Joseph/Ruthenberg, Meg (Hg.) (2007): Citizenship in Latin America. Boulder/London: Lynne Rienner Publishers.

Van Cott, Donna Lee (2000): The Friendly Liquidation of the Past. The Politics of Diversity in Latin America. Pittsburgh: University of Pittsburgh Press.

Walsh, Catherine (2009): Estado plurinacional e intercultural. Complementariedad y complicidad hacia el „Buen Vivir". In: Acosta, Alberto/Martínez, Esperanza (Hg.): Plurinacionalidad, democracia en la diversidad. Quito: Abya-Yala.

Wolff, Jonas (2008): Turbulente Stabilität. Die Demokratie in Südamerika diesseits ferner Ideale. Baden-Baden: NOMOS.

Internetquellen

http://websie.eclac.cl/sisgen/ConsultaIntegrada.asp am 20. Juli 2011 (CEPALSTAT).

http://comtrade.un.org/db/am 20. Juli 2011 (UN COMTRADE).

Demokratisierung, die Eröffnung politischer Spielräume und gegenläufige Tendenzen

Patricia Chávez León / Dunia Mokrani Chávez

Das Öffnen politischer Horizonte in Bolivien durch die sozialen Bewegungen[1]

Indigene und populare Sektoren haben in Bolivien seit dem Jahr 2000 verschiedene soziale Mobilisierungen angeführt und damit die Voraussetzungen für eine soziale und politische Transformation geschaffen. Der gegenwärtig in Bolivien stattfindende gesellschaftliche und staatliche Transformationsprozess ist auf die Verknüpfung unterschiedlicher Kämpfe und mobilisierender Strukturen zurückzuführen, die eine auf Unterdrückung basierende gesellschaftliche Ordnung in Frage stellen: zum einen die Unterdrückung seit der Kolonialzeit, die in der Etappe der Republik seit 1825 viele Kontinuitäten aufweist; zum anderen die Mestizisch-Weiße[2] homogenisierende Komponente des politischen Projekts der nationalistischen Revolution des Jahres 1952. Schließlich geht es auch um die Ablehnung der klassenspezifischen Unterdrückung, die durch die repräsentative Demokratie und freie Marktwirtschaft zum Ausdruck kommt. Diese Strukturen formten auch die sozialen und politischen Beziehungen Boliviens seit den Strukturanpassungsmaßnahmen, die ab 1985 unter den Richtlinien des Internationalen Währungsfonds durchgesetzt wurden.

Der Artikel setzt sich in einem ersten Teil mit den Protesten der sozialen Bewegungen in den letzten Jahrzehnten auseinander, angefangen mit den Märschen der Indigenen des Tieflandes zum Regierungssitz seit den 1990er Jahren bis hin zum „Wasserkrieg", den indigenen Blockaden und Mobilisierungen im Hochland, dem „Gaskrieg" wie auch den gesellschaftlichen Reaktionen auf das Massaker vom Oktober 2003. Diese stellen wichtige Momente der kollektiven Aktion dar, welche den Zusammenbruch von mehr als zwanzig Jahren neoliberaler Hegemonie kennzeichnen. In einem zweiten Teil werden einige der wichtigsten Themen der politischen Agenda aus den ersten Amtsjahren der Regierung von Evo Morales diskutiert.

Bevor aber auf die eben genannten unterschiedlichen Zyklen der Mobilisierung eingegangen wird, muss zunächst noch an einen bedeutenden historischen Moment erinnert werden: jenen, als die materiellen Grundlagen der Gewerkschaftsorgani-

---

1   Übersetzung aus dem Spanischen von Dana de la Fontaine und Melanie Hernández.

2   Die Begriffe Weiß und Mestizisch werden im Folgenden großgeschrieben, um hervorzuheben, dass es sich hierbei um gesellschaftliche Konstruktionen und nicht um phänotypische Merkmale handelt.

sation des Landes zerstört wurden. Das begann v.a. mit den ab 1985 eingeführten wirtschaftspolitischen Reformmaßnahmen, insbesondere durch die unregulierten Arbeitsverträge (vgl. Art. 55 des Dekrets 21060). Mit der Entlassung tausender Minenarbeiter im Jahr 1985 verloren die ArbeiterInnen ihren wichtigsten symbolischen und materiellen Rückhalt für den sozialen Kampf, was von den staatlichen Instanzen mit dem beschönigenden Begriff einer „Entproletarisierung" der ArbeiterInnenklasse verteidigt wurde. Dennoch bildete die Gesellschaft während der gesamten neoliberalen Ära zwischen 1985 und 2000 und inmitten des Niedergangs der alten Formen der sozialen Repräsentation sukzessive neue Organisationsstrukturen heraus. Dazu trug beispielsweise der Geist des korporativen Kampfes bei, den die früheren Minenarbeiter an wachsende sozio-ökonomische Sektoren weitergaben (etwa den Sektor der KokabäuerInnen im Chapare), denen sie sich teilweise auch anschlossen. Auch das Netzwerk sozialer AktivistInnen und einiger ArbeiterInnenorganisationen wie der Dachverband der FabrikarbeiterInnen aus Cochabamba (*Federación de Trabajadores Fabriles de Cochabamba*) organisierte in der gleichen Zeit kontinuierlichen Widerstand gegen das neoliberale Modell, etwa mit Protestaktionen gegen zunehmende Flexibilisierung und *Outsourcing* der Arbeit.

Seit dem Aufleben der kollektiven Aktionen zwischen 2000 und 2005 werden – wie im Laufe des Texte noch gezeigt wird – neben den unregulierten Arbeitsverträgen auch der doppelte Privatisierungsprozess in der Wirtschaft und der Politik angefochten, der die zwanzig Jahre der neoliberalen Etappe gekennzeichnet hatte. Gemeint ist dabei die Privatisierung der öffentlichen Unternehmen durch den sogenannten Prozess der „Kapitalisierung" und die Privatisierung der Politik seit Einführung der „Paktierten Demokratie" (*Democracia Pactada*) während der neoliberalen Regierungszeit. Demzufolge wechselten sich die traditionellen politischen Parteien nach der Rückkehr zur Demokratie Anfang der 1980er in der Regierung ab und brachten die gesellschaftliche Protestbewegung, die sich gegen die Diktaturen gebildet hatte, zum Schweigen.

Der Verlust der Legitimität der gesamtgesellschaftlichen Ordnung im gleichen Zeitabschnitt führte somit einerseits zu einer Glaubwürdigkeitskrise des parteipolitischen Systems insgesamt, samt seiner Institutionen und Verfahren. Andererseits ermöglichte der Legitimitätsverlust das Aufkommen von sozialen Organisationen, die sich von den Gewerkschaften unterschieden und anfänglich die stärkste Kraft in den Mobilisierungen darstellten; damit meinen wir insbesondere die indigene Bewegung.

Die verallgemeinerte Abneigung gegenüber den RepräsentantInnen der politischen Parteien und ihrer Verwaltung des Staates wurde ergänzt durch die von den sozialen Bewegungen losgetretene Debatte um die Bedeutung der Demokratie, der politischen Partizipation und der Verwaltung öffentlicher Angelegenheiten.

Die beschriebenen Elemente machten den Zusammenbruch der liberalen Weltanschauung und der Ordnung der sozialen Welt möglich und führten die indigene

Perspektive in die Debatte ein. Diese Perspektive ging über die selbst erfahrene Fragmentierung und Instrumentalisierung der indigenen Bewegung durch die politischen Parteien hinaus, und schaffte es, sich mit eigenen diskursiven und organisatorischen Strukturen zu präsentieren. Die bloße Existenz dieser Strukturen stellte das Monopol der liberal-kapitalistischen Logik in Frage, der das Land bis dahin gefolgt war.

1 Die indigenen Märsche von 1990 und 2002

Im Jahr 1990 führten Organisationen der indigenen Völker aus dem Tiefland den „Marsch für Territorium und Würde" (*Marcha por el Territorio y la Dignidad*) durch und erreichten das Regierungsgebäude würdevoll und zugleich fordernd. Dennoch stellte sich der Staat ihnen gegenüber taub. Diese Manifestation markierte ein wichtiges Moment im Kampf dieser Völker und für ihre Sichtbarwerdung vor den staatlichen Autoritäten und der bolivianischen Gesellschaft insgesamt.

Dieser war der erste von vier wichtigen Märschen, die von den indigenen Völkern aus dem östlichen Tiefland initiiert wurden.[3] Im Jahr 1996 fand eine zweite große Mobilisierung unter dem Namen „Marsch für Territorium, Entwicklung und politische Partizipation der indigenen Völker" (*Marcha por el Territorio, el Desarrollo y la Participación Política de los Pueblos Indígenas*) statt. Im Jahr 2000 kam es zum dritten „Marsch für Land, Territorium und natürliche Ressourcen" (*Marcha por la Tierra, el Territorio y los Recursos Naturales*) und im Jahr 2002 ereignete sich schließlich der „Marsch für die Volkssouveränität, Territorium und Naturressourcen" (*Marcha por la Soberanía Popular, el Territorio y los Recursos Naturales*). Während dieser Mobilisierungen kam es einerseits zu einer Reihe von Konflikten mit Unternehmergruppen aus der Holz-, Agrarexport- und Viehwirtschaft wie auch mit GroßgrundbesitzerInnen: Allesamt Machtgruppen, die sich als privilegierte Gesprächspartner der unterschiedlichen Regierungen etabliert hatten. Andererseits – und damit zusammenhängend – verlangten die indigenen Organisationen vom Staat die Anerkennung von indigenen Territorien, ihrer Organisationen und die rechtliche Absicherung von indigenen gemeinschaftlichen Ländereien. Sie erreichten die formelle Anerkennung der ersten vier indigenen Territorien im Rahmen der daraufhin erlassenen Dekrete.

Zwar ging der bolivianische Staat auf die Forderungen der Tieflandvölker teilweise ein, indem im Jahr 1994 eine partielle Verfassungsreform durchgeführt wurde, wodurch der pluriethnische und multikulturelle Charakter der bolivianischen Nation anerkannt wurde. Dennoch wurde die geltende Herrschaftsordnung nicht tiefgreifend angerührt. Allerdings kann nicht geleugnet werden, dass die erzielten Erfolge

---

3   Bis heute (Dezember 2011) wurden bereits neun Märsche der indigenen Tieflandvölker durchgeführt [Anm. d. Hg.].

letztlich die Vertiefung der sozialen Kämpfe und die „Neugründung des Staates" in zweifachem Sinn ermöglichten. Zum einen wurden die Forderungen in späteren Kämpfen und in anderen territorialen Räumen wiederaufgenommen und redefiniert. Zum anderen wurden diese Märsche zu einer fundamentalen Säule im Kampf um die Rückgewinnung der Kontrolle über Energieressourcen, indem die aktive Beteiligung bei der Definition der Energiepolitik durch obligatorische vorhergehende Konsultationen über Abbauaktivitäten in indigenen Gebieten gefordert wurde.

Dennoch darf nicht vergessen werden, dass die Indigenen in ihrer Gesetzesvorlage für die Ausrufung einer verfassunggebenden Versammlung im Jahr 2002 auch auf die Notwendigkeit hingewiesen haben, über Formen der Repräsentation jenseits der politischen Parteien nachzudenken. Es sollten ihre eigenen sozialen Organisationen mit den je eigenen Wahlmechanismen auf der Grundlage der diversen Formen der Selbstverwaltung der indigenen Völker berücksichtigt werden (vgl. den Beitrag von de Sousa Santos). Damit offenbart sich ihre Forderung nach einer tiefgreifenden politischen Reform jenseits der Grenzen der liberal-repräsentativen Demokratie.

Während die Massenmobilisierungen die Kraft der sozialen Bewegung im Westen des Landes zeigen, ist auch darauf hinzuweisen, dass sich diese Märsche zum Regierungssitz in La Paz – die über Straßen und Wege führten, die die Prekarität der zwischen- und innerregionalen Infrastruktur des Landes aufzeigten – in das kollektive Gedächtnis als leibhaftige Inszenierung der harten und heimtückischen Wege, die diese Völker und Organisationen in ihrer Beziehung mit der Bundes- und Länderregierung meistern müssen, eingeschrieben haben. Diese Märsche sind zudem zu einem wichtigen Mechanismus geworden, durch den sich die 36 indigenen Völker trafen und miteinander verständigten.

Schließlich ist noch auf die Tatsache hinzuweisen, dass die Organisationen der indigenen Völker aus dem Tiefland ihre Forderungen direkt vor die Bundesregierung trugen. Auf diese Weise versuchten sie die Macht der regionalen Eliten zu neutralisieren und die traditionelle politische Meinungsbildung zu umgehen, die durch die in Verbänden organisierten regionalen UnternehmensvertreterInnen, BürgerInnenkomitees, Parlamentsabgeordnete und GouverneurInnen beherrscht waren.

2 Der „Wasserkrieg"

Die Ereignisse in Cochabamba im Jahr 2000 können wohl als einer der wichtigsten Momente der Neukonfiguration der politischen Ordnung des Landes gelten. Schließlich verhalf der „Wasserkrieg" der Forderung nach Verstaatlichungen und der Einberufung einer verfassunggebenden Versammlung, mit anderen Worten: der Neugründung Boliviens, zu breiterer Unterstützung. Das Unternehmen Bechtel, das Wasserrechte in Cochabamba gekauft hatte, hob die lokalen Wasserpreise innerhalb kürzester Zeit um ein Vielfaches an und war im Begriff die Wasseradministration in einem Gebiet zu übernehmen, in dem sie bisher gemeinschaftlich funktionierte. Dies rief den Widerstand der Bevölkerung gegen die Privatisierung von Wasser hervor. Die erste Erfahrung der Ausweisung dieses transnationalen Unternehmens aus Bolivien im Jahr 2000 markierte einen grundlegenden Wendepunkt in Bezug auf das seit 1985 vorherrschende neoliberale Wirtschaftsmodell, trotz der Anstrengungen der nachfolgenden Regierungen, die dieses als unantastbar darstellten.

Die Unterstützung einer großen Vielfalt an Organisationen – mit der weitreichenden Beteiligung von urbanen und ländlichen Bevölkerungssektoren, KokabäuerInnen des Chapare, Berufstätigen und anderen Sektoren – verlieh dem „Wasserkrieg" eine enorme gesellschaftliche Stärke. Das wiederum gab der Forderung Kraft, dass eine gesellschaftliche Vertretung jenseits der Parteistrukturen in der verfassunggebenden Versammlung notwendig sei.

Ebenso trug der „Wasserkrieg" wesentlich zur Politisierung der alltäglichen Räume bei, da die gelebte Erfahrung bei der mobilisierten Bevölkerung die Zuversicht stärkte, dass es in Momenten mit großer kollektiver Beteiligung möglich ist, Politik zu machen. Der Schlüssel für die Verlängerung dieses politischen Moments gesellschaftlicher Partizipation, liegt darin, Politik nicht nur als zufällige Ansammlung von AkteurInnen und Institutionen anzusehen, sondern als einen offenen Raum der Begegnung und der kollektiven Debatte zu verstehen.

Auf diese Weise stellen die Erfahrung des „Wasserkriegs" und die Entstehung der „Koordinationsstelle zur Verteidigung des Wassers und des Lebens" (*Coordinadora de Defensa del Agua y de la Vida*)[4] im Jahr 2000 einen Meilenstein auf dem Weg zu einer neuen Politikform dar. Dabei geht es nicht nur um Kontrolle und Überwachung der politischen EntscheidungsträgerInnen durch die Gesellschaft, sondern um die aktive Beteiligung der Bevölkerung an der Entscheidungsfindung und der Verwaltung des Öffentlichen.

Somit prägte die – im „Wasserkrieg" ihren Höhepunkt erlangende – kollektive Aktion der „Koordination zur Verteidigung des Wassers und des Lebens" den in diesen Momenten begründeten politischen Reformprozess, der sowohl die Partizipationsformen der liberalen Parteidemokratie als auch diejenigen der traditionellen korporativen Formen des para-staatlichen Syndikalismus ins Wanken brachte.

---

4 Die auch kurz genannte „Coordinadora del Agua" war eine Artikulationsinstanz der Kämpfe, geschaffen von denselben sozialen Organisationen und Personen, die bei der Protestbewegung gegen das transnationale Unternehmen Bechtel in Cochabamba im Jahr 2000 beteiligt gewesen sind. Dabei handelte es sich nicht um eine Organisation gewerkschaftlichen oder parteilichen Charakters. Vielmehr war es ein Netzwerk, bestehend aus Organisationen und Individuen, die sich trafen, um über Aktionen gegen die Privatisierung der Grundversorgung und die Repression durch die Regierung von Hugo Banzer Suárez zu beraten.

Auf diese Weise durchkreuzte die in Cochabamba gelebte soziale Erfahrung, in welcher die Politik als kollektiver und konstituierender Raum gegen die Monopolisierung des Politischen durch einige Gruppen – vor allem politische Parteien – zurückgewonnen wurde, die klassische, für die bestehende institutionelle Ordnung charakteristische Aufteilung zwischen Regierenden und Regierten.

In diesem Zusammenhang ist es zudem wichtig, auf die *Coordinadora de Defensa del Agua y de la Vida* als neuen Organisationstyp hinzuweisen, der einen Raum kollektiver Entscheidungsfindung darstellt. Dem wurde insofern Rechnung getragen, als sie SprecherInnen nominierte und *Dirigentes*[5] ablehnte. Damit wird eine neue Art der Beziehung erprobt, die mit der Logik, dass Politik nur durch Mittelspersonen gemacht werden kann, bricht. Schließlich ist anzumerken, dass diese politische Dynamik auf der kollektiven Diskussion und Meinungsbildung aufbaut, welche sich wiederum aus der Vielfalt an Erfahrungen der Beteiligten nährt. Entfalten konnte sich diese Dynamik außerdem nur aufgrund des horizontalen Dialogs, der die BürgerInnen ermutigte, sich an der Entscheidungsfindung bezüglich der Definition und Ausrichtung öffentlicher Politiken zu beteiligen.

Der Unterschied zwischen diesem und dem mit dem Gesetz des nationalen Dialogs[6] des Jahres 2001 eingeführten Prozess ist, dass letzterer die Konsultation staatlicher Behörden vorsah, also top-down organisiert war. Evaluations- und Reflexionsberichten über die Durchführung sowohl des Gesetzes für die BürgerInnenbeteiligung[7] des Jahres 1994 wie auch des Gesetzes des nationalen Dialogs (LDN) zufolge, würden beide:

---

5   *Dirigente* bedeutet auf Deutsch: politische Führungspersönlichkeit, hier von sozialen Bewegungen.

6   Das Gesetz des nationalen Dialogs (LDN) begründet den Nationalen Mechanismus der sozialen Kontrolle (MNCS) und die neun Mechanismen der sozialen Kontrolle auf der Ebene der Departements. In diesem Kontext wird die soziale Kontrolle als ein Recht der zivilgesellschaftlichen Institutionen verstanden, um die Ergebnisse und die Auswirkungen der politischen Maßnahmen und die partizipativen Prozesse der Entscheidungsfindung kennen zu lernen, zu überwachen und zu evaluieren (LDN: Art 25), wie im Fall der Kanalisierung von Klagen vor dem Kongress und vor anderen Entscheidungsinstanzen. Die LDN konzentriert sich auf das Ziel der Armutsbekämpfung im Rahmen der Bolivianischen Strategie zur Armutsreduzierung (EBRP), und zwar anhand von zweierlei Interventionsmechanismen: (a) Die Evaluierung der Ergebnisse der Politikmaßnahmen im Bereich der öffentlichen Dienstleistungen im Zusammenhang mit den Zielen der Bolivianischen Strategie zur Armutsreduzierung, mittels der Überprüfung der Verwaltung, der Ausführung von Programmen, der Budgetverwaltung und der „Cuenta Especial Diálogo", sowie (b) Die Evaluierung der sozialen Beteiligung mittels der Überprüfung der Auswirkungen der Partizipation auf die Entscheidungsfindung.

7   Spanisch: *Ley de Participación Popular* (LPP).

[...] die von oben nach unten gerichtete Struktur aufrechterhalten und nachahmen, die aufgrund ihrer komplexen und erschöpfenden Gesetzgebung durch einen hohen Institutionalisierungs- und Formalisierungsgrad gekennzeichnet sein. [... Deren Form und Struktur] wiederum führt zu Überschneidungen in Bezug auf die Zuständigkeit, so dass keine klare Trennung zwischen den Funktionen der Verantwortlichen für die Kontrolle der Sozialprogramme auf der einen Seite und der Verantwortung der staatlichen Instanzen auf der anderen existiert" (España u.a. 2005).

Eine weitere bedeutende diesbezügliche Kritik bezog sich darauf, dass eine Operationalisierung dieser Prozesse der BürgerInnenbeteiligung bestimmte Fähigkeiten und ExpertInnenwissen – v.a. von Seiten der Verantwortlichen für die Kontrolle der Sozialprogramme – erfordern.

Im Allgemeinen haben weder der vom Gesetz für die BürgerInnenbeteiligung initiierte Prozess, noch der nationale Dialog ausreichende Wirkung entfalten können, um der zunehmenden Forderung nach politischer Beteiligung von Seiten der aus der nationalen, regionalen und lokalen Politik stets ausgeschlossenen Gruppen nachkommen zu können. Eine der größten Hürden für die gesellschaftliche Beteiligung und Kontrolle, wie sie in den beiden genannten Prozessen gedacht wurde, war die Ignoranz in Bezug auf die diversen Formen der gesellschaftlichen Selbstorganisation der Gemeinschaften und der indigenen Völker, die über korporative politische Repräsentationsmuster hinaus gehen. Dem entgegengesetzt wurde die „Koordination zur Verteidigung des Wassers und des Lebens" zu einem Raum der basisorientierten gesellschaftlichen Selbstorganisation, die auf der Überzeugung gründet, dass Politik ausgehend von und für die Bedürfnisse der Bevölkerung gedacht werden muss. Das bedeutet, die politischen Agenden aus den unterschiedlichen Forderungen der Kämpfe für bessere Lebensbedingungen in unterschiedlichen Räumen zu entwickeln. Dabei ist wichtig, dass diese Agenden zum einen auch die für die Realisierung der Projekte notwendige technische Arbeit mit bedenken müssen. Zum anderen ist auch eine neue institutionelle Struktur zu entwerfen, die Kriterien für mehr Effizienz und zugleich mehr Transparenz und demokratische Strukturen beachtet.

3 Indigene Mobilisierungen des Hochlandes und der „Gaskrieg"

Zeitgleich mit dem „Wasserkrieg" ereignete sich im bolivianischen Hochland eine beeindruckende indigene Mobilisierung, die sich im September und Oktober des gleichen Jahres wie auch im Juni und Juli des Folgejahres (2001) wiederholen sollte.

Der von Felipe Quispe – zu jener Zeit Exekutivsekretär der Konföderation der LandarbeiterInnengewerkschaft Boliviens (CSUTCB) – öffentlich im Rahmen der indigenen Mobilisierungen des Jahres 2000 verbreitete Diskurs über die „zwei Bolivien", einem indigenen und einem Weißen Bolivien, etablierte eine neue Landkarte des politischen Diskurses. Dieser Diskurs begleitete das Auftreten neuer politischer

Kräfte und die Infragestellung der neoliberalen und kolonialen Hegemonie. Zudem kann die Tragweite der indigenen Mobilisierungen der Jahre 2000 und 2001 am Geltungsverlust der staatlichen Präsenz, Macht und Organisationen gemessen werden. Das wurde vor allem deutlich, als weder das Militär noch die Polizei die Kontrolle über die Landstraßen und Gebiete gewinnen konnten, die von den indigenen Kräften besetzt wurden. Es waren die indigenen Kräfte, die anhand ihrer Blockaden und Kontrollposten auf den Bergen und Straßen letztendlich die republikanischen Institutionen ins Wanken brachten.

Dieser Prozess der Infragestellung des herrschenden politischen und ökonomischen Regimes setzte sich während des sogenannten „Gaskriegs" im Jahr 2003 fort. Im Zeitraum zwischen den Jahren 2000 und 2003 mobilisierte permanent ein ausgedehntes Netzwerk von sozialen, unabhängigen bzw. an bestimmte gemeinschaftliche oder korporative Organisationen angeschlossenen AktivistInnen. Dieses Netzwerk verbreitete Informationen mit dem Ziel, eine allgemeine kritische Stimmung zu verstärken und die beinahe geheime, elitäre und ineffiziente Art und Weise anzuprangern, mit der die unterschiedlichen Regierungen die Ausbeutung der natürlichen Ressourcen (Wasser, Gas, Erdöl, Mineralien etc.) vorangetrieben haben. Allgemein ging es auch um eine neue Interpretation des neoliberalen Prozesses, der sich auf dem Höhepunkt seiner Macht als erfolgreiches Modernisierungsparadigma mit direktem Bezug zum Weltmarkt darstellte. Die feinsinnige Arbeit dieser AktivistInnen im Zusammenhang mit der stärker sichtbaren Arbeit der *Dirigentes*, Intellektuellen und sozialen Organisationen wie auch der historischen Erinnerung an den Verlust des Meereszugangs[8] bereitete die Grundlage für eine kritische Haltung in der Bevölkerung. So wurde die Abneigung der Bevölkerung gegenüber dem für jenes Jahr von der Regierung Gonzalo Sánchez de Lozada geplanten intransparenten Projekt des Gasexports nach Chile schnell zu einer effizienten Mobilisierungsmaschinerie.

Mit der zunehmenden Repressionsgewalt und der Verallgemeinerung und Radikalisierung der Mobilisierungen konzentrierte sich die Bewegung schließlich auf zwei gemeinsame Forderungen: Erstens wurde der Rücktritt von Präsident Gonzalo Sánchez de Lozada als elementare Bedingung gefordert, bevor jegliche Form der Konfliktlösung angedacht würde. Zweitens verlangte man die sofortige Ausrufung einer verfassunggebenden Versammlung, die die Praxis und die Konzeption der Politik neugründen und anleiten sollte.

Die Ablehnung gegen Sánchez de Lozada drückte auch die Ablehnung gegenüber dem traditionellen Parteiensystem aus, samt der damit einhergehenden Praxen des Klientelismus, der Pfründesicherung und Patronage, die während der gesamten Periode der Paktierten Demokratie üblich waren.

---

8   Im Salpeterkrieg (1879) gegen Chile verlor Bolivien den Zugang zum Pazifik.

Wie beim Umdrehen einer Münze folgte auf die Anfechtung ein Angebot. Dieses Angebot beinhaltete die Einführung eines Mechanismus, der eine radikale Transformation der Situation, bzw. eine Neukonzeption der Gesellschaftsordnung ermöglichen würde, in welcher die indigene Bevölkerung und ihre Mobilisierungskraft als ernst zu nehmender politischer Akteur wahrgenommen würde. Dieser Mechanismus war die verfassunggebende Versammlung, wie sie bereits im Kontext vorheriger sozialer Mobilisierungen als Raum zur Transformation des sozialen Regimes vorgeschlagen wurde.

Das Interessanteste am „Gaskrieg" ist die Art und Weise, wie die Zivilgesellschaft nicht nur auf der diskursiven Ebene, sondern auch durch ihre Aktionen eine politische Alternative zu den liberalen Organisations- und Repräsentationsformen präsentierte. In den Nachbarschaftsräten (*asambleas de barrio*), den Stadträten (*cabildos*), dem Rotationsverfahren unter den Nachbarn zur Gewährleistung der Mobilisierungsstärke, den Strategien der Lebensmittel-, Gas- und Wasserversorgung und in der beinahe militärischen Organisation der Verteidigung der durch die Streitkräfte belagerten Stadt präsentierten die sozialen Bewegungen sich selbst als einen Ausgangspunkt für eine andere Art der Politik.

Dabei bewiesen sie, dass sie reale Chancen hatten, dem gültigen – und bis dahin als einzig möglich dargestellten – Parteien- und Wahlsystem die Stirn zu bieten und dieses in Frage zu stellen. Wahlprozesse und Volksbefragungen wurden nicht *per se* ausgeschlossen, aber immer als Instrumente im Hinblick auf den stattfindenden Wandel des politischen Systems gesehen, der über die liberalen Repräsentationsformen hinausgehen sollte. Die Hinterfragung des Parteiensystems als Kern des politischen Lebens mutierte zur Forderung nach einer verfassunggebenden Versammlung, welche ab ihrer Ausrufung die Vermittlerrolle der Parteien ausschließen sollte. Dahinter stand das Ziel, die politische Ordnung ausgehend von den erlebten Erfahrungen der radikalen kollektiven Aktion neu zu gestalten. In der Tat überschnitten sich viele dieser Momente des Kampfes mit Wahlprozessen, so dass einige politische AnführerInnen solche Momente der kollektiven Aktion zu ihren Gunsten nutzen konnten, um sich als Einzelpersonen in den Vordergrund zu stellen und um an Machtposten in der Legislative und der Exekutive zu gelangen. Was nicht ganz klar wird, ist die Art und Weise, in der viele dieser AnführerInnen in ihrem neuen Amt mit jenen Bevölkerungssegmenten interagieren, aus denen sie selbst stammen. Noch weniger klar ist zudem, wie sie diesen langen Prozess des Kampfes und der Herstellung eines politischen Lebens jenseits der repräsentativen liberalen Demokratie interpretieren.

Dennoch haben die traditionellen Parteien (ADN, MNR, MIR, NFR, UCS)[9] – trotz der im Oktober 2003 erlittenen Ablehnung und Delegitimierung – ihre

---

9   Nationalistische Demokratische Aktion (ADN), Nationalistische Revolutionäre Bewegung (MNR), Linksrevolutionäre Bewegung (MIR), Neue Republikanische Kraft (NFR), Solidarische BürgerInneneinheit (UCS).

parlamentarische Vertretung beibehalten. So konzentrierten sich das Epizentrum der Konflikte und die soziale Wut auf die Instanzen der politischen Macht (die Legislative und die Exekutive).

Auf den Rücktritt von Gonzalo Sánchez de Lozada am 17. Oktober 2005 folgte eine Welle an Mobilisierungen, die als Mai-Juni-Mobilisierungen (*movilizaciones de Mayo –Junio*) bekannt wurden. Die Neubesetzung des Präsidentenamtes, die der Oktober-Revolte folgte, zog das gesamte Misstrauen auf sich, das sich gegenüber dem politischen System bis dahin akkumuliert hatte. Die Kluft zwischen dem überkommenen Repräsentationssystem und den Erwartungen der sozialen Bewegungen rief das Gefühl hervor, dass der Prozess mangelhaft und unausgegoren war und nur wirklich mit der Erneuerung der Regierungsstruktur und der legislativen Macht abgeschlossen werden könnte. In diesem Rahmen kam es zum zweiten Präsidentenrücktritt, diesmal von Carlos Mesa, weshalb das Präsidentenamt laut Verfassung an den damaligen Präsidenten des Obersten Gerichtshofs Rodríguez Veltzé weiter gegeben wurde. Im Amt blieb Veltzé bis zu den Präsidentschaftswahlen im Dezember 2005.

Als Offensive gegen das im Jahr 2000 erarbeitete politische indigen-populare Projekt kam zudem der Vorschlag zur Gründung von Departement-Autonomien (*autonomías departamentales*) als ein Gegen-Projekt auf. Dieses wurde vor allem durch AkteurInnen eingebracht, die sich durch die Reformforderungen direkt betroffen sahen. Dazu gehörten in die Präfekturen der Departements zurückgezogene politische Eliten und BürgerInnenkomitees der Departements[10], UnternehmerInnen und AgroexporteurInnen aus den Departements des bolivianischen Ostens. Die sozialen Bewegungen erkannten die Autonomieforderung aufgrund ihrer eindeutig klassistischen und reaktionären Orientierung nicht an. Schließlich zeigten ihre BegründerInnen und ihre Vorgehensweisen klare rassistische, ausgrenzende, autoritäre und entsolidarisierende Züge, anstatt demokratisierende Elemente einzubringen.

---

10 Die BürgerInnenkomitees der Departements (*Comités Cívicos Departamentales*) tauchen in den 1950er Jahren auf und bilden Organisationsinstanzen der Zivilgesellschaft. Sie beschäftigen sich vor allem mit dem Thema der regionalen Entwicklung. Zu ihren Mitgliedern zählen Institutionen sowohl der Hauptstädte der Departements, der Provinzen und Provinzsektionen; Unternehmerverbände, Kultur- und Sozialvereine, Gewerkschaften, ArbeitnehmerInnen-, Berufs- und Arbeitgeberorganisationen, Kooperativen, Jugend-, Landwirtschafts-, Bildungs- und Sportvereine, sowie Nachbarschaftsverbindungen und -organisationen. In ihrer Mehrheit definieren sich diese Organisationen ihren Statuten nach als Körperschaften ohne politische Ziele. Dennoch wurden sie im aktuellen Kontext der BürgerInnenkomitees der Departements zu den wichtigsten oppositionellen Artikulations- und Verteidigungsorganisationen der herrschenden Klasse in den Departements des so genannten Halbmondes (*Media Luna*), der Santa Cruz, Beni, Pando, Tarija und Chuquisaca umfasst.

Den Gegenpart zur Departement-Autonomie – die ursprünglich als Bremse bzw. Mäßigung des Volksaufstandes und eines Vorstoßes zur Öffnung der politischen Macht gegenüber anderen sozialen Sektoren (v.a. den Indigenen) vorgeschlagen worden war – stellte die zwischen Mitte 2006 und November 2007 tagende verfassunggebende Versammlung dar.

Die sozialen Organisationen gingen über einen Prozess der Erneuerung bzw. Ausweitung der politischen Eliten hinaus. Zusätzlich zur Reform der politischen Ordnung verlangten sie eine Transformation des Wirtschaftsmodells. Die Privatisierungen hatten die Kontrolle über die Ausbeutung der natürlichen Ressourcen wie auch die mit ihnen verbundenen ökonomischen Gewinne enteignet. Aus diesem Grund und in Anbetracht des unbestreitbaren Misserfolgs dieses Modells bestand der Grundgedanke der mobilisierten popularen Sektoren in der Nationalisierung. Das bedeutet zum einen die Rückgewinnung des Nutzungsrechts sowie der Gewinne an der Veräußerung der natürlichen Ressourcen und zum anderen die Notwendigkeit von neuen rechtmäßigen Vorgehensweisen, um diese Ressourcen zu verwalten.

Darüber hinaus gründeten einige Mobilisierungsformen direkt auf der Infragestellung der symbolischen Ordnung, mit der die Mächtigen die Grenzen zwischen den Herrschenden und den Beherrschten, zwischen Indigenen, Mestizen und Weißen, zwischen Besitzenden und Besitzlosen, zwischen Reichen und Armen zogen. Die Besetzung von allgemein als Räumen der Mittel- und Oberschicht von La Paz angesehenen städtischen Plätzen und Straßen, wie auch die Feindseligkeit gegenüber der westlichen Kleidung (Anzug und Krawatte) wiesen auf die Ablehnung der indigenen sozialen Bewegungen gegenüber der willkürlichen sozialen Ordnung hin, die je nach ethnischer und klassenspezifischer Zugehörigkeit Vor- oder Nachteile brachte.

4 Die gesellschaftlichen Kämpfe während der Regierungszeit des ersten indigenen Präsidenten

Die zuvor beschriebenen sozialen Mobilisierungen des letzten Jahrzehnts initiierten einen politischen und gesellschaftlichen Transformationsprozess, der hinsichtlich seiner Potentiale und Grenzen vor neue Herausforderungen gestellt wurde, als Evo Morales, erster indigener Präsident des Landes, im Januar 2006 sein Amt antrat. Die Bewegung zum Sozialismus – Politisches Instrument für die Souveränität der Völker (MAS – IPSP) und viele der gesellschaftlichen Kräfte, die sie heute in der Regierungsarbeit begleiten, sind Teil der Geschichte der zuvor beschriebenen Kämpfe. Aber auch wenn sie nun das Land regieren, impliziert dies nicht automatisch eine Synthese der Kämpfe in einer „Regierung der sozialen Bewegungen".

Die Wiederherstellung der politischen Bedeutung der Demokratie, ausgehend von einer neuen Beziehung zwischen dem Staatlichen und dem Gesellschaftlichen, zwischen Regierung und sozialen Organisationen hin zu einer erhöhten Einbindung in die öffentlichen Entscheidungsfindungsprozesse, ist nicht durch einfache Addition der Partei und der Organisationen zu bewirken. Der Regierungsantritt der MAS impliziert ohne Zweifel eine bedeutende qualitative Veränderung in Richtung einer Ausweitung der Demokratie. Diese Ausweitung kommt durch die komplexere gesellschaftliche Zusammensetzung der Akteure zum Ausdruck, die heute staatliche Führungsämter sowohl der Exekutive als auch der Legislative besetzten. Grundlegende Aufgabe dieser neuen Etappe ist die Transformation der heutigen liberalen und kolonialen Institutionalität, welche durch die politischen Praktiken und Vorgehensweisen des gesellschaftlichen Aufstandes herausgefordert wurden. In diesem Sinne stellte die Einberufung einer verfassunggebenden Versammlung die bedeutendste Aufgabe für die neue volksnahe indigene Regierung dar. Schließlich sollte dadurch dieser geerbte Staat neu begründet werden.

Allerdings erwies sich das am 6. März 2006 ausgerufene Gesetz zur Einberufung der verfassunggebenden Versammlung als eines der wichtigsten Hindernisse für eine tiefgreifende Neugründung des Staates. Dieses Gesetz setzte politische Parteien, BürgerInnengruppierungen und indigene Völker als einzige Instanzen fest, die Abgeordnete für die verfassunggebende Versammlung vorschlagen konnten (Art.7). Tatsächlich war es den verschiedenen sozialen Bewegungen aufgrund der hohen Auflagen für Kandidaturen jedoch nicht möglich, unabhängig von politischen Parteien eigene KandidatInnen aufzustellen. Die rechtliche Definition eines „indigenen Volkes" durch den Nationalen Wahlgerichtshof war außerdem nichts weiter als eine Spielart der klassischen Formen politischer Einflussnahme der Parteien. So wurden die Bestrebungen nach autonomer politischer Partizipation und Repräsentation in die Schranken gewiesen, welche breite Teile der alternativ organisierten bolivianischen Gesellschaft – etwa die „Koordinationsstelle der Verteidigung des Wassers und des Lebens", die verschiedenen Organisationen der indigenen Völker und nachbarschaftlichen Vereinigungen – gehegt hatten, und ihre Möglichkeiten, in politische Angelegenheiten zu intervenieren, beschnitten. Die *de facto* Anerkennung eines stark fragmentierten Parteiensystems durch das Einberufungsgesetz bedeutete eine Verringerung des politischen Raumes, den die sozialen Bewegungen zuvor in den Jahren des Kampfes geöffnet hatten. Dieser eingeschränkte politische Raum ergibt sich sowohl durch die eingebundenen bzw. ausgeschlossenen AkteurInnen, als auch durch die Politikformen, die außen vor gelassen wurden. Die sozialen Bewegungen Boliviens hatten zwischen den Jahren 2000 und 2005 eine Öffnung des politischen Horizonts und damit die Möglichkeit geschaffen, Politik neu zu definieren, indem nicht nur das Repräsentationsmonopol der traditionellen politischen Parteien, sondern auch die von ihnen etablierten Machtinhalte infrage gestellt wurden.

Zeitgleich zur Einberufung der verfassunggebenden Versammlung erlaubte die MAS-Regierung im Jahre 2005 die Durchführung eines Referendums über die Departement-Autonomien. Dies ging auf das Autonomieprojekt der agro-exportierenden Eliten des Ostens des Landes zurück und zielte darauf ab, auf künstliche Art und Weise zwei gegensätzliche politische Prozesse gleich zu stellen. Die Tatsache, dass die MAS sich dieses Projekts, annahm, ohne dem tatsächlichen Problem der zentralistischen und vereinheitlichenden Struktur des bolivianischen Staates eine neue politische Alternative entgegen zu stellen, hat dazu geführt, dass eben dieses Projekt im separatistischen Eifer des „autonomistischen Diskurses" (*discurso autonomista*) des Ostens gefangen blieb. Schließlich prägte die Elite des Ostens zu einem wichtigen Ausmaß die politische Funktionsdynamik der verfassunggebenden Versammlung.

Vor diesem Hintergrund zog eine politisch rechtsstehende Kraft in die verfassunggebende Versammlung ein, was sowohl durch den Wahlmodus begünstigt wurde, der sie über-repräsentierte, als auch durch die Tatsache, dass sie die Forderungen der Bevölkerung nach Dezentralisierung und Dekonzentrierung der zentralistischen Staatsmacht aufgriff. Dies geschah aus dem Grund, dass die Regierung der Bevölkerung ein Referendum über Autonomien vorschlug, ohne sie über den Sinn aufzuklären, den die Unternehmereliten, welche die Fahne der Departement-Autonomien schwangen, dieser zuschrieben. Auf diese Weise, und obwohl sie über kein tatsächliches politisches Transformationsprojekt verfügte, behinderte die bolivianische Rechte in der verfassunggebenden Versammlung fortwährend Vorschläge des Wandels.

Andererseits aber wurde die politische Debatte trotz des Monopols der Parteien in der Zusammensetzung der verfassunggebenden Versammlung seitens der organisierten und mobilisierten Gesellschaft erneut angeregt. Der sogenannte Einheitspakt[11] (*Pacto de Unidad*), welchem die wichtigsten BäuerInnen- und Indigenenorganisationen des Landes angehörten und dem tausende von Vorschlägen aus verschiedenen Segmenten der Zivilgesellschaft zukamen, belebte das politische Szenario von neuem. Er beriet über die Veränderungen, die in die neue Magna Carta eingehen sollten, und musste sich gleichzeitig gegen die unaufhörliche Belagerung der Rechten verteidigen. Diese hatte sich um die Regierungen der Departements und BürgerInnenkomitees

---

11 Der Einheitspakt ist eine Allianz, die sich aus indigenen und BäuerInnenorganisationen zusammensetzt. Diese wiederum bestehen aus dem Nationalrat der *Ayllus* und *Markas* des *Qullasuyu* (CONAMAQ), der Konföderation Indigener Völker des Ostens Boliviens (CIDOB), der Konföderation der LandarbeiterInnengewerkschaft Boliviens (CSUTCB), dem Nationalen Föderation der Originären Indigenen Landarbeiterfrauen Bartolinas Sisa (FNMCIOB „BS"), der Kulturbewegung Afrikanischstämmiger (*Movimiento Cultural Afrodescendiente*), dem Nationalen Verband der Gemeinschaftlichen WassernutzerInnen und Trinkwassersysteme (ANARESCAPYS) und dem Zentralverband Ethnischer Völker in Santa Cruz (CPESC). Vor dem Hintergrund einer fehlenden autonomen Repräsentation der Organisationen wurde diese Allianz im Rahmen der verfassunggebenden Versammlung zur wichtigsten Plattform zur Unterbreitung von Vorschlägen und zur Antwort auf die Aggressionen der Stoßgruppen, welche von den FührerInnen der Opposition in Sucre geschickt wurden, um in die Sitzungen der Versammlung einzugreifen.

gebildet und griff unter dem Deckmantel der Verteidigung der Demokratie fortwährend auf Gewalt gegen die Bevölkerung ihrer Departements zurück, um ihre Klassenprivilegien zu sichern.[12]

5 Der Konflikt um die Annahme des Verfassungstextes

Die Sitzungen der verfassunggebenden Versammlung, welche von Mitte 2006 bis November 2007 stattfinden sollten, wurden mehrmals verschoben. Zunächst auf Anfang des Jahres 2007, aufgrund der von der Opposition zur Annahme der Artikel der neuen Verfassung geforderten Zweidrittel-Mehrheit der WählerInnenstimmen. Damit versuchte sie sich Veto-Möglichkeiten zu sichern, insbesondere bei jenen Themen, welche ihre regionalen und Klasseninteressen betrafen, hauptsächlich das Thema der Neuverteilung der Ländereien. Die neue Forderung der *capitalía plena* – welche die Verlegung des Regierungssitzes nach Sucre anstrebte – diente im Jahr 2007 als weiteres strategisches Thema, um die Beratungen der Versammlung zu blockieren. Diese zähen Konflikte durchzogen die gesamte Periode der verfassunggebenden Versammlung und hielten bis zur ebenso konfliktreichen Klausur der Versammlung in der Militärschule der Glorieta an. Um mit dem Zustimmungsverfahren für einen neuen Verfassungsvorschlag fortfahren zu können, wurde die Versammlung schließlich in das Departement Oruro verlegt.

Während der Durchführung der verfassunggebenden Versammlung im Departement Chuquisaca bildeten sich – grob dargestellt – zwei große politische Blöcke: Zum einen der durch das selbsternannte Interinstitutionelle Komitee organisierte, aus RepräsentantInnen verschiedener Institutionen der Gesellschaft Chuquisacas

---

12 In diesem Zusammenhang sind besonders die gewalttätigen Übergriffe des 24. Mai 2008 hervorzuheben, die sich in Sucre abspielten. Mit der Absicht, den Zulauf der BäuerInnen- und Indigenengruppen wie auch der einfachen Bevölkerung zu einer Veranstaltung, bei der RegierungsvertreterInnen Rettungswagen übergeben sollten, zu verhindern, schlug eine angeheizte Menschenmenge an diesem Tag eine Gruppe von indigenen Frauen und Männern auf unmenschliche Weise gewaltvoll nieder. Dies war ein Vorfall, der den rassistischen und kolonialen Kern eines Großteils der politischen Opposition Boliviens und der Gesellschaftssegmente aufzeigte, die sie unterstützte. Es handelte sich um einen kollektiven Akt der Demütigung, bei dem eine Menge von AnhängerInnen des Interinstitutionellen Komitees, die unter Zustimmung der örtlichen Behörden – d.h. durch deren aktive Partizipation oder deren Schweigen – eine Gruppe indigener und bäuerlicher Amtsträger verschleppten und mittels Schlägen und rassistischer Beschimpfungen zwangen, den Boden und die Fahne Chuquisacas zu küssen, sich zu entkleiden, auf dem zentralen Platz Sucres nieder zu knien und die Hymne der Stadt zu singen, während die Menschenmenge sie bespuckte und die *Wiphala* (Flagge und Symbol der Indigenen) verbrannte. All dies geschah, während an anderen Orten der Stadt weitere Gruppen von Indigenen verfolgt, eingekreist und geschlagen wurden.

bestehende Block (bestehend etwa aus der öffentlichen Universität, dem Bürgermeisteramt, dem BürgerInnenkomitee und etwas später auch der Präfektur), die in den kritischsten Momenten des Konflikts unterschiedliche gesellschaftliche Sektoren (wie StudentInnen, Hausfrauen, ArbeiterInnen und einige BäuerInnenorganisationen) zusammenbringen und gegen den verfassunggebenden Prozess mobilisieren konnten. Dem genannten Komitee gelang es ebenfalls, einige Sektoren der kirchlichen Hierarchie und fast alle Kommunikationsmedien öffentlich an sich zu binden. Zur Erläuterung der zwischendepartamentalen Dimension, die dieser Konflikt annahm, ist es wichtig zu erwähnen, dass diesem Block auch eine Gruppe von Jugendlichen der Jugendvereinigung der Nachbarstadt Santa Cruz angehörte.

Zum anderen bestand der zweite politische Block hauptsächlich aus BäuerInnen und Indigenen der Provinzen des Departements Chuquisaca, der Regierungspartei, aus BäuerInnen der restlichen Landesteile und popularen Organisationen, BürgerInnen der Stadt Sucre und lokalen Kommunikationsmedien, die sich trotz des vorherrschenden Einschüchterungsklimas zusammenfanden und den verfassunggebenden Prozess verteidigten. In den kritischsten Momenten der sozialen Konfrontation wurden die den Block der Indigenen unterstützenden städtischen Sektoren teilweise immobilisiert und aufgrund der Vorherrschaft und der gewalttätigen Reaktionen des interinstitutionellen Blocks dazu gezwungen, eine passive Opposition auszuführen.

Beide Blöcke beanspruchten für sich ein bestimmtes Demokratieverständnis. Für den interinstitutionellen Block drückte sich Demokratie darin aus, die Institutionen aus der Zeit vor den Wellen der sozialen Mobilisierung seit dem Jahr 2000 und dem Präsidentschaftsantritt von Evo Morales zu verteidigen, insbesondere die juristische Kontrollstruktur der Verfassung. Der Block der BäuerInnen verstand Demokratie wiederum als Konstruktionsprozess einer neuen Institutionenlandschaft, welcher die ausschließenden Strukturen der öffentlichen Macht in Bolivien verändern sollte. Im Diskurs über die Demokratie verstand der interinstitutionelle Block die Neugestaltung der Kräfteverhältnisse als Bedrohung, insbesondere die Präsenz des indigenen Sektors in der Struktur der Staatsbürokratie. Mit dem Beginn der verfassunggebenden Versammlung in Sucre im Jahr 2006 wurde der über Jahrhunderte andauernde Ausschluss der indigenen und popularen Sektoren durch ihre einsetzende Beteiligung an den Regierungsstrukturen als Abgeordnete und in den Ministerien aufgehoben. Gleichzeitig wurde eine Reform der in erster Linie in diesem Departement angesiedelten Justiz anhand der Einführung multikultureller Kriterien vorgesehen, welche zwangsweise die klassistische Zusammensetzung eben dieses Justizwesens verändern sollte. Aus diesem Grund sahen einige Sektoren ihre wichtigste Reproduktionsquelle in Gefahr. Somit war die Forderung nach einer *capitalía plena* – der Rückkehr der Exekutive und Legislative nach Sucre, die während des Bürgerkrieges des Jahres 1899 an das Departement von La Paz verloren worden waren – ein Vorwand, und in

Wirklichkeit handelte es sich auch um ein Projekt zur Eindämmung des Vormarsches der indigenen und einfachen Bevölkerungsschichten des Landes.

Nach dem Verlust der Hegemonie über die nationalen Machtstrukturen beschränkte sich der interinstitutionelle Block – gemeinsam mit anderen Sektoren aus der Mittel- und Oberschicht der bolivianischen Departements – in seinem Demokratiediskurs nicht allein auf Forderungen, die das Departement betrafen. Hingegen ging er auf das gesetzliche, juristische und Verfahrensverständnis der Demokratie ein. Während der Sitzungen der verfassunggebenden Versammlung waren indigene Themen keine zentralen Bestandteile des Diskurses des interinstitutionellen Blocks. In einem zweiten Moment, als das Kräftemessen zwischen den Departements von La Paz und Chuquisaca zur Einberufung von zahlreichen Stadträten führte, wurde sich das Interinstitutionelle Komitee allerdings darüber bewusst, dass es für eine vorteilhaftere politische Positionierung die Unterstützung der Gemeinden seiner jeweiligen Provinzen benötigte. Erst aus diesem Grund wurden indigene Themen stärker berücksichtigt. Das Scheitern dieses Versuchs wurde während der Geschehnisse im Mai 2008 offensichtlich, als eine Gruppe Indigener auf derart skandalöse und inakzeptable Weise gedemütigt und geschlagen wurde, dass jeder Ansatz einer tatsächlichen und glaubhaften Aufnahme der indigenen Problematik in den Diskurs des interinstitutionellen Blocks zunichte gemacht wurde (siehe Fußnote 11). Hervorzuheben ist noch der Versuch des interinstitutionellen Blocks, seinem als „gegen die BäuerInnen" gerichteten Ansehen durch den Vorschlag einer indigenen Frau für das Gouverneursamt entgegenzutreten. Dennoch vermochte weder dieser Versuch – noch der Wahlerfolg der Kandidatin – die Trennung zwischen ihr und der ländlichen Basis des Departements Chuquisaca aufzuheben. Auch gelang es dadurch nicht, ein positives Verständnis der Indigenenthematik innerhalb der Demokratiekonzeption dieses Blocks herzustellen.

Im Mittelpunkt der Demokratieüberlegungen des zweiten Blocks, der um das Indigene organisiert ist, standen die Dekolonisierung des Staates und der Gesellschaft. Daher erklärte sich seine Unterstützung der Forderung nach einer verfassunggebenden Versammlung, welche sich das Ziel stecken sollte, die bis dato herrschende Institutionenlandschaft zu verändern und alle Spuren der Exklusion und Ungleichheit zu vernichten. Im Unterschied zum interinstitutionellen Block, welcher vornehmlich ein Demokratieverständnis im rechtlichen und verfahrenstechnischen Sinne verteidigte, verstand dieser Block die Demokratie als einen Zersetzungsprozess staatlicher und gesellschaftlicher Ungleichheitsstrukturen. In der Praxis werden die Organisation von Märschen, Mobilisierungen und Blockaden als Teil des Demokratisierungsprozesses und der Forderung nach Veränderungen des institutionellen Rahmenwerkes und der materiellen Bedingungen angesehen. Im Lichte der in Sucre erlebten Auseinandersetzungen galt der Widerstand gegen die Gewalt als eine mit dieser Auffassung übereinstimmende Praxis, wobei der „Akt der Präsenz" eine der wichtigsten

Formen der indigenen Praxis war. Die alleinige Tatsache, in der Stadt zu verweilen und der verfassunggebenden Versammlung beizuwohnen, wurde insbesondere in der letzten Etappe derselben zum einzigen Akt der Selbstbestimmung, den einige der TeilnehmerInnen ausführen konnten. Andererseits blieben die Mobilisierungen dieses Blocks auf die ländlichen Gebiete Chuquisacas begrenzt, in denen es ihm durch seine territoriale Hegemonie möglich war, Blockaden zu organisieren, etwa gegen die Gouverneurin Sabina Cuellar im Jahr 2008.

Schließlich ist es wichtig anzumerken, dass die Konflikte, die sich seit Beginn der verfassunggebenden Versammlung in Chuquisaca ereigneten, insbesondere in der Hauptstadt Sucre, erst im nationalen Kontext verständlich werden. Dieser ist dadurch gekennzeichnet, dass sich zwei gegensätzliche politische Kräfte und Projekte entfalten und messen. Für das autonome Projekt, insbesondere im Departement Santa Cruz, stellte der Konflikt von Chuquisaca eine Expansionsmöglichkeit dar auf einem für die Regierungspartei bislang vorteilhaften Terrain. Seinerseits erachtete das Interinstitutionelle Komitee es für angebracht, sich der Forderung nach Autonomie anzuschließen, um dadurch mehr Unterstützung zu erlangen und seine Möglichkeiten zu verbessern, die Forderung nach der *capitalía plena* auf die Tagesordnung zu setzen. Chuquisaca wurde dadurch zum Zankapfel, dessen Gewinn oder Verlust in politischer Hinsicht das Ausbaupotenzial des autonomen Projektes vergrößerte oder verringerte.

6 Der „Staatsstreich" der Präfekturen und BürgerInnenkomitees

Schließlich ist die Krise der Übernahme staatlicher Institutionen in den Departements des sogenannten „Halbmondes" im September 2008 hervorzuheben und zu untersuchen. Diese wurde von der Regierung als „Staatsstreich der Präfekturen" bezeichnet und gipfelte in einem Massaker an BäuerInnen und Indigenen (*La masacre del Cacique*) im Departement Pando im September des Jahres 2008.

Am 10. August 2008 wurde ein Referendum zur Abberufung von AmtsinhaberInnen durchgeführt – es handelte sich um ein von der Regierung eingesetztes Mittel, um die politische Polarisierung durch die Abhaltung von Wahlen zu entschärfen –, was aber keine substanzielle Veränderung der Kräfteverhältnisse zur Folge hatte. Einerseits wurde das Mandat von Evo Morales mit 67,41% der Stimmen bestätigt; andererseits aber auch die AmtsträgerInnen der oppositionellen Departements Santa Cruz, Beni, Pando und Tarija, mit 66,43% in Santa Cruz, 64,25% im Beni, 56,21% in Pando und 58,06% in Tarija.

Als die Ergebnisse auf dem Tisch lagen, begann ein neuer Schlagabtausch. Diesmal ging es um die Auseinandersetzung über die Bedeutung und Interpretation der Wahlen als Legitimation der gegensätzlichen politischen Projekte. Einerseits bestätigte die überzeugende Unterstützung für Evo Morales und den Veränderungsprozess nicht nur die Legitimität seines Mandats, sondern wurde von der Regierung auch dahingehend ausgelegt, nun die aufgeschobene Beratung über den im Dezember 2007 in Oruro bewilligten Verfassungstext anzuberaumen. Andererseits interpretierten Gouverneure und BürgerInnen der Opposition die Unterstützung ihrer Regierungstätigkeit als Bekräftigung der Autonomiestatute. Während des gesamten ersten Halbjahres 2008, als die Regierung zu einem Dialog mit der Opposition aufrief (mit dem Ziel, den Vorschlag eines neuen Verfassungstextes mit den Autonomiestatuten abzustimmen), wurde in Santa Cruz unterdessen eine gewalttätige Kampagne gegen Evo Morales initiiert. Diese Kampagne zur Aberkennung des Mandats von Morales wurde erneut mit der Forderung der „Rückgabe" der Mittel aus den direkten Steuern auf die Erdöl- und Erdgasproduktion an die Departements gerechtfertigt. Diese waren den Regionen seitens der Regierung mit dem Argument gekürzt worden, es sei eine Maßnahme zum Wohle des Volkes mit dem Ziel, die marginale Situation einer der verletzlichsten Bevölkerungsgruppen, der PensionistInnen, mittels des „Rentengutscheins der Würde" (*Bono Renta Dignidad*) zu beheben. Währenddessen stützte sich der Legitimationsdiskurs der Departements auf die Existenz eines „anderen Volkes", das die Dezentralisierung der Verwaltung mittels der Vertiefung der Autonomie der Departements als Basis regionaler Entwicklung wünschte.

Hintergründig drehte sich der Konflikt jedoch um die Regelungen zum Landeigentum, dessen Monopol und Großgrundbesitz die herrschenden Klassen Boliviens begünstigen, insbesondere jene der östlichen Departements. Beim Volksentscheid zur Abberufung von AmtsinhaberInnen vom 10. August 2008 stand auch die Höchstzahl an Hektar Land, die ein/e bolivianische/r BürgerIn besitzen darf (5.000 ha. oder 10.000 ha.) zur Abstimmung. Dies stellte die bisherige Art der Landaneignung und die wirtschaftliche und politische Macht, die aus dieser hervorging, infrage. Die Begrenzung des Landeigentums, begleitet von dessen Sanierungsprozess und der Vergabe von Eigentumstiteln an BäuerInnen und Indigene seitens der Regierung, waren somit zentrale Gründe der Konfrontation der insbesondere in den Departements des Ostens Boliviens angesiedelten Oligarchie mit der Regierung.

Die Reaktion der Präfekturen auf die von breiten Bevölkerungsteilen unterstützten Aktionen der Regierung war vorwiegend gewalttätiger und rassistischer Natur. In nur wenigen Tagen erreichte die Gewaltspirale in den ersten beiden Septemberwochen ihren Höhepunkt. Die Stoßtrupps der sogenannten Jugendvereinigungen (*uniones juveniles*) führten gemeinsam mit anderen AkteurInnen wie etwa den BürgerInnenkomitees Übergriffe und Aggressionen gegenüber der Polizei und den Streitkräften (FFAA) und nationalen Regierungsinstitutionen durch und die Energieinfrastruktur wurde beschädigt, bis hin zum Massaker an BäuerInnen und Indigenen in El Porvenir im September 2008 im Departement Pando. Dieses letzte Ereignis gipfelte in der Ermordung von 13 BäuerInnen und einer unbestimmten Anzahl an Verschwundenen und Verletzten, unter ihnen auch Frauen, Alte und

Kinder. Die Brutalität und der Terror der Offensive der Opposition zeigte die Grenzen ihres Diskurses, der unter dem Deckmantel angeblicher Verteidigungsabsichten der Demokratie und der Institutionen blutige Tatsachen schuf, welche unmöglich akzeptiert oder legitimiert werden konnten.

Zu den HauptakteurInnen dieser neuen Konfliktphase zwischen der Regierung und den oppositionellen Obrigkeiten der Departements zählten auf der einen Seite der sogenannte Demokratische Nationalrat (CONALDE), eine Instanz der oppositionellen Gruppen, die in erster Linie die Gouverneure der Departements des Halbmondes, die BürgerInnenkomitees der Departements und VertreterInnen von Unternehmerinteressen vereinte. Zu dieser Instanz gehörten auch die Jugendvereinigung von Santa Cruz (UJC) und ähnliche aus ihr bestehende oder von ihr geförderte Gruppierungen der Departments Pando, Beni, Tarija und Chuquisaca. In dem Maße, in dem die Handlungen und Interventionen dieser Jugendgruppierungen gewalttätiger wurden, wurde auch deren enge Beziehung zur CONALDE verschwommener dargestellt. Dabei wurde auch die Verantwortung gegenüber den Handlungen von AkteurInnen dieser Gruppierungen unter zwei Vorwänden verwässert: zum einen unter dem der „Spontanität des dem Zentralismus müden Volkes", zum anderen unter der Behauptung, *agents provocateurs* der Regierung würden versuchen, die Kämpfe zu delegitimieren.

Welche Akteure standen nun auf der anderen Seite des Konflikts? In der Betrachtungsweise des Konflikts als „Staatsstreich der Präfekturen" ist der Hauptakteur die nationale Regierung, die destabilisiert werden sollte. Die durch eine Resolution der CONALDE beschlossene Übernahme von Institutionen als angebliche Maßnahme zur Annahme der Autonomiestatute, welche angeblich den Willen des Volkes ausdrückten, zeigte sich praktisch als Plünderung der Regierungsinstitutionen in den Regionen sowie als Zerstörung von Radio- und Fernsehkanälen. Sie zeigte sich darüberhinaus auch in den Schäden, die der Energieinfrastruktur im Chaco zugefügt wurden, als Ventile besetzt und Erdgasleitungen angezündet wurden. All diese Vorkommnisse bezeugen die mangelnde Fähigkeit oppositioneller Sektoren, ein demokratisches politisches Projekt vorzuschlagen und zu entwickeln. Ihre Handlungen begrenzten sich auf die Blockade staatlicher Initiativen und insbesondere auch der einfachen Bevölkerung.

Wir betrachten die Bevölkerung der Departements, die alltäglich der Gewalt oppositioneller Gruppen standhält, als die verletzlichsten AkteurInnen der anderen Seite des Kampfes und gehen davon aus, dass deren Schwächung den demokratischen Prozess in ernsthafte Gefahr bringen kann. Der Widerstand gegen die Veränderungen war nicht allein und hauptsächlich auf die Destabilisierung einer Regierung gerichtet. Er zielte ebenso darauf ab, anhand eines Terrorregimes die Strukturen des Widerstands und der Selbstorganisation im Inneren der Departements zu beschädigen. Das zeigt sich anhand einer Reihe an Geschehnissen. Dazu zählen die fortwährenden

Aggressionen gegen den Plan 3000 in Santa Cruz, einem Wohngebiet einfacher Bevölkerungsschichten (überwiegend MigrantInnen mit Quechua- und Aymaraursprung); die Angriffe auf Sitze sozialer und indigener Organisationen; Überfälle, Plünderungen und Zerstörungen der Sitze der Regierungspartei; der Überfall auf den Bauernmarkt der Stadt Tarija; die rassistischen Gewalttaten der UJC, welche gegen den Unterstützungsmarsch für die Entscheidung des Präsidenten, ein Referendum über den Verfassungstext anzuberaumen, gerichtet war; und das Massaker an den mobilisierten Indigenen und BäuerInnen aus Pando.

Auf der anderen Seite des Konfliktes befindet sich also *de facto* die gegen das Projekt der Departement-Autonomie gerichtete Bevölkerung, ihre Organisationen, und selbst die Strukturen der Regierungspartei der Departements. In diesem Punkt ist darauf hinzuweisen, dass die Schwächung des selbständigen Widerstandspotenzials ein Symptom der demokratischen Schwächung ist, und dass diese auch auf die sporadische – anstatt einer organischen – Präsenz der Regierungsstruktur zurückgeht. Eine kontinuierliche Präsenz der Regierung hingegen würde einen Dialog mit den verschiedenen Widerstandserfahrungen und den bestehenden Demokratisierungsprojekten in der Region ermöglichen.

7 Modifikationen des Verfassungstextes: ein neues politisches Szenario

Schließlich wurde nicht der von den Abgeordneten der verfassunggebenden Versammlung in Oruro ausgearbeitete Verfassungstext angenommen, sondern ein inhaltlich und formell veränderter Text, der das Verhandlungsergebnis der MAS mit den Oppositionskräften darstellt. Damit befinden wir uns momentan in folgendem politischen Szenario: Einerseits stehen wir vor der Herausforderung der Interpretation dieses neuen Verfassungstextes, der im Januar 2009 durch ein Referendum bestätigt wurde. Andererseits beginnt eine Etappe, die hauptsächlich von Wahlen geprägt sein wird und in der wir uns einer rechtsgerichteten Kraft ohne Führerschaft und ohne politisches Projekt gegenüber sehen. Darüberhinaus wurden zwar die separatistischen und putschistischen Absichten der konservativen Opposition entlarvt, ihre Blockadeversuche gegenüber einem politischen Projekt des Wandels konnten jedoch nicht vollständig neutralisiert werden. Das zeigt sich daran, dass das Übergangsgesetz für Wahlen, das erste Gesetz, welches innerhalb des neuen Verfassungsrahmens ausgearbeitet und im April 2009 verkündet worden war, erneut die Parteienrepräsentation durch Wahlformeln begünstigt, die den Anforderungen einer pluralen politischen Partizipation, die über die Grenzen der repräsentativen liberalen Demokratie hinausgeht, nicht gerecht werden. Die politische Polarisierung, welche die Dynamik der verfassunggebenden Versammlung gekennzeichnet hat, führte zu neuen Anhängerschaften des politischen Projekts der MAS, von zahlreichen gesellschaftlichen Sektoren, denen Möglichkeiten der Kritik bzw. Selbstkritik praktisch versagt blieben. Nach den Wahlen im Dezember 2009 begann eine Etappe der Implementierung des Verfassungstextes. Die Wahlergebnisse zeigten einen wiederholten Wahlsieg der MAS mit einer landesweiten Zustimmung von 64,22%. Die Ergebnisse in den Departements verliehen der MAS in sechs Departments mit folgenden Prozentsätzen den Sieg: La Paz (80,2%), Oruro (79,4%), Potosí (78,3%), Cochabamba (68,8%), Chuquisaca (56%) und Tarija (51%). Die rechtsgerichteten Parteien, deren Hauptexponent dieser Wahlen die BürgerInnengruppierung Plan für den Fortschritt Boliviens – Nationales Zusammengehen (*Plan Progreso para Bolivia – Concertación Nacional*) war, erreichten den Sieg in den Departements von Pando mit 47,5%; in Beni mit 53,7% und in Santa Cruz mit 53,2% der Stimmen. Obwohl es den rechtsgerichteten Kräften gelang, sich in diesen drei Departements auf Wahlebene durchzusetzen, ging die MAS aus diesen Wahlen – im Vergleich zu den Ergebnissen des letzten Volksentscheids zur Abberufung von AmtsträgerInnen im August 2008 – gestärkt hervor. Das verdeutlicht sich zudem am Sieg der MAS in den Departements Tarija und Chuquisaca, um die mit der Rechten heftig gestritten worden war. Ebenfalls ist hervorzuheben, dass zum ersten Mal in der Wahlgeschichte Boliviens die nach Spanien, Brasilien, Argentinien und in die USA ausgewanderte Bevölkerung wählen konnte; und in drei dieser Länder ist auch ein klarer Sieg der MAS zu verzeichnen.

Zeitgleich mit den nationalen Wahlen wurden Referenden über die Autonomie der Departements, die Autonomie auf regionaler Ebene und die indigene Autonomie abgehalten. Die Befragung zur Departement-Autonomie wurde in fünf Departements durchgeführt und fiel in diesen Departements auch positiv aus: in Chuquisaca mit 84,6%, in La Paz mit 78,4%, in Cochabamba mit 80,3%, in Oruro mit 75,6% und in Potosí mit 81,6%. Auch wurde in zwölf Gemeinden eine Befragung zur indigenen Autonomie durchgeführt, bei der elf Gemeinden dafür stimmten. In Curahuara de Caragas (Oruro) unterdessen wurde sie mit 54,9% der Stimmen abgelehnt. Schließlich stimmte der Chaco mit 80,45% für die regionale Autonomie.

Die vorherrschende Lesart dieser Ergebnisse, insbesondere offizieller Versionen, lautet, dass die MAS über mehr als eine Zweidrittelmehrheit in beiden Kammern der Plurinationalen Versammlung (*Asamblea Plurinacional*) verfügt, was ihr enormen Handlungsspielraum ermöglicht. Andererseits wird behauptet, dass das Autonomie-Projekt weitgehend befürwortet würde, ohne dabei eine Debatte über die neue Bedeutung der Autonomien zu initiieren. Eine solche Debatte wäre jedoch nötig in einem Kontext, in dem das Autonomieprojekt sowohl indigene Forderungen als auch jene der konservativsten rechten Sektoren beinhaltet. Hinsichtlich der überwältigenden Mehrheit der MAS in der Plurinationalen Versammlung bleiben darüber hinaus mindestens zwei Herausforderungen bestehen: Die erste steht im Zusammenhang mit der Rolle sozialer Bewegungen, da ihr politischer Druck von der Straße für die

MAS als Regierungspartei nun entbehrlich geworden ist. Die zweite Herausforderung bezieht sich auf die Notwendigkeit, eine plurale Debatte innerhalb der Fraktionen der MAS zu erzeugen, um zu verhindern, dass sie sich in einen lediglich funktionalen Raum für die in den Exekutiven getroffenen Entscheidungen verwandelt. Denn die Gesetze zur Implementierung des neuen Verfassungstextes sollten Ergebnisse einer pluralen und egalitären Diskussion – und nicht vertikaler Entscheidungen – sein. Kritische Perspektiven innerhalb des politischen Projekts des Wandels sind daher dringend notwendig.

Druckverweise

Der vorliegende Artikel gründet auf bestehenden Arbeiten der Autorinnen, vor allem: „Los Movimientos Sociales en la Asamblea Constituyente: Hacia la reconfiguración de la política", veröffentlicht in der Zeitschrift OSAL Nr. 22 2007 und die gemeinsam mit Luis Tapia durchgeführte Forschungsarbeit: „Democracia y Cambio Político en Bolivia", publiziert von PIEB (*Programa de Investigación Estratégica en Bolivia*) 2008.

Bibliographie

Arnold, Denise (2004): Pueblos indígenas y originarios de Bolivia. Hacia su soberanía y legitimidad electoral. La Paz: CNE.

Barrios Suvelza, Franz (2005): El discurso neoliberal boliviano y la crisis de sus científicos sociales. La Paz: El juguete rabioso.

Ceceña, Ana Esther (2004): La Guerra por el Agua y por la Vida. Cochabamba: Coordinadora de Defensa del Agua y de la Vida.

Costas, Patricia/Chávez, Marxa/García, Álvaro (2004): Sociología de los movimientos sociales en Bolivia. La Paz: Diakonía-Oxfam.

Cuellar, Elva Teresa (2004): De la Utopía Indígena al Desencanto: Reconocimiento Estatal de los Derechos Territoriales Indígenas. Santa Cruz: CEJIS-PIEB.

Do Alto, Hervé/Monasterios, Karin/Stefanoni, Pablo (Hg.) (2007): Reinventando la Nación en Bolivia: Movimientos sociales, Estado y poscolonialidad. La Paz: Plural-CLACSO.

Escárzaga, Fabiola/Gutiérrez Aguilar, Raquel (Hg.) (2006): Movimiento indígena en América Latina: resistencia y proyecto alternativo Volumen II. México: JP Editores.

España, Raúl/España, José Luis/Peres, José Antonio/Rozo, Paola (2005): El Control Social en Bolivia: un Aporte a la reflexión y Discusión. La Paz: Plural Editores.

García, Alberto/García, Fernando/Quitón, Luz (2003): La Guerra del Agua. Abril de 2000 la crisis de la política en Bolivia. La Paz: PIEB.

García Linera, Álvaro/Prada, Raúl/Tapia, Luís (2007): La Transformación Pluralista del Estado. La Paz: Colección Comuna/Muela del Diablo Editores.

García Linera, Álvaro/Gutiérrez, Raquel/Prada, Raúl/Tapia, Luis (2001): Pluriverso: Teoría política boliviana. La Paz: Colección Comuna/Muela del Diablo Editores.

García, Álvaro/Gutiérrez, Raquel/Prada, Raúl/Tapia, Luis (2001): Tiempos de Rebelión. La Paz: Colección Comuna/Muela del Diablo.

García Linera, Álvaro/Gutiérrez, Raquel/Prada, Raúl/Tapia, Luís (2000): El Retorno de la Bolivia Plebeya. La Paz: Colección Comuna/Muela del Diablo Editores.

Gómez, Luis (2004): El Alto de pie. Una insurreccción aymara en La Paz. La Paz: Indymedia/Comuna.

Gutiérrez Aguilar, Raquel (2008): Los Ritmos del Pachacuti. La Paz: textos Rebeldes.

Hoffmann, Sabine/Rozo, Bernardo/Tapia, Luís/Viaña, Jorge (2006): La Reconstrucción de lo Público: Movimiento Social, Ciudadanía y Gestión del Agua en Cochabamba. La Paz: Muela del Diablo/AOS/IUED/NCCR.

Einberufungsgesetz zur verfassunggebenden Versammlung. Ley Especial de Convocatoria a la Asamblea Constituyente del 6 de Marzo del 2006, In: http://www.cne.org.bo/centro_doc/normas_virtual/acra2006/ley_convocatoria_ac.pdf (28.04.2011)

Mamani, Pablo/Mokrani, Dunia/Olivera, Oscar/Prada, Raúl/Tapia, Luis/Vega, Oscar/Viaña Jorge (2006): Sujetos y Formas de la Transformación Política en Bolivia. La Paz: Colección Autodeterminación/Tercera Piel Editores.

Mamani, Pablo (2005): Microgobiernos barriales. La Paz: CADES-IDIS.

Mayorga, Fernando (2007): Encrucijadas: Ensayo sobre democracia y reforma estatal en Bolivia. Cochabamba: CESU-UMSS.

Molina, Carlos Hugo (Hg.) (2008): El Movimiento Cívico frente al proceso de descentralización y autonomía (1994-2006). Santa Cruz de la Sierra: El País/Jacs Sud América/CEPAD.

Patzi, Felix (1998): Insurgencia y sumisión. Movimientos indígeno-campesinos (1983-1998). La Paz: Comuna.

Prada, Raúl (2004): Largo octubre. La Paz: Plural.

Prado, Fernando/Seleme, Susana/Peña, Claudia (2007): Poder y elites en Santa Cruz. Santa Cruz: El País.

Revista Wilka. Año 1 Nº 1. 2007 Evo Morales entre: entornos blancoides, rearticulación de las oligarquías y movimientos indígenas. El Alto: Centro Andino de Estudios Estratégicos.

Rojas Ríos, César (2007): Democracia de Alta Tensión: Conflictividad y cambio Social en la Bolivia del Siglo XXI. La Paz: Plural Editores.

Tapia Mealla, Luís (2006): La Invención del Núcleo Común. La Paz: Colección Autodeterminación/Muela del Diablo Editores.

Zegada, María Teresa (2007): En nombre de las autonomías. La Paz: PIEB.

Álvaro García Linera

Der Staat in Transition
Neuer Machtblock und Bifurkationspunkt[1]

„Das Ziel der konstitutionellen Regierung besteht darin, die Republik zu erhalten; das Ziel der revolutionären Regierung ist es, die Republik zu begründen. Die Revolution ist der Krieg der Freiheit gegen ihre Feinde; die Verfassung ist die Herrschaft der siegreichen und friedlichen Freiheit. Die revolutionäre Regierung muß daher außerordentlich aktiv sein, denn sie führt einen Krieg. Sie ist nicht einheitlichen und starren Regeln unterworfen, denn die Umstände, in denen sie sich befindet, sind stürmisch und bewegt, und sie ist ständig genötigt, neue und wirksame Kräfte gegen neue und dringende Gefahren zu entfalten. Die konstitutionelle Regierung befaßt sich hauptsächlich mit der Freiheit der Bürger, die revolutionäre Regierung mit der Freiheit des Staates. Unter dem konstitutionellen Regime genügt es fast, die einzelnen Bürger vor den Übergriffen der Staatsgewalt zu schützen; unter dem revolutionären Regime dagegen muß sich die Staatsgewalt selbst gegen alle Parteien, die sie angreifen, verteidigen." (Maximilien Robespierre 1989)

Ich möchte in diesem Artikel Überlegungen über den Staat in Zeiten der Transition anstellen. Was kann man in Momenten, in denen seine soziale Form in Frage gestellt wird, in einem Prozess der Unsicherheit oder, wenn man so will, in Momenten, in denen eine neue Staatsstruktur aufgebaut wird, unter einem Staat verstehen? Was wir als Staat bezeichnen ist eine Struktur territorialisierter politischer Verhältnisse und somit ein Prozess aus dynamischen Beziehungen und den Materialisierungen dieser historisch gewachsenen Verhältnisse, die auf politische Herrschaft und Legitimation abzielen. Der Staat als soziales Verhältnis ist stets ein politischer geschichtlicher Prozess, in Bewegung, im Fluss. Dennoch gibt es Momente in seiner Geschichte, in denen sich dieses Werden im Rahmen von Verfahren, Hierarchien und Gewohnheiten bewegt, die relativ vorhersehbar und eingeschränkt sind: die Momente der Stabilität des Staates als soziales Verhältnis. Wenn die Hierarchien, Verfahren und Gewohnheiten aber ihre grundlegende strukturelle Verankerung verlieren, stehen wir vor Momenten der „Transition" einer Struktur der politischen Herrschafts- und Legitimationsverhältnisse in eine andere; d.h. in eine andere Form des Staates als sozialem Verhältnis.

---

1 Übersetzung aus dem Spanischen von Lukas Neißl.

1 Der Staat als soziales Verhältnis

In einem früheren Beitrag habe ich drei analytische Achsen des Konzepts des Staates als soziales Verhältnis (García Linera 2005) untersucht: der Staat als politisches Verhältnis sozialer Kräfte, der Staat als institutionelle Materialität und der Staat als verallgemeinerte Idee oder kollektive Überzeugung. Ich möchte an diese Debatte anschließen. Der Staat wird erstens als politisches Kräfteverhältnis zwischen sozialen Blöcken und Klassen verstanden, die die Möglichkeit haben, die Umsetzung von Regierungsentscheidungen – den Aufbau einer dominierenden politischen Koalition – in kleinerem oder größerem Ausmaß zu beeinflussen. Zweitens ist der Staat eine Maschinerie, in der sich diese Entscheidungen in Normen, Regeln, Bürokratien, Budgets, Hierarchien, bürokratischen Habitus, Papieren und Behördenwegen – d.h. als Institutionalität – materialisieren. Diese ersten beiden Dimensionen beziehen sich auf den Staat als materielles Verhältnis von Herrschaft und politischer Führung. Und drittens ist der Staat eine kollektive Idee, Teil des Alltagsverstandes (*sentido común*) einer bestimmten Zeit, der den moralischen Konsens zwischen Regierenden und Regierten garantiert. Mit dieser dritten Dimension beziehe ich mich auf den Staat als politisches Legitimationsverhältnis oder – in den Worten Bourdieus (1998) – als Monopol symbolischer Macht.

Somit kann der Staat auch als eine politische Konstruktion rechtmäßiger Monopole über bestimmte knappe Ressourcen der Gesellschaft – Gewalt, öffentliche ökonomische Ressourcen und Legitimation – verstanden werden. In diesem Sinne ist der Staat, wie ihn Weber (1976) definiert hat, eine Beziehungsmaschine (*maquina relacional*), die einerseits Struktur (etwas Solides) und andererseits Beziehung (etwas Fließendes) ist, und der es im Verlauf der Geschichte gelungen war, die öffentliche Gewalt in einem bestimmten Territorium durch die Zentralisierung der bewaffneten Kraft (Militär und Polizei), die Bestrafung der Verletzungen der Übereinkünfte des sozialen Zusammenlebens (Gefängnisse, Gerichte, Gesetze) und der kollektiven Disziplinierung zur Einhaltung der Verfahren und Vorschriften (Verbreitung und Befolgung öffentlicher Normen) zu monopolisieren. Diese Gewalt materialisiert sich in Institutionen (materielle Dimension des Staates) und wird durch die fortlaufende Internalisierung und Akzeptanz der Vorgänge durch die Bevölkerung (ideelle Dimension des Staates) gefestigt und verallgemeinert. Diese Gewalt wiederum ist Ausdruck spezifischer Momente von Kämpfen, von sozialen Auseinandersetzungen, die bestimmte Vorstellungen oder Notwendigkeiten der Führung und der Kontrolle, der Notwendigkeiten und Führungen anderer sozialer Schichten gegenüber (der Staat im Sinne von Marx als Herrschafts- oder Kräfteverhältnis) hierarchisiert und durchgesetzt hat. Mit der Zeit haben sich diese konsolidiert, ihre ursprüngliche Durchsetzung wurde vergessen und sie wurden als gesellschaftlicher Habitus „naturalisiert".

Dasselbe geschah mit den anderen zwei Monopolen, die den Staat historisch ermöglichten: ökonomische Ressourcen und gesellschaftliche Legitimation. Norbert

Elias hat hinsichtlich des durch den Staat durchgesetzten ökonomischen Monopols gezeigt, wie der moderne Staat bereits früh damit begann, das Exklusivrecht auf Steuereinnahmen nach und nach durchzusetzen (Elias 1976). Später kamen noch das Eigentum an öffentlichen Unternehmen und die zentralisierte Verwaltung des Staatsbudgets[2] dazu. Auch hier entstand das Monopol durch Mechanismen der Gewalt, die als Pflicht der Bevölkerung legitimiert und als ordnungsgemäße Staatsfunktion institutionalisiert wurden.

Schließlich noch das Monopol des Staates auf symbolische Macht, das sich auf die Kontrolle der Entstehungsprozesse der hegemonialen Leitbilder der Gesellschaft bezieht; es handelt sich um Legitimation von Herrschaft und Kämpfen um ihre Durchsetzung, deren Gewalt „vergessen" wurde und die als „normal" anerkannt und als gesellschaftliche Gegebenheit ausgeübt wurden.

Deshalb kann man den gegenwärtigen Staat auch als historische Entwicklung von Herrschaft entlang der drei großen Monopole – Gewalt, öffentlicher Reichtum und politische Legitimation – sehen, wobei jedes dieser Monopole durch artikulierte Kräfteverhältnisse und deren Institutionalisierung und politische Legitimation geschaffen wurde. Die Monopole wären dabei die „Atome" der staatlichen „Materie" und die „Elementarteilchen" dieser drei „Atome" wären das Kräfteverhältnis, die Institutionalität und die Legitimität.

Der Staat als soziales Verhältnis ist somit in gewisser Weise ein paradoxes Verhältnis. Einerseits gibt es politisch nichts Materielleres – physisch und administrativ – als einen Staat mit dem Gewalt- und Steuermonopol als Nukleus; andererseits gibt es gleichzeitig nichts, das in seinem Funktionieren mehr von der kollektiven Überzeugung von seiner Notwendigkeit (nennen wir es ein bewusstes Moment) und seiner Unausweichlichkeit (was als vorreflexives Moment bezeichnet werden könnte) abhängt.

Auch in der inneren Verwaltung des Apparates präsentiert sich der Staat als idealistischste Totalität politischen Handelns, da der Staat der einzige Ort im politischen Feld ist, an dem die Idee unmittelbar zu Materie mit allgemein gesellschaftlicher Wirkung wird; d.h. der einzige Ort, an dem jede gedachte, angenommene und festgehaltene Entscheidung der Regierenden unmittelbar in Form von Dokumenten, Berichten, finanziellen Ressourcen, praktischen Umsetzungen, etc. zu staatlicher Materie wird und eben mit allgemein gesellschaftlicher Wirkung. Somit kann man sagen, dass der Staat die Verewigung und die kontinuierliche Verdichtung des Widerspruchs zwischen Materialität und Idealität des politischen Handelns ist; ein Widerspruch der teilweise durch die Umwandlung der Idealität in einen Moment der Materialität (die Legitimität als Garant der politischen Herrschaft) und die

---

2 Referat von Álvaro García Linera im Rahmen des Kolloquiums „Macht und Wandel in Bolivien: 2003-2007" am 27. November 2008.

Umwandlung der Materialität in einem Moment der Entfaltung der Idealität (Regierungsentscheidungen, die zu Regierungshandlungen mit allgemein gesellschaftlicher Wirkung werden) bearbeitet werden soll.

Indem ich diese drei strukturellen Bestandteile des Staates als soziales Verhältnis und diese drei „Grundbausteine" seiner Zusammensetzung wiederaufnehme, versuche ich nun mich einigen Elementen des Staates in Transition oder Momenten der politischen Revolution der Gesellschaften zu nähern. Hierfür sind die Texte von Robespierre (1989), von Marx über die europäische Revolution von 1848–1850 und über die Pariser Kommune von 1871 (Marx 1962), sowie die Überlegungen von Lenin im Zeitraum von 1918–1920 und selbstverständlich René Zavaleta Mercados Studien über die Revolution von 1952 (Zavaleta Mercado 1978, 1995) aufschlussreich.

In Bezug auf Studien über den Staat als Kontinuität und Reproduktion sozialer Verhältnisse, liefert die Staatssoziologie zahlreiche Beiträge, in denen die Monopolisierungsprozesse staatlicher Gewalt und des Steuerwesens, die Schaffung der Rechts- und Gerichtssysteme und die Rolle des Schulsystems in der Reproduktion von Herrschaftsverhältnissen über lange Perioden untersucht werden (Weber 1976; Elias 1976; Bourdieu 1986).

2 Kräfteverhältnisse: Phasen der Transformation von Gesellschaft und Staat

Während unserer Regierungszeit ab 2005 traten andere Elemente der Regelmäßigkeit und Reproduktion der staatlichen Herrschaftsverhältnisse zu Tage, die noch ausführlicher untersucht werden könnten; wie beispielsweise die Aufteilung öffentlicher Investitionen, die Rolle der Zentralbank in der Kontrolle der Geldflüsse und der Inlandsinvestitionen, die Regelungen zur öffentlichen Auftragsvergabe und jene zur Schuldenaufnahme – insbesondere in Zeiten, in denen der Staat mehr öffentliche Investitionen tätigt. Insgesamt geht es um Themengebiete, die den soziologischen Untersuchungen des Staates in Zeiten der Stabilisierung oder der Stabilität als Herrschaftsraum zugeordnet werden können und zwar ausgehend von Kräfteverhältnissen, von Institutionen, die dieses Kräfteverhältnis objektivieren, und von Ideen, die die Kräfteverhältnisse legitimieren und „naturalisieren".

In Zeiten der Veränderung der Form und des sozialen Inhalts des Staates, weisen diese drei Dimensionen oder Seiten der staatlichen Ordnung Transformationen unterschiedlicher Tiefe und Geschwindigkeit auf; je nach Moment oder Etappe in der Krise des Staates. Schemenhaft kann man zusammenfassen, dass jede Krise des Staates fünf historische Etappen durchläuft:

Der Moment der „Offenbarung" der Krise des Staates, sobald das herrschende politische und symbolische System, das von einer Duldung bis hin zu einer moralischen Unterstützung der Beherrschten gegenüber den herrschenden Klassen charakterisiert war, zu bröckeln beginnt und somit Platz für einen politisch dissidenten gesell-schaftlichen Block macht, der die Fähigkeit zur Mobilisierung und zur territorialen Erweiterung dieser nicht mehr einzudämmenden Dissidenz besitzt.

Konsolidiert sich diese Dissidenz in einem nationalen politischen Projekt derart, dass dieses unmöglich in die herrschende Ordnung und den herrschenden Diskurs integriert werden kann, ist dies der Beginn des katastrophalen Patts. Es geht nun nicht mehr lediglich um eine politische Kraft, die die Fähigkeit zur nationalen Mobilisie-rung besitzt, um mit dem herrschenden politischen Block teilweise um die territoriale Kontrolle zu ringen, sondern darüber hinaus um die Existenz einer Machtalternative (ein Programm, Führung und Organisation mit dem Willen zur Staatsmacht), die fähig ist, das imaginäre Kollektiv der Gesellschaft in zwei differenzierte und anta-gonistische politisch-staatliche Strukturen zu spalten.

Erneuerung oder radikale Substitution der politischen Eliten auf dem Weg der Regierungsübernahme eines neuen politischen Blocks, der die Verantwortung auf sich nimmt, die Protestforderungen von der Regierung aus in staatliche Realität zu verwandeln.

Aufbau, Umwandlung oder konfliktives Ersetzen eines ökonomisch-politisch-symbolischen Machtblocks ausgehend vom Staat. Es wird der Versuch unternommen, die Ideologie (*ideario*) der mobilisierten Gesellschaft mit der Verwendung materieller Ressourcen des Staates selbst, oder vom Staat aus, zu verbinden.

Bifurkationspunkt oder politisch-historisches Ereignis von dem ausgehend die Krise des Staates durch eine Reihe von gesellschaftlichen Kraftakten (*hechos de fuerza*) gelöst wird. Diese Kraftakte konsolidieren dauerhaft das neue – oder ersetzen das alte – politische System (parlamentarisches Kräfteverhältnis, Allianzen und Regie-rungswechsel), den herrschenden Machtblock (Besitzverhältnisse und Kontrolle des Mehrprodukts[3]) und die symbolische Ordnung der Staatsmacht (die hegemoniale Orientierung, die verschiedene Bereiche des kollektiven Lebens der Gesellschaft steuert).

3 Veränderungen des Machtblocks

Im Fall von Bolivien manifestierte sich die Krise des Staates seit dem „Wasserkrieg" (*Guerra del Agua*) im Jahr 2000, der eine staatliche Politik der Privatisierung von öffentlichen Ressourcen zurückschlagen konnte und es ermöglichte, territoriale

---

3 Dieser Begriff des Mehrprodukts im Sinne von Marx bedeutet die Aneignung des Netto-sozialprodukts durch die nicht-arbeitenden Klassen. Dieser Überschuss kann in Form von persönlichem Konsum, produktiver oder unproduktiver Akkumulierung, Transferenzen zugunsten der Verwaltung oder zugunsten der nicht-arbeitenden Klassen aufgewandt werden (vgl. Bettelheim 1965).

Zentren eines neuen national-popularen Blocks (Gutiérrez/García/Tapia 2000) wiederaufzubauen. Das katastrophale Patt (Gramsci 1995) wurde im Jahr 2003 sichtbar als zur territorialen Ausweitung dieses mobilisierten sozialen Blocks der polymorphe Aufbau eines Programms der strukturellen Transformationen an der Spitze der sozialen Bewegungen hinzukam und seither zum mobilisierten Willen zur Ergreifung der Staatsmacht wurde. Die Substitution der Regierungseliten trat im Januar 2006 mit der Wahl von Evo Morales Ayma zum ersten indigenen Präsident in der republikanischen Geschichte eines Landes der indigenen Mehrheiten ein. Insofern dauert der Aufbau des neuen ökonomischen Machtblocks und der neuen Ordnung der Ressourcenverteilung bis zum heutigen Tage an.

Der Bifurkationspunkt hat – graduell und konzentrisch – mit der Verabschiedung des neuen Verfassungstextes durch die verfassunggebende Versammlung begonnen und hatte innerhalb von drei Monaten, die die politische Geschichte Boliviens ver-änderten, drei miteinander in Beziehung stehende Momente der Ausbreitung, die in seiner schlussendlichen Auflösung endeten: Einen Moment der elektoralen Ausbrei-tung mit dem Referendum im August 2008, das der Regierungspartei mit 67% einen überragenden Sieg einbrachte; einen Moment der militärischen Auseinandersetzung während des versuchten zivilen Putsches ausgehend von den oppositionellen Präfektu-ren im September 2008, der durch die entschlossene Mobilisierung der sozialen Bewe-gungen und des Militärs verhindert werden konnte; und schließlich der Moment des politisch-ideologischen Siegs mit dem großen popularen Marsch für die Abhaltung eines Verfassungsreferendums und die parlamentarischen Abkommen im Oktober 2008, die diese historische Periode beendeten. Die Gesamtheit all dessen hatte eine historisch-moralische und politisch-kulturelle Niederlage der alten herrschenden Klassen und die Konsolidierung eines neuen integralen staatlichen Machtblocks im Sinne Gramscis zur Folge (vgl. García Linera 2010). Die spätere Annahme der neuen Verfassung mittels Referendum und die Wiederwahl des Präsidenten Evo Morales Ayma mit einer absoluten Mehrheit von 64% beenden den Zyklus der staatlichen Transition und leiteten den Aufbau des neuen Staates ein.

4 Jüngere Erfahrungen der Staatstransformation

Im Lichte dieser Periodisierung widme ich mich nun den Charakteristika des Staates in Transition in diesen zwei letzten Phasen. Was sind nun die Knotenpunkte der Staatlichkeit, wenn man den Staat in Transition betrachtet? In anderen Worten: Wie nähert man sich der Untersuchung der Mechanismen, der Formen und der Mittel des Beginns und der dauerhaften Legitimierung eines Verhältnisses politischer Kräfte? Wie wird eine etwaige Struktur politischer Beziehungen, die sich von den vormals bestehenden unterscheiden, stabil? In akademischeren Worten: Wie konsolidiert sich ein System der Führung und der sozialen Macht sowohl materiell als auch symbolisch?

Es ist offensichtlich, dass in Zeiten der politischen und staatlichen Stabilität die drei genannten Bereiche – der Staat als Kräfteverhältnis, der Staat als Verwaltungsapparat und der Staat als Idee – als stabil gelten, da sie sich in einem Umfeld der Vorhersehbarkeit bewegen und weder vor radikalen Antagonismen noch vor dem Zerbrechen in Einzelteile stehen. Somit ist der Erhalt, die Transformation und die Anpassung des Staates – die auch Ergebnisse von Macht sind – in gewisser Weise und ausgehend von bestimmten Parametern der inneren Bewegung der herrschenden Ideen, des Verwaltungsapparates und der sozialen Kräfteverhältnisse vorsehbar.

In Zeiten der Krise des Staates hingegen weist jeder dieser Bereiche wiederkehrende Antagonismen, Instabilität und strategische Ungewissheit auf. Die gängige Art und Weise einen Staat in Transition zu erkennen, liegt in der dauerhaften Ungewissheit des politischen Lebens einer Gesellschaft, im konfliktiven und polarisierten Charakter des kollektiven Gemeinverstandes, in der strategischen Unvorhersehbarkeit der Hierarchien und Führungen der Gesellschaft auf lange Sicht. Bolivien ist seit zehn Jahren ein lebendiges Laboratorium für genau diesen historischen Moment der raschen und antagonisierenden Transformation einer staatlichen Form in eine andere.

Um sich der Untersuchung zu nähern und das Problem dieses politischen Moments der staatlichen Krise und den Prozess seiner Lösung zu präzisieren, könnten einige Fragen nützlich sein.

Erstens: Welche gesellschaftliche Koalition übernahm aufgrund der Wahlen im Jahr 2005 die politische Macht in der bolivianischen Gesellschaft? Was ist der klassenspezifische regionale und ethnische Unterschied zwischen dieser Koalition und dem alten Machtblock? Was sind die Charakteristika, die Maßnahmen und die Expansionsstrategien der neuen materiellen Basis, die den neuen Machtblock stützt?

Zweitens: Was sind die aktuellen Mechanismen zur Stabilisierung der Macht und der politischen Führung des Staates? Wenn in Zeiten der stabilen Reproduktion der Herrschaftsverhältnisse das Gerichtssystem, das Schulsystem, der Kongress, das Lohnverhältnis u.a. entscheidende Mechanismen der Kontinuität des sozialen Kräfteverhältnisses sind, was sind in Zeiten der staatlichen Krise die Reproduktions- und Ausweitungsmechanismen des neuen Kräfteverhältnisses, das aus dem sozialen Aufstand, der kollektiven Mobilisierung und den Wahlen hervorging?

Und schließlich: Was sind die Entwicklungsmöglichkeiten des historischen Moments, den ich staatlichen Bifurkationspunkt nenne und von dem ausgehend es bereits möglich ist, von einem Prozess der Stabilisierung und relativen Selbstreproduktion der sozialen Kräfteverhältnisse und somit vom Ende der Krise des Staates zu sprechen? Es ist evident, dass das Erreichen der strategischen Stabilisierung des staatlichen Systems ein Prozess ist. Aber gibt es einen Moment, den politischen Bifurkationspunkt, an dem sich ein Prozess der dauerhaften Selbsterhaltung der Kräfteverhältnisse, der herrschenden hegemonialen Orientierung und des Verwaltungsapparates, die das Kräfteverhältnis artikuliert, beweisen lässt? In anderen Worten: Die Beziehungen des

Staates im Moment der Konstruktion seiner spezifischen historischen Form – also im Moment der Transition –, und nicht so sehr in einer gewöhnlichen Situation der Reproduktion und Stabilität, müssen näher untersucht werden.

5 Ein neuer Machtblock

Provisorisch werde ich versuchen, einige Ideen bezüglich dieser Momente der staatlichen Transition anzuführen. In Bezug auf den ersten Punkt der neuen herrschenden Koalition, die die Macht im Staat innehat, ist es offensichtlich, dass es in Bolivien eine Modifikation der sozialen Klassen und ihrer ethnischen und kulturellen Identitäten gab, die zuerst die Regierungskontrolle und allmählich die Veränderung der politischen Macht, die Kontrolle über das ökonomische Mehrprodukt und die Struktur des Staates übernahmen. Dies lässt sich aufgrund der sozialen Herkunft, der Berufs- und Bildungswege und der Struktur der Kapitale (im Bourdieuschen Sinne, also ökonomisch, kulturell und symbolisch) der gegenwärtigen Regierenden zeigen, die es nicht nur erlauben von einer klassischen Erneuerung der Eliten der Staatsmacht zu sprechen, sondern vor allem von einem radikalen Wechsel der Regierungseliten und der sozialen Klassen selbst, die die bedeutenden politischen Entscheidungen treffen, die soziale Reproduktion des Staatsapparates filtern und die eher von der Verteilungspolitik des öffentlichen Reichtums profitieren.

Die Veränderungen in der Klassenzugehörigkeit und der ethnischen Herkunft der herrschenden Koalitionen waren derart radikal, dass die Kommunikationskanäle, die früher dazu dienten, staatliche Transitionen geordnet und akkordiert durchzuführen (ähnliche Schulen und Universitäten der Kinder der Eliten, gemeinsame Lebensstile, Heiratsallianzen, gemeinsame Geschäfte, geografisch ähnliche Wohnorte, etc.), heute nicht mehr existieren und somit die Unterschiede und Spannungen zwischen dem aufsteigenden und dem absteigenden politischen Block verschärfen.

Das trägt auch wesentlich dazu bei, das Ausmaß des permanentem Konflikts in der Gesellschaft während dieser Etappe der Regierung von Präsident Evo Morales zu verstehen, da die traditionell üblichen Kanäle der Assimilation der aufsteigenden neuen Eliten und der Wiederanpassung der alten Eliten – die die früheren staatlichen Transitionen charakterisierten (1952–1957, 1982–1988) – heute nicht existieren und auch nicht geschaffen werden. Somit ist die Modifikation der klassenspezifischen und kulturellen Zusammensetzung der Führungsschichten abrupt, ohne Vermittlung oder Erleichterungen.

Was sind die Charakteristika dieses neuen herrschenden Machtblocks? Die städtische als auch ländliche kleine Warenproduktion begründet die ökonomische Basis des neuen Machtblocks, wie sich bei den mobilisierten Massen in den großen sozialen Rebellionen von 2000 bis 2003 zeigte. In diesem Führungsblock stechen verschiedene soziale Gruppen hervor: indigene BäuerInnen, die regelmäßig für den Markt produzieren (aus den Regenwaldgebieten des Chapare und den Tälern von Cochabamba, Siedlungsgebieten im Osten, sowie Gemeinschaftsangehörige mit kollektiven Landtiteln, aus dem Hochland von La Paz, Oruro, Chuquisaca und Potosí und den Tälern von Tarija), indigene BäuerInnen aus dem Tiefland und den andinen Ayllus und auch städtische KleinproduzentInnen und ProduzentInnen relativ fortgeschrittener Warenproduktion, unter denen eine Art des „Unternehmertums popularen Ursprungs" existiert, die sich selbst mehr als ArbeiterInnen denn als Bourgeois begreifen und die den Binnenmarkt und teilweise auch ausländische Märkte beliefern, obwohl sie nie etwas vom Staat erhalten haben, um dorthin zu kommen wo sie heute sind.

In diesem ersten Entscheidungskreis muss man auch eine neue städtische Intelligenz verorten; ein Block an AkademikerInnen und Intellektuellen, der aus Studierenden der subalternen Klassen entstand, die seit den 1970er Jahren die Universitäten besuchten. Im Unterschied zu den traditionellen kleinbürgerlichen Intellektuellen der 1960er Jahre, die den Parteien der Linken nahe standen, sind diese neuen Intellektuellen eher den genossenschaftlichen Strukturen der städtischen und ländlichen Gewerkschaftsbewegung und der Nachbarschaftsbewegung verbunden. Inmitten dieser neuen Intellektuellen ragt eine indigene Strömung heraus, die in den letzten 30 Jahren einen indigenistisch-utopischen Horizont entwickelt hat.

Um diesen Kern sammelten sich verschiedene Persönlichkeiten: Kräfte aus dem ArbeiterInnenmilieu, die zuvor der Prekarisierung ausgesetzt waren, und mit ihnen ein Segment des traditionellen Industrieunternehmertums, das für den Binnenmarkt produziert und heute durch eine Reihe von Maßnahmen, die den öffentlichen Konsum nationaler Produkte fördern, profitiert.

Dieser soziale Block wird von einer neuen staatlichen Bürokratie begleitet, die sich gleichzeitig aufbaut. Diese neue staatliche Bürokratie ist eine Art Synthese aus alten FunktionärInnen des Staates (auf den mittleren Ebenen) und neuen FunktionärInnen, die nicht nur unterschiedliche Bildungsbiografien haben, sondern die auch ethnisch und klassenspezifisch andere soziale Netzwerke als die traditionelle Bürokratie genutzt haben, um an Stellen im Staatsapparat zu kommen. Die mittleren Ebenen des Staatsapparates rekrutierten sich während der gesamten Phase des neoliberalen Staates vorwiegend aus AkademikerInnen ausländischer Privatuniversitäten, die fachlich für Handel, Marketing, Unternehmensführung etc. ausgebildet wurden und die aufgrund familiärer Beziehungen und Verbindungen zu Parteien in den Apparat kamen. Die neue Bürokratie kommt hingegen von öffentlichen Universitäten, aus technischen oder sozialen Fächern, und ihre Verbindungen, die ihnen den Zugang zur öffentlichen Verwaltung erleichterten, stammen aus den Gewerkschaftsnetzwerken, die als eine Art Filter in der Rekrutierung bestimmter mittlerer Ebenen der staatlichen Bürokratie dienen.

Man kann somit sagen, dass der neue Machtblock drei – in gewisser Weise komplementäre – Mechanismen der Staatsführung entwickelt hat: erstens durch die unmittelbare Präsenz der sozialen Organisationen in der Definition der grundlegenden öffentlichen Politik, die auf Versammlungen und Kongressen beschlossen wird und die die Grundlage für die Arbeit der Regierung (sowohl der Exekutive als auch der Mehrheitsfraktion im Kongress) darstellt. Zweitens durch die unmittelbare Präsenz von RepräsentantInnen der mobilisierten sozialen Schichten auf verschiedenen Ebenen des Staatsapparates (Präsidentschaft, Ministerien, Direktionen, Parlament, verfassunggebende Versammlung). Und schließlich durch die langsame Förderung einer neuen Intellektualität unter den staatlichen FunktionärInnen, die den Erwartungen und Bedürfnissen dieses Blocks von ProduzentInnen verbunden ist.

Somit haben neue soziale Klassen, die durch neue ethnisch-kulturell-regionale Identitäten politisch sichtbar gemacht wurden, die Kontrolle über die wichtigsten Mechanismen der staatlichen Entscheidungen übernommen und es findet ein Austausch und eine Erweiterung der administrativen Eliten des Staates statt. Relevant an diesem Modifikationsprozess der sozialen Zusammensetzung des Blocks an der Macht im Staat und den oberen Ebenen der staatlichen Verwaltung ist, dass die ethnischen und klassenspezifischen sozialen Unterschiede zum alten Machtblock im Staat enorm sind. Was sich heute in Bolivien ereignet ist also nicht eine bloße Auswechslung der Eliten an der Macht, sondern ein authentisches Ersetzen der Klassenzusammensetzung der Staatsmacht, dessen Radikalität direkt proportional zur klassenspezifischen und insbesondere zur kulturellen Distanz zwischen dem aufsteigenden und dem verdrängten sozialen Block ist.

Heute gibt es zwischen dem Präsidenten Evo Morales, dem Außenminister David Choquehuanca oder der Präsidentin der verfassunggebenden Versammlung Silvia Lazarte wenig bis gar keine Gemeinsamkeiten mit den ehemaligen Präsidenten, MinisterInnen oder einflussreichen Gruppen des alten niedergehenden Machtblocks; nicht nur in Bezug auf ihre politischen Vorschläge, sondern auch in Bezug auf ihr Alltagsleben. Vielleicht hilft das auch dabei, die wenigen Kommunikationskanäle zwischen beiden Blöcken zu erklären, da im Unterschied zu früher, als die konkurrierenden Eliten trotz politischer Differenzen denselben Lebensstil, dieselben ehelichen Verknüpfungen und vertraute Bildungs- und Unterhaltungsstätten teilten, genau jene Gemeinsamkeiten fehlen. Die sozialen Klassen, die sich heute gegenüberstehen, stehen sich aber auch im sozialen Raum, materiell und objektiv gesehen antagonistisch gegenüber. Und die reale geographische Distanz zwischen ihnen materialisiert und vertieft lediglich ihre politische Distanz.

Im Kongress, aber im Wesentlichen in territorialer Hinsicht zwischen den Provinzen, werden diese Unterschiede sichtbar und personifizieren sich. Der alte herrschende soziale Block ist heute eine minoritäre und aggressive politische Kraft im Parlament. Deshalb haben sich die historischen RepräsentantInnen der alten Ordnung (die Präfekten der Departements Pando, Tarija und Cochabamba) oder die, die in ihr sozialisiert wurden (die Präfekten von Santa Cruz und Beni), als die direkte Wahl der Präfekten eingeführt wurde (2005), in die Regionalregierungen zurückgezogen und der differenzierten, vertikalen territorialen Segmentierung der staatlichen Eliten den Weg bereitet. Auf diese Weise hat sich der Machtblock des alten Staates – ohne neues allgemeines politisches Projekt – in die Kontrolle einiger Regionalregierungen zurückgezogen und die in den vergangenen acht Jahren regional mobilisierten sozialen Klassen konstituieren sich heute in einem neuen und allgemein führenden nationalen Machtblock.

Es entstand ein neues politisches System, in dem sich fünf Aspekte neu konfigurieren: die klassenspezifischen und ethnischen Charakteristika des neuen staatlichen Machtblocks, die neuen dauerhaften politischen Kräfte im Land, neue generationsspezifische Führungen, die territoriale Verteilung der Staatsmacht und selbstverständlich das neue, kurz- und mittelfristig antagonistische Ideensystem.

Diese Punkte zeichnen das Bild einer Macht- und Führungsstruktur, die verhältnismäßig klar definierbare Akteure hat, deren Ausstrahlung, Allianzen und Stabilität selbst aber Ungewissheiten aufweisen; sowohl unter denen, die die politische Führung über den Staat innehaben, als auch unter denen, die in der Opposition sind.

Wie lange werden der regionale Rückzug und der fehlende Wille zur allgemeinen Macht dieser – sich im Prozess der diskursiven Mutation befindenden – konservativen Eliten andauern? Wer wird die Führungsfigur der Opposition mit dem Potential zur zukünftigen nationalen Projektion sein? Branco Marinkovic, Jorge Quiroga oder Carlos Mesa? Was wird ihr politisches Zentrum sein? Die wiedergeborene Nationalistische Revolutionäre Bewegung (MNR) oder die Partei der Nationalen Einheit (UN)? Das politische System selbst weist eine Reihe an instabilen inneren Modifikationen auf. Gleichzeitig weist der herrschende Block, der heute den politischen Prozess anführt, eine Reihe an inneren Tendenzen auf, die ihm Vitalität und Stärke hinsichtlich der Frage nach der vorherrschenden Orientierung verleihen: In der komplexen Spannung zwischen Etatismus und Kommunitarismus, wobei der Etatismus der Monopolisierung politischer Entscheidungen näher steht und der Kommunitarismus eher der Demokratie der sozialen Bewegungen verbunden ist.

Den Prozess der Machtblockbildung im heutigen Bolivien näher zu untersuchen ist ohne Zweifel eine sehr wichtige Aufgabe; nicht nur, weil seitens der Soziologie ein Blick auf das Kräfteverhältnis geworfen wird, sondern da das Kräfteverhältnis selbst Machtbewegungen, mögliche Ergebnisse und mögliche kurzfristige Allianzen sichtbar zu machen erlaubt – insofern es sich um verdichtete politische Prozesse handelt.

6 Momente der Stabilisierung des Machtblocks durch den Staat

In Bezug auf den zweiten Punkt – die Mechanismen der Macht- und Führungsstabilisierung im Prozess der Lösung der staatlichen Krise – kann man drei Aspekte anführen.

Paradoxerweise waren die Entschlossenheit und die Treue der Institutionen des staatlichen Gewaltmonopols (Militär und Nationalpolizei) ein wichtiges Moment der vorübergehenden Stabilisierung. Hierfür gibt es eine soziologische Erklärung: In dem Ausmaß, in dem der Staat die Institutionen des Gewaltmonopols als wichtigsten Kern hat, sind es auch diese, die sofort ein gewisses Ausmaß an Vorhersehbarkeit und Sicherheit fordern, die die Beständigkeit eben dieses wichtigsten staatlichen Kerns garantieren. Somit gab es, nach sechs Jahren struktureller Instabilität (2000–2006) und inneren Rissen im Kern des Gewaltmonopols (2003), formell betrachtet, eine rasche Anerkennung der neuen Kräfteverhältnisse im Staat durch die Institutionen des Gewaltmonopols nach dem überragenden Wahlsieg der MAS mit 54% der landesweiten Stimmen im Jahr 2005.

Aber noch wichtiger war, dass die aktuelle Regierung schnell eine strategische Orientierung bezüglich der Aufgabe des Militärs in der Demokratie definierte. Das war etwas, was früher nie geschah. Seit 1982, als die demokratischen Freiheiten wiedererlangt wurden, wurde das Militär in eine Art „existenzielle institutionelle Krise" in Hinblick auf ihre Rolle in der Demokratie verbannt. Wenn es nun weder das Rekrutierungszentrum künftiger MachthaberInnen, noch der Garant für die Souveränität – die bekanntlich von den Neoliberalen auf den internationalen Kapitalmärkten angeboten wurde – war, blieb nur die willkürliche politische Manipulation der militärischen Führungen, um die Regierungsfehler der Eliten zu vertuschen.

Die Kräfte des Gewaltmonopols wurden ursprünglich in der Verteidigung der Souveränität des „Vaterlandes" (*patria*) und in der Verteidigung der Gesellschaft ausgebildet und hatten ihre größten historischen Anerkennungen in der Stärkung des Staates erhalten. Dann mussten sie mit ansehen wie die Souveränität unter dem neoliberalen Präsidenten Jaime Paz Zamora „wertlos" wurde, wie sich die Verteidigung der Gesellschaft in einen systematischen bewaffneten Angriff auf die Gesellschaft wandelte (2000, 2003) und wie sich die Macht des Staates in Anbetracht der Privatisierungen von Unternehmen, die er selbst mit aufgebaut hatte, bröckelte – wie im Fall des Staatlichen Erdgasunternehmens Boliviens (YPFB) oder das Bolivianische Zementunternehmen (COBOCE).

Somit belebte Präsident Evo Morales, als er nach seiner Regierungsübernahme die Präsenz des Staates in der Wirtschaft wieder stärkte und das Fundament der sozialen Rechte erweiterte, Aspekte der Souveränität und StaatsbürgerInnenschaft im Rahmen einer komplexeren globalen interstaatlichen Struktur wieder und band das Militär in die Verwirklichung dieser staatlichen Expansion ein. Das stieß in Anbetracht der vom Militär vorangetriebenen Stärkung des Nationalstaates Jahrzehnte zuvor auf Resonanz und schuf eine außergewöhnliche Verbindung zwischen dem Militär und den indigen-bäuerlich-popularen sozialen Kräften, wobei letztere im Unterschied zu den Versuchen vor Jahrzehnten nicht unter der Führung des

Militärs standen, sondern unter der moralischen und intellektuellen Führung von indigen-popularen Schichten.

Auf diese Weise haben die Verstaatlichungen von Unternehmen und die Kontrolle des wirtschaftlichen Mehrprodukts durch den Staat der relativen Souveränität des Staates – und somit auch seiner Stabilisierung, die das organisierende Prinzip jedes Militärs der Welt ist – eine technisch-materielle Basis verliehen. Und wenn man hierzu die Beteiligung der Armee am Straßenbau, an der Verteilung des Mehrprodukts (*Renta Dignidad, Bono Juancito Pinto* und *Bono Juana Azurduy*)[4] und die reale Kontrolle der Grenzgebiete, die früher der Macht von korrupten lokalen Machthabern und der lokalen Mafia ausgeliefert waren, zählt, steht man vor einer Strategie der erneuerten territorialen Expansion der Präsenz des Staates durch die Institutionen seines Gewaltmonopols.

In gewisser Weise kann man sagen, dass ein Teil der gegenwärtigen Widerstandsfähigkeit des entstehenden neuen staatlichen Projekts gegen den konspirativen Druck externer und interner konservativer politischer Kräfte gerade in diesem historischen Zusammenspiel des Indigen-Popularen und des Militärischen liegt.

Die Fähigkeit der neuen politischen Führung, diese anfängliche Adhäsion in eine strukturelle, reale und beständige Kohäsion zu verwandeln, wird von ihrer Schnelligkeit abhängen, die neuen militärischen Rollen im Entwicklungsmodell in der Doktrin und dem Geist des Militärs durch einen Prozess innerer institutioneller Reformen zu interiorisieren.

Das würde der neuen staatlichen Struktur einen ersten – zwar nicht den wichtigsten, aber einen bedeutenden – Konsolidierungskern geben. Dennoch gibt es auch historische Erfahrungen, die belegen, dass die Ebenen des Gewaltmonopols und ihrer Treue in Zeiten der Anspannung der Kräfteverhältnisse Risse aufweisen können. An das Allende-Syndrom vor vierzig Jahren muss stets erinnert werden.

Ein zweiter Moment der Macht- und Führungskonsolidierung des Staates in der Krise ist ohne Zweifel der Handlungsspielraum der Exekutive, insbesondere hinsichtlich der öffentlichen Investitionen. Vielleicht liegen in den öffentlichen Investitionen und deren Resultaten und Auswirkungen die Mechanismen mit dem größten unmittelbaren Einfluss des neuen Machtblocks auf die Wirtschafts- und Sozialstruktur und die stabilsten Konstruktionsmechanismen der neuen zukünftigen Wirtschaftslage.

Wenn eine Gesellschaft 75% statt 25% der Erträge der Exporthaupteinnahmequelle eines Landes (in unserem Fall Erdöl und Erdgas) kontrolliert, steht man vor der Modifikation der Kontroll- und Aneignungsmechanismen des Mehrprodukts und damit auch der wirtschaftlichen Machtstruktur der Gesellschaft.

---

4   Diese Fonds dienen der Förderung von PensionistInnen, von Schulkindern und von Müttern sowie schwangeren Frauen. [Anm. d. Hg.]

Genau das geschah mit den Verstaatlichungsdekreten des 1. Mai 2006 und 1. Mai 2008 und der Unterzeichnung der Produktionsverträge mit den ausländischen Unternehmen. Die staatlichen Einnahmen stiegen mit sofortiger Wirkung von 677 Millionen US-Dollar im Jahr 2005 auf 2,1 Milliarden US-Dollar im Jahr 2008 und auf 2,329 Milliarden US-Dollar im Jahr 2009 (UDAPE 2010). Und in Anbetracht der Tatsache, dass die Erdöl- und Erdgasförderung mehr als 48% der nationalen Exporte ausmachen, handelt es sich um eine substantielle nationale/staatliche Einbehaltung des wirtschaftlichen Mehrprodukts, die das durch den Staat vermittelte Verhältnis der bolivianischen Gesellschaft mit dem internationalen Kapital strukturell modifiziert.

Die Modifikation der Kontrolle und des Eigentums der Erdöl- und Erdgasindustrie in Bolivien hat die ökonomische Situation des Landes in der Tat drastisch verändert. Zum ersten Mal seit Jahrzehnten verfügt der Staat über Überschüsse, die es erlauben, die Verwaltung und die Investitionspolitik mit eigenem Geld zu finanzieren und somit die Abhängigkeiten, die in der Vergangenheit die öffentliche Politik den Anforderungen der internationalen Organisationen (Internationaler Währungsfonds, Weltbank, etc.) unterordneten, abzuschütteln.

Im Unterschied zur gesamten neoliberalen Periode war der Staat in den vergangenen zwei Jahren der Hauptinvestor im Land und verdoppelte seine Investitionen von 629 Millionen US-Dollar im Jahr 2005 auf 1,005 Milliarden US-Dollar im Jahr 2007 und 1,428 Milliarden US-Dollar im Jahr 2009 (UDAPE 2010). Das erlaubt nicht nur wesentliche Sozialprogramme zur Armutsbekämpfung, sondern auch eine expansive produktive Investitionspolitik zu finanzieren, die es ermöglicht, eine minimale industrielle Basis für ein dauerhaftes Wachstum zu schaffen.

Heute wird durch staatliche Investitionen mit der Industrialisierung des Erdgases begonnen (eine Flüssiggasanlage in Campo Grande, eine Trennanlage im Chaco, ein Wärmekraftwerk im Chapare), der Metallbergbau wird wieder belebt (in Huanuni, Vinto, Corocoro, und anderen Bergbaugebieten), es wird KleinproduzentInnen, die für den Binnenmarkt produzieren, durch das staatliche Unternehmen zur Förderung der Lebensmittelproduktion (EMAPA) geholfen, um die Ernährungssouveränität zu garantieren und es werden Fabriken zur Versorgung des Binnenmarkts gebaut (Papier, Kartonagen, etc.).

Die Auslandsinvestitionen, die in den Jahren 1998 bis 2001 den Hauptteil der Investitionen in Bolivien ausmachten, haben zwar im Vergleich zum Einbruch im Jahr 2005 wieder zugenommen, sind aber heute nicht mehr die treibende Investitionskraft der Wirtschaft. Heute ist der Staat der wichtigste „kollektive Unternehmer". In den vergangenen vier Jahren ist sein Gesamtanteil am Bruttoinlandsprodukt (BIP) von 15% im Jahr 2005 auf 31% im Jahr 2009 (UDAPE 2009) gestiegen. Das trägt zu größerer Wertschöpfung, einem größeren Anteil am wirtschaftlichen Mehrprodukt in den Händen des Staates und zu größerer Selbstbestimmung über die interne Entwicklung Boliviens im Verhältnis zur Weltwirtschaft bei.

Diese Modifikation der Handlungsfähigkeit des Landes im globalen Kontext wäre aber nicht ohne die gleichzeitige Transformation der nationalen wirtschaftlichen Machtstruktur und dessen Führungsblöcken möglich gewesen. Für die Privatisierungen in Bolivien war die Konsolidierung eines wirtschaftlichen Machtblocks verantwortlich, der von den Erdölunternehmen, den Bergbauunternehmen, den landwirtschaftlichen Exportunternehmen und den Banken angeführt wurde. Im Privatisierungsprozess wurden die öffentlichen Monopole und die staatlichen Überschüsse der Verschwendung einiger weniger Privatunternehmen überlassen. Der Staat wurde dadurch in seiner Fähigkeit zur produktiven Akkumulation verstümmelt und der Rest der Branchen, die für den Weltmarkt produzierten, wurde in die Marginalität gedrängt.

Die wirtschaftliche Rekomposition des Staates hingegen internalisierte und lenkte die Verwendung des wirtschaftlichen Mehrproduktes zu Gunsten nationaler ProduzentInnen um und formte einen neuen wirtschaftlichen Machtblock.

Im Hinblick auf die Kräfteverhältnisse auf ökonomischem Gebiet wurde die Macht des ausländischen Kapitals in strategischen Gebieten (Erdgas, Erdöl und Telekommunikation) abrupt geschwächt. Es verlor Finanzflüsse, Aktiva und Überschüsse. Auf anderen Gebieten verlor das ausländische Kapital das Preismonopol, etwa bei Soja und Speiseöl. Heute können die lokalen, mit dem ausländischen Kapital verbundenen Sektoren des Handels- und Dienstleistungskapitals, die Teil der mittleren UnternehmerInnen-Eliten waren, nicht mehr auf den jährlichen Transfer von öffentlichen Ressourcen zählen, die vielmehr dazu verwendet werden, städtische und landwirtschaftliche Klein- und MittelproduzentInnen zu unterstützen. Dies geschieht insbesondere durch die Bank für produktive Entwicklung (BDP) für kleine handwerkliche und industrielle ProduzentInnen und durch die EMAPA mit Krediten für KleinbäuerInnen.

Der Staat ist der Hauptinvestor und wichtigste Akkumulator des wirtschaftlichen Mehrproduktes in der neuen ökonomischen Machtstruktur, die momentan beschleunigt aufgebaut wird. Es ist dem Staat gelungen, seinen Anteil an der Wertschöpfung von 0,6% auf über 8% zu steigern und in den kommenden Jahren beabsichtigen wir diesen Wert auf 15% zu erhöhen. Außerdem besitzt der Staat das wichtigste Produktionsunternehmen des Landes, das das Hauptexportprodukt Erdgas kontrolliert: YPFB.

Diese privilegierte Stellung in der Produktion und der Kontrolle der nationalen wirtschaftlichen Wertschöpfung ermöglicht es dem Staat, eine Strategie an Produktionsallianzen mit der überwiegenden Mehrheit der Klein- und MittelproduzentInnen in Stadt und Land zu entwickeln, wohin auch rasch Technologie, Kredite, Waren und Märkte (hauptsächlich durch die genannten BDP und EMAPA) transferiert werden. Dieser strategische Einsatz für die Stärkung der Produktion für den Binnenmarkt und die staatliche Kontrolle des – durch Verkäufe auf dem Weltmarkt erwirtschafteten – wirtschaftlichen Mehrprodukts ermöglicht die Konsolidierung eines staatlichen Machtblocks zwischen Klein- und MittelproduzentInnen, indigen-bäuerlichen Gemeinden und dem Staat, der rund 58% des BIP kontrolliert. Das erlaubt es von einem Block zu sprechen, der über genügend wirtschaftliche Materialität verfügt, um die ökonomischen Entscheidungen der Gesellschaft zu lenken.

Aufgrund der steigenden staatlichen Präsenz im Bergbau und der Agrarindustrie, die auch wichtige Anteile am Mehrprodukt produzieren, verfiel die Wirtschaftskraft des monopolistischen Machtblocks im Erdgas- und Erdölsektor. Streng genommen kann man sagen, dass gegenwärtig indigen-populare und mittelständische Sektoren, die die Verwaltung der vom Staat angeführten wirtschaftlichen Machtstruktur innehaben, die größte Kontrollkompetenz – nicht über das Eigentum, aber über die wirtschaftlichen Ressourcen des Landes – haben. Sie bilden gemeinsam mit den kleinen und mittleren gewerblichen und landwirtschaftlichen ProduzentInnen das wirtschaftliche Rückgrat der gegenwärtigen Gesellschaft.

Das stellt einen zentralen Unterschied zur revolutionären Erfahrung von 1952 dar. Damals hatte die – ausschließlich aus der Mittelschicht kommende – staatliche Führungselite die Modernisierung der Wirtschaft als ausschließliche Aufgabe des Staates auf sich genommen. Das Mehrprodukt aus dem Bergbau wurde ausschließlich in den Staat investiert und so entstanden die Bolivianische Entwicklungsbehörde (CBF) und andere Initiativen des Staatskapitalismus auf allen möglichen Gebieten rund um einen einzigen Akkumulationspunkt. Erst in ihrer Niedergangsphase (1970–1980) begann die staatliche Bürokratie, Überschüsse und Aktiva in den privaten Bergbau und die Agrarindustrie zu leiten, aber zu einer Zeit, als diese Produktionssphären durch das ausländische Kapital kontrolliert wurden, wodurch eine Kompradorenbourgeoisie entstand.

Heute kontrolliert der Staat das wirtschaftliche Mehrprodukt, reinvestiert es produktiv und fördert somit ausländische Investitionen unter staatlicher Kontrolle der Investitionsflüsse und der Renditen. Gleichzeitig investiert der Staat auch in umfassende Prozesse der Modernisierung und Akkumulation in der kleineren und mittelgroßen Produktion. In seiner Gesamtheit führt das zu einer simultanen Entfaltung verschiedener Stränge der wirtschaftlichen Akkumulation, der Reinvestition und der Expansion rund um die allgemeine Führung des Staates.

Insofern kann man sagen, dass die Transformationen der ökonomischen Machtstrukturen viel schneller vorankamen als die Umgestaltung der Strukturen der politischen Macht des Staates; insbesondere in Bezug auf die territorialen Strukturen der politischen Macht.

7 Hindernisse und Fortschritte bei der Konsolidierung des Machtblocks und der Staatstransformation

Die formelle Konsolidierung eines neuen strategischen Horizonts der Institutionen des staatlichen Gewaltmonopols und der schnelle Aufbau einer neuen wirtschaftlichen Machtstruktur der bolivianischen Gesellschaft tragen aber dennoch Ballast mit sich, der die endgültige Konsolidierung der neuen Staatlichkeit verlangsamt. Eines dieser Hindernisse ist zweifellos das Gerichtswesen. Die Judikative, die sich noch immer in der Macht der alten konservativen Kräfte befindet, ist die höchste Synthese der Korruption als institutionalisierte Norm und des neoliberalen Dogmatismus als diskursive Logik, die weiterhin die Persistenz und Reproduktion konservativer Kerne im Staat ermöglicht. Die Umsetzung der neuen Verfassung und die Restrukturierung der Institutionen auf Grundlage der neuen Gesetze, die das neue Parlament – die neue plurinationale legislative Versammlung – beschließen wird, werden uns mögliche Fortschritte auf diesem Gebiet weisen, deren Ergebnisse erst untersucht werden müssen.

Aber auch im Inneren der Regierung kann man Kontinuitäten des Habitus der alten Staatsbürokratie finden. Die staatliche Verwaltung hat sich, aus Mangel an wirtschaftlichen Ressourcen für öffentliche Investitionen aufgrund der Privatisierungen, daran gewöhnt, eine Unmenge von Verfahrenswegen zu schaffen, die die Durchführung öffentlicher Aufträge verzögern und verunmöglichen. Heute ist zwar der Staat der Impulsgeber für Investitionen, aber die vererbten Hindernisse und die aufschiebende Taktik der mittleren Verwaltungsebenen verzögern, dass sich die Dynamik des neuen Produktionsmodells ausdehnt. So entstehen die wichtigsten Vorhaben der gegenwärtigen Regierung auf diesem Gebiet auf Initiative des Präsidenten. Und deshalb besteht der Großteil der Arbeit des Präsidialamtes darin, Handlungen und behördliche Verfahren anderer Ministerien, die einzig und allein der Selbsterhaltung der staatlichen Bürokratie dienen, zu überwinden.

Weitere Elemente, die die Konsolidierung des neuen Staates erschweren, sind etwa die Routinen und Formen der Wissensvermittlung des Schulsystems sowie die Heiratsstrategien. Bourdieu untersuchte die Rolle der Heiratsstrategien in der Reproduktion der sozialen Ordnung in vorkapitalistischen – oder wie er sie nannte semikapitalistischen – Gesellschaften (Bourdieu 1998). Im Fall von Bolivien haben Heiratsstrategien immer eine wichtige Rolle in der Konsolidierung und Verankerung des herrschenden Machtblocks gespielt. Im Laufe des gesamten 20. Jahrhunderts haben sich die Eliten anhand des Austausches von sich verheiratenden Männern und Frauen zwischen spezifischen herrschenden Familiennetzen reproduziert. Heute aber ist es offensichtlich, dass dieser Mechanismus zur Gänze zerstört wurde und es ist zudem schwierig, Kontinuitäten zwischen den alten und den neuen Eliten diesbezüglich auszumachen. Es scheint, als handle es sich um zwei Welten, die keine gängigen gemeinsamen Kommunikationskanäle haben. Über sechs Jahre reichen noch nicht aus, um ein Szenario zu skizzieren, das die schulischen und ehelichen Reproduktionsstrategien der neuen Elite und der neuen Klassen an der Macht definiert, während das Szenario der konservativen Reproduktionsstrategien der vorübergehend von der Macht verdrängten Eliten weiterhin beobachtet werden kann.

Nach sechs Jahren an der Macht, und in diesem Sinne in einem fortgeschrittenen Stadium des Projekts, könnte eine andere Strategie untersucht werden, die man aktuell mit Vorsicht umzusetzen versucht, um das politische Projekt und Macht und Führung in Zeiten der Krise zu konsolidieren: nämlich die Suche und Akzeptanz von neuen Allianzen, um das politische Projekt zu vertiefen.

Das dritte Element, an dem man die Stabilisierungsmechanismen der Macht und der Führung in Zeiten der Krise nachvollziehen kann, ist der Alltagsverstand einer spezifischen Epoche, d.h. die hegemonialen Leitbilder des alltäglichen sozialen Handelns. Trotz der Widrigkeit der systematischen Verbreitung konservativer Ideologie durch die Massenmedien, die weiterhin im Besitz der alten herrschenden Klassen sind, haben sich die Themen Dekolonisierung, kultureller Pluralismus (Plurinationalität), produktiver Etatismus (Präsenz des Staates in der Wirtschaft) und territoriale Dekonzentrierung der Macht (Autonomie) mit Fortschritt und Rückschlägen in den ordnenden Kollektivverstand des intellektuellen Lagers und der nationalen Politik verwandelt. Das spricht für einen symbolischen Sieg der Kräfte der Veränderung oder, wenn man so will, für die Grundlage einer moralischen und intellektuellen Führung der entstehenden sozioökonomischen Kräfte.

Heute und in den kommenden Jahren wird man nicht Politik machen können, ohne vorher zu diesen drei Achsen des politischen Lagers Stellung bezogen zu haben. Die Frage ist nicht mehr, welche Themen man in der Politik diskutiert, sondern wie und wie schnell man diese in Angriff nimmt: Plurikulturalität in ihrer fortgeschrittensten Form? Plurinationalität in ihrer konservativsten Form? Plurikulturalität und Mehrsprachigkeit? Die Anerkennung der Diversität des Staates, des produzierenden Staates und des dezentralisierten Staates sind die drei vorherrschenden Eckpfeiler des Alltagsverstandes der Epoche. Und unabhängig davon, ob man nun in der Regierung oder der Opposition ist; auf die eine oder andere Art und Weise muss man sich auf diese drei Bereiche beziehen oder zumindest so tun als täte man das.

8 Die Überwindung des katastrophalen Patts

Auf der anderen Seite des Transfromationsprojekts existieren oppositionelle Gruppen mit rassistischen Auswüchsen. Man konnte sie in Sucre und Santa Cruz sehen, wo einige kleine Gruppen, die man aufgrund ihrer Ideologie und ihres antidemokratischen Verhaltens als halbfaschistisch bezeichnen kann, versuchten, einen hegemonialen Gegendiskurs zu schaffen. Dennoch kann man trotz der Tatsache, dass der Kampf um die dauerhafte ideologische Führung der Gesellschaft nicht entschieden ist, sagen, dass es eine starke Korrespondenz zwischen der Transformation im Bereich der wirtschaftlichen Macht und jener im Bereich der symbolischen Macht gibt.

Zusammenfassend kann man konstatieren, dass die staatliche Transformation als Prozess flexibler und interdependenter Strömungen und Gegenströmungen in

Erscheinung tritt, die die Strukturen der wirtschaftlichen Macht (als Eigentum und Kontrolle des Mehrproduktes), das politische Kräfteverhältnis (als parlamentarische Vertretung, als Kraft der sozialen Mobilisierung, als Führung und administrativer Habitus) und das symbolische Kräfteverhältnis (als ordnende und regulierende Ideen des Alltagslebens) beeinflusst. Die strukturelle staatliche Transition bzw. der verfassunggebende Prozess bedeutet den Aufbau eines neuen Kräfteverhältnisses oder eines neuen herrschenden Blocks, der die Kontrolle über wirtschaftlich-politische Entscheidungen des Landes hat. Aber gleichzeitig geht es um die Persistenz und Kontinuität alter Praktiken und innerer Machtkerne, die noch immer Teile des alten Staates reproduzieren und versuchen, sich von innen heraus zu rekonstituieren.

Die staatliche Transition findet eben über die Existenz von Führungs- und Entscheidungszentren, die die Initiative und die Tatkraft der neuen staatlichen Ordnung in sich versammeln (öffentliche Investitionen, etatistisch-produktivistischer Alltagsverstand), sowie die Knotenpunkte des konservativen Widerstandes, die um die Wiederherstellung der alten Ordnung kämpfen, ihren Ausdruck.

Und inmitten dieses sich im Fluss befindenden Kampfes verzeichnete die neue staatliche Struktur schnelle Fortschritte. Die Architektur des politischen Systems bleibt dennoch Gegenstand eines intensiven Kampfes über die Definition seiner Hierarchien, Führungen, Allianzen und Verfahren.

In diesem Sinn ist das Konzept des katastrophalen Patts heute nicht mehr so anwendbar wie es das noch vor sechs Jahren war, da wir es heute nicht (mehr) mit zwei nationalen Machtprojekten mit nationaler Mobilisierungsfähigkeit und Führung zu tun haben. Heute besteht die Konfrontation zwischen einem vorherrschenden Alltagsverstand als allgemeines, nationales staatliches Projekt einerseits und lokalen Widerständen mit ausschließlich lokaler Mobilisierungsfähigkeit und Führung andererseits. Vielleicht können diese beschränkten Widerstände eines Tages zu einem nationalen Alternativprojekt werden. Damit das geschieht, müssen aber höchstwahrscheinlich noch Jahre vergehen.

Nur wenn sich zwei nationale gesellschaftliche Projekte konfrontieren, kommt es zum katastrophalen Patt. Beim gegenwärtigen Stand der sozialen Kämpfe im Land kann man behaupten, dass es heute nur ein verallgemeinerbares gesellschaftliches Projekt gibt, das auf heftige lokale Widerstände von Eliten stößt, die aus den zentralen Machtbereichen verdrängt wurden und ihr Eigentum verteidigen. In diesem Sinne wären wir bereits beim finalen Moment der staatlichen Transition: der Beseitigung der sozialen Polarisierung und dem Prozess der staatlichen Stabilisierung oder Routinisierung der Praktiken des neuen sozialen Machtblocks.

9 Bifurkationspunkte und Staatstransformation

Schließlich kommen wir zum Bifurkationspunkt zurück, den wir vom Physiker Ilya Prigogine entliehen haben, der weit vom Gleichgewichtspunkt entfernte Systeme untersuchte.[5] Er entdeckte, dass in diesen Systemen nach einer gewissen Zeit eine neue Ordnung entstehen kann. Den Konversionspunkt der Unordnung des Systems in seine Ordnung und Stabilisierung nannte Prigogine Bifurkationspunkt (vgl. Prigogine 1983, 1984; Prigogine/Stengers 1984).

Diese Strukturen in der Krise („weit vom Gleichgewichtspunkt entfernte Systeme") sind durch Instabilität und politische Konfrontation gekennzeichnet. Es handelt sich um authentische, offene und verallgemeinerte Momente des Kampfes um die politische Macht. Aber nachdem keine Gesellschaft dauerhaft im Stadium des verallgemeinerten und antagonistischen Kampfes um die Macht leben kann, muss die Gesellschaft früher oder später zur Stabilisierung des Systems oder zum Aufbau einer staatlichen Ordnung neigen, die den Strukturen der Herrschaft und der politischen Führung wieder Sicherheit gibt. Diesen spezifischen historischen Moment, fassbar ab der Stabilisierung des Staates, nennen wir: *Bifurkationspunkt*.

Das ist ein Konzept mit dem – vielleicht in anderen Worten – schon vor 20 Jahren gearbeitet wurde, um den außergewöhnlichen Moment der militärischen und moralischen Stärke der konservativen Machtkonsolidierung des Staates zu beschreiben; konkret damals, als der „Marsch für das Leben" der BergarbeiterInnen gegen die Bergwerksschließungen durch die Regierung Paz Estenssoro (September 1986) stattfand. Damals versuchten die BergarbeiterInnen zum letzten Mal die politischen Übereinkünfte (*pactos*) vom April 1952 durch Massenmobilisierungen zu erneuern. Als Antwort kreiste das Militär die Demonstration ein und belagerte sie. Es gab weder Zusammenstöße noch Tote. Die militärische Überlegenheit der Regierung und die politische und moralische Wehrlosigkeit, mit der die BergarbeiterInnen versuchten, den staatlichen Pakt von 1952 von einer Regierung und einem Staat einzufordern, die das Konzept der sozialen Übereinkünfte verworfen hatten, waren derart groß, dass nicht ein Schuss notwendig war, um den Rückzug der BergarbeiterInnen zu erreichen. Deren Niederlage im „Marsch für das Leben", ihr widerstandloser Rückzug und die Hinnahme ihrer „Relokalisierung" (Entlassung aus den Bergwerken) markierte eine Ära der sozialen Hilflosigkeit. Später reproduzierte das Land – die Mittelschichten, die ArbeiterInnen, die LehrerInnen, einfach alle – diesen Bifurktionsmoment, der eine Art ursprünglichen Kern der Logik und der Charakteristik der Kräfteverhältnisse des Staates darstellt.

---

5   Ilya Prigogine (25. Januar 1917 in Moskau – 28. Mai 2003 in Brüssel) war ein belgischer Physiker, Chemiker, Systemtheoretiker und Universitätsprofessor sowjetischer Herkunft, der 1977 mit dem Nobelpreis für Chemie ausgezeichnet wurde.

Unter der Beteiligung derselben AkteurInnen, aber mit vollkommen entgegen gesetzten Ergebnissen, kam es zum Bifurkationspunkt, der die Geburt des Staates von 1952 einleitete. Nach sieben Jahren der staatlichen Krise und einem vereitelten Wahlsieg 1951 war der Aufstand vom 9. April 1952 also der Bifurkationspunkt des nationalistischen Staates. Den ursprünglichen Kern des neuen Staates bildeten die ArbeiterInnenmilizen und die bewaffneten BäuerInnen, deren siegreiche Gewerkschaftsstruktur die stets kämpferische Präsenz der Plebejer in einem fremden, aber zu Übereinkünften bereiten, Staat sicherte. Das dauerte bis zum neoliberalen Staat an, der jede Übereinkunft – außer jenen der geschlossenen und endogamen politischen Eliten – aufkündigte.

Im September 1986 hingegen kehrten die BergarbeiterInnen mit dem Kadaver des Staates von 1952 in ihre Häuser zurück, wodurch sich der neoliberale Staat durch eine militärische und politische Machtdemonstration konsolidierte und erst 14 Jahre später, im April 2000, wieder in Frage gestellt werden konnte.

Wenn man die Momente des Aufbaus jedes neuen Staates – des nationalistischen, des republikanischen, des sowjetischen Staates oder der Pariser Kommune – überprüft, wird man sehen, dass es immer einen Bifurkationspunkt ihrer Machtstruktur gab.

Dieser Bifurkationspunkt hat nun verschiedene Charakteristika: Erstens ist er ein Moment der Kraft, weder des Dialogs noch notwendigerweise der Gewalt, aber ein Moment, in dem sich die kämpfenden Kräfte der Gesellschaft in offener Form zeigen, ihre Handlungsfähigkeit miteinander messen und das endgültige und irreversible Schicksal jeder der KonkurrentInnen klären müssen.

Zweitens ist der Bifurkationspunkt ein Moment, in dem die alten Kräfte ihre Niederlage auf sich nehmen oder aber die neuen aufsteigenden Kräfte die Unmöglichkeit ihres Sieges anerkennen und sich zurückziehen. Es ist ein Moment, in dem eine soziale Kraft oder ein Machtblock die Führung derer übernimmt, die bereit sind, sich zu fügen und so eine neue moralische Kompromisslinie zwischen Regierenden und Regierten entsteht.

Drittens ist er ein Moment, in der die Politik – um mit Foucault (1999) zu sprechen – im Wesentlichen die Fortführung des Krieges mit anderen Mitteln ist und nicht umgekehrt. Es ist ein Moment, in dem eher Sun Tsu (1989) als Rousseau (1977) oder Habermas (1981) Recht hat. Es sind zwar noch Momente des sozialen Konsenses notwendig, aber dies geschieht vom Ausgangspunkt der Legitimierung oder Delegitimierung von Kraftakten (*hechos de fuerza*). In anderen Worten ist der Bifurkationspunkt der Moment, in dem sich die Situation aller auf Grundlage der Entfaltung der materiellen, symbolischen und ökonomischen Kräfteverhältnisse ohne jegliche Vermittlung entscheidet.

10 Die jüngste Bifurkation

Ausgehend von diesen Überlegungen formuliere ich eine Arbeitshypothese: Bolivien durchlebte den dritten Bifurkationspunkt der letzten 60 Jahre in den Monaten von

August bis Oktober 2008. In der Periodisierung der Krise des Staates beginnt diese im Jahr 2000, das katastrophale Patt tritt von 2003 bis 2005 ein, das Ersetzen des Machtblocks 2005 und der Bifurkationspunkt innerhalb von drei Monaten zwischen August und Oktober 2008. Mit ihm wurde die neue Struktur der staatlichen Kräfteverhältnisse konsolidiert, die außerdem in den Wahlergebnissen vom Dezember 2009 zum Ausdruck kam.

Stimmt diese Hypothese, dann wäre es ein seltsamer Bifurkationspunkt – theoretisch einzigartig und historisch kompliziert –, der aus einer Mischung aus Wahlen, Kraftakten und Konsensentscheidungen resultiert hätte.

Anfänglich begann der Bifurkationspunkt mit einem demokratischen Wahlereignis: das Referendum über die Abwahl des Präsidenten und des Vizepräsidenten im August 2008. Die Wahlergebnisse verschoben die territorialen Kräfteverhältnisse der politischen Landschaft. Zwei der oppositionellen Präfekten wurden abgewählt[6] und der Präsident der Republik konnte sich mit über zwei Drittel der Stimmen (67%) der BolivianerInnen im Amt festigen. Entscheidend war außerdem, dass die Regierung in zahlreichen Bezirken und popularen Stadtteilen von Santa Cruz, Tarija, Beni und Pando – der vier ökonomisch wichtigen Provinzen im Tiefland – Siege verzeichnete.

Diese Wahlergebnisse veränderten das territoriale Kräfteverhältnis drastisch. Sie hielten die politische Expansion der konservativen Kräfte auf, die ihre nationale Bedeutung verloren und in ihrer politischen Reichweite und Mobilisierungsfähigkeit zu ausschließlich lokalen Kräften wurden. Außerdem wurde der Prozess des entscheidenden Kampfes um die Macht, der im Mai 2008 eröffnet wurde, beschleunigt, als der konservative Block von der Strategie der Auflösung oder der Blockade der verfassunggebenden Versammlung im Jahr 2006 zur Strategie einer Art der regionalisierten Doppelmacht mittels Aufruf zu Abstimmungen über die Autonomiestatute in den Departements wechselte. Mit der de facto Implementierung der Abstimmungen in vier Departements – unter offener Missachtung der Gesetze und des Kongresses – wurde eine antagonisierte vertikale Spaltung der Struktur des Staates gewählt.

Die Ergebnisse des Referendums von August 2008, die die Unterstützung der Regierung von 54% auf über zwei Drittel erhöhten, beschleunigten die Entscheidungen der Opposition. Die Regierung war davon nicht überrascht und hatte sich bereits seit Mai darauf vorbereitet; in diesem Falle mit Hilfe einer Strategie der Umzingelung durch Militär und Mobilisierungen der Bevölkerung in den Regionen, in denen die Abstimmungen stattfanden. Warum die konservativen Kräfte den Zeitpunkt nach dem Abwahlreferendum für den Angriff wählten, muss erst untersucht werden. Die

---

6   Manfred Reyes Villa der *Nueva Fuerza Republicana* (NFR) im Departement Cochabamba und José Luis Paredes des *Poder Democrático y Social* (PODEMOS) im Departement La Paz. Diese Präfekten versuchten, das konservative Projekt („Media Luna") auf andere andine Departements auszuweiten.

Regeln des Krieges – und in Momenten der staatlichen Transition ist die Politik die Fortsetzung des Krieges mit anderen Mitteln – lehren, dass wenn ein Gegner stark ist, man ihn nicht direkt angreifen soll und wenn eine Armee schwach ist, darf sie niemals eine Schlacht mit einer stärkeren Armee provozieren oder darin verwickelt werden (Sun Tsu 1989).

Der konservative Block tat genau das Gegenteil des ABCs des Kampfes um die Macht. Er ging zum Zeitpunkt der größten politisch-elektoralen Stärke der Regierung zur Konfrontation über, als die Regierung gerade siegreich aus dem Referendum hervorgegangen war und als die Erweiterung der Unterstützung der konservativen Kräfte am unsichersten war. Damit begann ihr Niedergang.

Nach dem Abwahlreferendum begann der konservative zivil-präfekturale (*cívico-prefectural*) Block[7] mit dem Versuch eines stufenweisen Putsches: Sie griffen öffentliche Institutionen an und die Regierung ergriff die Taktik des defensiven Rückzugs und der Umzingelung; sie besetzten öffentliche Institutionen und die Regierung verteidigte sich mit der öffentlichen Gewalt, soweit der eingeschränkte Einsatz von Gewalt es erlaubte, und wartete ab; sie griffen die Polizei an und die Regierung wartete ab; sie plünderten und zerstörten öffentliche Institutionen in vier Departements und die Regierung wartete ab; sie entwaffneten Soldaten, besetzten Flughäfen, zerstörten Gasleitungen und die Regierung bewahrte ihre Haltung der Verteidigung und des schrittweisen Rückzugs. Der konservative Block setzte Gewalt gegen den Staat ein und lieferte die moralische Rechtfertigung einer entschlossenen Antwort des Staates gegen sie; als sie außerdem begannen, öffentliche Institutionen zu plündern und in Brand zu setzen, delegitimierten sie sich vor ihrer eigenen mobilisierten sozialen Basis und waren binnen Stunden von ihr isoliert.

Eine oppositionelle Präfektur entfesselte in einem Versuch, die mobilisierten popularen Schichten brutal abzuschrecken, eine Hetzjagd, die den Tod mehrerer AnführerInnen von BäuerInnen zur Folge hatte und die Toleranz der Gesamtheit der bolivianischen Gesellschaft zum Überlaufen brachte und den Staat zur einer raschen und entschlossenen Intervention zur Verteidigung der Demokratie und der Gesellschaft verpflichtete.

Die Regierung begann die territoriale Kontrolle am „schwächsten Glied" der Kette der Kräfte des Putsches wiederzuerlangen: Pando. Es handelte sich um den ersten Ausnahmezustand in der Geschichte Boliviens, der zur Verteidigung und zum Schutz der Gesellschaft ausgerufen wurde und auf die volle Unterstützung der Bevölkerung zählen konnte. Das und die internationale Zurückweisung der Aktionen der Putschisten, beendete die zivil-präfekturale Initiative abrupt und führte zu ihrem unorganisierten Rückzug. Es war der Moment einer popularen Gegenoffensive,

---

7 Eine Allianz zwischen dem Präfekten und zivilgesellschaftlichen Institutionen, angeführt von UnternehmerInnen und politisch rechten Kräften.

deren vorderste Front die sozialen und popularen Organisationen des Departements Santa Cruz selbst bildeten. Nicht nur BäuerInnen mobilisierten sich, sondern auch EinwohnerInnen der popularen Bezirke von Santa Cruz und insbesondere städtische Jugendliche, die, von der Öffentlichkeit unbemerkt, ihre Viertel verteidigten und die vormals in der Region herrschende klientelistische Macht der Unternehmen brachen.

Inmitten dessen war die Ausweisung des US-amerikanischen Botschafters in Bolivien, der dieser Tage auf inoffiziellen Treffen mit verschiedenen in die Gewalttaten verwickelten Präfekten gefilmt wurde, ein neues Zeichen des politischen Willens, mit dem die Regierung die Verteidigung ihrer Stabilität gegenüber den Verschwörern aufnahm. Die Kraft und Entschlossenheit der politisch-militärischen Antwort der Regierung auf den Putsch, gemeinsam mit der Strategie der sozialen Mobilisierung in und nach Santa Cruz sowie der einhelligen Verurteilung der Gewaltakte des zivilpräfekturalen Blocks durch die von der Gemeinschaft Südamerikanischer Staaten (UNASUR) angeführte internationale Gemeinschaft, mündeten in eine staatlich-gesellschaftliche Artikulation, wie sie in der politischen Geschichte Boliviens erst wenige Male zu sehen war. Es war eine allgemeine Ausdehnung und Ausbreitug der „mobilisierten Einheiten" gegen den Putsch, die im entscheidenden Moment diese Stoßkraft des indigen-popularen Projekts entfesselte.

Der konservative Block wog seine isolierten und in Auflösung begriffenen Stoßkräfte ab, überprüfte den politischen Willen der indigen-popularen Führung, die bereit war, in der Verteidigung der demokratisch gewählten Regierung bis zum Äußersten zu gehen und entschloss sich schließlich zu kapitulieren und sich zu ergeben. Somit schloss sich in Bolivien der Kreis der *staatlichen Krise*, der politischen Polarisierung und es wurde – nach dem kriegerischen Messen der sozialen Kräfte – die dauerhafte Struktur des neuen Staates durchgesetzt.

11 Ausblick: Konsolidierung des Transformationsprojekts

Nach dem gescheiterten Putschversuch kam eine neue große soziale Mobilisierung zustande, die vom Parlament die Einberufung eines Referendums für die Annahme der neuen Verfassung und die politisch-parlamentarische Bestätigung dieses popularen Triumphs einforderte. Durch den Verlauf der elektoralen und militärischen Erfolge verankerte die indigen-populare Regierung das im Moment des Bifurkationspunktes erreichte Kräfteverhältnis institutionell und zwar durch die Zustimmung des Kongresses zur neuen Verfassung.

Der Kongress verwandelte sich während einiger Tage – und unter Beobachtung der eingeladenen internationalen Organisationen (UNO, OAS, UNASUR, EU etc.) – in eine Art verfassunggebenden Kongress. Dieser verband die Arbeit der verfassunggebenden Versammlung (die neun Monate zuvor ihre Arbeit abgeschlossen hatte), die Regierungsübereinkommen mit dem Minderheitsblock der konservativen

Präfekten der vergangenen Wochen und die populären Forderungen des Marsches von Caracolla nach La Paz – der von den ArbeiterInnen, BäuerInnen und indigenen und populären Organisationen organisiert wurde und an dessen Spitze Präsident Evo Morales marschierte – miteinander.

Den neuen Umständen entsprechend war es offensichtlich, dass die indigen-populare Achse des Staates sich durch ihr eigenes Gewicht zur konstitutionellen staatlichen Ordnung konsolidierte. Gleichzeitig aber artikulierten sich die anderen sozialen Schichten durch ihre eigenen Debatten in der verfassunggebenden Versammlung (Mittelschichten, Klein- und MittelunternehmerInnen, etc.). Selbst der konservative Block der GrundbesitzerInnen, der politisch in den Präfekturen und den zivilgesellschaftlichen Sektoren der politischen Rechten seinen Ausdruck findet, wurde beachtet; aber selbstverständlich als soziales Subjekt unter Führung des neuen staatlichen indigen-populären Kerns.

Es darf nicht vergessen werden, dass es im Rahmen dieser politischen Arbeit auch gelang, dem konservativen Block die autonomistische Fahne zu entreißen, mit der die Verteidigung des Großgrundbesitzes und der Unternehmensprofite legitimiert wurde. Somit konsolidierte sich der national-populare Machtblock nicht nur materiell in der staatlichen Struktur, sondern übernahm auch die Führung über die drei diskursiven Achsen der neuen staatlichen Ordnung, die die politischen Debatten der kommenden Jahrzehnte bestimmen werden: Plurinationalität (Gleichheit der Nationalitäten), Autonomie (territoriale Dekonzentration der Macht) und staatliche Lenkung der pluralen Wirtschaft.

Der Bifurkationspunkt hatte also drei zusammenhängende Etappen: Im August 2008 konsolidierte sich der Wahlsieg, im September der militärische Sieg und im Oktober (mit der Bestätigung des Verfassungsreferendums durch den Kongress) der politische Sieg. Damit wurde der konstituierende Zyklus abgeschlossen und in diesem Moment begann die unipolare Ordnung der neuen staatlichen Ordnung zu bestehen. Mit den Wahlergebnissen vom Dezember 2009 beginnt nun eine andere Phase im Aufbau des Staates durch die Umsetzung der neuen Verfassung, der neuen entsprechenden Gesetze und der institutionellen Transformation.

Einige werden sagen, dass die bolivianische Gesellschaft noch immer Spannungsmomente durchläuft. Und das stimmt. Die Überwindung des Bifurkationspunkts oder die sich selbst reproduzierende Konsolidierung der staatlichen Ordnung beseitigt die Konflikte nicht; es wird sie weiterhin geben, aber auf niedrigerem Niveau. Strukturelle Konflikte, sich konfrontierende Projekte für das gesamte Land und für die allgemeine gesellschaftliche Macht, sind aber vorbei. Es wird Konflikte und Streitigkeiten beispielsweise hinsichtlich der Frage geben, wer die Autonomie und die Rolle des Staates in der Wirtschaft oder die Gleichheit im Rahmen eines Rechtsstaats am Besten um- und durchsetzen kann. Der Streit handelt aber nicht mehr von gesellschaftlichen Projekten, sondern von der Art und Weise wie jede der drei

Achsen der nationalen Politik in den kommenden Jahrzehnten verwaltet, geführt und umgesetzt werden soll.

Deshalb wird sich der Zyklus der staatlichen Krise der letzten zehn Jahre schließen und wir werden vor dem beginnenden – relativ stabilen – sozialen Stabilisierungs- und Aufbauprozess der neuen staatlichen Strukturen stehen. Würden die Konflikte enden, wäre die Demokratie Synonym für eine eingefrorene Gesellschaft. Demokratie beinhaltet Prinzipien, aber im Wesentlichen auch Dissens und Uneinigkeiten zwischen BürgerInnen im entstehenden Prozess des politischen Ausgleichs; unterschiedliche Ansichten beispielsweise darüber, was mit dem Geld des Staates oder der Autonomie gemacht werden soll; sowie unterschiedliche Sichtweisen von Gleichheit.

Demokratie ist im Wesentlichen die praktische, materielle und objektive Anerkennung des Dissens als staatliches Faktum. Möglicherweise entsteht in einigen Jahren ein anderes Alternativprojekt des Staates, das eine neue Krise des Staates eröffnen wird. Unterdessen werden wir uns an Interpretationen und Vermittlungsformen dieser drei Achsen des politischen Feldes innerhalb der staatlichen Ordnung beteiligen, die im Foucault'schen Moment – oder im Bifurkationspunkt – von August bis Oktober 2008 begründet wurde.

Bibliographie

Bettelheim, Charles (1965): Planificación y crecimiento acelerado. México: Fondo de Cultura Económica.

Bourdieu, Pierre (1986): La force du droit. Éléments pour une sociologie du champ juridique. In: Actes de la recherche en sciences sociales, 64. France: Le Seuil.

– (1998): Praktische Vernunft. Zur Theorie des Handelns. Frankfurt/Main: Suhrkamp.

Elias, Norbert (1976): Über den Prozess der Zivilisation. Frankfurt/Main: Suhrkamp.

Foucault, Michel (1999): In Verteidigung der Gesellschaft, Frankfurt/Main: Suhrkamp.

García Linera, Álvaro (2005): Lucha por el poder en Bolivia. In: Garcia Linera, Álvaro/Prada Alcoreza, Raúl/Tapia Mealla, Luis/Vega Camacho, Oscar (Hg.): Horizontes y límites del Estado y el poder. La Paz: Comuna/Muela del Diablo.

– (2010): Del Estado aparente al Estado integral. In: Miradas. Nuevo Texto Constitucional. Vicepresidencia del Estado Plurinacional/Presidencia del Honorable Congreso Nacional, Universidad Mayor de San Andrés. La Paz: IDEA.

Gramsci, Antonio (1995): Notizen über Machiavelli, über die Politik und über den modernen Staat. In: Gefängnishefte, Band 1. Hamburg: Argument-Verlag.

Gutiérrez, Raquel/García, Álvaro/Tapia, Luis (2000) (Hg.): El Retorno de la Bolivia Plebeya. La Paz: Muela del Diablo Editores.

Habermas, Jürgen (1981): Theorie des kommunikativen Handelns (2 Bände). Frankfurt/Main: Suhrkamp Verlag.

Lenin, W.I. (o.J.): Werke. (40 Bände, 2 Ergänzungsbände, Register, Vergleichendes Inhaltsverzeichnis). Berlin: Dietz-Verlag.

Marx, Karl (1848–1850): Artikel aus der „Neuen Rheinischen Zeitung" vom 1. Juni 1948 bis 19. Mai1949. In: Karl Marx/Friedrich Engels: Werke, Band 5 (1971). Berlin/DDR: Dietz Verlag, S. 13–457; Karl Marx/Friedrich Engels: Werke, Band 6 (1959). Berlin/ DDR: Dietz Verlag S. 5–519, S. 3–5

– (1962): Der Bürgerkrieg in Frankreich. In: Marx, Karl/Engels, Friedrich: Werke. Band 17. Berlin: Dietz Verlag, S. 313–265.

Prigogine, Ilya (1984): Only an Illusion. In: McMurrin, Sterling M. (Hg.): The tanner lectures on human values. Volume 5. Salt Lake City: University of Utah Press.

– (1983): La lecture du complexe. In: Le complexe de Léonard ou la Societé de création (1984). Paris: Les Editions du Novel Observateur.

Prigogine, Ilya/Stengers, Isabelle (1984): Order out of chaos. New York: Bantam New Age Books.

Sun Tsu (1989): Über die Kriegskunst. Karlsruhe: Info Verlag.

Robespierre, Maximilien (1989): Über die Grundsätze der revolutionären Regierung. In: Ders.: Ausgewählte Texte. Hamburg: Merlin Verlag.

Rousseau, Jean-Jacques (1977): Vom Gesellschaftsvertrag oder Grundsätze des Staatsrechts. Stuttgart: Reclam.

UDAPE (2009): Participación del Estado en el PIB: revisión de estimaciones y proyección. Unveröffentlichtes Dokument.

– (2010): Recuadaciones del sector de hidrocarburos. Unveröffentlichtes Dokument.

Weber, Max (1976): Wirtschaft und Gesellschaft: Grundriss der verstehenden Soziologie. Tübingen: Mohr.

Zavaleta Mercado, René (1987): El poder dual. Bolivia. México: Siglo XXI.

– (1995): La caída del MNR y la conjuración de noviembre. La Paz: Los amigos del libro.

Plurinationalität, Interkulturalität
und Dekolonisierung

Pablo Mamani Rámirez

Geschichte des indigenen Widerstands
Führung und Organisation der Aymara aus historischer Perspektive[1]

Die indigenen Kämpfe in Bolivien und insbesondere in La Paz sollten in ihrer Bezugnahme auf die historischen und symbolischen sowie mythischen *Katari-Amarus* verstanden werden. Dies zeigt sich besonders am Führungsstil der Aymara und *Qulla*, denen es gelang, eine fundierte Genealogie in Erinnerung an die *Katari-Amarus* aufrecht zu erhalten. Es ist wichtig, diese Tatsache hervorzuheben.[2]

   Die Führerschaft der Aymara ist stark geprägt von a) den mythischen Erinnerungen an die Schlangen, welche die Täler und Berge bewohnen und b) den großen historischen indigenen Aufständen angeführt von Julian Apaza-Bartolina Sisa, genannt die *Kataris*, von 1781-83 sowie von Gabriel Condorcanqui-Micaela Bastidas, genannt die *Amarus*, aus dem Peru von 1780. *Katari* bedeutet Giftschlange auf Aymara und *Amaru* Schlange auf Quechua. Diese Begriffe haben eine Konnotation von Macht, Widerstand und Angriff, je nach konkretem historischen Raum und Zeit. Die gegenwärtigen sozialen Kämpfe werden ebenfalls in Bezugnahme auf diese Kräfte konzipiert. Das betrifft auch die angewandten Überzeugungsstrategien und die Führung der an den Kämpfen beteiligten sozialen Sektoren. Die heutigen indigenen AnführerInnen verwenden diese Konzepte in ihren Handlungen und Diskursen. Auch wenn Präsident Evo Morales sich selbst nicht auf diese historische Symbolik beruft, begreifen die Aymara ihn als Fortsetzung dieser historischen Genealogie und setzen ihn in Verbindung mit der symbolischen Schlange aus den Bergen. Der indigene Anführer Felipe Quispe hingegen, der sich selbst als *Mallku* (Kondor von den hohen Bergen) bezeichnet, bezieht sich explizit auf die Aymara-Mythologie und -Symbolik. Die Konstruktion der indigenen Kämpfe in Bolivien und in La Paz sollte daher in ihrer Bezugnahme auf die historischen und symbolischen sowie mythischen *Katari-Amarus* verstanden werden.

---

1   Übersetzung aus dem Spanischen von Dorothea Schulz.

2   Wir sind uns der problematischen Konnotation der Übersetzung von *líder* und *líderazgo* als AnführerIn und Führung bewusst, verzichten dennoch auf das englische *leadership* und halten die Übersetzung für angemessen. [Anm. d. Hg.]

Man könnte sagen, dass die Geschichte von La Paz ohne die außergewöhnliche Präsenz und die Kämpfe der Aymara oder *Qulla* eine entscheidende Lücke aufweisen würde. Denn die Anwesenheit dieses Volkes und seiner AnführerInnen stellte besonders in der Gründungsgeschichte dieser Region in politischer und wirtschaftlicher Hinsicht einen unschätzbaren Antrieb sowie ein Gegengewicht zu den politischen Eliten dar. Diese Tatsache trat in den mehr als 500 Jahren der Kolonialisierung und in den letzten 200 Jahren der Republik immer wieder zum Vorschein. Dennoch wurde sie in vielen Abschnitten der Geschichte nicht voll anerkannt. Im Gegenteil, wie man an der politischen Geschichte Boliviens beobachten kann, ist dieses Volk wiederholt bekämpft worden und hat unerhörte Gewalt durch lokale und nationale Machtgruppen erlitten.

Somit sind die Geschichte von La Paz und sein 200-jähriges Bestehen untrennbar mit dem Kampf und der Präsenz der Aymara und anderer indigener Völker (v.a. der Quechua) verbunden, die während dieser Zeit eine große Anzahl von AnführerInnen mit außergewöhnlichen Fähigkeiten hervorgebracht haben; Fähigkeiten des Kampfes, der politisch-militärischen Leitung (wo dies notwendig war), großes Charisma und große Popularität. Dies vollzog sich unter zwei sozio-politischen Bedingungen: zum einen gelenkt durch die eigenen historischen Projekte und zum anderen durch äußere Einflüsse.

1 Behauptungskämpfe für die indigen-nationale Selbstbestimmung

Im ersten Fall bezogen sich diese Projekte auf den Behauptungskampf für die indigen-nationale Selbstbestimmung der Aymara und im zweiten Fall auf die Verteidigung des „nationalen Charakters" Boliviens, welcher unzählige Male bedroht war. Der Aufstand der Kataris in der Region von La Paz (und der Chayanta von Potosí) von 1779 bis 1782 zählt ebenso zu den nationalen Befreiungsbewegungen wie der Aufstand von Pablo Zárate Willka (und seiner gleichnamigen Familienangehörigen, darunter Alonso Luciano Willka) im Föderalen Krieg von 1899 (Condarco 1983) – obschon diese Aufstände auch den Zielen und Interessen der entstehenden Elite aus La Paz gehorchten, die zur damaligen Zeit von José Manuel Pando (Präsident Boliviens von 1899-1904) angeführt wurde (Irorozqui 1993). In diesem „pan-andinen" Aufstand (einschließlich jenem von Tupaj Amaru im heutigen Peru) haben die Kataris auf der einen Seite ein im Großraum der Anden verortetes nationales indigenes Projekt verwirklicht. Auf der anderen Seite gab es Behauptungskämpfe auf lokaler Ebene wie die von Santos Marka T'ula und Laureano Machaca.

Das zweite Charakteristikum der sozialen Praktiken der Aymara in der Geschichte von La Paz war ihr Widerstand gegen die lokale Oligarchie, beispielsweise unter der Regierung des sogenannten *Tata* (Großvater) Isidoro Belzu von 1848 bis

1850. Diese Oligarchie weigerte sich, mit den sozial schwächeren Schichten der Stadtbevölkerung von La Paz in Beziehung zu treten. Außerdem waren die Aymara neben den ArbeiterInnen die zentralen Akteure in der Revolution von 1952, denn sie bildeten die „*Campesino*-Truppen", die von der Nationalistischen Revolutionären Bewegung (MNR) angeführt wurden. Die Beteiligung dieser „Truppen" war der ausschlaggebende Faktor für die Macht der MNR und für die Begründung einer nationalen MestizInnen-Identität, obwohl dies dem eigentlichen Kampf der Aymara in mehrfacher Hinsicht entgegenlief. Hinzu kamen die Aufstände von 2000, 2001, 2003 und 2005 in der Region von La Paz. Diese Aufstände folgten dem Gedanken des „National-Bolivianischen" gegen Eliten wie die MNR, die Nationale Demokratische Aktion (ADN), die Linksrevolutionäre Bewegung (MIR), und anderen wie etwa nationale und transnationale Unternehmen. Der Aufstand von El Alto im Jahr 2003 stellt schließlich die Synthese des Kampfes für nationale Belange dar (vgl. Prada 2004), in diesem Fall für die Verteidigung des Erdgases zugunsten aller BolivianerInnen.

Allem Anschein nach besteht das Neuartige der Kämpfe der Aymara in diesem letzten Zeitraum in der Konstruktion eines Bezugsrahmens, der sich nicht allein auf die Aymara sondern das Indigen-Populare insgesamt bezieht. Und dieser soll nicht nur für La Paz gelten, sondern für das gesamte Land. Das heißt, der indigene Bezugsrahmen der Aymara besteht in der Nationalisierung des Kampfes gegen den internen Kolonialismus, gegen den Rassismus und gegen die politischen und wirtschaftlichen Privilegien der Weiß-Mestizischen Machtgruppen Boliviens und im Besonderen gegen die Gruppen der oligarchischen westlich-monokulturellen Macht wie die ökonomischen Eliten der BürgerInnenkomitees (*comités cívicos*) der östlichen Amazonasregion und des Chaco.

Aufgrund der vorherigen Ausführungen ist es notwendig, die historische Präsenz der Aymara zu betrachten und besonders die Entwicklung ihrer Führungskompetenz, ihrer Kampfbereitschaft, ihrer diskursiven und praktischen Strategien des Widerstands. Von großer Bedeutung in diesem Zusammenhang ist auch ihre Fähigkeit, sich in den Gemeinden, den *Ayllus* (indigenen Gemeinschaften) und Stadtvierteln zu koordinieren und zusammenzuschließen, um die Voraussetzungen für eine gemeinschaftlich geplante und auf andere Regionen und soziale Schichten ausstrahlende Praxis zu schaffen. Diese Führungskompetenz entstand vor allem im Zuge der Verteidigung des eigenen Volkes aus einer historischen Vision heraus, bei der es darum ging, das Eigene zu stärken und gleichzeitig eine Region wie La Paz mit wichtiger nationaler Präsenz aufzubauen.

2 Strategien und Charakteristika der Aymara-Führerschaft

Durch welche sozialen und historischen Faktoren haben sich die Aymara in einen der Dreh- und Angelpunkte der politischen und wirtschaftlichen Auseinandersetzungen in der Umgebung von La Paz verwandelt? Und welche Eigenschaften der Aymara-AnführerInnen erklären ihre so wichtige geschichtliche Präsenz in dieser Gegend? Welche historischen Projekte haben sie verfolgt und was waren ihre Erfolge? Und schließlich: Weshalb behaupten wir, dass die Geschichte von La Paz ohne den Kampf der Aymara und anderer indigener Völker nicht denkbar ist?

Die Aymara-FührerInnen sind der zentrale Ausgangspunkt unserer Überlegungen zu den vielen sozialen Konflikten, inklusive der großen sozialen Aufstände. Ihre Führungskompetenz kann nicht von ihrer tiefen Verwurzelung im sozialen Gefüge der *Ayllus* und der *Markas* (Zusammenschluss der *Ayllus*) getrennt werden. Das bedeutet, dass wir nicht nur an die AnführerIn als Person denken müssen, an ihr Charisma und ihre politische Führungsqualität, sondern auch an die Bereitschaft in den *Ayllus* und *Markas* zur Mobilisierung für soziale Gerechtigkeit, das Recht auf Land und Territorium sowie die Würde (vgl. Mamani 1991).

Meine Hypothese lautet: Der Kampf der Aymara als Teil einer langen historischen und sozialen Entwicklung war durch den strukturellen Faktor der kolonialen und republikanischen Unterdrückung und Ausbeutung bestimmt, welche von lokalen und nationalen Machtgruppen ausgeübt wurde. Damit der Widerstand erfolgreich sein konnte, waren die Führung sowie die Kenntnis der geographischen und politischen Gegebenheiten und ihre konzeptionell-strategische Verbindung von grundsätzlicher Bedeutung. Aus der konzeptionellen Verbindung von örtlichen Gegebenheiten und Politik entstand die Idee, je nach Zeit und Raum, die gemeinschaftliche Macht in Rotationsform aufzubauen. Die geographischen Gegebenheiten der Berge und Pampa verwandelten sich in den materiellen Rahmen der geschichtlichen Erinnerung, da es ihre *Achachilas-Awichas* (Ahnengott/Ahnengöttin) und ihr *Katari-Amaru* (Schlange des Untergrunds oder *serpiente luminosa*) sind, welche den Aufständen wie auch dem täglichen gemeinschaftlichen Leben Vertrauen und Entschlossenheit verliehen.

Zu Beginn werde ich die Anfangsphase des Widerstandes der Aymara von 1779 bis 1782 in La Paz kurz darstellen und seine Reichweite bis in die Gegenwart verdeutlichen. Danach werde ich das Verhältnis der örtlichen Gegebenheiten zur Politik untersuchen (als eine der geo-strategischen Bedingungen der Gegenmacht der Aymara und anderer indigener Gruppen) und das Machtkonzept, das den Vorstellungen der Aymara zugrunde liegt.

3 Das koloniale La Paz und die große Rebellion der Kataris von 1780-1782

Eigentlich bedeutet „Katari-Amaru" in der Sprache der Aymara und Quechua „Viper" oder „Giftschlange". Dies beschreibt Eigenschaften, welche die symbolische und materielle Seite von Macht vereinigen, um die Wirksamkeit des Kampfes und der Politik sowie die Fähigkeit zur Mobilisierung und zur Nutzung der Geographie auszudrücken. Für Campbell bedeuten *Amaru* und *Katari* in Aymara und Quechua „Schlange aus der Unterwelt" (Campbell 1990), Thurner definiert *Katari* und *Amaru* als „leuchtende Schlange" (Thurner 1991). Beide Begriffe beziehen sich auf die unterirdische innere Welt oder die dunkle Welt und gleichzeitig auf die bergige Landschaft der Anden, die auch als große Schlange betrachtet werden kann. Wie eine große Boa winden sich die Anden um Bolivien, Peru, Chile, Kolumbien und Teile Argentiniens. In der andinen Mythologie besetzen die Schlange und der Kondor einen besonderen Platz. Die derzeitigen *Mallkus-T'allas* (ursprüngliche Autoritäten) der Aymara-Gemeinschaften, auch wenn sie nicht genau den *Katari-Amaru* entsprechen, strahlen doch etwas von der Grandiosität des Fluges der glänzenden Kondore oder Adler in den hohen Berge aus. *Mallku* bedeutet männlicher Kondor und *T'alla* weiblicher Kondor. Die Aymara ebenso wie die Quechua sind Männer und Frauen der hohen Berge, die in viertausend Metern Höhe über dem Meeresspiegel leben und aus dieser Perspektive ihre eigene Gegend und deren innere Verwinkelungen kennen.

Diese Männer und Frauen haben die Fähigkeit, aus der Entfernung von oben (*alaxpacha*) oder von unten (*manqhapa*) die Welt und ihre Wirklichkeit zu betrachten. Aymara-AnführerInnen wie die Kataris, Julián Apaza (auch als Tupaj Katari bekannt), Bartolina Sisa, Gregoria Apaza, Nicolás Apaza, Gregorio Suio und andere werden als Ausdruck dieses zivilisatorischen und geschichtlichen Ideals betrachtet – eine Tatsache, die von den Sozialwissenschaften bisher nicht ausreichend untersucht wurde. Die Spanier wussten zur Zeit der Kolonialisierung natürlich nicht, dass sie das Land der *Kataris-Amaru* betraten. Dieser Umstand machte sich jedoch bemerkbar, als ca. 40.000 Aymara zwischen 1780 und 1782 die Hauptstadt der spanischen Kolonie La Paz einschlossen. Dieses Ereignis ist im größeren Zusammenhang zu sehen, dass sich die Aymara (ebenso wie die Quechua aus Peru) damals in ihrem eigenen Land unterdrückt fühlten. Denn La Paz war das Bollwerk der spanischen Invasion. Und die Antwort darauf war die große Rebellion von 1780 bis 1782. Verschiedene HistorikerInnen beschreiben, dass die Vorbereitung dieses Aufstands ungefähr zehn Jahre in Anspruch nahm (vgl. De Siles 1990). Das heißt, dass Julián Apaza den Aufstand seit etwa 1771 vorbereitete.

Julián Apaza wurde in der Region Ayo Ayo und dem *Ayllu* Sullkawi geboren, zusammen mit Bartolina Sisa, die aus dem gleichen *Ayllu* stammt. Zehntausende Aymara begannen 1781 mit der Besetzung von La Paz, als Ausdruck des Kampfes gegen die kolonialistische Ausplünderung und Unterdrückung. Bartolina Sisa war eine Frau mit außergewöhnlichen Eigenschaften, die Julián Apaza begleitete. Doch die spanischen Frauen und Soldaten waren nicht gewohnt, dass Frauen Truppen kommandierten und auf geschickte Weise die Geographie und die politische Konstellation nutzten. Die Forderungen der Protestierenden reichten damals von einer autonomen Regierung und Ausweisung der SpanierInnen, über eine Hegemonie der Aymara über das bisherige koloniale System bis zur Anerkennung der *Ayllus* und *Markas* unter der Herrschaft der spanischen Krone.

Mobilisierungen zehntausender Männer und Frauen umzingelten La Paz zu zwei Zeitpunkten: von März bis August und von September bis Oktober 1781. Insgesamt dauerte der Kampf jedoch deutlich länger. Wenn man die Erhebungen von Tomas Katari-Curuza Illawi von Chayanta heranzieht, dauerte der Krieg ungefähr vier Jahre. Hier standen sich zwei soziale Kräfte gegenüber: jene, die für *Chukiapu* kämpften und jene, die La Paz verteidigten. *Chukiapu* ist der ursprüngliche Aymara-Name für den Ort, der von den SpanierInnen als La Paz bezeichnet wird.

Die Bedingungen des Kampfes und die Führungspersönlichkeit von Tupaj Katari (oder Julián Apaza) und den verschiedenen Kataris, unter ihnen Nicolás Katari (der Bruder von Julián), waren in diesem Kontext höchst relevant. Obwohl Nicolás Katari als Trunkenbold und Weiberheld beschrieben wird, legte er doch eine ausgezeichnete Kampffähigkeit an den Tag und war tief verwurzelt in den Gemeindestrukturen der *Ayllus* und *Markas*. Die Zerstörung von Sorata im August 1781 war ein Ausdruck davon. Sorata wurde, angeführt von Gregoria Apaza, der Frau von Nicolás Katari, und von Tupaj Amaru aus Cusco überflutet. Ein Deich wurde durchbrochen und die Wassermengen gegen die Siedlung Sorata geleitet. Erneut waren hier die außergewöhnliche Kenntnis und die Nutzung der Geographie und des Wassers als Hilfsmittel ausschlaggebend.

Die *Ayllus* des Hochlands von Achacachi, Ayo Ayo und anderswo, sowie jene der Täler von Chulumani und Rio Abajo waren entscheidend für die Unterstützung des Kampfes. Etwa vierzigtausend Männer und Frauen hatten sich damals in der gesamten Gegend von La Paz erhoben. Diese große Mobilisierung gründete sich auf das System der Ämterrotation, die ursprünglich eine Technik aus der Landwirtschaft und aus dem Dienst am *Ayllu* war. Nun wurde es in den Dienst des Kampfes gestellt. Dieses System ist tief verwurzelt im sozialen und politischen Denken der Aymara. Es ist erfolgreich, weil es erlaubt, dass alle gemeinsam als Kollektiv eine Entscheidung oder eine Aktion übernehmen können. Und wenn diese gemeinsam getragen werden, sind alle beauftragt, die inneren Kräfte jedes *Ayllu* oder *Marka* freizusetzen. Heutzutage ist dieses System noch immer wirkmächtig, wie an den Aufständen von 2000, 2001, 2003 und 2005 in der Andenregion sichtbar wurde.

Jeder *Ayllu* und sein *Jilaqata* (Autorität des *Ayllu*) hatten ein System von sowohl horizontaler als auch vertikaler Befehlsgewalt, die diese Kämpfe unterstützten. Auf andere Weise wäre es nicht möglich gewesen zehntausende Männer und Frauen zu mobilisieren. Und jeder einzelne *Ayllu* hatte ein System von Mikrokommandos bzw. verstreute, schlangenförmige und verschwiegene Mobilmachungen. Dies vervollständigte sich mit der (rituellen) Kraft der *Achachilas-Awichas*, was aus der Perspektive der KolonisatorInnen generell als lächerlich dargestellt wurde. In Wirklichkeit war dies nichts anderes als ein Kommunikationssystem mit der inneren Welt oder der jenseitigen Welt. Aber letztlich muss dieses System innerhalb eines Rahmens der tiefen gemeinschaftlichen Feierlichkeit und der befehlshabenden AnführerInnen gesehen werden.

Jeder *Ayllu* hatte sein eigenes System der internen Organisation und zur Nahrungsversorgung. Dennoch gab es auch innerhalb dieser Systeme oppositionelle Kräfte, die sich Tupaj Katari entgegenstellten, wie es in einem *Ayllu* von Ayo Ayo geschah. Dies gehörte zu internen Differenzen, die es immer gab und geben wird. Aber dies war kein ausschlaggebendes Element, um den Aufstand zu verhindern, obwohl dieser mit der Niederlage der Aymara endete.

Der *Katari-Amaru* ist bis heute ein wichtiges gemeinschaftliches Gedankengut und bestimmte die Prozesse von 1779 bis 1782. Doch die Kämpfe der Aymara hatten nicht die Schaffung der Republik Boliviens zum Ziel, sondern die Rückeroberung des *Qullasuyu*, jenem Teil des ehemaligen Inkareiches, in welchem sich heute La Paz befindet.

4 Das republikanische La Paz, die Willkas und der Aufstand von 1899

Die Geschichte von La Paz ist eng mit den Aktivitäten der *Willkas* verknüpft, deren Aufstand gemeinsam mit den *Ayllus* von 1899 ein weiteres wichtiges geschichtliches Moment darstellt. Im sogenannten Föderalen Krieg haben die Aymara und Quechua unter der Führung von Pablo Zárate Willka und den drei *Willkas* (Pio Willka, Feliciano Willka, Manuel Willka) erneute Widerstandsbewegungen angeführt. Diese richteten sich gegen das System der Landvertreibung und der politischen Macht der Nachfahren der Kolonialherren und MestizInnen in der gesamten Region von La Paz, Oruro, Potosí und Cochabamba. Die Landrechtsreform von 1876 war der Auslöser dieses Aufstandes. Die *Ayllus* verloren dadurch ihr Recht auf Grund und Boden, und ein System des Großgrundbesitzes wurde der gesamten Andenregion aufgezwungen. In diesem Kontext entstand der „Willka-Krieg", der erfolgreich war, weil die drei „gefürchteten" *Willkas* ein internes System organisiert hatten, das eine große geographisch-territoriale Reichweite bis in die Gegenden von Potosí und Cochabamba besaß. Das bedeutete, dass sich das Zentrum des Aufstands nicht nur in La Paz oder Oruro befand. Vielmehr hatte sich der Aufstand auf die besagten Departements ausgeweitet – mit Hilfe der Führungsstrategie innerhalb des weitverstreuten geographischen Raumes und des jedem *Ayllu* oder *Marka* innewohnenden autonomen Systems.

Dadurch gewann der Aufstand eine außerordentliche Ausstrahlung in die gesamte Andenregion, was für La Paz schließlich von großer Bedeutung war – und vor allem für die neu entstehende Elite des Zinn-Bergbaus. So wurde La Paz zum Regierungssitz gemacht und dafür waren die gesellschaftlichen Allianzen ausschlaggebend. Die mobilisierten Gemeinschaften schlossen Bündnisse mit anderen *Ayllus* sowie mit anderen gesellschaftlichen Schichten, die sich ebenso durch das System des Großgrundbesitzes verachtet sahen. Sie etablierten auch eine Allianz mit General José Manuel Pando aus La Paz mit dem Ziel, das widerrechtlich angeeignete Land zurückzuerlangen, was letztlich Pando selbst einen Vorteil verschaffte. Denn durch die aktive Teilnahme der *Ayllus* am Kampf gegen die Truppen aus Sucre konnte er das Heer von Präsident Fernández Alonso (Präsident Boliviens von 1896-1899) schlagen und wurde neues Regierungsoberhaupt.

Was bedeutet „*Willka*"? Das Wort *Willka* hat verschiedene Bedeutungen. Darunter Kraft, Vitalität und Sonnenenergie. Für Condarco bezieht sich dieser Begriff auf einen Menschen mit großer politischer und militärischer Macht (vgl. Condarco 1983). Nach unserem Verständnis ist *Willka* die Energie der Befehlsgewalt, die politisch-gesellschaftlich-rituelle-militärische Autorität verleiht. Sie ist verbunden mit der Kraft der Sonne oder *Inti* (Aymara-Bezeichnung für Sonne, Sonnengott) und gleichzeitig Ausdruck des politischen Willens einer Gruppe von Männern und Frauen zur eigenen Selbstregierung. Das bedeutet, dass sie eine symbolisch-materielle Kraft zur Begründung der Autorität einer Person für eine bestimmte Zeitspanne ist. Es ist die kollektive Amtsübertragung, die der *Ayllu* oder *Marka* einer Person gewährt, damit diese Person die Unterstützung und die Bereitschaft zum Handeln erhält, um die verschiedenen Ebenen und Instanzen der Gesellschaft und ihrer Institutionen für eine gewisse Zeit zu koordinieren, zu motivieren, zu führen und um zu befehlen. Dieser Begriff in der hier dargestellten Bedeutung tritt seit Luciano Willka auf, der Teil des von Pablo Zarate Willka organisierten Aymara-Heeres war – ein Sergeant, der von 1868-1871 in Huaychu gegen die widerrechtliche Aneignung der Ländereien durch die Großgrundbesitzer gekämpft hatte.

Zu den drei *Willkas* kamen weitere Anführer mit außergewöhnlicher lokal-regionaler Befehlsgewalt in jedem der ihnen zugehörigen Gebiete hinzu. Lorenzo Ramírez beispielsweise griff die liberalen Truppen von José Manuel Pando an (die eigentlich seine Verbündeten sein sollten) und im März 1899 tötete er 120 Soldaten – ein aufsehenerregendes Ereignis zu Anfang des 20. Jahrhunderts, das auch das Ausmaß des Aymara-Aufstands widerspiegelt. In diesem Fall beteiligte sich eine große Anzahl von „Fremden" (*forasteros*) an dem Angriff. So wurden Menschen genannt, die keinen Grund und Boden besaßen, weil sie vertrieben worden waren. Deshalb hatten sich die „Fremden" in dieser Nacht gegen die liberalen Truppen in einen

Hauptakteur verwandelt (vgl. Fernández 2007). Das bedeutet, dass es auf lokaler Ebene eine reale Bereitschaft zum Aufstand gab gegen alle, die sich *q'ara* (Weiße) oder Kreolen nannten. Die Tatsache, dass viele seit langem dort lebende Menschen (*originarios*) sich in „Fremde" verwandelt hatten, wurde durch Unterdrückung und Landvertreibung verursacht.

Der Fall von Juan Lero de Peñas in Oruro ist ebenfalls von großer Bedeutung, weil er mit Mauricio Gómez aus Sacaca-Quirkiawi (Potosí-Cochabamba) 1899 gleichzeitig von der Aymaraführerschaft zu den ersten beiden indigenen Präsidenten der Bolivianischen Republik erklärt wurde (vgl. Hylton 2004: 106-107). Im Fall von Peñas wurden sechs Regierungsdekrete erlassen. Diese beinhalteten: 1) Rückgabe der ursprünglichen Ländereien, 2) Ausmerzung oder mindestens Unterwerfung der herrschenden Klasse unter die indigenen Nationalitäten, 3) Gründung einer indigenen Regierung, 4) Aberkennung der Berechtigungen der revolutionären Staatschefs (darunter José Manuel Pando), 5) Annahme und Gefolgschaft der Führung von Pablo Zárate Willka, 6) die allgemeine Einführung des Tragens der Bayeta (typischer Rock) (vgl. Condarco, 1983: 278f.).

Pablo Zárate Willka verfügte über eine Befehlsgewalt von nationaler Tragweite, nahm jedoch auch Befehle von untergeordneten Befehlshabern entgegen. Er war der eigentliche General des Heers der Aymara und verfügte über wichtige interne Vernetzungen mit seinen Untergebenen. Nach Ansicht von Hylton folgte der Aymara-Krieg von 1899 einer eigenen Logik. „Die Führer des aufständischen kommunalen Föderalismus verfügten über einen breiten Entscheidungsspielraum in Bezug auf die taktische und territoriale Organisation der Truppenbewegungen und dies war eine ihrer auffälligsten Eigenschaften." (Hylton 2004: 107) Jeder einzelne hatte eigenständige lokale Befehlsgewalt, jedoch mit direktem Bezug auf die nationale Führung durch die drei Willkas. Dies weist auf ein politisches System hin, das nach Möglichkeit die Befehlsgewalt aufteilt, um eine gemeinsame und sich gegenseitig kontrollierende Führung zu gewährleisten.

Dies spricht für eine tiefgreifende Kenntnis der Geographie und des gesellschaftlichen Denkens der *Ayllus* und *Markas*. Denn es steht in Bezug zu den kontrastreichen natürlichen Gegebenheiten der Anden-Region mit ihren tiefen Tälern und hohen Bergen und dem gigantischen Hochland. Diese Tatsache beeinflusste maßgebend die gesellschaftliche und militärische Organisation der Aymara. Außerdem ist dies Ausdruck der Geschicklichkeit, mit der interne Bündnisse zwischen *Ayllus* und *Markas* geschlossen wurden, bei denen jedoch jeder beteiligte Bündnispartner seine eigene „geteilte Autonomie" behielt. Dieses politische und gesellschaftliche Modell ist bis heute weit akzeptiert, da es ein grundsätzlicher Bestandteil des indigenen-originären Kampfes in Bolivien ist (vgl. Mamani 2007).

Mit dieser Kraft und politisch-militärischen Logik begann die Aymara-Bewegung eine Mobilisierung zur eigenen Befreiung, nachdem klar geworden war, dass General und nun Präsident Pando sich nicht an die Abmachung halten würde, Pablo Zárate Willka zum zweiten Mann der Republik und zum Vizepräsidenten zu machen. Die Aymara beschlossen, ihren eigenen Weg zu gehen, ohne weitere Bündnisse mit den Liberalen oder mit Nachbarvölkern, um gegen das Großgrundbesitz-System und die Unterdrückung ihrer politischen Herrschaft durch die Kreolen-Mestizen anzukämpfen. Dadurch, dass die Aymara-Kräfte die Truppen von Fernández Alonso im weiten Gebiet des Hochlands bezwungen hatten, kannten sie ihr eigenes Gebiet besser, erhöhten ihren Organisationsgrad und kämpften gestärkt um ihre eigene Macht.

Somit wurde der Aufstand der Willka zu einem der wichtigsten Bezugspunkte des Behauptungskampfes der Aymara. La Paz wurde durch diesen Krieg mit der maßgeblichen Führung der *Willkas* und aufgrund der großen Anzahl der mobilisierten Aymara und ihrer Alliierten zum Regierungssitz. Das von Unebenheiten und Schluchten durchzogene Gelände erschwerte damals die Fortbewegung von Nicht-Ortskundigen. Daher behauptet Pilar Mendieta (2008) völlig zu Recht, dass „die Indigenen (Völker) bei Konflikten und Rebellionen die zerklüfteten Bergregionen, welche sich über die jetzige Provinz Inquisivi des Departments La Paz erstrecken, strategisch nutzten" (Mendieta 2008: 17). Die Berge waren wie ein Schutzmantel, der die Mobilisierten schützte und praktisch unsichtbar machte, damit sie sich unbemerkt unter oder über den zerklüfteten Bergen auf dem kalten Hochland bewegen konnten.

5 Vásquez, Llanqui, T'ulas, Machacas und andere: Aymara-Widerstand im 20. Jahrhundert

Trotz der Niederlage der *Willkas* tauchten zwischen 1910-1930 und 1950-1956 andere Anführer von großer Bedeutung auf. Unter ihnen zeichneten sich besonders Martín Vásquez, Faustino und Marcelino Llanqui, Santos Marka T'ula, (Choque y Ticona 1996; Arias 1994) und sehr viel später Laureano Machaca (Portugal 1992) aus. Viele von ihnen gehörten der Bewegung der ermächtigten Kaziken (*cacique apoderado*) – indigene Führungspersönlichkeiten, welche die indigenen Gemeinschaften verteidigten – an.

Man kann sagen, dass auch diese Anführer es verstanden, die inneren Kräfte der Gemeinschaften ausgehend von den lokalen Gegebenheiten zu bündeln. Dies geschah im Zusammenhang von Machtmissbrauch und Arroganz durch die staatlichen Machthaber und die Vertreter der Kirche, die Priester. Der Kampf von Martín Vásquez aus Corocoro und den Brüdern Eusebio und Humberto Monroy war in diesem Zusammenhang sehr wichtig, denn sie waren es, die den rechtlichen Kampf gegen das System der Besitzenteignung der gemeinschaftlichen Ländereien begonnen hatten (vgl. Flores 1979). Seit dem Gesetzeserlass der *Exvinculación* („Loslösungsgesetz", in dem der gemeinschaftliche Besitz insbesondere des Landes aberkannt wurde) von 1874 war die einzige Möglichkeit, zu beweisen, dass die

Gemeinschaften rechtmäßige, historische BesitzerInnen ihrer Ländereien waren, alte Besitzurkunden vorzuweisen.

Dies tat Martín Vásquez als Mitglied der Bewegung ermächtigter Kaziken, indem er sich aus dem Vizekönigtum Lima einige Besitzurkunden von 1644 beschaffen konnte (vgl. Flores 1979). Diese wurden jedoch bald von Großgrundbesitzern und Justizbeamten gestohlen. Es wurde behauptet, dass diese Ländereien mit einer dreifachen Menge an Gold und Silber abgekauft worden waren (vgl. THOA 1984). Zu Beginn waren viele oder die große Mehrheit der Anführer sehr gesetzestreu. Das heißt, sie beriefen sich auf die Justiz des unterdrückenden Systems, um ihre eigenen Rechte zu verteidigen. Nur wenn dies nicht gelang (und in Wirklichkeit gelang dies der indigenen Bevölkerung fast nie), wurden Unruhen und allgemeine Aufstände angezettelt.

Der Kampf von Santos Marka T'ula zeigt, dass die Indigenen sich durchaus auf das koloniale Recht beziehen wollten. 1919 wurde Marka T'ula zum „Bevollmächtigten General der Indios der Republik" (THOA 1984). Er wandte sich an die verschiedenen gerichtlichen Instanzen in Sucre, den Obersten Gerichtshof der Justiz und an die Gerichtskammern von La Paz und Oruro, um den Landbesitz der indigenen Gemeinschaften zu verteidigen. Auf verschiedenen Reisen wurde er verhaftet und angeklagt, einer der „Subversiven" oder „Indio-Aufhetzer" zu sein. Die Besitzurkunden, mit denen er den rechtmäßigen Landbesitz nachweisen wollte, waren ihm so wichtig, dass er sie fast immer bei sich trug. Für den Fall, dass sie gestohlen wurden, hatte er den Inhalt der Dokumente immer auswendig im Gedächtnis. In seiner Heimatgemeinde Ilata-Urinzaya (der jetzigen Provinz G. Villarroel) wurde für den Schutz und die Anerkennung der Dokumente eine Reihe von rituellen Handlungen ausgeführt. Die *Yatiris* (Heiler, Schamanen) vollbrachten zu diesem Zweck Opfer an die *Achachilas-Awichas* (Aymara Gottheiten). Dies alles zeigt den festen Entschluss auf Seiten der *Ayllus* und *Markas* und des Aymara-Führers, die Vertreibung von ihrem Grund und Boden aufzuhalten. Marka T'ula starb jedoch im Jahr 1939 durch die Hand eines Priesters.

Zweifellos hat der Bevollmächtigte Marka T'ula die *Ayllus* der Provinz Pacajes und anderer Provinzen und Departments der Republik mobilisiert. Dabei ging es nicht darum, einen regionalen oder lokalen Aufstand anzufachen, sondern um die Verteidigung ihrer Ländereien angesichts einer systematischen Vertreibung durch die Großgrundbesitzer unter der Duldung des Staates. Der republikanische Staat enteignete Gemeindeland zum Vorteil der Großgrundbesitzer, die angaben, mit besserer Technologie Ackerbau und Viehzucht zu betreiben und damit das Land zu modernisieren. In Wirklichkeit wurden die Aymara hierdurch noch mehr in die Ausbeutung und Erniedrigung getrieben. Angesichts dieser Tatsache, kämpften sowohl Santos Marka T'ula als auch Martín Vásquez auf rechtlichem und politischem Weg darum, ihre Ländereien zu erhalten. Die indigenen Gemeinschaften wollten nicht mehr Sklaven der Republik sein. Um sich freizukaufen, suchten sie nach den kolonialen Besitzurkunden.

In diesem Kontext fand auch der Kampf von Jesús de Machaca und der von Faustino Llanqui sowie seinem Sohn Marcelino statt. 1921 hatte Llanqui es geschafft, dass sich die örtlichen *Ayllus* dieser Gegend erhoben hatten. Der Aufstand richtete sich gegen den Machtmissbrauch von Bürgermeister Lúcio Estrada und Priester Manuel Demetrio Encinas, die keine Einzelfälle darstellten. Die Amtsträger wurden beschuldigt, Gelder und Produkte veruntreut zu haben und Frauen vergewaltigt zu haben. Die Gemeindemitglieder beschlossen nach sorgfältiger Auswertung der Ereignisse, die für schuldig Befundenen zu töten, sie schenkten allerdings später dem Priester Encinas das Leben. Bei diesem Aufstand spielte die Führungspersönlichkeit von Faustino Llanqui aus dem *Ayllu* Qalla Arriba eine fundamentale Rolle. Ein interessantes Kuriosum ist, dass an den Familiennamen Llanqui der Spitzname *Titi* angehängt wurde. (vgl. THOA 1984: 26) Damit hieß er Faustino Llanqui Titi. *Titi* ist ein Aymara-Wort, das eine wilde Katze bezeichnet, die in den Bergen und den felsigen Gipfeln der Anden lebt. Der Name hat die Konnotation von Kraft und Macht der wilden Katze als Ausdruck der Lebenskraft. Auf dieser Grundlage verwandelten sich Faustino und Marcelo Llanqui in die Stimme und die Richtung des Kampfes der BewohnerInnen von Machaka gegen den Machtmissbrauch und die Arroganz der Mestizischen Machthaber des besagten Ortes.

Der Umstand, dass Marcelino Llanqui und sein Vater Faustino Lehrer einer kleinen „Untergrund"-Schule waren, hatte sie sicherlich zu den intellektuellen Führern des Kampfes gemacht. Schreiben und Lesen zu können war eine neue Errungenschaft zur damaligen Zeit. Erst 1931 wurde die erste indigene Schule in Warisata gegründet. Daher war die Tatsache, dass die Llanquis Lehrer waren, so bedeutend und machte sie zum Bezugspunkt und zu Richtungsgebern des Kampfes. Allerdings endete auch dieser Aufstand in einem brutalen Massaker durch die Truppen, die auf Befehl von Präsident Bautista Saavedra aus Guaki einmarschierten. Nachdem die Soldaten Häuser und Nahrungsmittel verbrannt hatten, mussten die Gemeindemitglieder mit ihren Kindern und den verbliebenen Herden in den hochgelegenen Bergen Zuflucht suchen.

Eine etwas später wichtig gewordene Führungspersönlichkeit war Laureano Machaca K'hota aus Huaychu (Puerto Acosta). Er war ein junger Mann, der in die exklusive Militärschule des Heers von La Paz eingetreten war, was zweifellos ungewöhnlich für die Jahre 1946-1948 war (vgl. Sagarnaga 2006). Er sollte im Osten des Landes stationiert werden, entschied sich aber (auch unter familiärem Druck) in seiner Gemeinde K'hupi zu bleiben, wo er eine bedeutende politisch-gewerkschaftliche Karriere begann. Machaca hatte eine direkte Verbindung zur Leitung der politischen Partei MNR. Im Namen der Partei organisierte er in der Region ein „Bauern-Kommando" mit dem Ziel, fast die gesamte Region zu kontrollieren, um die nationale Revolution (von 1952) zu verteidigen. Die Region von Huaychu (Puerto Acosta, Provinz Camacho) im Norden des Titicaca-Sees wurde so plötzlich zum Territorium eines Aymara-Heeres, das viele Gemeindeangehörige mit Gewehren ausrüstete, die aus MNR-Beständen, aus dem Chaco-Krieg und aus Schmuggelhandel an der peruanischen Grenze stammten. Bald war die Gegend bekannt als „Aymara-Republik von Laureano Machaca". Machaca erklärte den Abgesandten der Regierung, dass die bestehenden Gruppen zur Verteidigung der Revolution gebildet worden waren.

In Wirklichkeit identifizierte er sich nicht mit der Revolution des MNR. Denn „die Regierung von Paz Estenssoro war von Mestizischen und Weißen Machthabern eingeheimst worden, während die indigenen Massen, welche sie erhoben hatten, übergangen worden waren" (Sagarnaga 2006: 7). Somit war er einer der ersten, die 1957 die Revolution von 1952 zu hinterfragen begannen. Obwohl sie Teil der „Bauern-Regimente" gewesen waren, fühlten sich die Aymara von der Mestizisch-Weißen Revolution instrumentalisiert. Aufgrund dieser Unzufriedenheit mit den offiziellen staatlichen Machthabern wurde Machaco zum „Präsidenten" der Republik der Aymara ernannt.

Er errichtete seine eigene Regierung in der gesamten Region. Seine Verwandten setzte er als BürgermeisterInnen, UnterpräfektInnen, Polizeichefs und GrenzbeamtInnen ein. Die zentrale Idee dahinter mag gewesen sein, dass die Aymara die Macht ergreifen könnten. Darauf zielten auch Pläne, hunderttausende Aymara zu mobilisieren, die bereit wären, die Luftwaffenbasis von El Alto zu besetzen und bis Viacha und die Stadt La Paz vorzudringen. Es gibt Hinweise dafür, dass Machaco ein eigenes Kommunikations-System mit den Aymara-Gemeinden auf der peruanischen Seite aufgebaut hatte. Der Versuch der Machtergreifung endete jedoch mit dem Mord an Machaca, als er bei Escoma in den Hinterhalt einer Gruppe von Großgrundbesitzern und politischen Gegnern geriet, die sich durch die „Republik von Laureano" bedroht fühlten.

Aus der Aymara-Welt gehen nach der Revolution von 1952 neue politische und ideologische Strömungen hervor. Diese sind lebendige Bezugspunkte zur Kritik an der Weiß-Mestizischen Republik und der Revolution von 1952 und haben bis heute einen wichtigen Einfluss auf politische und soziale Kämpfe in Bolivien.

6 Der Katarismus-Indigenismus und La Paz in der 2. Hälfte des 20. Jahrhunderts

In den 1960ern entstanden zwei wichtige politisch-ideologische Strömungen in der Gegend von La Paz: der Katarismus und der Indigenismus, die jeweils mehrere Kämpfe und soziale Aufstände anstießen. Sie sind Teil einer umfassenden historischen, sozialen und diskursiven Konstruktion. Die erste Strömung gründet sich auf den Katarismus von Tupaj Katari und jenem der *Katari*. Der Katarismus definiert sich über das geschichtliche Subjekt, das sowohl in der Kolonialzeit als auch der

Republik verächtlich behandelt wurde: den „Indio". Dieser ist kein folkloristischer *Indio*, sondern ein *Indio*, der die Nation, das Volk, die Zivilisation und die Geschichte begründet. Der Katarismus von Tupaj Katari rührt vom Kampf Tupaj Kataris und Bartolina Sisas von 1780 bis 1782 her; der Katarismus der Katari wiederum geht bis in die mythischen Zeiten der Schlange zurück, die in den hohen Bergen und den Tälern lebt. Der Indigenismus seinerseits bezeichnet die Fähigkeit, die kolonial-republikanische Welt zu benennen und zu hinterfragen, um daran festzuhalten, dass der *Indio* seine eigenen Möglichkeiten zur Verwirklichung besitzt, entgegen den Bedingungen von Herrschaft und Ausbeutung, unter denen er leidet.

Beide Strömungen und ihre AnführerInnen entstanden aus einer Kritik an der Revolution von 1952 und der Fortsetzung des internen Kolonialismus in der Republik. Die Revolution von 1952 hatte die historische Forderung nach Gerechtigkeit nicht eingelöst. Die Aymara und andere Indigene waren weiterhin *de facto* BürgerInnen zweiter Klasse. Zehn Jahre nach der Revolution initiierten die Bewegungen des Katarismus und des Indigenismus einen starken Diskurs, der die Kämpfe der *Katari* und der Indigenen idealisierte. Dabei wurde die Tatsache angegriffen, dass die Aymara oder Indigenen während der Revolution als „BäuerInnen-Regimente" erschienen und kurz danach unter der kulturellen Homogenisierung des MestizInnentums verschwanden. Damit wurde erneut die geschichtliche Präsenz der Indigenen oder BäuerInnen in Wirtschaft und Politik annulliert. In diesem Zusammenhang gab es eine eigene interne Auseinandersetzung über das Verständnis von *Indio* und seinen kolonialen Ursprung. Die Tatsache, dass der Begriff *Indio* auf positive Weise angenommen wurde, löste eine große Debatte aus. Von Domitila Quispe aus Peru stammt die berühmte Äußerung von 1992: „Indio war der Name, mit dem sie uns unterworfen haben, Indio wird der Name sein, mit dem wir uns befreien werden." (Albo 2002:121). Der Katarismus wurde so zum organisatorischen und praktischen Bezugspunkt für den Kampf der Aymara.

Zu den herausragenden AnführerInnen des Katarismus und Indigenismus zählen unter anderen: Jenaro Flores (der Gründer der Konföderation der LandarbeiterInnengewerkschaft Boliviens CSUTCB im Jahr 1979), Raymundo Tambo und Victor Hugo Cárdenas (vgl. Rivera 1986). In der Strömung des Indigenismus stechen unter anderen Fausto Reinaga (von der Indio-Partei Boliviens), Constantino Lima und Luciano Tapia (von der Indio-Bewegung Tupaj Katari) hervor. Bald entstand eine neue Generation von AnführerInnen, welche die politisch-ideologische Linie weiter vertiefte.

Hier ist zum einen der Katarismus von Tiwanaku zu nennen, dessen wichtigster Bezugspunkt das Manifest von Tiwanaku von 1973 darstellt, in dem proklamiert wurde: „wir leiden als unterdrückte Klasse und als unterdrücktes Volk". Damit wurde eine äußerst wichtige Verbindung zwischen dem Konzept der Klasse und jenem der Nationalität hergestellt. Flores ist einer der Begründer und früherer Anführer

der CSUTCB. Durch seine Führungskompetenz konnte er den regionalen sozial-
gewerkschaftlichen Kampf von La Paz mit einer nationalen Perspektive verbinden,
um insbesondere den Staatsputsch von General Alberto Natush und García Mesa
zwischen 1979 und 1980 abzuwehren. Von einem Kulturzentrum aus, dem *mink'a*,
organisierte er den Kampf gegen die Diktatur von Hugo Banzer Suárez und Germán
Busch Becerra. Dennoch bewegte sich dieser Katarismus im Rahmen der bestehenden
Ordnung, adressierte Forderungen an die bestehenden politischen Institutionen und
war nicht auf reine Selbstbestimmung ausgerichtet. Die Konstellation der einseitigen,
asymmetrischen Anerkennung blieb dabei erhalten.

Als zweite Strömung soll der Indigenismus von Fausto Reinaga vorgestellt werden,
der seit 1962 eine kritische Lesart existierender Texte propagierte und auch selbst
publizierte. Reinaga war ein detailgenauer Schriftsteller, dessen politische Vorstellungen als linksgerichtet, nationalbewusst, indigenistisch und aymarisch bezeichnet
werden können. Er gründete in jenen Jahren die Indio-Partei der Quechua und Aymara
(PIAK), die er später in Indio-Partei Boliviens (PIB) umbenannte. Bis heute zählt
Reinaga zu den bekanntesten indigenen Anführern, dem aber gleichzeitig viel Widerstand von politischer und intellektueller Seite, sowohl von der Linken als auch von
der Rechten Boliviens, entgegengebracht wurde. Die Grundlage seines Indigenismus
war der Begriff des „Indios", ein kolonialer Begriff, der nun positiv neu bestimmt
und selbstbejahend verstanden wurde. Damit wurde das Leiden der Indios unter der
kolonialen Unterdrückung im Bereich von Kultur, Wirtschaft und Politik angeklagt.
Die begriffliche Neuschaffung des Indios versucht sich abzugrenzen von KreolInnen
und MestizInnen, um so ein eigenes geschichtliches Projekt der nationalen indigenen
Selbstbestimmung zu bekräftigen. Weil er die Bevölkerung und ihre AnführerInnen
dazu aufforderte, sich nicht selbst zu verleugnen und gleichzeitig ein bissiger Kritiker
der kreolischen *cholaje* (Anm.: abschätziger Begriff, abgeleitet von „cholo", Mestizisch,
indigen und europäisch) war, ist Reinaga bis heute einflussreich geblieben.

Reinaga war zwar im Norden von Potosí geboren worden, lebte aber in La Paz,
wodurch er sich in einen Anführer einer „indigenen Revolution" verwandeln konnte.
Er arbeitete als Anwalt in La Paz und vernetzte sich mit den sozialen Organisationen.
In seinen wichtigsten Werken: *La Revolución India* (1970) und *Tésis India* (1971),
klagte er an, dass Bolivien zweigeteilt wäre: ein Bolivien der indigenen unterdrückten
Mehrheit und ein anderes Bolivien der unterdrückenden Minderheit. Seine Arbeit
war grundlegend, um die Revolution von 1952 und den in der Republik fortbe-
stehenden Kolonialismus zu hinterfragen, welcher den *Indios* zwar das Wahlrecht
zugestand, sie aber vom politischen und sozialen Leben ausschloss. Dieser Umstand
wird bis heute heiß diskutiert und beeinflusste die jüngsten sozialen Konflikte in La
Paz und der Andenregion stark.

Eine dritte Strömung des Katarismus ist die Indio-Bewegung Tupaj Katari
(MITKA). Sie wurde im Jahr 1978 in der Provinz Pacajes in Piedras gegründet.

Ihre Vorgängerin war die Autochtone Nationale Partei (PAN). Constantino Lima, einer ihrer Anführer, stammt ebenso wie Luciano Tapia aus der Provinz Pacajes. Der MITKA wurde viel Widerstand von linken sowie kreolischen, rechten Sektoren in Bolivien entgegengebracht. Constantino Lima und Luciano Tapia verurteilten den Rassismus und den Kolonialismus der Republik scharf und wiesen immer wieder auf die Unterdrückung der Aymara und Quechua als ganzes Volk und Kultur hin. Beide waren Abgeordnete im nationalen Parlament.

Man kann bei allen drei Strömungen von einem „Indigenen Tupakatarismus" sprechen. Also von der Bezugnahme auf den Klassenbegriff einerseits und auf das Volk mit eigener Lebensform andererseits.

In der jüngsten Vergangenheit sind andere Führungspersönlichkeiten des Katarismus wie Víctor Hugo Cárdenas aufgetaucht, der als Vizepräsident der Republik unter Gonzalo Sánchez de Lozada zwischen 1993 und 1997 zum „neoliberalen Katari" wurde, oder Fernando Untoja (ein mit General Hugo Banzer verwickelter „Katarismus"), Simón Yampara und dem Indigenismus zuzuzählende wie Carlos Mamani oder Sebastián Mamani usw.

Andere AnführerInnen wie Sabina Choquetixlla und Felipe Quispe bildeten die sogenannte „Aymara-Guerilla" mit der Gründung der Guerilla-Armee Tupaj Katari (EGTK) (vgl. Iturri 1993). Felipe Quispe schlug unter anderem vor, den Spuren von Tupaj Katari durch einen „Krieg der *Ayllus*" zu folgen (vgl. Quispe 1990). Nachdem er fünf Jahre im Gefängnis San Pedro in La Paz inhaftiert gewesen war, wurde er zwischen 1999 und 2005 zu einem der wichtigsten Wortführer der CSUTCB. Danach war er nationaler Abgeordneter für die Indigene Bewegung Pachakuti (MIP), trat jedoch später vom Amt zurück. Quispe spielt eine wichtige Rolle, weil er die Armut und Marginalisierung der Aymara in den öffentlichen Debatten stärker sichtbar machte. Aus diesem Grund wurde er zum Anführer der Aufstände in den Jahren 2000 und 2003. Er führte einen starken anti-kreolischen und anti-Mestizischen Diskurs, in einem Kontext der Mobilisierungen in La Paz, die sich gegen den fortdauernden Kolonialismus und Neoliberalismus des Landes und der Region wandten. Vor allem wurde im Rahmen der sozialen Proteste scharf verurteilt, dass Bolivien immer noch unter der Vorherrschaft der kreolischen Machtgruppen steht. Der wichtigste Ausdruck des Widerstandes waren die Aymara-Aufstände im Hochland von La Paz zwischen 2000 und 2005. Die Provinz Achacachi und die Provinz Omasuyus sowie allgemein das Aymara-Hochland von La Paz haben sich während dieses Zeitraums zu einem wichtigen Teil der gewaltigen Aymara- und Quechua-Aufstände entwickelt. Immer wieder wurden Straßen blockiert, staatliche Einrichtungen besetzt und damit gedroht, den Einschluss der Stadt La Paz durch die *Katari* im Jahr 1781 zu wiederholen. Dabei war es gar nicht nötig, die Stadt einzuschließen. La Paz und El Alto waren bereits von der städtischen Aymara-Bevölkerung eingenommen.

Die großen politisch-ideologischen Gedankenstränge innerhalb des Katarismus und Indigenismus hatten es verstanden, von Grund auf den (neo)kolonialen Rassismus zu hinterfragen sowie die Lebensumstände der Aymara-Quechua-Guaraní als seit mehr als 500 Jahren von kreolischen Minderheiten unterdrückte Völker. Bolivien kann nicht mehr ohne die Indios gedacht werden oder sich selbst eben ohne diese darstellen. Die Gesellschaft (und der Staat) haben ihre Implosion hervorgerufen. Dies bestätigt in der katarisch-indigenen Sichtweise, dass Bolivien seinen internen Rassismus und seine anti-indigenen und kolonialen Charakteristika nicht mit der Revolution von 1952 überwunden hat. Der Katarismus und Indigenismus haben den Vorwurf formuliert, dass „Bolivien" weiterhin die nationale Anti-Mehrheit war. Es wurde die Behauptung aufgestellt, dass es „in seinem Inneren unterdrückte Völker und Lebensformen" gab, was bis heute Gegenstand umfangreicher Diskussionen ist.

7 Neuere Soziale Bewegungen und die Aymara-Führerschaft

In der letzten Zeit traten neue bedeutende AnführerInnen auf wie beispielsweise der Bürgermeister von Achacachi, Eugenio Rojas. Rojas leitete im Zeitraum von 2003 bis 2005 als junger Gewerkschaftsführer die Blockaden und den Widerstand gegen die Regierung von Sánchez de Lozada, die auf La Paz und später auf das gesamte Land ausgeweitet wurden. Vom Hochland her breitete sich ein Kampf gegen das neoliberale Modell aus. Der sogenannte „Gaskrieg" im Oktober 2003 wurde zu einem großen Thema von nationaler und internationaler Brisanz.

Ein weites Gebiet von La Paz in Verbindung mit Oruro war der Schauplatz dieser neuartigen sozialen Kämpfe und der Anwesenheit einer zweifellos wichtigen Führungspersönlichkeit der Aymara bei den Protesten im Jahr 2003. Hunderttausende Männer und Frauen mobilisieren sich also bis heute in diesem weitläufigen Gebiet. Und wiederum – wie schon zuvor – spielen die geographischen Gegebenheiten eine herausragende Rolle, denn sie wurden zum Bezugspunkt der Kampfbereitschaft der Aymara oder *Qulla*. Die Gründung eines Aymara-Staates von Qalachaca in der Gegend von Achacachi zwischen 2000, 2001, 2003 und 2005 sowie das Entstehen anderer Kampfstützpunkte in der gesamten Region sind Beispiele hierfür. Die bergige Landschaft und ihr gewaltiges Hochland werden so erneut zu einer Art riesiger *Katari*, der sich über die gesamte Andenregion erstreckt. Dies ist von fundamentaler Bedeutung für die Führungskompetenz der Aymara-Quechua, denn es ist Teil der Erschaffung einer geschichtlichen Vorstellung und der Wiederherstellung des eigenen Territoriums. So entwickelte sich beispielsweise El Alto im Oktober 2003 zu einem Epizentrum des Kampfes (vgl. Mamani 2005; Gómez 2004). El Alto und seine AnführerInnen wiesen anfangs keine katamistischen oder indigenistischen Orientierungen auf, sondern einen national-bolivianischen Diskurs und eine entsprechende strategische Perspektive. Sie sind dennoch ein Teil der Linie, die der

Katarismus und Indigenismus erschaffen haben. El Alto ist Teil einer kritischen Sichtweise, welche die Aymara in Bezug auf das Nationale haben. Denn verschiedene GewerkschaftsführerInnen der Nachbarschaftsvereinigung von El Alto (FEJUVE El Alto) mit Mauricio Cori und der regionalen Gewerkschaftszentrale von El Alto (COR-El Alto) mit Juan Meléndrez haben an diesen Ereignissen teilgenommen, obwohl sie sich nicht mit der Sichtweise von Felipe Quispe oder Eugenio Rojas identifizierten. Zusammenfassend kann gesagt werden, dass La Paz bis heute die Wiege einer starken Präsenz von Aymara und nicht-Aymara FührerInnen von 1780-82 ist.

Schließlich vermochte der kataristisch-indigenistische Kampf einen wichtigen Meilenstein zu erreichen. Ausgehend von lokal-regionalen Auseinandersetzungen hat er großen Einfluss auf den nationalen Kampf der indigenen Bevölkerung und auf das national „Bolivianische" erreicht. Deshalb haben wir heute als Präsidenten der Republik einen Aymara, Evo Morales, obschon der Präsident keine eigentlich kataristische oder indigenistische Sicht- oder Sprechweise hat.

8 La Paz und die Aymara-Welt

Wie wir gesehen haben, ist und war die Anwesenheit von Aymara-AnführerInnen in verschiedenen geschichtlichen Abschnitten von La Paz grundlegend. Denn La Paz ist tatsächlich ein Aymara-Departement. 77% der Bevölkerung in diesem Departement identifizieren sich selbst als indigen. Von ihnen bezeichnen sich nach Angaben der Volkszählung von 2001 68% als Aymara (vgl. Molina/Albo 2006). Natürlich musste die Anwesenheit ihrer AnführerInnen eine große Bedeutung für die Geschichte von La Paz haben.

Bei den Aufständen der Aymara war besonders die Art und Weise wichtig, in welcher eine starke Verbundenheit der AnführerInnen mit ihren Gemeinden oder *Ayllus* bestand und besteht. Es ist unmöglich, die Anwesenheit der AnführerInnen losgelöst von der Unterstützung und dem Beitrag der Gemeinden und *Ayllus* zu betrachten. Dabei ist es wichtig zu beachten, wie die AnführerInnen in Bezug auf die Anliegen und den Kampf der Gemeindeangehörigen handelten. Sowohl Tupaj Katari als auch Pablo Zárate Willka, Felipe Quispe und Jenaro Flores oder Constantino Lima und andere haben in Einklang mit dieser untrennbaren Verbundenheit gehandelt. In der Logik der Gemeinschaft war dies ein wichtiger Faktor von Regeln und interner Selbstkontrolle. Denn es besteht ein soziales System, die Macht soweit wie möglich im Rotationssystem zu organisieren. Offensichtlich war es in einem Moment wie dem Krieg von 1899 nicht möglich, zu rotieren oder die AnführerInnen auszutauschen, in diesem Fall Pablo Zárate Willka. Doch in normalen Zeiten wird dieses System der politischen Organisation angewendet: die Rotation und die gegenseitige Kontrolle der Entscheidungen und Handlungen. Diese Rotation wird auch in Städten wie El

Alto und anderen angewandt, weil sie zum sozialen System gehört. Sie fördert das gemeinschaftliche Denken und die Kampfbereitschaft.

Die gemeinschaftliche Logik besitzt die Qualität, AnführerInnen anzuerkennen und hervorzubringen, die stark durch die Autorität und Gegenwart der Gemeinschaft des *Ayllus* oder *Marka* bestimmt ist. Das heißt, dass die Aymara-Gesellschaften auch Teil einer komplexen Dynamik je nach historischer Epoche sind. Der *Ayllu* oder die Gemeinschaft ist ein sozio-politischer Raum mit geschichtlicher und sozialer Grundlage. Auf der Grundlage der Verbindung zwischen Aymara-AnführerInnen und den Gemeinschaften wird ein Gesamtsystem von Handlungen und symbolischen Darstellungen gewoben, welche einen kollektiven Sinn der Praxis und der Produktion erzeugt. Dies ist von herausragender Bedeutung für das System des Denkens und Handelns.

Wie bereits ausgeführt wurde, kommt hierin der geographischen Gegebenheit große Bedeutung zu. Diese ist so wichtig, weil die Geographie für die Aymara oder Quechua kein toter Raum ist, sondern ein lebendiger Zeit-Raum und außerdem ein Raum der Erinnerungen und des Zusammengehörigkeitsgefühls mit ihm. Das heißt, dass in den geographischen Gegebenheiten eine Anhäufung von kollektiven und individuellen Erinnerungen, Mythen und Legenden enthalten ist; viele von ihnen sind *Achachilas-Awichas*, Gottheiten aller Orte. Kein Berg oder Gipfel bleibt ohne einen Namen oder eine Symbolfigur, die sich auf ein real-geschichtliches oder ein mythisches Ereignis bezieht. Dies gleicht einer „großen Bibliothek", denn hierin liegt das geschichtliche und mythologische Gedächtnis. Es ist auch *Pachamama-Achachila*, es ist Mutter und Vater. Es ist Teil der Kosmovision, einer echten Wirklichkeit und des Lebens. Aus ihr ernährt man sich, weil sie Nahrung hervorbringt und aus ihr trinkt man Wasser, das wie das Blut ist, welches durch den Körper des menschlichen Lebens und der Tiere und auch der GöttInnen fließt.

Diese Gesamtheit von Ereignissen ist fest verbunden mit der Politik und der Geschichte. Die Berge sind *Kataris*, und der *Ayllu* ist das Territorium dieser *Kataris*. *Katari* oder auch *Asiru* bedeutet auf Aymara ein gefürchtetes Tier, das als solches auch ein Symbol für Macht und für Leben ist. Dies zeugt von einem tiefen Sinn des Lebens und der Geschichte, der jenen sehr komplex erscheint, die diesen Sinn des Lebens nicht haben. Dies ist nicht einfach eine geographische Bezeichnung, sondern ein Teil der Wirklichkeit, welche die Menschen geschaffen haben, um die sie umgebenden Dinge zu erklären und ihnen Sinn zu verleihen. Damit können das alltägliche Leben wie auch die äußerst wichtigen Momente der Geschichte, obwohl oft genug von blutigen Ereignissen gezeichnet, besser verstanden werden. Vor allem kann begriffen werden, dass die Aymara wie auch die Quechua Teil eines kraftvollen Kampfes um Macht und ihre selbstbestimmte Existenz sind.

Druckverweis

Ursprünglich wurde dieser Artikel auf Einladung der Stadtregierung für die Zweihundertjahrfeier von La Paz geschrieben. Er muss in diesem Kontext verstanden werden. Der Artikel will aufzeigen, dass La Paz ohne die Aymara nicht in dieser Form sein zweihundertjähriges Bestehen begehen würde, dennoch wird die historische Rolle der Aymara in öffentlichen und akademischen Debatten vielfach nicht gewürdigt.

Bibliographie

Albo, Xavier (1979): Achacachi: medio siglo de lucha campesina, cuadernos de investigación, No. 19. La Paz.

– (2002): Pueblos indios en la política. La Paz: CIPCA-Plural.

Arias, Felix (1994): Historia de una esperanza. Los apoderados espiritualistas de Chuquisaca 1936-1964. La Paz.: Aruwiyiri.

Campbell, G. León (1990): Ideología y fraccionalismo durante la gran rebelión, In: Steve J. Stern: Resistencia rebelión y conciencia campesina en los Andes siglo XVIII al XIX. Lima: IEP, S. 118–140.

Condarco, Ramiro (1983): Zarate el „Temible" Willka. Historia de la rebelión indígena de 1899 en la república de Bolivia. La Paz: Renovación.

Choque, Roberto/Ticona, Esteban (1996): Jesús de Machaca. La marka rebelde. Sublevación y masacre de 1921. La Paz: CIPCA CEDOIN.

Del valle de Siles, M. Eugenia (1990): Historia de la rebelión de Tupac Catari: 1781–1782. La Paz: Don Bosco.

Fernández, Ramiro (2007): Resistencia indígena, poder local y desarrollo agropecuario en los Andes. La Paz: Colegio Nacional de Historiadores de Bolivia.

Flores, Gonzalo (1979): Una indagación sobre movimientos campesinos en Bolivia: 1913–1917. La Paz: CERES.

Gómez, Luís (2004): El Alto de pie. Una insurrección aymara en Bolivia. La Paz: HdP, Fundación Abril, Indymedia.

Hurtado, Javier (1986): El Katarismo. La Paz.: Hisbol.

Hylton, Forrest (2004): El federalismo insurgente: Una aproximación a Juan Lero, los comunarios y la Guerra Federal. In: Tinkazos (La Paz), No. 17, año 7, S. 99–118.

Iturri, Jaime (1993). EGTK: la guerrilla aymara en Bolivia. La Paz: Vaca sagrada.

Irorozqui, Marta (1993). La guerra de razas en Bolivia: La (re)invencion de una tradición. In: Espacios Andinos. Geografía Economía Política Historia, Cusco. Revista Andina, Vol. 11, S. 163–200.

Mamani, Carlos (1991): Taraqu 1866–1935. Masacre, guerra y „Renovación" en la biografía de Eduardo L. Nina Qhispi. La Paz: Aruwiyiri.

Mamani, Pablo (2004): El Rugir de las multitudes. La fuerza de los levantamientos indígenas en Bolivia/Qullasuyu. La Paz: Aruwiyiri-Yachaywasi.

– (2005): Microgobiernos barriales. Levantamiento de la ciudad de El Alto (octubre 2003). El Alto: Cades.

– (2007): Bolivia antes de Evo Morales. Fracturas del estado colonial y poder de los micro-gobiernos indígenas. In: Bolivian Studies Journal/Revista, Vol. 7 (ISSUE 1), Sep–Oct, 2007, S. 1–31.

Mendieta P., Pilar (2007): Indígenas en la política. Una mirada desde la historia, La Paz. La Paz: Instituto de estudios bolivianos.

Molina, Ramiro/Albo, Xavier (Hg.) (2006): Gama étnica y lingüística de la población boliviana. La Paz: Sistema de Naciones Unidas en Bolivia.

Pacheco, Diego (1992): El indianismo y los indios contemporáneos en Bolivia. La Paz: Hisbol-MUSEF.

Portugal, Pedro (1992): La República Aymara de Laureano Machaca en 1952 el proceso de la revolución boliviana. Revista del Instituto de Estudios Andinos y Amazónicos 3.

Prada, Raúl (2004): Largo octubre. La Paz: Plural.

Quispe, Felipe (1990): Tupaj Katari Vive y Vuelve... Carajo. La Paz: Ofesiva Roja.

Rivera, Silvia (1986): Oprimidos pero no vencidos. Luchas del campesinado aymara y qhechwa 1900–1980. La Paz: Hisbol.

Reinaga, Fausto (1971): Tesis india. La Paz: PIEB.

Sagárnaga, Rafael (2006): Machaca y la República Aymara de 1956. In: Revista Domingo, La Prensa, 17. Dezember, 6–9.

THOA. Taller de Historia Oral Andina (1984): El indio Santos Marka T'ula, Cacique principal de los ayllus de Qallapa y apoderado general de las comunidades originarias de las República. La Paz: UMSA.

Thomson, Sinclair (2006): Cuando sólo reinasen los indios. La política aymara en la era de la insurgencia. La Paz: Muela del Diablo-Aruwiyiri

Thurner, Mark (1991). Guerra andina y política campesina en el sitio de La Paz, 1781. aproximaciones etnohistóricas a la práctica insureccional a través de las fuentes editadas. In: Urbano, Enrique (Hg.): Poder y violencia en los Andes. Centro de estudios regionales Andinos Bartolomé de las Casas. Cusco, 93–124.

Alison Spedding Pallet

Der Fünfte Horizont
Perspektiven und Kontinuitäten bolivianischer Geschichtsschreibung und das Fehlen einer feministischen Perspektive[1]

Dieser Beitrag analysiert unterschiedliche Lesarten der bolivianischen Geschichte, die gegenwärtig zirkulieren. Aus einer antirealistischen Position (vgl. Spedding 1996) ist dabei nicht von primärer Relevanz, ob sich die Geschehnisse der Vergangenheit tatsächlich so ereignet haben, wie sie geschildert werden. Vielmehr interessiert mich, wer in der Gegenwart welche Geschichten erzählt. Trotz aller Unterschiede sehen alle gängigen Varianten in der *Conquista* einen unumkehrbaren Bruch in der Geschichte der Andenländer. Ich schlage jedoch eine andere Version dieser Geschichte vor: eine dekolonisierende Alternative, welche die Kontinuitäten betont und im von mir so bezeichneten Fünften Horizont (*Quinto Horizonte*) ihren Höhepunkt findet. Zudem ist auffällig, dass unter den existierenden Versionen keine feministischen Perspektiven vorkommen. Die Gender-Perspektive wird im letzten Teil dieses Kapitels thematisiert, insbesondere in Bezug auf die politischen Organisationsformen der indigen-bäuerlichen Gemeinschaften. Dabei wird die Praxis der Amtsausübung basierend auf dem *chachawarmi*-Prinzip (Mann-Frau-Prinzip) problematisiert, wodurch ein Beitrag zur Dekolonisierung und Depatriarchalisierung des bolivianischen Staates geleistet werden soll.

1 Drei Politikrichtungen, drei Geschichtsschreibungen

Wenn ich von gängigen Lesarten der Geschichte schreibe, dann meine ich im Konkreten drei Versionen der Geschichte der Andenregion, die im aktuellen bolivianischen Kontext eine Rolle spielen. Erstens die offizielle nationalistische Version, die in den Schulen und den konventionellen Geschichtsbüchern wiedergegeben wird. Zweitens die Version der Linken, welche marxistisch geprägt ist und die ArbeiterInnenbewegung fokussiert. Und drittens die indigenistische oder indianistische Variante. In den letzten Jahren kam es zwischen der zweiten und der dritten Version zunehmend zu Überschneidungen, da linksgerichtete Intellektuelle vermehrt indigenistische

---

1 Übersetzung aus dem Spanischen von Dana de la Fontaine und Melanie Hernández.

Diskurse übernommen haben. Im Grunde aber entwickelt und zeigt sich jede Version in Opposition zu den anderen beiden. Dennoch sehen alle drei Versionen in der spanischen *Conquista* ihr ursprüngliches Gründungsmoment, denn die *Conquista* stellt für sie einen absoluten Bruch mit allem Vorangegangenen dar. Zudem wird die *Conquista* – vor allem in der Version der Linken, aber auch in den anderen – als Moment des Autonomieverlusts der Andenregion über ihre eigene Entwicklung begriffen. Das heißt, dass ihre Geschichte ab 1532 zu einem Kapitel oder Anhang der großen europäischen Geschichtsschreibung wird: Der westlichen Geschichtsschreibung für die nationalistische Version, des Kapitalismus für die linke Version oder des Kolonialismus für die indigenistische Version.

In der nationalistischen Variante stellt die Unabhängigkeit des Jahres 1825 das nächste wichtige konstitutive Moment dar. Weitere bedeutende Ereignisse sind der Salpeterkrieg (1879-1884), als Bolivien den Zugang zum Pazifischen Ozean verlor, dann der Chaco-Krieg (1932-1935), die grundsätzlich positiv betrachtete nationale Revolution von 1952 und schließlich die Wiedererrichtung der Demokratie im Jahr 1982. Es wird argumentiert, dass viele der Errungenschaften aus dem Jahr 1952 nach 1982 wieder rückgängig gemacht wurden, weil sie bereits ihre historische Rolle erfüllt hätten und nach dieser Logik durch Staatsreformen erneuert werden müssten. Die nationalistische Version geht davon aus, dass die Regierungen, also die herrschende Klasse, wirklich im Sinne des nationalen Interesses und damit im Interesse aller handeln, auch wenn sie teilweise von korrupten und inkompetenten Personen besetzt wurden und werden. Die Regierungen wären demnach nicht einfach ein Instrument der Eliten, die lediglich ihre eigenen Klasseninteressen zulasten der Bevölkerungsmehrheit durchsetzen.

Ohne Zweifel sind Regierungsmaßnahmen vielfach von im Machtapparat gut positionierten Gruppen zu ihren Gunsten manipuliert worden. Gleichzeitig beteiligen sich aber nicht alle Regierenden mit der üblichen zynischen Haltung an diesen Praktiken. Viele unter ihnen haben das aufrichtige Selbstbild, dass sie sehr wohl im Sinne des nationalen Interesses oder mehrheitlicher subalterner Gruppen agieren – und das oft ohne jegliche Hintergedanken. Und keine Regierung bleibt lange an der Macht, die systematisch die Interessen und Forderungen der Mehrheiten unterdrückt, um ausschließlich jene Programme durchzubringen, die von den Interessen der herrschenden Minderheit geleitet sind. So haben die NationalistInnen mit ihrer Ansicht Recht, dass ein gewisses Maß an Güte und Ausgewogenheit notwendig ist, damit der Staat bestehen kann. Es wird gleichzeitig klar, dass es sich bei dieser Version um eine Beschreibung der Herrschaftsverhältnisse durch die Herrschenden selbst handelt, die damit wiederum ihr Handeln zu rechtfertigen suchen.

Die IndigenistInnen beachten nationale Unabhängigkeit noch am wenigsten, da sie als etwas angesehen wird, das die „Weiße" Dominanz verlängert und zugespitzt hat. Stattdessen ist ihr zentraler Referenzpunkt die Große Rebellion (1780-1782) und sie fordern, dass die Bilder von Simón Bolívar und Antonio José de Sucre in den Schulen und Amtsstuben durch jene von Tupac Katari und Bartolina Sisa, den AnführerInnen der damaligen indigenen Aufstände, ersetzt werden sollten. Der Föderale Krieg des Jahres 1899 (siehe Kapitel von Pablo Mamani in diesem Band) spielt zwar eine Rolle, aber nicht als ein Konflikt zwischen zwei Fraktionen der Bourgeoisie – einer dekadenten und einer mächtigen –, wie es die Linke versteht, sondern er wird wegen der Rebellion von Zárate Willka als wichtig erachtet. Ebenso wird die Nationalrevolution zwar als transformierendes Ereignis der bolivianischen Geschichte akzeptiert, allerdings im Regelfall gänzlich negativ bewertet: Das allgemeine Wahlrecht führte ein weiteres Element der indigenen politischen Unterwerfung ein, u.a. weil nur politische Parteien kandidieren durften und diese von der Weiß-Mestizischen Elite dominiert wurden; der offizielle Schulunterricht wurde auf Spanisch abgehalten und zerstörte die bis dahin bestehende Kultur; die Landreform führte zur Parzellierung des Landes und zu Minifundien; und die Gewerkschaftstätigkeit in der Landwirtschaft wurde mit Gewalt von oben durchgesetzt und entmachtete die legitimen lokalen Autoritäten.

Diesbezüglich haben die IndigenistInnen einen ganz anderen Standpunkt als die LandarbeiterInnengewerkschaften und die Linken, die der Meinung sind, dass die Landreform nach 1952 das Beste war, was jemals geschehen ist – und die auch den Schulunterricht auf Spanisch sehr schätzten. Ähnlich ist das Verhältnis der IndigenistInnen gegenüber dem Katarismus (zum Katarismus siehe das Kapitel von Mamani). Auch wenn einige IndigenistInnen Wertschätzung gegenüber den Anfängen des Katarismus zu Beginn der 1980er Jahre ausdrücken, so sind sie doch der Ansicht, dass er durch den Parteieneinfluss relativ schnell entkräftet wurde.

Die traurige Abfolge bankrotter Führungspersönlichkeiten und verratener Hoffnungen wurde gemäß der indigenistischen Perspektive erst in jüngeren Jahren aufgehalten. Ein symbolischer Akt war der „Gaskrieg" (*la Guerra del Gas*) aus dem Jahr 2003, der als Aymara-Aufstand verstanden wird. Die indigenistische Version geht davon aus, dass der Staat von einer kleinen Gruppe geleitet wird, die nicht etwa durch ihre Klasse, sondern durch ihre ethnische Zugehörigkeit gekennzeichnet ist und die sich für die Monopolisierung der Macht und die Ausgrenzung aller nichtdominanten (nicht europäischstämmigen) ethnischen Gruppen stark macht. Sogar die KapitalistInnen sollen nicht durch allgemeine ökonomische Interessen geleitet sein, sondern durch „die Gemeinschaft ,rassen'spezifischer Interessen" (*la comunidad de intereses raciales*) (Patzi 2004: 40). Die Organisationsformen des modernen Staates, wie etwa die repräsentative Demokratie, werden für die indigene Gesellschaft als kulturfremd angesehen. Da der Staat per Definition anti-indigen ist, sind auch die vom Staat unterstützten Institutionen, wie etwa die öffentliche Bildung oder die Gewerkschaften, anti-indigen. Wenn es noch BäuerInnen gibt, die weiterhin an den Syndikalismus glauben, dann haben sie sich bereits kulturell angepasst. Und wenn es Indigene gibt, die hohe Staatsämter bekleiden wie etwa Víctor Hugo Cárdenas, dann wurden sie entweder gekauft oder sie sind VerräterInnen.

Da nun aber die Regierung in der Hand eines Indigenen ist, scheinen einige indigenistische Strömungen eine grobe Umkehrung ihrer Perspektive des „Kreolenrassismus" vorzunehmen: Wenn vorher nur Weiße (*blancoides*) MinisterInnen sein konnten, sollten solche Posten jetzt exklusiv für die Indigenen bestimmt sein. Da das nicht der Fall ist, werfen einige der MAS-Regierung vor, im Grunde nur Marionetten ihrer nicht-indigenen Mitglieder zu sein.

Aus dieser Perspektive stellt sich als Problem dar, wie ein funktionierender Staat ohne die Auslöschung oder Ausweisung aller Nicht-Indigenen gebildet werden könnte (*de facto* wollen das ohnehin nur wenige in die Praxis umsetzen). Die IndigenistInnen verlieren sich etwas in metaphysischen Spekulationen über den Begriff des „Guten Lebens" (*buen vivir*) und haben keine praktischen und effektiven Vorstellungen einer Umsetzung. Oder sie verlieren sich im Folklorismus der Kleidung und der „Gebräuche und Gewohnheiten" (*usos y costumbres*). Eine weitere interessante Spannung in der Geschichtsschreibung besteht darin: HistorikerInnen unterschiedlicher Couleur – damit ist die Couleur der Haut ebenso wie die der Theorien gemeint – sind sich darüber einig, dass die spanische koloniale Regierung oft im Sinne der Indigenen regierte, um somit die Ambitionen der in Europa als auch der in Bolivien ansässigen Spanier zumindest teilweise etwas einzuhegen, während die republikanischen Regierungen sie erbarmungslos unterdrückten. Diese relativierende Sicht auf die Kolonialzeit provoziert widersprüchliche Reaktionen unter den IndigenistInnen. Auf der einen Seite greifen diese den nach wie vor in der bolivianischen Gesellschaft existierenden Kolonialismus als Quelle allen Übels an. Auf der anderen Seite beziehen sie sich – vehementer als jede/r GewerkschafterIn des 20. Jahrhunderts – auf die durch die Kolonialregierung und die eigenen Autoritäten erteilten Titel, die von der spanischen Krone anerkannt waren: So erhielten die StammesführerInnen ein staatliches Einkommen, was wiederum kein Gewerkschafter – zumindest auf legale und offene Weise – erreicht hat. Dieselbe Zweideutigkeit besteht in Bezug auf den modernen Staat, wenn beispielsweise die legale Anerkennung von Gemeinschaftsländereien oder der indigenen Rechtsprechung verlangt wird, obgleich der Staat und seine Verfahren weiterhin als illegitim und fremd angesehen werden.

Die ihren marxistischen Quellen treu gebliebenen Linken heben demgegenüber bevorzugt ökonomische Aspekte hervor. So werden meist Prozesse und Zeitabschnitte anstatt bestimmter einschneidender Ereignisse beachtet, obwohl mit zunehmender Aktualität auch Ereignisse wichtig werden. Da weder die Große Rebellion (1780–1782) noch die politische Unabhängigkeit im Jahr 1825 schwerwiegende ökonomische Transformationen darstellen, werden diese auch nicht sonderlich beachtet. Die Linken zitieren die Große Rebellion wie eine Reverenz an die IndigenistInnen. Der Salpeterkrieg wird im Sinne der Einführung englischen Kapitals von chilenischer Seite und allgemeiner als beginnende Penetration ausländischen Kapitals verstanden. Der Chaco-Krieg in den 30er Jahren des 20. Jahrhunderts wiederum wird als eine Reaktion auf stark wachsende Erdölinteressen angesehen. Auch wenn er eine militärische Niederlage war, löste er doch soziale und politische Transformationen aus, die in der bürgerlichen (im Grunde kleinbürgerlichen) Revolution des Jahres 1952 mündeten. Der damit beginnende Abschnitt des Staatskapitalismus und des staatlich gestützten Korporatismus endet abrupt im Jahr 1985 mit dem bekannten Regierungsdekret 21060[2], dessen symbolischer Stellenwert aufgrund der wiederholten Forderungen nach dessen Abschaffung deutlich wird: Als ob dessen Löschung aus den Statuten irgendwelche Auswirkungen auf die von ihm ausgelösten Veränderungen haben würde.

Die politische Umkehrung des zerstörerischen neoliberalen Prozesses beginnt aus der links-marxistischen Perspektive mit dem „Wasserkrieg" in Cochabamba im Jahr 2000. Dieser wird als Manifestation der weltweiten globalisierungskritischen Bewegung angesehen (da sich die Kämpfe in Cochabamba gegen ein transnationales Unternehmen richteten) und als „Rekonstruktion des Öffentlichen" (Hoffman et al. 2006), weil neue Formen der politischen Partizipation und Verwaltung von Ressourcen, wie im Fall des Wassers, eingeführt wurden. Der wenige Jahre später stattfindende „Gaskrieg" ist ein weiterer Schritt in diesem seit April 2000 anlaufenden Prozess – und das zeigt auf, dass die konkreten Auseinandersetzungen nicht einfach als isolierte Ereignisse betrachtet werden können.

Anders als einige IdeologInnen mit nationalistischer oder rechter Orientierung (wie etwa H.C.F. Mansilla) hebt die Linke ihre europäischen theoretischen Ursprünge nicht besonders hervor, versucht diese aber auch nicht zu negieren oder zu ignorieren wie es bei einigen IndigenistInnen der Fall ist. Die Linken sind grundsätzlich mit den Formen des modernen europäischen Staates einverstanden und kritisieren dabei vor allem die MachthaberInnen und ihre Herrschaftsweise. Selbst das Bekleiden von Staatsämtern war schon immer Teil ihrer deklarierten Ziele. Während *Indigenistas* normalerweise aus sozialen Gruppen kommen, die weit entfernt von der Staatsmacht leben, sind die Linken (vor allem, wenn sie schriftstellerisch oder publizistisch tätig sind) oft arme oder abtrünnige Verwandte der herrschenden Gruppen: Nah genug um die Realitäten des Staates zu beobachten und zu kennen, aber in der Regel von einer effektiven Einflussnahme auf deren Politik ausgeschlossen.

---

2 Das Dekret 21060 wurde im August 1985 von Präsident Paz Estenssoro erlassen und beinhaltete u.a. folgende Maßnahmen: Die Verringerung des Fiskaldefizits und der staatlichen Ausgaben, die Anhebung der Preise der Kohlenwasserstoffe, die Einfrierung der Gehälter, die Verringerung der staatlichen Angestellten und die Liberalisierung des Marktes. Während diese Maßnahmen für die Makroökonomie kurzfristig positiv waren, waren die Auswirkungen auf die nationalen Industrien und die sozialen Folgen fatal. Am 1. Mai 2011 wurde das Dekret 21060 von Präsident Evo Morales abgeschafft. [Anm. d. Hg.]

Verglichen mit den anderen beiden ist ihre Version der Geschichte somit in einigen Aspekten die treffendste (ich würde nicht sagen, die „korrekte"), auch wenn sie bestimmten ideologischen Begrenzungen wie der Fokussierung der „modernen" ArbeiterInnenklasse unterliegt, was sich etwa in der Abwertung des Handelns der LandarbeiterInnen (zu sehen etwa bei René Zavaleta) und einer übertriebenen Wertschätzung des Proletariats, insbesondere der MinenarbeiterInnen, zeigt. Bis weit in die 1990er hinein zitierten linke AutorInnen den „Marsch des Lebens" der MinenarbeiterInnen, der in Calamarca im Jahr 1986 aufgehalten wurde, als ein weiteres konstitutives, bzw. symbolisches Moment der Niederlage des Gesellschaftsprojekts von 1952 und des Aufstiegs des wilden Neoliberalismus.

Der Rückzug der MinenarbeiterInnen könnte aber auch als Zeichen angesehen werden, dass sie nie die Avantgarde waren, von der die Linke immer ausgegangen war. Sie stellten lediglich einen kleinen Sektor dar, der durch seine wirtschaftliche Rolle in bestimmten Zeitabschnitten relevant geworden war, dabei aber weder autonom noch wirklich progressiv eingestellt war.[3] Dennoch nimmt sich keine der drei dargestellten Versionen dieser häretischen Position an: Die NationalistInnen analysieren nie offen die Klasseninteressen, deren Konfliktlinien die nationale Einheit durchqueren. Die IndigenistInnen ignorieren die MinenarbeiterInnen einfach. Der aktuelle Indigenismus zeigt – zumindest aus Sicht seiner theoretischen IdeologInnen – eine selbst gewählte und deklarierte Blindheit bezüglich der sozialen Klassen. Und das ist der Fall, obwohl die Masse der LandarbeiterInnen selbst in den Regionen, in denen die Rhetorik der Indigenenbewegung den öffentlichen Diskurs dominiert, sich eindeutig als produzierende LandarbeiterInnen ansehen und ihre Probleme mit den lokalen Eliten als Klassenkonflikt und nicht als ethnische Konfrontation verstehen.

---

3   Als Feministin möchte ich betonen, dass die Minenarbeiter von ihrem Gesellschaftsverständnis und ihrem realen Verhalten her eher verdorbene Reaktionäre waren, viel reaktionärer als die Landarbeiter. Auch die Landarbeiter sind ohne Zweifel Machisten, aber sie erkennen die produktive Rolle der Landarbeiterinnen an, und die Landarbeiterinnen marschieren und protestieren in ihrer Funktion etwa als Kokabäuerinnen und nicht als Hausfrauen, auch wenn sie das (auch) sind. Im Gegensatz dazu identifizieren sich die indigenen Bergbaufrauen, obwohl sie diverse Arbeiten ausführen (wie in der Autobiographie von Domitila de Chungara dargelegt), nicht mit ihrer Tätigkeit. Stattdessen sehen sich die Frauen als „Hausfrauen", die abhängig vom angestellten Mann sind; das ist typisch für die männlich orientierte ArbeiterInnenbewegung seit dem 19. Jahrhundert. Die Bewegung der Hausfrauen aus dem Bergbausektor war Lourdes Zábala zufolge keine Bewegung an sich, sondern eine Bewegung für andere, manipuliert durch die männlichen Anführer; so griffen sie etwa in die Stimmabgabe der Frauen ein, wenn sie befürchteten, dass unabhängige KandidatInnen gute Chancen hatten. (Dennoch wählten die HerausgeberInnen die Schreibweise MinenarbeiterInnen, um die Frauen auch in diesem Bereich sichtbar zu machen [Anm. d. Hg.])

Die fehlende Offenheit der Perspektiven in Bezug auf Klassenfragen, indem etwa geleugnet wird, dass die eigenen Großeltern selbst Großgrundbesitzer waren oder durch die Lobpreisung der einfachen Arbeit, ohne diese jemals selbst ausgeführt zu haben etc. – tritt unter den Linken nicht seltener auf. Im Unterschied zu den IndigenistInnen und (in geringerem Maße) den NationalistInnen akzeptieren sie aber immerhin, dass soziale Klassen fundamental sind für das Verständnis der aktuellen Gesellschaft. So ist es m.E. auch kein Zufall, dass die aktuelle Regierung Boliviens, abgesehen von ihrer indigenistischen Fassade, im Grunde aus klassistischen Strömungen stammt. Diese gründen sich zum einen aus den Ursprüngen der Partei MAS aus dem Chapare, eine Region mit starken Gewerkschaftstraditionen seit Beginn des LandarbeiterInnensyndikalismus im Hochland von Cochabamba. Unterstützung erhielten sie andererseits von Abtrünnigen der Mittelschicht mit linker Orientierung, die sich durch den imperialistischen Überfall gegen den Koka-Anbau der Bewegung anschlossen.

2 Kontinuität versus Revolution in der Geschichtsschreibung

Wenn an dieser Stelle weiter über die Vergangenheit gesprochen und geschrieben wird, so geschieht dies nicht einfach aus intellektuellem Interesse, sondern weil diese Vergangenheit und die Art und Weise, wie diese erzählt wird, viel über die Gegenwart aussagt. Das übermittelte Ereignis kann positiv und als Vorbild dargestellt werden, was ich als „Kontinuität" bezeichne („man sollte so weitermachen" wäre hier die implizite Aussage) oder es wird negativ und als nicht nachahmenswert beschrieben, was ich als „Revolution" bezeichne („nie wieder sollte das gemacht werden, das ist für immer vorbei"). Diese Dynamiken der „Kontinuität" versus „Revolution" begrenzen sich nicht auf bestimmte oder thematische Darstellungen und können sich daher zu nationalen historiographischen Traditionen ausweiten.

Alan Macfarlane (1978) argumentierte, dass diverse Aspekte der englischen Gesellschaft – wie die Vorherrschaft des Familienkerns über den erweiterten Familienkreis, der Ausstoß der gerade erwachsenen Kinder aus dem Elternhaus und deren Suche nach Möglichkeiten zur Selbstversorgung, die Individualisierung des Eigentums u.a. – bereits im 18. Jahrhundert existierten. Diese standen für eine Art der Voranpassung an den Kapitalismus und waren keine Konsequenzen desselben. Er merkte an, dass sein Werk als Ausdruck einer Tradition in der englischen Geschichtsschreibung angesehen werden könnte, dem sog. Kontinuismus („es war schon immer so"), welchem er die französische Tradition gegenüberstellte, die wiederum auf revolutionäre Transformationsprozesse in der Gesellschaft abzielte. Das Eintreten solch revolutionärer Veränderungen hat an erster Stelle Auswirkungen auf die oberste Ebene der Gesellschaft und auf die Institutionen. Die höchsten AmtsträgerInnen können getötet oder ins Exil geschickt werden, der König kann durch eine/n gewählte/n PräsidentIn ersetzt werden und es können sogar – in den seltenen wirklich stattfindenden Revolutionen – alle existierenden Eigentumsrechte aufgekündigt, und alle mobilen Vermögensgegenstände und Immobilien unter den neuen BesitzerInnen aufgeteilt werden. Aber keine Revolution geht so weit, alle familiären Bindungen (wie Hochzeiten oder die Abstammung) abzuschaffen oder die materiellen Dimensionen der produktiven Systeme (etwa den landwirtschaftlichen Anbau, seine Zyklen, die verfügbaren Werkzeuge) zu verändern.

Gleichzeitig haben viele Studien zu revolutionären Prozessen gezeigt, dass diejenigen, die nach der Revolution gute Positionen erlangen, oft auch vorher schon gute – wenn auch vielleicht nicht die besten – Positionen innehatten. Gesellschaftliche Kontinuität bedeutet oft eine strukturelle Festigkeit der Positionen und Hierarchien, selbst wenn es zu einem Austausch der Personen oder Gruppen kommt, welche diese Position besetzen. Eine kontinuistische Version geht entsprechend davon aus, dass die Positionen bestehen bleiben, losgelöst von den Personen, die sie besetzen. Die revolutionäre Ansicht nimmt wiederum an, dass sich die strukturellen Positionen selbst transformieren, auch wenn sich die in der jeweiligen Struktur hierarchisch weiter unten oder oben stehenden Personen nicht so sehr unterscheiden.

Auf der Grundlage von nicht-systematischen Beobachtungen möchte ich noch meinen Eindruck hinzufügen, dass die Frauen im allgemeinen kontinuistische Ansichten bevorzugen, während die revolutionären Positionen eher von Männern unterstützt werden. Meines Erachtens hat das damit zu tun, dass die soziale Arbeitsteilung den Frauen eher Aufgaben zuteilt, die weniger von Veränderungen in den Spitzenpositionen beeinträchtigt werden. Die alltägliche Küche – stark beeinflusst durch gesetzlich unangetastete kulturelle Faktoren – ist in ihren Händen, wie auch das Gebären und Aufziehen der Kinder, das Organisieren des Haushaltes und das Agieren innerhalb des Verwandtschaftssystems.[4] Auch wenn diese Bereiche sich wie alles im sozialen Leben verändern – auch das Gebären, angeblich so „biologisch", ist heute durch medizinische Prozeduren starken Veränderungen ausgesetzt –, tun sie das in der Regel stufenweise und losgelöst von Ankündigungen oder Gesetzen. Eine aus der Sicht der alltäglichen Küche geschriebene Geschichte – mit Beschreibungen der Mahlzeiten und ihren Zutaten, der Uhrzeit, der Kochutensilien, der Räumlichkeiten und des Mobiliars, mit dem gekocht wurde – könnte ganz verschiedene Darstellungen liefern im Vergleich zu den bis heute bekannten Geschichten, die sich auf das durch die Eliten, bzw. ihre männlichen Mitglieder, dominierte Öffentlich-Politische konzentrierten.

---

4   Bis in die hochindustrialisierten Gesellschaften sind es in der Regel die Frauen, welche die Neuigkeiten innerhalb der Familien kommunizieren, die Familientreffen um bestimmte Rituale wie Hochzeiten oder Beerdigungen organisieren oder verarmte oder erkrankte Verwandte besuchen.

Wenn wir nun von den nicht-existenten oder möglichen, zu den wirklichen Geschichten zurückkommen, so könnte man sagen, dass die bolivianische Geschichtsschreibung allgemein eher zu revolutionären und weniger zu kontinuistischen Perspektiven tendiert. Das liegt wohl daran, dass die bolivianische Republik und mit ihr die Möglichkeit einer nationalen Geschichtsschreibung (die nicht unbedingt nationalistisch sein muss, aber oft dazu tendiert) unter starken französischen Einflüssen entstanden war. Es handelt sich um Chroniken aus dem Anfang der Kolonialzeit, die von der Geschichte der Inkas handeln (oder von dem, was Zuidema zufolge eher schlecht als recht davon verstanden wurde)[5] und Darstellungen aus den ersten Jahrzehnten der spanischen Eroberung. Dazu gehören die Darstellungen des Cieza de León (u.a. 1998), und zudem die in Wirklichkeit als Handbücher für BürokratInnen konzipierten, aber heute als historiographische Arbeiten angesehenen Schriftstücke „Gobierno del Perú" von Matienzo (1576) oder „La extirpación de idolatrías en el Perú" von Arriaga (1621). So ist mir keine Arbeit über die Entwicklung aus der Zeit der Vizekönigreiche bekannt, die nicht aus einer staatsoffiziellen Perspektive geschrieben wäre und die nicht lediglich aus den kolonialen Politiken zitiert, sondern tiefgründig analysiert hätte.

Das ist eine der vielen Lücken, die in der Historiographie vorkommen: Abgesehen von der Tatsache, dass sich einige Gesellschaften eher für die Produktion von Darstellungen über die Vergangenheit eignen als andere, ist es wichtig zu erklären, warum sogar in Gesellschaften mit den notwendigen Instrumentarien zur Erstellung solcher dauerhaften Register (wie die Schrift) Phasen existieren, in denen die Geschichtsschreibung aufblüht oder nur schwach ausgebildet ist bzw. gar nicht erst existiert. In den Epochen mit spärlicher Geschichtsschreibung werden zwar weiterhin die Geschichtsregister mit den „rohen" Fakten wie Archivdokumente (Rechnungen oder Gerichtsakten) oder „jährlichen" Fakten (wie eine einfache Auflistung von Jahreszahlen mit Vermerken zu wichtigen Anlässen) produziert. Aber es treten keine weiterverarbeiteten Darstellungen auf, die wiederum die Ereignisse zusammenfassen und interpretieren.

Das scheint während der gesamten Kolonialzeit nach der Stabilisierung der kolonialen Ordnung zu Beginn des 17. Jahrhunderts der Fall gewesen zu sein. Die Entstehung von Nationalstaaten verleiht der Geschichtsschreibung als ideologischer Rechtfertigung eine neue Dynamik, genau im von uns hervorgehobenen nationalistischen Rahmen. In Bolivien hat sich diese aber erst Ende des 19. Jahrhunderts entwickelt, was mit der Unordnung während der von Alcides Arguedas (einer dieser Geschichtsschreiber) sogenannten Periode der „barbarischen Caudillos" erklärt wer-

---

5   Eine Zusammenfassung und Referenzen zu den unterschiedlichen Interpretationen der Geschichtlichkeit zu dem, was die Chroniken über die Inkas erzählen sind bei Spedding (2003: 380-381) zu finden. Siehe auch Zuidema (1964, 1983, 1990).

den kann (Arguedas 1929). Es war nicht möglich, den für die Geschichtsschreibung notwendigen universalen Blick einzunehmen und außerdem waren die Archive völlig ungeordnet und es gab keine dokumentarischen Quellen im 17. und 18. Jahrhundert. Trotz der von heutigen HistorikerInnen identifizierten „Krise" der kolonialen Ordnung ab Mitte des 18. Jahrhunderts, blieb die Verwaltung intakt. Das beweist etwa die schnelle Wiederherstellung der Ordnung nach der Großen Rebellion, was zumindest in La Paz sogar zu einem starken Anstieg der Steuereinnahmen führte, eines der deutlichsten Anzeichen für einen effektiven Staat.

So drängt sich abschließend der Gedanke auf, dass wenn eine soziale Struktur nicht auf grundlegende Art und Weise in Frage gestellt wird, auch keine Geschichte für deren Rechtfertigung gebraucht wird: Alle werden davon ausgehen, dass es „schon immer so gewesen ist", auch wenn sie es persönlich nicht besonders mögen. Auf diese Weise muss man lediglich „im System" durchhalten oder mitspielen, vielleicht ergeben sich ja bestimmte Vorteile nach den etablierten Spielregeln, die für einen Wandel unempfindlich zu sein scheinen. Diese soziale Konstellation ist nicht auf die Geschichtsschreibung angewiesen – auch wenn sie persönliche Darstellungen und andere „Geschichten" über die Vergangenheit mit zeitlich nicht festgelegten, moralischen Inhalten weitergeben und die für eine komplexe Gesellschaft unverzichtbaren bürokratischen Register beibehalten werden. In dieser Situation – einer Art „kalten Gesellschaft" nach Lévi-Strauss – können zwei Extreme oder zwei Varianten unterschieden werden. Eine ist der Zustand Boliviens seit Beginn bis Ende des 19. Jahrhunderts. Da ist die Gesellschaft derart ungeordnet, dass es nicht eine und auch nicht mehrere Gruppen von Eliten gibt, die eine Stabilität herstellen können, um Versionen der Vergangenheit zu produzieren – denn die Vergangenheit wird in diesem Sinne weniger verbreitet, als vielmehr produziert – und die wiederum ihre politischen Projekte oder Aktionen legitimieren könnten. Vielmehr haben die Geschichten „von unten" überlebt, allerdings fragmentarisch und hochgradig eingeschränkt.

3 Eine neue Geschichte: der Fünfte Horizont

Im europäischen Verständnis gibt es Geschichte in solchen Epochen, in denen die Schrift existiert. Gibt es diese nicht, so handelt es sich um eine vorgeschichtliche Zeit, für die die Archäologie zuständig ist. Die andine Archäologie unterteilt die prä-hispanische Vergangenheit in eine Reihe von „Horizonten" abhängig davon, ob im Stil der Artefakte oder Bauweisen eine gewisse Einheitlichkeit oder Einheit zu beobachten ist, die sich auf weite geographische Gebiete ausdehnt. Eine solche Ähnlichkeit wird gemeinhin als Zeichen einer gemeinsamen Kultur und sogar einer gemeinsamen politischen Organisationsform gedeutet. Zeitabschnitte, die durch eine Vielfalt unterschiedlicher regionaler Kulturen charakterisiert sind, sind als „Zwischenzeit" bekannt.

Der „Frühe Horizont" wird mit der *Chavín*-Kultur in Verbindung gebracht, die vom Jahr 1200 bis zum Jahr 200 v. Chr. reichte. Ihren Höhepunkt erreichte sie zwischen den Jahren 1000 und 800 v. Chr. In der „Frühen Zwischenzeit" (200 v.Chr. bis 200 n.Chr.) stechen insbesondere die Kulturen der Küstengebiete hervor, etwa die *Nazca*, *Paracas* und *Moche*. Der „Mittlere Horizont" (200 n.Chr. bis 1000 n.Chr.) entspricht der *Tiwanaku*-Kultur in der südlichen und den *Wari* in der zentralen Andenregion, die ihren Höhepunkt in der zweiten Hälfte des ersten Jahrtausends unserer Zeitrechnung erlebten. Auf ihren Untergang um das Jahr 1000 folgte die „Späte Zwischenzeit" (1000–1450), die sich im südlichen Andenraum durch die sogenannte *Aymara*-Herrschaft – *Pakajaqis*, *Karankas*, *Charkas* und anderen – auszeichnet und mit der Epoche der *Auca Runa*, auch bekannt als „kriegerisches Volk", zusammenfällt. *Guamán Puma* beschreibt, wie sich beide Völker in ständigem Konflikt untereinander befanden. Schließlich ist auch der „Späte Horizont" (1450–1532) der Inkas zu nennen, die anfänglich eine regionale Herrschaft ausübten, die jedoch zu wachsen begann und die wichtigsten ihrer Nachbarn zu Anfang des 15. Jahrhunderts absorbierte. Dies war der autonome Entwicklungspfad, welcher in den drei hier aufgezeigten Versionen durch die *Conquista* brutal abgeschnitten wurde.

Tatsache ist, dass das Aufeinandertreffen der Alten mit der Neuen Welt beide veränderte.

Die Alte Welt erfuhr allerdings keinen demographischen Zusammenbruch, auch wenn einige behaupten, die Syphilis, welche seit Anfang des 16. Jahrhunderts ihr Unheil anrichtete, sei aus der Neuen Welt mitgebracht worden. Auch wurde ihr keine fremde Herrschaft aufgezwungen. Doch führten die Kartoffel in Europa und der Mais in Afrika zu neuen Landwirtschafts- und Ernährungssystemen. Um nur einen Fall zu nennen: Die nachfolgende Geschichte Irlands wäre absolut anders verlaufen, wäre dort die Kartoffel nicht zur wichtigsten Nutzpflanze geworden. Nordamerika wurde „kolonisiert" und nicht „erobert", da es keine widerständige einheimische Bevölkerung gab, die es sich nach Ansicht der Europäer gelohnt hätte zu „erobern". Anfänglich zog es hauptsächlich rebellische oder verzweifelte Emigranten an, als jedoch die Massenimmigration in der zweiten Hälfte des 19. Jahrhunderts einsetzte, wirkten sich die Wanderungsströme auf ganz Europa aus, inklusive auf Russland. Sie führten zu den hybriden USA, die dem Schmelztiegel dieser so unterschiedlichen Bevölkerungen entsprangen.

Für die EuropäerInnen und für diejenigen, die sich ihnen zugehörig fühlen, obwohl sie nicht auf dem Alten Kontinent leben, sind jedoch all diese Verwirrungen keine solchen, sondern fügen sich in eine ununterbrochene Erzählung des Aufstiegs und der Kontrolle ein. Sollten Einflüsse oder Kontakte zu anderen Zivilisationen grundsätzliche Veränderungen innerhalb ihrer Gesellschaften und in ihren Lebensweisen hervorgerufen haben, so geschah dies, da sie gerne nahmen, was sie wollten und es ihren Zielen unterwarfen: Andere können getrost „kultiviert" werden, sie selbst sind jedoch immer Herren ihrer Geschichte.

Vor diesem Hintergrund stellt sich eine zentrale Frage: Warum kann nicht eine Art andiner Kontinuismus im oben skizzierten Sinn übernommen werden, um zu einer authentischen Dekolonisierung zu gelangen? Dabei ist es durchaus möglich, eine gewisse Kontinuität in den indigenistischen Haltungen zu erkennen. Ihre Besessenheit von der tödlichen Wunde der *Conquista* führt aber zu der Idee, dass die einzige Möglichkeit sie zu heilen darin besteht, die kolonialen Strukturen umzukehren. Dabei wird ein indigener Rassismus gefördert und/oder eine Rückkehr zu einem idealisierten *Tawantinsuyu* gesucht, die keine Verbindung zu realen Entwicklungen haben. Die Formen des indigenen Versammlungswesens, der gemeinschaftlichen Demokratie und Ämterrotation, die für gewöhnlich als politischer Gegenvorschlag zur „liberalen Demokratie" westlichen Ursprungs gepriesen werden, sind in Wahrheit mehr den Traditionen der iberischen Gemeinwesen geschuldet als dem eigenen Erbe. Dies sollte keinesfalls dazu dienen sie zu entwerten. Mit der Zeit und in der Praxis wurden sie zu andinen Eigenheiten, wie auch der volksnahe Katholizismus Teil der andinen Kultur wurde. Wie wir sehen konnten, haben Kulturen, die sich selbst als dominant betrachten, kein Problem damit, Elemente als eigene zu akzeptieren, die eigentlich von außen stammen. Im Folgenden wird eine Zusammenfassung dieser neuen Geschichte präsentiert.

Weiter oben wurde auf den Ersten Horizont von *Chavín*, die Erste Zwischenzeit, den Zweiten Horizont von *Tiwanaku* und *Wari*, die Zweite Zwischenzeit und den Dritten Horizont der Inkas verwiesen. Dieser Horizont endet formal im Jahr 1532. Ihm schließt sich die Dritte Zwischenzeit an, die kürzeste dieser Sequenz, welche um 1570 mit dem durch die *Toledo*-Reformen eingeleiteten Vierten Horizont, der Kolonialzeit, endet. Dabei handelte es sich um eine pan-andine Regierung, die – wie die IndigenistInnen erkennen – Legitimät besaß, da die kolonialen Besitztitel anerkannt wurden. Auch die Angehörigen der indigen-bäuerlichen Gemeinschaften haben den Verkauf und die Neu-Zusammenstellung der Ländereien im 17. Jahrhundert als Gründungsmoment ihrer lokalen Geschichte in Erinnerung. Wir setzen das repräsentative Datum des Jahres 1780 als Ende dieses Horizonts und als Beginn der Vierten Zwischenzeit fest. Die koloniale Ordnung hatte auf verschiedenen Ebenen (u.a. was die von der Abstammung abhängige Erbfolge der Herrscher betrifft) an Legitimität verloren und die Reformversuche der Bourbonen, welche darauf abzielten diese koloniale Ordnung aufrecht zu erhalten, konnten die Fragmentierungsprozesse nicht aufhalten. Als in den 1820er Jahren Nationalstaaten formell ausgerufen wurden, kam der zwischenzeitliche Charakter explizit zum Ausdruck: Regionale Herrschaften bzw. Kulturen vermehrten sich und Konflikte zwischen ihnen nahmen zu. Auch die Zahl der Kriegsherren bzw. *Caudillos*, wie sie seither genannt werden, stieg an und Regierungen mit gravierenden Legitimationsproblemen häuften sich.

Das Jahr 1980 scheint als formeller Endpunkt der Vierten Zwischenzeit und Beginn des Fünften Horizonts geeignet. Dieser ist vom Ende der Militärdiktaturen und von ihrer Ablösung durch gewählte Regierungen geprägt, die in jedem Fall über eine formelle Legitimität verfügen, auch wenn der Grad dieser echten Legitimität sehr variiert. Die Unterteilung in nominell unabhängige Nationalstaaten wird offensichtlich noch lange Zeit fortbestehen (hier und in anderen Teilen der Welt). Die Entstehung von regionalen Integrationsformen wie dem Gemeinsamen Markt des Südens (MERCOSUR) und anderen Formen supranationaler Koordination, etwa der neuen Organisation der Gemeinschaft Südamerikanischer Staaten (UNASUR), sind jedoch ein weiteres Anzeichen für eine Epoche mit Horizont-Charakter. Der Krieg um die *Condor*-Kordilleren zwischen Peru und Ecuador wird wohl das letzte Gerangel der Vierten Zwischenzeit gewesen sein, obwohl manche Länder, wie etwa Kolumbien, ihre Probleme interner politischer Gewalt noch nicht überwunden haben. Die gemeinsame Kultur des Fünften Horizonts schuldet dem Vierten Horizont einiges (die spanische Sprache, den Katholizismus und vieles mehr) und die Vierte Zwischenzeit war eher durch politische, als durch kulturelle Zersplitterung geprägt. Denn der Versuch, „nationale Kulturen" zu schaffen, war eindeutig durch die Eliten geprägt worden und wenig erfolgreich, mit Ausnahme politisch dominierter Bereiche wie etwa der Konstruktion einer Nationalgeschichte. Man könnte sagen, dass der Fünfte Horizont sich zunächst in der Kultur abzuzeichnen begann, noch bevor er Eingang in die Politik fand: Auf dem Gebiet der Hochkultur geschah dies durch den „Boom" der lateinamerikanischen Literatur in den 1960er Jahren – wohlgemerkt in ihrer Gesamtheit betrachtet und nicht in einen kolumbianischen, argentinischen oder peruanischen Boom unterteilt. In der Volkskultur drückte er sich in Telenovelas aus, die auf dem gesamten Kontinent ausgestrahlt werden, und – vielleicht noch symbolischer für den andinen Raum – in der *Cumbia* Musik und ihrer großen Vielfalt, zu der etwa die *Cumbia Chicha* und *Cumbia Villera* gehören.

Das Konzept des Horizonts geht von einer gewissen kulturellen und politischen pan-andinen Einheit aus. Gleichzeitig lässt sich feststellen, dass sich im Zentrum eines jeden aufeinanderfolgenden Horizonts Regionen befinden, die im vorherigen Horizont am Rande standen. Das Gebiet des *Altiplano*, in dem *Tiwanaku* entstand, war zu Zeiten des *Chavín* absolut nebensächlich, und die *Cuzco*-Region bestand aus einigen für *Tiwanaku* unbedeutenden Tälern. Während des Vierten Horizonts verließ das Machtzentrum die Hochebene und begab sich an die Küste, nach Lima. Im Fünften Horizont lässt sich der zunehmende Einfluss Venezuelas beobachten, einer in den vorherigen Zeitabschnitten absolut peripheren Region. Im Aufkommen dieser Führung des Herkunftsortes Simón Bolívars, der zu einer Zeit nach der Schaffung eines Horizonts strebte, als strukturelle Kräfte diese Projekt unmöglich machten – findet sich eine gewisse historische Gerechtigkeit. Oder ist es lediglich Ironie? Die Abwesenheit einer Tradition des Vizekönigtums, die kreolische Hochkultur (wie sie z.b. durch Mario Vargas Llosa in Peru repräsentiert wird) und das Fehlen einer nennenswerten indigenen Präsenz verleiht Venezuela eine kulturelle Undefiniertheit, erlaubt dem Land jedoch eine Führerschaft, die keine der beharrlichsten kolonialen Gespenster hervorruft. Man könnte Hugo Chávez als Repräsentanten einer spezifischen Kaste bezeichnen, einer kolonialen Gruppen vermischter Abstammung, die keinen Platz im kolonialen Dualismus der *Indios* und SpanierInnen fand. Diese Tatsache befähigt ihn zusätzlich dazu, einen politischen Prozess einzuleiten, der versucht, ein für alle Mal die Verheerungen des Zusammenbruchs der kolonialen Ordnung zu überwinden. Somit stehen wir nicht einem venezolanischen Imperialismus gegenüber, der an Stelle eines US-amerikanischen tritt (wie einige Reaktionäre vorbringen), sondern der möglichen Führung innerhalb eines neuen Horizonts.

4 Die feministische Perspektive, die Geschichte und der Staat

Im Jahr 1997 veröffentlichte das damalige bolivianische Unterstaatssekretariat für Gender-Fragen (*Subsecretaría de Asuntos de Género*) eine Reihe von Texten mit dem allgemeinen Titel „Protagonistinnen der Geschichte" (*Protagonistas de la Historia*). Ziel war es, „den Beitrag und die Präsenz der Frauen in der Geschichte des Landes" aufzuarbeiten. Laut Ankündigung handelte es sich dabei um Studien mit einem Gender-Fokus, aber wie so oft stellte sich heraus, dass „Gender" synonym für „Frauen" stand. Natürlich gehen die Ursprünge des Gender-Begriffs als analytische Kategorie der Sozialwissenschaften auf Studien zurück, die darauf abzielten, alles von Frauen Gesagte und Getane aus der Vergessenheit zu befreien. Der Begriff Gender sollte dadurch als Querschnittsachse in sämtlichen gesellschaftlichen Bereichen eine Rolle spielen. Angenommen wurde ein gesellschaftliches Strukturprinzip auf Grundlage einer Unterteilung in zwei (oder mehr) Geschlechter. So hätte die Initiative, Frauen zum Teil der Geschichte zu machen, tatsächlich in Geschichten mit einer Gender-Perspektive münden können. Sie blieb jedoch auf halbem Wege stehen. Teilweise ist dies der Diskontinuität der staatlichen Unterstützung des Themas geschuldet. Zudem haben sich aber weder NGOs mit feministischer Ausrichtung, noch unabhängige ForscherInnen der Thematik angenommen. Auf internationaler Ebene fand die Pionierstudie von Silverblatt (1987/1990) keine nennenswerten Nachfolgerinnen.

Wissenschaftliche Arbeiten, die versuchen eine Gender-Perspektive einzunehmen, sind in Bolivien kaum vorhanden. Die wenigen, die es gibt, behandeln hauptsächlich aktuelle Problematiken der Benachteiligung von Frauen. Die in den Medien wohl bekannteste bolivianische Feministin María Galindo gibt an, dass „das zuhälterische Staatsmodell sich in all seinen Beziehungsformen auf den Körper der Frauen ausdehnt" (Galindo 2009:7). Dies ist die Schlussfolgerung eines Artikels, der die Korruption im Bereich der staatlichen Kontrolle der Prostitution anprangert und eine Parallele zwischen dieser und dem Mitwirken von Schönheitsköniginnen in

Politikkampagnen herstellt. So „benutzen und zerstören beide den Körper junger Frauen". Dem Anschein nach unterdrückt der Staat die Frauen aufgrund ihrer Anatomie; es gibt kein gesellschaftlich konstruiertes Geschlechterkonzept, das Raum lässt für differenzierte Beziehungen zum Staat.

So kann gesagt werden, dass Frauen in Bolivien bislang noch vielfältigeren Diskriminierungen ausgesetzt sind. Nun kommt es darauf an, diese Situation zu dokumentieren und dagegen zu mobilisieren. Denn über die Geschlechterverhältnisse und den Staat, bzw. deren historische Beziehung, darf nicht nur im Bundeskabinett der Exekutive theoretisiert werden. Nachdem Urioste, Barragán und Colque (2007) Fallstudien über das Vererben von Land im *Altiplano* vorstellten, wobei Frauen in den meisten Fällen benachteiligt werden, stellten sie die Frage, ob es sich dabei um „ein Geschlechterproblem" oder um „ein Landproblem" handle. Sie kommen zu dem Schluss, dass es sich in erster Linie um ein „Problem der Bodenknappheit" handelt (ebd.: 78). Würde das Land unter der gesamten Nachkommenschaft aufgeteilt, so wären die einzelnen Parzellen zu klein, um davon leben zu können. Das Problem wird dadurch gelöst, dass nur bestimmte Erben begünstigt werden – „auf Kosten der Frauen, aber auch der Männer" (ebd.). Um eine exzessive Zersplitterung zu verhindern, entscheidet man sich dafür, zwischen den potentiellen ErbInnen zu diskriminieren, anstatt allen die gleichen Rechte zu geben. Die AutorInnen versuchen jedoch nicht zu erklären, weshalb es sich bei den Begünstigten stets um Männer handelt. In keinem Fall entscheidet man sich dazu eine Tochter oder alle Töchter „zu Ungunsten" ihrer Brüder als Erbin zu benennen. Auch wenn die Wurzeln des Problems auf die Bodenknappheit zurückgehen, ist die spezielle Art damit umzugehen in der Tat ein Problem spezifischer Geschlechterverhältnisse. Indem sie sich weigern dies anzuerkennen, verzichten die AutorInnen darauf, Erklärungen für dieses Problem zu suchen. Auch stellen sie keine Verbindung zwischen der Problematik und dem Staat her, oder besser gesagt mit den aufeinanderfolgenden Regierungen des *Altiplano*. Dies geschieht, obwohl bekannt ist, dass der Landbesitz schon immer Objekt staatlicher Verfügung und Kontrolle war.

Eine mögliche Erklärung, die in der erwähnten Studie nicht berücksichtigt wird, gründet auf der Verbindung zwischen politischen Praktiken und dem Recht auf Land. Im Dritten Horizont (der Inkas) bestand diese in der Ausübung öffentlicher Tätigkeiten (*mit'a*), wozu unter dem Vierten Horizont (der Kolonialzeit) noch die Zahlung einer Gebühr kam. Während der Vierten Zwischenzeit wurde die Ausübung politischer Ämter in der Gemeinde zur Pflicht. Die Vergabe der Ämter geschah in einem Rotationssystem, anstatt sie auf Lebenszeit zu vererben (vgl. Thompson 2006). Zugleich werden die öffentlichen Tätigkeiten – mancherorts auch die Gebühr – bis heute aufrechterhalten. Wir wissen nur wenig über die *mit'a* der Inkas. Es scheint sich dabei um Arbeiten gehandelt zu haben, die von Männern ausgeführt wurden, obwohl Hinweise auf Webe- und Näharbeiten nahelegen, dass es in jedem Haushalt spezielle Aufgaben der Männer und andere der Frauen gegeben hat. Im Nachhinein werden diese Arbeiten als schwere körperliche Arbeit bezeichnet, die eine Frau nicht verrichten könnte. In der Kolonialzeit waren es definitiv die Männer, welche die Gebühren entrichteten und die *mit'a* im Bergbau zu leisten hatten. Als die gemeinschaftliche Demokratie (*democracia comunal*[6]) eingeführt wurde, die heute als grundsätzliches Element der andinen Politik gilt, hatte sich dieser *Machismo* derart verallgemeinert, dass nur Männer die Ämter antreten konnten. Auch wenn gesagt wird, das Amt würde als *chachawarmi*[7], als Paar, ausgeübt werden, beschränkte sich die politische Rolle der Frau auf protokollarische und Festlichkeitsakte. Sie ersetzte ihren Ehemann in keinem Entscheidungsforum und konnte ihn höchstens begleiten. Starb er oder wurde seines Amtes enthoben, so ersetzte ihn der Nächste in der Ämterhierarchie, nicht jedoch seine Frau – dies geschah auf dieselbe Art wie auch ein Präsident durch den Vizepräsidenten ersetzt wurde, nicht durch die Präsidentengattin.[8] Meiner Ansicht nach ist diese gemeinsame Amtsausübung – wobei der Ehemann das Amt tatsächlich ausübt, die Ehefrau ihm in Rechtsakten beisteht, und wenn sie überhaupt Einfluss auf die Politik nimmt, dann nur im Hintergrund – eher ein Produkt des Vierten Horizonts, besser gesagt: kolonialer Prägung.

Zusammengefasst bedeutete das folgendes: Wäre eine Frau Erbin des Landes (Alleinerbin oder gemeinsam mit mehreren Schwestern), könnte sie persönlich diese öffentlichen Aufgaben nicht erfüllen. Vielmehr müssten sie von ihrem Ehemann übernommen werden, der in keiner Blutsverwandtschaft zu ihr stehen darf (aufgrund des Inzesttabus), wodurch dieser wiederum zum Eigentümer des Landes würde. Dies mag umso kritischer sein, als das Eigentum in der Gemeinde unteilbar sein sollte, also der Gemeinschaft gehört. In einem solchen Fall, in dem keine individuellen Eigentumstitel bestehen, stellt die Erfüllung der politischen Aufgaben den einzigen Garant für den Besitz der Familienländereien dar. In einigen Regionen hat diese Verbindung zwischen der politischen Ausübung der Männer und dem Grundstück dazu geführt, bestimmte Grundstücke anhand gewisser Nachnamen zu identifizieren (an sich wurde das von den Spaniern eingeführt). Töchter dürfen die Ländereien

---

6 Grundsätzlich wird in diesem Buch der Begriff des Gemeinschaftlichen vom spanischen *comunitario* übersetzt. An dieser Stelle wird nichtsdestotrotz auch der Begriff *comunal* sinngemäß als gemeinschaftlich übersetzt. [Anm. d. Hg.]

7 *Chachawarmi* ist *Aymara* und bedeutet Mann-Frau. Verstanden wird darunter das Ehepaar als eine politische Einheit.

8 Natürlich gibt es auch Fälle, in denen Präsidentengattinen selbst das Amt übernahmen – unter anderem Corazón Aquino, Isabel Perón und Cristina Fernández – nicht jedoch als automatische verfassungsmäßige Nachfolge, sondern erst nach einem unabhängigen Wahlprozess. Zudem waren sie in vielen Fällen bereits verwitwet.

nicht erben, da letztere in der folgenden Generation einen anderen „Nachnamen" erhalten würden, nämlich den des Ehemannes.

Beachtenswert ist, dass in Regionen, in denen das Erbrecht für Männer und Frauen – im Sinne von Ausnahmesituationen – doch gleich ist (wie in den Yungas in La Paz, oder Cinti in Chuquisaca) auch parzellierter Besitz und individuelle Eigentumstitel existieren. Erst in jüngster Zeit – schon zu Beginn des Fünften Horizonts seit den 1980er Jahren – begannen Frauen im Gebiet der Yungas persönlich und unter eigenem Namen Gemeindeämter zu belegen. Gewöhnlich sind diese Frauen jedoch entweder alleinstehend oder getrennt, oder aber ihr Ehemann wohnt nicht in der Gemeinde. Darin zeigt sich eine Wirkung des Horizonts: Als Teil der Erweiterung des Demokratiemodells innerhalb des allgemeinen politischen Rahmens der Andenregion.

Die gleiche Wirkung zeigt sich anhand der erhöhten Präsenz der Frauen in hierarchisch organisierten Regierungsämtern; auch wenn es in Bolivien noch nicht so weit gekommen ist eine Präsidentin zu wählen, wie etwa in Chile, Argentinien oder Brasilien. Die indigenistischen Haltungen haben dahingehend eine bremsende Wirkung. Sie beharren auf dem oben dargestellten *chachawarmi*-Modell. In dessen Praxis kann eine Frau jedoch nur dann ein Amt antreten, wenn ihr Ehemann der Titelträger ist. Auch wenn vorgebracht wird, dass der Mann ebenfalls eine Frau an seiner Seite haben muss, um ein Amt auszuüben, ändert es nichts an der Tatsache, dass allein er den Posten innehat. Das bolivianische Wahlrecht legt fest, dass die Kandidatur für Gemeindewahlen zwischen Männern und Frauen abwechseln muss. Dies gilt allerdings nicht für die Präsidentschaftskandidatur (ist der Präsidentschaftskandidat männlich, so müsste sein Vizepräsident eigentlich weiblich sein und umgekehrt[9]). Ironischerweise sind sowohl Präsident Morales wie auch sein Vizepräsident Álvaro García Linera alleinstehend. Eine ältere Schwester von Morales, die zu Beginn seiner Regierungszeit als Präsidentengattin vorgestellt wurde, führte diese Rolle nicht fort: Ein Beweis dafür, dass das *chachawarmi* auf nationaler Ebene nicht einmal für das Protokoll eine Notwendigkeit darstellt.[10] Die mit Geschlechterfragen beauftragte

---

9   Die alte Verfassung von 1967 mit späteren Reformen enthielt praktisch keine Gender-Themen; die neue Verfassung spricht von Parität und Alternanz der KandidatInnen bei Wahlen, legt aber nicht spezifisch fest, dass Präsident-Vizepräsident Frau-Mann sein müssen.

10 Tatsächlich entspricht eine alternierende Kandidatur – ist der erste Stadtratskandidat ein Mann, muss eine Frau als zweiter Kandidat aufgestellt werden u.s.w. – dem Modell der Geschlechtergleichheit und nicht der gemeinsamen Amtsausführung, oder *chachawarmi*, die sich darauf bezieht, dass jeder Posten von einem Paar vertreten wird (im Allgemeinen von einem verheirateten Paar, im Einzelfall von Vater und Tochter oder Mutter und Sohn). In der Demokratie wäre ein Mann als Präsident und seine Frau – oder seine Tochter, oder sogar seine Schwester – als Vizepräsidentin nicht akzeptabel. Im Gegensatz dazu würde es sich, selbst wenn zwischen einem Präsidenten und seinem Vize – einem Mann und einer

staatliche Stelle untersteht nun einem Mann, der die Auffassung vertritt, dass in den indigenen Kulturen eine vollkommene Ergänzung zwischen den Geschlechtern herrscht und dass der Feminismus eine inakzeptable westliche Einmischung sei.

Ethnohistorische Studien wie die von Silverblatt legen nahe, dass im Rahmen des Dritten Horizonts eher parallele politische Strukturen herrschten, Männer den Männern vorstanden und Frauen den Frauen. Das weist darauf hin, dass heutige Konzeptionen von *chachawarmi,* die dieses als Ehepaar-Konzept darstellen, ein Konstrukt sind und keine historische Kontinuität mit präkolonialen Geschlechterverhältnissen. Denn diesem Modell zufolge müsste es eigentlich einen Präsidenten und eine Präsidentin geben, die unabhängig voneinander gewählt werden – vielleicht durch geschlechterabhängige Wahlen –, was sich auch durch alle nachfolgenden öffentlichen Ämter hindurch ziehen sollte: Dieser Vorschlag ist so radikal, dass sich noch niemand getraut hat ihn vorzubringen. Die einzige soziale Bewegung, die bisher eine ähnliche Struktur umsetzt, sind die BäuerInnengewerkschaften, zu denen die Konföderation der LandarbeiterInnengewerkschaft Boliviens (CSUTCB) und die Nationale Föderation der Landarbeiterfrauen Boliviens (FNMCB) zählen (vgl. García, Chávez y Costas 2004: 501–540). Die FNMCB wird dabei Bartolinas genannt, unter Bezugnahme auf die rebellische Anführerin der Jahre 1780–82. Diese Organisation hat bisher nur als Föderation existiert und stellte für einige Aktivistinnen eine Anlaufstelle dar, noch bevor sie eigene Basisorganisationen aufgebaut hatten. In letzter Zeit werden aber Versuche angestellt, die Frauenorganisation auf lokaler Ebene auszuweiten. Dies geht zweifelsohne hauptsächlich auf die erwähnte Wirkung des neuen Horizonts zurück, welche die Teilhabe der Frauen als demokratische Subjekte mit gleichen Rechten fördert. Dies kann allerdings auch – zumindest im Prinzip – durch gemischte Organisationen geschehen. Die LandarbeiterInnenorganisationen sind bisher die einzigen, die versucht haben, eine parallele Organisation der Geschlechter aufzubauen. Seitens der ArbeiterInnengewerkschaften und politischen Parteien wird dies vollständig ignoriert sowie von den IndigenistInnen, die auf dem *chachawarmi* beharren, rundweg abgelehnt. Für gewöhnlich beziehen sich die Bartolinas nicht auf Studien über die prä-koloniale Vergangenheit als Grundlage ihrer Aktivitäten. Ihre offizielle Gründung im Jahr 1980 fällt zudem lediglich mit den ersten Anzeichen des Fünften Horizonts zusammen.

Drücken sie somit wirklich eine weit zurückliegende Erinnerung und eine soziale Praxis des Geschlechter-Parallelismus aus, die seit dem Dritten Horizont, wenn nicht schon vorher, in der Andenkultur verwurzelt ist? Wenn die Frauen diese Erinnerung im Gegensatz zu den Männern (welche die Modelle der männlichen Führerschaft des Vierten Horizonts akzeptieren) tatsächlich wach gehalten haben, bis zu welchem

---

Frau – keinerlei Beziehung bestünde, aus Perspektive des *chachawarmi* Modells dabei um Geliebte handeln, was wiederum einen Skandal provozieren würde.

Punkt ist das auf die differenzierten Beziehungen der Männer und Frauen zu den aufeinanderfolgenden Regierungen in den Anden zurückzuführen? Im Verlauf der letzten hundert Jahre haben wir Frauen offensichtlich Fortschritte in Bezug auf den Zugang zu Bildung, Lohnarbeit und zu politischen Ämtern erzielt. Dies konnte auch ohne eine Frauenpartei (ähnlich den vielen Arbeiterparteien), ohne eine massive Mobilisierung oder Frauenaufstände (ähnlich den Aufständen der Indigenen) und mit einer nur minimalen formellen Partizipation in den staatlichen Instanzen erreicht werden. Ich denke, dass man die verschiedenen (und differenzierten) Beziehungen zum Staat und zur formellen Politik geschlechterspezifisch untersuchen muss, um diese Errungenschaften zu verstehen. Dies weist auf ein weites Forschungsgebiet hin, das bisher noch nicht erkundet wurde.

Druckverweis

Eine leicht veränderte Version dieses Artikels wurde auf Spanisch veröffentlicht in: Spedding, Alison (2011): El Quinto Horizonte. Repensando la historia de los Estados en los Andes, in: Anales de la Reunión Anual de Etnología Nr. 21, abrufbar unter: http://200.87.119.77:8180/musef/handle/123456789/199.

Bibliographie

Arguedas, Alcides (1929): Los caudillos bárbaros. Barcelona: Viuda de Luis Tasso.

Arriaga, Pablo José (1621) (veröffentlicht 2002): La extirpación de la ideolotria en el Perú. Alicante: Biblioteca Virtual Miguel de Cervantes.

Cieza de León, Pedro de (1998): The Discovery and Conquest of Peru: Chronicles of the New World Encounter. (übersetzt und überarbeitet von Alexandra Parma Cook und Noble David Cook). Durham, NC: Duke University Press.

Galindo, María (2009): Bolivia, Estado proxeneta. In: Le Monde Diplomatique (bolivianische Ausgabe), Mai 2009.

García Linera, Álvaro/Chávez, Marxa/Costas, Patricia (2004): Sociología de los movimientos sociales en Bolivia. Estructuras de movilización, repertorios culturales y acción política. La Paz: Diakonia.

Hoffman, Sabine/Rozo, Bernardo/Tapia, Luís/Viaña, Jorge (2006): La reconstrucción de lo público. Movimiento social, ciudadanía y gestión de agua en Cochabamba. La Paz: Muela del Diablo/AOS-IUED.

Macfarlane, Alan (1978): The origins of English individualism. The family, property and social transition. Oxford: Basil Blackwell.

Matienzo, Juan de (1567) (veröffentlicht 1967): Gobierno del Perú. Peru/Lima: L'Institut Francais d'Etudes Andines.

Patzi Paco, Félix (2004): Sistema comunal. Una propuesta alternativa al sistema liberal. La Paz: CEA.

Silverblatt, Irene (1987/1990): Luna, sol y brujas. Género y clase en los Andes prehispánicos y coloniales. Cusco: Centro Bartolomé de las Casas.

Spedding, Alison (1996): Espacio, tiempo y lenguaje en los Yungas. In: García, Gutiérrez, et al. (Hg.): Armas de la utopía. Marxismo: provocaciones heréticas. La Paz: CIDES-UMSA.

– (2003): Quemar el archivo. Un ensayo en contra de la historia. In: Temas sociales 24.

Thompson, Sinclair (2006): Cuando reinasen los indios. La política aymara en la era de la insurgencia. La Paz: Aruwiyiri.

Urioste, Miguel/Barragán, Rossana/Colque, Gonzalo (2007): Los nietos de la Reforma Agraria. Tierra y comunidad en el Altiplano de Bolivia. La Paz: CIPCA/Fundación Tierra.

Zuidema, Tom (1964): The ceque system of Cuzco: the social organization of the capital of the Inca. (übersetzt von Eva Hooykaas). In: Archives Internationales d'Ethnographie, 50. Leiden: Brill.

– (1983): Hierarchy and Space in Incaic Social Organization. In: Ethnohistory, 30/2; S. 49–75.

– (1990): Inca Civilization in Cuzco. Trans. Jean-Jacques Decoster. Austin: University of Texas Press.

Silvia Rivera Cusicanqui

Transformation kolonialer und multikultureller Gewalt? Feministische Perspektiven auf das Ethnische und Ethnizität[1]

Im vorliegenden Beitrag möchte ich eine strukturelle Analyse der Veränderungen und der Kontinuitäten im Diskurs über und im Zusammenhang mit den Indigenen (*Indios*) vornehmen. Es ist auffällig, dass dieser Diskurs immer unter MestizInnen (*mestizo-criollos*) und nicht mit oder unter Indigenen geführt wird. Selbst die Debatte über die Bezeichnungen wie *Indios* oder *Indígenas* ist weit davon entfernt, die Stimmen der als indigen bezeichneten Bevölkerung wiederzugeben. Stattdessen wird auf ausländische AutorInnen zurückgegriffen, insbesondere auf solche, welche die indigene Frage als ein Minderheitenproblem darstellen. Jene Monologe gehen nur sehr selten auf die Ansichten und Vorstellungen von Staat und Gesellschaft ein, die von den indigenen Bevölkerungsgruppen aus allen Teilen des Landes anhand kollektiver Praktiken und Diskurse entwickelt wurden. Die Tatsache, dass sich der Diskurs in den Städten entwickelt und die spanische Sprache als universell gültige Sprache anerkennt, weist auf die Ignoranz der Eliten in Bezug auf die sprachlichen und epistemologischen Austauschprozesse in und mit anderen Sprachen hin.

Die Entwicklung der Diskurse über den *Indio* durchlief eine sehr lange Etappe, während der die politische und kulturelle Existenz der indigenen Welt völlig negiert wurde. Mit der neuen Verfassung von 2009 begann nun eine neue Phase, die auf dem Verständnis der – in 36 Gebiete eingeschlossenen – originären Völker gründet (siehe dazu auch Paz in diesem Band). Mit dieser neuen Phase wurde die homogenisierende Politik seit dem Jahr 1952 – in dem die bäuerliche Identität vor der indigenen gefördert wurde – großteils überwunden.[2] In anderer Hinsicht aber wird dessen mestizierende Mission weiter fortgeführt. Seit den 1950er Jahren wurde von offizieller Seite der Begriff des *Campesino* eingesetzt, um die Bezeichnung des *Indio* zu verschleiern. Indem man aber die LandarbeiterInnen aufgrund ihres kleinen

---

1 Übersetzung aus dem Spanischen von Dana de la Fontaine und Melanie Hernández.

2 Im April 1952 fand in Bolivien eine Nationalrevolution statt, die als Grundstein in der bolivianischen Geschichte zu betrachten ist. Sie gründete auf einem Pakt zwischen Militär und BäuerInnen und führte in erster Linie das allgemeine Wahlrecht, die Nationalisierung des Bergbaus und – in Grenzen – eine Landreform ein.

Grundbesitzes und ihres Eigentums an Produktionsmitteln zum KleinbürgerInnentum rechnete, negierte man gleichzeitig ihren Status als unterdrückte Klasse (vgl. Rivera 2003: 96). Die daraus resultierende soziale Blindheit zeigte in den 1970er und 1980er Jahren wiederum große Auswirkungen auf die Debatten in der universitären Linken. In dieser war das Subjekt des *Indio* entweder vollkommen abwesend oder aber die Indigenen wurden im Sinne der Ideologie der Nationalrevolution von 1952 als *Campesinos* konzipiert. An der Universität von La Paz waren die IndianistInnen als RassistInnen verschrien. Im Gegensatz zu diesen universitären Debatten hat die kataristisch-indianistische Bewegung der 1970er und 1980er Jahre (siehe dazu Rivera 1984: 150-179) ein neues ideologisches Feld eröffnet. Sie distanzierte sich von eben dieser staatlichen homogenisierenden Lesart und verdeutlichte, dass den Indigenen nach der Nationalrevolution 1952 eine untergeordnete Position in der Nation zugewiesen wurde. Die 1990er Jahre waren daraufhin von einem neoliberalen Multikulturalismus geprägt, auf den im Folgenden noch näher eingegangen wird.

All das weist auf eine herrschaftliche Situation hin, die in die Schriftkultur eingeschrieben ist und in Zitaten etablierter AutorInnen zum Ausdruck kommt. In ihrer Quintessenz werden die indigenen Gemeinschaften zu „Kartoffelsäcken" (*costal de papas*) degradiert und zum unterwürfigen Nachtrupp der proletarischen Avantgarde gemacht. Im Gegensatz gibt es nun ein legitimes Wort – das gleichzeitig bezeichnet und normiert – welches es erlaubt, diesen Kartoffelsack in 36 einzelne ethnische Säcke aufzuteilen. Dabei werden aber nun paradoxerweise die MestizInnen-Eliten ausgeschlossen, welche diese Begrifflichkeiten überhaupt erst erfunden haben. Bolivien ist also eines der Länder, in welchem die MestizInnen-Elite aktuell den Albtraum eines indigenen Aufstiegs erlebt. Das verursacht Angst und Gewalt, aber auch subtilere Haltungen und ideologische Pirouetten mit dem Ziel, die Autonomie des indigenen Denkens und kollektiven Agierens zu neutralisieren.

In diesem Beitrag möchte ich zeigen, wie sich mit der Zeit der Diskurs über die *Indios* herrschaftlich modernisierte und welche Wirkungen das hatte. Gleichzeitig wird herausgearbeitet, dass es insbesondere im 18. Jahrhundert im Zuge der unterschiedlichen indigenen Aufstände weitreichende Horizonte der Dekolonisierung gab. Im anschließenden dritten Abschnitt werden unterschiedliche Formen von physischer und psychologischer Gewalt dargestellt, die politisch-rechtlich, sozioökonomisch und diskursiv, aber auch durch Subjektivierungsprozesse abgesichert werden. Es wird zudem die meist negierte Modernität indigener Gesellschaften skizziert. Besonderes Augenmerk lege ich auf die Rolle der Frauen in den unterschiedlichen Prozessen. Dabei greife ich auch auf wichtige empirische Studien zu den hier behandelten Themen zurück.

1 Sich modernisierende Herrschaft:
Wirkungen des offiziellen Multikulturalismus

Vom assimilierenden MestizInnen-Modell der nationalen Revolutionsbewegung des MNR der 1950er Jahre bis zum neoliberalen Multikulturalismus der 1990er Jahre verweist die Spannbreite des Diskurses über den *Indio* auf die untergründige Funktion der Sprache innerhalb der Maschinerie staatlicher Herrschaft. In Bolivien kann deutlich die Anpassungsfähigkeit der Eliten beobachtet werden, die die Herausforderung indigener Aufstände scheinbar bereitwillig aufgreifen. Dabei werden die Forderungen dieser Aufstände jedoch so weit enteignet und deformiert, um sie in die Dispositive der neuen Staatsbürokratie zu integrieren.

Ab den 1990er Jahren kann ein offizieller Multikulturalismus konstatiert werden, der von großzügigen Leistungen der Entwicklungszusammenarbeit inspiriert und durch sie gewissermaßen auch akzeptiert war. Dieser Multikulturalismus ermöglichte es, das Bild des Indigenen zu einem rhetorischen Ornament der Macht zu stilisieren. Das etablierte eine Art Definitionsmonopol auf Seiten der MestizInnen, also der berufständigen Eliten aus der Mittelschicht, die sich als VerwalterInnen und FinanziererInnen dieser neuen Art indigener Organisationen positionierten. Jüngst wurde die verfassunggebende Versammlung zum Schauplatz für eben dieses Phänomen. Die Mestizischen RepräsentantInnen übernahmen die Vertretung der indigenen Bevölkerung und handelten deren Forderungen mit den konservativen, rechtsgerichteten Eliten aus. Diese Beispiele zeigen die Gültigkeit des Konzepts der stellvertretenden Eliten (*elites ventrílocuas*), welches von Andrés Guerrero für Ecuador des 19. Jahrhunderts geprägt wurde. Dieses Konzept weist auf die Kontinuitäten der Machtmechanismen hin, die sich seit der ersten liberalen Reform des 19. Jahrhunderts im bolivianischen Staat festgesetzt haben (vgl. Guerrero 1994: 236-240).

Einmal schlug ich diesen „Freunden der *Indios*" vor, nicht mehr über die Indigenen, sondern mit ihnen zu sprechen und zwar in ihrer eigenen Sprache, denn schließlich liegt das Detail in der sprachlichen Asymmetrie. Muss sich nämlich die oder der Indigene erst selbst übersetzen, um sich verständlich zu machen, dann wird es nie wirklich einen Dialog unter Gleichen geben. So sollte sich auch der/die MestizIn gegenüber den Indigenen in ihre Sprachen Aymara, Quechua o.a. übersetzen oder zumindest sollte in öffentlichen Foren eine durchgehende Simultanübersetzung vorhanden sein. Ansätze dieser Art waren in der verfassunggebenden Versammlung zu finden. So legte eine Vertreterin der Regierungspartei Bewegung zum Sozialismus (MAS) ihren Standpunkt in einer langen Intervention auf Quechua dar, doch ihre Kollegin von der Oppositionspartei PODEMOS wollte sie zum Schweigen bringen, da sie nicht auf Spanisch sprach. Daraufhin war die Vertreterin der MAS sichtlich gekränkt, da ihr Einwand ja eben gerade darauf abzielte, das Recht des Widerspruchs gegenüber der Opposition zu verteidigen und ihre Schwestern und Brüder zu einer

toleranteren Einstellung aufzurufen. Seither gibt es in diesem Forum einen Simul-
tanübersetzungsdienst, der den Dialog vereinfachen soll. Dennoch hat sich die Praxis
der Simultanübersetzung in anderen staatlichen Bereichen wie etwa dem Parlament
oder in Ministerien nicht institutionalisiert. Auf diese Weise sind es weiterhin die
Indigenen, die sich selbst übersetzen müssen, wodurch sich ihre kommunikative und
kulturelle Benachteiligung fortsetzt.

Ein anderer, vielleicht der schwerwiegendste damit zusammenhängende Effekt
ist die Verdinglichung des Verständnisses vom Indigenen. So wurden 36 originäre
Bevölkerungsgruppen mit eigenen – auf der Landkarte eingezeichneten – Gebieten
und Grenzen festgelegt. Über die permanent diese Grenzen überquerenden *Cholas*,
Birlochas[3], MigrantInnen und NeuansiedlerInnen wird jedoch nichts gesagt. Damit
wird die Welt der MestizInnen unsichtbar gemacht, als wäre diese ein Synonym für
Universalität. Dennoch durchlaufen auch die diskriminierten MestizInnen und die
Cholos/Cholas selbst einen Prozess der kulturellen Anpassung und Nachahmung und
überliefern ihren Kindern die dominante Kultur. Um ihre Nachfahren vor der selbst
erlebten Diskriminierung zu schützen, verbieten sie ihren Kindern die Mutterspra-
che zu sprechen oder einen Bezug zur Geschichte ihrer Vorfahren aufzubauen. Die
Christianisierung und die schnelle sprachliche Anpassung gaukeln ein Scheinbild
der Modernität vor, eine Illusion der Gleichheit, die für viele Menschen attraktiv
erscheint. Dennoch werden diese Menschen weiterhin diskriminiert, sei es aufgrund
ihrer Hautfarbe, ihres Verhaltens, ihres sprachlichen Ausdrucks oder des Stigmas
der Armut. Der Rassismus, die Gewalt und die gescheiterte interkulturelle Kommunikation werden in den voneinander getrennten Lebensräumen in den urbanen und
neuen ländlichen Ansiedlungen am deutlichsten sichtbar.

Auf der anderen Seite ist das in den indigenen Gebieten vorhandene Verständnis
der Ethnizität auf eine essentialistische Lesart zurückzuführen, welche die Indigenen in einem Raum verortet, der „weit entfernt ist und vor langem existierte": Als
wären die *Indios* keine ZeitgenossInnen der als solche bezeichneten Eliten. Sogar
das Wort ursprünglich (*originario*) verortet die indigenen Gesellschaften in einem
prä-historischen Raum: Es ist ein statischer Ort, an welchem sich ohne Unterlass die
Bräuche und Riten des Kollektiven reproduzieren. Die Eliten fühlen sich ihrerseits
dem Wandel verpflichtet. Sie verstehen sich als modern und kosmopolitisch und
verkörpern zugleich das öffentliche Miteinanderleben (*sociabilidad pública*) wie
auch die öffentlich-politische Kommunikation (*comunicación ciudadana*). Zudem
werden die Indigenen mit ihren als solche bezeichneten Indigenen Gemeinschaftlichen Ländereien (TCOs) und den Ethno- und Ökotourismusprojekten in eine

---

3   *Cholos* nehmen Bezug auf eine vorwiegend ländliche traditionell gekleidete Klasse, mit
    ebensolchen kulturellen – und ethnisch zuweisbaren – Mustern. *Birlochas* hingegen zeigen
    veränderte kulturelle Muster auf.

Projektionsfläche für westliche Mythen verwandelt. Die Probleme der körperlichen und symbolischen Gewalt, die sie in ihrem Wohn- und Lebensumfeld zwischen den Grenzen und den Identitäten erleben, werden aber ausgeblendet. Die Mehrheit der indigenen Gemeinschaften und Gebiete wurden frühzeitig von den staatlichen Institutionen durchdrungen, so dass sie die dominanten Werte und Kulturmodelle internalisiert haben. Migration und Diaspora haben wiederum die kognitiven Horizonte erweitert, zugleich aber auch neue Bedürfnisse und neue Unzufriedenheit geschaffen. Aber auch sozio-ökonomische Veränderungen spielen eine große Rolle: So führte die Landwirtschafts- und Handelskrise zur Abwanderung aus indigenen Gemeinschaften – etwa den *Ayllus* –, und viele ihrer früheren BewohnerInnen leben heute in den Städten.

Eine andere perverse Folge der – nach dem neuen staatlichen Modell des Multikulturalismus und auf ethnische Grenzen festgelegten – Landkarte war der Sinneswandel unter den indigenen Mehrheiten. Bildeten sie einst eine Mehrheit mit Mehrheitsbewusstsein, so wurden sie nun zu einer Mehrheit, bestehend aus vielen kleinen Minderheiten. Die graphische Darstellung der offiziellen Landkarte zeigt die Verkleinerung der von den Bevölkerungsgruppen der Aymara und Quechua bewohnten Flächen auf einige verteilte ländliche Flecken. Städte wie El Alto oder Oruro werden dabei nicht zu ihrem Gebiet gerechnet. So klammert dieses Verständnis der originären Völker diese Siedlungsgebiete mit zweifelhafter Authentizität einfach aus. Mit solchen „Vorwänden" weicht man dem Transformationspotential der Ethnizität auf der politischen und kulturellen Ebene aus.

Es ist aber gerade die Eigenschaft als Mehrheit, die es der indigenen Gesellschaft ermöglicht, ihre eigenen Interpretationsschemata, ihr Wissen und ihre politische Positionierung als attraktive hegemoniale Alternative zu entwickeln, die wiederum die MestizInnen-Identität in Frage stellt. Aus politischer Sicht ist das Interessanteste am Phänomen einer indigenen Revolte, dass sie die Allgemeinheit der bolivianischen Gesellschaft zum ersten Mal mit der Möglichkeit konfrontiert, sich zu „indianisieren". Damit würden die externen, essentialistischen und verdinglichenden Sichtweisen des Ethnischen überwunden. Dennoch scheint diese Betrachtungsweise des Ethnischen eine Strategie der Eliten zu bleiben, um ihre Macht zu reproduzieren. Schließlich sind in diesem zerteilten Universum all diejenigen, die nicht benannt werden auch diejenigen, welche die politische Gesellschaft benennen und bestimmen. In dem sie die Indigenen – so wie dies auch in der Gegenwart zu beobachten ist – zu ihren BeraterInnen, Intellektuellen und SprecherInnen machen, bringen sie diese zum Schweigen und dominieren sie. Auch durch ihre VermittlerInnen, die sich von bestimmten ethnischen Eigenschaften losgelöst haben, können sie ihre allgemeingültige Sprache der BürgerInnenschaft artikulieren. All das bedeutet, die Modernität der indigenen Bevölkerungen zu verkennen und ihnen die Eigenschaft als eigenständige Subjekte im staatlichen und politischen Kontext zu verweigern.

2 Erfahrungen der Dekolonisierung in historischen Rebellionen

Aus meiner Sicht liegt das große Potential der indigenen Rebellionen seit den Aufständen zwischen 1771 und 1781 unter der Führung von Tomás Katari, Tupaj Amaru und Tupaj Katari darin, dass diese eine allumfassende Gesellschaft forderten. Es handelte sich um einen Aufstand, der eine Umkehrung der kolonialen Ordnung zum Vorteil aller zum Ziel hatte. Aber die *criollos* verließen diese Allianz, da sie ihre Privilegien im Kontext einer „ethnischen Demokratie[4]" nicht verlieren wollten. Das geschah in Oruro, wo sich StädterInnen und LandbewohnerInnen, Indigene und MestizInnen gegen die SpanierInnen verbündeten, die *criollos* sich dann aber mit den SpanierInnen zusammenschlossen, um die Indigenen zu besiegen (vgl. Thomson 2007: 212-214). Aus diesem Grund hat Tupaj Katari diese Art von Allianz von vornherein ausgeschlossen und radikalisierte seinen Kampf gegen die SpanierInnen, die *criollos* und MestizInnen, welche wiederum gemeinsam in den Belagerungen von La Paz und Sorata starben.

Eduardo Leandro Nina Quispe, ein Denker und Anführer der 1930er Jahre aus dem Volk der *Aymara* trug die Idee einer „Erneuerung Boliviens" vor, welche daraus bestand, „wie Brüder zu leben", ohne die kulturelle Hegemonie und die demographische Mehrheit der indigenen Bevölkerung zu verkennen (vgl. Mamani 1991:152). Dieser Vorschlag findet sich im Grunde schon 1771 in Caquiaviri, zehn Jahre vor dem großen Aufstand von Katari und Amaru. Die Untersuchung von Sinclair Thomson (2007: 174-196) zeigt, dass zwischen den Jahren 1750 und 1771 drei rebellische Aufstände stattfanden, die bereits die Grundgedanken der aktuellen indigenen Befreiung beinhalteten.

Die erste Forderung war die religiöse Dekolonisierung, die sich im Aufstand von Ambaná der 1750er Jahre ausdrückte. Der zweite Gedanke war die Rückgewinnung der ökonomischen Kontrolle über das Gebiet, wie in Chulumani im Jahr 1771 gefordert wurde, als das spanische Monopol über den Kokahandel bekämpft wurde. Schließlich begann im gleichen Jahr auch der Aufstand von Caquiaviri, in welchem Indigene den Amtsmann (*corregidor*) ermordeten und von ihrem eigenen Erfolg überrascht waren: Was sollten sie nun mit den SpanierInnen, den NachbarInnen und den DorfbewohnerInnen anfangen? So stand man vor der Entscheidung zwischen dem Zusammenleben auf der einen Seite und der Ausrottung auf der anderen. Hier passierte dann etwas Interessantes: Die *Comunarios* von Caquiaviri entschieden, die MestizInnen und Kreolen in eine Machaq-Gemeinschaft (*machaq común*) – sprich in ein neues *Ayllu* – umzuwandeln. Allerdings wurde den BewohnerInnen dieses *Ayllu* lediglich der Stand von Minderjährigen, also von Lehrlingen der Zivilisierten zugesprochen. Zivilisiert sein bedeutete in diesem Fall offensichtlich ein *Indio* zu sein.

---

4   Damit ist gemeint, dass nur einige gesellschaftlichen Gruppen aufgrund ihrer ethnischen Zugehörigkeit in das demokratische System inkludiert sind [Anm. der Hg.].

Wenn all das aus der Perspektive des von Yampara so genannten „Dialogs der Zivilisationen" (Yampara 2004:81) betrachtet wird, so ist es der Kreole, der umerzogen werden musste. So musste Machaq Ayllu de Caquiaviri im Jahr 1771 die indigenen Gesellschaftskonventionen lernen und seine Privilegien aufgeben, um damit den Zustand eines *Q'aras*[5] hinter sich zu lassen und zu einem Menschen zu werden.

Sicherlich liegt auch etwas an symbolischer Gewalt in diesem Prozess: Die MestizInnen wurden damals gezwungen, indigene Kleidung zu tragen. Und während Frauen spinnen und weben lernen mussten, erlernten Männer das Bestellen der Felder. In dieser Geste sehe ich jedoch eher ein Phänomen der tiefgreifenden Dekolonisierung, das zwischen der körperlichen und der intellektuellen Arbeit eine Brücke schlägt. Die Aktion von Caquiaviri impliziert eine Wertschätzung des Feldes (*la chacra*) als einer Welt, in welcher nicht nur Kartoffeln, sondern auch Philosophie, Kultur und eine politische und gesellschaftliche Ordnung kultiviert werden. Zusammengefasst sichert die Landarbeit der Gemeinschaft sowohl die Nahrungsmittelproduktion als auch politische Gemeinschaft an sich. Auf diese kulturell-zivilisatorische Dimension könnte der Gedanke der *poiesis* angewandt werden, wie von Waman Puma de Ayala (1621/1980: 883) angedacht. Der Chronist der Anden aus dem 17. Jahrhundert hob den indigenen Weisen als einen Dichter und Astrologen hervor, der „sowohl vom Lauf der Sonne, des Mondes, von der Sonnen- und Mondfinsternis als auch von den Jahreszeiten weiß" und aufgrund dessen Nahrung produzieren kann. In dieser Definition des Indigenen als AutorIn einer materiellen und spirituellen *poiesis* gründet die Umerziehung des Kolonialherren, wie sie von den Indigenen aus Caquiaviri 1771 vorgenommen wurde. Mit ihrem kurz andauernden Sieg schafften sie es, eine dekolonisierte Gesellschaft zu bilden, in welcher die Welt auf den Kopf gestellt wurde und die Ethik der Mehrheit über die der Minderheiten regierte.

Die von den indigenen Gesellschaften entwickelte Landwirtschaft sowie Vieh- und Fischzucht ist aus diesem Grund auch nicht banal. Vielmehr stellen diese die Grundlage ihrer Kosmovision von einer anderen Art des Miteinanderlebens und einer Alternative zur kolonial-westlichen Lebensweise dar. Die Unkenntnis über dieses Phänomen seitens der Kreolen und MestizInnen führte zu einer Unterordnung der körperlichen unter die intellektuelle Arbeit. So wurden die Tätigkeiten der Indigenen und der Frauen als minderwertige Arbeit angesehen, die nicht produktiv, sondern „lediglich" reproduktiv waren. Dieser Aspekt des internen Kolonialismus reduziert die Frauen zu Müttern, wobei ihre enorm kreativen Tätigkeiten in der Weberei, als Hirtinnen, in den Ritualen, der Astronomie, der Erzählung und des Gesangs ausgeblendet bzw. negiert wird. Diese Tätigkeiten repräsentieren jedoch eine Menge an materiellen und symbolischen Schöpfungen, die sowohl die Gesellschaft

---

5 *Q'ara* ist die Bezeichnung auf *Aymara* für Weiße, der Begriff wird allerdings auch assoziiert mit Personen, die unrechtmäßig und auf Kosten anderer leben und Reichtum anhäuften.

als auch die Natur repräsentieren: Sie werden in ihrer intimen und sich gegenseitig beeinflussenden Beziehung geschaffen und wiedergeboren. Die mestizischen oder staatlichen Organisatorinnen der Müttertreffen sahen in der Weberei jedoch lediglich die Ausweitung ihrer häuslichen und mütterlichen Aufgaben. So wurde gewebt, um die Nachkommen anzukleiden und nicht, um eine Kosmovision oder Ästhetik auszudrücken oder eine Lesart der sozialen Welt darzustellen. Es könnte behauptet werden, dass die Webarbeiten der indigenen Frauen die umfassendsten soziologischen Texte der Gemeinschaften der westlichen Anden darstellen. So drücken sie in ihren Webarbeiten aus, wie sich ihr Universum zusammensetzt und wie ihr Raum und ihre Gesellschaft beschaffen und organisiert sind.

Der klassifizierenden Sichtweise der MestizInnen-Eliten ist die tiefgehende politische Dimension der Arbeit der Frauen jedoch völlig gleichgültig. Dennoch fungieren Mestizen-Männer der Mittelschicht, ohne auch nur eine indigene Sprache zu beherrschen, als „Begutachter" indigener Authentizität. Diese Funktion wird sogar im Landgesetz von 1996 festgelegt, da eine indigene Gemeinschaft ihre Forderungen nach indigenen gemeinschaftlichen Ländereien (TCOs) nur mittels eines/ einer AnthropologIn rechtlich vorbringen kann, der/die die indigene Identität der AntragstellerInnen bestätigen kann.

Diese Vorgehensweise widerspricht jener der Selbstdefinition, die in der Volkszählung des Jahres 2001 angewandt wurde und die zu dem überraschenden Ergebnis kam, dass sich 62% der BolivianerInnen mit einem indigenen Volk der Anden oder des Amazonas identifizieren. Die große Sorge der herrschenden Klassen im Laufe der Geschichte war stets, dass die indigene Bevölkerung eine Mehrheit darstellte, weshalb sich die „Begutachtung" der indigenen Identität als hervorragendes Instrument eignete, die indigene Bevölkerung in eine unterworfene Minderheit zu verwandeln, die der unterdrückenden Nation treu blieb. Zudem erlaubt die Aufteilung der indigenen Bevölkerung in 36 vermeintlich homogene und statische Einheiten, dass sich die Eliten von jeglicher Verantwortung für die außerhalb dieser Räumlichkeiten stattfindende Gewalt zwischen den Ethnien distanzieren können. Die von den rassistischen Gruppen aus Chuquisaca und Santa Cruz ausgeübte materielle und symbolische Gewalt gegen die Indigenen – welche während des verfassunggebenden Prozesses in diesen Departements traurige Höhepunkte erlebte – ist der eindeutigste Beweis dafür, dass die Gebietsaufteilung nur zu mehr Gewalt an den Grenzen der einzelnen indigenen Gebiete und zwischen den offiziell definierten indigenen Bevölkerungsgruppen beiträgt. Außerdem kann sich die herrschende Klasse der MestizInnen – bildlich gesehen – in Luft auflösen und trotzdem präsent sein. Diese Unsichtbarkeit gibt den Machthabern die Möglichkeit, noch dreister vorzugehen und symbolische Gewalt auszuüben, indem sie die Indigenen bezeichnen und klassifizieren, um sie unterzuordnen und klein zu machen bzw. sie zu bloßen Ornamenten neuer Mechanismen staatlicher Unterdrückung zu degradieren.

3 Gewalt an den Grenzen und im Inneren

Es gibt, das wurde bisher teilweise aufgezeigt, zwei sehr unterschiedliche Arten kolonialer Gewalt: Die Gewalt an den Grenzen und die interne Gewalt. Der Einfall der Holzhändlergesellschaften in die TCOs und die Landaneignung durch Viehzüchter oder Sojaproduzenten sind Beispiele der Gewalt an den Grenzen. Beispiele für die interne Gewalt finden sich im häuslichen Umfeld, etwa in der gewaltgeladenen interethnischen Beziehung zwischen den Hausherren der Elite und den indigenen Hausangestellten. Der Grad der Unsichtbarkeit und Segregation dieser arbeitenden Bevölkerungssegmente ermöglicht ein außerordentliches Maß an Ausbeutung, und befördert darüber hinaus Unterwürfigkeit und Entfremdungsgefühle bei den Untergebenen. In diesem Zusammenhang ist der Fall von Inocencia Flores aus Oruro bemerkenswert. Inocencia war aus Carangas nach Oruro migriert und hatte im Alter von 17 Jahren eine Tätigkeit als Hausangestellte bei einem Dienstherrn aufgenommen. Dieser vergewaltigte sie, schlug sie zu Tode und verstümmelte sie auch noch. Als der Leichnam gefunden wurde, bestatteten ihn die Nachbarn auf dem örtlichen Friedhof. Seit dem Mord in den 1980er Jahren ist das Grab Inocencias eine der wichtigsten Kultstätten der Region.[6] Wie viele Menschen wohl von diesem Fall erfahren und sich über die interethnische und sexuelle Gewalt ausgetauscht haben! Auch wenn das Gesetz der Hausangestellten allgemeine Rechte der Ehre und des Respekts einführt, so schließt das Gesetz zur innerfamiliären Gewalt – wie der Name schon sagt – die spezielle Art der häuslichen Gewalt in Form des Missbrauchs und der extremen Ausbeutung von Hausangestellten doch aus. Die Debatte über häusliche Gewalt hat den Rassismus der Eliten, die angeben, in den *Cholo*-indigenen Gesellschaften gäbe es wesentlich mehr häusliche Gewalt, sogar verstärkt. Der öffentliche Skandal dient gewöhnlich als Kontrollmechanismus der Gewalt und führt dazu, dass diese unter den subalternen Gesellschaftssegmenten sichtbarer wird. Im Gegensatz wird die Gewalt innerhalb der Elite verschleiert und im privaten Umfeld versteckt.

Man könnte die Unzulänglichkeiten des reduktionistischen Denkens hinsichtlich der Gewalt auf folgende Punkte zusammenfassen: a) Die häusliche Gewalt allein auf „inner-familiäre" Fälle zu beschränken verleitet dazu, über die symbolische und körperliche Gewalt, die innerhalb des Hauses – jedoch außerhalb der Familienbande – insbesondere gegenüber Hausangestellten ausgeübt wird, hinwegzusehen. Auch wird dadurch die Verheimlichung und Normalisierung von Gewalt vereinfacht; b) Die Ethnizität auf statische Einheiten auf der Landkarte zu reduzieren und sich damit zu begnügen, die Gewaltmuster innerhalb der einzelnen Ethnien oder indigenen Völker zu betrachten, verkennt die Ursachen der Gewalt. Diese sind vielmehr auf

---

6 Diese Geschichte wurde mir von dem *Aymara*-Schamanen Roberto Guerrero aus Letanías erzählt.

die – auf kulturelle Anpassung drängenden – staatlichen Institutionen zurückzuführen, das heißt auf die Zwischenräume zwischen den ethnischen Gebietseinheiten und dem Staat.

Das wird beispielsweise in der Untersuchung von Andrew Canessa in einer Gemeinde in Larecaja verdeutlicht, in der sich die Rolle der Schule und des Militärdienstes bezüglich der ehelichen Gewalt zeigt (vgl. Canessa 2006: 128-137). Der Militärdienst bringt zwei Gewalttypen hervor: Zum einen physische Gewalt gegen indigene und aus ländlichen Regionen stammende Wehrpflichtige. Zum anderen psychologische Gewalt, welche die indigene Würde und Identität beeinträchtigen und somit tiefe und dauerhafte Spuren hinterlässt. Nicht alles ist jedoch Leiden. Der Militärdienst bringt zum Ausgleich die sexuelle Freilebigkeit des Bordells mit sich. Dies erzeugt eine perverse Art der Gesellschaft, welche durch eine permanente Frustration hinsichtlich des Sexual- und Familienlebens in der Gemeinde zum Ausdruck kommt. Canessa bringt nun das Bordell mit dem Militärdienst in Verbindung und sieht beide als die wichtigsten Erzeugungsmechanismen eines Bürgertums zweiter Klasse, eines kolonisierten Bürgertums. Schließlich erhält der Wehrpflichtige durch das Bordell Zugang zu Frauen aller Gesellschaftsschichten und Ethnien, auch wenn das gegen Bezahlung geschieht. Diese Erfahrungen eines schnelllebigen und kompensierenden Vergnügens tragen dazu bei, dass die Wehrpflichtigen ihre Partnerinnen bei der Rückkehr in ihre Gemeinden herablassend behandeln und sich ihren Kindern gegenüber gewalttätig zeigen. Aus der Kaserne in ein einsprachiges Heim zurückzukehren, zu einer ums Überleben ringenden Familie, zur Geringschätzung des Nachbarn in Sorata und zu den Überlegenheitsgesten des Lehrers aus dem Hochland, ist eine Quelle ewiger Frustration. Der kurzweilige Moment außerhalb der ethnischen Gebietseinheiten verwandelt den Mann in einen Übelgelaunten, der seine Familie hasst und Groll gegen seine eigene Gemeinde hegt. Unbewusst oder bewusst sieht er sie als Hindernis in seinem Streben danach, sich an die Norm der Eliten anzupassen, auf Spanisch „*civilizarse*".

Auf diese Art und Weise geschieht die gewaltsame Einführung von männlich und ethnisch aufgeladenen Elementen, welche allesamt aus der Kaserne mitgebracht werden. Langfristig werden damit die Beziehungen innerhalb der Gemeinde und der Familie extrem durcheinander gebracht. Dabei verändert sich die subjektive Mentalität, und die Unzufriedenheit über die indigene Herkunft wird auf die eigenen Kinder übertragen. Auch die Frauen treten auf ihre Weise durch ähnliche Prozesse in Kontakt mit anderen Sektoren der Gesellschaft. Durch ihre Arbeit als Hausangestellte, auf den Wochenmärkten oder in der Stadt stellen sie ihre eigenen Transitwege über ethnische Grenzen hinweg her, welche sie bis in die Großstädte oder über die nationalen Grenzen hinweg führen. Ihre wirtschaftliche Ermächtigung verleiht ihnen jedoch im eigenen Heim nicht mehr Selbständigkeit oder Macht. In derselben Studie Canessas kann das Paradox beobachtet werden, dass die Frauen dieser Gemeinde mit Unterstützung einer Nichtregierungsorganisation „Ethno-Puppen" für den Weltmarkt herstellen, jedoch keine ihrer eigenen Töchter mit diesen Puppen spielen. Während ihre Mütter diese *Chola*-Stoffpuppen mit dunkler Hautfarbe anfertigen, bevorzugen die Töchter wiederum Barbie-Puppen (vgl. Canessa 2006: 140). Die Verbindung zum Weltmarkt, ein Zeichen der Modernität, verleiht ihnen jedoch nicht den Status von Bürgerinnen. Im Grunde verleiht sie diesen Frauen gar keinen Status, überträgt jedoch gleichzeitig Weiblichkeitsmodelle auf sie, die sie immer mehr von ihrem gesellschaftlichen Umfeld distanzieren.

Der Aufenthalt in der Kaserne verleiht den Männern wiederum den Status eines Bürgertums zweiter Klasse und verwandelt sie in Hausherren, die ihrer Identität und Gemeinde überdrüssig sind. Von Geschlechtergewalt zu sprechen, ohne auf diese zwischenräumlichen Szenarien einzugehen, welche die indigenen Gesellschaften mit der bolivianischen Gesellschaft als Ganze verbinden, kommt einer Blindheit und Simplifizierung gleich. Von häuslicher Gewalt zu sprechen – häufig zwischen der Hausherrin und der Angestellten, also zwischen den Frauen –, ohne die subtilen und offenen Formen der Gewalt zu beachten, stellt ein schweres Versäumnis staatlicher Gesetzgebung und Politik dar. Diese Formen der Gewalt in den Haushalten gehen auf die in der kolonialen Vergangenheit etablierten kulturellen Hierarchien zurück.

4 Die Modernität indigener Gesellschaften und der Frauen

Die seit jeher existierende Modernität der indigenen Gesellschaft trat seit dem 16. Jahrhundert deutlich zum Vorschein. Damals etablierte sich ein großer kolonialer Binnenmarkt, der auf die erfolgreiche Bergbaustadt Potosí ausgerichtet war. In einer Studie über die frühe Kolonialzeit zeigte Luis Miguel Glave die Rolle der Kokablätter und des Silbers in der wirtschaftlichen Vernetzung weiter Regionen des Vizekönigreichs (vgl. Glave 1989: 81-116). Die Kokablätter, ein höchst wertvolles Gut der Indigenen, dienten als allgemeines Zahlungsmittel und Ergänzung zum Lohn der Minenarbeiter. Damit wurde der instrumentelle Gebrauch der Kokablätter etabliert und ihre rituelle Verwendung entfremdet. Dennoch verfügte die Modernität des Binnenmarktes von Potosí über eine ethnische Färbung. Ganze Gemeinden gliederten sich durch spezialisierte Produkte oder Dienstleistungen in den Markt ein und erhielten gleichzeitig ihre Verbindung zur Tauschwirtschaft und zu ihrer natürlichen Umwelt aufrecht. Das zeigt wiederum, dass die indigene Modernität eine organischere und nachhaltiger angelegte Modernität war, die auf der Universalität des Warenaustauschs gründete und seit dem 16. Jahrhundert noch nicht da gewesene Formen des BürgerInnentums und der grenzüberschreitenden Ethnizität, sowie bereichernde Mechanismen der kulturellen Vermengung und der Transkulturalität hervorbrachte.

Es ist offensichtlich, dass diese Formen des kollektiven Wirtschaftens moderner waren als die auf Export und Renten abzielenden Unternehmen der Oligarchie. Die

Indigenen hatten dabei nicht den Ballast herrschaftlicher Beziehungen zu tragen. Gerade die heutige Existenz solcher herrschaftlicher Beziehungen legt offen, wie fiktiv die aus Posen und Lügen bestehende Modernität der MestizInnen ist. In diesem Zusammenhang verleiht die Kurzsichtigkeit der Sozialwissenschaften der, durch die nordamerikanische Anthropologie inspirierten, Dichotomie zwischen Tradition und Moderne großes Gewicht. Eine durch die Geschichtswissenschaft angeregte Leseart ermöglicht es hingegen, die neuen Räume der ethnischen Modernität sowie die Allgegenwärtigkeit der Frauen in der kolonialen Geschäftigkeit zu entdecken. Nur wenige Quellen geben die kaufmännische Dynamik der Frauen wider, die Geschichtsforschung von Pauline Numhauser etwa weiß sie jedoch sehr gut zu nutzen. Sie ergründete die verschiedenen Beziehungen zum Markt, von untergeordneten Positionen bis hin zu autonomen Formen der Akkumulation, welche die Frauen des *Gato* (spanische Form von *Qhatu,* das auf Quechua für Markt steht) entwickelten. Dabei zeigt sie auch deren fundamentale Rolle beim Tausch von Silber und Kokablättern (vgl. Numhauser 2005: 255–269). Die Kompatibilität der Frauen mit dem Markt kann vor dem Hintergrund ihrer rituellen Rolle noch besser verstanden werden. Der Anthropologe Joseph Bastien bezeichnet die Frauen der indigenen Siedlung Qäta de Charazani als *„ritualistas de los márgenes",* Ritualistinnen der Ränder. Dabei zeigt er, dass sich die Männer auf solche Rituale spezialisieren, die im weltlichen Zentrum der Gemeinde ausgeübt werden (etwa auf Feldern, in den Häusern und in sämtlichen kulturellen Stätten). Die Frauen hingegen spezialisieren sich auf Rituale an den Flüssen und im Weidehochland, also auf die Grenzräume zwischen Kultur und Natur, in denen die Gemeinde in Kontakt mit externen und unbekannten Kräften tritt (vgl. Bastien 1996: 195–206).

Diese traditionell von den Frauen hergestellte Verbindung zur Außenwelt befindet sich im Einklang mit ihrer starken Rolle im Handel. Letzterer fungiert als Bindeglied der Gemeinde zur Welt. Die Stellung der Frauen innerhalb der indigenen Gesellschaftsstruktur verleiht ihnen somit die Macht als Mittlerin zur Außenwelt, sowie zu den unbekannten und chaotischen Kräften der Fruchtbarkeit, des Wilden und des Marktes. Damit wird auch die Fähigkeit der Frauen, sich in den Markt Potosís und in den Kolonialbetrieb zu integrieren, nachvollziehbar. Nichtsdestotrotz bringt die Beteiligung der Frauen am Markt hohe Kosten mit sich, und zwar in Bezug auf die Männer, ihre Familien und die gesellschaftliche Anerkennung. Die Männer wurden durch den Schulbesuch und den Wehrdienst an die Leitkultur der MestizInnen angepasst, beides Instrumente einer gewalttätigen Pädagogik, die wiederum der autoritäre Staat dem Geist und Körper der indigenen Männer aufzwingt. Dieser Widerspruch wird von Lucila Criales in ihrer Arbeit über die Migrantinnen von Caquiaviri untersucht. Die Migrantinnen stellen Decken aus Vicuña-Fell her und kommen für die größten Ausgaben des Haushaltes auf, wohingegen die Männer in schlecht bezahlten staatlichen Anstellungen stehen, die wiederum einen nur geringen Teil des Haushaltsbudgets abdecken (vgl. Criales 1994: 32–37). Auch wenn die Statistiken dies nicht offenlegen, so ist der Haushaltsvorstand dieser Familien offensichtlich weiblich. Trotzdem beschämt die indigene Herkunft der Frauen ihre Männer im öffentlichen Raum. Wann immer eine persönliche Anwesenheit in Schulen oder staatlichen Ämtern erforderlich ist, verneinen die Männer ihre Frauen. Die Frauen schließen sich gar selbst aus diesen öffentlichen Räumen aus, um ihre Kinder nicht zu beschämen. Ihr anderes Gesicht kommt jedoch bei einem rituellen Fest zum Vorschein, für das sie zeitweilig in ihre Heimatdörfer zurückkehren, um zu Ehren ihres Schutzheiligen zu tanzen. Zu diesem Anlass fordern die Frauen ihr Ansehen ein. Um ihren Erfolg in der Stadt zur Schau zu stellen, lassen sie ihre Großzügigkeit walten. Sie bezahlen Musikgruppen, bieten Bier an und statten ihre Ehemänner mit der besten Kleidung aus (vgl. Criales 1994: 44–52). Damit versuchen sie eine Art Ausgleich zur Stille und gesellschaftlichen Ächtung herzustellen, die sie trotz ihrer hohen Erträge durch das Weben und den Verkauf von Vicuña-Felldecken in der Stadt erleben.

5 Verdeckter Widerstand und interne Gewalt

Eine politische Auswirkung des bisher Beschriebenen betrifft die zusehende Verschlechterung der demokratischen Verfassung von Organisationen, etwa der Gewerkschaften, Nachbarschaftsvereinigungen und Verbände. Heuchelei und Doppelmoral gehören einerseits zwar zum Erbe des antikolonialen Kampfes. Denn in einer extrem ungleichen Situation kann sich der oder die Unterdrückte nicht offen gegen den oder die UnterdrückerIn auflehnen. Stattdessen führt der oder die Unterdrückte einen hinterlistigen Diskurs der Untergebenheit und zettelt den Widerstand durch die Hintertüre an. Doppelzüngigkeit, Lügen, vorgetäuschte Akzeptanz und hinterlistige Verschwörung ermöglichten es so, sich den Forderungen des Finanzamtes und dem staatlichen Druck zur Steuerzahlung zu widersetzen. Gleichzeitig blühten dadurch die informelle Wirtschaft, der Schmuggel und die Piraterie auf.

Die andauernden Regelverletzungen und der beharrliche Widerstand gegen den Fiskus entlarvten sich aber als ein zweischneidiges Schwert, da sich diese Praxis derweil gegen die Akteure selbst gerichtet hat; und zwar in dem Sinne, als dass andererseits innerhalb der Gewerkschaften, Vereinigungen und Räte eben ein gravierender Verfall der Demokratie stattfindet. Dieser rührt daher, dass der offizielle Diskurs stets auf das Allgemeinwohl und die Pflicht der Gewerkschaft anzugehören hinweist, die tatsächlichen Entscheidungen jedoch durch klientelistische Beziehungen und Wahlabsprachen getroffen werden. Diese Absprachen geschehen meist in Lokalen, in einer strikt männlichen Welt, die dazu dient, Frauen auszuschließen oder zu instrumentalisieren. Frauen, die in diese Welt abgleiten, verlieren ihr Ansehen, begeben sich in eine von Männern und vom Alkoholismus dominierte Welt, unterwerfen sich ihrer sexuellen Belästigung oder werden Teil ihrer klientelistischen Absprachen. Damit verlieren sie jedoch die Legitimität, Frauen öffentlich zu repräsentieren. Ein weiteres Szenario der Gewalt geht direkt aus dem Phänomen der Akkulturisierung und Kolonisierung der Institutionen und Organisationen der indigenen bzw. der einfachen Bevölkerung hervor. Es handelt sich hierbei um ein zwischenräumliches Szenario, das jenseits der Grenzen der 36 offiziellen ethnischen Gebietseinheiten liegt. Die offiziellen Verbände, die Nachbarschaftsvereinigungen, die Neuansiedlungen, die urbanen interethnischen Räume oder auch die Religionsgemeinschaften haben hier keinen Platz. Vom Gesetz wird diese Art der Gewalt ignoriert: Die interne und internalisierte Gewalt, die häusliche Gewalt als Ergebnis eines Angriffsmusters, das ins Bewusstsein der Angegriffenen überging. Der „innere Feind" (vgl. Nandy 1993) reproduziert die hegemonialen Wertvorstellungen im Unterbewusstsein der Untergebenen.

Die Kluft zwischen dem Diskurs und den Praktiken der Gewerkschaften und Räte ist offensichtlich. Der Diskurs besteht aus schönen Floskeln, man spricht davon, die Gesetze zu kennen und es wird das Bild einer Gelehrten- und Verhandlungskultur vermittelt. Was nützen jedoch die Gesetze, wenn kein Zugang zur eigentlichen Politik der informellen Absprachen und Kompromisse besteht? Welche Möglichkeiten haben die Frauen, in diese Logik einzusteigen, und welche Auswirkungen hat das auf die Demokratie? Welche Möglichkeiten haben sie, um gegen die korrupten und undurchsichtigen politischen Praktiken vorzugehen? Wie könnten sie eine Ethik und konsistentere Logik durchsetzen, durch die ihr Wissen wertgeschätzt wird, anhand der sie ihre eigenen Verhandlungsweisen und Konfliktlösungsstrategien umsetzen können? Die Praktik des *akhulli* (des gemeinsamen Konsums der Kokablätter) hat beispielsweise mit Transparenz zu tun, mit dem *qhananchawi*, also damit, durch den Dialog klare Verhältnisse zu schaffen. Diese Formen des ritualisierten Gesprächs befinden sich am Rande der offiziellen Politik und der Alltagspraxis der Gewerkschaften. Bisher kann noch kein Brückenschlag zwischen beiden Sphären ausgemacht werden.

6 Fazit: Das Land „indianisieren"

Aus den dargelegten Ausführungen über Gewalt und Interkulturalität können einige praktische Schlussfolgerungen gezogen werden, auf die im Folgenden näher eingegangen wird. Um die häusliche Gewalt anzugehen, müsste man mit den Männern arbeiten, nicht nur weil sie das eigentliche Problem sind, sondern auch, weil die Frauenarbeit für gewöhnlich eine Art Doppelleben schafft: Eine Welt vorgetäuschter Freiheit, voller angenehmer Kurse, Workshops und Debatten, die im Kontrast zur Stille und Gewalt stehen, welche die Frauen zuhause erleben. Dort müssen sie erneut stillschweigen und sich unterordnen. Das Gleiche geschieht mit den Organisationen der Indigenen. Deren von außen herangetragene Agenda fördert aufgesetzte Verhaltensweisen sowie Lesarten des Indigenen als Angelegenheit einer Minderheit und als multikulturelle Ausschmückung des Neoliberalismus. Obwohl in Bolivien die indigene Bevölkerung eine Mehrheit darstellt, gehen sämtliche multikulturellen Reformvorschläge des Staates von Minderheitsmodellen aus. Es gibt kein einziges Staatsmodell oder eines politischer Organisation, das eine demographische Mehrheit und eine kulturelle Hegemonie der Indigenen in Erwägung zöge. Aus meiner Sicht sollte man in einer Situation, wie sie in Bolivien vorzufinden ist, die „Indianisierung" der gesamten Gesellschaft einleiten.

Nehmen wir etwa den Fall des sogenannten gemeinschaftlichen Justizwesens. Eine Reform der bolivianischen Justiz sollte grundsätzlich darauf abzielen, dass das Gesetz nicht auf der Seite desjenigen steht, der mehr zahlt. Vergleichen wir das indigene mit dem offiziellen Justizwesen, so sehen wir, dass Ersteres nicht darauf beruht, wer den Richter bezahlen kann, sondern wer Recht hat, wie der Schaden ersetzt werden kann, wie der/die RechtsbrecherIn zur Reue gebracht werden und wie er/sie wieder in das Gemeindeleben integriert werden kann. Das bolivianische Justizwesen könnte sich durch diese Prinzipien inspirieren lassen und würde so zu einem besseren Rechtswesen. Weshalb kann das Justizwesen Boliviens nicht „indianisiert" werden? Weshalb können wir nicht ein einheitliches Justizwesen schaffen, welches sich auf indigene Prinzipien stützt und sich damit besser an die tatsächlichen Verhältnisse unserer Gesellschaft anpasst?

Aus diesem Grund begann ich meine Darstellungen damit, den reduktionistischen Charakter der indigenen Reservate und Gebiete zu kritisieren. Aus den dargestellten Argumenten schließe ich, dass die offizielle ethnische Gebietseinteilung nichts anderes als eine Wiederbelebung der internen Kolonialisierung darstellt, welche es den mestizischen Eliten ermöglichte, die Kämpfe der Indigenen zunichte zu machen und die eigene Kontrolle über den Staatsapparat zu behalten. Schließlich sind es die Eliten und regionalen Oligarchien, die heute von multikulturellen Reformen sprechen. Der Diskurs über das Indigene ist enteignet und damit ist man auch den neuen transkulturellen Räumen der modernen Welt aus dem Weg gegangen. Die Mehrheit der Indigenen lebt heutzutage nicht mehr in nur einem Raum. Vielmehr handelt es sich um Menschen, die lange Wegstrecken zurücklegen und mannigfache Grenzen überschreiten, ohne dadurch ihre herabgewürdigte Stellung oder ihr Potenzial als TrägerInnen einer alternativen Form der Moderne zu verlieren. Doch gibt es für sie in der offiziellen Indigenenpolitik keinen Platz und man könnte sagen, dass die Regierung von Evo Morales diese Konstellation, die so tief in der Weltauffassung seiner Verbündeten der MestizInnen-Linken verwurzelt ist, bislang nicht verändert hat.

Hinsichtlich der Politik der indigenen Organisationen lässt sich Folgendes sagen: Solange diese nicht ihre eigene Diaspora als Trägerin von Rechten und Forderungen gegenüber dem Staat begreifen, solange sie nicht für die Rechte der Hausangestellten, der temporären MigrantInnen, der Wehrpflichtigen und StudentInnen kämpfen, solange glaube ich, dass wir die Dilemmata der Gewalt und Interkulturalität nicht wirklich neu angehen können. Auch die Geschlechterproblematik, welche sich in den Zwischenräumen, an den Rändern, in den interkulturellen Räumen und den Räumen der MigrantInnen abspielt, kann erst dann erneut aufgegriffen werden. Es ist nicht verwunderlich, dass gerade das Neuansiedlungsgebiet von Alto Beni Luciano Tapia für die Problematik sensibilisierte, wie er in seiner Autobiographie schreibt (1992: 325).[7] Nachdem er im Bergbau und als Amtsmann tätig war, fand er als Neuansiedler im interethnischen Raum eine Erklärung seiner eigenen Realität. Einer Realität, die in seiner Identität als Indigener begründet liegt. Weder in seiner indigenen Siedlung (*Ayllu*), noch im Inneren der Grenzen seiner ethnischen Herkunft entdeckte Tapia seine kulturelle und politische Position, die er dann auf den Wahlkampf hätte projizieren können. Ich würde sagen, dass viele der indigenen Anführer sich über ihr politisches Projekt bewusst wurden, als sie in die Kasernen, die Universität oder die Gewerkschaften der Neuansiedler eintraten. Dort konnten sie feststellen, dass die Gleichheit der BürgerInnen nicht existiert, stattdessen jedoch Diskriminierung und Rassismus Teil des alltäglichen Beziehungsgeflechts sind.

Das Ethnische als etwas auf der Landkarte zu Verortende ist eine maskuline Lesart, wohingegen die Ethnizität aus Sicht der Frauen eher mit einem Gewebe vergleichbar ist (vgl. Arnold et al. 1992: 55). In dieses Gewebe lassen die Frauen das Fremde eingehen, um es dadurch zu zähmen und abzumildern. Das ist es, was hinter den Handelsbeziehungen und hinter der Vermittlung mit der Außenwelt steckt und was bestimmte Dilemmata hinsichtlich der Gewalt aufwirft. Ziel dieses Artikels war es, die essentialistische und statische Interpretation der Indigenenthematik zu überwinden, damit wir uns einer komplexeren Realität annehmen können, welche ethnische und geographische Grenzen überschreitet. Es ist kein Zufall, dass gerade diese Betrachtungsweisen des Ethnischen als Teil eines umfassenden politischen Projektes – und sogar der Möglichkeit eines indigenen Präsidenten – dem Chapare[8] entspringen, einem Gebiet multiethnischer Besiedelung. Es sei dabei darauf hingewiesen, dass weder die Städte der Anden, noch der Chapare selbst als eine der 36 ethnischen Gebietseinheiten des offiziellen Multikulturalismus verstanden werden.

---

7   Luciano Tapia war einer der ersten indigenen Abgeordneten und Repräsentant der Indigenenbewegung Tupaj Katari, der in den 1980er Jahren ins Parlament gewählt wurde.

8   Der Chapare ist ein tropisches Gebiet in Bolivien, das stark von bäuerlichen Neuansiedlungen und dem Kokaanbau geprägt ist. In diesem Gebiet bildete sich die Basis der KokabäuerInnenbewegung, der auch der derzeitige Präsident Evo Morales zuzurechnen ist.

Bibliographie

Arnold, Denise/Domingo Jiménez/Juan de Dios, Yapita (1992): Hacia un orden andino de las cosas. La Paz: HISBOL-ILCA.

Bastien, Joseph (1996): La montaña del cóndor: metáfora y ritual en un ayllu andino. La Paz: HISBOL.

Canessa, Andrew (2006): Minas, mote y muñecas. Identidades e indigeneidades en Larecaja. La Paz: Mamahuaco.

Criales Burgos, Lucila (1994): Mujer y conflictos socioculturales. El caso de las migrantes de Caquiaviri en la ciudad de La Paz. La Paz: Aruwiyiri.

Glave, Luis Miguel (1989): Trajinantes. Caminos indígenas en la sociedad colonial. Lima: Instituto de Apoyo Agrario.

Guerrero, Andrés (1994): Una imagen ventrílocua: el discurso liberal de la 'desgraciada raza indígena' a fines del siglo XIX. In: Blanca Muratorio (Hg.): Imágenes e imagineros. Representaciones de los indígenas ecuatorianos, siglos XIX y XX. Quito: FLACSO, S. 197–252.

Habermas, Jürgen (1980): Teoría de la acción comunicativa. Tomos I y II. Madrid: Taurus.

Mamani Condori, Carlos (1991): Taraqu 1866–1935. Masacre, guerra y „renovación" en la biografía de Eduardo L. Nina Qhispi. La Paz: Aruwiyiri.

Nandy, Ashis (1989): The intimate enemy. Loss and recovery of self under colonialism. Oxford: Oxford University Press.

Numhauser, Paulina (2005): Mujeres indias y señores de la coca. Potosí y Cuzco en el siglo XVI. Madrid: Cátedra.

Rivera Cusicanqui, Silvia (1984): „Oprimidos pero no vencidos". Luchas del campesinado aymara y qhichwa, 1900–1980. La Paz: HISBOL-CSUTCB.

– (2003): El mito de la pertenencia de Bolivia al mundo occidental. Réquiem para un nacionalismo. In: Temas Sociales 24, La Paz, S. 64–100.

Tapia, Luciano (Lusiku Qhispi Mamani) (1992): Ukhamawa jakawisaxa (Así es nuestra vida). Autobiografía de un aymara. La Paz.

Thomson, Sinclair (2007): Cuando sólo gobernasen los indios. Política aymara en la era de la insurgencia. La Paz: Aruwiyiri-Muela del Diablo.

Guamán Poma de Ayala, Felipe (Waman Puma) [1612] (1980): El primer nueva coronica y buen gobierno. México: Siglo XXI.

Yampara, Simón (2004): ¿Desarrollo/progreso o suma tamaña de los ayllus andinos. In: zahlreiche AutorInnen: ¿A dónde vamos? Progreso en diferentes culturas. La Paz: GTZ-Goethe Institut-PIEB, S. 81–88.

Raúl Prada Alcoreza

Schwellen und Horizonte der Dekolonisierung[1]

Wovon gehen wir aus, von wo aus denken, sprechen und beziehen wir uns auf die Welt, auf die Tatsachen, die Ereignisse, die Prozesse, die Verhältnisse, die Strukturen und die Institutionen der Welt? Konkret: Wovon gehen wir aus, wenn wir uns auf den Staat und die Gesellschaft beziehen? Wir benennen die Welt von einem bestimmten Ort aus, wobei nicht unbedingt eine geographische Örtlichkeit gemeint ist, sondern ein Referenzpunkt am historisch-kulturellen Horizont, am epistemologischen Horizont; ein Ort, von dem aus wir Abbilder, Bedeutungen, Werte, Symbole, Konzepte entwickeln. Wir können auch von einem Ort sprechen, von dem aus wir die diskursiven Praktiken entwickeln. Wir benennen die Welt nicht von außerhalb, sondern von innerhalb der Welt. Wir benennen die Welt ausgehend von der Sprache und was wir benennen, ist durch diese Sprache geprägt. Selbst was nicht Teil der Sprache ist, ist es eine Ansammlung von sprachlichen Referenzen.

Vom Staat und der Gesellschaft zu sprechen bedeutet, ausgehend von diesen bestimmten Orten, von dieser imaginären Geographie, zu sprechen, aber auch aus der Geschichte heraus, die diese Szenarien und Räume, diese konzeptuellen Landkarten, schafft. Die Welt ist Welt, da sie von Bedeutungen, Sinn, Werten, Symbolen, Konzepten und Abbildern bewohnt wird. Dennoch soll man die Welt nicht mit diesen Sprachen, Sinngefügen, kulturellen Codes, symbolischen Allegorien und konzeptuellen Landkarten verwechseln. Denn obwohl diese die Welt mitkonstituieren, wenn auch nicht in erster Linie, weist die Vielfältigkeit der Felder und Referenzen doch auf ihre Autonomie, Unabhängigkeit, Widerständigkeit und Komplexität hin. Wenn man also vom Staat und der Gesellschaft spricht, geschieht dies ausgehend von bestimmten Kategorien, bestimmten theoretischen Strömungen und bestimmten Orten des philosophischen und sozialwissenschaftlichen Feldes. Es geht dabei nicht um klar definierte Orte, sondern um Standpunkte, die sich in bereits überstrapazierten Diskussionen verorten. Die theoretischen Strömungen, die diese Standpunkte als Analyseeinheiten aufgreifen, streiten um das zugrunde liegende Wissen und Verständnis und man könnte die ganze Geschichte der konzeptionellen Entwicklungen und Verschiebungen in der Erläuterung dieser referentiellen Einheiten durchlaufen.

---

1 Übersetzung aus dem Spanischen von Isabella M. Radhuber und Lukas Neißl.

Deshalb ist es nun wichtig zu wissen, von wo aus wir den Staat und die Gesellschaft benennen, um auf diese Weise die Ausschnitte der Realität und die entwickelten theoretischen Strategien in diesem Sprechakt, in dieser begrifflichen Handlung, zu erkennen. Aber vor allem ist es wichtig zu wissen, wie wir das Ensemble von Verhältnissen, das wir Staat und Gesellschaft nennen, fassen, damit wir die Verhältnisse, Praktiken, Normen, Gesetze, Verfahren und Institutionen, die wir Staat nennen, wieder erkennen und die Verhältnisse, Praktiken, Strukturen, Organisationen, Bewegungen, Mobilisierungen und Kämpfe, die wir Gesellschaft nennen, verstehen.

Was ist das Verhältnis zwischen Staat und Gesellschaft? Um diese Frage zu beantworten, müssen wir uns im historischen Kontext der Moderne verorten: Wenn wir von Staat sprechen, gehen wir von der Perspektive des Nationalstaates aus und wenn wir von Gesellschaft sprechen, beziehen wir uns auf historische Formationen die von kapitalistischen Produktionsweisen, Verwertungslogiken und Konsummustern durchdrungen sind. Es handelt sich um historische Formationen, die mit dem kapitalistischen Markt – sowohl dem Binnenmarkt als auch dem Weltmarkt – verflochten sind; verflochtene Gesellschaften, die in den Weltmarkt integriert sind und somit von seinen Kontingenzen und auch der Verwertungslogik des Kapitals beeinflusst werden. Wir können diese Gesellschaften nicht verstehen, ohne zugleich die weltweite, regionale und lokale kapitalistische Entwicklung zu verstehen – auch wenn diese auf Widerstand stieß und immer noch stößt und Alternativen zum Kapitalismus erkennbar sind. Wir argumentieren, dass sich der Kapitalismus auf der ganzen Welt ausgebreitet hat, die Welt selbst – eine kapitalistische Weltökonomie und ein kapitalistisches Weltsystem – geschaffen hat (vgl. Wallerstein 2004a; 2004b). Wir weigern uns aus dieser Perspektive nicht, die Singularitäten, die lokalen Besonderheiten und die überlagerten Formationen[2] zu untersuchen und zu erklären, sondern widmen uns dieser Aufgabe ausgehend von der ursprünglichen und erweiterten Akkumulation des Kapitals, den kapitalistischen Zyklen und Krisen und der unausweichlichen weltweiten Ausbreitung des Kapitalismus. Man kann diese Entwicklung von weltweitem Ausmaß nicht ignorieren, sonst würde man die Partikularismen, Lokalismen, Regionalismen und Überlagerungen selbst nicht verstehen und würde sich lediglich mit dem überreizten Ausdruck verlorener Heterogenitäten im eigenen Labyrinth verlieren. Selbstverständlich muss man sich in die Perspektive des historischen Pluralismus – der Vielfalt und Unterschiedlichkeit der sozio-ökonomischen und sozio-kulturellen Prozesse – einordnen, aber indem man die historische Transversale der kapitalistischen Weltökonomie berücksichtigt. Nach Michel Foucault: Das erlaubt es, uns an dem Ort zu situieren – der historischen

---

2　Zum Konzept der überlagerten Gesellschaftsformationen siehe den Beitrag von Luis Tapia in diesem Buch.

Raum-Zeit – an dem wir uns befinden, von dem aus wir benennen, um auch zu verstehen, zu was wir im gegenwärtigen Moment geworden sind.

1 Staat und Gesellschaft in Bolivien

> Nations are to be sure myths in the sense that they are all social creations, and the states have a central role in their construction. The process of creating a nation involves establishing (to a large degree inventing) a history, a long chronology, and a presumed set of defining characteristics (even if large segments of the group included do not in fact share those characteristics). (Wallerstein 2004a: 54)

Die Republik von Bolívar entstand aus einer teilweise zwanghaften und widersprüchlichen Ansammlung und Kombination an Faktoren. Einerseits kann man von der Genealogie ihrer eigenen Kriege sprechen; das heißt, von den Kriegen, die die Gebiete durchziehen, die später zu Qullasuyu[3], zur *Audiencia de Charcas*[4] und zur Republik Bolivien werden. Diese Kriege sind Ereignisse, die kommen und gehen – jedoch nicht vollständig, da sie im Gedächtnis der kommenden Generationen verankert bleiben. Wir können vom Eroberungskrieg Mitte des 16. Jahrhunderts sprechen und vom darauf folgenden antikolonialen Krieg während der letzten Jahre des 18. Jahrhunderts; vom Krieg in Potosí 1626; vom Guerrillakrieg im 19. Jahrhundert, welcher vom Unabhängigkeitskrieg von Oberperu und dem Einfall der argentinischen Unabhängigkeitstruppen begleitet wurde; von den Revolten und Erhebungen während der Kolonialzeit, aber auch den Meutereien und Desertationen. Marie-Danielle Demélas konstatierte eine kriegerische Kultur in Amerika und unterschied drei Arten der Kriegsführung: Den Kleinen Krieg, den Milizkrieg und die Erfahrung der indigenen Befreiungskriege (vgl. Demélas 2007: 139f.).

Anschließend kann man die Entwicklung des Bergbaus ansprechen (vgl. Arce Alvarez 2003), vorwiegend während der Kolonialzeit und insbesondere in Bezug auf die Umgebung von Potosí im 17. und 18. Jahrhundert. Diese Entwicklung kann im Zusammenhang mit dem Zyklus der Silberwirtschaft gesehen werden, der in direkter Verbindung mit den unterschiedlichen Zyklen des Kapitalismus steht (vgl. Arrighi 1994).[5] Auch wenn dieser Ausschnitt die Vorherrschaft des Bergbaus unterstreicht,

---

3   *Qullasuyu* war jener Teil des Inkareiches, der auch den westlichen Teil des heutigen Boliviens umfasst.

4   Die Real Audiencia de Charcas wurde 1561 in der Stadt des Silbers (heute Sucre) als Obergerichtshof von Oberperu eingerichtet.

5   Arrighi schreibt, dass vier systemische Akkumulationszyklen identifiziert werden können, wobei jeder von ihnen als fundamentale Einheit des primären Handelns und der Strukturen der Kapitalakkumulationsprozesse auf weltweiter Ebene definiert ist: ein genuesischer Zyklus, der sich über das 15. bis Anfang des 17. Jahrhunderts erstreckt; ein niederländischer Zyklus, der vom Ende des 16. bis Ende des 18. Jahrhunderts andauerte;

lässt er doch die anderen Formen wirtschaftlicher Organisation nicht außer Acht, insbesondere die Landwirtschaft, die die Bevölkerungen der Städte und der Bergbauzentren mit Lebensmittel versorgten. In diesem Fall sticht die *Hacienda*-Wirtschaft in den Tälern besonders hervor, die stark an den Handel mit den Bergbauzentren gebunden ist, wenngleich sich der Handel mit Lebensmitteln und anderen Gütern auch in den Osten des Landes erstreckte. Somit wurden die *Hacienda*-Wirtschaften des Tieflandes, des Amazonasgebietes und des Chacos mit dem Bergbau verbunden. Darüber hinaus muss auch die weiter bestehende Wirtschaft der indigenen Gemeinschaften erwähnt werden, die Teil der alternativen Reproduktionsformen ist und mit anderen symbolischen Kreisläufen der Reziprozität und Komplementarität verknüpft ist. In dieser rudimentären räumlichen Ausdehnung des Binnenmarktes finden auch die Handwerksproduktion und die beginnende Manufakturproduktion ihren Platz. Und dieses nachgezeichnete Handelspanorama kann nicht ohne eine parallele Achse des Bergbaus verstanden werden, die mit den Dynamiken der Koka-Produktion in Verbindung steht (vgl. Prada 2008).

Ebenso können wir von der Jurisdiktion der *Audiencia de Charcas* und von einer bestimmten administrativen, politischen und religiösen Kontinuität sprechen, die von der Zugehörigkeit zum Vizekönigreich Peru bis zum Vizekönigreich des Río de la Plata andauerte und in der politischer Geografie der neu gegründeten Republik fortwirkte.

2 Das Diagramm der kolonialen Macht

Wie können wir die Geschichte – insbesondere die Geschichte der Moderne – aus einer anderen Perspektive begreifen, die nicht die Perspektive der vermeintlichen Universalität des Eurozentrismus ist? Wir suchen die andere Perspektive der kolonialisierten Gesellschaften. Dieses Problem wurde von Intellektuellen mit dekolonisierender Perspektive aufgegriffen und ihre Geschichte muss erst geschrieben werden. In dieser Tradition stehen die Forschungen von Anibal Qujano, der zur Kolonialität der Macht arbeitet. Ebenso kann man die Arbeiten von Enrique Dussel anführen, der einen Perspektivenwechsel hin zu einer integralen Sicht der Opfer, das heißt, der Kolonisierten, skizziert. In dieser Perspektive verorten sich auch die Arbeiten von Boaventura de Sousa Santos, der in Gegenüberstellung zum hegemonialen und herrschenden Norden aus dem Süden denkt. In dieser Nähe finden sich auch die Formulierungen einer eigenen Denkrichtung von Hugo Zemelman Merino. In Bolivien ist das Aufkommen eines dekolonisierenden Denkens stark von Fausto Reinaga geprägt worden, der die

---

und ein britischer Zyklus, der die zweite Hälfte des 18. und das gesamte 19. Jahrhundert überdauerte; sowie einen amerikanischen Zyklus, der Anfang des 19. Jahrhunderts begann und bis in die Aktualität eine finanzielle Expansion erlebt (vgl. Arrighi 1994).

Geschichte aus Perspektive der Indigenen Revolution dekonstruiert. Silvia Rivera Cusicanqui nimmt diese Problematik in ihren Studien über die indigenen Bewegungen ausgehend von der Wiederaneignung der historischen Erfahrungen wieder auf. Die Liste könnte noch lange weiter geführt werden und weitere Strömungen aufzählen: die Strömung der Subaltern Studies, in der die Forschungen von Partha Chatterjee und Gayatri Chakravorty Spivak hervorstechen, die Postcolonial Studies, die Philosophie der Transmoderne, die kritische Epistemologie oder die Kritik der Epistemologie, die indigene Sozialgeschichte. Außerdem können wir die Spuren eines eigenen Marxismus nachzeichnen als Carlos Mariátegui Thesen über die peruanische Wirklichkeit formulierte und versuchte die peruanische Gesellschaftsordnung zu verstehen. Ebenso können wir in der Kritik der peripheren politischen Ökonomie, in der Kritik der Machtverhältnisse und in der Untersuchung der sozialen Bewegungen von *Comuna*[6] in Bolivien die Entwicklung einer dekolonisierenden Perspektive erkennen. Wir müssen daher eine Archäologie der Diskurse über Dekolonisierung, über die Narrative der Kolonisierung und Kolonialität, schaffen, um die Sedimente und Stränge der Diskurse, ihre Aktualisierungsformen, Verschränkungen und Formulierungen, freizulegen. Wir müssen die Aufgabe in Angriff nehmen, wenngleich wir uns zuerst der Problematik der Kolonialität, die historisch in den Zyklen des Kolonialismus gezeichnet wurde, widmen.

3 Die Zyklen des Kolonialismus

Wir sprechen von Zyklen des Kolonialismus, da wir der Meinung sind, dass diese Zyklen in gewisser Weise den Zyklen des Kapitalismus folgten. Es handelt sich nicht um genau dieselben Zyklen, jedoch begleitet der Kolonialismus die kapitalistische Expansion und Akkumulation. Konkret steht der weltweite Einbruch des Kolonialismus unmittelbar mit der ursprünglichen Akkumulation des Kapitals auf globaler Ebene und der Geburt der Moderne – oder wenn man will mit der Geburt der kapitalistischen Weltwirtschaft nach Immanuel Wallerstein – in Verbindung. Der Kolonialismus ist die weltweite Herrschaftsform der hegemonialen Formen des Kapitalismus; Formen, die sich während der verschiedenen kapitalistischen Zyklen sukzessive entfaltet haben. Nichtsdestotrotz sind die kolonialen Herrschaftsstrukturen nicht dieselben wie die Strukturen der kapitalistischen Akkumulation und die Machtverhältnisse sind nicht identisch mit den kapitalistischen Produktions-

---

6 Comuna ist ein Kollektiv, das in engem Zusammenhang mit den sozialen Bewegungen in Bolivien steht, die insbesondere im Zeitraum von 2000-2005 Geschichte geschrieben haben. Comuna hat – als Kollektiv und durch individuelle AutorInnen – zahlreiche Analysen zu den sozialen Bewegungen und Abhandlungen über die politische Theorie veröffentlicht.

verhältnissen. Beide Sphären überlappen und ergänzen sich in morbider Art und Weise. Aníbal Quijano stellt fest:

> Die Kolonialität ist eines der konstitutiven und spezifischen Elemente des weltweiten kapitalistischen Machtmusters. Sie gründet in der Durchsetzung der rassifizierten und ethnisierten Klassifikation der Weltbevölkerung als Eckstein eben dieses Machtmuster und wirkt auf allen Ebenen, in allen Bereichen, allen Dimensionen, materieller und subjektiver Art, der alltäglichen sozialen Existenz und der gesellschaftlichen Ebene. (Quijano 2000: 342).

Aníbal Quijano verbindet die Kolonialität kulturell und intersubjektiv mit der Moderne. Es handelt sich um ein Herrschaftsmuster, das den Akkumulationsmodellen entspricht. Die Unterscheidung zwischen Zentrum und Peripherie konstituiert eine rassifizierte Differenz in der Ausbeutung der Arbeitskraft auf globaler Ebene, unterscheidet in den Ausbeutungsformen und kombiniert und ergänzt die formelle und reelle Subsumtion der Arbeit unter das Kapital (vgl. Balibar/Wallerstein 1990). Der Kolonialismus, und folglich die Kolonialisierung, stellen eine weltweite Realität war. Die Kolonialität ist die kulturelle Hegemonie der Moderne und die Form kapitalistischer Herrschaft. Aníbal Quijano stellt außerdem fest:

> Im Laufe der Entfaltung dieser aktuellen Machtcharakteristika, bildeten sich die neuen gesellschaftliche Identitäten der Kolonialität – *Indios, Schwarze, Mulatten, Gelbe, Weiße, Mestizen* – und die Geokulturen des Kolonialismus – wie *Amerika, Afrika, der Ferne Osten* und *der Nahe Osten* (das spätere Asien) und der *Westen oder Europa* (das spätere Westeuropa). Und die entsprechenden intersubjektiven Beziehungen, in denen die Erfahrungen des Kolonialismus und der Kolonialität mit den Notwendigkeiten des Kapitalismus verschmolzen und sich als ein neues Universum intersubjektiver Herrschaftsbeziehungen unter eurozentrischer Hegemonie konstituierten. Dieses spezifische Universum wird später *Moderne* genannt. (Quijano 2000: 342f., Hervorhebungen im Original).

Wir verstehen somit die Erfahrung des Kolonialismus und der Kolonialität. Wir verstehen den Kolonialismus als imperiale Praxis der Landbesetzung, Unterwerfung der Bevölkerungen, kulturelle Dekodifizierung, Fragmentierung der Gesellschaften, Zerstörung der eigenen Institutionen, Auslöschung der autochthonen Sprachen und Einschreibung der politischen Herrschaftsgeschichte in die Oberfläche der Körper. Dabei werden sukzessive Verhaltensmuster der Unterwerfung, Domestizierung, Disziplinierung, Kontrolle und Sicherheit festgeschrieben. Wir verstehen die Kolonialität als die Konstitution gesellschaftlicher Identitäten und der Festschreibung der rassifizierten Klassifizierung, die zur Herausbildung einer unterschiedlichen historisch-kultureller Wirklichkeit auf globaler Ebene und innerhalb der einzelnen Länder führt. Die gesellschaftlichen Identitäten und rassifizierten Klassifizierungen bekommen abhängig von Ort und Kontext unterschiedliche Schattierungen und Anstriche. Das Wichtigste dieser Unterscheidung und Klassifizierung aber liegt in den Politiken der Ethnizität (vgl. Anderson 1998; Chatterjee 2001) und den

Formen der Gouvernementalität (vgl. Foucault 2006), die in den postkolonialen Gesellschaften, in den Nationalstaaten der Peripherie der kapitalistischen Weltwirtschaft, umgesetzt werden.

Die Kolonialität kann auch als die dunkle Seite der Moderne verstanden werden, ebenso wie die heterogene Seite der Moderne, die vorgibt universalistisch zu sein und auf universellen Werten zu gründen. Die Erklärung der Menschenrechte, aber auch die schwindelerregende Erfahrung, dass „alles Ständische und Stehende verdampft"[7], wenn sich die vorkapitalistischen Gemeinschaftsformen auflösen, wenn sich die vormodernen Werte und Institutionen zerstreuen und in dieser Chaosmose das Atom des Individuums entsteht, das voll und ganz in die Zeit der immerwährenden Transformation eingeht: Die Moderne als Weltkultur des weltweiten Kapitalismus. Aber die Entwicklung und Expansion dieser Moderne wird gleichzeitig von gewaltsamen Herrschaftsformen begleitet; Herrschaftsformen, die ganze Bevölkerungen von ihrem Land vertreiben und ihre Ressourcen, Lebensformen, Lebensenergien und Wissensformen rauben; die durch die Besetzung ihrer Territorien den bestehenden gemeinschaftlichen Beziehungsnetzen bestimmte Gesellschaftsformen aufzwingen. Dabei werden Territorien kartographiert und Körper gebrandmarkt, sodass diese kolonialisiert werden können, indem sie als ausbeutbare Ressourcen benutzt werden, indem zwischen den Macht- und Akkumulationszentren und der unterworfenen und für die Extraktion vernutzten Peripherie unterschieden wird und indem die Bevölkerungen rassifiziert und zu Objekten der Biopolitik gemacht werden. Diese Territorien, diese Körper, mit ihren gemeinschaftlichen Beziehungsformen, ihren eigenen intersubjektiven Kommunikationsformen und ihrer Art und Weise Forderungen zu politisieren, werden mit der Zeit zu Widerstand gegen die Moderne und den Kapitalismus und opfern sich auf, um Alternativen aufzuzeigen.

Wir könnten die Moderne als scheinbare Form und die Kolonialität als ihre tatsächliche Form bezeichnen – als scheinbare kulturelle, politische und rechtliche Form einerseits und tatsächliche Form der kulturellen Unterwerfung, der diskriminierenden Rechtsanwendung und der polymorphen Herrschaft, die Demokratisierung verhindert. Aber dieser Widerspruch zwischen der scheinbaren und der tatsächlichen Form ebnet den Weg für die Entfaltung entstehender zeitgenössischer Kulturen, für die Politisierung nicht-institutionalisierter Sphären, für die Neukonzeption kollektiver Rechte, die die juristischen Formalismen durchbrechen und für die Verbreitung von Wissensformen, die sich der universellen Wissenschaft und der absoluten Philosophie widersetzen.

---

7   Es handelt sich um einen Satz von Karl Marx, der aber Shakespeare zugeschrieben wird.

4 Ethnizität, Nation und Klasse

Um postkoloniale Gesellschaften zu verstehen, sind verschiedene Fragen zu berücksichtigen; darunter die Frage des Verhältnisses zwischen Ethnie, Klasse und Nation. Wenn wir dieses Verhältnis um das Thema des Staates erweitern, wird es noch ein wenig komplexer. Die Unterscheidung zwischen Staat und Nation ist ebenso von Bedeutung, wie die Unterscheidung zwischen Ethnie und Klasse. Auch wenn durch die Herausbildung des Nationalstaates die Nation in den Staat integriert wurde, heißt das nicht, dass die Nation dasselbe ist wie der Staat. Die Formierung des Staates, wenn man so will, hat mit den vielfältigen Gouvernamentalitäten zu tun, die sich in Form von Handlungen, Verschränkungen und politischen Maschinen ausdrücken und die sich wiederum in institutionelle Landschaften ein- und aufteilen (vgl. Foucault 2006). Die Verstaatlichung der Territorien, der konkreten Handlungsformen und der lokalen Machtbeziehungen, das heißt, ihre großflächige Aneignung, Desartikulation und Transformation, ist Teil des Prozesses der Staatsbildung. Die Institution des Staates durchläuft die Vereinheitlichung der Regierungsformen und Machtmechanismen und endet darin, seine Rechtsprechung auf der Ebene dessen, was zur Nation werden wird, auszuüben. Sie gliedert die Gesetzgebung und die normative Rechtsprechung großflächig, wodurch die Ausübung der institutionalisierten Praktiken reglementiert wird.

Wir können aus dieser Perspektive von einer Dreiecksbeziehung zwischen Staat, Recht und Nation sprechen und können die Nationen nach Immanuel Wallerstein als Mythen im Sinne von gesellschaftlichen Kreationen begreifen, in deren Erschaffung die Staaten eine zentrale Funktion inne haben (vgl. Wallerstein 2004a: 79). Aus dieser Perspektive hätten die Staaten die Nationen geschaffen und die Nationen würden dann Teil der Verstaatlichungsprozesse sein. Aber in diesem Fall würde es sich um die Verstaatlichung der Gedankenwelten handeln. Wie auch immer, setzt diese Konzeptualisierung von Immanuel Wallerstein die vollständige Unterwerfung und Eingliederung der Nation in den Staat voraus. Gibt es vor dem Staat keine Nation? Wir können die historischen Horizonte der Problematik erweitern, indem wir das Möglichkeitsfeld vergrößern und zu einem breiteren Verständnis der kollektiven Identitätsformen kommen. Wir können beispielsweise das Thema der nationalen Befreiungskämpfe und zugleich auch Auffassungen der entstehenden Nationen – z.B. die, die sich auf die Gedankenwelten der indigenen Völker beziehen – in die Analyse mit einbeziehen. Es ist unerlässlich, die kollektiven Vorstellungen der Widerstände gegen die Kolonialität und die Moderne, die als Dekolonisierungsakte verstanden werden müssen, mitzudenken. Aus dieser Perspektive berücksichtigt man nicht die Archäologie des Begriffs der Nation, der die Nation anfangs im Hinblick auf Blutsverwandtschaft verstanden hat. Unter diesem Aspekt gäbe es ein Konstrukt nationaler Vorstellungen vor dem Staat, die von anderen historischen Möglichkeiten

und anderen Räumen der Intersubjektivität ausgeht. Die Analyse von Immanuel
Wallerstein ist eine Kritik der Nation innerhalb der Grenzen des Nationalstaates.
Wir aber benötigen einen inklusiveren Blick auf die anderen Formen der Nation,
weshalb wir vorschlagen, die Nation konzeptuell vom Staat zu trennen. Dies ermöglicht uns, politische Formen jenseits des Staates zu denken, wie beispielsweise die
alternativen Möglichkeiten des plurinationalen Staates oder eine politische Form,
die nicht unbedingt Staat heißen muss, aber plurinationale Eigenschaften hat. Dabei
kann der plurinationale Staat nicht aus der modernen Perspektive des Staates gedacht
werden, sondern als politisches Gebilde, das ein Instrument der Gesellschaft ist, die
den selbstverwalteten und selbstbestimmten Gesellschaften entspricht. In diesem
Sinne schlagen wir vor, die Nation als gesellschaftliche Vorstellung zu begreifen, aber
auch als Raum der Wiedererkennung, als Form der diffusen kulturellen Institution,
die Merkmale der Gegenmacht, der hegemonialen Gegenkultur annimmt, und als
dynamischer und intersubjektiver dekolonialisierender Raum verstanden werden
kann. Unter diesem Blickwinkel sind Artikel 1 und 2 der bolivianischen Verfassung
von 2009 aufschlussreich. Artikel 1 definiert das Staatsmodell als einheitlichen,
sozialen Rechtsstaat, der außerdem plurinational und gemeinschaftlich ist, mit administrativer politischer Dezentralisierung und Autonomien.[8] Artikel 2 streicht die
Anerkennung der vor der kolonialen Zeit existenten indigen-bäuerlichen Nationen
und Völker heraus und damit die Anerkennung der Rechte auf Selbstregierung und
-bestimmung, auf eigene Institutionen, Sprachen, Normen und Prozeduren, Kosmovision und Verwaltung, die Anerkennung der Autonomie und die Konsolidierung der
territorialen Einheiten.[9] In diesem Falle sprechen wir von Nation eher im kulturellen
und auch territorialen Sinne – wie im Falle der *suyus*, der territorialen Nationen der
andinen Gesellschaften, die komplexe, auf den *ayllus* gründende, Gebilde sind und
duale Gemeinschaften in dem Sinne, dass sie sich auf unterschiedlichen ökologischen
Ebenen niederlassen, und der *markas*, ein Zusammenschluss von verschiedenen
ayllus. Das Spektrum der indigenen Nationen und Völker öffnet eine Pluralität an

---

8   Im Original besagt Artikel 1 der neuen bolivianischen Verfassung von 2009: „Bolivia se
    constituye en un Estado Unitario Social de Derecho Plurinacional Comunitario, libre,
    independiente, soberano, democrático, intercultural, descentralizado y con autonomías.
    Bolivia se funda en la pluralidad y el pluralismo político, económico, jurídico, cultural y
    lingüístico, dentro del proceso integrador del país." (Verfassung 2009).

9   Im Original besagt Artikel 2 der neuen bolivianischen Verfassung von 2009: „Dada
    la existencia precolonial de las naciones y pueblos indígena originario campesinos y su
    dominio ancestral sobre sus territorios, se garantiza su libre determinación en el marco
    de la unidad del Estado, que consiste en su derecho a la autonomía, al autogobierno, a
    su cultura, al reconocimiento de sus instituciones y a la consolidación de sus entidades
    territoriales, conforme a esta Constitución y la ley." (Verfassung 2009).

Konzepten der Nation und verschiedenen kollektiven historischen und kulturellen Bedeutungen.

In Übereinstimmung mit Immanuel Wallerstein entsprechen die Kategorien „Rasse", Nation und Klasse jeweils den grundlegenden strukturellen Eigenschaften der kapitalistischen Weltwirtschaft:

> Der Begriff der „Rasse" ist auf die horizontale Arbeitsteilung in der Weltwirtschaft, auf die Antinomie von Zentrum und Peripherie bezogen. Der Begriff der „Nation" ist auf den politischen Überbau dieses historischen Systems bezogen, auf die souveränen Staaten, die das internationale Staatensystem bilden und sich von ihm herleiten. Der Begriff der „ethnischen Gruppe" ist auf die Entstehung von Haushaltsstrukturen bezogen, die innerhalb der Kapitalakkumulation dafür sorgen, dass beträchtliche Kontingente an nicht entlohnter Arbeit aufrechterhalten werden. Keine der drei Kategorien bezieht sich direkt auf soziale Klassen, was seinen Grund darin hat, dass „Klasse" und „Volk" auf zwei senkrecht zueinander stehenden Ebenen verortet sind. Darin liegt, wie wir noch sehen werden, einer der Widersprüche dieses historischen Systems. (Balibar/ Wallerstein 1990: 98).

Man kann aus diesem Zitat folgern, dass nicht nur die Kategorien der „Rasse", Nation und Klasse Teil der grundlegenden strukturellen Eigenschaften der kapitalistischen Weltwirtschaft sind, sondern auch die Kategorie der Ethnie, sowie das Konzept des Staates selbst, wie bereits skizziert. Die gesamte soziale und politische Zusammensetzung wird ausgehend von der formellen und reellen Subsumtion der Arbeit unter das Kapital – als sozio-historische Dispositive der Subsumtionsprozesse der Arbeit unter das Kapital – verstanden. Anders ausgedrückt, der Kapitalismus macht die Gesellschaften, die Staaten, die Gesellschaftsformationen und die gesamte komplexe historisch-kulturelle Zusammensetzung des Weltsystems fassbar. All das scheint sich positiv von der globalen Expansion und der gegenwärtigen hegemonialen Herrschaft des Kapitalismus abzuheben. Aber war das während der langen Zyklen des Kapitalismus immer so? Was geschah an den Orten, an denen der Kapitalismus in seinem Expansionsprozess noch nicht angelangt war, vor allem während der ersten Zyklen des Kapitalismus? Was geschah vor dem Kapitalismus? Sind diese anderen Gesellschaftsformationen unerkennbar? Folgt man dieser Logik und kommt in die Gegenwart zurück: Wie können die Wissensformen, Praktiken, Formen und Widerstandbewegungen gegen den Kapitalismus, die Moderne und das koloniale Erbe erklärt werden? Und wie erklärt man sich ihre Art und Weise sich selbst zu benennen, zu vertreten und eigene Vorstellungen zu entwickeln? Sind sie gegenüber dem Kapitalismus disfunktional? Und können sie deshalb nicht als Formen verstanden werden, die die kapitalistische Produktionsweise überwinden? Diese Fragen führen uns zu folgendem Zweifel: Umfasst die Theorie der kapitalistischen Weltwirtschaft – die Weltsystemtheorie – die Totalität der Welt oder gibt es einen Teil der Welt, der ihrer Sicht entgleitet? Dazu muss zuerst geklärt werden, was wir unter Welt verstehen. Aus philosophischer Perspektive spricht Eugenio Trías von Welten:

Eine theoretische Welt, die sich auf die Ordnung der Geschehnisse bezieht (den Rahmen), eine moralische Welt der ethisch-metaphysischen Darlegungen (der Zugang), eine ästhetische Welt, die sich auf die symbolische Art der Darstellung der Werke der Kunst bezieht und eine moderne historische Welt, die in den Darlegungen oder Urteilen zum Ausdruck kommt, die schließlich die Moderne selbst bestimmen (die Entfaltung)." (Trías 1985: 19).

Aus einer logisch-positivistischen Perspektive bezieht sich Ludwig Wittgenstein auf die Welt als die Gesamtheit der Tatsachen. Sprechen wir von einem Horizont der Sichtbarkeit? Sprechen wir von einem Horizont der Sinngehalte? George Bataille spricht von Welt als Sinnhorizont. Man kann auch von einem Horizont der Sichtbarkeit sprechen. Deshalb spricht man davon, dass die Welt seit der Entdeckung Amerikas Welt ist. Mit diesem Ausdruck beziehen wir uns auf den von der Moderne eröffneten Horizont. Kommen wir auf den Umfang der kapitalistischen Weltwirtschaft und des Weltsystems zurück, bezieht sich Immanuel Wallerstein auf die Gesamtheit der Gesellschaften, Staaten, Nationen; das heißt, der konkreten Gesellschaftsformationen, die von den kapitalistischen Produktionsverhältnissen durchdrungen sind und sich durch die Logik der Kapitalakkumulation in den unterschiedlichen Zyklen des Kapitalismus artikulieren. Es geht also um eine zeitliche und räumliche Dimension. Zeitlich sprechen wir von der Geschichte des Kapitalismus; die Geschichte der erfolgten Transformationen im kapitalistischen Weltsystem. Räumlich sprechen wir vom Planeten Erde. Scheinbar umfasst diese Welt alles, was bedeutet, dass alles in den Akkumulationsprozess des Kapitals miteinbezogen wäre. Nichts würde der Verwertungslogik, ihren Beziehungsnetzen, ihren sozialen Strukturierungen, ihrer wirtschaftlichen Zusammensetzung, ihren politischen Formationen, ihren kulturellen Dekodifikationen, ihrer Produktion von Bedürfnissen, ihrem zwanghaften Konsumismus, ihren Wettbewerbspraktiken und natürlich dem komplexen und vielfältigen Universum des Marktes mit seinen widersprüchlichen Monopolbildungen entkommen. Gibt es etwas, das in dieser Welt nicht beachtet wurde? Wir könnten auf paradoxe Art und Weise fragen: Gibt es ein Außen in diesem Innen? Kohärenterweise müssten das dann Löcher sein. Würde es in dieser Welt Löcher geben, die der Kontrolle durch das Kapital, der Hegemonie im entsprechenden Zyklus des Kapitalismus, der weltweiten Herrschaft der imperialen Politikform entkommen? Würde das die versteckte, verschleierte und dunkle Präsenz von alternativen zivilisatorischen und kulturellen Formen und Projekten bedeuten? Können wir diese Möglichkeit in den Widerständen gegen die Entfaltung, Zirkulation und Akkumulation des Kapitals, in den antisystemischen Bewegungen, finden? Auch dieser Frage wird in der vorliegenden Analyse nachgegangen werden.

5 Staat, Gesellschaft und Gemeinschaft

Der Staat löst sich nicht durch eine Vereinbarung, einen Gesellschaftsvertrag, von der Gesellschaft ab. Der Staat konstituiert sich aus der Unterscheidung zwischen Staat und (Zivil-)Gesellschaft. Er bildet sich auf Basis einer atomisierten Gesellschaft von Individuen, indem er ihre individuellen Rechte und ihre StaatsbürgerInnenschaft anerkennt, obwohl diese StaatsbürgerInnenschaft paradoxerweise nicht alle umfasst. In der Entstehung der liberalen Staaten und Gesellschaften wird eine Abstraktion vorgenommen und so getan als ob der Rest, Frauen und Gemeinschaften, nicht existieren würde. Die Gemeinschaften werden wie das Vorläufermodell, das Präludium der Gesellschaft und des Staates, dargestellt. Die Gemeinschaft umfasst Formen der Gesellschaftlichkeit, die älter sind als die Gesellschaften selbst. Sie bildeten sich auf Grundlage der Verwandtschaftsnetze, der familiären Bündnisse, Territorialitäten, der zwischenmenschlichen Beziehungen, der kollektiven Identitäten und der kulturellen Muster. Diese von den Vorfahren überbrachten Gemeinschaften gründen auf der Vorstellung des Akts der Opferung selbst. Diese Verbindung mit dem Tod führt sie außerhalb und jenseits der Grenzen des Lebens selbst und lässt Überlegungen zu ihrer Beziehung mit dem Heiligen anstellen bzw. das Heilige in den immanenten Kräften des Lebens entdecken (zu den Wurzeln und Entwicklungen der Gemeinschaft vgl. Prada 2008). Es handelt sich also um eine kulturelle, symbolische, zeremonielle Beschaffenheit der von den Vorfahren überlieferten Gemeinschaft – um nicht von den Ursprüngen der Gemeinschaft, sondern von der Geburt der Gemeinschaft zu sprechen. Es handelt sich um einen Dialog mit der Geschichte – und daher mit dem Mythos – über die Ursprünge der Gemeinschaft, wobei man von pluralen, unterschiedlichen, lokalisierten Geburten der Gemeinschaften sprechen kann.

Aus dieser Perspektive der tatsächlichen Geschichten der Gemeinschaften sollen Genealogien der Gemeinschaften gesucht werden. Diese Geburten haben wahrscheinlich vorrangig mit Jagen und Sammeln zu tun. Wir sprechen von den nomadischen Gemeinschaften, die oftmals die eigene Verwandtschaftsstruktur durcheinander bringen. Die Archäologie kann uns Vieles darüber lehren. Später, als die Gemeinschaften Pflanzen domestizieren und die Landwirtschaft entwickeln – in der neolithischen Revolution – gründen sie familiäre und territoriale Bündnisse und bilden große Gemeinschaften und ausgedehnte Formen der territorialisierten Gesellschaften. Es ist wahrscheinlich, dass die Gemeinschaften selbst sich restrukturiert und transformiert haben, ihre Beziehungen und Praktiken rekodifizierten und neu beurteilten, ihre eigenen Symbole neu werteten, den Umfang ihrer Hierarchien und ihres Prestiges erweiterten und ihr gemeinschaftliches Feld stratifizierten. Diese Erweiterung und Restrukturierung der Gemeinschaften lässt sie nicht verschwinden. Vielmehr werden sie als ausdauernde Formen konsolidiert, die den Lauf der Gesellschaften selbst, aber auch ihre Machtformen, stützen. Die Gemeinschaften haben große Gesellschaftsformationen und komplexe Machtordnungen aufrechterhalten. Sie haben *señoríos[10]*, Tiwanaku, Allianzen zwischen den Völkern, und territoriale Allianzen wie den *Tawantinsuyu* aufrechterhalten und waren zudem durch die Tributzahlungen die Stütze der Republik in ihren Anfangsjahren. Man kann darüber diskutieren, ob sie das heute immer noch sind; trotz des Einfalls und der Ausbreitung des Kapitalismus durch die Enklaven des Bergbaus, der Silber- und Zinnwirtschaft, und durch die Ausweitungen, Verwandlungen und Symbiosen des Marktes, wobei hier insbesondere der Kokamarkt von Bedeutung ist. Man kann die Diskussion auch auf die fossilistische Wirtschaft, die in enger Verbindung mit dem Zyklus des US-amerikanischen Kapitalismus und dessen Hegemonie, Herrschaft und Niedergang steht, ausdehnen.

In vielen Veröffentlichungen habe ich argumentiert, dass die Gemeinschaftsformen weiterhin Matrix und Grundlage des Nationalstaates, des Staates und der Gesellschaft in Bolivien und der bolivianischen Gesellschaftsformation in ihrer Artikulation mit dem Weltmarkt und der kapitalistischen Weltwirtschaft sind. Die niedrigen Löhne können nur in Verbindung mit dem Umfeld der bäuerlichen Gemeinschaften verstanden werden. Die BergarbeiterInnen etwa – die angeblich ihre Produktionsmittel, Arbeitsinstrumente und ihren Grundbesitz verloren hätten – unterhalten Verbindungen zu ihren Familien in den Gemeinschaften, die im Verhältnis zu anderen gemeinschaftlichen Subsistenzformen wie kleine Gemeinschaften funktionieren. Die Ausbeutung der natürlichen Ressourcen in der Peripherie der kapitalistischen Welt durch die transnationalen Unternehmen führt nicht nur zur Proletarisierung der autochthonen Bevölkerung, sondern auch zu einer perversen Vernutzung der gemeinschaftlichen Formen, die permanent oder periodisch Arbeitskraft hervorbringen und so die soziale Reproduktion aufrechterhalten. Unter diesen Bedingungen werden Formen der formellen, reellen, und – wenn man das so sagen kann – virtuellen Subsumtion der Arbeit unter das Kapital kombiniert. Die Gemeinschaft kehrt also zurück und erneuert und verwandelt sich in den fortgeschrittensten Zyklen des Kapitalismus.

So wäre der Nationalstaat auf Grundlage der Unterscheidung zwischen Staat und Zivilgesellschaft in Bolivien also geboren; einer Unterscheidung, die durch die Repräsentation vollzogen wurde, die die Zivilgesellschaft durch die Ausübung des Wahlrechts mit dem Staat verbindet. Das Wahlrecht wiederum gründet auf der Anerkennung der Staatsbürgerschaft der Kreolen und Mestizen – aufgeklärte Männer, Privateigentümer, Grundherren und das Umfeld einer Mittelschicht der Handwerker. Indigene und Frauen waren von der Staatsbürgerschaft, und somit auch von den bürgerlichen und politischen Rechten, ausgeschlossen: Eine Republik der Minderheiten auf den Schultern der indigenen Mehrheit. Wie man sieht war der Nationalstaat eine

---

10 Senorios sind vereinheitlichte Herrschaftsstrukturen welche auf Allianzen und Zusammenschlüssen von *Ayllus* und *Suyus* aufbauen.

erfundene Gemeinschaft (vgl. Anderson 1998) in der Gedankenwelt der Kreolen und deshalb eine Fiktion, die von anderen Gedankenwelten – der indigenen und der femininen – nicht geteilt wurde. Eine auf Kreolen und Mestizen beschränkte Legitimität ist keine adäquate Legitimität für die Gesamtheit der Bevölkerung der Republik. Es handelt sich um eine beschränkte Legitimität, ein beschränktes Wahlrecht und deshalb einen beschränkten Repräsentationskreis. Man kann auch von beschränkter liberaler Institutionalität sprechen. Wie konnte eine Republik unter derart beschränkten Voraussetzungen einer beschränkten Moderne errichtet werden, die die Mehrheit der Bevölkerung in den Schatten stellt? Die Antwort findet sich nicht in der geringen Reichweite der Moderne, im kleinen Format der politischen Praxis, sondern in den Sphären der kolonialen Machtbeziehungen. In Wirklichkeit waren diese Politiker keine modernen Individuen, sondern Grundherren und Despoten, die den Grundbesitz und die Bergwerke monopolisierten und darüber hinaus die indigene Bevölkerung innerhalb ihrer Landgüter durch Unterwerfungs- und Leibeigenschaftsbeziehungen kontrollierten. Die wirklichen Machtverhältnisse, die die Scheinform des Nationalstaates aufrechterhielten, sind im Bereich der kolonialen Machtverhältnisse angesiedelt. Damit wird nicht die Moderne eingefordert, sondern die tatsächlichen Erscheinungsformen der Moderne in der Peripherie der kapitalistischen Welt beschrieben. Wie viele dieser Paradoxien und Scheinformen gibt es im Zentrum der kapitalistischen Welt? Es ist grundsätzlich möglich, dass diese Formen auch dort zu finden sind, wenngleich mit anderen Merkmalen. Nichtsdestotrotz müssen wir verstehen, dass in diesem hegemonialen Herrschaftszentrum umfassendere und genauere Disziplinierungsstrategien – disziplinierende Machtdiagramme, die den modernen Menschen durch Domestizierungs- und Manipulationsmechanismen des Körpers konstituieren – entwickelt und ausgeübt wurden.

Welche Arten der Verinnerlichung, welches Profils, welche Verschränkungen der Kräfte, welche Subjektivität entstanden in den Ländern, die von Kolonisierungsstrategien und gleichzeitig von gemeinschaftlichen Widerständen durchzogen sind? Handelt es sich um pervers verformte halbmoderne Menschen? VermittlerInnen und GrenzgängerInnen? Um eine Semi-Bourgeoisie zwischen den beiden Sphären der kapitalistischen Weltwirtschaft, Zentrum und Peripherie? Reiche VermittlerInnen im Akkumulationsprozess und deshalb Bürgerliche? Die Moderne hat sich auf die einzig mögliche Art und Weise gezeigt: als Gemisch, Verflechtung, dramatische Überlagerung mit subjektivem, unglücklichem, gefoltertem Profil. Die Scheinformen, der Scheinnationalstaat, führen in eine illusorische Republik, im Gegensatz zu den komplexen historischen Formen, die aufzeigen, dass sich die Dinge, die sozialen Verhältnisse und die Institutionen in heterogener Zeit entwickeln (vgl. Chatterjee 2001).

6 Horizonte des plurinationalen Staates: Das Ende des Nationalstaates

Der Schritt vom Nationalstaat zum plurinationalen, gemeinschaftlichen und autonomen Staat ist eine wahrhaftige Herausforderung. Es geht darum die Moderne zu verlassen: die Geschichte der Souveränität in der Moderne, die Geschichte des Staates in der Moderne, die Geschichte einer Beziehung zwischen Staat und Gesellschaft; eine Geschichte, die die Teilung zwischen Regierenden und Regierten bzw. zwischen der politischen Gesellschaft und der Zivilgesellschaft festlegt. Das geschieht vor dem Hintergrund einer Matrix, die das Verhältnis zwischen den Herrschenden und den Beherrschten durch Herrschaftsmechanismen und Machtdiagramme abgrenzt, die die Körper und Territorien, die Verhaltensweisen, die Verwaltung des Grundbesitzes und die Ausbeutung der Arbeitskraft durchziehen.

Wir lassen die Geschichte der Kolonisierung und polymorphen Herrschaft hinter uns; eine Geschichte, in der die Geopolitik der Weltwirtschaft und des kapitalistischen Weltsystems den Planeten in Zentrum und Peripherie teilt, die Ausbeutung der Arbeitskraft rassifiziert, die natürlichen Ressourcen kontrolliert und eine weltweite Arbeitsteilung etabliert, die die Länder der Peripherie zu Exporteuren von Rohstoffen und zur Reserve billiger Arbeitskraft macht. In weiterer Folge wird dann veraltete Technologie in diese Länder, die spät in die Industrielle Revolution eintreten, transferiert und die Schwerindustrie dorthin verlagert, die mit hohem Kapitaleinsatz mittel- und langfristig nur niedrige Erträge erwirtschaftet, während die Länder des Zentrums auf Zirkulation und Investition von Finanzkapital setzen, die kurzfristig hohe Gewinne abwerfen. Verabschieden wir uns also von der Illusion, die sich die subalternen Nationalstaaten nach den Unabhängigkeitskriegen und den nationalen Befreiungskämpfen schufen: Die Illusion von unserer Unabhängigkeit und Gleichheit im Orchester der Nationen, im hierarchischen Rahmen der Vereinten Nationen. Wir mussten mit Schrecken feststellen, dass die Dekolonisierung und auch die Unabhängigkeit nicht vollzogen wurden und noch weniger die Bedingungen für die Gleichheit der Staaten geschaffen wurden. Die Nationalstaaten des Zentrums, insbesondere jene die im Sicherheitsrat der Vereinten Nationen sitzen, zwingen dem Rest der Welt nach wie vor ihre Bedingungen auf, ohne sich um das Völkerrecht und das Selbstbestimmungsrecht der Völker zu kümmern.

Nach dem Fall der sozialistischen Länder in Osteuropa zwingen die Vereinigten Staaten, Europa und Japan – und vielleicht auch China – dem Rest der Nationalstaaten ihre Vorstellung der Weltordnung unter US-amerikanischer Führung auf. In Bezug auf den US-amerikanischen Zyklus des Kapitalismus, führte die weltweite US-amerikanische Übermacht die Expansion, Akkumulation und Transformation insbesondere nach dem 2. Weltkrieg an. Spätestens danach war die führende Rolle des US-amerikanischen Kapitalismus offensichtlich. Dieser wurde zum Garanten der kapitalistischen Weltwirtschaft und baute seine expansive Hegemonie vom Ende des 2. Weltkriegs bis zu seiner Niederlage im Vietnam-Krieg weiter aus. Danach geriet seine Hegemonie in die Krise und er entschied sich für Herrschaft. Insbesondere nach dem Fall der Sowjetunion verfolgt der US-amerikanische Kapitalismus als einzige verbleibende weltweite Supermacht diese Strategie. Im Kontext des Niedergangs der US-amerikanischen Hegemonie, inmitten der Krise des US-amerikanischen Zyklus des Kapitalismus und des Niedergangs der US-amerikanischen Hegemonie, im kritischen Moment finanzieller Hypertrophie, wird versucht, die Krise durch Finanzialisierung aufzuschieben, womit sie nur noch verschärft und vertieft wird. In dieser Phase gerät auch die Gestalt des Nationalstaats in die Krise bzw. wird diese Krise offenkundig wieder belebt. Dies hat mit vielen Gründen zu tun, unter anderem mit der kritischen Geschichte der Souveränitätsformen. Ein bedeutender Grund liegt darin, dass die Nationalstaaten die Krise nicht lösen können, ihrer Ausweitung nichts entgegensetzen können und es ihnen schwer fällt, eine Alternative zu schaffen. Es sei denn, sie entscheiden sich für die späte Neuauflage der Entwicklungsprojekte und ihrer Industrialisierungsbestrebungen. Bei diesen Projekten handelt es sich aber lediglich um Projekte, die die klassischen Beziehungen zwischen Zentrum und Peripherie reproduzieren und die Dynamik der Krise in andere Räume verlagern, die nun nicht mehr nur die Rohstoff exportierenden Ökonomien, sondern auch die neu entstandenen industrialisierten Ökonomien trifft, die nun auf dem Weltmarkt auch mit den hochproduktiven asiatischen Ländern konkurrieren müssen. Das heißt, dass sich die Nationalstaaten innerhalb der beschränkten Möglichkeiten der Krisenverwaltung bewegen.

Der Weg aus der strukturellen Krise des Kapitalismus kann nur auf globaler Ebene erfolgen: Die Überwindung der Krise des Kapitalismus kann nur durch einen neuen historischen und kulturellen Horizont geschehen, der sich in einer anderen Raum-Zeit jenseits der kapitalistischen, jenseits der modernen Welt verortet. Während wir diesen Weg des Übergangs in einen Post-Kapitalismus beschreiten, müssen wir die Bedingungen für die Überwindung des Kapitalismus schaffen. Für den Verlauf dieses Transformationsprozesses sind eine radikale Vorstellungskraft und radikale Vorstellungen, deren kreatives Potential ebenso wie eine kreative Fähigkeit und eine treibende Kraft notwendig. Übrigens gilt es in Bezug auf die institutionelle Struktur auf etwas hinzuweisen, das im Verlauf der verfassunggebenden Versammlung gesagt wurde: Es braucht eine neue institutionelle Landkarte, aber auch eine neue Vorstellung des Gesellschaftlichen. Beide Sphären, die Vorstellung und das Institutionelle, benötigen eine symbolische Verbindung. Zusammengefasst machen diese drei Spähren – die Vorstellung, das Symbolische und das Institutionelle – den historisch-kulturellen Horizont aus und vice versa wird dieser neue historisch-kulturelle Horizont durch Transformationen der Vorstellungen, des Symbolischen und des Institutionellen eröffnet (vgl. Castoriadis 1984).

Welche Rolle spielt in all dem die Wirtschaft? Wir nennen den Bereich der Produktion, Distribution und des Konsums „Ökonomie", neben der Disziplin oder Wissenschaft, wie man sie nennt, die diese Sphären, Prozesse und Phänomene untersucht. Die Wirtschaftswissenschaft beinhaltet außerdem den Bereich der Politischen Ökonomie, wodurch ersichtlich wird, dass die wirtschaftliche Sphäre von gesellschaftlichen Verhältnissen konstituiert wird. In diesem historischen Raum bildeten sich Institutionen – Unternehmen – und auf der eigentlichen Ebene der Wirtschaft Organisationen, Organismen und rechtliche und politische Bestimmungen auf nationaler und globaler Ebene. Diese Institutionen könnten nicht funktionieren, ohne auf die Sprache, auf eine neue Symbolik zurückzugreifen. Vor allem könnten sie sich nicht konstituieren, wenn sie sich nicht auch in der Vorstellung der Gesellschaft verankern würden. In diesem Sinne ist die Wirtschaft auch eine imaginäre Institution. Die Rationalisierung, die die Herausbildung und Organisation der Wirtschaft mit sich bringt, entspricht den neuen symbolischen Systemen und imaginären Formen, die in der Moderne geschaffen wurden. Das Phänomen der wirtschaftlichen Verselbstständigung ist ein Phänomen der Moderne und entspricht der Entwicklung des Kapitalismus, die die wirtschaftlichen Sphäre nicht nur verselbstständigt hat, sondern sie auch zur vorherrschender Sphäre über andere Sphären des gesellschaftlichen Lebens verwandelt hat. Die Wirtschaft hat sich auf alle Bereiche ausgedehnt und ihre Beziehungen und Aktivitäten merkantilisiert. Die Wirtschaft herrscht in fast absolutistischer Weise, wenngleich sich diese Herrschaft in der Form des Warenfetischismus, d.h. als Entfremdung, als Verdinglichung, ausdrückt, wodurch die Beziehungen zwischen Menschen als Waren verstanden werden.

Es geht nicht darum dieses Problem auf die dialektische These des entfremdeten Bewusstseins – des Bewusstseins, das in der Beziehung mit dem Objekt gefangen ist, ohne sich dabei in ein Bewusstsein über das Selbst zu verwandeln, um sich in der Beziehung mit einem anderen Bewusstsein über das Selbst zu erkennen – zu reduzieren. Das Problem ist komplexer, obgleich man auf jeden Fall von einem historischen Bewusstsein und somit einem gesellschaftlichen und kollektiven Bewusstsein sprechen muss. Das Problem reduziert sich nicht darauf, was mit dem Bewusstsein oder dem Subjekt geschieht – sei es nun ein individuelles oder ein kollektives Bewusstsein oder Subjekt – sondern liegt in der historischen Konditionierung. Einerseits transformiert die Entwicklung des Kapitalismus die Gesellschaften und bringt ihre Beziehungen, ihre Institutionen, ihre Funktionsbereiche, ihre Symbolik, ihre entscheidenden Kreisläufe durcheinander. Dabei werden alternativ neue Bereiche und die entsprechenden Verselbstständigungen geschaffen: die Verselbstständigung der Wirtschaft und der Politik, die Trennung in politische Gesellschaft und Zivilgesellschaft. Andererseits bringt die Entstehung neuer Erfahrungen, neuer Empfindungen und neuer Wahrnehmungen Empirizitäten wie die Sprache, die Arbeit und das Leben hervor und führt damit zu neuem Wissen und neuen Wissenschaften wie der Sprachwissenschaft, der Wirtschaftswissenschaft und der Biologie – was schließlich als Analytik der Endlichkeit bezeichnet werden wird (vgl. Foucault 1974). Die Wirtschaft wird sowohl zur entdeckten Referenz der neuen Erfahrung der Arbeit als auch zur diskursiven Formation darüber. Das heißt, dass es um eine interpretative und konzeptuelle Formation geht, die die Arbeit, die Produktion, die Distribution und den Konsum untersucht. Auch die Wirtschaft ist ein Raum der Institutionen, die konkrete Machthandlungen vollziehen. Empirische Referenz, diskursive Formationen und Institutionen – in diesem Dreieck verorten wir uns, wenn wir von Wirtschaft, von kapitalistischer Wirtschaft, sprechen.

Der Nationalstaat leitet sich von einer anderen Genealogie her. Er beginnt mit der Bildung der Patrimonialstaaten, konstituiert sich als moderner Staat in der Verknüpfung von Territorialstaat und Kapitalismus, wird zur Makroinstitution, oder vielmehr, zu einer konzentrischen institutionellen Landkarte, die die Gesamtheit der um eine Funktionsachse und politische Führung angesiedelten Institutionen umfasst, obwohl sich diese als vermeintlich ausgeglichene Machtverteilung ausdrückt. Nun kreuzt die so genannte Politik*wissenschaft*, die aus der politisch-rechtlichen Theorie, der Souveränitätstheorie kommt, den Weg. Sie widmet sich eher der Frage des Staates als der Frage der Macht und schlägt vor den Staat zu untersuchen und zu analysieren, obwohl sie auf Thesen zur Legitimierung des Staates hinausläuft. Ist diese Politikwissenschaft eine Theorie, die der Analytik der Endlichkeit entspricht? Wird irgendein Problem hinsichtlich des Dilemmas der Entstehung der Empirizitäten und der a priori Transzendentalen behandelt? Nein, es handelt sich vielmehr um eine Disziplin, die die Dilemmata der Souveränität und der Legitimität im Kontext der Moderne wiederherstellt: Eine diskursive Formation, die die Legitimitätsprobleme im Restaurationsprozess der alten Staatsmaschinerie aufwirft und die Machtverhältnisse und Herrschaftsmechanismen nicht versteht und sichtbar machen kann. Es handelt sich um Wissen, das die Formalitäten des politischen Feldes untersucht. Man kann sagen, dass die Politikwissenschaft den Staat untersucht. Anders als in anderen modernen Wissenschaften und Wissen, beansprucht die Politikwissenschaft eine Kontinuität zur politischen Philosophie. Diese Annahme ist nicht nur aufgrund der naiven Vorstellung einer linear verlaufenden Geschichte der Wissenschaften an sich problematisch, sondern auch aufgrund der Konnotationen der politischen Philosophie und der Politikwissenschaft durch ihre problematische Beziehung zur Politik. Nach Jacques Rancière funktioniert die Politik auf Grundlage des Prinzips der Gleichheit, das zum Streit zwischen den Besitz- und Anspruchslosen – den Armen – und den Oligarchen und Aristokraten führt. Diese Auseinandersetzung ist von einer Verzerrung, einer Uneinigkeit, begleitet, die durch die Ausübung der Freiheit begründet ist: Nachdem alle frei sind, haben alle das Recht auf das Wort und die Meinung; die Armen verstehen sich als Volk, konstituieren sich als Totalität, gestalten die Demokratie. Die Politik beinhaltet also eine Maßlosigkeit: Auf dem Prinzip der

Freiheit konstituiert sich ein Ganzes, das mehr ist als die Summe seiner Teile; die Forderungen der einzelnen Teile werden zu den unermesslichen Forderungen, die die Freiheit entfesseln. Zusammenfassend kann man sagen, dass die Politik Klassenkampf ist. Nun versucht das, was politische Philosophie genannt wird, dieses Problems verschwinden zu lassen, den Streit zu schlichten; im Grunde genommen geht es darum, die Politik in der Schwebe zu halten (vgl. Rancière 2002). Einerseits haben wir die Politik als Maßlosigkeit, andererseits die politische Philosophie, die versucht diese Maßlosigkeit verschwinden zu lassen und letztendlich die Politikwissenschaft als Kontinuität der politischen Philosophie, die versucht, die Politik, den Kampf, den Streit, die Uneinigkeit, durch die Polizei – im Sinne der ursprünglichen Bedeutung des Wortes – durch die Herstellung der Ordnung, zu ersetzen.

Zurück zum roten Faden von Nationalstaat, Wirtschaft und Politik: die bisherige Analyse geht vom Ende des Nationalstaates, dem Abschluss der politischen Philosophie und der Politikwissenschaft und der Endkrise des Kapitalismus aus. Die Fragen, die nun aufkommen, sind: Eröffnet sich uns ein neues Episteme, nachdem wir die allgemeinen Wissenschaften der Ordnung und die Wissenschaften der Geschichtlichkeit (wie die Wirtschaft, die Biologie und die Sprachwissenschaft) aufgegeben haben? Sind andere Wissenschaften der pluralistischen Bedingungen und der plurinationalen Beschaffenheit, der Entstehung des Gemeinschaftlichen, der Ausweitung der Formen der administrativen und politischen Dezentralisierung möglich? Wie gestaltet sich die Staatsform angesichts der politischen Geographie der Autonomien? Was kommt nach dem Kapitalismus? Es gäbe noch mehr Fragen, aber wir werden es dabei belassen, diese Fragen zu untersuchen und Antworten zu finden.

Sprechen wir von den Grenzen der Weltwirtschaft und des kapitalistischen Weltsystems und somit auch von den Grenzen des Nationalstaates. Diese Makroinstitution, diese Souveränitätsform, war die Instanz einer politischen Organisationsform auf globaler Ebene. Die Nationalstaaten gliederten sich als hierarchische Pyramide und teilten die Weltherrschaft unter den Ländern des Zentrums und die relative lokale Herrschaft auf die peripheren Länder auf. Und für Länder, die eine gewisse regionale Herrschaft aufbauen konnten, gibt es Zwischenräume, sowie für die Länder, die sich als Zweite Welt bezeichneten, unter denen sich auch die Länder des Realsozialismus fanden, die sich somit von den Ländern der so genannten Ersten Welt und den Ländern, die als Dritte Welt bezeichnet wurden, unterschieden. Obwohl diese Begriffe in der turbulenten, vermischten und durchkreuzten Aktualität obsolet wurden, da sich die Erste, die Zweite und die Dritte Welt in einem einzigen Land selbst wieder finden können: beispielsweise in jedem Land der Ersten Welt im Kontext der neuen Migrationsbewegungen der ArbeiterInnen, die sich in ihrem neuen Wohnort niederließen; im Kontext des neuen entfesselten Kapitalismus, der auf neoliberale Politik und Globalisierung setzt und große, vielleicht abgrundtiefe, Unterschiede zwischen Armen und Reichen in allen Länder und allen Städten schafft.

Auf gewisse Weise versteckte die Form des Nationalstaats diese Differenzierungen, diese Hierarchien, diese polymorphe Herrschaft. Nun zerbersten die Nationalstaaten in tausend Stücke; der liberale Multikulturalismus versucht diese Krise, dieses Ausufern, abzuschwächen, indem er kulturelle Rechte anerkennt. Aber die Entstehung neuer politischer Formen kann er nicht verhindern: neue Formen des Verhältnisses zwischen der Form des Staates und der Form der Gesellschaft, das Ausufern und die Maßlosigkeit der Multitude, die neuen kollektiven Vorstellungen, die in ihrer Vergänglichkeit sogar Nationen genannt werden und sich gegen den Monokulturalismus, die monokulturelle Form, wehren. Obwohl diese multinationalen Formen in der Moderne als Anachronismen bestehen blieben und die homogenisierenden institutionellen Formen der Moderne, den Nationalstaat, als widerstandsfähiges Geflecht durchliefen und dabei eine Spannungsdynamik im politischen Leben der Gesellschaften und der Nationalstaaten schufen, waren diese inhärenten Widersprüche durch die ideologischen Apparate der Nationalstaaten verdeckt, verhüllt, verborgen. Das gegenwärtige Wiederaufkommen dieser Formen belebt Diskurse und transformiert vor allem ihren verdeckten Zustand in einen Zustand enthüllter Pluralität, die die disziplinierende und normierende institutionelle Landkarte der Moderne überflutet. Inmitten der strukturellen Krise des Kapitalismus erhält die plurinationale Eigenschaft eine andere Konnotation und wird zu einer Alternative zur Einheitswelt, zum Einheitsdenken.

Wir sind an die Grenzen der Welt gestoßen. Wir befinden uns am Grenzübergang der Transformationen und auch der Erfahrungen und Empfindungen sowie der Art zu denken und Bedeutungsinhalte und Symbolik zu schaffen. Eugenio Trías (1985) spricht von den Grenzen der Welt und bezieht sich dabei auf die Tautologie und den Widerspruch: Die Tautologie, die das Gleiche ständig wiederholt und dabei gar nichts (aus)sagt und der Widerspruch, der alles (aus)sagen möchte und sich dabei zerreisst. Hegel war der vielleicht glänzendste Philosoph der Moderne, der im Bewusstsein des Widerspruchs und des Universums der Sinnlosigkeit beides mit dialektischer Logik zähmen wollte, indem er nach der Erfahrung des Zerreißens, die Rückkehr zum Gleichen, zur Wiederholung, zur Tautologie suchte. Hegel ist der Philosoph der vollständigen Wiederherstellung der Vernunft; der Geschichtsphilosophie, der Rechtsphilosophie, aber auch der Staatsphilosophie. Man kann sagen, dass es sich um eine Philosophie handelt, die mit dem Thermidor[11] zusammenfällt, die verzweifelt versucht die Revolution zu beenden. Hegel starb und mit ihm die Philosophie der Endlichkeit der Geschichte. Auch wenn der Nationalstaat seinen Tod überdauert hat,

---

11 Der Thermidor ist der elfte Monat des Republikanischen Kalenders der Französischen Revolution. Er beginnt etwa am 19. Juli und endet am 17. August, und wird auch als „Hitzemonat" bezeichnet. Gedacht wird des 9. Thermidors des Jahres II (27. Juli 1974) auch wegen dem Sturz von Maximilien de Robespierre.

ist er in seine Dämmerung eingetreten, in seinen Niedergang; er hat seinen eigenen Tod angekündigt und die Dämmerung der Ideologen erneuert.

7 Die Geburt des plurinationalen Staates

Wir stehen vor einer neuen Geburt, die auf *Aymara pachakuti* genannt wird. Theoretisch und philosophisch übersetzt bedeutet das: Wandel, eine Veränderung der Raum-Zeit. Es wird zu diesem Neuanfang in der politischen Geographie Boliviens kommen, der einstigen *Audiencia de Charcas* des Vizekönigreichs des Río de la Plata (ehemaliges Oberperu des Vizekönigreiches Peru) und – vor dem Kataklysmus der *Conquista* und ihrer folgenden Kolonialisierung – des *Qullasuyu*, eines der vier Territorien des *Tawantinsuyu*. Diese Geburt kann als Ergebnis der politischen Kämpfe während des Protestzyklus von 2000–2005 verstanden werden und hat auch mit der Regierungspolitik von Präsident Evo Morales Ayma zu tun, die zur Verstaatlichung der Erdöl- und Erdgasvorkommen und der Einberufung der verfassunggebenden Versammlung führte. Daher hat dieser Neuanfang, diese Gründung der Zweiten Republik, mit dem verfassunggebenden Prozess zu tun; konkret mit dem Verfassungstext der verfassunggebenden Versammlung, der inmitten des Schlachtfeldes, in das sich die Stadt Sucre – Sitz der verfassunggebenden Versammlung – verwandelt hatte, entstand. Nachdem die neue Verfassung in Oruro angenommen wurde, waren die Würfel gefallen; trotz der eigenmächtigen Abänderungen durch das Parlament, wo versucht wurde, den Sinngehalt der Verfassung zu verzerren. Die 144 Abänderungen konnten den Geist der Verfassung aber nicht verändern. Obwohl sie auf die Sprache der Verfassungsmäßigkeit zurückgriffen, konnten sie die Prinzipien und Zweckbestimmungen der Verfassung – die dekolonisierenden Inhalte des skizzierten Staats-, Territorial- und Wirtschaftsmodells – nicht ändern. Im Parlament wurde versucht, diesen Prozess rückgängig zu machen: die einen wollten die der Verfassung inhärenten Maßnahmen der institutionellen Transformationen, wie etwa die Landreform, abschaffen. Andere wiederum verwechselten die Politik mit paktierten Vereinbarungen mit der politischen Rechten und vergaßen, dass sich durch die Macht und Energie der sozialen Bewegungen im Zeitraum von 2000–2005 vieles bereits verändert hatte.

Das bolivianische Volk hat die Verfassung schlussendlich in einem Verfassungsreferendum angenommen. Das Referendum kam durch eine großartige Mobilisierung der sozialen Bewegungen und Organisationen zustande, die das Parlament schließlich umzingelten, um Druck für die Annahme des Gesetzes zur Einberufung des Referendums auszuüben. Ein weiteres Mal zeigten die sozialen Bewegungen ihre Entschlossenheit, den Prozess voranzutreiben und sich dem Horizont zu nähern, der durch die gesellschaftlichen Kämpfe im „Wasser- und Gaskrieg" eröffnet wurde. Dieser Neuanfang wurde auch durch die mehrfachen Niederlagen der politischen Rechten – die regionalen Oligarchien, ihre Parteien, ihre Medien und all ihre Dispositive der Verschwörung – ermöglicht. Sie wurde durch die Annahme der Verfassung seitens des bolivianischen Volkes geschlagen; auch erlitt sie eine Niederlage, als zuerst die verfassunggebende Versammlung und anschließend die Verfassung die Autonomie der Departements – eine regionale Forderung – in den Verfassungstext aufgenommen wurden, da sie dadurch ohne Diskurs, ohne zentrale Forderung, ohne Mobilisierungsfähigkeit zurückblieb. Die politische Rechte wurde erneut geschlagen als die Gewalt der Stoßtruppen der Opposition in einer Gewaltspirale, die mit der Besetzung von Regierungsinstitutionen begann und im Massaker von Porvenir endete, überhand nahm. Dies war bereits eine politische und militärische Niederlage. Diese politischen Niederlagen drückten sich in ihrer überwältigenden Wahlniederlage im Dezember 2009 aus. Die Bewegung zum Sozialismus (MAS) gewann die Wahlen mit rund 64% und gewann im Departement Tarija, eine der Hochburgen des so genannten „Halbmondes", holte im Departement Chuquisaca auf und auch in den Departements Santa Cruz, Beni und Pando waren Fortschritte zu verzeichnen. Somit kam die MAS in der Plurinationalen Legislativen Versammlung auf die berühmte Zwei-Drittel-Mehrheit, die zur Verabschiedung neuer Gesetze notwendig ist. Dieser gesamte historisch-politische Kontext eröffnete die historische Möglichkeit für die Geburt des plurinationalen Staates.

Ich möchte hier Formulierungen aus dem Essay *Articulaciones de la complejidad* (vgl. Prada 2007) wieder aufnehmen:

> Es erübrigt sich, festzustellen, dass der plurinationale Staat kein Nationalstaat ist, und auch kein Staat im eigentlichen Sinn des Wortes mehr, da das Plurinationale den Einheitscharakter des Staates sprengt. Der Staat ist nicht mehr die politische Synthese der Gesellschaft und auch die Teilung in Staat, politische Gesellschaft, und Zivilgesellschaft trifft nicht mehr zu, da der Funktionsbereich der staatlichen Sphäre in den sozialen Praktiken und Organisationsformen aufgeht. Der plurinationale Staat öffnet sich den vielfältigen Formen der praktischen Ausübung der Politik durch die Multitude. Wir sprechen von einem pluralen institutionellen Staat, der der multigesellschaftlichen Beschaffenheit entspricht. Es handelt sich um institutionelle Landkarten in zumindest vier multiplen territorialen Ordnungen: indigene Territorien, lokale Geographien, regionale Geographien und nationale Kartographien. Die Entstehung des Pluralen und Multiplen zerreißt die alte institutionelle Landkarte und lässt die institutionelle Enteignung, die Vereinheitlichung des Diversen, die Homogenisierung des Unterschieds nicht zu. Vielmehr öffnet sie sich dem Kombinationsspiel verschiedener Organisationsformen in flexiblen Geflechten. Wir sprechen von organisatorischen Matrizen und Strukturierungen, die für Eventualitäten und Möglichkeiten offen sind. Die Politik wird also als Maßlosigkeit gelebt.[12]

---

12 Boaventura de Sousa Santos (2005: 331) schreibt dazu: „Die angebliche Unvermeidbarkeit der neoliberalen Imperative hat die Sphäre und die Form der Macht unwiderruflich verändert. Dieser Wandel meint keine Rückkehr in die Vergangenheit, da nur der postliberale

Dieses Zitat kann so interpretiert werden, dass es sich nicht mehr um die moderne Staatsform handelt, sondern um eine neue politische Form, ein neues Verhältnis zwischen der Gesellschaft und ihren politischen Organisationsformen; wie wir es in der verfassunggebenden Versammlung ausgedrückt haben: Es handelt sich um eine neue institutionelle Landkarte. Es stimmt, dass in Europa plurinationale Staaten existieren, aber dabei handelt es sich um moderne Staaten, die sich auf den Multikulturalismus beschränken und wie im Fall der Schweiz auch konföderative Formen aufgreifen können. Die neue Konzeption der plurinationalen Beschaffenheit der politischen Formen muss ausgehend vom kollektiven Willen der Dekolonisierung entschlüsselt werden; dies impliziert außerdem die Anerkennung der multigesellschaftlichen Beschaffenheit, die die Konzeption der multiplen Zeitlichkeit und auch der Multiinstitutionalität aufgreift. Diese Multiplizität, die die hegemoniale Staatsform durchzieht und diese schlussendlich entkoppelt, bringt eine neue Form der Artikulation, eine neue Form der Intergration, hervor. Diese ist kohärenter, dynamischer, kreativer, flexibler und besser geeignet für die komplexe Problematik der überlagerten Gesellschaftsformation, der barocken Zusammensetzung der bolivianischen Gesellschaft; besser geeignet vor allem für die von der Verfassung skizzierte Regierungsform: die partizipative Demokratie, die die plurale Ausübung der Demokratie anerkennt und sich wiederum auf die direkte Demokratie, die repräsentative Demokratie und die gemeinschaftliche Demokratie bezieht. Man kann sagen, dass diese politische Form der dekolonisierenden Plurinationalität jenseits des Staates steht.

Der Nationalstaat ist gestorben und der plurinationale, gemeinschaftliche und autonome Staat wurde geboren. Was sind nun die Eigenschaften, Strukturen, Inhalte und institutionellen Formen dieses Staates? Eine der ersten Eigenschaften ist seine plurinationale Beschaffenheit; nicht im Sinne des liberalen Multikulturalismus, sondern im Sinne der Dekolonisierung, im Sinne der Emanzipation der indigenbäuerlichen Nationen und Völker. Es handelt sich um eine Dekolonisierung, nicht nur im Sinne der Anerkennung der Sprachen, der Interkulturalität und der Intrakulturalität, sondern auch im Sinne der institutionellen Transformationen, der Schaffung einer neuen instititutionellen Landkarte, die den Weg für die Einbeziehung der

---

Staat die Destabilisierung der postliberalen sozialen Regulation in Angriff nehmen kann. Diese Destabilisierung schafft den Anti-Staat innerhalb des Staates selbst. Nach meinem Verständnis sind diese Transformationen so tiefgehend, dass unter der Bezeichnung Staat selbst eine neue politische Organisationsform entsteht, die weiter als der Staat gefaßt ist. Es handelt sich um eine Organisation, die durch ein hybrides Ensemble an Strömungen, Netzen und Reorganisationen gebildet ist, in denen sich staatliche und nicht-staatliche Elemente – sowohl nationale als auch lokale und globale Elemente – kombiniert und durchdringen werden und die vom Staat artikuliert werden. Diese neue politische Organisation hat kein Zentrum, die Koordination des Staates fungiert als Vorstellung des Zentrums."

indigenen Institutionen in die Staatsform ebnet und somit eine Dekolonisierung, die den Pluralismus auf Ebene der Institutionen, der Verwaltung und der Rechtssetzung beinhaltet. Das heißt, eine Dekolonisierung der Praktiken, des Verhaltens und der Verhaltensweisen, die eine Dekolonisierung der Vorstellungen mit sich bringt. Das ist die kulturelle Revolution. Eine Dekolonisierung, die die Konstituierung von neuen Subjekten und neuen Bereichen intersubjektiver Beziehungen, die Schaffung von neuen Subjektivitäten und neuen gesellschaftlichen Vorstellungen beinhaltet – die Entwicklung einer konstitutiven Interkulturalität, die die eigenen Unterschiede und die inhärente Diversität bündelt und bereichert. Eine Dekolonisierung, die die Demontage der alten Staatsmaschinerie miteinschließt, die nur kolonialen Charakter haben kann, da es sich um eine Maschinerie handelt, die aus der Konquista kommt, sich in der Kolonialzeit konsolidierte, sich in den republikanischen Perioden restaurierte und modernisierte und schlussendlich eine vielfache politische, wirtschaftliche und kulturelle Legitimitäts- und Repräsentationskrise durchlebt. Der Nationalstaat scheitert an dem Projekt, das sein Wesen selbst begründet: die Industrielle Revolution, die nationale Entwicklung, der Bruch mit der perversen Kette der Abhängigkeit. Der plurinationale Staat befindet sich jenseits der Grenzen des Nationalstaates und hat endgültig einen anderen Horizont eröffnet; andere Aufgaben, andere Zweckbestimmungen, andere strategische Ziele, deren vorrangige Aufgabe in der Dekolonisierung besteht. Es kann keine Ähnlichkeiten zu den früheren Strategien geben. Falls doch gewisse Züge existieren, die als Analogien erscheinen, wie beispielsweise hinsichtlich der technologischen Transformation und ihre Eingliederung in die soziale und gemeinschaftliche Wirtschaft, müssen diese nicht als Kodizes der Industriellen Revolution des 19. Jahrhunderts, sondern im Kontext der technologischen Revolution verstanden werden; eine Revolution, die Sprünge vorantreibt, die nicht als sukzessive historische Linearität mit dem Weg der entwickelten Länder gelesen werden dürfen, denn dies würde bedeuten, wieder der Nostalgie der nationalistischen und populistischen Projekte zu verfallen. Die Revolution des plurinationalen Staates ist eine dekolonisierende Revolution, die ein anderes zivilisatorisches und kulturelles Projekt eröffnet. Somit ist die Dekolonialisierung eines der wesentlichen Merkmale des neuen plurinationalen Staates.

Ein zweites wesentliches Merkmal des plurinationalen Staates ist sein gemeinschaftlicher Charakter. Obwohl Artikel 1 der Verfassung den plurinationalen, gemeinschaftlichen und autonomen Charakter als tragende Säule der Verfassung festschreibt, waren der – ebenso erwähnte – Einheits- und soziale Rechtsstaat bereits in der vorherigen Verfassung verankert. Artikel 2 anerkennt, dass die indigen-bäuerlichen Völker und Nationen bereits vor der Kolonialzeit existierten und sie deshalb das Recht auf Selbstregierung, freie Selbstbestimmung, eigene Institutionen, Normen und Verfahren, eigene territoriale Verwaltung, exklusive Nutzung der erneuerbaren natürlichen Ressourcen, Konsultation über den Abbau der nicht-erneuerbaren natürlichen Ressourcen und das Recht auf eigene Sprache und eigene Kosmovision haben. Das bedeutet die gemeinschaftliche Rekonstitution und Reterritorialisierung, die die Regierungsform durch partizipative Demokratie verdrängt und die gemeinschaftliche Demokratie als Säule der partizipativen Demokratie versteht. Der gemeinschaftliche Geist durchzieht die gesamte Verfassung und zielt somit auch auf die Erneuerung der gemeinschaftlichen Institutionen, ihrer Netzwerke, ihrer territorialen Allianzen und ihrer Rekonstituierungsstrategien ab. Dies impliziert auch die Wiedererlangung, Bereicherung und Verbreitung ihrer Vorstellungen, ihrer symbolischen Strukturen und ihrer Werte und führt somit auch zur Wiederherstellung der ethischen Dimension des Gemeinschaftlichen, die die kollektiven Wissensformen, das historische Gedächtnis und die uralten Informationen und Kenntnisse der Gemeinschaften aufleben lässt. Somit wird die Gegenwart, Immanenz und Transzendenz der Gemeinschaft in der Perspektive der institutionellen Transformation des Staates, der Beziehung zwischen Staat und Gesellschaft und der Dekolonisierung der öffentlichen Politik eingeleitet. Das Eigenste im Inneren der Peripherie, wie ich auch in „Estado periférico y sociedad interior" (vgl. Prada 2005) schrieb, ist die Gemeinschaftsform: die gemeinschaftlichen Institutionen, die gemeinschaftlichen Prinzipien und Werte der Solidarität, der Reziprozität, der Komplementarität und der Umverteilung und die Strategien des Widerstandes und der Veränderung der politischen Gesellschaften, wie Partha Chaterjee sie nennt, der Bricolage oder Überlagerungen, um René Zavaleta Mercado zu paraphrasieren, oder der barocken Moderne, wie Bolivar Echeverria sagen würde. Die Formen der Gemeinschaft haben die Kolonialzeit und die Republik durchzogen und haben Widerstand geleistet, sich transformiert, sich aktualisiert und die Moderne selbst durchdrungen. Diese imaginäre Institution der Gemeinschaft verwandelt sich in eine alternative Projektion inmitten der Krise des Kapitalismus und verändert das Verhältnis zwischen Zentrum und Peripherie der kapitalistischen Weltwirtschaft, des Weltsystems. Die Tatsache, dass sich die Gemeinschaftsform in die Verfassung eingeschrieben hat, dass sie Teil der Zusammensetzung des neuen Staates wurde, wirft Licht auf die Sphäre der gesellschaftlichen Verhältnisse, auf die Transformationen der Politik und auf die gesellschaftliche Wiederaneignung der Wirtschaft. Die Gemeinschaft skizziert den neuen Horizont des plurinationalen Staates.

Ein drittes Merkmal der Architektur des plurinationalen Staates ist die gesellschaftliche Partizipation und Kontrolle. Die gesellschaftliche Partizipation etabliert ein anderes Verhältnis zwischen Staat und Gesellschaft: Sie verwandelt den Staat in ein Instrument der Gesellschaft, schafft die partizipative Demokratie, entwickelt die kollektiven Mechanismen der politischen Beschlussfassung, der Rechtssetzung und der öffentlichen Verwaltung. Die gesellschaftliche Partizipation wird zur Matrix der neuen politischen Form und die gesellschaftliche Kontrolle macht die Ausübung und Durchführung der öffentlichen Politik transparent, indem die Bevölkerung informiert und ihr Rechenschaft ablegt wird. Die gesellschaftliche Partizipation ist die tatsächliche Herrschaft des Volkes – die Demokratie. Sie hebt die Herrschaftsmechanismen auf, stellt die Weber'sche arbeitsteilige Spezialisierung des Staatsapparates in Frage und schafft eine neue Konzeption der öffentlichen Verwaltung, die nun plurinational, gemeinschaftlich und interkulturell sein muss.

Ein viertes Merkmal des plurinationalen Staates ist eben gerade der autonome Pluralismus. Im Kontext der Pluralismen – wirtschaftlicher, gesellschaftlicher, politischer, rechtlicher und kulturellen Pluralismus – geht der autonome Pluralismus mit dieser vielfältigen und weitgehenden Perspektive einher. Es handelt sich um das neue Territorialmodell, das die Gleichheit der Bedingungen festschreibt. Darunter werden gleichwertige Hierarchien und verschiedene Formen der Autonomie verstanden: departamentale, regionale und indigene Autonomie, wobei aufgrund der Charakteristika des plurinationalen Staates die indigene Autonomie am Wichtigsten ist. Es handelt sich dabei um den Ort, den Raum, den Schauplatz, wo sich der plurinationale Staat tatsächlich bildet. All diese Autonomien haben – zusätzlich zu den gemeinsamen und geteilten Kompetenzen – ausschließliche Zuständigkeiten und sind selbstregierte Einheiten. Die indigene Autonomie hat zudem aufgrund des Rechtspluralismus – der indigen-bäuerlichen Rechtssprechung – juristische Befugnisse. Die Verflechtung der Kompetenzen bildet den Raum für die Entfaltung der Gouvernementalitäten und der gemeinschaftlichen Verwaltung, die durch die Ausweitung der administrativ-politischen Dezentralisierung ausgelöst wird. Der autonome Pluralismus – das neue Territorialmodell – definiert die andere Ebene der Komplexität des neuen Staates.

Ein fünftes Merkmal des plurinationalen Staates ist die Geschlechtergerechtigkeit und die paritätische Ämterbesetzung. Dieses Prinzip zieht sich durch die gesamte Verfassung und erfordert nicht nur die Gerechtigkeit hinsichtlich der Geschlechter, also die Gleichheit der Möglichkeiten für Männer und Frauen, sondern auch die Abschaffung der maskulinen Herrschaft und die Zerstörung des patriarchalen Staates. Die Emanzipation der Frau ist Teil der den neuen sozialen Bewegungen inhärenten Projekte und steht in Verbindung mit der Entwicklung neuer Rechte und öffnet sich der Hermeneutik der neuen Subjekte, der neuen Subjektivitäten. Sie umfasst die unterschiedlichen kulturellen Kontexte, respektiert die in die maskulin-femininen Beziehungsformen eingeschriebenen Komplementaritäten der indigen-bäuerlichen Kulturen und fordert gleichzeitig ihre Anpassung an die verfassungsmäßigen Grundrechte. Mit diesem Prinzip der Geschlechtergerechtigkeit öffnet sich der plurinationale Staat der aktiven Teilnahme der Frauen in der Schaffung der neuen Staatsform und der neuen Form, Politik zu machen.

Ein sechstes Merkmal des plurinationalen Staates hängt mit dem Wirtschaftsmodell zusammen. Gemäß einer ersten Definition in der Verfassung, handelt es sich um eine plurale Ökonomie. Allerdings zielt das Wirtschaftsprojekt selbst und dessen Entwicklung auf die zweite explizite Definition des Wirtschaftsmodells ab: die soziale und gemeinschaftliche Wirtschaft.[13] Im Bereich der Wirtschaftsorganisation wird dem Staat eine Schlüsselrolle in der Verknüpfung der unterschiedlichen Wirtschaftsformen zugesprochen: in der Industrialisierung der natürlichen Ressourcen und der Stärkung der gemeinschaftlichen Wirtschaft, der Mikro- und Kleinunternehmen und der genossenschaftlichen Organisationsformen. Nichtsdestotrotz müssen all diese Faktoren im Rahmen eines breiteren Wirtschaftsmodells, das durch die Wirtschaftsorganisation des Staates entwickelt wird, kontextualisiert werden. Dabei geht es um die Einbindung von Grund und Boden, Territorium, Biodiversität, natürlichen Ressourcen, Erdöl und Erdgas, Bergbau, Wassers, Energie und nachhaltiger Entwicklung. Man kann sagen, dass es sich auch um ein ökologisches Modell handelt. Diese Komplexitätsebene des plurinationalen Staates sprengt die Grenzen und die Begrenztheit des Ökonomismus und einer Wirtschaft, die der kapitalistischen Akkumulation untergeordnet ist.

Wie man sehen kann, sind die Herausforderungen groß und verlangen Klarheit in Bezug auf das Verständnis der angestrebten Dekolonisierung, die durch den plurinationalen Staat eröffneten Horizonte, die Entfaltung neuer Vorstellungen – eine radikale Vorstellungskraft – und eine konstituierende Kraft, die neue Sphären der gesellschaftlichen und politischen Emanzipation schafft.

Bibliographie

Anderson, Benedict (1998): Die Erfindung der Nation. Zur Karriere eines folgenreichen Konzepts. Erste Ausgabe 1988. Berlin: Ullstein.

Arce Alvarez, Roberto (2003): Desarrollo Económico e histórico de la minería en Bolivia. La Paz: Plural.

Arrighi, Giovanni (1994): The Long Twentieth Century: Money, Power, and the Origins of Our Times. New York: Verso.

Balibar, Etienne/Wallerstein, Immanuel (1990): Rasse, Klasse, Nation. Ambivalente Identitäten. Berlin/Hamburg: Argument-Verlag.

Castoriadis, Cornelius (1984): Gesellschaft als imaginäre Institution – Entwurf einer politischen Philosophie. Frankfurt: Suhrkamp.

Chatterjee, Partha (2001): The nation in heterogeneous time. In: Indian Economic Social History Review, Vol. 38/4, S. 399–418.

Demélas, Marie-Danielle (2007): Nacimiento de la guerra de guerrillas. El diario de José Santos Vargas (1914–1825). La Paz: Plural.

De Sousa Santos, Boaventura (2005): El milenio huérfano. Madrid: Trotta/Ilsa.

---

13 Die Wirtschaftskommission der verfassunggebenden Versammlung hat das Wirtschaftsmodell ursprünglich als soziale und gemeinschaftliche Wirtschaft bezeichnet. In den so genannten überparteilichen Verhandlungen mit den Minderheiten, die außerhalb des Versammlungsrahmens stattfanden, wurde der Name in plurale Ökonomie umgewandelt.

Foucault, Michel (2006): Geschichte der Gouvernementalität. Band I. Sicherheit, Territorium, Bevölkerung. 4. Auflage. Berlin: Suhrkamp Verlag.

– (1974): Die Ordnung der Dinge. Eine Archäologie der Humanwissenschaften. Frankfurt am Main: Suhrkamp.

Prada Alcoreza, Raúl (1990): Fragmentos Territoriales. La Paz: Mitos.

– (2005): Estado periférico y Sociedad Interior. In: Garcia Linera, Alvaro/Tapia, Luis/Vega Camacho, Oscar/Prada Alcoreza, Rául: Horizontes y límites del poder y del Estado. La Paz: Comuna/Muela del diablo.

– (2007): Articulaciones de la complejidad. In: García Linera, Álvaro/Prada Alcoreza, Raúl/Tapia Mealla, Luis: Transformaciones pluralistas del Estado. La Paz: Muela del diablo.

– (2008): Subversiones indígenas. La Paz: Muela del Diablo.

Quijano, Aníbal (2000): Colonialidad del poder y clasificación social. In: Journal of world-systems research. Festschrift for Immanuel Wallerstein. Vol. 11/2.

Rancière, Jacques (2002): Das Unvernehmen: Politik und Philosophie. Frankfurt am Main: Suhrkamp.

Trías, Eugenio (1985): Los límites del mundo. Barcelona: Ariel.

Wallerstein, Immanuel (2004a): World-Systems Analysis: An Introduction. Durham, NC: Duke University Press.

– (2004b): Capitalismo histórico y movimientos antisistémicos. Un análisis de sistemas-mundo. Madrid: Akal.

Globale Herausforderungen:
Weltwirtschaft und Klimawandel

George Gray Molina

Der post-neoliberale Raum in Bolivien[1]

Die bolivianische Wirtschaft, Gesellschaft und Politik durchleben gegenwärtig einen tiefgreifenden Wandel. Mit der Verstaatlichung des Erdöl- und Erdgassektors im Mai 2006 wurde ein neuer Wirtschaftszyklus eingeleitet, der sich im April 2007 mit dem Abschluss von 44 neuen Verträgen mit zwölf multinationalen Konzernen verfestigte. Einige Probleme, die wiederum auf die post-neoliberalen Herausforderungen für die bolivianische Wirtschaft hinweisen, bleiben jedoch sowohl innerhalb als auch außerhalb des Verstaatlichungsprozesses ungeklärt: Wie kann gewährleistet werden, dass das Einkommen aus dem Gasverkauf nicht wie in den letzten Jahrhunderten im Fall des Silbers, Zinns und anderen Primärgütern zugunsten der privilegierten Schichten umverteilt wird und sich die Armut auf die Basis der sozialen Pyramide konzentriert? Wie soll die Armut in einer Volkswirtschaft verringert werden, in welcher trotz eines Wirtschaftswachstums von 4,5% im Jahr 2007 die Anzahl der Armen um 160.000 anwuchs (vgl. UNDP 2008)? Aber mehr noch: Wie soll der Umbau eines Wirtschaftssystems eingeleitet werden, welches sich von den Gasexporten löst und gleichzeitig Arbeitsplätze und Einkommen schafft?

In diesem Artikel gehe ich davon aus, dass das aufkommende und auf der Verstaatlichung gründende neue Wirtschaftsmodell nicht ausreichend ist. Vielmehr sollte es dabei helfen, eine neue Entwicklungsstrategie einzuleiten[2]. Die post-neoliberale Herausforderung verlangt die Überwindung des Washington Consensus und den Aufbau einer Ökonomie, die intern die tausenden kleinen und mittleren WirtschaftsakteurInnen mit den wettbewerbsfähigen neuen AkteurInnen koordiniert, und die sich extern durch den Export nicht-traditioneller Güter mit hohem Verarbeitungsgrad und der Erschließung neuer Nischen auf dem Weltmarkt auszeichnet, wie etwa im ökologischen Bereich oder anderen spezialisierten alternativen Marktsektoren.[3]

---

1 Übersetzung aus dem Spanischen von Dana de la Fontaine und Melanie Hernández.

2 Diese Diskussion gründet auf Wanderley (2008) und Gray Molina/Wanderley (2007).

3 Der vorliegende Artikel analysiert nicht den Inhalt des Nationalen Entwicklungsplans (*Plan Nacional de Desarrollo*), er geht aber auf die politischen Maßnahmen der bolivianischen Regierung in Bezug auf die Verstaatlichung des Erdgas- und Erdölsektors, wie auch auf die langfristigen Schwierigkeiten ein, vom alten Akkumulationsregime abzukommen. Interessanter als die Gegenüberstellung von Ideen und Maßnahmen wird hier

Viele so genannte Entwicklungsländer stehen vor einer ähnlichen Herausforderung. Das bedeutet einerseits, die Nischen einer internationalen Architektur auszunützen, welche eigentlich für die Liberalisierung von Kapital und Handel geschaffen wurde. Andererseits geht es darum, die Spielregeln zum Vorteil der ärmsten sozioökonomischen AkteurInnen der Weltwirtschaft zu verändern. Beide Aktionstypen bilden die Konturen von dem, was als „post-neoliberaler Raum" der existierenden *Global Governance* bezeichnet werden könnte – ein alternativer Raum der Einbindung in die internationale Arbeitsteilung. Der post-neoliberale Raum ist dynamisch und impliziert den Aufbau von dynamischen Strategien der Anpassung (wenn nötig) und des Widerstandes (wenn möglich) von Seiten des globalen Südens. Momentan fehlt Bolivien allerdings eine mittel- und langfristige Strategie, die das Land international einbindet und dabei alle Chancen ausnützt, um eine Veränderung der internationalen Wirtschafts- und Finanzregeln herbeizuführen. Im vorliegenden Artikel wird diese Herausforderung in Bezug auf die Verstaatlichung des Erdgas- und Erdölsektors wie auch die aufkommenden nicht-traditionellen Wirtschaftssektoren beschrieben.

1 Der post-neoliberale Raum

Welche Möglichkeiten der Integration in den Weltmarkt und in die internationale Politik haben kleine, vom Primärsektor abhängige Volkswirtschaften wie Bolivien? Auch wenn die meisten lateinamerikanischen Länder – Bolivien eingeschlossen – von der jüngsten weltweiten Wirtschaftskrise weitgehend verschont blieben, machte diese die Schwächen der internationalen Wirtschafts- und Finanzarchitektur deutlich. Laut Prognosen ist mit dem Ende der Krise wieder mit mehr Protektionismus in den Industrieländern, weniger Investitionen für riskante Geschäfte und einer stärkeren Kontrolle geostrategisch berechenbarer und preiswerter Energiequellen zu rechnen. Zudem werden mittelfristig zwei strategische Kurswechsel vorausgesagt: Einerseits die Produktion alternativer Energien als Reaktion auf die Verteuerung bei der Förderung von neuen Erdöl- und Erdgasvorkommen und andererseits die Suche nach technologischen Lösungen zur Eindämmung des bzw. der Anpassung an den Klimawandel. Der zweite Kurswechsel bezieht sich auf die wachsende Rolle Chinas auf dem Weltmarkt und als Quelle von Finanzinvestitionen. China eröffnet armen und von der Rohstoffextraktion abhängigen Ländern damit neue Chancen.

Die internationale Literatur weist auf eine Debatte über den real existierenden Entscheidungsraum im Kontext der internationalen Architektur hin. Für die liberale und die neo-realistische Schule der Internationalen Beziehungen erzeugen die Machtasymmetrien zwischen reichen und armen Ländern Räume für neu aufkom-

---

der Vergleich von kurzfristigen und langfristigen Maßnahmen, um nachhaltige soziale und wirtschaftliche Veränderungen herbeizuführen, erachtet.

mende AkteurInnen, angefangen mit der Produktion organischer Produkte bis hin zu Investitionen in alternative „grüne" Energiequellen. Für die kleinen Länder stellen aus Sicht dieser Theorien die Nischen der bilateralen Handelsabkommen, der multilateralen Übereinkünfte im Rahmen des Übereinkommens über Handelsbezogene Aspekte der Rechte am Geistigen Eigentum (TRIPS)[4] und des Übereinkommens über Handelsbezogene Investitionsmaßnahmen (TRIMS)[5] und anderer Rahmenabkommen zur Regulierung der Wirtschaft neue Handlungsspielräume dar.

Ähnlich verhält es sich bei der Schaffung von Anreizen für FinanzinvestorInnen zur Steigerung des *Return on Investment* (vgl. Krasner 2009; Keohane 2002). Demgegenüber gehen kritische Meinungen davon aus, dass WirtschaftsakteurInnen des Südens mehr als nur Nischen erobern sollten, und sich stattdessen einen „Raum für Politik" sichern müssen, der sowohl die Spielregeln in Frage stellt als auch die zunehmenden Asymmetrien im Fall der Regelanwendung anprangert. So sollten diesen Ländern unilaterale Handelsvorteile gewährt oder explizit Ausnahmeregelungen für die ärmsten Staaten im Kontext globaler multilateraler Abkommen festgelegt werden (vgl. Gallagher 2005). Dies beinhaltet auch eine demokratischere Vertretung der Anliegen des Südens auf der internationalen Ebene durch eine Gruppe der 192 (G-192) statt der selbsternannten G-8 oder der G-20 (vgl. Stiglitz 2009).

Ein radikalerer Strang der *Global Governance*-Literatur propagiert eine neue internationale Architektur, die auf einer Neuordnung der Machtfaktoren in der Weltwirtschaftsordnung gründet (vgl. Hughes/Wilkinson 2002). Um als legitim anerkannt zu werden, muss ein solches alternatives System der *Global Governance* eine Gegenmacht zu den existierenden hegemonialen Kräften darstellen und dabei für die Interessen der ärmsten sozialen und ökonomischen AkteurInnen offenere Institutionen und Praktiken einführen. Die Weltsozialforen und die transnationalen Bewegungen für globale Gerechtigkeit, fairen Handel und für alternative Formen der Globalisierung haben die Grenzen des aktuellen Systems sichtbar gemacht. Dennoch haben diese transnationalen AkteurInnen weiterhin Probleme, ihre Position auf globaler Ebene wirksam zu artikulieren (vgl. Fisher/Ponniah 2003). Ihre größte Stärke war somit bisher, dass sie auf drängende Fragen hingewiesen haben und nicht, dass sie Machtalternativen aufgebaut haben.

Bolivien hat in seiner Strategie der Weltmarkteinbindung in den letzten 20 Jahren Elemente der Anpassung und des Widerstands kombiniert. Die pragmatische Positionierung wurde besonders im Kontext der internationalen Beziehungen mit Brasilien (im Fall des Erdgases) und mit Chile (in Bezug auf die bilaterale Agenda) ersichtlich. Auf der Handelsebene wurde der Pragmatismus wiederum im Einsatz von Handelspräferenzen durch das Gesetz für die Förderung des Andinen Handels

---

4   Dieses Übereinkommen trat 1995 im Rahmen der Welthandelsorganisation in Kraft.
5   Dieses Abkommen trat 1995 im Rahmen der Welthandelsorganisation in Kraft.

und die Drogenbekämpfung (ATPDEA) bis Dezember 2008, dem Andenpakt und dem Gemeinsamen Markt des Südens (MERCOSUR) deutlich. Der größte Widerstand Boliviens zeigte sich beim freiwilligen Austritt aus dem Übereinkommen mit dem Internationales Zentrum zur Beilegung von Investitionsstreitigkeiten (ICSID), der Gründung der Bolivarianischen Allianz für die Völker Unseres Amerikas (ALBA), der Absage an die Fortsetzung der Freihandelsverhandlungen zwischen der Andengemeinschaft und der Europäischen Union und schließlich in der Formulierung alternativer Positionen in Fragen des Klimawandels in Vorbereitung auf den Klimagipfel in Kopenhagen Ende des Jahres 2009. So versucht Bolivien zum einen, mögliche Spielräume im existierenden System auszunützen und baut zugleich einen alternativen Raum des Widerstandes aus. Beide stellen post-neoliberale Räume im Kontext der bolivianischen Integration in die internationale Politik und in den Weltmarkt dar.

Wir können uns die Expansion des „post-neoliberalen Raums" als einen dynamischen Prozess vorstellen, der Entscheidungsautonomie generiert und dabei manchmal durch AkteurInnen des privaten Sektors, manchmal durch den Staat und manchmal durch transnationale Entwicklungsnetzwerke angeführt wird. Die vergleichende Literatur geht davon aus, dass es in den meisten erfolgreichen Fällen zu Synergien zwischen den drei Akteurstypen gekommen ist. Auffällig in diesem historischen Moment Boliviens ist, dass die existierenden politischen Koalitionen den skizzierten post-neoliberalen Raum ungenutzt lassen. Statt eine Dynamik der wirtschaftlichen Diversifizierung und eine Stärkung der ärmsten Segmente in der globalen Wertschöpfungskette zu ermöglichen, verstärken sie stattdessen eine rentenorientierte Dynamik, welche jedoch nur teilweise staatliche Autonomie ermöglicht. Langfristig schwächt dies einen alternativen Prozess der internationalen Integration Boliviens. Die folgenden beiden Abschnitte beschreiben die Herausforderungen, denen sich eine Transformation der etablierten Wirtschaftsstruktur gegenübersieht. Der letzte Abschnitt geht wiederum auf die politischen Herausforderungen bei der Bildung von politischen Koalitionen im Sinne einer solchen Agenda ein.

2 Ein neues Modell: Die Verstaatlichung des Erdgas- und Erdölsektors

Bevor auf die Diskussion um Modelle und Entwicklungsstrategien eingegangen wird, ist es wichtig, die Nationalisierung des Erdgas- und Erdölsektors zu behandeln. Das Nationalisierungsprojekt gründet auf zwei gesetzlichen Regelungen: Dem Gesetz Nr. 3058 vom Juli 2005 und dem Obersten Dekret Nr. 28701 vom Mai 2006. Es ist das dritte Mal innerhalb der letzten siebzig Jahre, dass Bolivien seine Erdgas- und Erdölvorkommen verstaatlicht. So wurden im Jahr 1937 die Förderwerke von Standard Oil verstaatlicht und im Jahr 1969 dann jene von Gulf Oil. Im Gegensatz zu diesen beiden Ereignissen ging die jüngste Verstaatlichung allerdings nicht mit der Enteignung des Eigentums der multinationalen Unternehmen einher.

Die zwischen Unternehmen und der Regierung unterschriebenen Verträge, die im April 2007 vom Kongress verabschiedet wurden, beinhalten sowohl Abkommen zur geteilten Produktion als auch Assoziationsabkommen mit dem Staatlichen Erdgasunternehmen Boliviens (YPFB) (vgl. Miranda 2007; Zaratti 2007).

Die staatliche Beteiligung an den Gewinnen wird ähnlich wie in Peru nach der „R-Faktor"-Methode[6] berechnet, so dass der Staat erst an den Renten beteiligt wird, nachdem das private Unternehmen seine Betriebs- und Investitionsausgaben eingenommen hat (vgl. Medinacelli 2007). Dem neuen Gesetz nach gibt es vier zentrale finanzielle Reglementierungen zwischen dem Staat und den Unternehmen: (1) *Royalties* in einer Höhe von 18% vom Wert der Erdgasproduktion zum Zeitpunkt der Besteuerung müssen an den Staat geleistet werden; (2) die direkte Steuer auf Erdgas- und Erdöl liegt bei 32% vom Gasproduktionswert zum Zeitpunkt der Besteuerung; (3) Rückzahlungen werden vom Staat an den Betreiber der Gas- bzw. Ölquelle geleistet, auf der Grundlage eines vom Gasproduktionswert zum Zeitpunkt der Besteuerung abhängigen Prozentsatzes; und (4) die Verteilung der Restsumme als Gewinn (*utilidad*) findet zum gemeinsamen Nutzen von YPFB und vom Eigentümer auf Grundlage einer Formel statt, die wiederum die getätigten Investitionen, Preissenkungen, den Gasverkaufspreis und die Produktionsmenge berücksichtigt (vgl. Zaratti 2007). Auf diese Weise schwanken die staatlichen Einnahmen nach der Unterzeichnung der neuen Erdölverträge zwischen 67% des Bruttoproduktionswertes (bei einem Preis von 1 USD/MMBTU[7]) und 75% (wenn der Preis auf 4,5 USD/MMBTU ansteigt). Somit lag die staatliche Beteiligung am Gewinn nach dem Gesetz 3058 etwas über 50% und nach dem Verstaatlichungsdekret liegt sie nun bei etwas unter 82% (vgl. Medinacelli 2007).

Der bolivianische Verstaatlichungsprozess zeigt zwei positive Aspekte auf. Der erste ist, dass es die bolivianische Wirtschaft im Jahr 2006 geschafft hat, die BIP-Schwelle von 10 Milliarden USD zu erreichen und dass die Exportquote im Jahr 2008 auf 3,4 Milliarden USD angestiegen ist. Letzteres beruht im Wesentlichen auf dem Erdgas- und Erdölsektor (vgl. INE 2009). Der zweite positive Aspekt ist der

---

6   Der R-Faktor ist ein international anerkannter Parameter, nach dem die Verteilung der wirtschaftlichen Gewinne aus der Erdgasgewinnung und -produktion gemäß der Rentabilität eines Feldes berechnet wird. Dabei werden in der Verteilung zwischen dem Staat und den Unternehmen die Investitionen, die Kosten und die Rohstoffpreise mit einbezogen.

7   BTU (*British Thermal Unit*) ist eine Maßeinheit für die Heizenergie eines Brennstoffes. MMBTU steht für eine Million BTUs. Dabei stehen 3412 BTUs für 1 kWh.(vgl.: EnergyVortex.com 2010: www.energyvortex.com/energydictionary/british_thermal_unit_(btu)__mbtu__mmbtu.html).

Anstieg an Steuereinnahmen und der direkten Gasverkäufe auf über zwei Milliarden USD im Jahr 2008. Daraus ergibt sich, dass die Steuereinnahmen des Landes zum ersten Mal in 20 Jahren drei Mal so hoch waren wie die Entwicklungszuwendungen aus dem Ausland. Somit hat Bolivien, das bislang der Gruppe der hochverschuldeten Entwicklungsländer (HIPC) angehört, die historische Chance, stufenweise die Abhängigkeit von internationaler Hilfe abzubauen.

Die Nachteile dieses Verstaatlichungsprozesses beruhen wiederum auf drei Aspekten. Zum ersten wird in der aktuellen Dynamik der Gasökonomie dem „Faktor Preis" mehr Aufmerksamkeit geschenkt als der Produktion oder der Produktivität. Im Jahr 2006 waren die Durchschnittswerte für den Gasexport 5,4 Mal höher als acht Jahre zuvor und drei Mal so hoch wie drei Jahre zuvor (vgl. ebd.). Auch wenn die Gaspreise heute noch hoch sind, ist diese Einnahmequelle einem Preisverfall, bzw. einer Verlangsamung des regionalen oder internationalen Preisanstiegs ausgesetzt. An zweiter Stelle herrscht eine große Unsicherheit in Bezug auf die Investitionsausweitung in den Bereichen der Erkundung und Abschöpfung in den nächsten Jahren. Die neuen Verträge, die einen Exportanstieg nach Argentinien und Brasilien vorsehen, bedürfen der sicheren Zusage von Investitionen, was aber weder die brasilianische Petrobrás noch die spanisch-argentinische Repsol getan haben. Schließlich ist hinzuzufügen, dass Bolivien in Anbetracht der permanenten Anspannung auf dem internationalen Energiemarkt seinen Horizont auf die Märkte außerhalb des amerikanischen Kontinents ausweiten muss (vgl. UNDP 2007). Dies würde einerseits eine Strategie der Energieintegration im südlichen Südamerika (*Cono Sur*), und andererseits mehr Sicherheit in Bezug auf die Häfen für die Gaslagerung und -lieferung an der Atlantischen und der Pazifischen Küste erfordern.

Zusammengefasst kann der Verstaatlichungsprozess in dieser kurzen Zeit als positiv bewertet werden. Schließlich konnte damit eine gewisse Wirtschaftsdynamik konsolidiert werden. Damit wird die Abhängigkeit vom Zinn ersetzt, das die Wirtschaftsentwicklung des Landes über das 20. Jahrhundert hinweg bestimmt hat. Das Problem ist, dass Fehler aus vergangenen Entwicklungsstrategien wiederholt werden, die sich ebenfalls auf nur einen Motor konzentrierten und somit eine sehr instabile ökonomische Grundlage darstellten. Daher ist ein weiterer Schritt zur Überleitung von einem alten auf ein neues Wirtschaftsmuster und eine entsprechende Strategie notwendig, welche eine Diversifizierung der Märkte und eine Multiplikation der AkteurInnen erreicht. Nur so wird ein Wirtschaftssystem mit einer soliden Grundlage zustande kommen.

3 Die alte Entwicklungsstrategie:
Eine Volkswirtschaft auf dünner Grundlage

Weshalb genügt es nicht, alleine auf die Verstaatlichung der Erdgasressourcen zu setzen? Was wird unter einem wenig diversifizierten Entwicklungsmuster und einer entsprechenden Entwicklungsstrategie verstanden und wie wirkt sich eine solche auf die wirtschaftliche Entwicklung Boliviens aus? Um Antworten auf diese Fragen zu geben, blicken wir zunächst auf die bolivianische Wirtschaftsgeschichte zurück und stellen anschließend die gegenwärtigen Auswirkungen der Konzentration auf einen Sektor dar. Bolivien wird weiterhin eines der ärmsten Länder Lateinamerikas mit enormer Ungleichheit bleiben, wenn sich die Entwicklungsstrategie nicht – über ihre liberalen, gemischten oder nationalistischen Varianten hinaus – grundlegend ändern sollte.

Was unterscheidet ein Wirtschaftsmodell (*modelo económico*) von einem Entwicklungsmuster und dem entsprechenden Entwicklungsmuster (*patrón de desarrollo*) (vgl. UNDP 2005)? Und weshalb ist es wichtiger, letztere zu ändern, anstatt weiterhin über die ideologische Ausrichtung des Modells zu diskutieren? Ich verstehe unter Entwicklungsmuster die Art und Weise, in der Produktionsfaktoren einer Wirtschaft miteinander verbunden sind und funktionieren, wie sie zusammenarbeiten und sich gegenseitig behindern und wie dies in einem Umfeld komparativer Vor- und Nachteile geschieht, welche ihnen Dynamik verleihen – oder auch nicht. Das Entwicklungsmuster beschreibt sowohl die Ressourcenausstattung (handelt es sich um ein kapitalreiches Land? wie steht es um die Technologie? Arbeitskräfte? Rohstoffe?), als auch den Grad der Integration in den Weltmarkt (geschlossen oder offen? werden Nischen gesucht, in denen das Land konkurrenzfähig ist?). Das Wirtschaftsmodell ist hingegen einfach die Art und Weise, in welcher das Entwicklungsmuster, bzw. die Entwicklungsstrategie, umgesetzt wird. Dies kann zum einen durch einen starken und interventionistischen Staat geschehen, zum anderen durch einen Ansatz, welcher den Marktkräften mehr Macht verleiht, oder aber auch durch einen gemischten Ansatz, der Staat und Markt miteinander verknüpft. Somit ist das Modell die Form, das Entwicklungsmuster hingegen der Inhalt, die Substanz.

Bolivien änderte mehrmals sein Wirtschaftsmodell, versuchte jedoch nie eine andere Entwicklungsstrategie zu verfolgen. Im Zeichen des Liberalismus wurde letztere zwischen den Jahren 1900 und 1920 zunehmend vom Zinn abhängig, so wie zuvor auf Silber, Gummi oder Para-Nüsse gesetzt wurde. Mit der Verstaatlichung von Standard Oil im Jahr 1937 und der Gründung von YPFB wurde ein Verstaatlichungsmodell eingeleitet, jedoch nicht die Strategie der Rohstoffextraktion geändert. Eine zweite Etappe begann mit der Verstaatlichung des Zinnsektors ab 1952 und der Gründung des Staatlichen Bergbauunternehmens Boliviens (COMIBOL). In den 1960er Jahren – als neue private Investitionen in den Bergbau wie auch in den

Erdöl- und Erdgassektor getätigt wurden – schlug das Pendel zunächst zurück in Richtung Liberalismus, bis im Oktober 1969 Gulf Oil verstaatlicht wurde und damit das Entwicklungsmuster des auf Mono-Produktion basierten Entwicklungsstaates besiegelt wurde. Zwischen den Jahren 1985 und 2005 wurde dann die günstige Gelegenheit vertan, die Wirtschaft zu diversifizieren und die Anzahl an AkteurInnen in den konkurrenzfähigen Sektoren zu erhöhen. Der Beginn des auf Gas basierten Entwicklungsmusters auf der Grundlage des Erdöl- und Erdgasgesetzes (*Ley de Hidrocarburos*) im Jahre 2005 führte schließlich einen Modellwechsel ein, bedeutete jedoch kein Ende für die auf Rohstoffförderung gestützte Entwicklungsstrategie.

Wie an den Beispielen COMIBOL und YPFB abzulesen ist, konzentriert die bolivianische Wirtschaft trotz neuer Investitionsgesetze und Privatisierungsversuche noch immer den Großteil ihrer Anstrengungen auf die Ausbeutung und Nutzung eines reduzierten Kerns an natürlichen Ressourcen. Somit besteht weiterhin ein in unterschiedlichen Modellen umgesetztes Entwicklungsmuster fort, welches sich durch die Konzentration der nationalen Wirtschaft auf den Export weniger Produkte auszeichnet. Zumeist handelt es sich dabei um unverarbeitete Produkte, die wenig Mehrwert erzeugen, bevor sie an die internationalen Märkte geliefert werden.

Der Status der Volkswirtschaft auf „dünner Grundlage" ist das sichtbarste Ergebnis eines Entwicklungsmusters, das fortwährend von der Mono-Produktion abhängig ist. Unter „dünner Grundlage" wird eine bestimmte Zusammensetzung der Produktionsstruktur verstanden. In Bolivien konzentrieren Kleinbetriebe 83% der Arbeitskräfte auf sich. Letztere lassen sich in Einheiten mit weniger als fünf Personen einteilen, zu denen Familien, BäuerInnen und KleinunternehmerInnen gehören. Jedoch erwirtschaftet dieser Sektor lediglich 25% der gesamten Einkünfte. Umgekehrt produzieren nur 7% der Arbeitskräfte, die in Unternehmen mit mehr als 50 Angestellten tätig sind, 65% des Einkommens. Diese doppelte Pyramide trennt Arbeit und Einkommen. Dazwischen sind mittelgroße Unternehmen angesiedelt, welche 10% aller Einkommen abdecken und auch 10% der Arbeitskräfte beschäftigen (vgl. ebd.).

Das Muster einer kaum diversifizierten Wirtschaft muss aus drei Gründen geändert werden. Zum Ersten aufgrund der historisch niedrigen Wachstumsrate (siehe Graphik 1). Trotz eines stabilen makroökonomischen Umfeldes und einer günstigen Periode der wirtschaftlichen Öffnung konnte Bolivien nicht die nötige Dynamik erzeugen, um seine Entwicklung zu fördern und die Armut zu verringern. Die durchschnittliche Wachstumsrate betrug zwischen 1950 und 2005 2,8%, was sich in einem durchschnittlichen Pro-Kopf-Wachstum von 0,5% niederschlug – ein extrem geringer Prozentsatz, um die sozioökonomischen Bedürfnisse zu stillen. Verschiedene Faktoren führten dazu, dass Bolivien während der vergangenen 20 Jahre eine niedrigere Wachstumsrate als noch in den 1960er und 1970er Jahren zu verzeichnen hatte: Dazu gehören die schwere Finanzkrise, die eine hohe öffentliche

Verschuldung hervorrief, sowie die niedrige interne Sparquote, welche die Kluft zwischen der Spar- und Investitionstätigkeit vergrößerte. Hinzu kamen Fluktuationen der realen ökonomischen Austauschverhältnisse (*terms of trade*), eine niedrige Produktivität und die negativen Auswirkungen seiner geographisch eingeschlossenen Lage ohne Zugang zum Meer.

Als zweiter Grund ist die hohe Konzentration auf wenige exportfähige Produkte zu nennen. Im Jahr 2008 gingen 50% des Exports auf den Erdöl- und Erdgassektor und 23% auf den Bergbau zurück (vgl. INE 2007). Beachtet man die geringe Größe Boliviens, so wird die Relevanz der Einbindung in den Weltmarkt für das Wachstum deutlich. Die Einnahmen aus dem Exportmarkt sollten daher eine gewisse Stabilität und Kontinuität aufweisen und die Abhängigkeit von externen Konjunkturschwankungen verringern. Aus historischer Perspektive betrachtet war Bolivien weder imstande, den Wert seiner Exporte zu erhöhen, noch sein Angebot zu diversifizieren. Auch wenn die Entwicklung der Exportstruktur seit Mitte der 1990er Jahre – als nicht-traditionelle Exportgüter zunehmend wichtig wurden – substanzielle Veränderungen aufzeigt, hat sich das zu Grunde liegende Muster nicht geändert.

Graphik 1: Bruttoinlandsprodukt (in Tausend Bolivianos seit 1990)

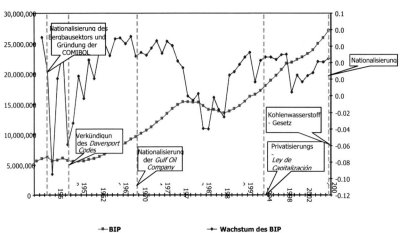

Quelle: Eigene Darstellung auf Grundlage der Analyseeinheit für Sozial- und Wirtschaftspolitik UDAPE

Drittens ist eine Strategieänderung aufgrund der anhaltenden Armut und Ungleichheit sowie der geringen sozialen Mobilität gerechtfertigt. Das bisherige Wachstum vermochte es nicht, einen *spill-over* Effekt hervorzurufen und Bolivien vom Status als einem der ärmsten und ungleichsten Länder Lateinamerikas zu befreien. Im Zeitraum zwischen 1999 und 2002, als das Wirtschaftswachstum eine Durchschnittsrate von 1,76% erreichte, stieg die Anzahl an in absoluter Armut lebenden Personen von 5 auf 5,5 Millionen, von denen 3,5 Millionen in extremer Armut lebten. Die erforderliche wirtschaftliche Wachstumsrate, um das demographische Wachstum unterhalb der Armutsgrenze aufzufangen, wird auf 6% geschätzt. Mit einem wesentlich unter diesem Prozentsatz liegenden Wachstum und einem Gini-Koeffizienten von 0,614 ergibt sich in Bolivien ein eindeutiges Muster der Verarmung (vgl. CEPAL 2005). Bevölkerungs- und Wachstumshochrechnungen zeigen, dass in Bolivien die Armut bei einer durchschnittlichen Pro-Kopf Wachstumsrate von 0,3% erst in 178 Jahren besiegt werden könnte. Zudem ist die soziale Mobilität in Bolivien gering, was den Kampf gegen die Armut fast aussichtslos macht und nicht dazu beiträgt, langfristiges Wirtschaftswachstum zu fördern (vgl. Paz Arauco/Ocampo/Espinoza 2007).

4 Ein neues Wirtschaftsmodell für eine neue Entwicklungsstrategie

Wie könnte die historische Abhängigkeit Boliviens verringert werden, ohne die Möglichkeiten zu verkennen, die sich durch das neue Modell der Verstaatlichung ergeben? Meines Erachtens liegt die Antwort in der Schaffung einer diversifizierten Wirtschaftsstruktur, welche wiederum (a) die interne und externe Mitsprache sichert und (b) die internen Artikulationsschwierigkeiten tausender WirtschaftsakteurInnen überwindet. Um eine neue Entwicklungsstrategie hervorzubringen, mit deren Hilfe der Verarmungsprozess bezwungen werden kann, benötigt die bolivianische Wirtschaft auch ein neues Modell. Erfreulicherweise sind bereits erste Ansatzpunkte zu finden.

Eine aktuelle Untersuchung ordnet die Wirtschaft hinsichtlich ihres Grades an struktureller Heterogenität unterschiedlichen Typen zu (vgl. Gray/Wanderly 2007). Dabei wird zunächst deutlich, dass die bolivianische Wirtschaft in den letzten 50 Jahren eine reale durchschnittliche Pro-Kopf Wachstumsrate von 0,5% aufwies, was für eine Wirtschaft ohne Wachstum steht. Zweitens finden sich unter den Gründen für das geringe Wachstum strukturelle Hindernisse – unter anderem die geographische Eingeschlossenheit und Heterogenität, der geringe Verarbeitungsgrad der Rohstoffe und bürokratische Hindernisse. Dadurch erhöhen sich die Exportkosten des Landes, und jegliche Chancen auf eine Verbesserung des Wirtschaftswachstums sinken. Trotz dieser negativen Ausgangslage gibt es etwa 156 Produktionssektoren mit einer vierstelligen Klassifikation im internationalen Warenverzeichnis für den Außenhandel (SITC), die ihre Weltmarktstellung in den letzten 20 Jahren verbessern konnten, sowie 23 Branchen, die dauerhaft Zugang zum Weltmarkt fanden.

Wie können diese Wachstumsbranchen charakterisiert werden? Bolivien verfügt über mindestens drei Alternativen zum Erdgassektor. Zunächst sind Exporte von bestimmten Gütern zu nennen, nämlich Rohstoffe wie Soja und andere Ölfrüchte der kleinbäuerlichen. Allerdings konzentriert sich ihre Wettbewerbsfähigkeit auf billige Rohstoffe und Arbeitskräfte, und weniger auf die Wertschöpfung oder einen technologischen Wandel. Im Jahr 2006 beliefen sich die Exporterlöse dieser Sektoren auf knapp 371 Millionen Dollar. Die zweite Alternative ergibt sich aus den Exporten nicht-traditioneller „preisgestützter" Güter wie Schmuckproduktion, Lederwaren oder auch tropische Hölzer, die im Sektor der städtischen KleinunternehmerInnen einen geringen Grad an Wertschöpfung erbringen. Diese Exporte brachten im Jahr 2006 ca. 534 Millionen USD ein. Zur dritten Wachstumsbranche gehören Exporte nicht-traditioneller „qualitätsgestützter" Produkte, zu denen etwa die Möbelproduktion, die Schmuckverarbeitung, die Produktion ökologischer Nahrungsmittel und *Fair Trade* Produkte zählen, welche allesamt eine Wertschöpfung erzielen und auch vor- und nachgelagerte Wirtschaftssektoren anregen. Obwohl diese Exportnischen klein sind, sind sie jedoch erfolgversprechend. Im Jahr 2006 machten sie rund 174 Millionen Dollar der Exporterlöse aus. Gemeinsam erreichen die drei alternativen Exportsektoren 2006 also ca. 1 Milliarde Dollar; im Vergleich dazu erreichten die Einkünfte aus den Erdgasexporten im Jahr 2008 über 2 Milliarden USD an Gewinn.

Somit stellt sich nicht mehr die Frage, wie der bolivianischen Wirtschaft zu mehr Wachstum verholfen werden kann. Um diese zu beantworten, ist das verstrickte Zusammenspiel von Wettbewerbsfaktoren gegenüber Nachbar- und Industrieländern aus einer neuen Perspektive zu betrachten. Die relevante Frage ist nun, weshalb einige Wirtschaftsbranchen wachsen, obwohl sie denselben strukturellen Hürden ausgesetzt sind wie andere Sektoren? Dieser Zusammenhang ermöglicht einen Brückenschlag zwischen einem neuen Modell der Einbehaltung und Übertragung von Überschüssen aus dem Erdgassektor, und einer Entwicklungsstrategie, die langfristig und an der Basis der sozialen Pyramide Arbeit und Einkommen schafft.

5 Schlussbemerkungen: Von der Ökonomie zur Politik

Der Schritt von einer wenig diversifizierten Wirtschaft, die einzig auf dem Export von Erdgas fußt, zu einer breit angelegten und diversifizierten Exportstruktur mit zahlreichen produktiven AkteurInnen und wettbewerbsfähigen Branchen, setzt eine Agenda alternativer Politikprogramme voraus. Letztere müssen sich sowohl vom Entwicklungsstaatsmodell der 1950 und 1960er Jahre als auch von der *laissez-faire* Wirtschaft der 1980 und 1990er Jahre unterscheiden. Diese Agenda darf zudem weder die internationale Integration scheuen, noch die Schaffung von Arbeitsplätzen an der Basis der sozialen Pyramide. Bolivien hat heute die Chance, auf beiden Gebieten Fortschritte zu erzielen und die Hindernisse der Vergangenheit zu überwinden. Dafür müssen jedoch zwei zentrale Herausforderungen bezwungen werden, welche die Nutzung des „post-neoliberalen Raums" im Kontext des Weltmarkts ergibt. Die erste Herausforderung ist wirtschaftlicher, die zweite politischer Natur.

Die wirtschaftliche Herausforderung bezieht sich darauf, in zügigem Tempo eine diversifizierte Wirtschaftsstruktur zu schaffen, welche sowohl die Rohstoffe erhält als auch der Produktion eine eigene Marke verleiht. Bolivien kann aus seiner strukturellen Heterogenität Vorteile ziehen. Dies bedeutet Politikprogramme voranzutreiben, die auf die verschiedenen heterogenen Wirtschaftsmotoren abgestimmt sind (alternative Maßnahmen zur Industrialisierungsförderung und zur internationalen Einbindung) und solche, die darauf abzielen, die anfallenden Kosten der Strukturprobleme zu verringern (Transportwesen, geographische Integration und Entwicklung von Humankapital).

Die Aufgaben im Bereich des Umweltschutzes, die Aufwertung interkultureller Identitäten bei der Produktion und Kommerzialisierung, sowie die Ausweitung der Entwicklungsmöglichkeiten an der Basis der Wirtschaftspyramide sind keineswegs unvereinbar. Im Unterschied zu den Nachbarländern kann sich Bolivien den Luxus leisten, bestimmte Etappen im wirtschaftlichen Entwicklungsprozess zu „überspringen". Es ist weder nötig 178[8] Jahre abzuwarten bis der *Trickle-Down*-Effekt die Armut behebt, noch 70 Jahre, bis sich die Indikatoren der globalen Wettbewerbsfähigkeit an den europäischen Durchschnitt annähern. Es kann bereits jetzt mit dem Aufbau einer starken Wirtschaft für das 21. Jahrhundert begonnen werden.

Demgegenüber ist die politische Herausforderung größer. Sie zielt darauf ab, die Mit- und Absprache der WirtschaftsakteurInnen der ärmeren Bevölkerungsschichten, des Staates und der Exportwirtschaft zu intensivieren, um starke Bindungen zwischen Gleichberechtigten zu schaffen, wo bisher nur lose Beziehungen zwischen Ungleichen existieren. Die kritische Menge an erfolgversprechenden Branchen „jenseits des Erdgassektors" zählt etwa 330.000 ArbeiterInnen, was 10% der Arbeitsbevölkerung entspricht. Diese kritische Masse verbindet die Hochebene mit den Tropen, den Norden mit dem Süden, Zulieferer von Primärgütern mit der Industrie aus knapp zehn Produktionsbranchen. Die Vermehrung produktiver AkteurInnen hängt von der Art ihres Zusammenwirkens ab und davon, inwiefern dieses in Zukunft durch die bolivianische Wirtschaftspolitik gefördert wird.

Die Herstellung neuer Beziehungen zwischen WirtschaftsakteurInnen ärmerer Bevölkerungsschichten, dem Staat und der Exportwirtschaft läuft entgegen den herrschenden politischen Koalitionen zwischen dem Rentierstaat und mobilisierten Gruppen, die durch neue Apanagen begünstigt werden. Die alternative Nutzung der Rohstoffe stellt einen kritischen Faktor für die Änderung der Entwicklungsstrategie dar. Eine neue politische Koalition zur Änderung dieser Strategie kann einzig auf eine alternative Nutzung der Rohstoffe gestützt sein; diese beinhaltet weniger Rohstoffausbeutung, mehr Wertschöpfung in mittelgroßen Städten, höhere wirtschaftliche Rentabilität für die ProduzentInnen am unteren Ende der globalen Rohstoffproduk-

---

8   Geschätzter Zeithorizont zur Überwindung der Armut. Zitiert in UNDP 2005.

tionsleiter; und weniger Apanage für die spezialisierten VerbraucherInnenmärkte am oberen Ende.

Bolivien benötigt ein neues Wirtschaftsmodell, um das Muster der internationalen Integration und des internen Zusammenspiels zwischen großen, mittleren und kleinen ProduzentInnen zu verändern. Die post-neoliberale Herausforderung ist jedoch nicht theoretischer Natur und beschränkt sich nicht darauf, einen neuen Entwicklungsdekalog zu finden. Vielmehr besteht sie aus einer neuen Art zu wirtschaften (*hacer economía*) und dabei zu berücksichtigen, wie wichtig die Gewinnung politischer und sozialer Räume in einer globalisierten Welt ist. Die Hoffnung einer post-neoliberalen Agenda gründet darauf, dass in Bolivien bereits tausende produktiver AkteurInnen wirtschaftliche und politische Macht erzeugen und verteilen. Die Gefahr liegt jedoch darin, dass das politische Moment eher zur Reproduktion der existierenden Machtverhältnisse genützt wird, als vielmehr dazu, mittel- und langfristig eine neue Macht aufzubauen.

Druckverweise

Dieser Artikel nimmt Fragmente aus dem Artikel „El reto postneoliberal de Bolivia" auf, der in der Zeitschrift *Nueva Sociedad* in der Ausgabe Mai/Juni 2007 veröffentlicht wurde. Ich bedanke mich bei den HerausgeberInnen der Zeitschrift für die Bewilligung der Publikation.

Bibliographie

Fisher, William/Ponniah, Homas (2003): Another World is Possible: Popular Alternatives to Globalization from Porto Alegre. London: Zed Books.

Gray Molina, George/Wanderley, Fernanda (2007): Pockets of Growth in a Low-Growth Economy. Cambridge: Harvard University.

Hughes, Steve/Wilkinson, Rodren (2002): Global Governance: Critical Perspectives. New York: Routledge.

INE Nationales Statistikinstitut (2009): Gestion 2008: Las exportaciones bolivianas se incrementaron en 42.6%. La Paz: INE.

Gallagher, Kevin (2005): Putting Development First: The Importance of Policy Space in the WTO and IFIs. London: Zed Books.

Keohane, Robert (2002): Power and Governance in a Partially Globalized World. New York: Routledge.

Krasner, Stephen (2009): Power, the State and Sovereignty: Essays in International Relations. New York: Routledge.

Medinacelli, Mauricio (2007): Aspectos económicos de los nuevos contratos. In: Fundación Boliviana para La Democracia Multipartidaria FBDM (Hg.): El nuevo ciclo de los hidrocarburos. La Paz: FBDM.

Miranda, Carlos (2007): Las repercusiones externas de la nacionalización. In: FBDM (Hg.): El nuevo ciclo de los hidrocarburos. La Paz: FBDM.

UNDP (2005): Informe Temático sobre el Desarrollo Humano. La Economía Boliviana más allá del gas. La Paz: UNDP.

– (2007): El estado del Estado, Informe Nacional de Desarrollo Humano. La Paz: UNDP.

– (2008): La otra frontera: recursos naturales alternativos en Bolivia. La Paz: UNDP.

Paz Arauco, Verónica/Ocampo, Milenka/Espinoza, Patricia (2007): Desigualdad: esa „tensión irresuelta" en Bolivia, Documento de Trabajo, Informe de Desarrollo Humano. La Paz: UNDP.

Stiglitz, Joseph (2009): Report of the Commission of Experts of the President of the UN Assembly on Reforms of the International Monetary and Financial System. New York: United Nations.

Wanderley, Fernanda (2008): Las múltiples vías de articulación productiva de la exportacion. In: Umbrales, Vol. 1, Nr. 17.

Zaratti, Francesco (2007): Repercusiones de la nacionalización y el futuro de los hidrocarburos en Bolivia y la región, tras la firma de los contratos petroleros. In: FBDM (Hg.): El nuevo ciclo de los hidrocarburos. La Paz: FBDM.

Teresa Flores Bedregal

Bolivien im Zeichen des Klimawandels[1]

Boliviens Armut macht das Land äußerst verwundbar für die Auswirkungen des Klimawandels, da es weder über ausreichende ökonomische Ressourcen, noch über die notwendigen Kapazitäten verfügt, um die Folgen der intensiven und immer häufiger auftretenden Umweltzerstörungen zu beheben. Bei Umweltkatastrophen waren die öffentlichen Maßnahmen bisher zu schwach und zu langsam; die Hilfe kam spät, die Verteilung war ungenügend und erreichte nicht alle gleichermaßen. Es wurden auch kaum Präventiv- oder Anpassungsmaßnahmen getroffen, weswegen die ökonomischen und sozialen Schäden gleichermaßen zunahmen. Außerdem spielt der Klimawandel nach wie vor in der Entwicklungs- und Energiepolitik Boliviens keine Rolle. Nichtsdestotrotz gibt es die Hoffnung, dass sich die Situation in Anbetracht der neuen Herangehensweise der Regierung von Evo Morales, wie auch aufgrund des gesellschaftlichen Drucks, schrittweise verbessert.

1 Der Klimawandel in Bolivien

Die Auswirkungen des Klimawandels in Bolivien sind je nach Klimazone unterschiedlich (vgl Palenque 2003). Die aktuellen Tendenzen führen zu der Annahme, dass zukünftig die trockenen Gebiete noch trockener und die feuchten Zonen stärkere und zugleich kürzere Regenzeiten aufweisen werden, was wiederum zu einem Vegetationsrückgang führen wird. Das Hochland wird dabei am stärksten durch die Trockenperioden, Frost und Hagel[2] beeinträchtigt, aber auch durch Überschwemmungen in der Regenzeit, die durch das Klimaphänomen *El Niño* hervorgerufen werden. Das Tiefland ist vermehrt von Überschwemmungen, überlaufenden Flüssen, windigen Kältefronten aus dem Süden (*surazos*) und Waldbränden betroffen. Im Chaco wiederum treten regelmäßig verlängerte Trockenperioden auf.

---

1 Übersetzung aus dem Spanischen von Dana de la Fontaine und Melanie Hernández.

2 Am 19. Februar des Jahres 2002 etwa ereignete sich mitten in den Stadt La Paz ein über 50 minütiger Hagelsturm, der 73 Menschenleben kostete und Sachschaden im Wert von mehr als zehn Millionen USD anrichtete. Im Juni 2002 zerstörte ein starker mehrstündiger Schneesturm in Potosí die Ernte und verursachte ein Massensterben von Lamas, Vikunjas und anderen Tieren der Region.

Die Daten aus dem „Atlas de Amenazas, Vulnerabilidad y Riesgos en Bolivia" zeigen, dass Überschwemmungen, Dürren, Hagelschauer, Kälte- und Frostfronten, Erdrutsche, wirbelsturmartige Winde und Brände zugenommen haben und dabei jedes Jahr mehr Familien in Mitleidenschaft ziehen. So hat *El Niño* im Jahr 2000 Dürren und Überschwemmungen hervorgerufen, die ca. 26.000 Familien betroffen haben, während es im Jahr 2007 bereits 189.345 Familien waren (vgl. Oxfam y Fundepco 2008).

Die extremen klimatischen Ereignisse stehen meist direkt in Zusammenhang mit den Klimaphänomenen *El Niño* (im Englischen *El Niño Southern Oscilation*, kurz ENSO) und *La Niña*, der Umkehrung von *El Niño*. Diese Phänomene erzeugen Störungen in den Regenzyklen und klimatische Bedrohungen. *El Niño* verursacht sowohl Regen als auch überdurchschnittliche Temperaturen im Amazonasgebiet, mit der Folge von Überschwemmungen in Beni, Pando und dem Norden von Santa Cruz. In der Region des Chaco im Südosten und den Anden des Südwestens nimmt der Niederschlag wiederum ab und bringt Dürreperioden hervor (vgl. CEPAL 2008).

El Niño und *La Niña* verändern die klimatischen Bedingungen vieler Regionen des bolivianischen Territoriums. Diese Veränderungen sind allerdings nicht immer gleich stark, da auch andere regionale Klimaphänomene das bolivianische Klima beeinflussen. Im letzten Jahrzehnt sind die Phänomene *El Niño* und *La Niña* allerdings häufiger aufgetreten und ihre Auswirkungen waren zunehmend stärker, was höchstwahrscheinlich auf den Anstieg der globalen Temperaturen zurückzuführen ist. So wurde in Bolivien im genannten Zeitraum eine erhöhte Anzahl an klimatischen Ereignissen von großem Ausmaß beobachtet (El Niño 1999-2000, El Niño 2006-2007, La Niña 2008-2009, El Niño 2009-2010).

Beispielsweise wurden im Jahr 2010 laut offiziellen Berichten aufgrund der durch *El Niño* verursachten Klimakatastrophen 44.800 Familien und ca. 200.000 Personen in Mitleidenschaft gezogen. Die Überschwemmungen, die Trockenheit und der Hagel haben Felder, Häuser und Wege in mindestens 40% der Gemeinden des Landes beschädigt. Dabei war die tropische Zone von Cochabamba am stärksten betroffen.

2 Ökologische Auswirkungen des Klimawandels, Flora und Fauna

Palenque (2003) zufolge sagen verschiedene Modelle zum Klimawandel die Verlagerung des Waldes genauso wie der Isotherme[3] in kältere Regionen voraus. Für Bolivien bedeutet das eine Tendenz der Vegetationsmigration in höher gelegene Gebiete, die

---

3   Die Isotherme bezieht sich auf die geographische Linie, bei der die Temperatur auf allen Punkten gleich ist.

gleichzeitig zunehmend wärmer werden. Damit geht unter anderem ein weiterer Verlust der Gletscher einher.

Der Rückgang der Gletscher in den Anden schreitet schnell voran. Der Gletscher Chacaltaya etwa ist bereits verschwunden, was u.a. auf dessen Nähe zur Stadt La Paz zurückgeführt wird. Die Gletscher von Huayna Potosí und Tuni Condoriri, die Städte wie La Paz und El Alto mit Wasser versorgen, schmelzen rasant und bringen somit die Wasser- und Stromversorgung dieser Städte in Gefahr. Die Menge an Schmelzwasser, das die Turbinen der Wasserkraftwerke dieser Städte antreibt, nimmt beachtlich ab. Die Stauseen, die das Schmelzwasser der Gletscher auffangen, haben im Oktober des letzten Jahres den niedrigsten jemals gemessenen Stand erreicht. Der Gletscher von Tuni Condoriri – Wasserversorger von El Alto – ist um 40% zurückgegangen (vgl. Ramírez et al. 2006) und so hatten letztes Jahr zahlreiche Stadtteile von El Alto über einen Zeitraum von drei Monaten hinweg nur für einige Stunden am Tag Zugang zu Trinkwasser.

Auch Dürren treten im Zuge des Klimawandels häufiger und über einen längeren Zeitraum hinweg auf. Sie führen unter anderem zu einer stärkeren Bodenerosion durch Wind, Versalzung und zum Verlust der natürlichen Vegetation. Aus diesem Grund wird zukünftig von einer verstärkten Wüstenbildung ausgegangen, die aktuell bereits 41% des bolivianischen Territoriums betrifft. Die Dürre hat zudem den Verlust von Ernten und Gräsern und damit auch eine höhere Sterberate von Vieh zur Folge. Eine andere negative Konsequenz der Dürren ist der Verlust von Saatgut und der genetischen Vielfalt der angebauten Pflanzenarten sowie der natürlichen Gräser. Die Dürre in den Waldgebieten macht außerdem Brände wahrscheinlicher.

Aufgrund des Rückgangs der Gletscher und des Niederschlags wie auch der Zunahme an Dürren im Hochland, wurde ein konstanter Rückgang der Süßwasserreservoirs verzeichnet. Die Wasserknappheit wird auch zu einer geringeren land- und viehwirtschaftlichen Produktivität führen. Beispielsweise trocknet der Hochland-See Poopó zunehmend aus, sowohl aufgrund der Umleitung seiner Gewässer für den Bergbau als auch aufgrund des geringeren natürlichen Zustroms an Wasser. So ist die bisher reiche Vogel- und Fischfauna zunehmend bedroht und der Fischfang musste bereits verboten werden. Auch der Wasserpegel des Titicaca-Sees nimmt in steigendem Maße ab, was allerdings nicht nur mit dem Klimawandel zusammenhängt, sondern auch mit der Übernutzung seines Wassers für den um den See angesiedelten Bergbau sowie mit der Ausgrabung des Sees.

Zu diesen Faktoren kommt noch die zunehmende Wasserverschmutzung aufgrund des sich ausweitenden Bergbaus, der Industrie, der Landwirtschaft und der Abwässer der Städte hinzu, wobei letztere oft unbehandelt in die Flüsse geleitet werden. Die Verschmutzung der Gewässer nimmt in Zeiten der Dürre noch stärker zu, was sich für die Bevölkerung, die das Wasser nutzt, negativ auswirkt. Der Titicaca-See weist beispielsweise im Gebiet der Bucht von Cohana eine hohe Eutrophierung[4] des Wassers auf, was auf die zunehmenden Abwässer aus El Alto und Viacha zurückzuführen ist.

Im Tiefland hingegen ist eine Zunahme an Überschwemmungen feststellbar, die sich tendenziell über längere Zeiträume erstrecken. Dadurch kommt es zum Aussterben vieler Pflanzenarten, die sich nicht an die großen Wassermengen anpassen können. In Pando etwa wurde ein Kastaniensterben in langen Überschwemmungsperioden beobachtet. Bei den Überschwemmungen im Beni wiederum wurde das Aussterben von wilden Tieren festgestellt, weil sie entweder ertranken oder aber gejagt werden, sobald sie sich auf Inseln retteten.

Palenque zufolge sind die Auswüchse der Überschwemmungen der letzten Jahre nicht nur auf das Phänomen *El Niño* zurückzuführen, sondern auch auf die massive Rodung, die für den Soja- und Kokaanbau durchgeführt wird. Das entwaldete Gebiet verliert die Fähigkeit, die heftigen Regenfälle zu absorbieren und abzudampfen. Das bedeutet wiederum einen stärkeren Wasserabfluss und ein unübliches Anwachsen der Flüsse. Folglich entstehen Überschwemmungen, die vor allem Santa Cruz und Beni betreffen, eine Region, in der ohnehin regelmäßig saisonbedingte Überschwemmungen auftreten. Die in diesem Jahrzehnt zunehmende Abholzung, die insbesondere im Tiefland in den Yungas und im Chapare zu finden ist, kann anhand von Zahlen belegt werden. So besagen Schätzwerte, dass aktuell 330.000 Hektar Land in Bolivien gerodet werden, sprich, fast doppelt so viel wie in den 1980er Jahren als es noch 168.000 Hektar im Jahr waren. Dies ist im Wesentlichen auf die Ausweitung der Landwirtschaft zurückzuführen, primär für den Sojaanbau im Tiefland und den Kokaanbau in den Yungas (tropische Anden). Da es sich bei den Yungas um ein Gebiet mit einer der größten Pflanzenvielfalten der Welt mit vielen endemisch vorkommenden Pflanzen handelt[5], bedeutet die Beschädigung dieses Ökosystems den Verlust einzigartiger Pflanzen und der vielfältigsten „Dienstleistungen", die diese Wälder übernehmen. Laut Hochrechnungen der Vereinten Nationen wuchs der Kokaanbau im Jahr 2006 auf nationaler Ebene um 8% an. Durch diese Zunahme beanspruchte er im ganzen Land 27.500 Hektar, wobei lediglich 12.000 Hektar gesetzlich zugelassen sind (vgl. Fundación Milenio 2007).

Darüber hinaus ist zu erwähnen, dass Abholzung in der Regel Brandrodung bedeutet, welche wiederum die primäre Ursache für die Emission von Treibhausgasen ist. Die Brandrodung hat dabei eine zweifach negative Auswirkung in Bezug auf das Kohlenstoffdioxid. Zum einen wird die pflanzliche Biomasse durch die Verbrennung

---

4 Der Begriff der Eutrophierung bezeichnet die Anreicherung von Nährstoffen in einem Ökosystem oder einem Ökosystemteil.

5 Der Begriff des Endemismus verweist auf das ausschließliche Vorkommen von Tieren und Pflanzen in einem bestimmten Gebiet.

in Kohlenstoffdioxid umgewandelt und zum anderen wird die Pflanzenwelt zerstört, die bisher das Kohlenstoffdioxid aus der Atmosphäre absorbierte (vgl. Palenque 2003). Es kann also zusammengefasst werden, dass der rapide verlaufende Klimawandel und die genannten Probleme starke Auswirkungen auf die große Biodiversität Boliviens haben und zu einem Artensterben führen können, v.a. der endemischen, wenig verbreiteten oder gegenüber dem Klimawandel sensibel reagierenden Arten. Beobachtet wurde auch die Verlagerung einiger Arten in höhere oder kältere geographische Lagen, bzw. in für sie geeignetere Klimazonen. Arten, die sich aber weder anpassen noch umsiedeln können, sterben aus. Die Forschung zu diesem Thema läuft in Bolivien gerade erst an.

3 Soziale und ökonomische Konsequenzen der Umweltprobleme

Diese Umwelt-Desaster haben langfristige Konsequenzen für das Leben vieler Menschen, die oft ihr gesamtes Hab und Gut verlieren, das sie sich über viele Jahre und Jahrzehnte erarbeitet haben. Auf diese Weise werden ausgerechnet die Armen des Landes noch ärmer, die vor allem in den ländlichen Gebieten leben. Leider sind die zu Umweltproblemen in Bolivien vorhandenen Daten nicht nach Geschlecht oder Altersgruppen aufgeschlüsselt, was präzisere Aussagen in Bezug auf das Ausmaß der Klimakatastrophen und ihre sozialen Folgen in den unterschiedlichen Regionen ermöglichen würde. Gerade Frauen haben in der Regel die schwierige Aufgabe, sich während und nach einem Umweltdesaster um Kinder, Alte und Kranke zu kümmern.

Um den Folgen der Umweltkatastrophen entgegenzuwirken, hat die Regierung bereits Tonnen an Hilfsgütern verteilt, vor allem im Norden von La Paz, im tropischen Gebiet von Cochabamba, im Norden von Santa Cruz und im Beni. Im Januar 2010 veröffentlichte das Vizeministerium für Zivilverteidigung (vgl. Viceministerio de Defensa Civil 2009)[6], also die dem Verteidigungsministerium unterstehende Institution, die für den Umgang mit den Folgen der Naturkatastrophen zuständig ist, dass die Klimakatastrophen im Jahr 2009 106.977 Familien in Mitleidenschaft gezogen haben. Infolge dessen erhielten 73% der durch Dürren, Überschwemmungen, Hagel, Erdrutsche, Frost, Stürme, Epidemien, Verseuchung, Einstürzen und Hitzewellen betroffenen Familien staatliche Hilfe. Manche Orte sind allerdings schwer erreichbar, so dass die Hilfe dort nicht hingelangen konnte. So beklagten die indigenen Völker Yuki und Yuracaré, dass sie bei der Lieferung von Medikamenten vergessen worden waren. Dabei waren Medikamente aufgrund der vermehrten Erkrankungen der Menschen nach den Überschwemmungen dringend notwendig. Im Beni wurden allein im Januar 2010 2.663 Familien und in der Hauptstadt Trinidad 792 Familien

---

6   Das für das Katastrophenmanagement zuständige Vizeministerium für Zivilverteidigung wurde 2003 gegründet.

von Überschwemmungen in Mitleidenschaft gezogen. Aus diesem Grund mussten ca. 1.400 Familien in Zelten auf der höher gelegenen Landstraße untergebracht werden, die nach Santa Cruz führt. Die Viehzüchter mussten 90.000 Rinder evakuieren. Hinsichtlich der Dürre sollen im Jahr 2009 57.577 Familien in mindestens 92 Gemeinden, 44.143 Hektar bebauten Landes und 5.018 Rinder betroffen gewesen sein (vgl. Viceministerio de Defensa Civil 2009). 31.500 dieser Familien (sprich nur 54,7%) sollen Unterstützung von Seiten der Präfekturen und der internationalen Entwicklungszusammenarbeit bekommen haben (vgl. ebd.). Um der Dürre im Chaco von Santa Cruz entgegen zu wirken, hat die Regionalregierung angekündigt, neue Brunnen zu graben und Wiederaufbaumaßnahmen in der Region einzuleiten.

Die genannten Klimakatastrophen bringen auch schwerwiegende ökonomische Verluste mit sich. Die ländliche Bevölkerung verliert Ernten, Vieh und anderes. Das wiederum führt nicht selten zur Migration der betroffenen Bevölkerung, die sich dann in der Regel in den Peripherien der Städte niederlassen. Dort errichten sie meist auf entlegenen Grundstücken sehr prekäre Behausungen, die keinen Zugang zu öffentlichen Dienstleistungen haben. Auf diese Weise wächst die Anzahl an Armen in diesen Peripherien der Städte, die wiederum dem Klimawandel am stärksten ausgeliefert sind. Die Evaluierung der CEPAL zu den direkt oder indirekt mit dem Phänomen *El Niño* zusammenhängenden staatlichen Gesamtkosten für den Zeitraum von 2006 bis 2007 nennt einen Betrag von 443 Millionen USD. Die Evaluierung der Wirtschaftlichen Kommission für Lateinamerika und die Karibik (CEPAL) „Evaluación del impacto acumulado y adicional ocasionado por La Niña, Bolivia 2008" geht zudem von einem Verlust von 547 Millionen USD aus. Diese Summen sind für ein armes Land wie Bolivien beachtlich, da sie 3 bis 4% ihres BIP darstellen (vgl. Oxfam 2009). Stark betroffen durch den Klimawandel sind zudem die öffentliche und ökonomische Infrastruktur. Die starken Regengüsse und Überschwemmungen zerstören Straßen und Autobahnen, Brücken, Staudämme, Strommasten, Schulgebäude und Krankenstationen. Zum Beispiel wurde die Straßeninfrastruktur in den Yungas und dem Chapare, Zonen mit grundsätzlich hohem Niederschlag, wiederholt beschädigt und sogar teilweise völlig durch Regenfälle und Erdrutsche zerstört.

In Ländern wie Bolivien, in welchen ökonomische Ressourcen für öffentliche Investitionen äußerst limitiert sind, braucht der Wiederaufbau der beschädigten Bauten lange. So legen diese Schäden oft den Transport lahm, so dass sogar die landwirtschaftlichen für die Ausfuhr bestimmten Erzeugnisse in den betroffenen Regionen kaputt gehen. Die Produktion muss in Folge reduziert werden und die Einnahmen der betroffenen Bevölkerung schrumpfen, was zu weiterer Verarmung in der bolivianischen Gesellschaft führt. Zudem können viele der betroffenen Kinder aufgrund der Beschädigung der Schulgebäude über Monate hinweg nicht zur Schule gehen, was wiederum zu erheblichen Problemen führt.

Es kann also festgehalten werden, dass die Landwirtschaft und die Wasserressourcen sehr sensibel auf den Klimawandel reagieren. Da die Wasservorräte in den Trockengebieten sowohl aufgrund von geringerem Niederschlag als auch durch die Abnahme des Schmelzwassers der Gletscher weniger werden, verringert sich allgemein die landwirtschaftliche Produktion, was wiederum die ohnehin schon prekäre Ernährungssicherheit des Landes gefährdet. Bereits jetzt leiden 26% der Kinder unter fünf Jahren an Hunger (vgl. PMA 2009). Die oft ohnehin schon von Armut betroffenen Bauern sind am stärksten von Klimakatastrophen betroffen, da sie über keine Mittel oder Informationen verfügen, um sich auf die Klimakatastrophen vorzubereiten. So pflegen die Bauern zu sagen, „das Klima sei verrückt geworden", da sich der Bauernkalender verschoben hat.

Voraussagen zufolge werden die Erderwärmung in den tropischen Regionen, die folgenden Regenzeiten und damit verbundene stärkere Bodenerosion einen Nettorückgang des Anbaus bewirken. Im Hochland wird die Tendenz eines Rückgangs des Anbaus und der Austrocknung der Anbauböden beobachtet. Das ist in einem Land wie Bolivien alarmierend, wenn man bedenkt, dass trotz einer großen Gesamtfläche die Böden als sehr empfindlich beschrieben werden können und nur 3% des Territoriums für die intensive Landwirtschaft geeignet sind. Das Vizeministerium für Zivilverteidigung bekräftigt einmal mehr, dass die lange Überschwemmungsphase im Zeitraum von 2006 bis 2007 große Verluste in der Land- und Viehwirtschaft anrichtete, sowohl in Bezug auf den Tierbestand als auch in Bezug auf die Maschinen und Installationen. Ebenso wurden Fischzucht, der Tourismus und Wohnanlagen beeinträchtigt.

Wie bereits angedeutet, bedeutet der Klimawandel auch ein erhöhtes Risiko für die menschliche Gesundheit, sei es aufgrund des Temperaturanstiegs, der Überschwemmungen, von abnehmenden Wasservorkommen und produzierten Nahrungsmitteln wie auch der kälteren Winter. Die Überschwemmungen erhöhen die Häufigkeit von Cholera, Durchfall, Typhus Fieber, Hepatitis, Weil-Krankheit (Leptospirosis) und Parasitosis. Es wurde eine starke Zunahme an Durchfallerkrankungen – v.a. unter Kindern – aufgrund der häufig auftretenden Wasserverschmutzung beobachtet. Zudem führt die zunehmende Wasserknappheit in den trockenen Jahreszeiten dazu, dass die Bevölkerung auf verschmutztes Wasser zurückgreifen muss, um ihre Grundbedürfnisse zu stillen.

Der Temperaturanstieg hat wiederum zur Folge, dass sich Mücken und andere Krankheitsüberträger stark vermehren, die Malaria, Gelbfieber, Dengue-Fieber, Chagas und Leishmaniose übertragen. Dem Nationalen Plan zum Klimawandel (PNCC) zufolge haben diese Überträger ihren Übertragungskreis ausgeweitet und es wurde auch eine Verbreitung einiger Überträger in stark bewohnte Gebiete beobachtet (vgl. PNCC 2004). Im Jahr 2009 ereignete sich eine Dengue-Fieber-Epidemie in den tropischen Provinzen des Landes, die in diesem Jahr bereits die ersten Todesopfer verursachte. Verzeichnet wurde zudem vor allem in den trockenen und heißen Monaten ein erhöhtes Auftreten von Leishmaniose. Laut einer Studie zur Vulnerabilität und Anpassung der menschlichen Gesundheit an den Klimawandel (vgl. PNCC 2004) fördert die Wärme die Ausbreitung des Erregers.

4 Gesetzgebung, Institutionen und politische Maßnahmen

Im Folgenden sollen die klimapolitisch relevanten gesetzlichen, institutionellen und politischen Entwicklungen geschildert und mit den zentralen Problematiken in Bezug gesetzt werden. Bolivien hat die Rahmenkonvention der Vereinten Nationen zum Klimawandel auf der UN Umwelt- und Entwicklungskonferenz im Jahr 1992 unterschrieben, die vom Nationalkongress mit dem Gesetzesdekret Nr. 1576 vom 25. Juli 1994 ratifiziert wurde. Im Jahr 1995 wurde der Nationale Plan zum Klimawandel mit dem Ziel ins Leben gerufen, die Klimakonvention in Bolivien zu implementieren. Das Kyoto-Protokoll wurde am 22. Juli 1999 mit dem Gesetz Nr. 1988 ratifiziert. Der erste nationale Bericht an den Zwischenstaatlichen Ausschuss für Klimaänderungen (IPCC) wurde im Jahr 2000 vorgelegt, aber dessen Daten zu den Treibhausgas-Emissionen schlossen lediglich den Zeitraum 1990-1994 ein. Im Jahr 2003 wurde dann die „Bestandsaufnahme der Treibhausgase" mit den Daten aus dem Zeitraum 1990-2000 veröffentlicht. Im Dezember 2009 wurde der zweite Nationalbericht und ein neuer Bericht zu den Treibhausgasen herausgegeben.

In den fast 15 Jahren seiner Existenz ist das dem Umwelt- und Wasserministerium unterstehende Nationale Programm zum Klimawandel (PNCC) stets eine Institution mit einem schwachen Profil gewesen und wurde von der Bevölkerung nur marginal wahrgenommen. Trotz der Durchführung von Studien, der Anfertigung von zahlreichen Dokumenten und der Unterstützung vieler Projekte hat es der PNCC nicht geschafft, die diversen staatlichen Institutionen bezüglich des Klimawandels stärker zu sensibilisieren. So werden beispielsweise die vom PNCC formulierten Pläne zur Vorbeugung und Anpassung nicht in die Energiepolitik der Regierung einbezogen.

Der Nationale Entwicklungsplan (vgl. ebd. 2006) der aktuellen Regierung geht im Kapitel zum Thema Umwelt auch auf den Klimawandel ein. Die politischen Maßnahmen der Regierung führen hier die Vorschläge und Politiken vorheriger Regierungen fort, und damit auch den Fokus auf die Beteiligung am CO_2-Handel und am *Clean Development*-Mechanismus. Das stimmt jedoch mit der vorgegebenen Zielvorgabe der aktuellen Regierung nicht überein, die jegliche Marktmechanismen in den internationalen Klimaverhandlungen kategorisch ablehnt und in diesem Sinne sogar das Büro für *Clean Development* geschlossen hat. Bis heute ist die Regierung des Departements Santa Cruz die einzige, die über ein Pilotprogramm zum Klimawandel verfügt.

Was die Energiepolitik betrifft, erarbeitete die Regierung unter Präsident Morales einen Energieentwicklungsplan *2008-2027* (*Plan de Desarrollo Energético 2008-2027*), u.a. mit den folgenden Zielsetzungen: die Energiematrix zu verändern (siehe folgende Tabelle), erneuerbare Energiequellen zu entwickeln, Benzin, Diesel und Flüssiggas durch Erdgas zu ersetzen, sowie den Grad der Elektrizitätsversorgung zu erhöhen. Erdöl durch Erdgas zu ersetzen ist für ein Land wie Bolivien, welches ersteres importieren muss, gleichzeitig aber große Mengen an Erdgas exportiert, sinnvoll und notwendig. Erdgas ist dem Erdöl zudem darin überlegen, dass es weniger Emissionen verursacht. Allerdings ist anzumerken, dass sich dieser Plan nicht explizit auf den Klimawandel bezieht.

Tabelle 1: Veränderung der Energiematrix laut dem Energieentwicklungsplan (in %)

Energiematrix	2007	2027
Erdgas	18	55
Diesel	27	11
Benzin	14	12
Flüssiggas (GLP)	10	4
Biomasse	17	11
Elektrizität	11	8

Quelle: Ministerium für Energie, Erdöl und Erdgas, Anaya 2010

Bezüglich der Biomasse findet das Biogas Erwähnung, bisher gibt es dazu aber noch keine Projekte. Außerdem wird nicht davon ausgegangen, dass Agrartreibstoffe in Bolivien hergestellt werden, da Präsident Evo Morales diesen eine Absage erteilte, mit der Begründung, sie würden die Hungerproblematik im Land verschärfen. Hinsichtlich des Einsatzes von Wind- und Solarenergie werden in dem Plan keine speziellen Projekte genannt. In diesem Zusammenhang ist darauf hinzuweisen, dass momentan ein beträchtlicher Teil des ländlichen Sektors und der städtischen Peripherien Brennholz als Brennstoff verwenden. Dies stellt ein Problem dar, da dadurch in vielen ländlichen Gebieten des Hochlandes die Vegetation zerstört wird.

Der Energieentwicklungsplan gründet auf dem Investitionsplan für die Staatlichen Bolivianischen Erdölvorkommen *2009-2015* (*Plan de Inversiones de Yacimientos Petrolíferos Fiscales Bolivianos 2009-2015*). Zu dessen Zielen gehören die „Steigerung der Erdöl- und Erdgasproduktion, der zertifizierten Reserven, die Entwicklung einer Infrastruktur für den Verbrauch von Erdgas im Inland, die Versorgung des Binnenmarktes mit Flüssigtreibstoffen und die Industrialisierung des Erdgases" (YPFB 2009). Diese Industrialisierung soll anhand des Baus einer Anlage zur Dieselproduktion vorgenommen werden, einer Anlage zur Herstellung von Dünger (Urea und Ammoniak), sowie einer Anlage zur Errichtung von „Erdölhäusern" (*petrocasas*) aus Polyvinylchlorid (PVC), welche in Venezuela erfunden wurden.

Um die Erdölförderung auszuweiten sieht der Plan eine große Anzahl neuer Bohrarbeiten im Land vor. Dabei werden weder die Qualität noch die Endlichkeit der Ressourcen ausreichend beachtet. Außerdem verursachen bereits die Bohrungen in der Explorationsphase Konflikte mit den indigenen Völkern, welche sich der Ausbeutung des Erdöls und Erdgases in ihren Territorien widersetzen, sowie mit UmweltschützerInnen, die der Ausbeutung in Nationalparks wie dem Madidi entgegenstehen. Der Plan beabsichtigt ferner, die Erdgasexporte rasch auf weitere Länder auszuweiten. Die Erwägungen und Projektionen des Plans berücksichtigen hiermit weder den Klimawandel, noch die Tatsache, dass die Gasreserven endlich sind und vor allem dazu dienen sollten, die Lebensqualität der bolivianischen Bevölkerung zu verbessern.

Die klimatische Notlage in Bolivien wird weiterhin als „Naturkatastrophe" betrachtet, sowohl seitens der Medien, als auch seitens der Regierung. Es wird eine passive Haltung gegenüber diesen Ereignissen eingenommen, welche „natürlich" seien und daher als unausweichlich oder als Schicksalsschlag gelten. Daher überraschen sie alle Jahre wieder und die notwendigen und möglichen Maßnahmen zur Vermeidung oder Eindämmung ihrer schlimmsten Auswirkungen werden nicht ergriffen. Im Allgemeinen haben sämtliche bolivianische Regierungen eine reaktive Haltung gegenüber der klimatischen Notlage gezeigt. Die humanitäre Hilfe dauerte nur eine begrenzte Zeit an, erreichte nicht alle Geschädigten und die notwendige Unterstützung durch das Gesundheitswesen sowie in Form von Medikamenten wurde nicht geleistet. Aus diesem Grund kann sich die Bevölkerung meist nicht von den Schäden erholen. Der Wiederaufbau der Infrastruktur geschieht nur langsam und findet manchmal gar nicht statt.

Paradoxerweise nehmen solche Handlungsmuster, die Risiken der sozialen Folgen von Umweltproblemen erhöhen, zu. So werden in La Paz Wohnhäuser zunehmend in Risikogebieten und an für Erdrutsche anfälligen Abhängen errichtet. Dies geht sowohl auf die Armut, als auch darauf zurück, dass die Stadt keine ausreichenden Kapazitäten hat, um die ständig wachsende Bevölkerung mit angemessenem Wohnraum zu versorgen. Außerdem wird die Trinkwasserversorgung ohne Kanalisation und ohne die nötigen Entwässerungsanlagen eingerichtet.

In fast allen Städten sind die Abwassersysteme nicht ausreichend und die existierenden werden für gewöhnlich durch angestaute Abfälle verstopft. Aus diesem Grund werden viele Stadtteile während der Regenzeit überflutet. Die Stadt Trinidad im Department Beni erleidet fast jedes Jahr Überschwemmungen und die – ohnehin von Armut betroffene – Bevölkerung muss teilweise monatelang in prekären Zelten Zuflucht suchen. Es gibt keine Zufluchtsorte oder Einrichtungen, welche die Geschädigten aufnehmen könnten. Die ehemaligen Bewohner des Beni errichteten vor über 800 Jahren künstliche Bergrücken, um sich dort in Zeiten von Überschwemmungen in Sicherheit zu bringen. Die heutigen BewohnerInnen bauen ihre Behausungen jedoch nicht in hohen Lagen bzw. konstruieren keine Schutzvorrichtungen. Das betrifft auch ihr Vieh, das in Regenzeiten oft an weit entfernte Orte getrieben werden muss.

In den Projekten zur Wasserversorgung bleibt die Verringerung der Wassermenge unbeachtet, ebenso die Wasserverschmutzung, welche durch unbehandeltes Wasser hervorgerufen wird. La Paz besitzt beispielsweise kein System der Abwasserreinigung. Bereits seit zehn Jahren ist bekannt, dass die Staudämme, welche La Paz und El Alto momentan mit Wasser versorgen, bei gegebenem Bevölkerungswachstum unzureichend sind. Dennoch wurde erst in jüngster Zeit eine Studie zur Errichtung eines neuen Staudammes für La Paz in Angriff genommen, nicht jedoch für El Alto. Stattdessen wurden neue Brunnen gegraben, welche jedoch aufgrund des geringeren Grundwasserstandes austrocknen könnten. Dies geschah in Cochabamba, wobei nicht nur Brunnen austrockneten, sondern auch Bodenabsenkungen hervorgerufen wurden.

Auch wenn bekannt ist, dass die Entwaldung steiler Hänge, sowie von Wäldern zum Schutz von Beckenoberläufen und Flussläufen, das Abfließen des Wassers und das Überlaufen von Flüssen verstärkt, wurde bisweilen nichts unternommen, um sie zu verhindern. Im Gegenteil, die Entwaldungsrate wächst von Jahr zu Jahr und macht auch vor Schutzgebieten nicht Halt. Außerdem gibt es keine wirksame Kontrolle illegaler Abholzung, welche sich in einigen Regionen ausgebreitet hat.

Obwohl die Brandrodungen von Wäldern und Weiden Hauptquelle der Kohlenstoff-Emissionen sind, werden keine Technologien entwickelt, um dieses Problem zu lösen. Es muss aber auch erwähnt werden, dass im Jahr 2007 zum ersten Mal Bußgelder für EigentümerInnen verhängt wurden, die solche illegalen Brandrodungen durchführten. Auch wenn sich diese Bußgelder auf einen Dollar pro Hektar beschränkten, stellen sie doch einen Fortschritt im Vergleich zur Vergangenheit dar, als gar keine Maßnahmen ergriffen wurden. Es bleibt abzuwarten, ob das Vizeministerium für Zivilverteidigung seine Kapazitäten durch die steigende Unterstützung der internationalen Kooperation verbessern wird, und ob sie sich zunehmend am PNCC orientieren.

Auch wenn Bolivien nur geringe Emissionen verursacht, kommt dem Land als Unterzeichner der Klimarahmenkonvention der Vereinten Nationen die Verantwortung zu, Präventionspolitik zu betreiben und Pläne zur Verringerung seiner Emissionen, im Rahmen des ihm Möglichen, auszuarbeiten.

Laut dem Zweiten Kommuniqué des PNCC gibt es drei Programme, die der Schadensbegrenzung dienen sollen: Die Umstellung der Kraftfahrzeuge auf den Betrieb durch Erdgas, die Verteilung von 7,9 Millionen Energiesparherden und das Programm zur Energiegewinnung durch Wasserkraft, „welches den Gebrauch erneuerbarer Ressourcen anregt, und mit der Errichtung von sechs großen Wasserkraftwerken begonnen hat, die nach ihrer Errichtung in zehn Jahren 3290 MW erzeugen werden, und dafür knapp 5,6 Milliarden Dollar investiert" (PNCC 2009 S.197). Es handelt sich um die Wasserkraftwerke Cachuela Esperanza im Fluss Beni; Miguillas in La Paz; San José in Cochabamba; Rositas in Santa Cruz; El Bala nördlich von La

Paz; und das geothermische Projekt Laguna Colorada in Potosí. Zudem wird die Unterstützung von Forstprojekten erwähnt, die Finanzierung von Baumschulen in der nördlichen Zone von La Paz und Beni, sowie in Santa Cruz die Unterstützung eines Waldschutzprojektes entlang der Flussufer des Piraí (vgl. PNCC 2009).

Hinsichtlich dieser Schadensbegrenzungsprogramme ist anzumerken, dass die Umstellung der Kraftfahrzeuge von Diesel und Benzin auf Erdgas nur sehr langsam voranschreitet. Das entsprechende Programm existiert bereits seit über zehn Jahren, dennoch wurden laut dem erwähnten Kommuniqué des PNCC bisher nur 1,5% der Kraftfahrzeuge umgewandelt. Das PNCC berichtet zudem, dass die dadurch erzielte Reduzierung der Emissionen nicht berechnet wurde. Zudem wurden zwar Energiesparherde an die Bevölkerung verteilt, jedoch die Möglichkeit nicht genutzt, ein Bewusstsein über den Klimawandel zu schaffen. Außerdem sind keine Entsorgungsmaßnahmen dieser Herde vorgesehen, was aufgrund des in ihnen enthaltenen Quecksilbers jedoch überaus wichtig erscheint.

Das Zweite Nationale Kommuniqué bestätigt in Bezug auf die „großen Wasserkraftwerke", dass „diese Wasserkraftwerke Emissionen von Treibhausgasen verringern werden, und deshalb seitens Boliviens ein wichtiger Beitrag zur Reduzierung dieser Gase geleistet wird, welcher hoffentlich durch die Internationale Gemeinschaft kompensiert werden wird, ebenso wie alle anderen Anstrengungen zur Schadensbegrenzung, die das Land in den letzten Jahren unternommen hat" (PNCC 2009: 198). Das Kommuniqué bleibt jedoch Erklärungen dafür schuldig, wie diese Reduzierung der Emissionen konkret durchgeführt werden wird, da die Mehrzahl dieser Projekte dem Energieexport dienen soll.

Was das geothermische Projekt Laguna Colorada betrifft, so befindet es sich in der Naturschutzzone *Reserva de Fauna Eduardo Abaroa*, zudem ein Ramsar-Gebiet[7], das zwei einheimische Flamingo-Arten schützt und welches gemeinsam mit der Salzlagune Uyuni Hauptziel des Tourismus in Bolivien ist. Dieses vor mehr als zwei Jahrzehnten initiierte Projekt wurde aufgrund der gewaltigen Umweltschäden, welches es verursachen würde, verworfen. Durch die Erwärmung und Verschmutzung des Wassers würde es ein sehr fragiles Ökosystem zerstören und die reichhaltige Fauna des Andenhochlandes stark reduzieren. Der Staudamm El Bala würde Teile des Parkes Madidi und das Biosphärenreservat Pilón Lajas zerstören, eines der Gebiete mit der weltweit größten Biodiversität und wichtiges Ziel des Tourismus in Bolivien. Dieses Projekt wurde in den 1970er Jahren vorgeschlagen, jedoch aufgrund seiner wirtschaftlichen Undurchführbarkeit wieder verworfen. Außerdem äußerten die dort ansässigen indigenen Völker ihre Ablehnung gegenüber dem Projekt. Der Staudamm

---

7 Die Bezeichnung der Ramsar-Gebiete geht auf die Ramsar-Konvention zurück – das Übereinkommen über Feuchtgebiete, insbesondere als Lebensraum für Wasser- und Watvögel, von internationaler Bedeutung.

des Wasserkraftwerkes Cachuela Esperanza, welcher im Norden Boliviens, an der Flussmündung des Beni, gebaut werde sollte, würde das Amazonas-Gebiet Boliviens stark beeinträchtigen, die saisonalen Überschwemmungen der flachen Gebiete in großem Maße verstärken und dabei das Land der dort lebenden indigenen Völker überschwemmen und den Fischfang, die Beute und Diversität der Fische und Vögel der Region drastisch reduzieren. Diese Projekte, welche den Export von Elektrizität zum Schaden der Biodiversität und lokaler indigener Bevölkerung priorisieren, sind besorgniserregend und haben aufgrund ihrer starken Auswirkungen auf die Umwelt heftige Kritik seitens der UmweltschützerInnen ausgelöst. Außerdem tragen die großen Staudämme in tropischen Gebieten nicht dazu bei, den Klimawandel einzudämmen, da sie beträchtliche Mengen an Methan freisetzen, großflächige Abholzung verursachen, den Wasserkreislauf verändern und die Fisch- und Vogelwelt zerstören, mit Auswirkungen auf die gesamte Ernährungskette. Dabei könnte die Errichtung kleiner Wasserkraftstaudämme oder schwimmender Turbinen die interne Nachfrage nach Energie decken.

Des Weiteren werden keine Maßnahmen ergriffen, um die Verschmutzung der Atmosphäre in den Städten einzudämmen, welche jedoch wichtig wären, um Gesundheitsschäden der Bevölkerung zu vermindern. Die Kontrolle der Verschmutzung durch Industrieabgase ist praktisch inexistent. Auch benutzen Ziegelfabriken häufig Reifen als Brennstoff und zur Abfallentsorgung wird Plastik entweder verbrannt oder als Brennstoff und sogar zum Kochen verwendet, obwohl dies äußerst giftige Gase wie Dioxin generiert.

Bolivien empfängt seit einigen Jahren Ressourcen aus der Entwicklungszusammenarbeit für den Klimawandel. Trotzdem weist alles darauf hin, dass die nötigen Kapazitäten, um die BolivianerInnen gegen den Klimawandel zu wappnen, bisher noch nicht aufgebaut wurden. Noch immer ist die Variable Klimawandel nicht in der Planung der Entwicklungs- und Infrastrukturprojekte enthalten. Der PNCC hat im Jahr 2008 einen Nationalen Anpassungsmechanismus (*Mecanismo Nacional de Adaptación*) vorgeschlagen, welcher Leitlinien dahingehend aufstellt, wie der Staat sich organisieren sollte, um sich dem Klimawandel anzupassen und ihn in verschiedene Entwicklungspläne und -projekte einzubeziehen. Dieser Mechanismus wurde bisher allerdings noch nicht umgesetzt.

Die Regierung verdeutlichte während der Klimaverhandlungen immer wieder ihre Position, dass die Indigenen die Antworten auf den Klimawandel hätten. Es ist offensichtlich, dass die indigenen Völker über beachtliche Anpassungssysteme an lokale Klimagegebenheiten verfügten, und dass einige dieser Praktiken sehr nützlich sein können. Dennoch sind diese Anpassungssysteme aufgrund des Ausmaßes der aktuellen Veränderungen unzureichend.

Auch wenn das PNCC Studien angestellt hat und zukünftige Szenarien anhand verschiedener klimatischer Simulationsmodelle analysierte, gibt es nur sehr wenige

Projekte, die tatsächlich substanziell dazu beigetragen haben, den Klimakatastrophen vorzubeugen oder sie abzuschwächen.

Kürzlich wurde eine Strategie im Rahmen der Initiative zur Verringerung von Emissionen aus Entwaldung und Waldzerstörung (REDD+)[8] ausgearbeitet, um die Entwaldung zu vermeiden und ihr vorzubeugen, sowohl als Mittel der Eindämmung, als auch der Anpassung. Der Schutz der Wälder trägt zur Stabilität der dort ansässigen indigenen Völker bei, da sie das Regenwasser aufnehmen, den Verlust wertvoller „Umweltdienstleistungen" (*servicios ambientales*) vermeiden, sowohl die Biodiversität bewahren, als auch die vielen von den Indigenen verwendeten Produkte der Nahrungsergänzung oder für medizinische Zwecke.

5 Zukünftige Aufgaben und Herausforderungen

In diesem Teil soll auf Herausforderungen und zukünftige Aufgaben eingegangen und in diesem Kontext auch konkrete Vorschläge im Kontext Boliviens angedacht werden. Die dargelegten Überlegungen weisen auf die Notwendigkeit eines neuen Dynamismus des PNCC hin, der es ihm ermöglichen würde, eine stärkere Wirkung auf die Förderung von Eindämmungs- und Anpassungsmaßnahmen in allen Bereichen, sowie auf nationaler, departamentaler und Gemeindeebene zu erzielen. Eine weitere Hauptaufgabe wird es sein, den Nationalen Meteorologie- und Hydrologie-Dienst (SENHAMI) zu stärken. Diese sehr schwache Institution benötigt dringend Ressourcen, um mehr Hydrologie- und Wetterstationen aufzustellen, die Klimaforschung voranzutreiben und Anpassungsmaßnahmen daran auszurichten, sowie ein effektives und effizientes Frühwarnsystem einzurichten, welches es ermöglicht, Katastrophen vorherzusehen und ihnen vorzubeugen. Dadurch soll auch eine erweiterte und bessere Koordination mit anderen Departements und Gemeinden erreicht werden.

Größere Handlungsmöglichkeiten für Regierungen der Departements und Gemeinden sind erforderlich, um den Klimakatastrophen entgegenzutreten, sowie auf lokaler Ebene spezielle Maßnahmen zur Eindämmung und Anpassung zu identifizieren und sie in die Fünfjahres- und Jahrespläne aufzunehmen. Es ist darüber hinaus notwendig, Mehrzweckanlagen, Sport-, Kultur- und Bildungseinrichtungen zu erbauen, die den von Umweltkatastrophen Geschädigten gegebenenfalls als Zufluchtsorte und/oder vorübergehende Herbergen dienen können. All zu oft sieht sich die betroffene Bevölkerung gezwungen, monatelang und sogar über Jahre

---

8 Die Initiative zur Verringerung der Emissionen aus Entwaldung und Waldzerstörung (REDD) besteht seit der Klimakonferenz 2007 in Bali. REDD+ ist eine Erweiterung des REDD um die Ziele der Emissionsreduktion aus Entwaldung und Waldverlusten (REDD) um jene der Erhaltung von Wäldern, des nachhaltigen Waldmanagements und der Erhöhung des Kohlenstoffvorrats von Wäldern.

hinweg in Zelten zu hausen, welche sie nur unzureichend vor rauen klimatischen Verhältnissen schützen.

Es gilt, die Bauart der Infrastruktur und Unterkünfte zu verändern, um sie weniger anfällig für den Klimawandel zu gestalten. Im Hochland – es handelt sich oft um über 4000 Höhenmeter – sollten sie so entworfen werden, dass sie Solarenergie nützen, im Tiefland hingegen kühlend wirken. Die Bauart der Häuser sollte, angefangen bei ihrem Entwurf, über technische Normen bis hin zum Materialeinsatz, extremen klimatischen Bedingungen gegenüber stabil sein, sowie an die verschiedenen Ökoregionen des Landes angepasst sein. Im Beni, einem periodischen Überschwemmungen ausgesetzten Gebiet, sollten Infrastruktur und Behausungen auf höheren Ebenen errichtet werden. Zudem sollten sowohl für die Bevölkerung, als auch für das Vieh und die reiche Tierwelt der Region Zufluchtsorte gebaut werden, nach dem Vorbild der erbauten Hügel der ebendort ansässigen Vorfahren.

Der Wandel der auf Erdöl basierenden Energiematrix hin zu Erdgas und erneuerbaren Energien sollte beschleunigt werden. Dazu gehört, die Erstreckung des Erdgasnetzwerkes auf den häuslichen und industriellen Gebrauch sowie jenen in Bergwerken voranzutreiben, da dieses Netzwerk während der letzten Jahre nur sehr wenig gewachsen ist. Es ist zudem notwendig, die Subventionen für die Umstellung des Transportwesens auf Erdgas auszuweiten sowie die Zahl der Tankstellen zu erhöhen, welche diesen Kraftstoff anbieten.

Im ländlichen Gebiet sollte Brennholz durch Flüssiggas oder andere erneuerbare Energiequellen ersetzt werden. In schlecht erschlossenen Gebieten des Hochlandes ist es notwendig, die Effizienz beim Gebrauch von Biomasse zu erhöhen, indem etwa Biogasgeneratoren (*biodigestores*) und Solarenergie eingesetzt werden. Um die dispers angesiedelte ländliche Bevölkerung mit Elektrizität zu versorgen, sollten hauptsächlich Solar-, Windenergie und Biogasgeneratoren eingesetzt werden. Die Verringerung des Brennholzkonsums ist von großer Bedeutung, um den Verlust der Vegetation zu verhindern, welche ohnehin durch die Dürre dezimiert wird. Die Bewahrung der Vegetation ist zudem deshalb wichtig, da sie Kohlenstoffdioxid absorbiert, die Auswirkungen des Regens verringert und die Böden vor wind- und wasserbedingter Erosion schützt.

Es ist notwendig, kleinere Projekte unter dem Gesichtspunkt des Klimawandels zu konzipieren und Investitionen in erneuerbare Energien zu tätigen. Das Land verfügt über ein großes Wasserkraftpotential im östlichen Hochland. Würden kleine Staudämme gebaut, könnte die gesamte Bevölkerung damit versorgt werden, ohne dabei die Emissionen wesentlich zu erhöhen. Unter diesen Gesichtspunkten ist es inakzeptabel, Megastaudämme zu errichten, deren negative Auswirkungen auf die Umwelt ausführlich erforscht wurden und die zudem die klimabedingten Risiken der in diesen Gebieten lebenden Bevölkerung erhöhen würden. Insbesondere sollten solche Staudämme in Nationalparks verboten werden.

Die sich zukünftig noch verschärfende Wasserknappheit kann heftige Konflikte hinsichtlich der Ressourcennutzung auslösen, wie in Cochabamba bereits zwischen StadtbewohnerInnen und Bewässerungsbeauftragten (*regantes*) zu beobachten ist. Folglich ist es notwendig, tausende kleiner Staudämme und Regenwasserauffangsysteme zu bauen, um für die Trockenzeit vorzusorgen. Um der Gletscherschmelze entgegen zu wirken und in den Andenstädten eine Wasser- und Energieunterversorgung zu verhindern, sollten zudem mehrere mittelgroße Staudämme gebaut werden.

Hinsichtlich der Schadensbegrenzungs- und Anpassungsmaßnahmen ist es notwendig, einen ökosystemaren Fokus anzuwenden, da ohne eine holistische Betrachtung der verschiedenen Bestandteile des Ökosystems Eingriffe vorgenommen werden könnten, die einen bestimmten Faktor angreifen, zum Nachteil anderer wichtiger Umweltfaktoren.

Zudem sollten die Pläne zur Gebietsverwaltung und der Bodennutzung überarbeitet und wiederbelebt werden. Diese wurden in den 1990er Jahren ausgearbeitet, gerieten jedoch unter den nachfolgenden Regierungen in Vergessenheit. Die mit der Landnutzung in Verbindung stehenden Politiken sollten koordiniert werden und Anpassungs- und Schadensbegrenzungsprogramme enthalten, da der Klimawandel die Böden degradiert und dadurch auch die Produktivität beeinträchtigt.

Es ist dringend notwendig, die Entwaldungsraten zu verringern und den REDD+ Mechanismus zu nutzen, um in den Schutz der Wälder zu investieren. Diese sind nicht nur wichtige Kohlenstoffspeicher, sondern versorgen zudem die dort lebenden indigenen Völker mit lebenswichtigen Umweltgütern und -dienstleistungen. Im Tiefland sollten Agroforstsysteme angeregt werden, welche die Vegetation erhalten und die beste Produktionsalternative in tropischen Wäldern sind. Die Entwaldung zum Zweck des Anbaus von Biokraftstoffen sollte verboten werden, da diese Form des Anbaus in vielen Entwicklungsländern und im brasilianischen Amazonasgebiet zu massiven Umweltschäden und zudem zu Preissteigerungen vieler Nahrungsmittel geführt hat.

Es wird vorausgesehen, dass sich die neuen Klimabedingungen in steigendem Maße auf die Gesundheit der Bevölkerung auswirken und die Unterernährung erhöhen werden. Daher ist es wichtig, dass das Gesundheitsministerium mit dem PNCC zusammenarbeitet und Programme entwickelt, welche die Gefahren einschätzen und Vorbeugemaßnahmen unternehmen, insbesondere hinsichtlich sich ausbreitender tropischer Krankheiten. Die Ernährung betreffend ist es notwendig, Forschung über widerstandsfähige Pflanzen zu betreiben, welche die Auswirkungen des Klimawandels überleben können.

Durch vermehrte Zusammenarbeit zwischen akademischen und anwendungsorientierten Organisationen könnten ein verbessertes Evaluierungssystem der Treibhausgasemissionen und der Auswirkungen des Klimawandels sowie diesbezügliche Präventionsmaßnahmen entwickelt werden. Dabei sollte die Bevölkerung, welche nur wenig Wissen über den Klimawandel und die vermeidbaren Notstände hat, stärker als bisher einbezogen werden. Zudem gilt es, über die Medien Bildungskampagnen zu entwickeln, die nicht erschrecken, sondern die auf beste Weise vermitteln, wie Ressourcen einzusetzen und Katastrophen zu verhindern sind. Der Klimawandel sollte auch in die Lehrpläne sämtlicher Bildungsebenen aufgenommen werden. Die Genderperspektive sollte auf transversale Weise in Studien und Anpassungsprogramme eingehen, da Frauen, Kinder und Alte diejenigen sind, welche am meisten unter extremen klimatischen Vorkommnissen und deren Folgeerscheinungen leiden.

Schließlich kommt der Veränderung des Entwicklungsmodells große Bedeutung zu. Von einem export- und konsumorientierten, sowie umweltzerstörerischen zu einem nachhaltigen Modell einer gemäßigten Nutzung der natürlichen Ressourcen, das den Schwerpunkt nicht auf Wirtschaftswachstum, sondern auf die Befriedigung der Bedürfnisse der lokalen Bevölkerung legt. Ein Entwicklungsmodell, das ernsthaft die Auswirkungen auf Klima und Umwelt abschätzt, bevor es Entwicklungsprojekte ausführt.

6 Schlussfolgerungen

Das Thema des Klimawandels, welchem in Bolivien bis vor kurzem lediglich seitens des PNCC und einiger Umwelt-NGOs Beachtung geschenkt wurde, erregt zusehends mehr Aufmerksamkeit und Interesse, insbesondere aufgrund der Bedeutung welche die internationalen Kommunikationsmedien der Klima-Konferenz in Kopenhagen verliehen haben, sowie aufgrund höherer Investitionen aus Entwicklungsgeldern in den Bereich. Außerdem wurde Präsident Evo Morales zu einem diskursiven Kämpfer gegen den Klimawandel und Verteidiger der Mutter Erde. Dies bescherte ihm die Nominierung durch die Vereinten Nationen als „Schutzheld der Mutter Erde" (*Héroe Protector de la Madre Tierra*) und er setzte die Erklärung des 22. Aprils als Internationalem Tag der Mutter Erde durch.

Die Regierung unterstützte außerdem die Weltkonferenz der Völker über den Klimawandel und die Rechte der Mutter Erde, welche im April 2010 in der bolivianischen Stadt Cochabamba stattfand. Der Vorschlag der „Rechte der Mutter Erde" spiegelt die indigene Weltanschauung des Respekts und der Hochachtung gegenüber der *Pachamama* (Mutter Erde) wider, wobei allerdings unklar ist, wie diese Anschauung verrechtlicht werden soll. Außerdem vertritt die bolivianische Regierung das Paradigma des Guten Lebens (*buen vivir*), welches darauf aufbaut in Harmonie mit der Natur zu leben, im Gegensatz zum „Paradigma des Westens, besser zu leben". Doch die Distanz zwischen dem Regierungsdiskurs und ihrer Praxis in diesem Bereich ist enorm.

Um dem umweltfreundlichen Diskurs gerecht zu werden, wird es notwendig sein, die momentane umweltschädliche Energiepolitik und die Politik des Energieexports zu verändern sowie hinsichtlich präventiver Maßnahmen fortzuschreiten, um eine allzu große Verwundbarkeit Boliviens durch extreme Klimavorkommnisse zu verhindern. In Bolivien wird gemeinhin angenommen, dass das Land aufgrund seiner geringen Emissionen und der „Klimaschulden der Länder des Nordens" keinen Grund hat, Schadensbegrenzungsmaßnahmen zu ergreifen, obwohl diese Maßnahmen auch zur Anpassung und Widerstandsfähigkeit der bolivianischen Gesellschaft beitragen, sowie die Abholzung und Brandrodung der Wälder verhindern könnten.

Bibliographie

Anaya, S. (2010): Plan de Desarrollo Energético 2001– 2027. La Paz. (Powerpoint Präsentation).

Flores, Teresa et.al. (2003): Diagnóstico y Lineamientos para Avanzar hacia el Desarrollo Sostenible. La Paz: ADBES, LIDEMA, IBIS Dinamarca, Grupo Danés 92, KAS.

Flores, Teresa (2009): Propuestas para una Estrategia REDD+ en Bolivia. (unveröffentlicht)

– (2007): Cambios Climáticos en Bolivia. Recomendaciones para la Acción. (unveröffentlicht)

– Prepararnos para los cambios climáticos. In: La Prensa, 20. Januar 2007.

– Las inundaciones en el país serán peores. In: La Prensa, 3. März 2007.

– Las quemas y chaqueos. In: La Prensa, 22. Juni 2007.

– Los costos ambientales de los cambios climáticos. In: La Prensa, Oktober 2007.

– El fin de la era del petróleo. In: La Prensa, 10. November 2007.

– Del desarrollo sostenible al desarrollo resilente. In: La Prensa, Oktober 2007.

MDS (2005): Mercado de Carbono y Fondos de Financiamiento para Proyectos MDL. La Paz: República de Bolivia, Ministerio de Desarrollo Sostenible, VRNMA, PNCC y ODL.

MHE (2008): Balance Energético Nacional. La Paz: FLARSP, Ministerio de Hidrocarburos y Energía.

MOPSV (2007): Programa Electricidad para Vivir con Dignidad. Ministerio de Obras Públicas, Servicios y Vivienda. La Paz.

MPD (2006): Plan Nacional de Desarrollo. La Paz: Ministerio de Planificación del Desarrollo.

Oxfam (2008): Atlas de Amenazas, Vulnerabilidad y Riesgos en Bolivia. La Paz: Oxfam, Fundepco.

– (2009): Pobreza, Vulnerabilidad y Cambio Climático en Bolivia. La Paz: Oxfam.

Palenque, Eduardo (2003): Cambios Climáticos en Bolivia. In: Diagnóstico y Lineamientos para Avanzar hacia el Desarrollo Sostenible. La Paz: ABDES, LIDEMA, IBIS.

PNCC (1996): Inventario de Emisiones de Gases de Efecto Invernadero de origen Antropogénico de Bolivia para el año 1990. La Paz: Programa Nacional de Cambios Climáticos, Ministerio de Desarrollo Sostenible y Medio Ambiente.

– (1997): Country Studies Program. Vulnerabilidad y Adaptación de los Ecosistemas al posible Cambio Climático y Análisis de Mitigación de Gases de Efecto Invernadero. La Paz: Ministerio de Desarrollo Sostenible y Medio Ambiente, Programa Nacional de Cambios Climáticos, EPA-US, USCP.

– (2000): Estrategia Nacional de implementación de la Convención Marco de las Naciones Unidas sobre Cambios Climáticos. La Paz: MDSP, VMARNDF, PNCC, PNUD.

– (2000): Análisis de opciones de mitigación de emisiones de gases de efecto de invernadero. La Paz: PNCC.

– (2001): Vulnerabilidad y Adaptación de la Salud Humana ante los Efectos del Cambio Climático en Bolivia. La Paz: MDSP-VMARNDF, PNCC, GEF.

– (2002): Bases Generales para la Aplicación de la Estrategia Nacional de Implementación de la CMNUCC en Bolivia. La Paz: MDSP, PNCC.

– (2007a): Vulnerabilidad y Adaptación al Cambio Climático en Bolivia: Resultados de un proceso de Investigación Participativa. La Paz: Ministerio de Planificación del Desarrollo, Programa Nacional de Cambios Climáticos.

– (2007b): El cambio climático en Bolivia. La Paz: Ministerio de Planificación del Desarrollo.

– (2008): Mecanismo Nacional de Adaptación al Cambio Climático. La Paz: Ministerio de Planificación del Desarrollo, PNCC.

– (2009): Inventario de Gases de Efecto Invernadero de Bolivia 2002-2004. Programa Nacional de Cambios Climáticos. La Paz: Ministerio de Medio Ambiente y Agua.

– (2009): Segunda Comunicación Nacional del Estado Plurinacional de Bolivia ante la Convención Marco de las Naciones Unidas sobre Cambio Climático. La Paz: Ministerio de Medio Ambiente y Agua, PNCC.

PRODENA (2009): Posicionamiento de PRODENA ante la Conferencia sobre Cambio Climático de Copenhague. La Paz: Asociación Prodefensa de la Naturaleza.

Ramírez, E/Olmos, C. (2008): Retroceso del Tuni Condoriri y sus impactos en el suministro de agua en las ciudades de La Paz y El Alto. IRD-IHH; PNCC.

Stern, Nicholas (2006): Review on the economics of climate change; abrufbar unter www. hm-treasury.gov.uk/

Viceministerio de Energía e Hidrocarburos (2006): Anuario Estadístico del Sector Eléctrico Boliviano 2006. La Paz: Ministerio de Desarrollo de Económico, Viceministerio de Energía e Hidrocarburos.

World Bank (2004): The Little Green Data Book. Washington D.C.: The World Bank.

YPFB (2009): Plan de Inversiones de Yacimientos Petrolíferos Fiscales Bolivianos 2009–2015.

Staat und Autonomie

Rossana Barragán R. / José Peres Cajías

Achsen der hegemonialen Herrschaft: Budgetpolitik in Bolivien von 1825 bis 1952 und die Beziehung zwischen Zentralstaat und Regionen[1]

Auf provokante Art und Weise wies José Luis Roca 1979 darauf hin, dass die Geschichte Boliviens durch den Kampf zwischen den Regionen und nicht den Klassenkampf gekennzeichnet gewesen ist (1979-1999: 39). Auch der aktuelle Prozess bestätigt diese Anschauung: die regionale Dimension ist – ebenso wie die ethnische, die der sozialen Bewegungen und die der sozialen Klassen – für die gesellschaftliche Dynamik Boliviens nicht nur geschichtlich, sondern auch in der Gegenwart grundlegend. Es kommt heutzutage ebenso klar zum Ausdruck, dass der regionale Konflikt soziale und ethnische Konfliktachsen integriert. Etwa wenn Gegensätze geschaffen werden, wie jene zwischen Westen und Osten, zwischen den *collas* des Hochlandes und den *cambas* des Tieflandes, zwischen Indigenen und Weißen (bzw. *Q'aras* oder Hispano-Mestizen), zwischen Tradition und Moderne, Kollektivismus (bzw. Vergangenheit) und Privatinitiative (bzw. verheißungsvoller Zukunft), Völkern und Oligarchien. Jedes einzelne dieser Gegensatzpaare ist Produkt und Ausdruck eines kulturellen Erbes und partikularer historischer Traditionen[2]. Dabei sind alle Bestandteile des Nationalismus vorhanden: die unterschiedliche Geografie, Herkunft und Geschichte, verschiedene „Rassen", Führungen und eigene politische Projekte, die mit „essenzialisierenden" Kategorien operieren.

1 Zentralismus versus „Achsenmonie" im Verteilungsregime[3]

In diesem politischen Disput wurde zudem die Existenz einer unterdrückenden Macht thematisiert, nämlich der Zentralismus, der als Ausdruck des internen Ko-

---

1 Übersetzung aus dem Spanischen von Isabella M. Radhuber.

2 Roca wies zum Beispiel auf folgendes hin: „Jede einzelne von ihnen (den Regionen), verkörpert in den neun Departements, fühlt sich als Trägerin von einem kulturellen Erbe, das ihr Prestige verleiht, einer historischen Tradition, die ihr eine eigene Physionomie verleiht und von Reichtümern, die ihr Fortschritt voraussagen" (1979/1999: 11).

3 Der Titel dieses Beitrages fand seine Inspiration im Buch von Fernando Mayorga (1997) namens *¿Ejemonías? Democracia representativa y liderazgos locales*, welches Herrschaft entlang von Konfliktachsen seit 1990 in den Blick nimmt.

lonialismus verstanden wird: gemeint ist damit ein Kolonialismus des Zentrums gegenüber den Regionen[4]. Es herrschte ein wahrer Wettbewerb um die Interpretation von Problemen und Unterdrückungsverhältnissen: Neben den Herrschaftsverhältnissen zwischen Regionen ging es auch um jene gegenüber und zwischen indigenen und popularen sowie subalternen Gruppen. Angesichts solcher essenzialisierenden und ahistorischen Diskurse scheint es angebracht, eine historisierende Perspektive einzunehmen.

Es ist notwendig, sich allem voran in Erinnerung zu rufen, dass die Verlegung der Hauptstadt Boliviens von Sucre nach La Paz ab 1900 implizierte, dass es nicht nur ein Zentrum gab.[5] Unsere eigenen historischen Forschungsarbeiten bestätigen ebenfalls, dass das regionale Ungleichgewicht, das wir heute erleben, Resultat und Produkt von Verhältnissen und Politiken ist, die sich zwischen dem Staat und den Regionen vor allem zwischen 1900 und 1952 gebildet haben. Sollte es eine stabile und kontinuierliche Wirtschaftspolitik gegeben haben inmitten der Instabilität, die im Allgemeinen die Länder und Staaten Lateinamerikas charakterisierte, dann war diese zum Vorteil von Santa Cruz und schuf bedeutende interne Ungleichgewichte zwischen den Regionen[6].

---

4 Diese Konzepte werden in Anlehnung an Silvia Rivera und Álvaro García verwendet, die sich insbesondere auf die Unterdrückung indigener Völker bezogen. Sergio Antelo, Gründer und aktive Führungsperson der Gruppierung „Nación Camba", warf deren Reformulierung auf und dehnt das Konzept des internen Kolonialismus auf einzelne Regionen Boliviens aus. Es geht dabei um die Herrschaft von einigen Völkern über andere, um Territorien ohne eigene Regierungen, um Autoritäten die nicht von der Bevölkerung gewählt wurden, und um von anderen Staaten regulierte Rechte. Er spitzt außerdem noch weiter zu, dass die Herrschaftssituation nur aus der Eroberung und den internationalen Zugeständnissen heraus zu erklären ist (vgl. Antelo: 44-45). Die gewöhnlichere Bezeichnung ist „Staatskolonialismus", als Herrschaft über eine Region-Nation (Kultur und/oder unterschiedliche ethnische Zugehörigkeit) durch den Staat. Der Kolonialismus wird identifiziert mit dem ausbeuterischen staatlichen Zentralismus gegenüber den „Kolonien", mit denen sich Santa Cruz und andere Regionen des Ostens identifizieren. Der Begriff Kolonien, abgesehen von seiner üblichen Verwendung, meint hier außerdem eine klare und direkte Art der staatlichen Politik, die als Kolonisierung bezeichnet wird, und die vor allem in den 1950er Jahren Anwendung fand. Diese „Kolonien" werden außerdem als Mestizen-Nationen konzeptualisiert, die von diesem Staat unterdrückt werden und sich deshalb für ihre Befreiung und Autonomie aussprechen.

5 Über die Periode zwischen Ende des 19. Jahrhunderts und der ersten Jahrzehnte des 20. Jahrhunderts siehe Irurozqui (1994); zum Disput zwischen La Paz und Sucre im Laufe des 19. Jahrhunderts siehe Mendoza (1997) und zur Allianz zwischen der Liberalen Partei und der indigenen Bewegung siehe Condarco Morales (1965).

6 Im letzten Jahrzehnt wurden zahlreiche Arbeiten über die Geschichte und die Aktualität von Santa Cruz veröffentlicht. Zur klassischen Arbeit von Ibarnagaray (1981, 1999) sind noch viele weitere hinzugekommen. Grundlegende Arbeiten waren jene von García Jordán

In diesem Artikel wird davon ausgegangen, dass gegenwärtig mehrere Regionen in Bolivien die Flagge der Autonomie gegen den angeblich von La Paz aus praktizierten staatlichen Zentralismus hissen. Dabei stellt sich unmittelbar die Frage: worin bestand denn dieser Zentralismus und welches war sein Zentrum, wenn sogar die eigene Hauptstadt verlegt wurde? Im folgenden Artikel soll anhand einer Untersuchung der Budgets die Herkunft der Einnahmen und ihre Verteilung zwischen den Regionen analysiert werden. Für diese Analyse nehmen wir uns eine Art der historischen – gesellschaftsfokussierten – Lektüre der Budgets von 1825 bis 1952 vor, die uns ermöglicht, die bestehenden Beziehungen zwischen dem Staat und den verschiedenen territorialen Ebenen sowie zwischen dem Staat und den diversen AkteurInnen zu begreifen. Die regionalen Ungleichgewichte werden dabei als Resultat der im 20. Jahrhundert umgesetzten Politik zu erklären versucht. Andererseits soll in methodologischer Hinsicht eine ebenso gesellschaftszentrierte Lesart Aufschluss über die Kräfteverhältnisse geben, die sich in die Budgets einschrieben. Diese sollen die Beziehungen langer und kurzer Dauer zwischen dem Staat und den Regionen sowie zwischen dem Staat und den verschiedenen AkteurInnen zeigen. In anderen Worten, in ihnen können wir die Praktiken, die im einen oder anderen Moment erzielten Einverständnisse, die Verhandlungen und die Auflagen erkennen[7].

Wenn wir die Beziehungen zwischen dem Staat und den Regionen anhand einer Analyse der Einkünfte und ihrer Verteilung besser verstehen wollen, so ist es zunächst notwendig, dem diffusen Charakter des Begriffs der Region in Bolivien nachzugehen. In der derzeitigen Gegenüberstellung Westen/Osten entsprechen die Regionen großen geografischen Bereichen, die sich über die politisch-administrativen Einheiten der Departements hinaus erstrecken. Der Osten umfasst dabei generell die Departements Santa Cruz, Beni, Tarija und Pando und wird seit einigen Jahren häufig als „Halbmond" bezeichnet[8]. In der Geschichte ebenso wie in der Gegenwart bezeichnen die Regionen jedoch zugleich geografisch reduziertere und auf jedes einzelne der aktuellen neun Departements limitierte Bereiche, welche die ab 1825

(2001); Roca (2001); Antelo (2003); Peña P. (2003); Sandóval et. al. (2003); Pruden (2003, 2008). Zwei der diesen Artikeln nachfolgenden Arbeiten sind Prado S., C. Peña und S. Seleme (2007) und X. Soruco (2008).

7   Die Arbeiten über die Versteuerung sind selten, mit der Ausnahme von Mexiko. Siehe außerdem Carmagnani (1994), Pérez Herrero (2005, 2006); Marichal und Marino (2001); Aboites und Jaúregui (2005).

8   Die Halbmondregion nimmt Bezug auf die Form der östlichen Departements vom Norden bis zum Süden: Pando, Beni, Santa Cruz, Chuquisaca und Tarija. Im Jahr 2004 bereiteten wir einen Dossier unter dem Titel „La Media Luna: autonomías regionales y comités cívicos" vor, in dem wir Erklärungen für die Zeitschrift *T'inkazos* No. 16. zusammenstellten. Siehe dazu auch Assies (2006).

geschaffenen politisch-administrativen Einheiten darstellen (vgl. Roca, 1979/1999[9]).
Aber die Regionen können auch geografische Realitäten bezeichnen, die vielmehr
im Inneren der Departements und Provinzen eingegrenzt sind.

Letzteres zeigt, dass Regionen nicht *per se* existieren, im Sinne räumlich und
territorial fixer und stabiler Ausschnitte, sondern dass sich die politischen Auseinandersetzungen in die inhaltliche und räumliche Bestimmung der Regionen
einschreiben. Und wenn die politische Auseinandersetzung im Lauf der Geschichte
immer entlang regionaler Konfliktachsen verlaufen ist, dann bedeutet das, dass der
Staat nicht stark genug war, um die einzelnen Teile zu absorbieren, diese gleichzeitig
aber auch nicht ausreichend solide waren, um die Konstruktion einer föderalen
Regierung anzustoßen.

Dieser Artikel konzentriert sich genau darauf, die Beziehungen zwischen den
unterschiedlichen territorialen Ebenen zu analysieren, wobei unsere Aufmerksamkeit
auf den Ressourcen, ihrer Herkunft und ihrer Verteilung liegt. Nehmen wir an, dass
die nationale Regierung und die subnationalen Einheiten sich über die Zeit hinweg
im Rahmen von sozialen Machtbeziehungen konstituiert haben. Wir zeigen, dass
die Zentralregierung wichtige Ressourcen an die Regionen verteilt hat, weshalb man
mitunter behaupten kann, dass der Zentralismus den Regionalismus von Santa Cruz
am Ende des 20. Jahrhunderts geschaffen hat.

Unser Ausgangspunkt im ersten Teil des Artikels ist eine Analyse der demographischen Verteilung. In Bolivien kam es nie zur überwältigenden Hegemonie einer
Region oder Stadt, wie es etwa bei Lima in Peru oder Buenos Aires in Argentinien
der Fall war. Vielmehr wird deutlich, dass in Bolivien mehrere Achsen der Bevölke-
rungs- und Machtkonzentration vorhanden waren. Daher kommt auch der Begriff
der „Achsenmonie" *(ejemonía)* – und dass man in Bolivien von Achsen spricht, ist an
sich bedeutend. Gemeint ist damit die Vorherrschaft von breiten Räumen und Regionen. Im 19. Jahrhundert verlief diese Achse (longitudinal und vertikal nach Roca)
zwischen Norden und Süden[10], wobei allerdings nicht von vollständiger sondern nur
partieller und zwischen La Paz und Chuquisaca wechselnder Hegemonie gesprochen
werden sollte. In der ersten Hälfte des 20. Jahrhunderts und bis 1970 verschob sich
diese Achsenmonie zur neuen Zentralachse zwischen La Paz-Cochabamba-Santa
Cruz, mit einer hegemonialen Stellung von La Paz, die in den letzten Jahren von
Santa Cruz angefochten wurde. In einem längeren Zeitraum betrachtet bedeutet

---

9 José Luis Roca wies auf Folgendes hin: „Hier benutzen wir den Begriff der Region so wie
   er üblicherweise in der bolivianischen historischen Literatur verstanden wird, vielmals als
   Synonym für das Volk, und auf den Norden, den Süden, den Osten und den Nordwesten
   des Landes bezogen. Gegenwärtig wird unter Region auch jedes der neun Departements
   verstanden, die die Republik Bolivien konstituieren." (1979/1999: 54).

10 Siehe Cajías (1997) und Roca (1999).

das, dass das Zentrum immer umstritten war und sich nie ein einziges Zentrum verfestigen konnte.

Ausgehend von diesem Kontext analysieren wir die Einkünfte des Staates, die Rolle der Departements und die territorial-departamentale Primärverteilung. Später wurden die Budgets dann tendenziell stärker an die Bevölkerungszahl gekoppelt. Wenn wir auf die Verteilung des Budgets verweisen, sprechen wir nichtsdestotrotz vor allem von der Bürokratie, die seit 1825 mit einer speziellen Logik gewachsen ist. Es war ein staatliches Anwachsen durch die Nach- und die Anfrage der unterschiedlichen Ebenen der territorialen politisch-administrativen Organisation (Departements, Provinzen, Kantone). Das heißt, dass jedes Departement – noch präziser jede departamentale Hauptstadt – um den Sitz und das Zentrum der Justiz (Oberste Gerichtshöfe), der Kirche (Bistum) und der Bildungsinstitutionen (z.b. eine eigene Universität) gekämpft hat. Die Tendenz zum Aufbau eines Einheitsstaates fand also ihren Gegenpart in regionalen Dezentralisierungstendenzen, insbesondere in den Hauptstädten. Das bereitete den Weg für eine Debatte rund um die Schaffung von Einkünften und Ausgaben, die anhand der Begriffe Einheitsstaat und Föderalismus geführt wurde. Der Einheitsstaat implizierte damals, dass das Budget eine kollektive und gemeinsame Geldbörse für jene „armen" Departements darstellt, die ihre Ausgaben nicht aus eigenen Einkünften finanzieren konnten. Förderalismus hingegen implizierte, vor allem vor 1871, dass jedes Departement seine eigenen Kosten selbst tragen musste.

In diesem Prozess ging die Bildung vom „Zentrum" und den „Departements" gleichzeitig vonstatten. Sie stabilisierte sich in den letzten Jahrzehnten des 19. Jahrhunderts mit der Differenzierung der Erhebung der Einnahmen auf drei Regierungsebenen: der nationalen, der departamentalen und der kommunalen. Die häufigen Auseinandersetzungen um Steuern zwischen diesen drei Ebenen festigten diese einerseits und zeigten andererseits auch die geringe Fähigkeit bzw. Bereitschaft der Steuerzahlung.

Im zweiten Teil des Artikels werden einige Charakteristika der staatlichen Mittel analysiert. Wir möchten die Fragilität des „Zentralstaates" aufzeigen und wie dieser darum kämpfen musste, sich gegenüber wirtschaftlichen Gruppen und Sektoren im Kontext beständiger Auseinandersetzungen durchzusetzen.

In diesem Zentralstaat subventionierten Potosí und La Paz dauerhaft zahlreiche Departements, die weder ausreichend Handlungsfähigkeit noch Durchsetzungs- und Leistungskraft aufwiesen. Davon ausgehend wird im dritten Teil des Artikels diskutiert, wie das Zentrum die Regionen geschaffen und zudem gestärkt hat.

Die Forderungen der Regionen gegenüber dem „Zentrum" und die eigenen Regionalismen müssen daher auf die Konsequenzen der liberalen Politiken und den Disput um die Zielbestimmung von Anleihen und Schulden, v.a. für die Entwicklung der Kommunikationsmedien und die Eisenbahnen, seit dem letzten Jahrzehnt des 19. Jahrhunderts zurückgeführt werden.

Abschließend wird erläutert, wie die Politik der Gewinnverteilung – insbesondere der Lizenzgebühren – aus dem Erdgassektor die Erschaffung und Stärkung der Regionen ermöglichte. Seit 1872 wurde festgesetzt, dass alle Exportgüter als „nationale" Ressourcen galten und demgemäß die gesamte Bergbauproduktion als nationale Angelegenheit angesehen wurde, was die Subvention zahlreicher östlicher Departements ermöglichte. Die Unterscheidung der departamentalen Lizenzgebühren gestattete der Erdgasproduktion nicht nur die Entwicklung einiger Departements, sondern auch die mittel- und langfristige Förderung regionaler Ungleichgewichte und Ungleichheiten.

2 Die demographische Vorherrschaft des Westens und die fragilen Gleichgewichte zwischen Norden und Süden von 1825 bis 1900

Zwischen 1825 und 1900 veränderte sich die demographische Struktur in Bolivien – einem vorwiegend ruralen Land – nur gering (1.100.000 Einwohner im Jahr 1825 und 1.633.610 im Jahr 1900). Das Departement La Paz war bis 1900 das am stärksten bewohnte: Es vereinte 1825 35% der Bevölkerung und 1900 24%. Besonders wichtig war nichtsdestotrotz, dass sich im westlichen Teil Boliviens, in den fünf Departements La Paz, Oruro, Potosí, Cochabamba und Chuquisaca, im Jahr 1825 93% und 1900 82% der Bevölkerung konzentrierten (vgl. Barragán, 2002). In anderen Worten, in Santa Cruz – ein Departement des Ostens – lebten 1825 nur 7% und in Santa Cruz, Beni, Madre de Dios und Purús gemeinsam lebten im Jahr 1900 nur 14% der Bevölkerung. Die Bevölkerungsmehrheit konzentrierte sich in diesem Zeitraum überwiegend in den westlichen Departements.

Es gab daher keine demographische Vorherrschaft eines Departements oder einer Stadt, sondern vielmehr einer großen Region, einer ausgedehnten Nord-Süd Achse (vgl. Cajías 1997 und Roca 1999). Die Nord-Süd Achse bzw. der Nord-Süd Bogen bildete sich in einer engen Verbindung mit dem Handel und den Export- und Importhäfen heraus. Potosí und der Süden nutzten über Buenos Aires die Anbindung zum Atlantik, bzw. im 19. Jahrhundert, in erster Linie über Cobija oder La Mar (wiedergewonnen 1827), jene zum Pazifik. Im Norden – vor allem in La Paz, Oruro und Cochabamba – wurde der Anschluss über den Hafen von Arica benutzt. Dieser Dynamik folgend stellten sich die staatlichen Politiken als fundamental für die Stärkung des Handels heraus, welcher eben über diese Häfen erfolgte. Aus dieser Perspektive kann man die Regierungsadministrationen des 19. Jahrhunderts nach den wechselnden Politiken einteilen, welche je dem Norden oder dem Süden vorteilhaft waren.

In diesem Kontext lebte der bolivianische Staat während eines Großteils des 19. Jahrhunderts vom indigenen Tribut (vgl. Sánchez Albornoz 1978; Griesehaber 1977; Platt 1986; Huber 1991), welcher 35% der gesamten Einnahmen ausmachte. Daher waren die westlichen Departements mit mehrheitlich indigener Bevölkerung, wie La Paz, Potosí und Oruro jene, die am meisten zum Staatshaushalt beigetragen haben. Ab 1880 erlangten die staatlichen Einnahmen aus den Bergbauexporten eine fundamentale Rolle, was aber nicht bedeutete, dass die ehemaligen und traditionellen Einnahmen abgenommen hätten.

Grafik 1 und 2: Vergleich der Staatsbudgets Boliviens und seine Verteilung zwischen 1827 und 1883 (ohne Schulwesen)

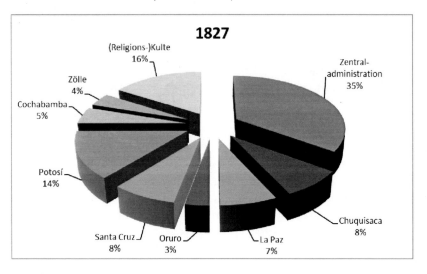

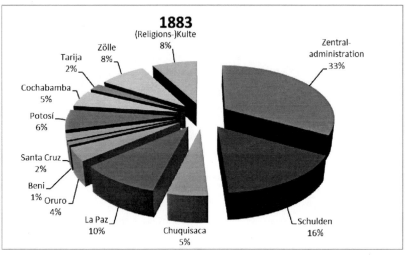

Quelle: Barragán 2002.

Obwohl die Bergbau-Departements mit bedeutender indigener Bevölkerung einen substantiellen Teil der Einkünfte schufen, wurden die Ausgaben gleichmäßig unter allen Departements verteilt. Das bedeutete eine tiefgreifende demographische Ungleichheit. 1827 zum Beispiel vereinte das Departement von Potosí 22% der Bevölkerung, sein Budget betrug aber nur 5%. Unmittelbar danach kam La Paz mit 3% des Budgets, aber 34% der Bevölkerung. In Chuquisaca konzentrierten sich 7% und in Santa Cruz 13% der Bevölkerung, ihr Anteil am Budget war aber gleich mit 2%.

Entgegen geläufiger Annahmen kann man in einem Vergleich zwischen 1827 und 1883 erkennen, dass kein substantielles Anwachsen der Zentraladministration – welche sich in Sucre konzentrierte – stattfand. Der Betrag, der jedem Department zur Verfügung stand, scheint im Falle von Cochabamba und Oruro nicht variiert zu haben. In La Paz hingegen war eine Erhöhung des Budgets erkennbar.

In Graphik 1 ist ersichtlich, dass 1827 geringe Unterschiede zwischen den Departements festzustellen waren. Ihr Anteil am Budget betrug zwischen 3% und 8%. La Paz hatte 7% und Santa Cruz noch mehr mit 8%. Potosí stellt eine Ausnahme dar, weil sich dort das Münzamt befand. Tarija schien noch nicht mit einem separaten Budget auf und Beni gab es zu diesem Zeitpunkt als eigenes Departement noch nicht. Das Budget stellte sich als sehr ungleich heraus, wenn man es in Beziehung zur Bevölkerung setzt (siehe Grafik 3). In der entsprechenden Grafik von 1883

Grafik 3: Die Beziehung zwischen Budget (inklusive Bildung) und Bevölkerung in einigen Departements in Bolivien 1827 und 1883

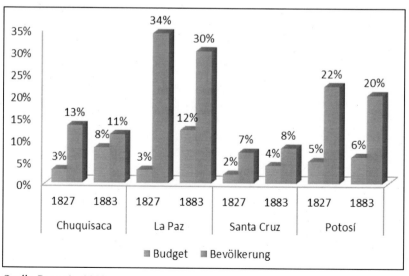

Quelle: Barragán, 2002.

sticht in erster Linie die Bedeutung der Schulden hervor. Der Betrag des Budgets in jedem Departement variiert zwischen 2% und 10%. Vergleicht man die Situation zwischen 1827 und 1883, so ist zu beobachten, dass es kein Anwachsen des Budgets der staatlichen Verwaltung gab. Darüber hinaus blieben die Budgets von Oruro und Cochabamba konstant, jenes von La Paz verzeichnete einen Anstieg, die Budgets von Chuquisaca und Potosí hingegen verringerten sich. Das Budget weist hier eine geringfügig höhere Beziehung zur Bevölkerung auf (siehe Grafik 4).

Zur Beziehung zwischen der Bevölkerung und der Verteilung des Budgets zwischen 1827 und 1883 kann man der Grafik 3 entnehmen, dass 1827 Chuquisaca 3% des Budgets erhielt, während es 13% der Bevölkerung zählte. Santa Cruz hatte praktisch das gleiche Budget, aber nur 7% der Bevölkerung. La Paz erhielt ebenso 3%, zählte aber 34% der Bevölkerung. 1883 schien die Differenz zwischen dem Budget und dem Bevölkerungsanteil abzunehmen, das ist etwa in den Fällen von Chuquisaca und La Paz festzustellen. Im Laufe des 19. Jahrhunderts zeigt sich demnach eine Tendenz hin zu mehr Gleichheit gemessen an der Bevölkerung. Für die Departements mit geringer Bevölkerung wurde nun ein geringerer prozentualer Anteil der Budgets vorgesehen, was für sie einen Verlust an Vorrechten und einen wirtschaftlichen Niedergang in Bezug auf ihren Ausgangspunkt bedeutete. In anderen Worten: Es wurde von einer ungleichen Situation im Sinne des Bevölkerungsanteils zu einer gleicheren Situation übergegangen (siehe Grafik 3).

Der Aufbau der staatlichen Verwaltung während des Großteils der ersten Hälfte des 20. Jahrhunderts, das heißt die Territorialisierung der Regierung oder *„territorialization of rule"* (vgl. Vandergeest/Lee Peluso 1995: 415), stellt sich als fundamental heraus, wenn man die Beziehungen zwischen „Zentrum" und „Regionen" verstehen will. Aus dieser Perspektive wurde der Auf- und Ausbau staatlicher Verwaltungsstrukturen nicht vom Zentrum vorangetrieben; vielmehr wurzelt diese Dynamik in den Forderungen und Interessen der politischen Eliten der Departements. Das wiederum führte zu einer Vervielfältigung staatlicher Strukturen. Ein klares Beispiel dafür war die Organisation und Verwaltung der Justiz im 19. Jahrhundert, welche eine bedeutende Dekonzentration und Dezentralisierung durchlief. Die höchsten gerichtlichen Instanzen wie der Oberste Gerichtshof waren zunächst nur in zwei Städten von zwei Departements existent, sie wurden jedoch auf alle weiteren Departements erweitert und die Zahl der Funktionäre stieg seit 1827 von 39 auf 437 (1883) an (vgl. Barragán, 2002). Diese Entwicklung ist in unterschiedlichen Bereichen (Bildung, Regierung, Justiz, Gesundheit, etc.) feststellbar und sorgte für starke Diskussionen über Einkünfte und – was als noch bedeutender einzuschätzen ist – über die Art der sogenannten „politischen Verbindungen" (*„asociaciones políticas"*).

3 Eine neue Perspektive auf die Debatte zwischen Einheitsstaat und Föderalismus ausgehend vom Staatsbudget

Die Schaffung neuer staatlicher Institutionen auf den unterschiedlichen politisch-administrativen und territorialen Ebenen stieß neue Diskussionen über den wirtschaftlichen Beitrag jedes einzelnen Departements und über die bestehende politische Organisationsform an. Die RepräsentantInnen jener Departements, die weniger Ressourcen zur Verfügung hatten – diese haben heute im Übrigen die meisten Mittel –, plädierten oft für einen Einheitsstaat, wenn es um das Budget ging. Aber der bedeutende wirtschaftliche Beitrag anderer Departements verlieh diesen mehr Legitimität, um ihre Forderungen durchzusetzen und sich so den staatlichen Wachstumsanforderungen anderer entgegenzustellen[11].

Die Alternative zwischen Gleichheit oder Ungleichheit zwischen den Departements bzw. zwischen Einheitsstaat oder Förderalismus – nach dem jedes Departement die Ausgaben der staatlichen Administration (Regierung, Justiz, Bildung, etc.) selbst bestreiten müsste – war ein fundamentales Thema in den damaligen Diskussionen. Ein Repräsentant aus Tarija brachte diese Frage auf den Punkt:

> Welche Regierungsform haben wir angenommen? Die Föderale, nach der jedes Departement seine Ausgaben unmittelbar aus seiner Produktion bestreitet, oder die Einheitsform, in der alle Ausgaben der Nation aus der Staatskasse bezahlt werden? Wenn wir uns mit diesen kleinlichen Ideen eines Provinzialismus herumschlagen, dann verzichten wir doch gleich auf die Verfassung [...] (Redactor, 1839-1921, T. III: 851).

Der Förderalismus setzte sich jedenfalls nicht durch, obwohl die Liberalen des Nordens und von La Paz diesen befürworteten und dabei auf die Unterstützung der Indigenen zählen konnten, in der Auseinandersetzung mit den Konservativen ein Bürgerkrieg entfachte und es zur Verlegung der Exekutive und der Legislative von Sucre nach La Paz kam – und damit das eigentliche „Zentrum" der Macht verlegt wurde.

4 Das Zentrum in konstantem Zweifel und die nationale und departamentale Konstruktion zwischen 1900 und 1952

Die Herausbildung eines Zentrums im Rahmen des Nationalstaates verfestigte sich 1872 mit der finanziellen Dezentralisierung, welche das nationale Schatzamt gemein-

---

11 1831 forderten die RepräsentantInnen von Cochabamba die Schaffung eines Justizgerichtshofes. Sie strichen dabei die Bedeutung ihrer Beiträge hervor und die Subventionen, die sie an andere Departements wie Oruro (wo die Bergbauproduktion noch immer einen Stillstand verzeichnete) abgaben, ebenso wie die Folgen die diese Subventionierung an andere Departements hatte, wobei sie explizit hervorhoben, dass Santa Cruz aus diesem Grund keine Beiträge zahlen wollte.

sam mit departamentalen Fonds sowie Fonds der Gemeinden etablierte.[12] Es wurde
explizit festgesetzt, dass die nationalen Einnahmen in erster Linie aus den Einnahmen
durch Zölle und Exportrechte über Silber und andere Mineralien geschaffen würden.[13] Die departamentalen Einnahmen wurden als jene, die nicht in den nationalen
Einnahmen berücksichtigt sind, definiert und die Einnahmen der Gemeinden waren
durch das Dekret vom 16. März 1864 festgesetzt (*Anuario de Leyes 1872*, 1873: 212).

    Ab diesem Zeitpunkt begann der Staat vom Bergbau zu leben und zwar in erster
Linie vom Silber und vom Zinn. Allerdings war es für den bolivianischen Staat
und seine Führungspersonen sehr schwierig, sich gegen die wenigen aber mächtigen
Personen durchzusetzen, die diese Aktivität kontrollierten – die „Silber-Patriarchen"
Anfang des 19. Jahrhunderts und die „Zinnbarone" während der ersten Hälfte des
20. Jahrhunderts. Doch es war ebenso mühsam andere Einnahmequellen zu finden[14].

    Der „Zentral"-Staat hatte Schwierigkeiten, die Rolle des ehemaligen indigenen
Tributs zu ersetzen und finanzierte sich aus den unterschiedlichsten Einnahmequellen. Wir können das nationale Steuersystem mit einem Wald (*sistema boscoso*)
vergleichen (Barragán y Peres Cajías, 2006), da sich die Fiskalpolitik extensiv erweiterte, aber nicht auf dieselbe Weise intensiv. Denn ohne eine universelle oder
nachhaltige Besteuerung etablieren zu können, war ein kontinuierlicher Anstieg der
Einnahmequellen zu verzeichnen, die allerdings nur wenige Einnahmen abwarfen.
So existierten im Jahr 1900 37 Einnahmequellen, bis 1938 stiegen diese auf 138
an. 91% der Steuerarten trugen allerdings nur 1% zu den Gesamteinnahmen bei[15].

    So stellte der Bergbau eindeutig die wichtigste Einnahmequelle dar – obwohl
diese Ressourcen nicht gleichermaßen von den verschiedenen Bergbauproduzenten
stammte, und diese daher auch nicht im selben Maße in ihrer Gewinnspanne beeinträchtigte. Die Bedeutung der Zolleinkünfte während der ersten drei Jahrzehnte des
20. Jahrhunderts verweist auf eine Strategie des Staates, die Dynamik des Bergbaus zu

---

12 Diese Reform folgte verschiedenen Zielen der damaligen Gesetzgeber. Für einige zielte
die Reform darauf ab, dass jedes Departement seine Ausgaben in Beziehung zu seinen
Einkünften besser verwalten könnte. Im Weiteren sollte den Bedürfnissen besser nachgekommen werden, und damit Frieden und Ordnung, eine bessere Verteilung und Umverteilung der Ressourcen, etc. gesichert werden.

13 Abgesehen vom Beitrag der Stempel- und Siegelsteuer, der Lohn- und Zollabgaben, der
Steuern auf den vom Ausland eingeführten Viehbestand, auf Produkte des Guano- sowie
Salpeterverkaufs und auf Staatsländereien sowie vom indigenen Tribut.

14 Über das Silber im 19. Jh. siehe Mitre (1981); über Bergbau in der ersten Hälfte des 20.
Jh. siehe einige allgemeine Arbeiten wie jene von Albarracín (1972), Arce (2003), Jordán
Pozo (1997) bzw. jüngere und innovativere Arbeiten über das Zink von M. Contreras
(1994 und 1999).

15 Über die Periode 1927 und 1932 siehe Drake (1989) und allgemein *Banco Minero de
Bolivia* (1941).

nutzen und daher Zölle auf die Importe einzuheben. Als Konsequenz der Krise von 1929 – welche die Zinnexporte und dadurch auch die nationalen Einnahmen bedeutend beeinträchtigte – sowie des Chaco-Krieges erlangte der Staat mehr Kontrolle über die Bergbauaktivität und konnte besonders auch auf die BergarbeiterInnen mehr Druck ausüben. So wurde die direkte Besteuerung[16] angehoben und erreichte einen durchschnittlichen Anteil von 43% an den nationalen Einnahmen (vgl. Tabelle 1).

Tabelle 1: Wesentliche Einnahmen des Nationalen Schatzamtes (in Prozent der gesamten Einnahmen)

	1903	*1913*	*1923*	*1930*	*1938*	*1949*	*1954*
ZÖLLE							
Zölle	50,08	47,06	23,48	27,77			
Zollamt in Antofagasta	21,39	14,50					
Zollamt in Arica	5,13						
Zollamt in La Paz	14,26	13,59	7,98				
Zollamt in Oruro			7,18				
Andere	9,30	18,97	8,32				
15% Gebühr auf Abrechnungen von Policen besteuerter Ware[1]		5,53					
Zollgebühr auf Importe[2]					12,40		3,33
Zollgebühr auf Exporte[3]					8,21	7,73	2,71
Wertzoll auf Importe[4]					5,10	12,12	10,64
Zusätzliche Steuer auf Exporte[5]						26,61	4,05
KAUTSCHUK							
Exportrechte Gummi	17,40	6,80					
BERGBAU							
Exportrechte Mineralien	9,42	15,72	13,38	15,24	1,15	1.52	
Silber	1,37						
Zink	6,42	14,72	12,00	14,71		1,52	
Kupfer	1,28						
Wismut	0,29						
Offizielles Silber[6]	0,07						
Andere Mineralien		1,00	1,38	0,53			
Andere Steuern auf den Bergbau (aggregiert)							2,03

---

16 Es geht um jene Besteuerungen, die *direkt* den Spannen der Bergbaugewinne und 1938 den Schwankungen des Wechselkurses unterliegen und die den Zollaufschlag auf den Export, die Exportrechte auf Mineralien, diverse zusätzliche Steuern umfassen.

	1903	1913	1923	1930	1938	1949	1954
FORTSETZUNG BERGBAU							
Zusätzliche Steuern auf Mineralien außer Zink					0,22	4,66	
Bergbau, Gewinne			5,99	6,31	1,46		
Bergbau, Patente		1,22	1,96	0,75	0,73	0,11	
Veröffentlichte Bergbaukonzessionen				0,03			
Bergbaupläne		0,02	0,06	0,02			
Bergbautransferenzen		0,14	0,06	0,02	0,07		
Steuern auf Bergbaudividenden					0,10	0,57	
1 Boliviano Erhöhung Sterling Zinn					0,06	0,78	
100 Bolivianos pro metrischer Tonne Zinnexport Zuschlag						0,18	
Zusätzlicher Zuschlag auf Bergbauexporte						0,06	
ANDERE EINKÜNFTE							
Einkünfte Eisenbahn			7,18				
Legalisierung der Konsularrechnungen				6,31			
Veränderungen im Wechselkurs					31,37		
Außergewöhnliche Einkünfte					7,89		
Steuern auf den Verkauf						5,68	
Steuern auf den Verkauf in ausländischer Währung							9,00
Nationale Steuer auf die *Chicha*-Produktion							6,05
Nationale Steuer auf Bier							5,84
Ressourcen Agrarreform							4,66
Steuern auf Gewinne							4,48
Stempeltransaktion							3,49
Steuer Zigaretten und Tabak							3,33
% Zwischensumme	76,90	70,95	52,11	56,45	68,76	60,01	59,61

Anmerkungen

1   Sp.: *Recargo del 15% sobre liquidaciones de pólizas de mercaderías gravadas.*
2   Sp.: *Recargo aduanero de importación.*
3   Sp.: *Recargo arancel de exportación.*
4   Sp.: *Derechos Arancelarios de Importación.*
5   Sp.: *Impuesto adicional sobre exportaciones.*
6   Sp.: *Plata sellada.*

Quelle: Nationale Budgets, In: Barragán und Peres 2006.

In Bezug auf die departamentalen Budgets wird ersichtlich, dass das Departement La Paz bis 1954 mehr als ein Drittel der gesamten Beiträge der Departements leistete, 1923 waren es sogar 50%. Cochabamba leistete auch einen bedeutenden Beitrag und Oruro verzeichnete ab 1950 einen deutlichen Anstieg seiner Einnahmen.

Grafik 4: Entwicklung der departamentalen Einnahmen, 1903-1954 (in Prozent)

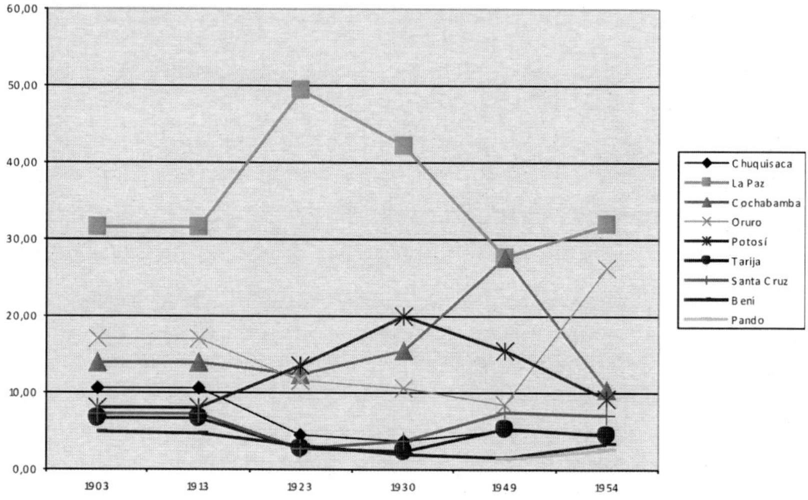

Quelle: Nationale Budgets, In: Barragán und Peres 2006.

Es gibt aber nicht nur ein einziges System, sondern zahlreiche miteinander artikulierte, da die Departements sich nicht nur durch ihr Einkommensniveau unterschieden, sondern auch durch die besteuerten Subjekte und Aktivitäten, bzw. im Falle ähnlicher Besteuerungen, durch die Prozentsätze und die Art der Steuereintreibung. Eine der wenigen gemeinsamen Einkünfte beispielsweise – in relativen Termini bedeutend bis 1930 – war die Grund- und Eigentumssteuer. Diese war in Bezug auf die besteuerbaren Subjekte weder homogen noch konstant in allen Departements und sie hatte in den Departements des Westens mehr Bedeutung: 1903 stellte diese Steuer 58% der Einnahmen in Cochabamba, in Santa Cruz hingegen nur 20%; 1913 repräsentierte sie 60% der Einnahmen in Oruro, in Tarija unterdessen nur 26% (vgl. Barragán und Peres 2006).

In Wirklichkeit wiesen die Departements ebenso wenig Durchsetzungsfähigkeit, Legitimität und Legalität der Steuereintreibung auf wie der Zentralstaat, und in diesem Kontext kämpften die Departements im Hinblick auf ihre Budgets mit dem Zentralstaat um die Definition dessen, was als nationale und als departamentale Steuern galten.

Die Kämpfe waren auch Ausdruck vielfältiger steuerpolitischer Überlagerungen. Viele Besteuerungen von Produkten und sozialen Gruppen führten zu doppelter oder bis zu dreifacher Besteuerung derselben AkteurInnen. Zudem konzentrierte sich der Großteil der Steuerlast auf wenige AkteurInnen. Ein Beispiel waren nationale, departamentale und mitunter kommunale Steuern auf Alkohol, *chicha* (Maisbier), Schnäpse und Biere.[17]

Die andauernden Beschwerden und diversen Verhandlungen zwischen den verschiedenen Ebenen (vgl. Barragán/Peres, 2006), geben Aufschluss über die Form der staatlichen Konstruktion in Bolivien, welche durch vielfache Kräftespiele und budgetpolitische Verhandlungen zwischen dem Zentralstaat und den Regionen geprägt ist.

5 Das Zentrum erschafft und stärkt die Regionen: Subventionen und Lizenzgebühren

Es ist wesentlich, über die Herkunft und Besonderheiten der nationalen und departamentalen Einnahmen hinaus zu analysieren, wie diese „nationalen" Ressourcen in den unterschiedlichen Regionen und Departements ausgegeben und verteilt wurden (siehe Tabelle 2).

Aus dieser Perspektive ist auf zwei Aspekte hinzuweisen. Erstens, dass die Ausgaben von 1903 bis zu den 1920er Jahren fast zu gleichen Teilen zwischen dem „Zentralstaat" und den nicht zentralen, departamentalen[18] Ebenen verteilt wurden (siehe Tabelle 3). Bis 1938 erfolgte eine Konzentration der Ressourcen auf den Zentralstaat, 1923 vereinte er 69%, 1930 77% und 1938 65% der zur Verfügung stehenden finanziellen Mittel[19]. Das aus diesen Zahlen hervorgehende Ausmaß der Zentralisierung nimmt allerdings offensichtlich ab wenn man bedenkt, dass die „zentralen" Ausgaben

---

17 Obwohl es sehr große Differenzen zwischen den Departements gab. 1903 und 1913 machten die Steuereinnahmen in La Paz, Cochabamba und Tarija weniger als 1% ihrer gesamten jeweiligen Einkünfte aus, in Santa Cruz unterdessen konstituierten sie fast 10% der gesamten Einnahmen. 1923 machten die Steuern auf Bier in La Paz 5% seiner Einnahmen aus, in Oruro repräsentierten Steuern auf die unterschiedlichen Alkohole 14% der departamentalen Einkünfte.

18 Diese Differenzierung nehmen wir nach dem seit 1872 bestehenden Modell der Einnahmen vor. Unter dem Schirm des „Zentralstaates" gruppieren sich alle Ausgaben des Nationalstaates die für den Betrieb der zentralen Büros und der Bürokratie vorgesehen waren, und die nach 1900 vor allem in La Paz ihren Sitz hatten. Unter der Kategorie „nicht zentral" hingegen, situieren wir die Staatsbürokratie der Departements und ihre diversen Ausgaben.

19 In den Budgets von 1949 und 1954 ist die Wiedererstellung einer ähnlichen Proportionalität wie jene von Anfang des 20. Jahrhunderts feststellbar.

Tabelle 2: Aufteilung der Ausgaben in „zentral" und „nicht zentral", 1903-1954

1903		Gesamt	%	Gesamt ohne Kriegsausgaben	%	Gesamt ohne Kriegsausgaben und Staatsschulden	%
	Zentral	3.323.789,50	43,69	2.325.259,00	46		
1913	Nicht Zentral	4.283.116,41	56,31	2.769.735,51	54		
	Zentral	9.666.083,71	43,62	8.166.295,21	47		
1923	Nicht Zentral	12.493.224,94	56,38	9.390.481,24	53		
	Zentral	25.890.538,42	69,02	18.150.553,22	61	3.621.272,42	24
1930	Nicht Zentral	11.620.580,96	30,98	11.620.580,96	39	11.396.780,96	76
	Zentral	36.499.441,53	76,71	27.796.900,55	71	9.027.172,12	45
	Nicht Zentral	11.080.666,92	23,29	11.080.666,92	29	11.080.666,92	55
1938	Zentral	178.715.270,00	65,18	91.919.270,00	49		
	Nicht Zentral	95.457.826,00	34,82	95.457.826,00	51		
1949	Zentral	972.362.837,16	45,75	580.672.564,54	33		
	Nicht Zentral	1.153.058.699,54	54,25	1.153.058.699,54	67		
1954	Zentral	9.026.502.420,84	59,00	7.296.678.795,84	54		
	Nicht Zentral	6.272.350.567,71	41,00	6.272.50.567,71	46		

Quelle: Nationale Budgets, In: Barragán und Peres 2006.

Kriegs-, Verteidigungs- und Militärausgaben sowie die Staatsschulden inkludierten (siehe Tabelle 4). Beide zusammen absorbierten während der ersten Hälfte des 20. Jahrhunderts (nach 1920) fast die Hälfte der nationalen Ressourcen und stellten so die wichtigsten Sektoren in den nationalen Ausgaben dar.[20] Zweitens ist es wichtig aufzuzeigen, wie der Nationalstaat während der ersten Hälfte des 20. Jahrhunderts seine Ressourcen an die Departements bzw. Regionen verteilte. Eine Analyse der gesamten an die Departements zugeteilten Beträge im Jahr 1903 zeigt, dass keine großen Unterschiede und auch keine Konzentration der Ausgaben in Bürokratie und in Dienstleistungen an einem speziellen Ort feststellbar waren.

---

20 Hier soll daraufhingewiesen werden, dass die Staatsschulden davor im Finanzministerium vermerkt waren.

Tabelle 3: Destinationen der Ausgaben nach Diensten (in Prozent der Gesamten)

	1903	1913	1923	1930	1938	1949	1954
Verteidigungsdienst	33,02	20,77	20,63	18,29	31,66	18,43	11,31
Verpflichtungen des Schatzamtes			39,33	39,45	25,81	29,33	32,22
Ausbildungsstelle	1,69	11,05	9,32	9,16	8,49	17,53	22,90
Finanzdienst	18,66	17,80	4,12	1,76	3,21	3,11	2,31
Regierungsdienst	7,68	16,98	7,55	5,38	6,48	8,30	10,39
Besiedlungsdienst	18,54	6,19	1,32	1,60		0,16	0,23
Unterstützungsdienst (öffentliche Werke)	10,47	11,37	1,70	1,32	4,98	1,26	0,71
Summe	90.06	84.16	83.98	76.96	80.64	78,11	80,06

Quelle: Nationales Budget, In: Barragán und Peres, 2006.

Nimmt man eine Analyse dieser Ausgaben hinsichtlich der Bevölkerung vor – auf Basis der Volkszählung von 1900 – so sind die Beträge pro Kopf sehr gering und die Variationen sind nicht sehr bedeutend innerhalb der Departements des „Westens" (0,44 Bolivianos pro EinwohnerIn in Chuquisaca; 0,32 in La Paz; 0,38 in Potosí; 0,6 in Oruro und nur 0,15 in Cochabamba). Hinsichtlich der Departements des Ostens spiegelt sich die geringe Bevölkerungsanzahl in einem größeren Einkommensniveau pro EinwohnerIn. Tarija ist das Departement, das in wirtschaftlicher Hinsicht am wenigsten Bedeutung hatte und dennoch am meisten Ressourcen für den Betrieb seiner Bürokratie erhielt. In Tarija gehen 0,99 Bolivianos, in Santa Cruz 0,92 und im Beni 6,81 an jede Person. Diese Pro-Kopf-Beträge weisen auf eine größere Anzahl an StaatsbeamtInnen pro EinwohnerIn in den weniger besiedelten Departements hin.

Was als staatliche „Ineffizienz" verstanden werden kann übersetzt sich in die Notwendigkeit, selbst an den entlegensten Orten eine physische Präsenz aufzubauen. Ein Blick auf das Ziel der Ausgaben (siehe Tabelle 4) zeigt nämlich außerdem, dass die für die Kolonisierung des Landes zuständige nationale Stelle mehr als 15% der gesamten Ausgaben absorbierte und davon mehr als 90% an das „nationale Territorium der Kolonien" (das zukünftige Departement Pando) überwiesen wurden. Zehn Jahre später, im Jahr 1913, wurden die Ausgaben der Besiedlungsstelle an Missionen im ganzen Land – bevorzugt im Tiefland – verteilt. Darüber hinaus gewannen die Ausgaben in den Bildungsbereich ab 1913 an Bedeutung und machten etwa ein Drittel der „nicht zentralen" Gelder aus, die jedem Departement zukamen. 1923 waren die am meisten dezentralisierten Dienste jene der Bildung, der Regierung und der Kommunikation. Es wird deutlich, dass der Staat seine Materialisierung in den Regionen anhand konkreter Projekte suchte, wie Schulen (8% der nationalen Ausgaben), der departamentalen Polizei (7% der nationalen Ausgaben) und Postämter sowie Telegraphen (6% der na-

Tabelle 4: Nationale Einkünfte nach Departements 1872

	Betrag	% Kolumne	Überschuss, Mehrwert	% Kolumne	% Zeile	Gesamte Einkünfte	%
Chuquisaca	90.836,00	15,02	60.087,00	8,32	39,81	150.923,00	11,37
La Paz	148.389,60	24,53	408.568,40	56,56	73,36	556.958,00	41,96
Cochabamba	105.554,40	17,45	20.164,60	2,79	16,04	125.719,00	9,47
Potosí	105.964,80	17,52	110.270,00	15,27	51,00	216.234,80	16,29
Oruro	44.624,00	7,38	66.711,00	9,24	59,92	111.335,00	8,39
Tarija	9.739,20	1,61	14.252,80	1,97	59,41	23.992,00	1,81
Santa Cruz	54.698,40	9,04	20.306,60	2,81	27,07	75.005,00	5,65
Cobija	28.291,20	4,68	21.569,80	2,99	43,26	49.861,00	3,76
Beni	16.748,80	2,77	421,00	0,06	2,45	17.169,80	1,29
GESAMT	604.846,40	100,00	722.351,20	100,00	54,43	1.327.197,60	100,00

Quelle: Barragán, 2002.

tionalen Ausgaben). Das Budget von 1930 zeigt auch, dass der Bildungssektor in allen Departements mindestens ein Drittel der für die Departements bestimmten Ausgaben absorbierte. In den folgenden 20 Jahren wuchs die Bedeutung der Bildungsausgaben erheblich, 1949 stellten sie 16% der Ausgaben des nationalen Schatzamtes und in den meisten Departements die Hälfte der erhaltenen Ressourcen.

Die an die Bürokratie der Departements überwiesenen Beträge verzeichneten mit der Zeit – manchmal in größerem und manchmal in geringerem Maße – eine Konzentration auf La Paz. 1923 wurde ein Drittel der nicht zentralen Ausgaben des damaligen Regierungsministeriums und 15% der Ausgaben des damaligen Kommunikationsministeriums an La Paz verteilt. Im Bildungssektor bekam La Paz 33% der gesamten Ausgaben für Schulen und departamentale Instanzen. Eine Analyse der 68%[21] „nicht zentralen" Ausgaben des Jahres 1949 zeigt, dass das Departement La Paz aufgrund seiner konzentrierten Ausgaben in die Bereiche Gesundheit, Bildung und Regierung mehr Ressourcen erhielt. Letzteres bedeutet allerdings nicht, dass die Verteilung „ungerecht" wäre, da die Departements mit weniger Ressourcen und weniger „Staat" prioritär behandelt wurden. Berücksichtigt man die „nicht zentralen" Beträge des Budgets und die Volkszählung von 1950, so zeigt sich in einer Analyse der Zuwendungen, dass die am meisten begünstigten Departements Tarija mit 359 Bolivianos pro Person, Beni mit 229 Bolivianos, La Paz mit 290 Bolivianos und dann Santa Cruz mit 286 Bolivianos pro Person waren. Obwohl es eine Zentralisierung der Ressourcen im Departement La Paz gab, kümmerte sich der Staat also prioritär um jene Regionen mit

---

21 Die Destination von 32% dieses Betrages ist nicht bekannt, da die Vorschriften zu deren Verwendung nicht ausreichend explizit waren und weil mehr als ein Departement von den durch das nationale Schatzamt verteilten Beträgen profitierte.

Tabelle 5: Subventionen der nationalen Finanzämter an die departamentalen Finanzämter

Departa-mentales Finanzamt	1903		1913		1923	
	Betrag der Subvention	*% ihrer Ein-nahmen*	*Betrag der Subvention*	*% ihrer Ein-nahmen*	*Betrag der Subvention*	*% ihrer Ein-nahmen*
Beni	115.000,00	68,78	91.916,28	55,29	63.110,45	32,76
La Paz						
Pando						
Potosí						30.000,00	3,64
Santa Cruz	30.000,00	19,69	37.504,00	25,00	36.912,72	22,99
Tarija	26.915,00	24,40	45.000,00	34,91	41.976,00	24,68

Departa-mentales Finanzamt	1930		1949		1954	
	Betrag der Subvention	*% ihrer Ein-nahmen*	*Betrag der Subvention*	*% ihrer Ein-nahmen*	*Betrag der Subvention*	*% ihrer Ein-nahmen*
Beni	31.395,00	24,13	2.000.000,00	76,62	11,200,000.00	69.03
La Paz	142.880,36	4,90				
Pando			2.000.000,00	90,23	11,200,000.00	92.31
Potosí						
Santa Cruz						
Tarija					1,900,000.00	5.60

Quelle: Nationale Budgets, In: Barragán und Peres 2006.

geringeren eigenen Möglichkeiten der Ressourcenbeschaffung. Oruro und Potosí sind Departements, die einen großen Teil der fiskalen Einkünfte schufen, und sie erhielten nur 244 und 225 Bolivianos pro Person. Und im Departement Chuquisaca schließlich wurden 206 Bolivianos, und in Cochabamba 193 Bolivianos pro Person budgetiert. Letzteres war, ebenso wie 1903, das am wenigsten begünstigte Departement von allen.

Daraus geht also klar hervor, dass, wenn die Verteilung der Ressourcen des Zentralstaates in Funktion der von ihnen beigetragenen Einkünfte und ihrer Bevölkerung vor sich gegangen wäre, die Departments Santa Cruz, Tarija, Beni und schließlich Pando viel weniger bekommen hätten, als sie das tatsächlich taten. In anderen Worten, das Zentrum finanzierte die staatliche Konstruktion – und einen Großteil einiger Leistungen wie beispielsweise die Bildung – jener Departements, die ihre Ausgaben alleine nicht bestreiten konnten.

Angesichts dieser Situation – dass einige departamentale Kassen nicht selbsterhaltend sein konnten – und als Antwort auf die Besorgnis mancher Departemente, alleine gelassen zu werden, gewann das Thema der finanziellen Nachhaltigkeit bereits seit der finanziellen Dezentralisierung von 1872 an Bedeutung. Man wollte sicherstellen, dass die, die den finanziellen Mehrwert produzierten, jene die das nicht taten finanzierten; und dass das nationale Schatzamt sich im Wesentlichen von zwei oder drei Bergbau betreibenden Departements erhielt, und so die anderen konstant subventionierte. Das sollte ab dem Zeitpunkt der Differenzierung der departamentalen Budgets sichergestellt werden.

Ab 1872 wurde diese Subvention durch die produzierten Überschüsse und Mehrwerte der Departements des „Westens" möglich. Das Departement La Paz schuf zweifellos die meisten Einkünfte, es leistete bis zu 42% der gesamten departamentalen Einkünfte. Ihm folgte Potosí mit 16%. So repräsentierten die Überschüsse von La Paz mehr als 57% und die von Potosí 15% der gesamten Einkünfte. Gemeinsam stellten sie 70% der gesamten Überschüsse. In dieser Konstellation benutzte La Paz nur 26% seiner Einkünfte, die restlichen 74% gingen an andere Departements.

Im Laufe der ersten Hälfte des 20. Jahrhunderts waren die Subventionen des „Zentrums" fundamental für das Funktionieren der Budgets der wirtschaftlich kleineren Departements (siehe Tabelle 5). H. Roca behauptete, dass 1921 bis 1922:

> [...] die Subvention, die das nationale Budget dem departamentalen Budget in Santa Cruz zugestand, nicht einem Konzept der Schulden entlehnt war, sondern ein Defizit auffüllen sollte, das im Budget dieses Departements vorhanden war. Meine geehrten Kollegen wissen über die Mangelsituation bescheid, die das Land in diesen Momenten durchlief und sie wissen auch von der speziellen Krise, unter der das Departement Santa Cruz seit einiger Zeit leidet, ein Umstand, aufgrund dessen dieser Distrikt die sofortige Hilfe des nationalen Schatzamtes benötigt.[22]

Die Schwäche und Abhängigkeit von Santa Cruz war offensichtlich, und die „spezielle Krise" in Santa Cruz dauerte tatsächlich die ersten 30 Jahre des 20. Jahrhunderts an. Im Allgemeinen war es während der ersten 50 Jahre Norm, dass die Subventionen des nationalen Schatzamtes an die departamentalen Kassen gingen, welche nicht imstande waren, ihren finanziellen Verpflichtungen nachzukommen. Auch wenn in der folgenden Tabelle die Probleme erst ab 1949 deutlich werden – wegen der späten formalen Gründung des Departements Pando – so war die Situation im Nordosten Boliviens schon davor alarmierend. Ebenso waren die Departements Beni und Tarija bis 1954 nicht imstande, sich selbst zu erhalten und daher abhängig vom nationalen Schatzamt.

In diesem Kontext waren Beschwerden der Exekutive üblich, in Bezug auf die Notwendigkeit einer kontinuierlichen Steigerung der Ressourcen, bei einem gleichzeitigen geringen Beitrag der Regionen. Die Exekutive bedauerte die kontinuierlichen Nachfragen und den Druck von Seiten der Regionen auf das Parlament, die nicht in derselben Proportion einen Beitrag leisteten. Der Zentralstaat sah sich somit aber verpflichtet, Einkünfte „zu erfinden" und Verschuldung auf sich zu nehmen. Das

---

22 Redakteur des Ehrenwerten Nationalen Kongresses, Gewöhnliche und Außergewöhnliche Gesetzgebung von 1921-1922, 1922: 199.

Zentrum musste also nicht nur das Funktionieren der nationalen lokalen Bürokratie, sondern auch ihre Bedürfnisse und Nachfragen finanzieren.

Der bolivianische Staat begann seit den ersten Jahrzehnten des 20. Jahrhunderts Darlehen aufzunehmen, die zu einem großen Teil in den Eisenbahn- und Straßenbau flossen. Der Disput drehte sich klarerweise um die Zielbestimmung der aus Schulden finanzierten Investitionen. Auch die aufkommenden Vorstellungen der „Verlassenheit" der Regionen durch den Zentralismus standen mit der Entscheidung über die Mittel aus den Darlehen in Verbindung wie auch mit den Konsequenzen, die der Ende des 19. Jahrhunderts eingeführte Liberalismus mit sich brachte: Mit der Eisenbahnverbindung des Westens zu den Häfen des Pazifiks und der liberalen Politik der Öffnung der Grenzen erlitten die Märkte von Santa Cruz Nachteile (zum Thema Verschuldung siehe Huber 2001 und über die Konsequenzen des Liberalismus Ende des Jahrhunderts Rodríguez 1990 und 1993).

Auf diese Weise kamen die Forderungen von Santa Cruz nach einer Eisenbahnverbindung auf, wobei Santa Cruz als das „mediterranste Departement" der Republik betrachtet wurde. In diesem Rahmen kam die Redaktion des Memorandums von 1904 und die an das Regierungs- und Förderungsministerium gerichtete Kommunikation von 1910 zustande, die feststellte: „Es ist im öffentlichen Bewusstsein, dass, seitdem die Eisenbahn von Antofagasta nach Oruro fährt, sich ein ruinöser Wettbewerb entwickelt hat zwischen den ausländischen Gütern und jenen von Santa Cruz, wie Zucker, Reis und andere vom nationalen Konsummarkt vollkommen verbannte; heute werden gerade noch Sohlen, Alkohole und Kaffee in reduziertem Maße nach Sucre und Cochabamba geschickt." (vgl. Barragán und Peres 2006)

Nichtsdestotrotz wurde nach dem Chaco-Krieg – im Zusammenhang mit dem Bewusstsein über das potentielle Erdgas der Region – die staatliche Unterstützung generell an den Osten des Landes und speziell an das Departement Santa Cruz zu einer wichtigen *Kapitalinjektion*; die Richtung der wichtigsten Investitionen wandelte sich. Schon seit 1942 stellte die amerikanische Bohan-Mission die Umrisse einer neuen Politik vor, die sich bis Ende des 20. Jahrhunderts fortsetzte: so die Unterstützung der Infrastruktur, die Entwicklung der Landwirtschaft und die Produktion von Erdgas im Osten des Landes. Unter den wichtigsten Investitionen stachen die Konsolidierung der Eisenbahn im Osten des Landes dank der Verbindung zwischen Puerto Suárez und Santa Cruz (1948) und zwischen Yacuiba und Santa Cruz (1954) hervor sowie die Fertigstellung der Straße zwischen Cochabamba und Santa Cruz (1954) (vgl. Ibarnegaray 1999: 10).

Doch die neue Rolle des Staates beschränkte sich nicht auf die Investition der staatlichen Ressourcen, sondern sie umfasste auch Änderungen der Gesetzgebung, welche eine bessere Nutzung des Erdgases aus den entsprechenden Regionen begünstigte. Der bolivianische Staat praktizierte im Erdölsektor nämlich eine ganz andere Politik als in jenem des Bergbaus. Die Einkünfte aus dem Bergbausektor waren immer als „nationale" Einnahmen klassifiziert. Sie gaben dem bolivianischen Staat während der zweiten Hälfte des 19. Jahrhunderts und der ersten Hälfte des 20. Jahrhunderts Leben, und gestatteten das Funktionieren der staatlichen Dienstleistungen in den entlegensten, am wenigsten begünstigten und am wenigsten bewohnten Regionen. Nachdem die Einnahmen aus dem Bergbau nationale Einnahmen waren, schufen sie unterdessen keine bedeutenden Ressourcen für die departamentalen Kassen und für die produzierenden Departements[23].

Im Erdgasbereich hingegen war eine andere Politik angesagt, was wahrscheinlich mit dem Einfluss der Bohan-Mission selbst zu tun hat und mit den staatlichen Entscheidungen hinsichtlich der regionalen Forderungen. 1938 wurde gesetzlich verordnet, dass 11% des Produktionswertes an die produzierenden Regionen vergeben würden (vgl. Miranda 2005: 26)[24]. So machte im Jahr 1949 die budgetierte Partizipation Tarijas an der Erdgasproduktion 22% seiner departamentalen Einnahmen aus[25].

In Santa Cruz wurde die Erdgasaktivität noch zentraler für die Entwicklung der departamentalen Kasse. 1949 stammten 78% der budgetierten Einnahmen aus diesem Sektor und von den gesamten Lizenzgebühren auf Erdgas wurden 66% an Santa Cruz vergeben. In den geplanten Einnahmen für 1954 machten jene aus der Erdgasproduktion ein Fünftel der gesamten Einnahmen des Departements aus. 1955 waren 96% der gesamten Lizenzgebühren aus dem Erdgassektor an Santa Cruz adressiert, es erhielt 1954 76.000 USD, 1955 355.000 USD und 1956 622.000 USD (Sandoval et. Al. 2003: 75), sowie zwischen 1959 und 1964 3 Millionen USD bzw. zwischen 1960 und 1986 400 Millionen USD (vgl. PNUD 2004: 41).

---

23 1923 machten die gesamten geplanten Einnahmen aus dem Bergbau in den Departements Oruro und Potosí 298.324,17 Bolivianos aus, was 5,5% der nationalen Einnahmen entsprach; 1930 betrug die geplante Ergänzungssumme für die Departements 5.338.000 Bolivianos, was 3% der nationalen Einnahmen aus dem Bergbau darstellte.

24 Die Vorläufer der Lizenzgebühren finden sich im Gesetz vom 20. Juni 1921 (zur Zeit der Administration von Bautista Saavedra) und im Organischen Kohlenwasserstoffgesetz das in seinem Artikel 59 festsetzt, dass die Mindestteilhabe des „Staates in der Erdöl- und Erdgasgewinnung 11% des Brutto-Produktes sei". Im Gesetz vom 31. Dezember 1929 (unter der Regierung Hernando Siles) wurde festgelegt, dass von den 11% der Partizipation des Staates 30% als departamentale Rente an die Kassen der erdgasproduzierenden Regionen geht (vgl. Roca 1979/1999: 174; PNUD 2004: 38; 41). Die Verabschiedung des Gesetzes Busches wurde insbesondere ab 1951 angestrebt. Das Gesetz trat am 15. Jänner 1957 in Kraft und damit wurde verordnet: „Die Begriffe des Artikels 104 des Petroleum-Codes werden folgendermaßen erläutert: Die Lizenzgebühren zugunsten des Staates, auf die der Petroleum-Code Bezug nimmt, gebührt den produzierenden Departments wie auch im Gesetz vom 15. Juli 1938 dargelegt" (Roca 1979/1999: 189).

25 In den 1940ern erreichte das nationale Kohlenwasserstoffunternehmen *Yacimientos Petrolíferos Fiscales Bolivianos* (YPFB) wichtige Steigerungen in der Produktionskapazität, es verdreifachte die von *Standard Oil* erreichten Niveaus (vgl. Miranda, 1999: 248).

6 Schlussfolgerungen

In diesem Beitrag stelle ich zweifellos das andere Gesicht des Diskurses der Unterdrückung, des Vergessens und der Verurteilung, welchen viele Regionen heute reproduzieren, dar. Anhand dieser historischen Analyse über die Generierung und Verteilung der Ressourcen wird verdeutlicht, dass der „Westen" nicht nur das Funktionieren der staatlichen Maschinerie und Dynamik gestattete, sondern auch die Ausgaben und Investitionen (zum Beispiel im Bereich Bildung) des „Südens" und des „Ostens" subventionierte.

Aus dieser Perspektive ist es von zentraler Bedeutung daran zu erinnern, dass im 19. Jahrhundert – fast bis 1870 – der indigene Tribut die grundlegende und wichtigste Einnahmequelle des Staates war. Die Departements mit der meisten indigenen Bevölkerung, also La Paz, Potosí und Oruro ermöglichten die Konsolidierung der neu besiedelten Ländereien. Die Reform von 1872 schuf einerseits die Unterscheidung in nationale, departamentale und kommunale Einnahmen und setzte andererseits fest, dass jeder Export nationales Einkommen war. Der Bergbau konzentrierte sich auf Potosí, Oruro und sekundär auf La Paz, und die aus diesem Sektor stammenden Einnahmen wurden als national klassifiziert. Daher schufen sie fast keine Einnahmen für die produzierenden Regionen, was etwa Potosí stark beeinträchtigte.

Der grundlegende Beitrag der Indigenen in Beziehung zu anderen Gruppen kann mit den von Drake vorgenommenen Schätzungen für die 1920er Jahre ergänzt werden. Obwohl wir seine Berechnungsart nicht kennen, soll darauf hingewiesen werden, dass der Autor einen Betrag staatlicher Zuweisungen von 1,94 Bolivianos pro Indigenem (die indigene Bevölkerung machte etwa 50% aus) und von 11,89 Bolivianos pro MestizIn (die MestizInnen machten etwa 35% der Bevölkerung aus) hochrechnet. Die Weiße Bevölkerung – mit einem Anteil von 15% an der Gesamtbevölkerung stellte einen pro Kopf Beitrag von 43,25 Bolivianos. Im Gegensatz zu einer anderen Studie bekräftigt der Autor, dass die erste Gruppe aufgrund der Armut und der schlechten Verteilung der Einkommen, Beiträge leisteten, die 19% ihrer Einkommen belasteten, während es im Falle der Oberschicht nur zu einer 4%-igen Belastung kam.

Die historische Perspektive dieser Studie stellt den Zentralstaat als weniger machtvoll heraus als er in gegenwärtigen politischen Diskursen repräsentiert wird. Im Gegensatz zur Vision des eisernen Zentralismus wird vielmehr seine Schwäche gegenüber der Stärke der Zinnbarone und seine relative Stärke gegenüber den bedürftigen Klassen, Gruppen und AkteurInnen wie den Indigenen und den Alkoholproduzenten (bspw. Bier- und Schnapsproduzenten), aber auch gegenüber den wenig bevölkerten Regionen deutlich.

Denselben Schwierigkeiten wie der Zentralstaat begegneten auch die Departements. Ihre Einkünfte und Ressourcen waren im Allgemeinen gering und nicht ausreichend, um die minimalen Kosten zu bewältigen, sodass sie konstante Subventionen vom Zentralstaat benötigten. Daher ergaben sich Auseinandersetzungen um das departamentale und nationale Budget, welche *de facto* ein Kampf um Souveränität waren, in dem es stets um die Definition des Nationalen und des Departamentalen ging. Ein Abgeordneter stellte fest, dass es in der Theorie eine nationale Schatzkammer gab „der alle Departements helfen müssten", in der Praxis hingegen wurden viel mehr Einnahmen des nationalen Budgets für die departamentalen Budgets aufgewandt und auf den departamentalen Ebenen gab es stets Vertretungen, während diese auf nationaler Ebene fehlten (vgl. *Redactor*, Juni 1921: 8).

Ab 1930, und speziell ab den 1950ern verzeichnete die staatliche Erdgaspolitik hinsichtlich der Erdgasproduktion und -exporte große Veränderungen. Die Erlöse wurden als nationale Einnahmen klassifiziert, und gleichzeitig gingen fixe Beträge und Lizenzgebühren an die Departements. Der Beitrag der Lizenzgebühren sowie die konstante Orientierung der Ressourcen gen Osten waren Charakteristika einer Politik, die lange andauern würde. Zwischen 1955 und 1964 waren 42% der Agrarkredite für Santa Cruz bestimmt, das entspricht ca. 1.300.000 USD (vgl. Sandoval 2003: 68); und zwischen 1964 und 1970 waren es 43% sowie zwischen 1970 –1975 69% (vgl. PNUD 2004: 42). Auf der anderen Seite erhielt Santa Cruz in den 1970er Jahren 43%[26] des Budgets der regionalen Verwaltung, während die Regionale Entwicklungsstelle (CORDECRUZ) etwa 63% der finanziellen Ressourcen konzentrierte (vgl. ebd.: 47). Weitere 47% der Darlehen der Entwicklungsagentur wurden zwischen 1961 und 1971 an Santa Cruz abgegeben, was 77.513.446 USD entsprach (vgl. Sandoval 2003: 69).

Der greifbarste Ausdruck für diese Situation findet sich in den Bevölkerungszahlen: in der zweiten Hälfte des 20. Jahrhunderts war das Bevölkerungswachstum in den Departements Beni und Santa Cruz gewaltig. Zwischen 1900 und 2000 verzehnfachte sich die Bevölkerung im Beni und in Santa Cruz verfünffachte sie sich in derselben Periode. Ausgehend von der Bedeutung, die das Departement und die Stadt Santa Cruz hatten, veränderte sich die Nord-Süd-Achse hin zur Ost-West-Achse und daraus entstand die Opposition Osten/Westen, welche die ursprüngliche Achse Nord/Süd ersetzte. Nichtsdestotrotz geht es um eine „Städteachse rund um drei Städte", welche zwei Drittel der bolivianischen Bevölkerung umfasst (PNUD 2004: 64).

Wenn es also eine Politik gab, die Kontinuität im Laufe der Zeit aufwies, und zwar über diverse ideologische Regime und Regierungen hinweg, dann war es jene, die einen konstanten Investitions- und Kapitalfluss nach Santa Cruz gestattete. Diese Situation erlangte noch mehr Relevanz durch die hohe Instabilität des Landes.

---

26 Der Prozentanteil von La Paz hingegen belief sich auf 28% des Budgets der regionalen Administration obwohl das Departement 63% der departamentalen Mittel und 69% der kommunalen Mittel erhielt (vgl. ebd.: 47).

Santa Cruz war also die einzige privilegierte Region in der zweiten Hälfte des 20. Jahrhunderts. Die Politik der wirtschaftlichen Unterstützung des Zentralstaates für Santa Cruz herauszustellen, wie in der Historiographie von Santa Cruz erfolgt (siehe zum Beispiel Sandóval et. al 2003), bedeutet aber nicht, den Zentralismus zu ignorieren. In dieser Arbeit wurde argumentiert, dass notwendigerweise sowohl der „Zentralismus" als auch der „Regionalismus" unter die Lupe genommen werden müssen, und spezifiziert werden muss, wo es um welche Aspekte geht. Hier haben wir den Fokus auf die Generierung und die Verteilung der Ressourcen gelegt, die sich hinter den Forderungen der departamentalen Regierungen nach Selbstregierung und Autonomie befinden. In diesen Auseinandersetzungen ist es daher notwendig, gerade diese Facetten der Geschichte, die derzeit durch glühende nationalistische und regionalistische Diskurse verschleiert werden, in Erinnerung zu rufen.

Bibliographie

Aboites Aguilar, Luis/Jáuregui, Luis (Hg.) (2005): Penuria sin fin. Historia de los impuestos en México siglos XVIII–XX. México: Instituto Mora.

Albarracín, Juan (1972): El poder minero: en la administración liberal. La Paz: Urquizo.

– (1995): El poder financiero de la gran minería boliviana (Los Republicanos en Historia de Bolivia/2). La Paz: Akapana.

Antelo, Sergio (2003): Los cruceños y su derecho de libre determinación. Santa Cruz: o.V.

Arce, Roberto (2003): Desarrollo económico e histórico de la minería en Bolivia. La Paz: Plural.

Assies, Willem (2006): La „Media Luna" sobre Bolivia: nación, región, etnia y clase social. The „Half Moon" over Bolivia: nation, region, ethnicity and class. In: América Latina Hoy 43.

Banco Minero de Bolivia (1941): Tasas e impuestos sobre la industria minera en Bolivia. La Paz.

Barragán, Rossana (2002): El Estado Pactante. Gouvernement et Peuples. La Configuration de l'État et ses Frontières, Bolivie (1825 –1880). Dissertation. Paris: École des Hautes Études en Sciences Sociales.

– (2006): Las Asambleas Constituyentes en la historia de Bolivia. La Paz: Editorial Muela del Diablo.

Barragán, Rossana/Cajías, J. Péres (2007): El Armazón Estatal y sus Imaginarios. Historia del Estado. In: Informe Nacional sobre Desarrollo Humano (2007): El Estado del Estado en Bolivia, La Paz: PNUD Bolivia.

Carmagnani, Marcello (1994): Estado y mercado. La economía pública del liberalismo mexicano, 1850 –1911. México: Fondo de Cultura Económica.

Cajias, Fernando (1997): El Norte y el Sur de Bolivia: Arica y Cobija en los primeros años republicanos. In: Barragán, Rossana/Cajias, Dora/Qayum, Seemin (Hg.): El siglo XIX en Bolivia y América Latina. La Paz: Muela del Diablo.

Condarco, Ramiro (1965): Zárate, el „temible Willka". Historia de la rebelión indígena de 1899. La Paz: Talleres Gráficos Bolivianos.

Contreras, Carlos (2002): El centralismo peruano en su perspectiva histórica. Lima: Instituto de Estudios Peruanos.

– (2004): El aprendizaje del capitalismo. Estudios de historia económica y social del Perú republicano, Estudios Históricos 37, Lima: Instituto de Estudios Peruanos.

Contreras, Manuel (1994): La minería del estaño en la primera mitad del siglo XX. In: Tecnología moderna en los Andes. Minería e ingeniería en Bolivia en el siglo XX, La Paz: Biblioteca Minera N° 8 – ILDIS.

– (1999): Bolivia en la década del treinta. In: El desenvolvimiento económico de Bolivia en el siglo XX. 3er fascículo, Nueva Economía, La Paz.

Drake, Paul (1989): Exporting Tin, Gold, and Laws from Bolivia, 1927 –1932. In: The Money Doctor in the Andes. The Kemmerer Missions, 1923 –1933, Durham/London: Duke University Press.

Garcia Jordán, Pilar (2001): Cruz y arado, fusiles y discursos. La construcción de los Orientes en el Perú y Bolivia. Lima: IEP-IFEA.

Griesehaber, Erwin P. (1977): Survival of Indian Communities in Nineteenth Century Bolivia. Ph. D. Thesis. Chapel Hill.

Huber Abendroth, Hans (1991): Finanzas públicas y estructura social en Bolivia, 1825 –1872. Masterarbeit an der Fakultät für Geschichte der Freien Universität Berlin.

– (2001): La deuda pública externa y sus renegociaciones entre 1875 y el arreglo Ad Referéndum de 1948. In: Ders. et al.: La Deuda Externa de Bolivia: 125 años de renegociaciones y ¿cuántos más? Desde la Operación secreta del gobierno y los Meiggs hasta la iniciativa HIPC. La Paz: CEDLA-OXFAM,.

Ibarnegaray, Roxana (1981): El desarrollo del capitalismo en la agricultura de Santa Cruz. Diplomarbeit, Bolivien.

– (1999): La incorporación del oriente a la economía boliviana. In: El Desenvolvimiento económico de Bolivia en el siglo XX. 3er fascículo. La Paz: Nueva Economía.

Irurozqui, Marta (1994): La armonía de las desigualdades: elites y conflictos de poder en Bolivia, 1880–1920. Cusco: CSIC.

Jordán Pozo, R. (1999): „Minería. Siglo XX: la era del estaño", in: Campero P. (Hg.). Bolivia en el Siglo XX, La formación de la Bolivia contemporánea. La Paz: Harvard Club de Bolivia.

Marichal, Carlos/Marino Daniel (Hg.) (2001): De Colonia a Nación. Impuestos y política en México, 1750–1860. México: El Colegio de México.

Mayorga, Fernando (Hg.) (1997): ¿Ejemonías? Democracia representativa y liderazgos locales. La Paz: PIEB.

Mendoza, Javier (1997): La mesa coja. Historia de la proclama de la Junta Tuitiva del 16 de Julio de 1809. La Paz: PIEB/SINERGIA.

Miranda Pacheco, Carlos (1999): Petróleo. Del Descubrimiento Petrolífero a la Explosión del Gas. In: Campero P., Fernando (Hg.): Bolivia en el Siglo XX. La formación de la Bolivia contemporánea. La Paz: Harvard Club de Bolivia.

– (2005): Cincuenta años de legislación petrolera en Bolivia. In: T'inkazos N° 18, PIEB, La Paz.

Mitre, Antonio (1981): Los patriarcas de la plata. Estructura socioeconómica de la minería boliviana en el siglo XIX. Lima: Instituto de Estudios Peruanos.

Peña, Paula (Hg.) (2003): La permanente construcción de lo cruceño. Un estudio sobre la identidad en Santa Cruz de la Sierra. La Paz: Fundación PIEB, Santa Cruz-CEDURE/ Facultad de Humanidades de la UAGRM.

Perez Herrero, Pedro (2005): Fiscalidad, Estado y poder en América Latina (siglos XIX y XX). Consideraciones historiográficas y teórico-metodológicas. In: Actas del XIV Congreso AHILA, Europa-América: Paralelismos en la distancia (Castellón, 19–24/09/2005).

– (2006): Nacionalismo, fiscalidad y Estado en América Latina (1930–1980). In: Revista Circunstancia, Año III, núm. 9, enero.

Platt, Tristán (1982): Estado boliviano y ayllu andino. Tierra y tributo en el norte de Potosí. Lima: Instituto de Estudios Peruanos.

UNDP (2004): Informe de Desarrollo Humano en Santa Cruz 2004. La Paz: PNUD.

Prado, Fernando/Seleme, Susana/Peña, Claudia (Hg.) (2007): Poder y elites en Santa Cruz. Tres visiones sobre un mismo tema. Santa Cruz: Editorial El País.

Pruden, Hernán (2008): Santa Cruz, ¿departamento o República?. In: Le Monde diplomatique (La Paz), 1, 2 (Mai 2008), S. 6–7.

– (2003): Santa Cruz entre la post-guerra del Chaco y la Revolución Nacional: cruceños y cambas. In: Revista Historias 6, La Paz.

Rivera, Silvia (1993): La raíz: colonizadores y colonizados. In: Albó, Xavier/Barrios, Raúl: Violencias Encubiertas en Bolivia. Cuadernos de Investigación 38. La Paz: CIPCA.

Roca, José Luis (1979–1999): Fisionomía del regionalismo boliviano. La Paz: Plural Editores.

– (2001): Economía y sociedad en el Oriente boliviano (siglos XVI–XX). Santa Cruz: COTAS

Rodríguez, Gustavo (1990): Mercado interior, liberalismo y conflictos regionales: Cochabamba y Santa Cruz (1880–1932). In: Historia y Cultura No. 18. La Paz: Sociedad Boliviana de Historia – Editorial Don Bosco.

– (1993): Poder Central y Proyecto regional, Cochabamba y Santa Cruz en los siglos XIX y XX, La Paz: ILDIS-IDAES.

Sánchez Albornoz, Nicolás (1978): Indios y Tributos del Alto Perú. Lima: Instituto de Estudios Peruanos.

Sandoval A., Carmen Dunia (2003): Santa Cruz, Economía y Poder 1952–1993. La Paz: U.A.G.R.M.-UAGRM-CEDURE-PIEB.

Serrano, J. Alfredo (2007): Igualdad, uniformidad, proporcionalidad. Contribuciones directas y reformas fiscales en México, 1810–1846. México: El Colegio de Michoacán.

Soruco, Ximena/Plata, Wilfredo/Medeiros, Gustavo (2008): Los Barones del Oriente. El poder en Santa Cruz ayer y hoy, La Paz: Fundación Tierra.

Urquiola, Miguel (1999): La distribución de la población en el siglo XX. In: Campero, Fernando (Hg): Bolivia en el Siglo XX: la formación de la Bolivia contemporánea. La Paz: Harvard Club de Bolivia.

Vandergeest, Peter/Peluso Lee, Nancy (1995): Territorialization and State Power in Thailand. In: Theory and Society 24, S. 385–426.

Claudia Peña Claros

Autonomie als Leerer Signifikant
Populismus in Santa Cruz[1]

Aufgrund des Aufbegehrens verschiedener Organisationen aus der Zivilgesellschaft im Rahmen der politischen Kämpfe in Bolivien seit 2000, und in Anbetracht des aktuellen Veränderungsprozesses, hat sich die Aufmerksamkeit der öffentlichen Debatten und der Massenmedien im Land auf das Phänomen dieser sozialen Bewegungen gerichtet. Auch in den Sozialwissenschaften steht die Untersuchung der sozialen Bewegungen in Bolivien in den letzten Jahren im Vordergrund. Einer der Schwerpunkte der zahlreichen Studien war die historische Analyse der Machtverhältnisse. Zahlreiche Untersuchungen wurden über die Krise von Oktober 2003 und über den dadurch ausgelösten politischen, sozialen und ökonomischen Wandel veröffentlicht. Dabei zielten viele der Texte darauf ab, die sozialen Bewegungen in Bolivien zu beschreiben und zu analysieren. Ich werde in diesem Artikel das Aufkommen der „BürgerInnenbewegung"[2] aus Santa Cruz als politischen Akteur untersuchen.

Dieser Akteur positioniert sich offensichtlich in Opposition zu den indigenen und ländlichen sozialen Organisationen, die wiederum die treibende Kraft hinter dem von der Regierung der Partei Bewegung zum Sozialismus (MAS) angeführten politischen Reformprozess sind. Diese Organisationen stellen seit langem einen festen Schwerpunkt in den bolivianischen soziologischen und politikwissenschaftlichen Studien dar. Im Gegensatz dazu war die BürgerInnenbewegung in Santa Cruz, die historisch gesehen in einer kaum durch kollektive politische Protestaktionen geprägten Region heranwuchs, viel seltener Untersuchungsobjekt der bolivianischen Sozialwissenschaften. Es gibt unterschiedliche Auffassungen darüber, inwiefern die Autonomiebewegung von Santa Cruz eine „soziale Bewegung" darstellt, je nachdem auf welche Konzepte sich die AutorInnen stützen (vgl. García/Chávez/Costas 2004; Zegada/Tórrez/Cámara 2008; Tapia/Peña/Boschetti 2008). Ich werde im Folgenden

---

1 Übersetzung aus dem Spanischen von Dana de la Fontaine und Melanie Hernández.

2 Wenn hier von „BürgerInnenbewegung" die Rede ist, meine ich nicht „soziale Bewegung" im üblichen Sinne, sondern beziehe mich auf das aktuelle politische Phänomen in Santa Cruz. Die „BürgerInnenbewegung" in Santa Cruz wird dabei von einem Zusammenschluss der sogenannten „BürgerInnen- oder Zivilkomitees" angeführt, in denen in erster Linie die regionalen urbanen Wirtschaftseliten vertreten sind.

kein endgültiges Urteil darüber treffen inwiefern die Bewegung der *Cruceños*[3] als „soziale Bewegung" charakterisiert werden sollte. Je nach theoretischer Perspektive kann diese Charakterisierung zutreffend sein. Jedoch ist die Autonomiebewegung keinesfalls ausschließlich eine soziale Bewegung bzw. ist sie dies nicht durchgängig, da sie nicht in erster Linie eine Basisbewegung ist.

Das gängige Verständnis von sozialen Bewegungen reicht nicht aus, um das Phänomen der politischen Bewegung in Santa Cruz in seiner Komplexität und Dynamik zu erfassen. Ebenso erweist sich die Theorie der sozialen Bewegungen für das Verständnis des aktuellen politischen Kampfes in Bolivien als unzulänglich. Auch wenn die Kategorie der „sozialen Bewegung" eine Annäherung an die Bewegungsstruktur und die Mobilisierungsrepertoires, die Interpretationsrahmen, den Grad der Institutionalisierung der kollektiven Aktion und sogar die kollektive Identität erlaubt, ist dieses Analyseraster nicht ausreichend. Man bedenke etwa, dass sich bestimmte korporative Akteure (die einen wesentlichen Teil der Bewegung ausmachen) vom Kollektiv lösen können und von ihrer Fähigkeit Gebrauch machen, sich als *pressure group* zu positionieren. Das heißt, sie verlassen die Straße und verschwinden aus der Öffentlichkeit, um direkten Einfluss auf politische Entscheidungen auszuüben. Dieser ständige Gestaltwandel, den wir nicht nur in der BürgerInnenbewegung von Santa Cruz beobachten, sondern auch in den Kampfstrategien der MAS, und den wir „Flexibilität" oder „Nichtfestlegung" nennen könnten, stellt eine wesentliche Eigenschaft der aktuellen politischen Phänomene dar. Dabei erlaubt es die Kategorie der „sozialen Bewegung" weder, diese zu begreifen, noch sie zu erklären.

Aber nicht nur dieser Aspekt bleibt ungeklärt. Viele weitere Fragen bleiben offen: Wie lässt sich die immer stärker werdende politische Polarisierung der letzten Jahre erklären? Wodurch wurde diese ausgelöst? Vielleicht ist es ja nicht einfach nur eine Konsequenz der Tatsache, dass ein Indigener das Präsidentenamt innehat oder dass die MAS-Regierung eine traditionelle politische Klasse von der Macht verdrängt hat. Wie und warum hat sich in Santa Cruz eine Subsumierung diverser Anliegen unter die Forderung der Departement-Autonomie ergeben? Die Einfachheit des Autonomie-Diskurses, die fehlende Definition bei der Verwendung des Begriffs der „Autonomie" – wurden diese lediglich von der Elite aus Santa Cruz hervorgebracht, um die Bevölkerung zu manipulieren? Und wenn dem so ist: Warum ist die Forderung nach Autonomie so erfolgreich? Können wir diese BürgerInnenbewegung aus Santa Cruz an sich verstehen, ohne dabei den politischen, kulturellen, historischen Kontext wie auch das Beziehungsverhältnis der politischen Akteure zu berücksichtigen? Die

---

3   Der Begriff „Cruceños" bezeichnet die Bevölkerung aus Santa Cruz. In der BürgerInnenbewegung in Santa Cruz werden mit diesem Begriff jedoch auch bestimmte Eigenschaften wie Fortschrittlichkeit, Rationalität, Ordnungsliebe, Offenheit und Ehrlichkeit verbunden (vgl. Peña/Jordán Bazán 2006). [Anm. d. Hg.]

folgenden Analysen sollen, mit Bezugnahme auf theoretische Überlegungen von Ernesto Laclau, einen Beitrag dazu leisten, bestehende Forschungslücken zu Funktion und Logik der Autonomiebewegung von Santa Cruz zu verringern.

1 Der Populismus als politische Logik

Ich schlage vor – ohne das Instrumentarium der Bewegungstheorie zu verwerfen und um nicht zu wiederholen, was bereits veröffentlichte Studien beschrieben haben[4] – uns der aktuellen regionalistischen Bewegung aus Santa Cruz anhand des Populismus-Konzepts von Ernesto Laclau anzunähern, wie es vor allem in seinem Werk „On Populist Reason" (Laclau 2007) entwickelt wird. Die gesamte Analyse von Laclau an dieser Stelle wiederzugeben, würde den Rahmen dieses Beitrages sprengen, weshalb ich mich darauf beschränken werde, jene grundlegenden Elemente aufzugreifen, die meines Erachtens aktuelle politische Phänomene besser verständlich machen können.[5]

Die Grundannahme von Laclau ist, „[...] that populism has no referential unity because it is ascribed not to a delimitable phenomenon but to a social logic whose effects cut across many phenomena. Populism is, quite simply, a way of constructing the political" (Laclau 2007: xi). Laclau stellt die in der Politikwissenschaft gängige Geringschätzung des Populismus in Frage. Dieser werde als ein exzessives und gefährliches Phänomen dargestellt, welches die Grenzen einer rationalen Gemeinschaft durchbricht und welches sich außerhalb der Legitimität der staatlichen Macht positioniert, wobei letztere als positiv angesehen wird. Laclau weist darauf hin, dass es um mehr ginge als die Inhalte des Populismus zu erörtern, nämlich um die Bedeutung der spezifischen politischen Logiken, die in sozial heterogenen Bewegungen auftreten können.

Dabei versteht der Autor den Populismus weniger als beschreibende Kategorie, sondern insbesondere als politische Analysekategorie:

> „[...] instead of starting with a model of political rationality which sees populism in terms of what it lacks – its vagueness, its ideological emptiness, its anti-intellectualism, its transitory character – to enlarge the model or rationality in terms of generalized rhetoric (what, as we shall see, can be called 'hegemony') so that populism appears as a distinctive and always present possibility of structuration of political life." (Laclau 2007: 13).

Laclau spricht von der Notwendigkeit, die Geringschätzung des Populismus zu überwinden, um dessen wirkliche Logik zu verstehen. So schlägt der Autor vor, die Eigen-

---

4 Für Arbeiten zum Thema der Entstehung regionaler Macht, ihrer Diskurse und Eliten, siehe: Boschetti (2005); Chalup et al. (2006); Peña Hasbún (2003); Peña, Jordán (2006); Peña, Boschetti (2008); Prado et al. (1986, 2005, 2008); Sandoval et al. (2003); Zegada et al. (2008); Waldmann (2008), etc.

5 Zur Einführung in die Hegemonietheorie von Ernesto Laclau siehe Habermann (2008: 83-96) und Wullweber (2010: 58-102). [Anm. d. Hg.]

schaften des Populismus (Unklarheit, Vereinfachung etc.) als Kategorien heranzuziehen, um die Rationalität zu erkennen, die hinter dem Akt der Realitätssimplifizierung (eine Haupteigenschaft des Populismus) steht. Wenn wir Laclaus Postulat den Eigenschaften des aktuellen politischen Raumes in Bolivien gegenüberstellen, so können wir erkennen, dass das, was wir „Polarisierung" nennen und als solche wahrnehmen, im Grunde eine Simplifizierung des politischen Raumes ist: „[...] populism, it is argued, 'simplifies' the political space, replacing a complex set of differences and determinations by stark dichotomy whose two poles are necessarily imprecise" (2007:18).

So stehen wir vor der Tatsache, dass die von Zavaleta (1983) beschriebene überlagerte Gesellschaft (*sociedad abigarrada*)[6] Boliviens durch populistische Interpretationen als dichotome Realität dargestellt wird: Die unterschiedlichen gesellschaftlichen Singularitäten werden um einen der zwei konstruierten Pole angeordnet. So kommt es vor, dass in Santa Cruz beispielsweise die eigenen Probleme der Provinzen, die Generationenunterschiede oder die entgegengesetzten internen ökonomischen Interessen weiterhin unbeachtet bleiben, während die Dichotomie „Staat versus Region" im politischen Diskurs der Region zentral bleibt. Genauso wird die Bandbreite an Identitäten auf zwei reduziert: Schließlich bildet die Dichotomie *„camba* versus *colla"*[7] die Erklärungsgrundlage in den Diskursen der Region zur Deutung der aktuellen Krise. Ähnliche Logiken sind am anderen Pol zu beobachten, in dessen Diskursen Dichotomien rund um „Nationalismus vs. Neoliberalismus" oder „Volk vs. Oligarchie" etabliert wurden. Laclau beschreibt die Bildung von dichotomen Polen als

> „[...] a simplification of the political space (all social singularities tend to group themselves around one or the other of the poles of the dichotomy), and the terms designating both poles have necessarily to be imprecise (otherwise they could not cover all the particularities that they are supposed to regroup)." (2007: 18).

Nicht nur in LeserInnenbriefen, sondern auch in öffentlichen Kundgebungen von Seiten gesellschaftlicher Gruppen, die der regionalistischen Bewegung gegenüber kritisch eingestellt sind, und sogar in diskursanalytisch angeleiteten Forschungen zur Autonomiefrage (vgl. etwa Molina et al. 2008), wurde eine Eigenschaft der Autonomie-Bewegung aus Santa Cruz diskutiert: nämlich, dass eine Definition von Autonomie fehlt. Festzumachen ist auch ein deutliches Desinteresse, eine öffentliche

---

6   Zu diesem Konzept siehe auch den Beitrag von Luis Tapia in diesem Buch.

7   Der Begriff „Camba" war ursprünglich eine pejorative Bezeichnung der indigenen Tieflandbevölkerung, der Begriff „Colla" wurde vom Begriff des „Qullasuyu" abgeleitet, jenem Territorium des Inkareichs, dem auch Bolivien in seiner heutigen Extension angehörte und der vor allem das Hochland umfasst. In aktuellen Debatten wird *camba* als Bezeichnung für die bolivianische Tieflandbevölkerung verwendet, *colla* als Bezeichnung der Hochlandbevölkerung. Die historischen Differenzen zwischen diesen beiden Teilen Boliviens und ihren EinwohnerInnen sollen dadurch betont werden. [Anm. d. Hg.]

Debatte hinsichtlich der unterschiedlichen Inhalte einer solchen autonomen Verwaltung anzustoßen. Die regionalistische Führung weigerte sich, dem Autonomieprojekt einen klaren, eingegrenzten und spezifischen Inhalt zu geben, weswegen dieses seinen vagen und somit mehrdeutigen Charakter beibehält. Auf der Seite des gegensätzlichen Pols wirken ebenso unpräzise Begriffe wie etwa jener der „Dekolonisierung" oder „originär-indigen-bäuerlich"[8] (*indígena originario campesino*) gleichsam verbindend nach innen und abgrenzend nach außen.

Laclaus Analysekategorien sind eindeutig relational. Er führt in seinem Ansatz drei zentrale Kategorien ein: a) Diskurs[9], b) Leerer Signifikant und Hegemonie sowie c) Rhetorik. Aufgrund der Gefahr einer Übersimplifizierung der Untersuchung werde ich mich auf den zweiten Punkt konzentrieren.

2 Der Leere Signifikant und das „Volk" in den sozialen Bewegungen Boliviens

Das Konzept des Leeren Signifikanten erlaubt uns, die Entstehung der Autonomieforderung als ein bindendes Element zu verstehen, welches gleichzeitig eine große Diversität an Bedürfnissen und Interessen beinhaltet, wie sie eben in der komplexen Gesellschaft von Santa Cruz vorkommen. Wenn das institutionelle System eine zunehmende Anzahl an Forderungen nicht verarbeiten kann, häufen sich diese. Die unterschiedlichen Forderungen wachsen dann zu „popularen Forderungen" heran, wenn sie – vermittelt durch eine Artikulation zu einer Äquivalenzkette – eine breitere gesellschaftliche Subjektivität entstehen lassen. Eine Äquivalenzkette an Forderungen (die – auch wenn sie ihre Singularität beibehalten – untereinander gleichwertig sind) entsteht dann, wenn sich eine Grenze zwischen dem institutionellen System und der Bevölkerung etabliert. Auf diese Weise wird das „Volk" als Äquivalenzkette konstruiert. In den Worten Laclaus:

---

8 Siehe Einleitung in diesem Band.

9 „Discourse is the primary terrain of the constitution of objectivity as such. By discourse, as I have attempted to make clear several times, I do not mean something that is essentially restricted to the areas of speech and writing, but any complex of elements in which *relations* play the constitutive role. This means that elements do not pre-exist the relational complex but are constituted through it. Thus 'relation' and 'objectivity' are synonymous. Saussure asserted that there are no positive terms in language, only differences – something is what it is only through its differential relations to something else. And what is true of language conceived in its strict sense is also true of any signifying (i.e. objective) element: an action is what it is only through its differences from other possible actions and from other signifying elements – words or actions – which can be successive or simultaneous." (Laclau 2007: 68) und „In my perspective, there is no beyond the play of differences, no ground which would a priori privilege some elements of the whole over the others." (Laclau 2007: 69).

„We already have two clear preconditions of populism: (1) the formation of an internal antagonistic frontier separating the 'people' from power; and (2) an equivalential articulation of demands making the emergence of the 'people' possible. There is a third precondition which does not really arise until the political mobilization has reached a higher level: the unification of these various demands – whose equivalence, up to that point, had not gone beyond a feeling of vague solidarity – into a stable system of signification" (Laclau 2007: 74).

Die Summe der äquivalenten Verbindungen ermöglicht die Entstehung des „Volkes" auf der Grundlage einer antagonistischen Grenze, die dieses, wie gesagt, von der Macht trennt. Aber die „symbolische Vereinigung" geht noch darüber hinaus: Sie nimmt Bezug auf die Konstruktion einer popularen Identität. Diese symbolische Vereinigung kommt zustande, wenn es eine BürgerInnenschaft gibt, die für sich einfordert, die gesamte Gesellschaft zu vertreten. Laclau konstatiert weiter:

„In order to have the 'plebs' of populism, we need something more: we need a plebs who claims to be the only legitimate populus – that is, a partiality which wants to function as the totality of the community [...] In the case of an institutionalist discourse, we have seen that differentiality claims to be the only legitimate equivalent: all differences are considered equally valid within a wider totality." (Laclau 2007: 81–82).

Wenn wir die Entstehung der Pole untersuchen, welche den aktuellen politischen Raum definieren (die Regierung der MAS und die sozialen Bewegungen auf der einen Seite und die regionalistische BürgerInnenbewegung auf der anderen), dann wird ersichtlich, dass beide Äquivalenzketten geformt haben.

3 Der Leere Signifikant und das „Volk" im Protestzyklus (2000–2005)

Der „Wasserkrieg" aus dem Jahr 2000 markiert einen historischen Wendepunkt und den Beginn eines Zerfallsprozesses des bolivianischen Gesellschaftsvertrags. Bis dahin hatte der hegemoniale Block einen politischen Pakt strukturiert, in welchem die Forderungen unterschiedlich durch die staatlichen Institutionen verarbeitet wurden. Die „paktierte Demokratie" hatte es geschafft, die politische Repräsentation zu monopolisieren, was aber mit dem Aufbegehren der indigen-bäuerlichen Bewegungen aus dem Tief- und Hochland sukzessive aufbricht. Diese haben durch ihre Forderungen die Grundannahmen der repräsentativen Demokratie in Frage gestellt und damit offen gelegt, dass die bestehenden Mechanismen nicht dazu dienten, ihre Forderungen nach mehr Partizipation und der Anerkennung ihrer Rechte umzusetzen. Das Gesetz zur politischen Partizipation (*Ley de Participación Popular*) und die Verfassungsreform aus dem Jahr 1994 ermöglichten zwar die Eingliederung neuer Akteure in den Raum der staatlichen Entscheidungsfindung. Es war aber der „Wasserkrieg" im Jahr 2000, in dem die im neoliberalen Modell noch weiter verarmten Massen die Chance ergriffen, in die politische Arena zurückzukehren und die institutionelle Normalität der paktierten Demokratie zu verändern. Die ab dem Jahr 2000 immer deutlicher werdende Krise der Regierbarkeit ermöglichte, den hegemonialen Charakter von Weltanschauungen und Ideologien sichtbar zu machen und infrage zu stellen. Es entstand „[...] eine kritische und komplexe Situation, in der diese [die Gesellschaft] sich derart aufteilt und organisiert, dass die Lage der Beherrschten nicht mehr die Akzeptanz oder Verinnerlichung der dominanten Ideologie garantiert und die Möglichkeit für ein unabhängiges kritisches Denken eröffnet [...]" (Tapia 2002: 122). Eine Grenze zwischen Regierung und „Volk" im Sinne von Laclau wurde also immer deutlicher sichtbar. Die Regierung von Gonzalo Sánchez de Lozada repräsentierte nicht mehr als eine Fortführung der Politik von Hugo Banzer und Jorge Quiroga. Sie führte die Verhandlungen um das Erdgas mit Chile weiter und vertiefte dadurch den Graben zwischen Volk und Regierung nur noch mehr. Das „Volk" und die Grenze (der Antagonismus Volk vs. Macht) bildeten sich bei dem Versuch, einer abwesenden Menge einen Namen zu geben.[10] Zu diesem Phänomen Laclau: „Here we begin to see why the plebs sees itself as the populus, the part as the whole: since the fullness of the community is merely the imaginary reverse of a situation lived as deficient being, those who are responsible for this cannot be a legitimate part of the community; the chasm between them is irretrievable." (Laclau 2007: 86). Als die Krise von Oktober 2003 ausbrach, verdichteten sich die unterschiedlichen Forderungen nach mehr Repräsentation im Staat und Beteiligung an öffentlichen Angelegenheiten, nach besseren Lebensbedingungen, sozialer Mobilität und der Gewährleistung von Rechten zu der zentralen Forderung „Das Gas den BolivianerInnen" (*el gas para los bolivianos*), also der Zugang der bolivianischen Bevölkerung zu billigem Erdgas im Gegensatz zum billigen Export des Gases über einen chilenischen Hafen in die USA. Die Symmetrie zwischen den vielen Forderungen brach also auf und ein Teil davon, eine spezifische Forderung, wurde zum Inbegriff des Ganzen: So hat die Äquivalenzkette an Forderungen einen Leeren Signifikanten hervorgebracht, sprich, eine der vielen Forderungen wurde als gemeinsamer Nenner aller eingeführt. Die gesellschaftliche Entwicklung verlief jedoch äußerst dynamisch und als die Mobilisierung ein höheres Niveau erreichte, wurden zwei weitere Forderungen zu Leeren Signifikanten: die Forderung nach einer verfassunggebenden Versammlung und nach der Nationalisierung der fossilen Ener-

---

10 Das Volk erreicht die Totalität nicht aufgrund der Unfähigkeit des Systems, seine Forderungen einzulösen, sondern diese Totalität muss aktiv geschaffen werden. Interessant ist dabei, dass im Oktober 2003 die Grenze zwischen diesem „Volk" und seinen Regierenden sehr deutlich wurde. So scheint es, dass zuerst die Grenze entstand und erst im Laufe der Krise die Forderungen und Argumente, die diese Grenze bestätigen, explizit machen und rechtfertigen.

gieträger, und damit implizit nach einer umfassenden Veränderung des politischen und wirtschaftlichen Systems.

An diesem Beispiel können wir beobachten, wie der Populismus in einer ständigen Spannung zwischen Gleichwertigkeit und Differenz funktioniert. Denn die Forderungen der Äquivalenzketten behalten ihre Eigenheiten, gleichzeitig ordnen sie sich der hegemonialen Forderung unter.[11] Auf der anderen Seite: Je länger die Äquivalenzkette ist, umso mehr symbolischen Inhalt erlangt der Leere Signifikant. Das ist verbunden mit dem Risiko, selbst an spezifischem Inhalt zu verlieren:

> „In that way, its body is split between the particularity which it still is and the more universal signification of which it is the bearer. This operation of taking up, by a particularity, of an incommensurable universal signification is what I have called hegemony. And, given that this embodied totality or universality is, as we have seen, an impossible object, the hegemonic identity becomes something of the order of an empty signifier, its own particularity embodying an unachievable fullness." (Laclau 2007: 71).

4 Der Leere Signifikant und das „Volk" in der Autonomiebewegung von Santa Cruz

Aber was passiert am anderen Ende dieser Gleichung? Ganz zentral ist die Tatsache, dass der Populismus der Autonomiebewegung sich als Antwort auf den Druck der sozialen Bewegung aus dem Westen des Landes herausbildete. In diesem Zusammenhang ergab sich im Osten eine andere Entwicklung. Die Forderung nach Autonomie in Santa Cruz wurde bereits sehr früh in den Prozess der regionalistischen Mobilisierung eingebracht. So machte eine „Versammlung der *Cruceñidad*" kurz nach der Krise von Oktober 2003 die Autonomie zu ihrer wichtigsten Forderung. Dass das so bald nach den Oktoberaufständen geschah, überrascht. Denn in dieser Region hatte sich die Akkumulation an Forderungen und die Mobilisierung, die sich seit dem Jahr 2000 im Westen bereits entwickelt hatte, im Vorfeld noch nicht ergeben. Was diese Forderung nach Autonomie jener seit Oktober 2003 bestehenden *Asamblea de la Cruceñidad* ausdrückt, ist noch keine radikale Positionierung, noch keine hegemoniale Totalisierung, da das „Volk" noch nicht entstanden war. Die Mobilisierung war nur in sehr wenigen Gesellschaftssektoren beobachtbar, und zwar insbesondere in der urbanen Mittel- und Oberschicht. Aber zum Ende jenes Monats war die Grenze bereits gezogen worden. Am gleichen Nachmittag, als Gonzalo

---

11 Wir sahen beispielsweise, wie diese Spannung sich zugunsten der Differenz auflösen kann, als etwa zu Beginn des Jahres 2009 die indigenen Völker im Rahmen des Übergangs-Wahlgesetzes (*Ley Electoral Transitorio*) deutlich weniger Sitze in der Plurinationalen Versammlung erlangten, als sie einforderten. Die Forderung der indigenen Tieflandvölker löste sich bei dieser Gelegenheit aus der Äquivalenzkette heraus und deren Partikularität abseits der MAS-Hegemonie wurde dadurch sichtbar.

Sanchez de Lozada von der Präsidentschaft zurücktrat, schritt in Santa Cruz die Repression der Demonstrationen der LandarbeiterInnen und SiedlerInnen voran, die es geschafft hatten, auf den Platz des 24. September einzudringen, um dort gegen die Regierung zu protestieren. Das weist auf die Grenze hin, die explizit oder implizit bis heute aufrecht erhalten bleibt: Die Kluft zwischen *cambas* und *collas* (Peña 2006).

Hier liegt meines Erachtens einer der Schlüssel für den Mobilisierungserfolg der Führung aus Santa Cruz: Und zwar, dass sie schnell auf eine zentrale Ressource – nämlich die Dichotomie *colla* versus *camba* – aus dem Entstehungsprozess der Identität aus Santa Cruz seit den 1950er Jahren Bezug genommen hat.[12] Ein anderer wichtiger Faktor ergab sich durch den direkten politischen Kontext: Die seit einigen Jahren andauernde Etappe der Mobilisierungen im Rest des Landes wurde in der Gesellschaft von Santa Cruz mit Argwohn betrachtet. Letztere ist wiederum durch eine konservative politische Kultur und Ideologie geprägt, in der Aufstände und soziale Proteste gegen die etablierte Macht weitgehend ausblieben.

Es gab auch kein Interesse im Lager des hegemonialen regionalistischen Blocks, über die wirklichen Gründe der Oktoberkrise zu diskutieren. Auf diese Weise haben sich die regionalistischen Aktionen auf die Ablehnung der sozialen Bewegungen konzentriert. Inmitten der Unruhen verfestigte sich die Identität aus Santa Cruz als Ort der Sicherheit; ein Prozess, der ohne Zweifel durch den Amtsantritt von Evo Morales zusätzlich gestärkt wurde. Die *collas* und die Bundesregierung wurden seitdem als Quelle aller Unsicherheiten dargestellt, und die Autonomie als Instrument, um diese zu neutralisieren.

In den darauf folgenden Monaten folgten erhebliche Mobilisierungsversuche:

> Die erste durch das 'Zivilkomitee für Santa Cruz' organisierte große Mobilisierung (50.000 Personen laut der Zeitung El Deber) war die offene Versammlung vom 22. Juni 2004. [...] Die wichtigsten Themen waren Arbeitslosigkeit, soziale Befriedung und Autonomie. Die Agenda der Versammlung[13] stellte eine Kombination aus einem nationalen Programm und regionalistischen Anliegen dar [...]. Zusammenfassend: Die Versammlung versuchte die Agenda des Ostens einzubringen, mit Fokus auf die Autonomie und die Ankündigung eines Referendums. Gleichzeitig grenzte sie das Feld möglicher Gegner ein, weswegen sich die Konfrontation mit der Regierung schnell verhärtete. (Sivak 2007: 29f.).

Ab diesem Zeitpunkt bezog die hegemoniale Elite aus Santa Cruz alle Konflikte und Schwierigkeiten auf die problematische Beziehung zwischen Bundesstaat

---

12 Die offiziellen Aussagen aus Santa Cruz zwischen September und Oktober 2003 beziehen sich ständig auf das Element der *colla* als Gegensatz zu Santa Cruz, womit die Komplexität der Krise darauf reduziert wurde, Santa Cruz zu schaden.

13 Das war die „Versammlung der elf Punkte", die als Programm vorgeschlagen wurden, aber in Wirklichkeit nicht lange aufrecht erhalten blieben. Die elf Punkte sind auch bekannt als die „Juni-Agenda" (auch wenn einige AutorInnen fälschlicherweise von der „Januar-Agenda" sprechen) – eine Antwort auf die bereits genannte Oktober-Agenda.

und Region. Auf diese Weise wurde die Autonomie als Lösung für alle Probleme dargestellt.

Im Fall von Santa Cruz sammelte eine hegemoniale Elite diverse unerfüllte Forderungen in Form einer Äquivalenzkette, wobei die Forderung nach der Departement-Autonomie als Leerer Signifikant funktionierte. Aber wenn diese diskursive und politische Konstruktion von oben ausgeführt wurde, warum war sie dann derart erfolgreich? Abgesehen von den bereits genannten Gründen war sie auch deswegen erfolgreich, weil sie auf die bereits vorhandenen Forderungen aufbaute und diese zu einer Partikularität machte (das „*Cruceño*-Sein"), welche sich in der politischen Logik dieses Diskurses in der Autonomieforderung ausdrückte.[14] Auf diesen Punkt werden wir weiter unten zurückkommen.

So handelt es sich also bei den jüngsten politischen Konflikten und den Tendenzen der Polarisierung in Bolivien um die Konfrontation zwischen zwei in unterschiedlichen Regionen angesiedelten hegemonialen Blöcken, die sich dafür einsetzten, die sie trennenden Grenzen aufrecht zu erhalten. Beide Pole reagierten auf eine spezifische soziale und politische Realität: „A notion of constitutive antagonism of radical frontier, requires on the contrary, a *broken* space. [...] There is a fullness of the community which is missing." (Laclau 2007: 85)

Dieser räumliche Bruch ergab sich aufgrund der Akkumulation an unerfüllten Forderungen und aufgrund der Annahme einer Macht, die diesen gegenüber als unsensibel wahrgenommen wurde. Im Falle des Westens Boliviens wurde die unsensible Macht personifiziert durch die traditionelle politische Klasse[15], die von der Regierung verdrängt wurde. Im Fall des Ostens wurde die unsensible Macht personifiziert durch den Zentralstaat der *colla*, vertreten durch Evo Morales. Wir haben bereits gesehen, wie die im Juni 2005 ausbrechende Krise nach dem Rücktritt von Carlos Mesa den Bruch eines spezifischen politischen Pakts markierte und den Eintritt neuer Akteure in den staatlichen Raum ermöglichte. Dieser aufgebrochene Pakt, welcher die politische Klasse vom Regierungspalast verstieß, verdrängte damit zugleich auch die Elite aus Santa Cruz aus dem Staatsapparat, die dadurch ihren Einfluss auf nationale Entscheidungen verlor[16].

Diese Elite zog sich daraufhin im wahrsten Sinne des Wortes in ihre Region zurück und baute von dort aus eine soziale Basis auf, die es ihr ermöglichte, erneut Druck auf

---

14 Zu den sozialen und politischen Gegebenheiten in Santa Cruz siehe Prado et al. (2008); Waldmann (2008).

15 Diese wurde auch als „Vaterlandsverräter" (*vendepatrias*) oder „liberal" (*liberales*) bezeichnet.

16 Bis dahin hatte die Elite aus Santa Cruz ihre Ziele ohne Mobilisierungen auf den Straßen erreicht. Stattdessen agierte sie als Lobbygruppe (*pressure group*), welche direkt mit den höchsten Staatsfunktionären verhandelt, von denen viele sogar aus derselben Klasse oder Region stammten.

den Bundesstaat auszuüben – diesmal aber von außen. So musste die Elite aus Santa Cruz, die ihre Interessen mit den typischen Strategien von so genannten *pressure groups* durchzusetzen versuchte, nach dem Ausschluss der traditionellen Elite aus dem Staatsapparat die Straßen als soziale Bewegung einnehmen. Auf diese Weise wurden die Straßen – ein traditionell für die strukturell ausgegrenzten Gesellschaftssektoren vorgesehener Raum – aufgrund der Krise auch von der ökonomischen Elite genutzt, welche die regionalistische BürgerInnenbewegung anführt.

Diese Tatsache erlaubt es eine Analogie aufzustellen zwischen – auf der einen Seite – den Schwierigkeiten, mit denen sich die MAS konfrontiert sah, als sie die Verwaltung des Staates wie auch die dazugehörigen spezifischen Normen und Codes übernahm und – auf der anderen Seite – den Problemen, welche die Führung der regionalistischen Bewegung aus Santa Cruz erlebte, um ihre soziale Basis auf die Straße zu bringen. Das bezog sich nicht so sehr auf das Mobilisierungsvermögen der BürgerInnenbewegung aus Santa Cruz, sondern auf die permanente Unsicherheit der AnführerInnen in ihren Beziehungen zu den Massen, was auf ihre (Un)fähigkeit hinweist, Protestaktionen vorauszusagen oder einzugrenzen. Aufgrund ihrer Unerfahrenheit in Sachen Führung von großen Menschenmengen gab sich die bürgerliche Führungsriege aus Santa Cruz in zahlreichen Situationen unbeholfen, vor allem wenn die Massenproteste aus Santa Cruz auszuufern drohten. Somit drückte die Führungsriege der regionalistischen Bewegung einen improvisierten oder spontanen Charakter auf.

Dieses Phänomen wurde beispielsweise im Dezember 2007 deutlich: Das BürgerInnenkomitee hatte als Zeichen der Ablehnung des positiven Ergebnisses der Abstimmung der verfassunggebenden Versammlung über den Verfassungsentwurf in Oruro zu einem Hungerstreik aufgerufen. Gleichzeitig wurde der eigene Abstimmungsprozess über das Autonomie-Statut in der so genannten „Prä-Autonomen Vollversammlung" beschleunigt, um den sich andeutenden Vorsprung der MAS zu konterkarieren, der sich durch die erfolgreiche Verfassungsabstimmung von Oruro abzeichnete. An dem Tag als die Prä-Autonome Vollversammlung dem Statut zugestimmt hatte, wollten die RepräsentantInnen aus den Provinzen und andere VersammlungsteilnehmerInnen sich auf dem Platz versammeln, um die Verabschiedung des Dokuments mit den Streikenden zu feiern. Diese TeilnehmerInnen an der Vollversammlung riefen die Streikenden dazu auf, ihren Streik zu unterbrechen. Unter den Streikenden befanden sich auch der Präfekt von Santa Cruz, Rúben Costas, und der Vorsitzende des BürgerInnenkomitees von Santa Cruz, Branco Marinkovic. Die Führung hatte jedoch bereits etwas anderes geplant: Es sollte zwei oder drei Tagen danach – am 15. Dezember[17] – eine

---

17 Dieses Datum ist wichtig, da das „cabildo del millón" des Jahres 2006 (die erste Massenmobilisierung mit dem Hauptziel der Einführung der Autonomie des Departements Santa Cruz) ein weiteres Mal abgehalten wurde. Der symbolische Wert dieses Datums wurde zu diesem Zeitpunkt genutzt, auch wenn die Feierlichkeiten eher einfach gehalten waren.

Stadtratsversammlung abgehalten werden, in welcher die Streikenden darum gebeten werden sollten, ihren Hungerstreik zu unterbrechen.

Somit wurde der spontane Impuls „von unten" und der unmittelbare Wunsch zu feiern durch die Führung der Bewegung gebremst, und die Streikenden führten ihren Hungerstreik noch einige Tage fort, wobei sie schon wussten, dass ihr Streik ohnehin in einigen Tagen beendet werden würde – und das ohne eine Reaktion der Regierung zu erlangen. Schließlich wurden der Akt zur Beendigung des Hungerstreiks und die Feier am von der Führung vorgesehenen Tag und geplanten Ort durchgeführt.

Auch in anderen Räumen, wie in der *Asamblea de la Cruceñidad*, folgte man einem vorher festgelegten Modus: Alle Delegierten dürfen – wenn gewollt – vor der Versammlung sprechen und man hörte in der Regel die radikalsten Forderungen. War die SprecherInnenliste aber beendet, las der Vorsitzende (*presidente cívico*) – ohne die Zwischenschaltung anderer Instanzen, Debatten oder Diskussion – die Resolution der Versammlung vor, der daraufhin sofort von allen zugestimmt wurde, auch wenn diese einen viel moderateren und politisch korrekten Inhalt hatte. Es ist kurios, dass niemand gegen diese Form der Abstimmung protestierte oder darüber diskutierte, zumindest nicht während der Versammlung. Ein weiteres Indiz für das Unbehagen gegenüber der Masse zeigte sich in den Stadtratsversammlungen und anderen Instanzen, wenn die Führung aus Santa Cruz zu den Massen sprechen sollte. Trotz der inflationären Zunahme solcher Veranstaltungen seit 2004 haben die Bewegungsführer (sprich der Präfekt und der Präsident des Komitees für Santa Cruz) es bei fast allen Gelegenheiten vorgezogen, vorgefertigte Reden zu halten. Das markiert einen deutlichen Unterschied zur MAS-Führung und den Regierungsver-treterInnen, die in der Regel frei vortragen und somit mehr Platz für Spontaneität und für die Fähigkeit des Sprechers ließen, Einfluss auf die Massen auszuüben.

Für den Populismus ist es nach Laclau unverzichtbar, Klarheit in Bezug auf einen globalen Feind herzustellen, denn sonst können sich die äquivalenten Forderungen in verschiedene Richtungen verschieben.[18] Aber wenn die Diversität der Forderungen groß ist, wird es immer schwieriger, den ursprünglichen symbolischen Rahmen zu erhalten. Auf diese Weise sind die Identität des Feindes und die Existenz der Grenze immer abhängiger von einem Prozess der politischen Konstruktion (Laclau 2007: 86). Das wird vor allem im Kontext der regionalistischen Bewegung von Santa Cruz deutlich. Dabei wird auf die multiplen Räume angespielt, in welchen die Identität aus Santa Cruz besonders hervorgehoben wird, und die sich durch folgende Merkmale auszeichnen:

– Es gab einen konstanten Druck von Seiten der regionalistischen Intellektuellen, dass die Sprechweise aus Santa Cruz (der Regiolekt, in welchem die Anredeformel

---

18 "So the destiny of populism is strictly related to the destiny of the political frontier: if this frontier collapses, the people as a historical actor disintegrates." (Laclau 2007: 89).

„vos" statt „tú" üblich ist) genauso in den öffentlichen Kampagnen wiedergegeben wird;

– man erlebte eine Art historisches Fieber, zur Betonung der Schlüsselmomente der Konfrontation und der Differenz zwischen Santa Cruz und der Bundesregierung;

– die Fahne des Departements war während des gesamten Jahres allgegenwärtig, deren Gebrauch bisher vor allem auf Festakte beschränkt war;

– die permanente internationale Industrie- und Landwirtschaftsmesse (*Feria Exposición de Santa Cruz* FEXPOCRUZ) und der Karneval können als privilegierte Räume, um die eigene Identität auszudrücken und zu festigen, beschrieben werden;

– zur sinnstiftenden Inszenierung des „*Cruceño*-Seins" gehörten der „Tag der *Cruceño*-Tradition" oder die zu Versammlungen, Protestmärschen, Kundgebungen und anderen Anlässen getragene weiße Kleidung.

Alle diese Aktionen weisen nicht nur auf das „man selbst sein" hin, sondern definieren auch das Anderssein, die Grenze und das Gegensätzliche:

> „As we have seen, no particular content has inscribed, in its ontic specificity, its actual meaning within a discursive formation – everything depends on the system of differential and equivalential articulations within which it is located. [...] We know, from our previous analysis, that populism involves the division of the social scene into two camps. This division presupposes [...] the presence of some privileged signifiers which condense in themselves the signification of a whole antagonistic camp." (Laclau 2007: 86–87).

Der letzte Satz des eben genannten Zitats hilft uns zu verstehen, warum Evo Morales in Santa Cruz ständig als Referenz verwendet wird. Ob Witze, Kommentare zur Sprechweise von Evo Morales oder Andeutungen zu seiner Person auch in nicht politischen Kommunikationskontexten: Sie alle weisen als privilegierte Signifikanten eine Grenzen festigende Eigenschaft auf. Im Gegensatz dazu befinden sich im positiv besetzten Raum die Sprechweise aus Santa Cruz, die Farben der Fahne des Departements oder die Privatinitiative; all das sind Elemente, welche die Bedeutung des regionalistischen Pols in sich selbst verfestigen.

5 Leere Signifikanten: *Cambio*/Evo vs. Autonomie/*Cruceñidad*

Es ist interessant festzustellen, dass die starke Präsenz der Figur von Evo Morales als ein verdichtendes Element auf beiden der antagonistischen Seiten anzusehen ist. Im Gegenzug verfügt die regionalistische Bewegung aus Santa Cruz nicht über eine solch repräsentative Figur in ihrer Führungsriege, was ohne Zweifel den Grad der affektiven Bindung der unterschiedlichen sozialen Sektoren in Bezug auf das autonomistische Projekt einschränkt.[19]

---

19 Wenn ich von einem geringeren Grad des affektiven Kompromisses spreche, so vergleiche ich das beispielsweise mit der Bereitwilligkeit der sozialen Bewegungen des Westens, längere

Zu diesem Punkt noch einige Überlegungen, die sich auf der Grundlage der Analyseinstrumente des Populismus-Ansatzes von Laclau ergeben: Wenn wir über die regionalistische BürgerInnenbewegung nachdenken und uns fragen, mit welchem Wort diese beschrieben werden könnte, so denken wir sofort an das Wort „Autonomie". Wenn wir auf der anderen Seite ein derart einzigartiges Wort für die die Bundesregierung stützenden Bewegungen suchen, wird die Aufgabe schon schwieriger. „Einheit", „Souveränität" oder „Neugründung" könnten einige der privilegierten Bezeichnungen sein, so wie *wiphala*[20.] Aber keines dieser Wörter hat die symbolische und affektive Kraft des Wortes „Wandel" (*cambio*), welches sich sowohl darauf bezieht, eine vergangene Situation zu reformieren wie auch auf den Willen, eine neue einzuleiten. Ist aber dieser Leere Signifikant des Wandels auch in der Lage, den Inhalt aller anderen Forderungen auszudrücken?

Vergessen wir nicht, dass sich die Kategorie „Volk" durch die Gleichwertigkeit einer Vielzahl unbefriedigter Forderungen bildet. Diese geteilte Unzufriedenheit weist auf eine *Unvollständigkeit* hin, eine durch den „Feind" hervorgebrachte Abwesenheit, die sich hinter der „Grenze" befindet. Jedes „Volk" sucht die und tendiert in Richtung der Vollkommenheit, letztere verkörpert durch den Leeren Signifikanten (das Element, welches in sich alle Forderungen binden kann). Mit Laclau gesprochen:

> „Moreover, my early analysis of popular identities as empty signifiers allows me to show that the exclusive fullness/emptiness alternative is a spurious one: as we have seen, the popular identity expresses/constitutes – through the equivalence of a plurality of unfulfilled demands – the unachieved an empty fullness, if you like. (...) I have argued that the totalization of the popular camp – the discursive crystallization of the moment of fullness/emptiness – can take place only if a partial content takes up the representation of a universality with which it is incommensurable." (Laclau 2007: 105–106).

Kann das Wort „Wandel" (*cambio*) diese Universalität ausdrücken? Um das zu beantworten wäre eine tiefere Analyse notwendig, aber ich wage an dieser Stelle eine Hypothese: Meines Erachtens wird die Totalisierung dieser spezifischen Gesellschaft nicht durch das Wort „Wandel", sondern mittels der Figur von Evo Morales repräsentiert, der die universelle Vertretung der historisch Ausgegrenzten in Bolivien übernommen hat. Das heißt, als unangefochtener Anführer dieser politischen Strömung verkörpert

---

und extrem aufopfernde Protestaktionen durchzuführen (wie etwa Märsche über mehrere Tage). Auch wenn diese Bereitwilligkeit mit zahlreichen Faktoren zu tun hat, unter welchen wir die Tradition der politischen Mobilisierung oder die diskursive Konstruktion bezüglich der Aufopferung für das Vaterland nennen können, so fällt aber auch der Widerspruch auf, zwischen der großen Anzahl an ProtestteilnehmerInnen auf der einen Seite und der relativ geringen TeilnehmerInnenzahl am durch die Regierung von Santa Cruz ausgerufenen Hungerstreik im Dezember 2007.

20 Die *Whipala* ist eine quadratische siebenfärbige Fahne, die ein wichtiges Identitäts-Symbol der indigenen Völker der (zentralen) Anden darstellt.

Evo Morales in sich selbst die abwesende Fülle dieses „Volkes", das sich selbst als marginalisiert und rebellierend ansieht. Als Sohn armer Bauern, gerade mal den Schulabschluss mit Abitur in der Tasche, Migrant, Koka-Bauer, Gewerkschaftsführer, Abgeordneter und schließlich Präsident, verkörpert Evo Morales auf eine bestimmte Art und Weise die beiden Extreme: Die Unvollkommenheit aufgrund seiner armen Herkunft, seiner prekären Spanischkenntnisse etc. auf der einen Seite; andererseits das „ideale Ich" der ihn unterstützenden Massen[21], das lebende Beispiel für eine bessere Zukunft, und als solches ein Symbol mit Mobilisationskraft in Richtung einer stets ersehnten und unerreichbaren Vollkommenheit.

Von dieser Hypothese ausgehend und den Blick gen Osten nach Santa Cruz wendend ist es eindeutig, dass man dieser Figur nicht nur die Forderung der Autonomie entgegensetzen kann. Mehr noch, in Anbetracht der Tatsache, dass diese Forderung – auch wenn sie von allen am stärksten formuliert wurde – durch andere Forderungen in spezifischen Momenten ersetzt wurde: Beispiele sind die Zweidrittel-Kampagne[22], das Entwicklungsmodell von Santa Cruz, der Föderalismus, der freie Markt, die regionale Produktion etc. Aber was hat sich im populistischen Diskurs von Santa Cruz konstant gehalten? Was bildet die Grundlage dieser Forderungen? Es ist in diesem Fall das „*Cruceño*-Sein", dieser partielle Inhalt, der eine Totalisierung dieser Gesellschaft erlaubt. Diese Forderung hat nichts zu tun mit den Appellen an die anderen Regionen des so genannten Halbmondes[23]: Diese Spannung zwischen der ursprünglichen Identität – dem Kern der Identifikation – und seiner Tendenz

---

21 Die in sich selbst divers sind: BäuerInnen, BergarbeiterInnen, urbane Sektoren, Jugendliche, MestizInnen, Indigene, GewerkschafterInnen etc.

22 Als die verfassunggebende Versammlung im August 2006 installiert war, verbrachte sie mehr als ein halbes Jahr damit, über Regeln für die Debatten zu diskutieren. Der strittigste Punkt war dabei die Prozentzahl der Stimmen, mit denen Verfassungsentwürfe verabschiedet werden könnten. Die Regionen der Opposition setzten sich für eine Zweidrittel-Mehrheit als Minimum ein.

23 Auch wenn es stimmt, dass in Bolivien der Staat im Zuge seines Entstehungsprozesses die Existenz regionaler Gefühle abseits des nationalen Zugehörigkeitsgefühls bevorzugte, teilen nicht alle Regionen des sog. Halbmondes (*media luna*) mit Santa Cruz die gleichen Charakteristika in Bezug auf den Regionalismus. Zu diesen Charakteristika gehören: (a) Eine Strömung der historischen Rekonstruktion, welche die Forderung nach Autonomie rechtfertigt, (b) die Mythen zur Entwicklung von Santa Cruz als eine eigene Errungenschaft ohne Hilfe der Zentralregierung, (c) eine junge Vergangenheit der städtischen und in geringerem Maße der regionalen Modernisierung, die als kollektive Erfahrung erlebt wurde (und auf der wiederum der aktuelle soziale Zusammenhalt beruht) und (d) eine bereits traditionelle Praxis der „Unsichtbarmachung" der Brüche, Widersprüche und Ungleichheiten im Inneren der Gesellschaft. Diese Aspekte, die zur Stärkung des hegemonialen Diskurses von Santa Cruz beitragen, nehmen in anderen Departements in ihrer Bedeutung ab (vgl. Peña 2008).

zur Expansion als Versuch der Erweiterung der UnterstützerInnenbasis ist charakteristisch für die populistischen sozialen Bewegungen.

Tatsächlich bildet das „*Cruceño*-Sein" die Grundlage des regionalistischen Diskurses. Es ist eine Kategorie, die es erlaubt zweierlei zu rechtfertigen: Zum einen die Differenz der *Cruceños* gegenüber dem Rest Boliviens und zum anderen die daraus folgende Notwendigkeit eines Verwaltungsregimes, das eine formelle und praktische Abgrenzung erlaubt. Das ist das zentrale Argument des identitätsstiftenden und historischen Diskurses, der den Prozess der nationalen Revolution (mit dem Marsch gen Osten und der stärkeren Staatspräsenz in den Regionen) als den Moment des definitiven Bruchs mit der einstigen ruhigen und idyllischen Gesellschaft von Santa Cruz identifiziert, in welcher Konflikte ihre eigenen Lösungswege hatten und nicht auf die Intervention jener fremden Akteure aus La Paz[24] angewiesen waren.

Das „*Cruceño*-Sein" als totalisierendes Element des populistischen Phänomens aus Santa Cruz nimmt seinen Einzug in die regionale Politik: Ausgehend von einem historischen Diskurs, der interne Konflikte aus der Vergangenheit negiert, verkörpert das „*Cruceño*-Sein" eine beinahe absolute, positive Welt, was dieses Element sehr reizvoll macht, es aber gleichzeitig in der Vergangenheit verortet.[25] Das „*Cruceño*-Sein" als eine von den Großeltern ererbte Eigenschaft, Ausdruck einer verlorenen Vollkommenheit. Auf diese Weise ist das politische Projekt von Santa Cruz eher defensiv als pro-aktiv:

> Die radikalsten Gruppen verbindet die Sorge um den Landbesitz, [...] und die politischen Gruppen der Mittelklasse, die nicht mit der Produktion oder der Verwaltung in

---

24 Waldmann (2005) lokalisiert den Zeitpunkt des Bruchs in den 1950er Jahren: „Die gesellschaftliche und kulturelle Veränderung, die damals einsetzte, war die dramatischste, intensivste und schnellste, welche die Stadt seit ihrer Gründung erlebt hat. Diese initiierte einen Modernisierungsprozess, welcher die Kultur von Santa Cruz mit der Intensität eines Tsunami erreichte und überschwemmte." Diese Veränderungen brachten eine räumliche und gesellschaftliche Mobilität, wie auch einen drastischen Wandel der einfachen Lebensweise mit sich, die mit modernen Technologien konfrontiert und später durch den Markt beherrscht wurden. Der Staatsapparat, der sich auch zu dieser Zeit herausbildete, führte bürokratische Organisationsprinzipien ein. Ein weiterer wesentlicher Wandel geschah auf dem Feld des Gemeinwesens: „sprich der urbanen Infrastruktur – wie der Bildung und Gesundheit. Wurden diese vorher individuell, in den Familien oder mithilfe von Hilfsnetzwerken auf der Grundlage von Mitgefühl oder Philanthropie geregelt (und von einer Oligarchie verwaltet, die sich mehr oder minder altruistisch um diese Angelegenheiten kümmerte), werden diese heute vom Staat auf der Grundlage von Steuern und ihren regionalen Vertretungen organisiert." (ebd.).

25 Der Populismus macht permanent diese Pendelbewegung: Auf der einen Seite vertritt dieser nur einen Teil (die *Cruceños*) und auf der anderen Seite bricht er mit der ursprünglichen Definition aus Gründungszeiten um die Gruppe zu erweitern, die er vertritt (und spricht etwa im Namen der PrivatunternehmerInnen des Halbmondes, des Ostens etc.).

Verbindung stehen, mobilisieren sich vor allem aufgrund von Themen um die kulturelle Eigenständigkeit und 'Lebensweise'. [...] Aufgrund der ausgeführten Charakteristika ist die Logik dieser regionalistischen Autonomiebewegungen auf Ausdauer, Konservierung und Ausweitung ihrer regionalen Macht gegenüber der zentralstaatlichen Macht ausgerichtet. Sie präsentieren sich demnach als politisch konservative Bewegungen, auch wenn sie an die Modernität appellieren, die eine globalisierte Wirtschaft impliziert. (Prado 2009: 19, 21).

Das „*Cruceño*-Sein" – ein Teil, der als Ganzes funktioniert – übernimmt die Rolle der Universalität bzw. der Gesamtheit und bildet sich um den *locus* der regionalen Hegemonie heraus. Diesen Sachverhalt können wir nochmals mit den Worten Laclaus unterstreichen:

> [...] there is no universality which is not a hegemonic one. There is, however, something more: as in the examples of the close-ups and the 'breast value' of the milk discussed by Copjec, there is nothing in the materiality of the particular parts which predetermines one or the other to function as whole. Nevertheless, once a certain part has assumed such a function, it is very material as a part which becomes a source of enjoyment. Gramsci formulated the political argument in similar terms: which social force will become the hegemonic representation of society as a whole is the result of a contingent struggle; but once a particular social force becomes hegemonic, it remains so for a whole historical period. [...] With this we reach a full explanation of what radical investment means: making an object the embodiment of a mythical fullness. Affect (that is, enjoyment) is the very essence of investment, while its contingent character accounts for the „radical" component of the formula. (Laclau 2007: 115)

6 Fazit: Jenseits der Polarisierung?

Abschließend stellt sich die Frage, wann diese Polarisierung, diese Simplifizierung des politischen Raumes ein Ende findet. Um Antworten zu finden, müssen wir uns daran erinnern, dass der gesellschaftliche Bruch eine der Bedingungen ist, welche die populistische Logik ermöglicht. Die Überwindung dieses gesellschaftlichen Bruchs zwingt uns, den Blick auf die mittel- und längerfristige Dimension zu erweitern, in welcher die populistische Möglichkeit immer latent ist. Nichtsdestotrotz hängen in Bezug auf die aktuelle Dichotomie beide Strömungen von der Fortdauer ihrer jeweiligen gleichwertigen Äquivalenzketten und von einer mehr oder minder klaren und identifizierbaren Grenze ab.

Für die Regierung ist das mit der Herausforderung verbunden, dass sie die Forderungen über institutionelle Kanäle bedienen muss. Diese schwächen von Natur her die Äquivalenzkette, da sie auf jede einzelne Forderung im Detail eingehen muss und sie eben nicht allgemein als Äquivalenzkette behandeln kann. Für die regionalistische Bewegung stellt sich die Herausforderung, dass sie sich mit der Regierung verbünden muss, um politische Ergebnisse zu erreichen; diese Verbündung kann aber als ein Infragestellen jener Grenze, die – so verlauten die radikalen Diskurse – das „wir" vom Freund trennt, aufgefasst werden:

Dieser Extremismus aus Santa Cruz, der versucht den Aushandlungsprozess durch Situationen zu verhindern, die eine harte Gegenüberstellung unverzichtbar machen und welche die Politik auf den Kampf der Straßen reduziert, hat seine Wurzeln in älteren politischen Kämpfen. Diese prägten im Osten die ideologische und kulturelle Affinität der Sozialistischen Bolivianischen Falange, deren Einfluss noch heute in einigen gesellschaftlichen Gruppen von Santa Cruz sehr stark ist; und zwar nicht als Parteistruktur, sondern als festgefahrene Ideologie bzw. als politische Haltung [...]. Die radikale Gruppe aus Santa Cruz – vor allem in den Händen des Kapitals der Großgrundbesitzer, der Politiker aus Parteien, die Macht verloren haben, der Intellektuellen aus der Mittelschicht mit willkürlicher und emotionaler Ideologie und der Stoßtrupps oder 'AktivistInnen' – griff in der letzten Zeit die moderatere politische Linie der Präfektur und einiger moderner Unternehmerkreise heftig an, da sie diese als gefährlich und riskant betrachten. (Prado 2009)

Auf die populistische Theorie von Laclau zurückgreifend haben wir gesehen, wie zentrale Aspekte des aktuellen politischen Kampfes in Bolivien wie etwa die unklare Unterscheidung zwischen sozialer Bewegung und formeller Politik, die Polarisierung, die Reichweite der symbolischen Konzepte oder die angebliche Irrationalität keine zufälligen, isolierten oder trennbaren Elemente sind. Vielmehr sind sie alle Teile einer politischen Logik und einer spezifischen Form, um Hegemonie zu etablieren.

Die Theorie über den Populismus erlaubt uns, einen erklärenden und ordnenden Sinn hinter der aktuellen politischen Lage zu finden, die somit nicht mehr einfach eine „Sache von Verrückten" ist. Zudem konnte mit der Darstellung des historischen Kontextes der Konfrontation eine ihrer spezifischen Eigenschaften offen gelegt werden, die wiederum die Herausbildung populistischer Bewegungen fördern: Die gespaltene Gesellschaft, deren Charakteristika René Zavaleta so beschreibt:

[...] (H)ier ist es, wo einige Menschen wie Hunde sterben, damit andere wie Schweine fressen können. Dies ist das Vaterland der sozialen Ungerechtigkeit [...]. Gesellschaften, wie die in Bolivien, sind [...] unter anderem durch die Ausweitung der Ungleichheit unter ihren eigenen EinwohnerInnen verdammt. (Zavaleta 2008: 39–40)

Bibliographie

Boschetti, Alejandra (2005): Utilización simbólica e ideológica del género en la construcción de la nación camba o cruceña. Vortrag beim IV. Kongress der Asociación de Estudios Bolivianos. (unveröffentlicht)

Chalup, Lourdes/Jordán, Nelson et al. (2006): Elites cruceñas y autonomías departamentales. Una mirada desde las subjetividades. Programa de Investigación Estratégica en Bolivia PIEB. Santa Cruz. (unveröffentlicht)

García Linera, Álvaro/Chávez, Marxa/Costas, Patricia (2004): Sociología de los movimientos sociales en Bolivia. Estructuras de movilización, repertorios culturales y acción política. La Paz: Diafonía/Oxfam.

Habermann, Friederike (2008): Der homo oeconomicus und das Andere. Hegemonie, Identität und Emanzipation. Baden-Baden: Nomos.

Laclau, Ernesto (2007): On Populist Reason. London/New York: Verso.

Lacombe, Zéline (2006): La construcción de la identidad como fuente de acción: de la cruceñidad a la deriva nazionalista. In: Revista Sociológica 5.

Lavaud, Jean Pierre (1998): El embrollo boliviano. Turbulencias sociales y desplazamientos políticos 1952–1983. La Paz: IFEA-CESU-Hisbol.

Neveu, Erick (2000): Sociología de los movimientos sociales. Zweite Ausgabe. Ecuador: Abya – Yala.

Peña, Claudia (2008): Cuando lo irracional es sólo apariencia. In: Le Monde Diplomatique – bolivianische Ausgabe, September 2008.

Peña, Claudia/Jordán Bazán, Nelson (2006): Ser cruceño en octubre: aproximación al proceso de construcción de la identidad cruceña a partir de la crisis de octubre de 2003. La Paz: Fundación PIEB.

Peña, Claudia/Boschetti, Alejandra (2008): Desafiar el mito camba – colla. Interculturalidad, poder y resistencia en el Oriente boliviano. Serie de Investigaciones sobre Identidad en las Regiones de Bolivia. La Paz: Fundación Unir Bolivia.

Peña Hasbún, Paula et al. (2003): La permanente construcción de lo cruceño: un estudio sobre la identidad de Santa Cruz de la Sierra. La Paz: Fundación PIEB.

Prado Salmón, Fernando (2009): Atrapados por los extremos. In: El Deber 1.04.2009.

– et al. (Hg.) (1986): Los cruceños y la cultura. Cooperativa Cruceña de Cultura. Santa Cruz: El País.

– et al. (Hg.) (2005): Santa Cruz y su gente. Centro de Estudios para el Desarrollo Urbano y regional Santa Cruz: (CEDURE).

– et al. (Hg.) (2008): Poder y elites en Santa Cruz. Santa Cruz: CEDURE.

– (2009): Conflicto y pacto político. Una visión desde Santa Cruz (2006 – 2008). FES, ILDIS, FBDM. (unveröffentlicht)

Sandoval Arenas/Carmen Dunia et al. (2003): Santa Cruz, economía y poder 1952–1993. La Paz: Fundación PIEB.

Seleme Antelo, Susana/Arrieta, Mario/Ábrego, Guadalupe (1985): Mito ideológico y democracia en Santa Cruz. Santa Cruz: CIDCRUZ.

Sivak, Martín (2007): Santa Cruz: una tesis. El conflicto regional en Bolivia (2003 – 2006). Santa Cruz: Plural.

Tapia, Luis (2002): La producción del conocimiento local. Historia y política en la obra de René Zavaleta. La Paz: Muela del Diablo.

Tapia, Luis/Peña, Claudia/Boschetti, Alejandra (2008): Desafiar el mito camba – colla. Interculturalidad, poder y resistencia en el Oriente. Fundación Unir Bolivia.

Waldmann, Adrián (2005): El doble código cultural de los cruceños. Vortrag bei den I Jornadas Cruceñas de Investigación Social (INVESTIGACRUZ). In: Memorias Investigacruz 2005 (elektronischer Beitrag). Santa Cruz.

– (2008): El hábitus camba. Estudio etnográfico sobre Santa Cruz de la Sierra. In: Colección Ciencias Sociales, 12. Santa Cruz: Editorial El País.

Wullweber, Joscha (2010): Hegemonie, Diskurs und Politische Ökonomie. Baden-Baden: Nomos.

Zavaleta, René (1983): Las masas en noviembre. Erste Ausgabe. La Paz: Editorial Juventud.

Zegada, María Teresa/Tórrez, Yuri/Cámara, Gloria (2008): Movimientos sociales en tiempos de poder. Articulaciones y campos de conflicto en el gobierno del MAS (2006 – 2007). Centro Cuarto Intermedio. Cochabamba: Editorial Plural.

Selbstregierung und Selbstbestimmung statt Multikulturalismus: Perspektiven und Grenzen indigener Autonomien

Gespräch mit Sarela Paz Patiño, geführt von Ramiro Balderrama von der Fundación Ghandi[1]

Die Zukunft von Autonomieprozessen ist schwer vorhersehbar, weil die Implementierung der Autonomien ein politisch offener Prozess ist, deren Ausgang maßgeblich vom politischen Handeln der autonomen Subjekte und in diesem Fall (der indigenen Autonomien) vom indigenen Subjekt abhängig ist, welches seine Rechte auf Autonomie und Selbstbestimmung einfordert.

I.: *Was sollten wir unter indigenen Autonomien verstehen und welche diskursiven und politischen Standpunkte gibt es zu diesem Thema innerhalb der indigen-bäuerlichen Bewegungen?*
S.P.: Erlauben Sie mir, eine allgemeine Definition von Autonomien vorzunehmen, bevor ich eine konkrete Definition von indigener Autonomie vorstelle. Generell können wir feststellen, dass das Thema der Autonomie in der Literatur in erster Linie unter dem Gesichtspunkt der Neuorganisation der Strukturen des Zentralstaates und des Einheitsstaates behandelt wird. Tatsächlich ist die Autonomie eine politische Antwort oder ein politischer Ausweg, um gerade Probleme in Angriff zu nehmen, die mit der Struktur des Einheitsstaates (*Estado Unitario*) zusammenhängen. Der Begriff „unitario" beinhaltet zutiefst zentralistische Vorstellungen des Staates. Das ist ein bedeutendes Thema in der Autonomiedebatte, allemal aus einer Perspektive der Dezentralisierung.

Einige AutorInnen, vor allem jene aus marxistischen Traditionen wie Héctor Díaz Polanco, haben Autonomien als eine Art der ethnisch-nationalen Konfliktlösung definiert. Als Reformen, welche die Strukturen des Staates und der Regierung betreffen und den einheitlichen, homogenisierenden Charakter der staatlichen Institutionen modifizieren. Es werden Veränderungen angestrebt, um den kulturellen Differenzen innerhalb des Staates, Unterschieden innerhalb der Nation und vor allem ethnischen Aspekten, in Zusammenhang mit der Strukturierung des Nationalstaates, gerecht

---

1   Übersetzt von Kim Schach und Frederik Caselitz.

zu werden. Wir sollten uns an die Debatte der MarxistInnen über nationale Angelegenheiten und Selbstbestimmung erinnern, in der die ethnisch-nationale Achse ins Spiel gebracht wurde. Rosa Luxemburg, Otto Bauer und Wladimir Lenin sind AutorInnen, die sich dieser Thematik widmeten.

Außerdem gibt es eine eher angelsächsische Tradition, Autonomien zu konzipieren. Die Autonomie wird hier als Selbstregierung verstanden, Autonomie im Sinne der Fähigkeit, sich selbst zu regieren und die politische Anerkennung dafür zu entwickeln.

Diese Lesart ist stark von einer multikulturellen Sichtweise geprägt. Die Achse der Selbstregierung – denn in der Literatur werden Autonomie und Selbstregierung synonym verwendet – hängt hier weniger mit der Kritik am zentralistischen Einheitsstaat zusammen, sondern vielmehr mit der Erkenntnis, dass von der dominanten Gesellschaft kulturell verschiedene Sektoren existieren, die der Struktur des Nationalstaates und seinen Institutionen untergeordnet wurden; Gruppen, die dazu gezwungen wurden, am politischen und institutionellen Leben des Nationalstaates teilzuhaben und somit zu „nationalen Minderheiten" wurden. Darunter befinden sich die indigenen Völker. Nun anerkennt der Multikulturalismus keine „Nationen", aber er anerkennt die Existenz von „Völkern". Nach der Lesart des Multikulturalismus ist demnach die Selbstverwaltung eine Möglichkeit, soziale Ungerechtigkeiten, die den „nationalen Minderheiten" zugefügt wurden, durch die Anerkennung als Rechtssubjekte und ihrer politischen Rechte zu kompensieren. Außerdem betrachtet der Multikulturalismus indigene Völker als jene, die vor der Schaffung der Nationalstaaten eigene politische und institutionelle Systeme aufwiesen. Es ist der Nationalstaat, der ihnen die Rechte zur Selbstregierung zurückgeben muss. AutorInnen wie Will Kymlicka sind Teil einer solchen Denkschule.

Wir sollten jedoch noch eine weitere Interpretationsweise in Betracht ziehen, die sich meiner Einschätzung nach am stärksten der Perspektive der indigenen Völker annähert und unter anderem in Spanien diskutiert wurde. Hier wird die Autonomie als Möglichkeit betrachtet, um das Regierungssystem, den Staat und die territoriale Aufteilung der politischen Macht neu zu definieren. In dieser Definition, die katalanische AutorInnen wie Ramón Máiz verwenden, werden zwei Elemente vereinigt. Erstens eine Neudefinition von Machtstrukturen, da Autonomie mit einer Neuschaffung von Machtverhältnissen in Verbindung gesetzt wird. Zweitens wird davon ausgegangen, dass die territoriale Ordnung der Staaten Machtverhältnisse ausdrückt und dass die territoriale politische Macht modifiziert werden muss, um von Autonomie sprechen zu können.

Nun, wo ordnet man die indigene Autonomie ein? Ich denke, wir sollten diese Frage von zwei Seiten betrachten. Auf der einen Seite gibt es keinen Grund, die indigene Autonomie in die angesprochenen Denkschulen einzuordnen. Eigentlich sprach ich über Autonomie-Denkschulen wie die der Dezentralisierung, der Umstrukturierung des Nationalstaates (nach der marxistischen Denkschule), eine multikulturalistische und eine, die sich mit den Veränderungen der Macht- und Territorialstruktur des Staates befasst. Die indigene Autonomie muss nicht zwangsläufig in diese Schulen eingeordnet werden, unter anderem, weil in indigenen Völkern die politische Tradition des Strebens nach Selbstbestimmung sehr alt ist und viele historische Bezüge aufweist. Die Autonomiekonzepte, über die ich sprach, stellen eine zeitgenössische Art des Verständnisses von Autonomien dar und können die politische Dynamik der indigenen Völker nicht in ihrem ganzen Ausmaß erfassen. Die indigene Selbstbestimmung einschließlich der Selbstregierung ist somit ein altes Thema, welches sich in der heutigen Zeit in der Forderung nach Autonomierechten ausdrückt.

Zeitweise fokussierte die Diskussion um indigene Autonomien auf die Frage des Landbesitzes und die Entschädigung für vom Kolonialstaat aberkannte Gebiete. Autonomien als Basis zur Selbstbestimmung beinhalten jedenfalls das Recht auf Landbesitz und Gebietsansprüche. Wenn wir über den Kern dieser Diskussion um Gebietsansprüche reflektieren, finden wir beispielsweise die Forderung nach Selbstbestimmung hinter der folgenden Aussage: „Sie sollen uns unser Land zurückgeben! Dort wollen wir uns selbst bestimmen, genauso wie schon unsere Großeltern; unsere *Amautas!*" Damit wird ausgedrückt, dass die Diskussion um Gebietsansprüche und die Rückgabe des Landes als Schritt zur Selbstbestimmung wahrgenommen wird, also als Möglichkeit, sich selbst zu verwalten. Momentan ist die Frage der Land- und Gebietsansprüche zentral mit der Forderung nach Selbstverwaltung verknüpft, und zwar stets unter dem Gesichtspunkt einer gleichzeitigen Neuordnung Boliviens.

Meiner Ansicht nach ist Selbstbestimmung der korrekte Begriff, um indigene Erfahrungen und die Tradition der indigenen Selbstverwaltung zu betrachten und um zu begreifen, was hinter den politischen Forderungen der indigenen Organisationen steht. Diesen Begriff finden wir beispielsweise regelmäßig in den kataristischen Ausführungen, aber auch sehr viel früher in den 40er Jahren, als es starke indigene Bewegungen in Lateinamerika gab, die 1945 den indigenen Kongress in Mexiko – den *Paztcuaro* – gründeten. In Bolivien brachte Villarroel solch einen Kongress hervor. In diesem Jahrzehnt war der Diskurs über die indigene Selbstverwaltung Teil der politischen Auseinandersetzungen. Colombres, ein alter Intellektueller, schrieb etwa einen Text mit dem Titel „Die indigene Selbstverwaltung in Lateinamerika". Ein weiterer indigener bolivianischer Vordenker, Fausto Reynaga, begriff die Thematik der Selbstverwaltung ebenfalls als einen nationalen Lösungsweg. Er sprach jedoch nicht von „unterdrückten Nationen", sondern von „unterdrückten Völkern". Hinter dem Konzept der „Selbstverwaltung der unterdrückten und dominierten Völker" steckt die Idee, dass alle Völker ihr Recht auf Selbstbestimmung ausüben können.

Folglich greifen die eingangs erwähnten Theorien Elemente des breiten und tiefgreifenden Konzepts der Selbstbestimmung der indigenen Völker auf und können diese miteinander verbinden. Spricht man vom *gobierno propio* (eigene Regierung), bewegt man sich sehr eng am angelsächsischen *self government*, der Fähigkeit, eine eigene politische Anerkennung, einen eigenen Status zu entwickeln – also eine Regierung zu haben, die sich an selbstgegebenen Normen ausrichtet. Oder wenn wir uns der Frage der Neudefinition der politischen Gebietsansprüche nähern, befinden wir uns dicht an der Forderung nach der Rückgabe von Territorien: „In unseren Gebieten wollen wir unsere Verwaltung so gestalten, wie es uns unsere Großeltern gelehrt haben." Hier sehen wir, dass die indigene Tradition an die spanische Autonomiedebatte anknüpft. Wenn gesagt wird „Verwaltung in unseren Gebieten", dann ist damit eine Verwaltung in festgelegten geographischen Räumen gemeint. Wenn indigene Völker so etwas verlangen, fordern sie damit auch eindeutig eine Neudefinition politischer Macht. Hinter diesem Ansatz steht die Forderung einer territorialen Neuordnung Boliviens, die mit einer politischen Definition des Territoriums und der Herrschaft innerhalb dieser territorialen Ordnungen in Zusammenhang steht.

Die von indigenen Völkern geprägte Tradition der Selbstbestimmung bedeutet auch die Lösung von ethnisch-nationalen Problemen, wie sie in marxistischen Diskussionen vorgeschlagen werden. Es handelt sich hierbei um eine Agenda zur Veränderung der staatlichen Strukturen, jedoch im Rahmen einer politischen Tradition, die auf einer eigenständigen Zivilisation der indigenen Gemeinschaften basiert. Hinter der Forderung einer Rückgabe des Territoriums verbirgt sich die Frage der Modifizierung des Staates. Diese wird von ethnischen politischen Subjekten angestoßen, die nicht, wie im Fall von Santa Cruz, regional verankert sind, sondern es handelt sich hierbei um politische Organisationen, die nach der Entstehung des Katarismus und in den Diskursen der 1980er und 1990er als „unterdrückte Völker und Nationen" bezeichnet wurden.

In diesem Zusammenhang ist es interessant zu sehen, wie die Frage der Autonomie in den vergangenen beiden Jahrzehnten auf verschiedene Arten und Weisen diskutiert wurde. Zum Beispiel in den 1990ern, als die Konföderation Indigener Völker des Ostens Boliviens (CIDOB) über das Indigenen-Gesetz beriet, war die Frage der indigenen Gebiete der Dreh- und Angelpunkt der Debatte. Dabei ging es um Landrechte, Besitzrechte natürlicher Ressourcen und die Regierung der indigenen Gebiete. Allerdings stieß die von der CIDOB angestoßene Diskussion wegen des Abkommens 169 der Internationalen Arbeitsorganisation (ILO) an ihre Grenzen. Bekanntermaßen nimmt das Abkommen von den Termini „Selbstbestimmung der indigenen Völker" Abstand, da die Vereinten Nationen dieses Recht nur Nationalstaaten zusprachen und nicht den indigenen Völkern. Somit wurden die Gebietsansprüche damals von der Forderung nach Selbstverwaltung weitgehend getrennt. Man war hinsichtlich der indigenen Autonomie und dem Selbstbestimmungsrecht nicht vorangekommen. RepräsentantInnen der CIDOB erklären diese Beschränkungen auch damit, dass sie damals nicht ausreichend in die Institutionen des Staates involviert waren, um ihn von innen heraus verändern zu können. Sie waren vielmehr mit partikularen

Problemen wie Holzhändlern und Viehzüchtern beschäftigt, die verstärkt in ihre Gemeinden eindrangen. Das Verlangen nach Selbstverwaltung blieb also der Thematik der natürlichen Ressourcen und Ländereien untergeordnet.

In den 1990ern war die Forderung nach Selbstregierung in der CIDOB schwach aber doch ausgeprägt, während die Idee der Selbstbestimmung in der Konföderation der LandarbeiterInnengewerkschaft Boliviens (CSUTCB) sehr zentral war – ein Erbe des Katarismus. Ich denke, das gegenwärtige Konzept der indigenen Autonomien ist eine Kombination beider Traditionen: Selbstregierung und Selbstbestimmung. Hinter der Selbstregierung steht die Forderung: „Sie sollen uns unsere Gebiete mit unseren Behörden verwalten lassen." Damit ist allerdings nicht Selbstregierung auf Staatsebene gemeint. Selbstbestimmung hingegen ist ein tiefgreifendes und gleichzeitig radikales Modell. Es setzt die Rückgabe der Gebiete, die Neudefinition der politischen Macht, die Veränderung des neokolonialen Staates und seiner institutionellen Dynamik voraus. Um über indigene Autonomie sprechen zu können, hebe ich diese Elemente hervor.

Mit diesen zwei Elementen wird der Diskurs über indigene Autonomien zurzeit vorangebracht und wurde die Debatte innerhalb der verfassunggebenden Versammlung angetrieben. Auch wenn diese Ansicht weit verbreitet ist, sind diese Elemente keinesfalls eine Reaktion auf die Forderung nach Departement-Autonomien des Tieflandes. Es gab sie in der Vergangenheit und sie wurden in ihrer Dynamik potenziert, da die politische Mobilisierung für Departement-Autonomien auf die Neudefinition der politisch-administrativen Organisation des Staates abzielt. In diesem Kontext und unter diesen Voraussetzungen wurde die Frage der indigenen Autonomie diskutiert.

I: *Während des verfassunggebenden Prozesses wurden die Forderungen nach indigenen Autonomien mit größter Vehemenz diskutiert. Auf welche Art und Weise drückten sich diese kontroversen politischen Tendenzen, von denen du uns berichtet hast, aus?*
Ja, tatsächlich werden diese Themen im Rahmen der verfassunggebenden Versammlung diskutiert, wo die Traditionen der CIDOB und der CSUTCB zusammenkommen. Im Falle der CIDOB hatte sich die Agenda bereits weiterentwickelt. Sie beinhaltete nicht mehr ausschließlich die Forderung: „Sie sollen unsere ursprünglichen Autoritäten anerkennen, die wir nach unseren Normen und Gebräuchen gewählt haben, so dass diese zu einem Teil unserer Verwaltung werden."

Dieser Schritt ist sehr wichtig. Es ist eine Sache, wenn ich verlange, dass du meine Autoritäten respektierst und dass du mir mein Verwaltungssystem lässt. Aber eine andere Sache ist es, wenn ich dir sage, dass meine Autoritäten und mein System Teil des Aufbaus des Staates sein müssen. Das wird nun von der Forderung der CIDOB nach indigenen Autonomien mit eingeschlossen. Es bedeutet, vom Staat zu verlangen, dass die Selbstverwaltung nun ein wesentlicher Bestandteil des Staates sein soll. Die institutionelle Struktur der Autonomien ist im Vergleich zu der des Staates so unterschiedlich, dass der Staat sich in Inhalt und Form notwendigerweise verändern muss. Die von Seiten der CIDOB entworfene indigene Autonomie knüpft an die Selbstbestimmungs-Debatte und die Schaffung eines pluralistischen Staates an und stellt somit eine radikale Form der Autonomie dar. Mit diesem Ansatz begann sich die CIDOB Anfang 2005 in Hinblick auf die verfassunggebende Versammlung zu befassen.

Die CSUTCB sah wiederum in den indigenen Autonomien ursprünglich eine Schwächung ihrer politischen Forderung, daher stammte die starke Betonung der Selbstbestimmung in ihren Forderungen. Das Argument der CSUTCB und ihrer Intellektuellen war natürlich immer, dass die Frage der Autonomie eine Forderung für „nationale Minderheiten" sei und sie (Quechuas und Aymaras) keine nationale Minderheit sind. Ich glaube, hier waren die Reflexionen der ländlichen Teile der CSUTCB zutreffend, vor allem wenn wir an Selbstregierung aus Sicht des Multikulturalismus denken, welche eben auf „nationale Minderheiten" ausgerichtet ist, die durch zentralistische Tendenzen des Nationalstaates unterdrückt werden.

Die CSUTCB bestand daher zu Beginn der Diskussionen um die neue Verfassung darauf, dass Autonomien sie nicht betreffen würden, da es sich um einen staatlichen Entwurf handle, der sich an „ethnische Minderheiten" richte. Da sie keine Minderheit seien, vertraten sie die Forderung der Neuordnung des Staates. Ihre Bemühungen richteten sich vor allem auf einen pluralistischen Staat, was eine Reorganisation des Staates in Aussicht stellte, ohne an ein System von Autonomien zu denken. Mir scheint dennoch, dass die ursprünglichen Ansichten der indigenen Bewegung immer um die Forderungen der CSUTCB kreisten, aber auch die Vertiefung der eigenen Autonomie forderten. Denn durch Autonomien im Sinne von Selbstregierung bzw. der Fähigkeit, für sich selbst Gesetze zu erlassen und ein Gebiet zu verwalten, kann eine eigene Regierungsebene geschaffen werden. Das bedeutet, dass es einen Staat gibt mit unterschiedlichen Regierungsebenen und die indigenen Autonomien eine dieser Ebenen sind. Aber die Forderung kann sogar so weit gehen, dass man nicht nur eine Regierungsebene schaffen will, sondern auch das Recht und die Entscheidung über die natürlichen Ressourcen daran geknüpft wird. Diese Ansicht wurde im Rahmen der Autonomiedebatte in der verfassunggebenden Versammlung und vom Einheitspakt der indigen-bäuerlichen Organisationen (*Pacto de Unidad*) artikuliert. So konnten die Interessen und Visionen der unterschiedlichen indigenen und bäuerlichen Organisationen zusammengeführt werden.

Ein weiteres, nicht unumstrittenes aber doch weit verbreitetes Ziel war die Neuziehung von sub-nationalen Landgrenzen, die insbesondere vom Nationalrat der *Ayllus* und *Markas* des *Qullasuyu* (CONAMAQ) angestrebt wurde. Die CONAMAQ verfolgte das Ziel einer „Rückkehr zum *Tawantisuyu*", also einer territorialen Neuordnung Boliviens nach dem historischen Vorbild des Inkareichs. Diese Forderung erschien den Völkern des Tieflands immer zu extrem und damit quasi unerfüllbar.

Nichtsdestotrotz brachte diese Forderung indigene Völker aus dem Osten Boliviens, vor allem die Guaraní, dazu, sich nicht nur um Ansprüche auf ihre Gebiete – es handelt sich dabei um die Indigenen Gemeinschaftlichen Ländereien (TCO) – zu kümmern, sondern die Möglichkeit ins Spiel zu bringen, über die als TCOs gefestigten Gebiete hinaus zu gehen und ihren territorialen Status in Gemeinden, Provinzen und sogar den Departements neu zu definieren. 1986 formierte sich auf Basis der *Capitanías* die nationale Guaraní-Organisation, die Versammlung des Guaraní-Volkes (APG). Zu Beginn schlossen sich die *Capitanía*s in der Provinz Cordillera im Departement Santa Cruz zusammen, später kamen die aus Chuquisaca hinzu und schließlich die Provinzen Tarijas. In den Jahren 1992/93 war die APG in drei Departements präsent und es kam zu grenzübergreifenden Kooperationen. Im Zuge der verfassunggebenden Versammlung und der Debatten im Einheitspakt – insbesondere mit der CONAMAQ – formulierte die APG die Forderung nach einer grenzübergreifenden Einheit der Selbstregierung. An diesem Beispiel können wir wiederum die wechselseitigen Einflüsse zwischen verschiedenen indigen-bäuerlichen Sektoren sehen, die während des Prozesses der verfassunggebenden Versammlung zustande kamen.

Bleiben wir beim Fall der Guaraní. Als das Gesetz für die BürgerInnenbeteiligung (LPP) eingeführt wurde, erinnere ich mich, dass die BeamtInnen des Sekretariats für ethnische Angelegenheiten das Guaraní-Gebiet als ihr Vorzeigeobjekt sahen. Die Guaraní waren damals die ersten, die sich gemäß ihrer Interpretation an diesem Prozess beteiligten und die verstanden hatten, wovon die Dezentralisierungspolitik handelte. Außerdem waren sie die ersten, die mit der Regierung in Verhandlungen traten. Im krassen Gegensatz dazu standen die der Regierung von Gonzalo Sánchez de Lozada abgeneigten *Cocaleros* (KokabäuerInnengewerkschaften), die diesbezüglich nicht verhandeln wollten. Die CSUTCB wollte Angelegenheiten des neuen Agrar-Gesetzes (*Ley INRA*) verhandeln, die Dezentralisierungspolitik interessierte sie jedoch kaum.

Die Guaraní waren also die ersten, die sich in die Dezentralisierungspolitik des Staates einbrachten. Ich erinnere mich, dass unter ihnen die Diskussion entstand, ob man im Rahmen der bestehenden Gemeinderegierungen mitmachen solle, oder ob man versuchen solle, ausgehend vom Modell indigener Distrikte neue lokale Gebiete zu definieren. In diesem Kontext sprachen die Guaraní von den Gebieten ihrer Vorfahren, jedoch lediglich auf Gemeindeebene. Sie orientierten sich an ihren Möglichkeiten im Rahmen des LPP und pochten noch nicht auf ihr Recht auf Selbstbestimmung sowie das Ziel einer Neuziehung territorialer Grenzen. Durch die Diskussionen im Rahmen der verfassunggebenden Versammlung und den Zusammenfluss bestimmter Strömungen der indigen-bäuerlichen Bewegung waren die Guaraní in der Lage, die Idee der Autonomie zu einem Modell des Zusammenschlusses der Gebiete der Vorfahren zu erweitern, zu einer Selbstregierung, die mit der Frage der Selbstbestimmung verknüpft ist und mit einer staatlichen Regierung, die die politischen Beziehungen der APG einbezieht.

Ich denke, das sind die Standpunkte zu indigenen Autonomien, die wir in den verschiedenen Organisationen vorfinden. Um es noch einmal zu wiederholen, im Fall der Quechua- und Aymara wurde die Forderung nach Selbstbestimmung als politischer Ausweg gesehen. Das Ziel war nicht, Autonomie zu erreichen, sondern den Staat neu zu definieren. Daher stand auch die Gestaltung des plurinationalen Staates im Mittelpunkt der Autonomiedebatte.

Ganz allgemein gesehen lassen sich aus der strittigen politischen Diskussion um Autonomien in der verfassunggebenden Versammlung zwei politische Ansätze herausarbeiten, die in der neuen Verfassung vereinigt werden sollten. Ob dies gut oder schlecht oder nur sehr widersprüchlich gelungen ist, bleibt noch zu erörtern. Jedenfalls versucht die Verfassung den Ansatz der Dezentralisierung mit jenem der territorialen Neuorganisation zu vereinen. Der Ansatz der Dezentralisierung entstand in den 1990ern und ist maßgeblich von der Idee subnationaler Regierungsebenen inspiriert, die effizienter sein sollen und sich dem/der BürgerIn stärker annähern. Dies spiegelt sich in der Autonomie der Departements wider. Der andere Horizont bezieht sich auf die Neuordnung territorial-administrativer Einheiten. Er betrachtet Autonomien als territoriale Neudefinition politischer Macht und sieht diese als wesentlichen Schritt zu einer neuen staatlichen Ordnung an.

Beide Traditionen, Dezentralisierung und territoriale Neuordnung, sollten als politische Perspektiven verstanden werden, die miteinander in Konflikt stehen. Das bedeutet nicht, dass die Positionen miteinander unvereinbar sind. Es stehen nicht zwangsläufig auf der einen Seite die Indigenen, die die Position der Neuordnung vertreten und auf der anderen die BürgerInnen, die die Dezentralisierung vertreten. Die Beziehungen zwischen beiden Dynamiken sind sehr komplex, beeinflussen sich wechselseitig und in vielen Fällen bestimmen sie sich gegenseitig. Man kann sagen, dass sich die staatliche territoriale Neuordnung in embryonaler Form bereits in den Reformen von 1993 bis 1997 findet. In mehreren Situationen, als über indigene Territorien diskutiert wurde, trat auch die Forderung nach einer Neuordnung des Territoriums auf, aber die politische Perspektive der Dezentralisierung war vorherrschend. Nun jedoch haben sich die Kräfteverhältnisse und die hegemonialen Strukturen verändert. Man kann sagen, dass der politische Horizont der Neuordnung des Territoriums zwar nicht vorherrschend ist – sonst wären die Verfassung und das System der Autonomien von ihm geprägt gewesen –, aber mittlerweile bestehen deutlich weniger Asymmetrien zwischen beiden Perspektiven. Es scheint mir, als hätte die Verfassung beide Perspektiven als Lösung für den Prozess der Autonomie benutzt. In meinen Augen sind die Ansichten, Prinzipien und politischen Perspektiven, die sich in der Verfassung zum Thema der Autonomien finden, heterodox und pluralistisch.

I: *Wie werden die Autonomien gemäß der neuen Verfassung gestaltet und auf welche Art und Weise wurden die diesbezüglichen politischen und diskursiven Traditionen von den indigen-bäuerlichen Bewegungen, von denen du erzählt hast, dabei aufgegriffen?*
Ich würde sagen, dass die neue Verfassung sich größtenteils auf die Forderung der territorialen Neuverteilung bezieht. In der letztlich verabschiedeten Verfassung ging dieser Einfluss zurück, aber er ist dennoch präsent. Auf welche Art und Weise? Der Leitgedanke besteht darin, neue territoriale Anordnungen zu etablieren. Genauer gesagt geht es darum, territoriale Machtbereiche zu definieren, die vom Staat nicht wahrgenommen wurden, aber in den politischen Erfahrungen der Indigenen von großer Bedeutung gewesen sind. Wir dürfen diesen Gedanken nicht verlieren, wenn wir die verabschiedete Verfassung bewerten. Wenn man die Verfassung sorgfältig liest, wird man feststellen, dass die autonomen indigenen Organisationen, die indigene Territorien regieren sollen, bereits bestehen oder sich im Aufbau befinden. Es gibt die mit rechtlichem Status versehenen indigenen Gemeinden und die indigenen kollektiven Ländereien; und es gibt die Möglichkeit, dass beide Formen der Anerkennung ihre politischen Initiativen miteinander verbinden, indem sie eine regionale autonome Einheit werden. Die Verfassung besagt außerdem, dass man die Hoheitsgebiete der Gemeinden ausgehend von einem indigenen Territorium neu definieren kann, solange die indigene Organisation sich mit dem Gemeinderat einigt. Das eröffnet die Möglichkeit, die Gebiete auf der Gemeindeebene neu zu definieren. Die Machtstruktur der Gemeinden kann also verändert werden, was natürlich abhängig ist von den Strategien der politischen Subjekte. Nicht möglich ist, und diesbezüglich drückt sich die verabschiedete Verfassung deutlich aus (im Gegensatz zur vorhergehenden Version der Verfassung von Oruro von 2007, die dies nicht vorschreibt), dass die territoriale Neudefinition die Struktur der Departements angreift.

Wir können sagen, dass das Modell der Neubestimmung, der Neuverteilung der staatlichen Macht von der lokalen Ebene bis hin zur Gemeindeebene und über sie hinaus reicht, aber nicht die Ebene der Departements überschreitet. Das ist die verfassungsgemäße Grenze, die den indigenen Autonomien gesetzt wurde. Aus der Perspektive der indigenen Politik muss daher das Modell der territorialen Neuordnung auf lokaler Ebene umgesetzt werden. Die Verfassung erhält mit aller Kraft die Departement-Grenzen aufrecht. Die Idee der Autonomie durch territoriale Neuordnung besteht eher punktuell, auf lokaler Ebene und man muss nun abwarten, in welche Richtung sich die Autonomie-Prozesse entwickeln. Auf jeden Fall kann kein Prozess der Autonomisierung alle seine Variablen im vorhinein festlegen. Man kann nicht sagen, dass man in 20 Jahren noch genau den gleichen Weg geht. Der autonome Prozess ist ein politisch offener Prozess, denn er hängt wesentlich vom Verhalten des autonomen Subjektes ab, in diesem Fall vom indigenen Subjekt, welches auf politischer Ebene anfängt, sein Recht auf Selbstbestimmung einzufordern.

Also, warum sage ich, dass die Verfassung von Oruro der Forderung nach territorialer Neuordnung einen größeren Platz eingeräumt hat? Zunächst, weil nicht vorgegeben wurde, dass auf der Departement-Ebene ihre Grenze ist. Außerdem bestand die Möglichkeit des Zusammenschlusses indigener Autonomieeinheiten, sodass die TCOs und die indigenen Gemeinden eine Region und damit eine neue Regierungsebene, auch über Departement-Grenzen hinweg, bilden konnten. Die Verfassung von Oruro bot mehr Möglichkeiten für den Ansatz der territorialen Neuordnung; gleichzeitig bereitete sie denjenigen, die diesen Ansatz nicht teilten, große Sorgen. Diese Sektoren – die bürgerlichen beispielsweise – empfinden es als großes Problem und Schwierigkeit, dass der Ansatz der neuen Grenzziehung die Departement-Ebene überschreiten könnte. Juan Carlos Urenda, ein bürgerlicher Intellektueller aus Santa Cruz, der bereits mehrere Texte zum Thema veröffentlicht hat, versucht in seinem neuesten Buch, das Thema der indigenen Autonomie viel offener zu behandeln und die Begrenzungen, die es bei der Entstehung der Forderung nach Departement-Autonomien gab, zu überwinden. Doch bezüglich des Ansatzes der territorialen Neuordnung warnt er vor der Gefahr eines Konfliktes oder Krieges, den diese Forderung mit sich bringt.

Es lässt sich feststellen, dass man sich beim Verfassungsprojekt von Oruro bemühte, diese zwei Traditionen der Autonomie zu erweitern und gleichzustellen. Bei der kürzlich verabschiedeten Verfassung ist die neue Grenzziehung ein lokaler Ansatz, eben auf Gemeindeebene. Für einige Sektoren bedeutet dies aber große Probleme, beispielsweise für die Guaranís: Gerade hatte ihre Debatte über „die Gebiete unserer Vorfahren, Gebiete unserer Großeltern" zu Möglichkeiten geführt, wie die unterschiedlichen *Capitanías* zusammenarbeiten können, um eine Regierungseinheit zu formen. Nun mussten sie zusehen, wie ihre Zielsetzung verhindert wurde. Auch einige *Ayllus* die sich zwischen Oruro und Potosí befinden, wurden erheblich zerrissen, da ihr Hoheitsgebiet über die genannten Departements hinaus reicht. Dies sind einige der Beschränkungen der indigenen Autonomien gemäß der neuen Verfassung.

I: Neben der Anerkennung der lokalen Arten von Selbstregierung, Selbstverwaltung, gemeinschaftlicher Justiz, etc. ist es ein weiteres Merkmal der Anerkennung der indigenen Autonomien im Rahmen eines plurinationalen Staates, dass sich auch der Staat in seinem eigenen institutionellen und rechtlichen Aufbau pluralisieren muss. Trotzdem wird in der neuen Verfassung festgelegt, dass der Staat in seinem dominanten Zentrum einer liberalen und republikanischen Logik folgt. Das Parteiensystem bleibt beispielsweise im Mittelpunkt der politischen Repräsentation und auch bei der territorialen Anordnung geschieht das Gleiche, indem die steife Anordnung der Departements beibehalten wird. Wie siehst du diese zweifellos konfliktreiche Beziehung zwischen plurinationalem Staat und indigener Autonomie?

Es ist eine komplexe Beziehung, die typisch bolivianisch ist. Hoffentlich sind wir einfallsreich genug, um Lösungen zu finden. Ich sage, dass sie typisch bolivianisch ist, weil wir uns das Problem selbst gemacht haben. Durch die verfassunggebende Versammlung erschaffen wir eine Beziehung zwischen plurinationalem Staat und Autonomien. Normalerweise findet man Modelle der Autonomie, aber keinen plurinationalen Staat, sondern eher eine Anerkennung der multinationalen oder plurinationalen Gesellschaft. Spanien beispielsweise erkennt die multinationale Gesellschaft in der Verfassung an, aber ist kein plurinationaler Staat. Im Gegensatz zu Ecuador haben wir dieses doppelte Spiel mitgemacht. Die EcuadorianerInnen haben festgelegt, dass sie ein plurinationaler Staat werden und in ihrer verabschiedeten Verfassung kein Autonomiesystem erschaffen. Es wird zwar indigene Wahlkreise und selbstregierte Einheiten geben, aber im Rahmen der bereits bestehenden politisch-administrativen Grenzen. In Bolivien stehen wir jedoch vor der Herausforderung, einen Staat zu erschaffen, der das System der Autonomien zur Grundlage seines Funktionierens nimmt.

Die Schaffung des plurinationalen Staates bedeutet, dass es ein Staat ist, der in seinem Inneren eine pluralistische Anordnung seiner Institutionen anerkennt. Das ist der Anfang: das Fundament des Plurinationalen. Aber auf der anderen Seite schreitet das Plurinationale auch im Sinne der Nationen voran; Nationen, die den Staat in seinen institutionellen und politischen Vorgängen unterwandern. Hier wird die Phantasie eine wichtige Rolle spielen, und das Resultat wird sehr bolivianisch sein. Fangen wir mit der ersten Frage an: Was bedeutet ein plurinationaler Staat? Es bedeutet, dass sich die Institutionen des Staates, das Feld der Justiz, der öffentlichen Verwaltung, die Spielregeln und Normen sowie das System der Repräsentation pluralisieren. Es bedeutet gleichermaßen, dass sich nicht nur Prinzipien durchsetzen, die aus einer politischen Tradition wie dem Liberalismus stammen, sondern auch Prinzipien aus anderen politischen Traditionen.

Der Einfluss der liberalen Tradition ist sehr stark und es ist schwierig ihn zu überwinden, da die liberale Tradition einen breiten und einfallsreichen Diskurs bezüglich der Demokratie pflegt, und viele bedeutende Lösungswege für den politischen Prozess der Nationen bietet. Aber darüber hinaus ist der Liberalismus hegemonial. Wenn du den Liberalismus auf Toleranz untersuchst, wirst du systematisierte und organisierte Literatur finden, wenn du nach Formen der politischen Repräsentation von Minderheiten fragst, wirst du merken, dass der Liberalismus fünf, sechs oder sieben Sorten von institutionellen Designs und verschiedene Spielregeln aufweist. Wenn du das repräsentative System analysierst, wirst du herausfinden, dass es nicht nur politische Parteien gibt, die die gesellschaftlichen Wünsche und Bedürfnisse organisieren, – auch wenn sie eine privilegierte Stellung einnehmen – sondern, dass es auch das Modell der gesellschaftlichen Interessensgruppen gibt. Man merkt, dass der Liberalismus eine sehr weitreichende politische Theorie ist und wegen seines hegemonialen Charakters ist es nicht leicht, ihm seine Bedeutung abzustreiten.

Wenn ich sage, dass ein plurinationaler Staat seine Institutionen und seine politischen Verfahren pluralisiert, dann habe ich einen Staat im Kopf, der von verschiedenen politischen Traditionen inspiriert wird. Auch von der liberalen – aber eben nicht nur von der liberalen. Aber darüber hinaus soll der Staat es ermöglichen, dass sich diese Traditionen weiter entwickeln, denn deswegen nimmt sich der Staat selbst auch als plurinational wahr. Also es geht nicht darum, dass BeamtInnen des Staates ausdrücken, wie interessant sie indigene Normen und Verfahren finden, sondern dass diese Mechanismen vom Staat unterstützt werden. Ein institutionelles Gerüst sollte geschaffen werden, das seine Institutionen einem pluralen Ansatz öffnet. Das ist Teil unserer Herausforderung. Eine weitere Herausforderung entsteht, wenn wir sagen, dass der pluralistische Staat sich aus verschiedenen politischen Gemeinschaften zusammensetzt, aus Nationen die sich politisch ausdrücken müssen. Hier wird man mit einem doppelten Spiel konfrontiert. Es reicht nicht, dass die Institutionen des Staates pluralisiert werden, sondern darüber hinaus muss ein Regierungssystem entworfen werden, das den Nationen ihren Platz einräumt.

Ich denke, dass wir hierfür eine Menge neuer Ideen brauchen. Es geht darum, eine Form von Politik zu entwickeln, die sich von der formellen Politik unterscheidet, die wir bisher kennen gelernt haben. Dabei können wir nur durch Experimente Gewissheiten erlangen und nicht über die bestehenden politischen Kanäle und die Schaffung eines institutionellen Rahmens von oben herab. Die Lösungen werden komplex und heterogen aussehen. Ich denke beispielsweise nicht, dass es die Quechua-Nation schaffen wird, sich zu einer gemeinsamen Regierungseinheit zusammenzufinden. Die Struktur ihres politischen Systems wurde durch die kolonialen und republikanischen Regierungen stark verändert, beispielsweise durch die Einteilung in Departements und Gemeinden. Bestimmte Forderungen wie jene nach Bildung lassen sich aus globaler oder nationaler Perspektive stellen, man kann eine nationale Sprach-Politik für Quechua durchsetzen. Aber in Bezug auf die Regierung geht das nicht, denn die Erfahrungen der Quechua oder Aymara mit dem staatlichen Verwaltungssystem haben einzelstaatliche und bundesstaatliche Dimensionen, die auf politischer Loyalität beruhen, die aber nicht so sehr sprachlich, sondern räumlich geprägt sind. Die Aymara des Hochlands hatten einen konföderalen Einheitssinn und so war es auch die Zugehörigkeit zu einem Gebiet oder Landkreis, die ihnen die politische Vertretung erlaubte. Einige Autoren wie Thierry Saignes haben herausgearbeitet, dass dieses konföderale System sich als ethnisch zersplittertes Mosaik darstellte, allerdings stellten die ethnischen Organisation durchaus Verbindungen zwischen den Wohnorten her. Die politischen Erfahrungen in den Anden werden für uns ein wichtiger Bezugspunkt sein, um zu experimentieren und Neues zu erfinden.

Wenn wir uns die Struktur der Organisation der Quechua anschauen, werden wir im Falle der CSUTCB departamentelle und provinzielle Strukturen antreffen. Diese werden nicht von heute auf morgen an Bedeutung verlieren und die Konflikte innerhalb der Organisation veranschaulichen, dass eine Quechua-Regierung als politische Einheit nicht existieren wird. Die *Federacion de Campesinos Originarios* (Föderation der ursprünglichen BäuerInnen), wie sie schon in Sucre genannt wird, funktioniert mit einer eigenen politischen Dynamik, genauso wie die aus Cochabamba und die *Cocaleros*.

Hier wird der Beitrag von Selbstbestimmung und plurinationalem Staat sehr wichtig, da er uns an eine neue nationale Ordnung denken lässt, er bringt uns dazu, über die Grundsätze nachzudenken, wie sich der institutionelle Rahmen pluralisieren lässt. Aber auf der anderen Seite gibt es die territoriale Ausgestaltung des Staates und die hat viel mit den Autonomien zu tun. Es gibt die Möglichkeit territoriale Regierungen zu schaffen, die auf verschiedenen Formen der indigenen politischen Organisation beruhen – Gewerkschaften, *Ayllus* oder *Capitanías*. Diese Formen können mit neuen, innovativen Lösungswegen überraschen und zeitgemäße politische Antworten bieten, die darauf drängen, die regionalen und departamentellen Machtstrukturen zu verändern. In Cochabamba kann sich beispielsweise eine Möglichkeit ergeben, die Machtstrukturen der Departments zu verändern. Das hängt davon ab, wie sich die SiedlerInnen (interne MigrantInnen), die ein wichtiger Teil des indigen-bäuerlichen Subjektes sind, oder der eigene bäuerliche Verband aus den Bergregionen – z.B. Arque, Bolívar, Tapacarí, Ayopaya – verhalten. Hier kann eine Form der Selbstregierung etabliert werden, die andere Machtstrukturen zwischen den ethnischen Organisationen und der Stadt herbeiführt, die sich zum Großteil auch als Quechua versteht.

Für diese Möglichkeit bedarf es politischer Artikulation, die nicht von alleine kommt. Es gibt kein vorbestimmtes Quechua-Subjekt, sondern es gibt Gemeinden, Organisationen, politische Subjekte, die eine politische Position vertreten, die in den letzten Jahren aus dem indigen-bäuerlichen Subjekt entstanden ist. Eine autonome Regierungsebene zu erschaffen bedeutet, die Ressourcen und ihre Verwaltung, die Verteilung der öffentlichen Einnahmen und Entscheidungen zu übernehmen. Daraus resultiert, dass das autonome Subjekt sich aus der politischen Artikulation gründet, aus der Möglichkeit Interessen einzubeziehen und zu repräsentieren. Es geht daher um Zusammenschlüsse, die über die gemeinsame Sprache hinausgehen und die ihren Ausdruck in politischen Aktionen der CSUTCB oder der CONAMAQ finden. Doch beide ethnischen Organisationen benötigen eine politische Agenda, die auch *checks and balances* mit einschließen, um die territoriale Selbstregierung voranzutreiben.

Auch wir, die in den Städten leben, müssen dieses Thema diskutieren und uns mit den indigen-bäuerlichen Organisationen zusammensetzen. Ich denke – hypothetisch gesprochen –, dass die *Ayllus* aus dem Norden von Potosí, die über Oruro hinausreichen, die Organisationen der BergarbeiterInnen nicht außen vor lassen können. Es ist unmöglich, sie nicht in eine Selbstregierung einzubeziehen. Die BergarbeiterInnen wirst du jedoch nicht in eine Regierung integrieren können, indem du ihnen sagst, dass sie Teil eines *Ayllus* oder einer *Marka* sind. Warum? Weil die BergarbeiterInnen ein Subjekt sind, welches seinen Ursprung zum Teil im Umfeld der indigenen Gemeinde hat, aber andererseits auch im Bergwerk und in der daraus resultierenden Produktivitätsform des Kapitals. Diese Beziehung ist sehr widersprüchlich und man kann diese Situation nicht einfach ignorieren. Wenn du das machst – und das wissen die Leute aus den Gemeinden genau –, stehen die BergarbeiterInnen mit dir am nächsten Tag auf Kriegsfuß. Mit Dynamit und der gesamten politischen Vitalität, die für sie bei Konflikten so charakteristisch ist. Die BergarbeiterInnen werden darüber nicht hinwegsehen und sie besitzen eine ausgeprägte politische Kultur, um sich dem Konflikt zu stellen. Also muss dieses Thema politisch bearbeitet werden, was bedeutet, über die Nutzung des Bergwerkes zu verhandeln und vor allem darum, wie die Gewinne aus dem Bergbau verteilt werden. Das ist nicht so einfach, denn die BergarbeiterInnen müssen Vorteile und Nutzen darin sehen, Teil einer indigenen Regierung in ihrer Zone zu werden. Insbesondere Oruro und Potosi sind durch dieses Problem gespalten und ich denke, die Ausgestaltung, die ein autonomer indigener Prozess benötigt, darf dieses Thema nicht ignorieren.

Die CONAMAQ sagt „Wir werden den *Tawantinsuyu* wieder herstellen". Ich denke darüber nach, was wir aus dieser Aussage, die einer eigenen Zivilisationsform entspringt, herausziehen können. Die Rückforderung des *Tawantinsuyu* ist keine Rückforderung des Quechua und des Aymara, da das *Tawantinsuyu* sich nicht aus dem Quechua und Aymara gegründet hat, sondern durch ethnische Bereiche in einer komplexen Organisation, die für den Inkastaat charakteristisch ist. Eine komplexe territoriale Besetzung von ethnischen Gruppen, die in ein und demselben Gebiet dennoch unterschiedliche Verbindungen schlossen, die auf Loyalität von Gebieten und Sprachen beruhten. Diese Matrix gibt uns Auskunft über die Prozesse in den Anden und sie kann uns auch beim Erschaffen eines plurinationalen Staates helfen, dem autonome Einheiten zugrunde liegen. Als beispielsweise die BäuerInnengewerkschaft in der Provinz Ayopaya ihre Gebietsforderung aufstellte, war eine wichtige Frage: Sind wir BäuerInnen oder Indigene? Nach einigen Überlegungen und Diskussionen war die Antwort: „Wir sind Bauern, aber auch Indigene, da wir Quechuas und Aymaras sind." Bleiben wir bei Ayopaya: Es ist sehr interessant, dass die gewerkschaftlich organisierten Gemeinden sich mit dieser Frage auseinander gesetzt haben.

Bei Diskussionen zur Schaffung von indigenen gemeinschaftlichen Territorien in Ayopaya stellte sich die Frage, ob sie sich als indigen bezeichneten oder nicht. Die Leute antworteten: Wir sind keine Indigenen, wir möchten keine Indigenen sein. Wir sind BäuerInnen, aber Quechua-BäuerInnen, Aymara-BäuerInnen, deswegen sind wir Urbewohner (*originarios*). Einige HistorikerInnen haben sich an der Debatte beteiligt und die ethnischen Gruppen untersucht, die Ayopaya bewohnten. Die Bewohner der Gemeinden sagten: „Wir sind *Soras* gewesen, wir sind *Ikayungas* gewesen und jetzt sagen die Leute aus *Raqaypampa*, dass wir auch *Chuis* gewesen sind." Wenn man den

Prozess untersucht, wird man ein ethnisches Mosaik aus *Soras* und *Ikayungas* sowie aus *Soras*/Aymaras finden, die über die alte Route aus Tambor Vargas von Oruro kamen. Die *Ikayungas*, die aus Peru kamen, Quechuas, die bestimmte Gebiete besetzen und politische Herkunftsloyalität erschaffen. *Soras* und *Ikayungas*, die in derselben Region zusammenleben und die komplexen Beziehungen der *Ayllus* ausdrücken. Auch im Tiefland findet man die gleiche Situation im Fall der Guaranís. Was von der Erinnerung übrig ist, sind komplexe Ansiedlungen von ethnischen Gruppen, die ihre Grundlagen im familiären Loyalitätssinn haben, so finden wir Gruppierungen, die sich auf familiäre Linien berufen. Die föderale Tradition – die politische Erfahrung der indigenen Völker – kann nur untersucht werden, indem man die andere Seite des plurinationalen Staates einlöst. Das bedeutet, dass der Staat seine Institutionen und die Spielregeln pluralisiert, zumindest als Prinzip, aber das muss sich auch in Regierungsformen ausdrücken, in der territorialen Organisation. Und dafür dient uns die Idee, „sich die politische indigene Matrix zurückzuholen". Wenn die CONAMAQ darüber nachdenkt, das *Tawantinsuyu* wiederherzustellen oder die Guaranís davon erzählen, sich die Gebiete ihrer Großeltern zurückzuholen, dann kommt mir das so vor, als würden sie uns dazu einladen, die politische Organisation des Staates von einer anderen Zivilisationsform her zu denken.

Es ist eine Matrix, die es einem ermöglicht, die vorherrschenden politischen Traditionen mit einer anderen Logik zu betrachten, ob es sich um einen Städter, einen Intellektuellen oder jemanden handelt, der aus einem indigenen Dorf stammt. Es geht darum, über umfassende institutionelle und territoriale Kompromisse nachzudenken. Wenn ich höre, dass jemand von 36 Nationen und 36 Regierungen spricht, dann muss ich wirklich lachen, denn das ist noch eine Vereinfachung dessen, was wir in der Realität antreffen. Die indigenen Regierungen werden auf lokaler Ebene versuchen, an Bedeutung zu gewinnen, insbesondere deshalb, da das Autonomiemodell der territorialen Neuordnung auf Gemeinde-Ebene durchsetzbar ist. Von dort kann man die konföderale Form gestalten, eine Form, die ein Machtgleichgewicht ausdrückt. Die Geschichte zeigt, dass das andine politische System das Machtgleichgewicht aus der Besetzung und Kontrolle der Gebiete zieht. Wir sollten unsere Entwicklung durch Gedanken über die territoriale Neuordnung bereichern, jedoch nicht im Sinne von essentialisierten historischen politischen Formen.

Wenn wir uns die Wurzeln des föderalen Systems ansehen, zum Beispiel in den USA, dann sehen wir, dass es sich um eine Übereinkunft zwischen Völkern handelt. Das US-amerikanische föderale System gewann seine Kraft aus den Absprachen der Franzosen oder Engländer mit den indigenen Völkern. Die *Mapuche* hatten ebenfalls Erfahrungen mit föderalen Absprachen mit dem Staat Chile. Wenn wir uns die Forderungen der *Mapuche* anhören, dann merken wir, dass sie nicht mit dem chilenischen Staat ihre Existenz aushandeln möchten, sie fühlen sich häufig nicht einmal als Teil der Verfassung. Sie möchten als Volk Absprachen treffen oder in manchen Fällen als Nation, während der chilenische Staat sie wie BürgerInnen behandeln will, die BäuerInnen sind. Wir müssen diese Fragen untersuchen, ohne dem Staat von vornherein zu viel Gewicht zu geben. Damit der plurinationale Staat sich entwickelt, halte ich es für notwendig, von den imaginären Debatten des Nationalismus und dem sie prägenden Verständnis von Staat und Nation Abstand zu nehmen – sie zu dekonstruieren.

I: *Welche möglichen Zukunftsszenarien siehst du in Bezug auf die indigenen Autonomien, wenn du beispielsweise berücksichtigst, dass sich auch die departamentellen Autonomien im Osten des Landes durchsetzen, wo eine begrenzte Anerkennung und sogar Widerstand gegen das Recht auf indigene Autonomie existiert?*
Das Panorama in dieser Region ist schwierig. Ich würde soweit gehen zu sagen, dass nicht nur in Santa Cruz, sondern im ganzen Westen Boliviens die Rolle der Guaranís entscheidend ist. Wenn sie den Stein ins Rollen bringen, dann hätte das Vorbildcharakter. Wann und wie sie handeln werden, bleibt abzuwarten. Unmittelbar werden erst einmal Konflikte auf der lokalen und Gemeindeebene ausgetragen, die nicht über das Departement hinausreichen. Nichtsdestotrotz ist es unter den gegebenen Umständen wichtig, dort Korrekturen durchzuführen. Es ist notwendig darüber nachzudenken, dass in der Provinz Cordillera in fünf von sieben Gemeinden ein wesentlicher Bevölkerungsanteil Guaranís sind (Lagunillas, Charagua, Cuevo, Gutierrez, Boyuibe), diese fünf Gemeinden aber bis heute nicht von Guaranís übernommen wurden. Manchmal hat man große Erwartungen, wenn man sich die Zusammensetzung einer Bevölkerung ansieht, die Kräfteverhältnisse auf lokaler Ebene sind aber andere.

Da die Autonomieforderung stark im Gemeinde- und lokalen Rahmen geäußert wird, denke ich, dass von dort aus Strategien entwickelt werden können, um ein gutes Resultat zu erzielen. Die Guaranís können weitreichende Netze an politischen Beziehungen entwickeln und stärken. Ich denke, dass die fünf benannten Gemeinden den Guaranís zur Mobilisierung dienen werden und von dort aus die Departement-Ebene erobert werden kann. Wie werden sich die Beziehungen zwischen den Guaraní-Autonomien und den Departements gestalten? Das ist eine Frage, die auf der Ebene der indigenen Autonomien beantwortet werden muss. Ein Teil der Antwort befindet sich in den gemäß der Verfassung zugewiesenen Kompetenzen, die im „Gesetz zur Dezentralisierung und Autonomien" erweitert werden. Aber was die Frage der Machtverteilung zwischen diesen unterschiedlichen Autonomieebenen angeht, wird diese aus der Praxis heraus beantwortet werden müssen.

Wenn wir an besagte Provinz Cordillera denken, dann ist diese Ebene der indigenen Autonomie von Bedeutung für die Kräfteverhältnisse im Departement Santa Cruz. Es ist eine autonome, indigene Einheit mit legislativen Kapazitäten, sowie der Fähigkeit, ihren eigenen politischen Status herzustellen, so dass bestimmte Machtstrukturen im Departement daran angepasst werden müssen. Bei einem derartigen Lösungsansatz dürfen wir die anderen politischen Akteure in Santa Cruz nicht aus den Augen verlieren. Ich denke da beispielsweise an die SiedlerInnen in Orten wie San Julián, Cuatro Cañadas, Mineros, San Pedro und den gesamten integrierten Norden, wo gewerkschaftliche Organisationen sehr präsent sind und wo es Gemeinden gibt, die von Organisationen bäuerlicher ProduzentInnen besetzt wurden. Das sind politische Szenarien, die die Kräfteverhältnisse im Departement verändern können.

Die Diskussion über die Autonomien im Osten Boliviens kann eine Änderung der aktuellen Kräfteverhältnisse zur Folge haben. Auf jeden Fall darf keine Strategie, weder jene der ländlichen SiedlerInnen, noch die des indigenen Guaraní-Sektors, den Rahmen der Departement-Autonomie aus den Augen verlieren. Sie dürfen nicht nur sich selbst und ihre Autonomie im Kopf haben, sondern müssen über den Departement-Rahmen reflektieren und über die Rolle, die sie im Rat des Departements spielen werden.

Die Guaranís besitzen ein wichtiges politisches Mittel, welches „Guaranisierung" (*guaranización*) genannt wird. Das bedeutet Regionen in Richtung des Guaraní zu mestizieren, damit sich diese in einen potenziellen Teil der Autonomie-Bewegung entwickeln. Die Guaranisierung hilft, Bevölkerungsgruppen einzugliedern, die sprachlich oder kulturell nicht Guaraní sind, aber subalterne Eigenschaften mit ihnen teilen (z.B. die BäuerInnen im Chaco). In Zeiten wie diesen sind derartige Lösungen durchaus denkbar. Meines Erachtens durchlebt Bolivien einen indigenen Vermischungsprozess, auch wenn das vielen unmöglich erscheint. Ergebnis dieser Vermischung ist nicht nur das Kreolische, sondern genauso das Indigene. Die Vermischung ist eine kulturelle Verdrängung, die sich unterschiedlich darstellt. Eine Form ist für uns am bekanntesten: die Verdrängung des Indigenen durch den Kreolen oder den Weißen. Es ist aber auch andersherum möglich. Die Definition der Vermischung legt nicht das Individuum als Träger einer Identität fest, sondern sie liegt eher in den Strukturen der sozialen Verhältnisse, die die kulturelle Verdrängung strategisch einsetzen.

Die koloniale Last, die wir als Gesellschaft mit uns tragen, sorgt dafür, dass es vielen undenkbar erscheint, das Indigene als Ergebnis der Mestizierung zu stärken. Dennoch sehen wir in Bolivien einen derartigen Prozess. Im Fall des Westens Boliviens haben wir es in meinen Augen mit zweierlei zu tun. Auf der einen Seite mit der Erfahrung der territorialen Neuordnung, – wir sprechen von Wahrscheinlichkeiten – die nicht in den Städten beginnen wird, dort aber durchaus nachgeahmt werden könnte. Auf der anderen Seite geht es um eine Neugestaltung der Machtverhältnisse in den Departements. Im Fall von Cochabamba sprechen wir von SiedlerInnen, die dominanter werden können. Sie erfüllen alle politischen Anforderungen, genauso wie die BäuerInnen-Gewerkschaften, diese jedoch weniger in den Tälern, sondern vor allem in der Andenregion. Ich glaube, es gibt Bedingungen, unter denen die

Machtszenarien im Departement Cochabamba neu gestaltet werden können. In La Paz, Oruro und Potosí befinden sich zwei Formen der Transformation: die Idee der Verschiebung von Machtverhältnissen innerhalb der Departements und die territoriale Neuordnung darin. Diese werden den Departement-Autonomien innovativen Charakter verleihen. Die territoriale Neuordnung konnte bisher jedoch nicht ausreichend an politischem Boden gewinnen, weswegen der Autonomieprozess lediglich als Departement-Angelegenheit enden könnte und das, obwohl dahinter regionale Spannungen und Streitigkeiten stecken. Der Prozess der Autonomisierung modifiziert intern die territoriale Ordnung und die darin enthaltenen Machtverhältnisse. Die damit zusammenhängenden Transformationen werden maßgeblich davon abhängen, wie viel Raum sich die indigenen Autonomien verschaffen können.

Transformation des Politischen

Luis Tapia Mealla

Der Staat unter den Bedingungen gesellschaftlicher Überlagerungen

Post-koloniale Anregungen für die politische Theorie[1]

Der Staat hat sich in den modernen Gesellschaften als der wesentlichste Ausdruck der Politik konstituiert. Die grundlegende Tendenz besteht darin, dass der Staat das gesamte politische Leben monopolisiert und auch dementsprechend in der politischen Theorie bestimmt wird. Im vorliegenden Aufsatz sollen einige Theorien des modernen Staates kritisch überprüft werden, um die Charakterisierung des Staates und der Politik in Bolivien aus einer neuen Perspektive zu diskutieren.

1 Der Staat als Monopol von Gewalt und Politik

In einer Vielzahl von Theorien und normativen Konzeptionen wird der Staat ausgehend von der Vorstellung, dass die Regierung Ausdruck gemeinsamer Interessen sei, sowie als Manifestation legitimer Gewalt charakterisiert, die Territorium, Regierung, Bevölkerung, Kultur und Rechtssystem artikuliert. Dieser Diskurs begleitet die Herausbildung einer bestimmten institutionellen Ordnung und ihrer diskursiven Legitimation. Demgegenüber bieten andere, wirklichkeitsnähere, Theorien eine Erklärung für die historische Entstehung des Staates und des ihn konstituierenden Ensembles gesellschaftlicher Strukturen und Verhältnisse. Innerhalb dieser Strömung lassen sich mehrere Ansätze und Sichtweisen unterscheiden. Ich werde zwei davon genauer behandeln, um ihre Anwendbarkeit zur Untersuchung von Problemen der Staatsbildung in Bolivien zu diskutieren.

Marx hat Mitte des 19. Jahrhunderts den Staat als eine Art soziales Verhältnis bestimmt, das durch die Konzentration der Politik in einer Gesamtheit einzelner Institutionen charakterisiert ist, die als Repräsentation des Allgemeinen erscheinen und die vor allem die erweiterte Reproduktion der Strukturen der kapitalistischen Produktionsweise organisieren. Das heißt, der Staat wurde vor allem als Verhältnis und Struktur einer bestimmten Klassenherrschaft verstanden, die das spezifische

---

1 Übersetzung aus dem Spanischen von Stefan Thimmel und Lukas Neißl.

Ergebnis der historischen Entwicklung der jeweiligen Produktionsweise ist (vgl. Marx/Engels 1999).

Weber wiederum hat den Staat ebenfalls als eine Art soziales Verhältnis definiert, in dem eine Gruppe von Personen das Monopol legitimer physischer Gewalt für sich reklamiert. Eine umfassendere Version versteht den Staat auch als Monopol der Verwaltungsmittel, was ermöglicht, dass die Staatsbediensteten, die nicht Eigentümer ihrer Arbeitsmittel sind, den Führungs- und Weisungsstrukturen gehorchen, die die Gesamtheit staatlicher Institutionen bilden (vgl. Weber 2006).

Wie sich zeigen wird, ist die Staatsdefinition von Weber auf einigen konzeptionellen Strukturen und Ideen von Marx aufgebaut. Sowohl die Idee des Staates als Monopol physischer Gewalt als auch die Idee des Staates als Ergebnis der Monopolisierung der Verwaltungsmittel – d.h. der Prozess durch den sich die Bürokratien einer zentralen Gewalt unterwerfen – kann vom Staatsverständnis von Marx abgeleitet werden, nach welchem durch die Trennung des Staates von der Gesellschaft die Konstitution des Proletariats und die Definition der kapitalistischen Produktionsweise ermöglicht wird. Auch für Weber ist der Staat ein Herrschaftsverhältnis und eine Herrschaftsstruktur, auch wenn diese bei ihm nicht notwendigerweise und ausschließlich klassenspezifisch gedacht wird.

Ich werde im Folgenden die Idee des Staates als Monopol von Politik, Gewalt und Autorität und anschließend ebenfalls die Entwicklung von Normativität mit allgemeingültigem Anspruch diskutieren.

Es gibt verschiedene Ansätze, um das Gewalt- und Politikmonopol zu verstehen. Zuerst werde ich mich mit Argumenten befassen, die aus der marxistischen Tradition entwickelt wurden. Die Funktion des Staates als Monopol der Politik und nicht nur der Gewalt, ist in der Perspektive von Marx ein Nebenprodukt der Konzentration der Produktionsmittel als Privateigentum von Individuen, die sich dadurch als herrschende Klasse konstituieren. Diese Konzentration der Produktionsmittel erlaubt es ihnen, sich den Wert der Arbeit derjenigen anzueignen, die als Besitzlose ihre Arbeitskraft verkaufen müssen und billigt ihnen dadurch auch das Recht zu, sich den Mehrwert anzueignen. Kurz gesagt, die Konzentration der Politik und der Gewalt im Staat begleitet und fördert zugleich die Konzentration der Produktionsmittel oder die Entstehung der kapitalistischen Produktionsweise. Die Politik konstituiert sich neu, spaltet sich von der Sphäre der Produktionsprozesse ab, wenngleich sie die Ökonomie immer noch stark beeinflusst.

Wenn wir diesen Erklärungsstrang weiterverfolgen und davon ausgehen, dass das Gewalt- und Politikmonopol ein Produkt der Konzentration der Produktionsmittel ist, kann man annehmen, dass der rechtliche Rahmen sowie die entsprechenden Institutionen mit jenen Sphären übereinstimmen, in denen dieser Konzentrationsprozess und die Transformation der gesellschaftlichen Verhältnisse durchgesetzt wurden. Kurz gesagt, wäre der Staat somit ein Typus politischer Strukturen und Verhältnisse,

der sich auf die Sphären bezieht, in denen das Wertgesetz gilt; dies ist der Staat der
Trennung, der Staat der Konzentration und auch der Staat der Ausbeutung und der
Aneignung des Mehrwerts.

Eine der stärksten Konnotationen des modernen Staates in diesen wirklichkeitsnä-
heren Theorien ist die Vorstellung des Staats als Monopol der Autorität, der Politik,
des Rechts, der Gewalt und der Verwaltung, was schließlich als das Öffentliche
bezeichnet wird. Wenn der Staat also diesen Typus von Beziehungen, Strukturen und
Institutionalität darstellt, darf es keine parallelen und alternativen Autoritätsstrukturen in den Monopolsphären des Staates geben. Aus der Logik der marxistischen
Analyse folgt die Vorstellung, dass durch die Expansion des Kapitalismus die früheren
gesellschaftlichen Organisationsformen – oder die früheren Gesellschaftsordnungen
in ihrer Gesamtheit – zerrüttet werden; nicht nur der Kern der Produktionsbeziehun-
gen, sondern auch und vor allem die Formen der sozialen Organisation, insbesondere
ihre Formen der Selbstregierung. Die Expansion des Kapitalismus – die Entstehung
und Durchsetzung kapitalistischer Verhältnisse – verändert, vor allem durch die
ursprüngliche Akkumulation, die Produktionsverhältnisse, führt insbesondere
zur Enteignung von Grund und Boden und schafft den Staat der Trennung und
Monopolisierung. Dadurch werden die politischen und gesellschaftlichen Organisationsformen und Produktionsweisen anderer Gesellschaftsordnungen zerstört.

Somit schafft erst die kapitalistische Transformation und Zerstörung die Bedingungen dafür, dass sich der Staat als Monopol der Politik in den verschiedenen
skizzierten Bereichen konstituieren kann: Regierung und Verwaltung.

In diesem Sinne gibt es im Marxismus eine theoretische Tradition, die seit Marx
eine starke Beziehung zwischen der Staatsform und der Wertform bzw. dem Wertgesetz herstellt. Das heißt, der Staat entspricht jenen Sphären, in denen das Wertgesetz
(überwiegend oder ausschließlich) herrscht. Man kann sagen, dass man dort, wo das
Wertgesetz ausschließlich herrscht, von Bedingungen der reellen Unterordnung der
Arbeit unter das Kapital sprechen kann. Wo das Wertgesetz überwiegend aber nicht
ausschließlich herrscht, besteht also noch eine gewisse Vielfalt gesellschaftlicher Formen, die Marx als formelle Unterordnung bezeichnete; das heißt, die Unterordnung
anderer Formen der Arbeit, der Produktion und der gesellschaftlichen Strukturen
unter kapitalistische Strukturen (vgl. Marx 1988).

Innerhalb der gleichen Tradition des marxistischen Denkens wurde das Konzept
der Gesellschaftsformation eingeführt, um der Existenz verschiedener Produktionsweisen gerecht zu werden. Dabei lassen sich unterschiedliche Interpretationen
des Konzepts der Gesellschaftsformation differenzieren. Eine dieser Interpretationen konstatiert, dass das Konzept der Gesellschaftsformation im Wesentlichen
die Existenz verschiedener Produktionsweisen bei gleichzeitiger Dominanz einer
Produktionsweise feststellt, sodass die nicht-dominanten Produktionsweisen in ihrer
historischen und ökonomischen Reproduktionslogik refunktionalisiert werden. In

einer anderen Interpretation des Begriffs der Gesellschaftsformation werden Basis und Überbau – oder die ökonomischen Strukturen und Produktionsverhältnisse und das Ensemble politischer, rechtlicher und ideologischer Institutionen, die die soziale Ordnung in ihrer Gesamtheit produzieren und reproduzieren – als Einheit gedacht. Diese Lesart betont im Kern ebenfalls die Artikulation von Produktionsweisen, die um die Vorstellung der Artikulation von Basis und Überbau ergänzt wird. In diesem Sinne haben in den 1970er Jahren einige italienische AutorInnen den Begriff der Gesellschaftsformation mit Antonio Gramscis Begriffs vom historischen Block gleichgesetzt (vgl. Sereni 1973).

Dennoch teilen diejenigen, die an diesen beiden Versionen des Begriffs der Gesellschaftsformation gearbeitet haben, folgendes Verständnis: Erstens fokussiert die Analyse auf die Ebene der Produktionsweise und das Konzept dient dazu, sich der asymmetrischen oder dominanten Artikulation einer Produktionsweise über die anderen Produktionsweisen bewusst zu werden. Dieser Fokus ist in der ersten Lesart offensichtlich, da sie genau dieses Phänomen beschreibt. Im zweiten Falle, in dem das Konzept verwendet wird, um über die gesellschaftliche Totalität zu sprechen, nimmt man auch an, dass auf der Ebene der Produktionsweisen eine Vielfalt existiert. Wenn man sich aber auf die Ebene der Artikulation der Produktionsweisen mit der politisch-juristischen Sphäre, die sich als Staat konfiguriert, begibt, nimmt man an, dass diese Einheit durch einen Staat hervorgebracht wird, der über eine Vielfalt der Produktionsweisen herrscht, sich aber nicht auf eine andere Gesamtheit untergeordneter oder paralleler politischer Herrschafts- oder Machtstrukturen stützt. Das heißt, dass die Existenz und der Fortbestand gesellschaftlicher Vielfalt vor allem auf der Ebene der Produktionsweise anerkannt werden. Stärker an Gramsci angelehnte Interpretationen gehen davon aus, dass Fragmente einer oder mehrerer Kulturen durch die Expansion der kapitalistischen Produktionsweise betroffen, desorganisiert und transformiert werden und sich in einer neuen Gesamtheit hegemonialer Institutionen ausdrücken; das heißt, ein Staat, der die Fragmente der kapitalistischen Zerstörung und Wiederherstellung in einem neuen Typus der politischen und ökonomischen Einheit verbindet – wobei auf der Ebene der Produktionsweise größere Vielfalt herrscht, während sich auf der politischen Ebene ein höherer Grad von Vereinheitlichung herausbildet. Selbst innerhalb dieser Kategorie, die angewandt wurde und wird, um sich der gesellschaftlichen Vielfalt bewusst zu werden, wird die Vorstellung des Staates als Monopol der Politik und der Gewalt aufrechterhalten.

2 Die Gesellschaft, der Scheinstaat und der plurinationale Staat

Im Folgenden möchte ich einige historische Bedingungen näher betrachten, unter denen sich der genannte Prozess nicht in vollem Ausmaß entwickelt hat. Wesentliche Anhaltspunkte zur Bearbeitung dieses Problems finden sich in der lokalen marxistischen Tradition. So hat René Zavaleta in verschiedenen seiner Arbeiten der 1970er und 1980er Jahre den Begriff der überlagerten Gesellschaftsformation (*formación social abigarrada*; vgl. Zavaleta 1986) entwickelt, der sowohl als Abwandlung des Konzepts der Gesellschaftsformation als auch als dessen Kritik zu verstehen ist und es uns ermöglicht, sich der Komplexität der gegenwärtigen bolivianischen Gesellschaft zu nähern. Der Begriff der überlagerten Gesellschaftsformation ist besser geeignet, die Koexistenz und desartikulierte Überlagerung verschiedener historischer Epochen, Produktionsweisen, Weltauffassungen, Sprachen, Kulturen und unterschiedlicher Autoritätsstrukturen zu fassen. Im Unterschied zum Begriff der Gesellschaftsformation, der die Artikulation und Refunktionalisierung betont, unterstreicht der Begriff der überlagerten Gesellschaftsformation gerade das Gegenteil, die Idee der desartikulierten Überlagerung.

   Der Begriff der überlagerten Gesellschaftsformation geht ebenfalls von der Existenz einer Vielfalt von Produktionsweisen aus, dient aber zugleich auch dazu, jenen Bereich zu fassen, der nicht durch die Entwicklung und Implementierung des Kapitalismus transformiert und neu artikuliert wurde. Somit ermöglicht er vor allem das historische Ergebnis der Kolonialisierungsprozesse zu beleuchten, die zur Folge hatten, dass Teile der Institutionen der Konquistadorengesellschaft den dadurch subalternisierten Völkern aufgestülpt wurden. Auch in diesen Gebieten entwickelte sich im Laufe der Jahrzehnte und Jahrhunderte der Kapitalismus und brachte einen ursprünglichen Akkumulationsprozess – im Sinne einer Konzentration des Grundbesitzes und der Produktionsmittel sowie der Zerstörung früherer Sozialstrukturen und Lebensformen – mit sich. Gleichzeitig wurden jedoch in einigen Regionen Lateinamerikas die Strukturen anderer Völker und Kulturen nicht vollständig transformiert und zerstört. Ein wichtiges Merkmal der Überlagerung besteht darin, dass Autoritäts- oder Selbstregierungsstrukturen verschiedener Kulturen und Völker, die kolonisiert wurden, fortbestehen. Dementsprechend existieren in verschiedenen Gebieten eines Landes wie Bolivien – in dem Raum, der beansprucht ein Nationalstaat zu sein – nicht nur die Strukturen des mehr oder weniger modernen republikanischen Staates, sondern auch eine Vielfalt anderer politischer Formen der Selbstregierung und Autoritätsstrukturen, durch die die Vorstellung und die Faktizität des Monopols der Politik relativiert, reduziert oder gar ausgehebelt werden.

   Im Gebiet des heutigen bolivianischen Territoriums und darüber hinaus hat sich seit der Kolonialzeit eine Machtstruktur herausgebildet, die beansprucht, die einzige Autorität über die Gesamtheit der Bevölkerung zu repräsentieren. Insbesondere nach dem Prozess der so genannten Unabhängigkeit um 1825, der sich großteils in einer Fragmentierung der kolonialen Ordnung und dessen Reproduktion unter Bedingungen, die Feudalismus und einige Formen der Moderne kombinierten, ausdrückte, hat sich eine politische Machtstruktur herausgebildet, die das Monopol über die Erzeugung der Normen, die Funktion der Regierung sowie das Gewaltmonopol und dessen Durchsetzung beansprucht hat. Das sind einige der wesentlichen Komponenten dessen, was man während des 19. Jahrhunderts und eines Großteils des 20. Jahrhunderts als Staat bezeichnen konnte. Die unabhängig gewordenen Länder formulierten nun zwar den Anspruch auf das Politik- und Gewaltmonopol sowie dessen Legitimität, allerdings existierte dieses politische Monopol nicht: Zahlreiche Gebiete Boliviens waren und sind bis heute in gemeinschaftlichen sozialen Strukturen organisiert, die sich bei der Produktion und Reproduktion der gesellschaftlichen Ordnung zum Teil auf Formen der Selbstregierung stützen, die in denselben gemeinschaftlichen Strukturen begründet sind.

Die politischen Machtstrukturen, die damit begannen sich als bolivianischer Staat zu bezeichnen, erkannten die bestehenden politischen Strukturen – die Autoritäts- und Selbstregierungsstrukturen – der Völker und Kulturen nicht an, die auch unter dem neuen Staat in einer Art kolonialen Unterordnung weiter bestanden. Diese gemeinschaftlichen Strukturen wurden in den jeweiligen Gebieten auch nie zur Gänze zerstört. Das ist einer der Gründe, weshalb sich in Bolivien ein „Scheinstaat" (*estado aparente*) – wie René Zavaleta es genannt hat – konstituiert hat. Damit bezeichnet Zavaleta eine staatliche Struktur, die beansprucht ein Nationalstaat zu sein, die aber tatsächlich nur in einigen Gebieten des Staates über jene historischen, sozialen und strukturellen Entsprechungen moderner Staatlichkeit verfügt. Vielmehr entspricht der Scheinstaat einer Art territorialem Archipel, in denen die Bedingungen für die soziale Transformation, die die Herausbildung einer politischen Struktur ermöglichen, die sich als moderner Staat oder als Monopol der Politik, des Gesetzes und der Gewalt konstituiert, gegeben waren. Dieser Archipel als Basis des Staates setzt sich durch die Gesamtheit der Gebiete zusammen, in denen sich moderne, im Weltsystem gleichwohl aber subalterne, Bedingungen herausgebildet haben. Das heißt, Gebiete in denen sich der Staat der Trennung konstituiert hat, der jene sozialen Verhältnisse desorganisiert oder zerstört hat, die andere Autoritätsstrukturen hervorgebracht haben als jene die der Staat in der Form der liberalen Republik oder später als Nationalstaat miteinander verbindet und steuert.

Zavaleta führte aus, dass es sich insofern um einen Scheinstaat handelt, als sich dieser nicht innerhalb aller Gebiete des Landes, sondern nur in einigen Teilen entwickelt hat; eben jene Gebiete, in denen aufgrund der Durchsetzung des Kapitalismus mehr oder weniger moderne Verhältnisse geschaffen wurden. Zavaleta hat ausführlich, insbesondere in seinem letzten Buch über das National-Populare (*lo nacional-popular*), die verschiedenen Dimensionen dieser Überlagerung skizziert, d.h. wie das staatliche Monopol durch das Fortbestehen anderer Autoritätsstrukturen gebrochen wird. Autoritätsstrukturen, die vorrangig durch die Loyalität der verschiedenen Völker und Kulturen aufrechterhalten werden und die grundsätzlich einer anderen politischen Ordnung entsprechen. Gleichzeitig sind die verschiedenen Völker und Kulturen Teil der gesellschaftlichen Totalität, in der sie sich als Subjekte sozialisieren und konstituieren. Somit reproduzieren und entwickeln sie auch eine unterschiedliche Kultur als diejenige, die der Herausbildung eines modernen Staates entspricht (vgl. Zavaleta 1986).

Die politische Geschichte Boliviens der letzten Jahrzehnte hat gezeigt, wie die neoliberale Umgestaltung der bolivianischen Staatlichkeit ausgehend von diesen gesellschaftlichen Strukturen in Frage gestellt wurde. Darüber hinaus gingen von diesen Strukturen die wesentlichen Impulse für den Wandel und die Re-Artikulation des Landes aus, indem die Bedingungen für die Kontrolle der natürlichen Ressourcen und des politischen Lebens wiederhergestellt und aufgebaut wurden. Aus dieser organisierten und mobilisierten Diversität entstand das Projekt eines plurinationalen Staates, d.h. eine Reform des Staates, die dem Grad der bestehenden Vielfalt entspricht und die die das koloniale Verhältnis oder die Leugnung der politischen Strukturen der verschiedenen Kulturen beseitigt.

In einem Raum wie Bolivien besteht eine der Grenzen des Anspruchs des Monopols legitimer physischer Gewaltsamkeit eben in der Existenz einer Vielfalt von – im Allgemeinen gemeinschaftlich geprägten – Autoritätsstrukturen, die die Vielfalt von 36 verschiedenen Völkern und Kulturen in diesem Raum organisieren und erhalten. Die Existenz dieser Autoritätsstrukturen bedeutet nicht, dass der bolivianische Staat in diesen Gebieten niemals präsent ist. Aber wenn er Präsenz zeigt – im Allgemeinen nicht permanent, sondern zeitlich beschränkt – erscheint der bolivianische Staat als aufgesetzte Parallelstruktur mit mehr oder weniger kolonialem Charakter und wirkt, um zu unterwerfen und zu herrschen und sehr selten, um die inneren Verhältnisse oder ihr Verhältnis mit dem Rest des Landes zu demokratisieren und zu integrieren.

Es existiert eine Vielzahl von Formen des politischen Lebens, der Autoritätsstrukturen und der Selbstregierung im Land. In diesem Sinne gibt es kein tatsächlich umfassendes und schon gar kein legitimes Monopol, wenngleich dieser Anspruch seitens der gesellschaftlichen und klassenspezifischen Blöcke, die im Land seit seiner Gründung herrschen, besteht. Das heißt, der Anspruch auf Legitimität zur Durchsetzung ihrer Macht gegenüber der Gesamtheit dieser Gebiete, indem mitunter militärisch in diesen Gebieten interveniert und Land enteignet und unter dem herrschenden Block neu verteilt wurde.

Diese Form der Überlagerung bedeutet, dass der bolivianische Staat – sowohl räumlich als auch zeitlich – eine unterbrochene Präsenz im Land hat. Insbesondere in den Gebieten, in denen andere Autoritäts- und Selbstregierungsstrukturen bestehen, war und ist seine Präsenz immer noch mehr oder weniger kolonial geprägt; d.h. eine Form externer Herrschaft, die sich in einigen Fällen durch Ungleichheiten und interne Hierarchisierung kennzeichnet.

3 Die Revolution von 1952 und die Patrimonialordnung

Die Revolution von 1952 begründete und organisierte einen modernen Staat in Bolivien, indem sie die soziale Basis für den Staat durch die Verleihung der StaatsbürgerInnenschaft an Angehörige der kolonisierten Kulturen erweitere. Bis dahin besaßen diese im Kontext der halbkolonialen Strukturen des so genannten republikanischen Staates keine Rechte, wohl wurden ihnen aber Pflichten auferlegt. Durch die rechtliche Eingliederung all dieser Menschen in eine neue staatliche Perspektive, wurde der staatliche Horizont erweitert. Die Verleihung der StaatsbürgerInnenschaft und der Verstaatlichungsprozess – die Bedingung der Möglichkeit der Revolution in der Rekonstitution des Staates (die zwar die Ausbeutung der natürlichen Ressourcen kontrolliert, nicht aber die Produktionsweisen in der Gesamtheit der Gebiete des Landes transformiert) – führten dazu, dass die Organisation dieses modernen Staates nicht die Zerstörung der Autoritätsstrukturen beinhaltet, die die soziale Vielfalt im Land weiterhin konstituieren. Der langsame Expansionsprozess des Kapitalismus im Laufe des 19. und 20. Jahrhunderts – der nach wie vor gemeinschaftliche Formen desorganisiert und somit die kulturelle Vielfalt reduziert – ist stärker als die Organisation einer staatlichen Struktur auf der Basis universellerer Prinzipien.

In sozioökonomischer Hinsicht hatte die Revolution zwei Achsen: die Verstaatlichung der Bergwerke und die Landreform, wobei die Landreform nicht alle Gebiete des Landes umfasste: Vor allem im Hochland und in einigen Tälern des Zentrum des Landes wurde Land umverteilt. In weiten Teilen des Ostens, im Amazonasgebiet und in den Chaco-Gebieten im Süden Boliviens blieb die Eigentumsstruktur des Großgrundbesitzes bestehen und wurde später während der Militärdiktaturen und der neoliberalen Regierungen, die dem Prozess des Aufbaues eines bolivianischen Nationalstaates ein Ende setzten, noch ausgedehnt.

Einerseits ist das legitime Politik- und Gewaltmonopol durch die Existenz paralleler gemeinschaftlicher Autoritäts- und Selbstregierungsstrukturen gebrochen. Andererseits wird dieses Monopol durch Strukturen einer patrimonialen gesellschaftlichen und ökonomischen Macht und Ordnung gebrochen und limitiert; ein Aspekt, der ebenfalls von Zavaleta behandelt wurde, um vor allem die Schwäche des bolivianischen Staates während des 19. Jahrhunderts und in der ersten Hälfte des 20. Jahrhunderts zu erklären. Diese andere Dimension der patrimonialen Überlagerung wurde jedoch hinsichtlich der Probleme des Staates in den vergangenen Dekaden weniger bearbeitet. Die Art der Krise und der Konflikte der letzten Jahre macht ihre Bedeutung jedoch offensichtlicher. In diesem Sinne möchte ich in groben Zügen die Art der Überlagerung skizzieren, die die Gesamtheit der patrimonialen Kräfte in Bezug auf den Konstituierungsprozess eines modernen (National-)Staates im Land formt.

Die Existenz einer patrimonialen Gesellschaftsordnung ist das Haupterbe der Kolonialisierung. Tatsächlich war diese Gesellschaftsordnung die Basis der gesamten, als republikanisch bezeichneten, Periode und wurde erst im Zuge der nationalen Revolution 1952 erschüttert. Diese Art von Gesellschaftsordnung durchläuft verschiedene Produktionsweisen und ist Teil der Kolonialherrschaft, die man zum Zeitpunkt der Entstehung des Weltsystems als tributäre Gesellschaftsformation (vgl. Amin 1979) bezeichnen kann, und die einen wichtigen Beitrag zur Akkumulation in der Entwicklung des Kapitalismus geleistet hat. In der Zeit nach der Unabhängigkeit wurde diese Gesellschaftsordnung als sozio-ökonomische Basis des herrschenden Blocks im neuen Land reproduziert und hat sich durch Leibeigenschaft und in einigen Gebieten Sklaverei erhalten. Man könnte sagen, dass sich eine Art dieser gesellschaftlichen Ordnung – die auch kapitalistische Produktionsverhältnisse beinhaltet – in Bolivien in kombinierter Art bis heute erhalten hat. Das Hauptmerkmal dieser patrimonialen sozio-ökonomischen Ordnung ist der monopolistische Großgrundbesitz, der die Enteignung der sozialen Gemeinschaften, die bis dahin die Ländereien ausgehend von anderen sozialen Strukturen bearbeiteten und bewohnten, bedingt.

Das Wesentliche einer patrimonialen Ordnung ist nicht nur das Monopol über den Grundbesitz, sondern auch, dass dieses Produktionsverhältnis oder Eigentumsregime durch eine starke Artikulierung in den Sozialstrukturen und der sozialen und politischen Macht gekennzeichnet ist. Im Grunde genommen ist das Hauptmerkmal einer patrimonialen Macht, dass die soziale und politische Macht durch die Grundbesitzer und ihre VertreterInnen oder Angestellten ausgeübt wird. Das bedeutet, dass in den patrimonialen Gebieten der „moderne" Prozess der Trennung der ökonomischen und sozialen Strukturen nicht stattgefunden hat. Vielmehr existiert eine soziale Ungleichheit aufgrund der Eigentumskonzentration zwischen denen, die Grund besitzen und denjenigen, die keinen Grund besitzen. Daraus folgt die Ausbeutung derer, die das Land bearbeiten, durch die Grundbesitzer.

Diese fehlende Trennung zwischen Politik und Ökonomie führte dazu, dass die politische Macht nach wie vor partikularistische Züge aufweist und sich somit mit den GrundbesitzerInnen (als Individuen, Familien und Klasse) identifiziert. Eines der Merkmale der Herausbildung des modernen Staates ist, dass er sich zu seiner Legitimation eines zunehmend universellen Diskurses bedient. Das heißt, der Staat als Repräsentant der Allgemeininteressen rechtfertigt sich dadurch, dass er für die Gesamtheit aller BürgerInnen regiert und immer mehr die Gesamtheit der bürgerlichen, politischen und sozialen Rechte anerkennt. Der Staat wird zum verantwortungsvollen Staat gegenüber den Regierten, wenngleich als Herrschaftsverhältnis.

Eine patrimoniale Gesellschaftsordnung impliziert, dass es keine StaatsbürgerInnenschaft oder Gleichheit an Rechten gibt, es sei denn, es konstituiert sich parallel dazu ein Staat oder es beginnt sich ein Nationalstaat zu bilden; zumindest muss es ein Staat sein, der versucht, sich mittels der Gesamtheit der ihn konstituierenden Rechte über die Patrimonialordnung zu stellen bzw. diese unterzuordnen. In diesen Fällen hängt es vom Grad der Implementierung, Präsenz und Macht des Staates ab, inwieweit die Bevölkerung der Gebiete der patrimonialen Ordnung die Rechte des Nationalstaates und vor allem die Vorherrschaft dieser Rechtsordnung einfordern kann. Die Regel bestand jedoch darin, dass in dem Ausmaß, in dem die Klasse der Großgrundbesitzer in den letzten Jahrhunderten Teil aller herrschenden ökonomisch-politischen Blöcke war und sie ad personam Bestandteil der Legislative, Exekutive und Judikative war, die Staatsmacht die herrschende Patrimonialordnung respektierte. In Gebieten mit diesen Verhältnissen herrscht überwiegend die Patrimonialordnung, die in ihrer Reproduktion und Ausdehnung durch die Staatsmacht ergänzt und unterstützt wird.

An diesen Artikulationen erkennt man, dass es sich um mehr als ein Monopol über die Politik und das Gewaltmonopol durch den Staat handelt. Es handelt sich um ein Monopol der herrschenden Klasse, das seine Macht durch Patrimonialstrukturen ergänzt. Diese Strukturen dominieren in den Gebieten des Großgrundbesitzes und ihren städtischen Einflussbereichen. Durch Beteiligungen in den Staats- und Regierungsstrukturen auf nationaler Ebene können sie zudem noch mehr Grund und Boden und Ressourcen zu ihren Gunsten verteilen, um ihre Macht in ihren Herrschaftsgebieten weiter auszubauen.

Ein Resultat dieser Wirtschaftsstruktur mit monopolistischen Grundbesitztiteln und Leibeigenschaft und entsprechend geringer oder gar keiner Diversifizierung, ist eine nur wenig entwickelte Zivilgesellschaft, die über lange Zeit in erster Linie durch die Vereinigungen der Viehzüchter und Großgrundbesitzer konstituiert wurde. Dies wurde erst durch die Anfänge gewerkschaftlicher Organisation, vor allem im Nordosten Boliviens, wo die Großgrundbesitzer auf Lohnarbeit zurück griffen, verändert. Ein Merkmal dieser patrimonialen Strukturen unter den Bedingungen kaum vorhandener wirtschaftlicher Diversifizierung und einer schwachen oder kaum differenzierten Zivilgesellschaft ist, dass die Kontrolle des gesellschaftlichen Lebens auch vorwiegend von den Grundbesitzern ausgeübt wird, die sich selbst als Träger der politischen Macht begriffen.

Es gibt zwei Zustände, die hinsichtlich des Artikulationsmodus der Patrimonialstrukturen im Staat unterschieden werden müssen. Der eine Zustand hat mit dem Verhältnis der Klasse der Großgrundbesitzer zur staatlichen Macht zu tun und bezieht sich auf ihre kontinuierliche Vertretung in den Spitzen der verschiedenen staatlichen Machtzentren. Der andere Zustand bezieht sich darauf, wenn diese Klasse und der herrschende ökonomisch-politische Block die Vorherrschaft in den staatlichen Gewalten – insbesondere durch Wahlen – verliert. In Folge wird der Staat von einer anderen Klasse, ohne die Beteiligung der Großgrundbesitzer in den Zentren der Macht, regiert. Diesen Moment habe ich einen Zustand relativer Autonomie genannt, wie er sich beispielsweise als Folge des Wahlsieges der Partei Bewegung zum Sozialismus (MAS) herausgebildet hat, der aus verschiedenen Zyklen von Anti-Privatisierungsprotesten, der Organisation von Versammlungen indigener

Völker und den Rekonstituierungsprozessen originärer Autoritätsstrukturen hervorgegangen ist. Dieser lange analytische Umweg, den ich in Folge noch weitergehen werde, ist notwendig, um die Merkmale des Konfliktes und des Klassenkampfes, die sich heute entfalten, zu erklären. Zunächst widme ich mich dem Verhältnis zwischen der sozio-ökonomischen Patrimonialordnung und dem Staat, in einer Situation, in der die Großgrundbesitzer Teil des regierenden Subjekts sind. Diesen Zustand könnten wir als das instrumentelle Verhältnis zwischen der Patrimonialordnung einerseits und der politischen Macht und den staatlichen Strukturen andererseits bezeichnen. Der zweite Zustand, den ich anschließend analysieren werde, kann als relative Autonomie des Staates bezeichnet werden.

4 Der bolivianische Staat als Instrument

Ich beginne mit einigen Betrachtungen über die erste Konstellation. Eines der Merkmale des Verhältnisses zwischen dem Sozioökonomischen und der politischen Macht – als Ergebnis der Organisation des bolivianischen Staates nach der Unabhängigkeit in Bezug auf die Kolonialordnung – ist die Tatsache, dass der Staat die Eigentums- und Sozialstrukturen der Kolonialzeit aufrechterhalten hat. Der monopolistische Grundbesitz und die Leibeigenschaft des Großteils der kolonialisierten Bevölkerung wurden bewahrt. Die patrimoniale Gesellschaftsordnung, die die Basis des neuen bolivianischen Staates bildete, hat koloniale Wurzeln. In dem Maße, in dem die sozioökonomische Basis des Landes in weiten Teilen auf Leibeigenschaft beruht, ist es schwierig von der Herausbildung eines modernen Staates im engeren Sinne zu sprechen, da sich insofern der Staat der Trennung nicht konstituierte und es deshalb auch zu keiner formalen Freiheit der Subjekte, die als Individuen und als ProduzentInnen ihre Arbeitskraft verkaufen können, kam.

Die allgemeine Hypothese besteht in der Annahme, dass die politische Ordnung während des 19. Jahrhunderts durch eine stark eingeschränkte Regierungsstruktur – eine Exekutivgewalt aus drei bis fünf Ministern – gekennzeichnet wurde. Folglich war das, was unter den bolivianischen Umständen Staat genannt wurde, aus präsidialer Exekutivgewalt, wenigen Ministern und dem Militär zusammengesetzt. In diesem Sinne handelte es sich in erster Linie um einen Militärstaat.

Der Fortbestand einer Patrimonialordnung kolonialen Ursprungs mit Leibeigenschaft und sehr eingeschränkten Regierungsstrukturen, die sich in erster Linie auf die Armee stützten, führte zu folgender Artikulation zwischen der sozialen und der politischen Ordnung: In weiten Teilen des Landes war die Macht durch patrimoniale Eigentumsverhältnisse und eine auf Leibeigenschaft basierende gesellschaftliche Ordnung organisiert, die sich auch durch ihre Beziehung zu den Regierungsstrukturen auf nationaler Ebene zur lokalen politischen Macht wandelte. Im Allgemeinen wurden die lokalen oder regionalen Grundbesitzer durch Ernennung seitens der

Zentralregierung zu den Vertretern der Republik oder des bolivianischen Staates in diesen Gebieten. Aber es handelte sich dabei eher um Patrimonialstrukturen, die sich an den Staat koppelten als um eine autonome Präsenz des bolivianischen Staates in den verschiedenen Gebieten des Landes. Das Gebilde der staatlichen Autorität konstituiert sich in dieser Zwischenphase oder Koppelung zwischen sozioökonomischer Patrimonialordnung und Regierungsstrukturen, wobei die Macht allerdings von den Autoritäten im Rahmen der Patrimonialstrukturen organisiert und ausgeübt wurde.

In diesem Sinne diente die Verbindung mit der Zentralregierung zur Legitimierung der eigenen Machtausübung durch eine übergeordnete Ebene, gleichwohl die materielle Basis dieser Macht in Patrimonial- und Leibeigenschaftsverhältnissen auf lokaler und regionaler Ebene lag. Es existierte ein Netz von mit dem Staat verbundenen Patrimonialstrukturen, die seitens der Zentralregierung abgesegnet oder ernannt wurden, die Zentralregierung auf lokaler oder regionaler Ebene zu vertreten. In der Regel war die Präsenz der bolivianischen Armee in diesen Gebieten der Patrimonialherrschaft notwendig, um den Widerstand in den gemeinschaftlichen Gebieten oder die Beschwerden über Missstände wie die Ausbeutung in Rahmen der Patrimonialherrschaft zu bekämpfen und zu unterdrücken.

Damit ist eine Form des instrumentellen Verhältnisses des Staates skizziert, in dem (führende) Mitglieder der patrimonialen Machtstrukturen sich zu lokalen Autoritäten oder VertreterInnen des bolivianischen Staates ernennen lassen und diese Stellung dazu nutzen, um die Herrschaftsbeziehungen in ihren Gebieten zu reproduzieren. Sie waren Teil der Legislativ- und Exekutivgewalt und forderten aus diesen Positionen die Präsenz und den Schutz der Armee zur politischen Kontrolle – die repressive Seite der Reproduktionsprozesse der Patrimonialordnung. Da der Staat sehr klein war – ein Präsident mit wenigen Ministern und eine Armee, die sehr viel größer als die restliche Staatsbürokratie war – war es kein Zufall, dass der „Caudillismus" Teile des 19. Jahrhunderts prägte, d.h. dass das die Exekutivgewalt in Händen der Militärs lag.

In dieser Periode instrumenteller Verhältnisse benutzten die Patrimonialstrukturen die Organisationsstrukturen der bolivianischen Republik, um die patrimoniale Gesellschaftsordnung der Kolonialzeit zu reproduzieren. Zumindest über ein halbes Jahrhundert hinweg war die Führung dieser Regierungsstrukturen durch einen starken militärischen „Kazikismus" geprägt. Hierbei handelte es sich um eine Art Vermittlung zwischen den bestehenden Patrimonialstrukturen in den verschiedenen Gebieten des Landes und den führenden Militärs, die die Regierungsstrukturen lenkten, zur Reproduktion der patrimonialen Gesellschaftsordnung.

Als sich schließlich im letzten Viertel des 19. Jahrhunderts in Bolivien ein Parteiensystem – d.h. ein Wettbewerbssystem zwischen Fraktionen der herrschenden Oligarchie – etablierte, wurde dadurch ein System politischer Vermittlung im Rahmen der herrschenden Klasse geschaffen, das den Kampf zwischen den Klassenfraktionen

durch politische Wettbewerbsmechanismen und die Einbindung von Großgrundbesitzern oder deren VertreterInnen in die Legislativgewalt ritualisierte und befriedete.

Die Begründung des Parteiensystems bedeutete eine Veränderung der instru-
mentellen Verhältnisse, von einer Phase der Vermittlung durch die militärischen
„Kaziken" zu einer anderen instrumenteller Verhältnisse, in denen die führenden
Großgrundbesitzer der Patrimonialordnung die Präsidentschaft des Landes über-
nahmen und als führende Persönlichkeiten der politischen Parteien wieder an die
Spitze der Exekutiv- und Legislativgewalt traten.

Dieses instrumentelle Verhältnis dauerte bis in die 1930er und 1940er Jahre
an. Die führenden Bergbauunternehmer waren nicht mehr an der Regierungsspitze des Landes, sondern die direkten VertreterInnen der ökonomischen Interessen
dieser Großunternehmer. Deshalb kann man in diesem Kontext auch nicht von
einer relativen Autonomie des Staates sprechen. Es handelte sich um eine Facette
der instrumentellen Verhältnisse, in denen sich die wichtigsten Unternehmer von
der Spitze des Staates zurückgezogen haben und ihre VertreterInnen die Kontrolle
über die Legislative und Exekutive des Landes übernahmen.

5 Die relative Autonomie des Staates

Die Revolution von 1952 beendete oder desorganisierte dieses instrumentelle Verhältnis des Staates, insbesondere durch die Verstaatlichung der Minen, die Agrarreform
und den Austausch der Regierenden durch eine neue politische Bürokratie, die sich
aus einer nationalistischen Partei rekrutierte, die erstmals in der Geschichte Boliviens
einen Prozess der Herausbildung eines Nationalstaates anführte. In diesem Sinne
kam es zu einer Ausweitung der staatlichen Strukturen und zu einer verstärkten
Präsenz des Staates in einigen Regionen des Landes. Im Moment der Revolution
selbst und des Übergangs gab es zeitweise in verschiedenen Gebieten des Landes
keinen Staat. Insbesondere in den Bergbauregionen wurde die Macht von den Ge-
werkschaftsorganisationen und ihren Milizen ausgeübt. Um eine neue Staatsstruktur
aufzubauen und diese auf alle Gebiete Boliviens auszuweiten, musste die MNR die
ArbeiterInnenmilizen auflösen und durch von der Zentralregierung und dem Militär
bestellte zivile Autoritäten ersetzen.

Die Revolution von 1952 ermöglichte die Desorganisation der Patrimonialordnung in einigen Gebieten des Landes: in einem Großteil der Hochebene und den
zentral gelegenen Tälern in Cochabamba und in Teilen der Täler von Chuquisaca
und Tarija. Im Amazonasgebiet, in weiten Teilen des Ostens des Landes und des
Chacos blieben die Patrimonialstrukturen hingegen unverändert. Ein Teil des Entwicklungsmodells der ProponentInnen des Veränderungsprozesses bestand in der
Modernisierung der Landwirtschaft und der Schaffung einer neuen agrarindustriellen
Bourgeoisie im Osten Boliviens. Diese Politik ermöglichte und verstärkte die Wie-

derherstellung der Strukturen einer Patrimonialordnung inmitten kapitalistischer Verhältnisse in den jeweiligen Gebieten.

In der Periode der relativen Autonomie des Staates, die mit der Phase der Konstruktion eines Nationalstaates in Bolivien einherging, wurden Verstaatlichungen vorgenommen, der Aufbau eines öffentlichen Bildungs- und Gesundheitssystems bewerkstelligt und das Wahlrecht auf alle StaatsbürgerInnen ausgeweitet. Durch den von René Barrientos Ortuño im Jahr 1964 angeführten Militärputsch wurde diese Phase, in der weder die Bourgeoisie noch die Großgrundbesitzer die Spitze des Staates kontrollierten, beendet. Die Errichtung der Militärdiktatur schuf erneut die Bedingungen für ein instrumentelles Verhältnis des Staates in doppelter oder dreifacher Hinsicht.

Einerseits wurde die Errichtung der Militärdiktatur unter Barrientos von den USA vorbereitet und unterstützt. In diesem Sinne vertrat sie direkt die geopolitischen Interessen eines anderen Staates in Bolivien. Andererseits können sich durch die Vermittlung des Militärs die Interessen der Großgrundbesitzer, die ihren Grundbesitz nicht verloren hatten, wieder durchsetzen.

In der zweiten Phase der Diktatur, die in den 1970er Jahren durch Hugo Banzer eingeleitet wurde, repräsentierten die Militärs die neue Agrarbourgeoisie, die durch das Entwicklungsmodell von 1952 selbst geschaffen wurde.

Hier kann man von einer Phase sprechen, in der die Armee als vermittelnde Kraft zwischen den Interessen der ökonomischen herrschenden Klasse auf der lokalen und der internationalen Ebene fungierte. Dieses Mal, da die Militärbürokratie einerseits Teil des vorhergehenden Aufbaus eines Nationalstaates war und deshalb Erfahrung in der Teilnahme im Staat hatte und andererseits die Armee in Bolivien unter starkem US-amerikanischen Einfluss wiederbewaffnet, reorganisiert und ausgebildet wurde, was es ihr ermöglichte, den Putsch von 1964 vorzubereiten.

6 Die patrimonialen Machtstrukturen in Zeiten der relativen Autonomie des Staates

Ich beziehe mich im Weiteren auf die gegenwärtigen Verhältnisse. Dafür ist es notwendig, den vorherigen Zustand des instrumentellen bolivianischen Staatsverhältnisses in den vergangenen Jahrzehnten zu beleuchten. Während der 1970er Jahre herrschte durch die Militärdiktatur ein instrumentelles Staatsverhältnis. Der Putsch von Hugo Banzer 1971 wurde offen von Unternehmern und ausländischen politischen und militärischen Kräften unterstützt. Das Regime der Diktatur diente dazu, vom Staat angeeigneten Mehrwert zur systematischen Finanzierung der Industriebourgeoisie im Osten des Landes und anderer Unternehmens- und Bankensektoren zu verwenden. Gegen Ende der 1970er Jahre kommt die Diktatur durch eine Welle zivilgesellschaftlicher Mobilisierungen in die Krise. Insbesondere die ArbeiterInnenbewegung organisierte den Widerstand und leitete eine Offensive ein, um die Bedingungen für die Abhaltung von Wahlen und den Übergang in Verhältnisse der politischen Freiheit zu schaffen.

In dieser Übergangsphase – die allerdings nicht Gegenstand dieses Textes ist – wurde auch einer neuen Phase instrumenteller Staatsverhältnisse der Weg geebnet. Ähnlich wie gegen Ende des 19. Jahrhunderts werden auch nun die wichtigsten Unternehmer des Landes zu den Führungspersönlichkeiten der wichtigsten Parlamentsparteien oder gründen ausgehend von ihrer ökonomischen Macht neue Parteien zur Verteidigung ihrer Interessen in den politischen (Entscheidungs-) Räumen der Exekutive und Legislative. Im Zeitraum von 1985-2005 kann man sagen, dass der bolivianische Staat durch instrumentelle Verhältnisse im engeren Sinn gekennzeichnet war. Das heißt, Angehörige der ökonomisch herrschenden Klasse wurden zu den Führungspersönlichkeiten in Exekutive und Legislative. Sie wurden Präsidenten, MinisterInnen, SenatorInnen und Abgeordnete auf nationaler Ebene sowie Präfekten und BürgermeisterInnen auf regionaler und lokaler Ebene in weiten Teilen des Landes.

In dieser Phase instrumenteller Verhältnisse kommt es zu einer Koppelung der staatlichen Autoritätsstrukturen und -räume und den sozioökonomischen Patrimonialstrukturen. Es entwickelt sich ein Kontinuum, das darin besteht, dass Angehörige der herrschenden Klasse – Großgrundbesitzer und Unternehmer – die Autoritäten der bolivianischen Regierung von lokaler Ebene der Gemeinden über die Land- und Stadträte, Subpräfekturen, Präfekturen bis in die Führungsebenen stellen und auch zur Mehrheit in der Legislative – dem Abgeordnetenhaus und dem Senat – werden und die Mehrheit der MinisterInnen, insbesondere mit wirtschaftlichen Agenden, stellen. Außerdem streiten sie in ritualisiert wiederkehrender Art und Weise um die Präsidentschaft im Land.

Diese Art des instrumentellen Staatsverhältnisses, die durch die direkte Präsenz der Unternehmer im Kontinuum der Autoritätsstrukturen von Regierung und Staat über das Parteiensystem gekennzeichnet ist, wird durch eine andere Facette, die ich kolonialen Präsidentialismus nenne, ergänzt. Dieses instrumentelle Staatsverhältnis zeichnet sich einerseits durch das Auswahlverfahren der Regierenden mittels Parteiensystem und Wahlen aus, wodurch sie ihre Legitimation durch die Stimmen derjenigen, die als StaatsbürgerInnen anerkannt werden, suchen. Andererseits haben sie in ihrer Regierungsarbeit – aufgrund der Klassenzusammensetzung der Regierenden und ihren Verbindungen mit transnationalen Kräften und anderen Staaten der Welt – die rechtlichen Bedingungen dafür geschaffen, die natürlichen Ressourcen des Landes auszuliefern und das Land in seiner Gesamtheit den Entscheidungen anderer Machtzentren der Welt unterzuordnen. In diesem Sinne erscheint der Staat zwar als ein durch Wahlen legitimierter Rechtsstaat, in den entscheidenden Fragen funktioniert er jedoch als politischer Apparat zur Schaffung der rechtlichen Grundlagen zur Unterordnung des Landes unter andere Staaten im regionalen und globalen Kontext. Der Staat stellt somit neokoloniale Bedingungen her (vgl. Tapia 2006).

Dieses instrumentelle Verhältnis in seiner Erscheinungsform als kolonialer Präsidentialismus wurde durch mehrere Mobilisierungslinien und -wellen in Frage gestellt, die den auf diese Art organisierten Staat in die Krise geführt und mehrere Regierungen gestürzt haben – bis zum Wahlsieg einer politischen Partei bäuerlichen Ursprungs, die aber ein nationales Projekt verfolgt. Somit wurden die Bedingungen für eine relative Autonomie des Staates geschaffen, die sich dadurch auszeichnet, dass ein politisch-sozialer Block Wahlen gewonnen und die Regierung übernommen hat, der in der ökonomische Sphäre nicht herrscht. Dieser Block wurde aus den Regierungspositionen, die er über Jahrzehnte besetzte, verdrängt.

Die Phase relativer Autonomie, in der der politisch und ökonomisch herrschende bürgerlich-neokoloniale Block aus den Regierungsstrukturen verdrängt wurde, hat verschiedene Defizite des Staatsaufbaus im Land sichtbar gemacht. Einerseits hat diese Phase relativer Autonomie das Kontinuum – die Kette ökonomischer, sozialer und politischer Macht(ausübung) – zwischen den Strukturen des bolivianischen Staates und der patrimonialen Machtstrukturen gebrochen. Die Angehörigen der herrschenden Klasse wurden aus der Exekutivgewalt entfernt. Im Abgeordnetenhaus wurden sie zur Minderheit, halten allerdings[2] noch die Mehrheit im Senat; sie haben auch viele Gemeinden verloren, halten aber in einigen Departements noch die Regierungsmacht.

Diese Verdrängung der Angehörigen der herrschenden Klasse aus einigen Ebenen der staatlichen Strukturen hat zu einer Entkoppelung der Staats- und Patrimonialstrukturen geführt. Dadurch sind einige strukturelle Fehler im Aufbau des Nationalstaats in Bolivien offen gelegt worden, die sehr stark von den instrumentellen Verhältnissen bestimmt wurden, in denen sich die Staatsmacht während des Großteils der bolivianischen Geschichte konstituiert und reproduziert hat.

Die Abkopplung der Machtstrukturen, die auf der Ebene der Zentralregierung und einigen Gemeinden stattfand, hat die Schwäche des Staates in den Zentren der Departementregierungen von Santa Cruz, Beni, Pando und Tarija offen gelegt. Sobald die Departementregierungen nicht mehr durch die Zentralregierung ernannt sondern gewählt wurden – eine von der Regierung Carlos Mesa vorbereitete Reform – wurde die Schwäche der Staatsmacht in einigen Gebieten offensichtlich, da sich die Departementregierungen aus Angehörigen der lokalen und regionalen Oligarchien zusammensetzen und so das skizzierte Kontinuum zwischen Patrimonialmacht und Regierungsebenen im bolivianischen Staat aufrechterhalten wurde. Da diese starke Bindung auf diesen Ebenen und in diesen Regionen nach wie vor existiert, erscheinen die Autoritäten der Zentralregierung als zweitrangig und schwach und in kritischen

---

2 Zum Zeitpunkt der Redaktion des Artikels. [Anm. d. Hg.]

Momenten, die in den letzten Jahren häufig vorkamen, wurden sie sogar von den Regionalmächten verdrängt und mussten sich zurückziehen. Ein anderes Beispiel für diese Schwäche ist die Tatsache, dass der Präsident in einigen dieser Departements aufgrund von Widerstandsbewegungen in den jeweiligen Gebieten nicht mit dem Flugzeug landen konnte. Dies zeigte, dass die staatliche Zentralgewalt nicht existierte oder in Bezug auf die patrimonialen Machtstrukturen und ihre Präsenz auf Ebene der Departementregierungen zweitrangig und schwach war.

Das heißt, dass auf Ebene der Departementregierungen die Koppelung zwischen patrimonialer Machtstrukturen und Strukturen des bolivianischen Staates auf subnationaler Ebene nach wie vor besteht und die Patrimonialstrukturen dort die Strukturen des bolivianischen Staates unterordnen und sie so verdrängen. In den vergangenen Jahrzehnten wurde die Koppelung durch die politischen Parteien vermittelt. In der Übergangsphase vermittelten immer noch die Parteien den Zugang zur Präfektur. Zeitgleich zu dieser Reform wurden die BürgerInnenvereinigungen anerkannt, die dazu führten, dass sich diese nun in die wichtigsten politischen Vermittlungsinstanzen wandelten, mit denen die regionalen Oligarchien sich als Wahlsubjekte artikulieren und um den Zugang zu den Departementregierungen kämpfen.

Dies führte zu einer schweren Krise der politischen Parteien; insbesondere jener Parteien, die während der gesamten neoliberalen Periode von Unternehmern geführt und organisiert oder reorganisiert wurden. Es handelt sich dabei um eine Krise der politischen Artikulation der herrschenden Klasse auf nationaler Ebene, die anhand der Tatsache besonders deutlich wird, dass sich nach dem Wahlsieg der MAS im Jahr 2005 die wichtigsten Oppositionszentren zum neuen regierenden sozialen und politischen Block auf Basis der BürgerInnenkomitees in den Departements formiert haben. Es sind nicht die Parteien oder eine Partei im Besonderen, die die Opposition anführen und artikulieren, sondern die Opposition entsteht in jeder Region aus der Artikulation des harten Kerns des herrschenden Blocks im Rahmen der Zivilgesellschaft. Das ist eine Facette der politischen Krise des alten herrschenden politischen Blocks; d.h. eine politische Vermittlungs- und Artikulationskrise auf Ebene der Parteien.

Die BürgerInnenkomitees stellen eine Artikulationsform im Rahmen der Zivilgesellschaft dar und sind darauf ausgerichtet, mit der Regierung und dem Staat zu interagieren. In der gegenwärtigen Lage haben sich die BürgerInnenkomitees in die Organisationszentren und das Hauptprojekt der herrschenden Klasse verwandelt, die auch die Fähigkeit haben, subalterne und kleinbürgerliche Schichten insbesondere in den Städten zu mobilisieren. Das heißt, dass sich eine der zentralen Achsen des politischen Kampfes und des Klassenkampfes in die Zivilgesellschaft verlagert hat. Die BürgerInnenkomitees haben, neben ihrer Oppositionsrolle gegen die Zentralregierung, insbesondere auch die Zentren des anderen Teils der Zivilgesellschaft attackiert: die Organisationen der BäuerInnen und der indigenen Völker. Daraus ergibt sich eine schwere Vermittlungskrise im Rahmen des Klassenkampfes, in dem Sinne, dass sich die BürgerInnenkomitees explizit in den harten Organisationskern der herrschenden Klasse und ihrer politischen Mobilisierung verwandeln, die den anderen bäuerlich-indigenen Pol – der die Bedingungen für die Möglichkeiten des Wandels durch Wahlen und die Reform des Staates und der Verfassung geschaffen hat – angreifen.

Es muss betont werden, dass auf dieser anderen Seite eine bedeutsame Entwicklung hinsichtlich der politischen Vermittlung stattgefunden hat. Die bäuerlichen Organisationen und LandarbeiterInnengewerkschaften haben eine Partei gegründet, die es mittelfristig geschafft hat, Wahlmehrheiten zu erlangen und die Regierung zu stellen. Diese politische Wahlentwicklung hat das Parteiensystem erneuert und in gewissem Sinn im Rahmen des bolivianischen Staates gerettet. Um diese Achse von Gewerkschaften, Verbänden, anderen Vereinigungen und der politischen Partei artikuliert sich das Bündnisnetzwerk, das die neue Regierung des Landes stützt.

Wenn wir den Blick auf das Verhältnis zwischen Klasse, Staat und Zivilgesellschaft in Bezug auf die zwei konkurrierenden politisch-sozialen Blöcke richten, kann man die folgenden Beziehungen und Tendenzen erkennen: Auf Seite der von den Patrimonialstrukturen regierten Departements existiert ein harter Kern der Klasse der Unternehmer und Großgrundbesitzer, um den sich die BürgerInnenkomitees organisieren. Diese wiederum bilden die Grundlage des Konsenses und der Mobilisierung, um die Koppelung zwischen den patrimonialen Machtstrukturen und den staatlichen Strukturen auf Ebene der Departementregierungen. Wenn diese Strukturen in Widerspruch mit der Führung des neuen sozialen Blocks geraten, der die Zentralregierung lenkt, kann man sehen, dass politisch gesprochen nicht die Instanzen der Departementregierung politisch den Ton angeben, sondern eine Instanz der Zivilgesellschaft, das BürgerInnenkomitee. Das BürgerInnenkomitee wird zur wichtigsten Vermittlungsinstanz zwischen den zwei Sphären – der Regierung und der Zivilgesellschaft. Gleichzeitig wird die Departementregierung in vielerlei Hinsicht unter die Führung des BürgerInnenkomitees gestellt oder diesen untergeordnet.

Auf der Ebene der Departements kann man ebenfalls die staatliche Schwäche erkennen. Die Departementregierung steht in einem instrumentellen Verhältnis zur herrschenden Klasse und ist ihre Artikulationsform im Rahmen der Zivilgesellschaft, die die Regierungspolitik auf dieser subnationalen Ebene stark bestimmt.

7 Ein neues regierendes Subjekt und neue Koppelungen

Auf der Ebene der Zentralregierung ist eine Partei zum regierenden Subjekt geworden, die sich auf ein breites Netzwerk an Organisationen der ArbeiterInnen und anderer Schichten stützt. Wenngleich die MAS den Diskurs eines nationalen Projektes führt, ist sie im strengen Sinne doch eine Klassenpartei und deshalb wird sie von den regionalen Oligarchien auch angegriffen. Auch hier wird deutlich, dass sich die politische Achse aus einer starken Verbindung zwischen Organisationen der Zivilgesellschaft und staatlichen Strukturen ableitet, obwohl in diesem Fall eine Partei als Vermittlungskraft fungiert.

Die Vermittlung durch eine Partei im bäuerlich-proletarischen Milieu hat besonderen Charakter.

Einerseits liegt der starke und harte Organisationskern nicht in der Partei, sondern in den Gewerkschaften und den anderen Organisationen, mit denen die MAS die Einbeziehung ihrer KandidatInnen für Regierungsämter verhandelt. In der MAS selbst war für eine lange Zeit der Verband der Koka-BäuerInnen der harte Kern. Nach den Wahlen hat sich dieser Kern auf die Regierungsebene verlagert. Nichtsdestotrotz liegt die soziale Macht im starken und harten organisatorischen Kern der gewerkschaftlichen und anderen Organisationen und nicht in der Partei. Auch in Bezug auf das politische Projekt ist die MAS nicht der wichtigste Artikulationsmechanismus für Vorschläge. Tatsächlich wurden die zentralen Ideen der Verstaatlichung und der verfassunggebenden Versammlung anfänglich mit mehr Nachdruck von anderen Organisationen vorangetrieben, obwohl die MAS diese später sowohl vor als auch während ihrer Regierungszeit übernommen hat. Der wichtigste Raum und das Zentrum für politische Vorschläge ist der Einheitspakt (*Pacto de Unidad*), in dem sich die acht großen BäuerInnenverbände und LandarbeiterInnengewerkschaften und indigenen Organisationen oder Versammlungen zusammengeschlossen haben.

In diesem Sinne könnte man sagen, dass es eine Art Dualität und Distanz gibt. Einerseits entstehen die wesentlichen Vorschläge und Projekte für die Staatsreform insbesondere in der Welt der bäuerlichen und indigenen Organisationen, von denen die MAS einige Programm- und Diskurselemente übernimmt. Gleichzeitig aber unterscheidet sich das Regierungsprogramm von dem politischen Projekt der verbündeten Organisationen, da diese von unterschiedlichen politischen Subjekten artikuliert werden, die punktuell Bündnisse eingehen, um die Mehrheit der MAS bei Wahlen zu verteidigen und die Einbeziehung von VertreterInnen der Organisationen zu gewährleisten.

Wenn wir den anderen sozioökonomischen und politischen Block betrachten, können wir ebenfalls feststellen, dass das politische Projekt nicht durch Parteien artikuliert wird. Teilweise wird es durch den erweiterten harten korporativen Kern, die BürgerInnenkomitees, und ihrer starken Verbindung mit ausländischen politischen und wirtschaftlichen Mächten artikuliert. Ein wichtiger Teil dieser Verbindungen wurde durch die US-amerikanische Botschaft gefördert.

Das bedeutet, dass sich das politische Projekt in beiden Lagern – wenn auch nicht gleich gewichtet – in den am meisten klassenspezifisch geprägten Zentren bildet. Es unterscheidet sich aber die Perspektive, die sich aus der Verteidigung der jeweiligen Interessen ergibt. Einerseits steht für die BürgerInnenkomitees im Osten und Süden des Landes die Perspektive der Unabhängigkeit der Departements im Vordergrund. In diesem Zusammenhang ist es offensichtlich, dass es dabei nicht um ein Projekt oder einen Vorschlag für die Gesamtheit der BürgerInnen des Landes geht. Andererseits kann man seit Kurzem beobachten, dass die bäuerlichen und indigenen Organisationen nicht nur ihre kulturelle und politische Anerkennung, Ressourcen und die Befriedigung ihrer Partikularinteressen fordern, sondern die Fähigkeit entwickelt haben, eine Reform für das Land in seiner Gesamtheit zu denken.

Entlang der dargelegten Betrachtungen über die Vielfalt der Machtstrukturen und der politischen Beziehungen im Land möchte ich nun auf zwei Ebenen Schlussfolgerungen skizzieren: auf Ebene des Staates und der Regierung und auf Ebene der Politik im Allgemeinen im Land.

In Bezug auf die erste Ebene hat man in den letzten Jahren das Zerbrechen des Kontinuums der patrimonialen Machtstrukturen, die von der Ebene der lokalen staatlichen Regierungsautoritäten bis zur Regierungsspitze verliefen, erlebt. Dieses Kontinuum entstand aus einer Koppelung der Patrimonialstrukturen und den Strukturen des bolivianischen Staates. In einigen Räumen – insbesondere dort wo die Patrimonialstrukturen als Ergebnis der Revolution von 1952, der Agrarreform, den Verstaatlichungen und dem Expansionsgrad des Staates bereits stark verändert und ersetzt worden waren – wurde dieses Kontinuum durch das Parteiensystem vermittelt.

Dieser Zusammenbruch war Ergebnis des Aufstiegs eines neuen – sehr heterogenen – sozialen und politisch Blocks, der die Basis für die Mehrheit der MAS bei Wahlen stellt. Das hat zu einem, wie ich es nennen würde, „geteilten Staat" geführt. Ein sozialer und politischer Block regiert und führt das Land auf Ebene der Zentralregierung und verfügt über eine parlamentarische Mehrheit. Ein anderer klassenspezifischer oder sozio-politischer Block regiert auf Ebene der Departements in einigen Regionen des Landes. Beide sozialen Blöcke stehen in Widerspruch zueinander und führen entlang der offensichtlichen Diskussion über die Dezentralisierung des Staates und insbesondere entlang des Autonomieprojekts der Departements einen heftigen Klassenkampf. In diesem Sinne gibt es in Bolivien keine Einheit des Staates. Der geteilte Staat ist eines der wichtigsten Ergebnisse des Klassenkampfes auf Ebene des bolivianischen Staates. Diesem Zustand können wir uns nähern, indem wir den Staat nicht nur als Gesamtheit der Verwaltungsapparate der politischen Macht und als Rechtsmonopol, sondern auch als Gesamtheit der sich verändernden sozialen Verhältnisse denken.

Die MAS und ihre Verbündeten als regierendes Subjekt sind Produkt ihrer Konkurrenzfähigkeit auf Ebene des Parteiensystems, aber vor allem der Selbstorganisationsfähigkeit einer Vielzahl an Organisationen der ArbeiterInnenschaft und anderer popularer Schichten des Landes. Die Tatsache, dass Angehörige der regionalen Oligarchien in den Departementregierungen vertreten sind, ist Ergebnis der Existenz und des Fortbestehens der Patrimonialstrukturen oder einer patrimonialen Gesellschaftsordnung und ihrer Fähigkeit, das soziale und politische Leben zu kontrollieren und es auch – insbesondere in den Städten – als WählerInnenbasis zu organisieren. Ich erwähne diese Merkmale, um im Weiteren einige Tendenzen aufzuzeigen.

In dem Maße, in dem der monopolitische und großflächige Grundbesitz die Basis der patrimonialen Gesellschaftsordnung darstellt, kann man annehmen, dass es diesen Strukturen gelungen ist, die Bedingung für ihre Reproduktion zu schaffen, da die neue Verfassung sie anerkennt und nur der zukünftigen Verteilung des Grundbesitzes Grenzen setzt. Das heißt, die Verfassung beinhaltet keine Landreform, die die patrimoniale Gesellschaftsordnung im Land zerstört. Das ist der große sozioökonomische Sieg der herrschenden Klasse, die auf nationaler Wahlebene verloren hat. In dem Ausmaß, in dem diese Wirtschaftsstrukturen, die die Grundlage der patrimonialen Gesellschaftsordnung darstellen, fortbestehen, ist es wahrscheinlich, dass dieser Zustand des geteilten Staates ebenfalls für längere Zeit fortbesteht. Vielleicht gelingt es dem Organisationsprozess der popularen Schichten, dessen Ausweitung man in den Departements von Santa Cruz und Tarija bereits beobachten kann, mittelfristig die Wahlergebnisse zu verschieben; das heißt, dass die MAS oder eine ähnliche Struktur es schafft, Wahlen in diesen Departements zu gewinnen. Nichtsdestotrotz würde ein derartiger Wahlsieg nicht die automatische Beseitigung dieser patrimonialen Gesellschaftsordnung bedeuten und die Patrimonialstrukturen könnten trotz Regierungswechsel auf Departementebene fortbestehen. Dies würde den Zustand relativer Autonomie des Staates auf die Ebene der Departements verlagern.

In diesem Sinne ist es wichtig, daran zu erinnern, dass das Autonomieprojekt der Departements die Hauptstrategie der patrimonialen Oligarchien war, um den politischen Aufstieg der bäuerlichen und indigenen Organisationen und der sozialen Antiprivatisierungsbewegungen und deren Verschmelzung, die die neoliberalen Regierungen in die Krise stürzten, zu stoppen. Es war und ist die wichtigste Strategie und der wichtigste Schützengraben gegen diesen Vormarsch. Aufgrund der Ergebnisse der politischen Verhandlungen – die sich in der neuen Verfassung ausdrücken – könnte man sagen, dass diese Strategien erfolgreich waren, da die zukünftige Reform des Staates vor allem in Bezug auf die Ausgestaltung der verschiedenen Autonomien – und hier insbesondere die der Departements – gedacht wird. Hier wird ersichtlich, dass die rechtlichen Voraussetzungen für die Reproduktion eines geteilten Staates im Land – in Anbetracht der heterogenen Sozialstrukturen und der Kräfteverhältnisse in der jüngeren Geschichte – anerkannt oder miteinbezogen wurden.

Die Absage an die Landreform und die Anerkennung der Autonomien schufen auf Ebene der Verfassung neue Bedingungen für die Reproduktion eines geteilten Staates, der auf den unterschiedlichen Ebenen des Staates von verschiedenen Klassenblöcken durchdrungen und regiert wird. In diesem Sinne ist der bolivianische Staat weiterhin ein Ensemble sehr unstetiger politischer Strukturen und Verhältnisse in den verschiedenen Gebieten Boliviens, insofern er in den Departements, in denen patrimoniale Machtstrukturen vorherrschen, vom politischen Leben und den Wirtschafts- und Sozialstrukturen entkoppelt ist. In einigen anderen Bereichen entwickeln sich Koppelungen mit den Organisations- und Autoritätsstrukturen der gemeinschaftlichen und bäuerlichen Welt.

Ich komme nun zu einigen allgemeinen Betrachtungen über die Politik im Land, die ich für notwendig erachte, um eine globalere Charakterisierung des Staates in Bolivien vorzunehmen. Man kann sagen, dass Bolivien im Bereich des Politischen ein Pluriversum ist, war und weiterhin bleiben wird. Bolivien ist weiterhin ein überlagertes Land mehrerer Gesellschaften. Einerseits, wie anfangs beschrieben, gibt es sowohl im Tiefland als auch im Hochland Gebiete, in denen das politische Leben im Wesentlichen rund um die gemeinschaftlichen Strukturen organisiert ist. Andererseits gibt es Gebiete, in denen die politische Macht durch diejenigen ausgeübt wird, die die Strukturen und die wirtschaftliche und gesellschaftliche Macht im Rahmen einer patrimonialen Gesellschaftsordnung organisieren: Gebiete, in denen der Staat nicht existent oder sehr schwach ist. Eine Zeit lang schien es, als gäbe es eine Präsenz des Staates, da sich die Patrimonialstrukturen an die Strukturen der bolivianischen Regierung gekoppelt hatten und die Regierenden auch an der Spitze der Patrimonialstrukturen standen.

Aber jenseits dieser Vielfalt an Gesellschaftsordnungen wurde und wird in Bolivien Politik außerhalb des Staates gemacht: In den öffentlichen Sphären, die von Gewerkschaften und anderen Vereinigungen organisiert werden, wodurch die bolivianischen BürgerInnen an der öffentlichen Diskussion über die Zukunft des Landes, der lokalen Gemeinden und Gemeinschaften und auch der Regionen teilnehmen. In diesem Pluriversum zeigt sich der bolivianische Staat nicht als Gesamtheit der Institutionen und Verhältnisse, die das Monopol der Politik, das Gewaltmonopol und Rechtsmonopol beanspruchen können, selbst wenn der Anspruch auf (auch militärische) Durchsetzung dieser Monopole in Bolivien immer vorhanden war.

In diesem Kontext interpretiere ich einige gegenwärtige Tendenzen wie folgt: Im Allgemeinen kann sowohl in Bezug auf das Verhältnis zwischen der sozialen Basis und der WählerInnenschaft der MAS als auch in Bezug auf die Basis und die Gebiete, die die Regierungen der regionalen Oligarchien unterstützen, nicht von einem Prozess der Entwicklung des Staates gesprochen werden; das heißt, von autonomen Regierungsinstitutionen, die, wenn auch in unterschiedlichem Ausmaß, einen öffentlichen oder gemeinschaftlichen Charakter aufweisen. Einerseits hat die MAS ein ausgedehntes Netzwerk an Bündnissen mit starken Organisationen in allen Gebieten, insbesondere unter BäuerInnen und ihren Organisationen sowie den Organisationen und Versammlungen der indigenen Völker, geschaffen. Dieses Bündnis dient dazu, dass VertreterInnen dieser Organisationen in den Staat eintreten und die MAS im Gegenzug über eine nachhaltige WählerInnenbasis und ein soziales und politisches Bündnis verfügt, die es ihr ermöglichen, zur Mehrheit zu werden und die Regierung zu führen. Aber dieser Prozess vollzieht sich im Rahmen der bestehenden staatlichen Strukturen. Jedenfalls können wir einen Austauschprozess zwischen der Macht nichtstaatlicher politischer Strukturen, einer Vielfalt an Subjekten mit gemeinschaftlichen Strukturen und Hintergründen und ihrer Fähigkeit beobachten, durch die Vermittlung auf Parteienebene den bolivianischen Staat zu durchdringen. Andererseits können wir auch in den Gebieten, in denen die Patrimonialstrukturen vorherrschen, keine staatliche Entwicklung beobachten. Der Zustand des geteilten Staates führt dazu, dass die Departementregierungen die Initiativen und die Präsenz der Zentralregierung blockieren und somit die staatliche Entwicklung hemmen. Es ist mitunter sogar vorgekommen, dass Staatsstrukturen zerstört wurden.[3] Das Zentrum der Regierung in diesen Regionen hat sich damals der öffentlichen Institutionen entledigt und sie durch BürgerInnenkomitees und deren Verbindungen mit anderen wirtschaftlichen, sozialen und politischen Machtstrukturen ersetzt. In diesem Sinne wurde die Entwicklung öffentlich-rechtlicher Regierungsstrukturen ebenfalls behindert.

Ausgehend von diesen Überlegungen möchte ich zwei Schlussfolgerungen skizzieren. Einerseits ist der Staat in Bolivien ein unstetiges Ensemble an Regierungsstrukturen und einer Gesamtheit an sozialen Verhältnissen, der in einigen Bereichen Koppelungen mit Strukturen der Zivilgesellschaft und in anderen Bereichen mit gemeinschaftlichen Autoritätsstrukturen indigener Völker herstellen muss, um das Land regieren zu können. In den Gebieten der Patrimonialordnung entsteht eine spezifische Koppelung zwischen patrimonialen Eigentums- und Gesellschaftsstrukturen mit Teilen des bolivianischen Staates. Anders ausgedrückt, der bolivianische Staat schafft seine Präsenz in großen Teilen des Landes durch Koppelungen mit bestimmten mehr oder weniger breiten ökonomischen, sozialen und politischen Strukturen, die dadurch wieder politisch werden.

Der andere Gedanke geht auf Marx zurück: die bürgerliche Gesellschaft bringt den Staat hervor. Heute existiert in Bolivien ein Staat, der aus den verschiedenen Entwicklungen in der Zivilgesellschaft entstanden ist. Die Entwicklung der bäuerlichen Organisationen und LandarbeiterInnengewerkschaften, der Versammlungen der indigenen Völker und die vielfältigen (politischen) Vereinigungen insbesondere der ArbeiterInnen führte zu einem Wandel auf Regierungsebene. Die gegenwärtige Staatsreform hat begonnen, die Koppelung mit diesen Organisationsformen zu fördern und dadurch die vorhergegangene Koppelung, die systematisch einen Bereich der Zivilgesellschaft – Unternehmensverbände und andere Vereinigungen der herrschenden Klasse – privilegiert hat, zu ersetzen. Auf Ebene der Departements konstituiert sich dieser Staat durch die Koppelung mit den bestehenden Patrimonialstrukturen.

---

3   Insbesondere im September 2008. [Anm. d. Hg.]

Dies führt zu einem geteilten Staat, wie ich es nenne. Dieses Ausmaß an Heterogenität und an Widersprüchen der Zivilgesellschaft und die Subjekte, Organisationen und Kräfte, die sie hervorgebracht hat, konstituieren diesen Staatstyp in Bolivien. Der Staat und die Regierungstätigkeit bedingen und bestimmen auch die Zivilgesellschaft, die den Staat unter sich verändernden Bedingungen konstituiert und reproduziert. Die Einflussnahme des Staates hängt von der Art des politischen Projektes und seinen Artikulationen ab. Tendenziell ist ersichtlich, dass der Staat durch seine Einflussnahme die korporativsten politischen Organisations-, Denk- und Artikulationsformen der Zivilgesellschaft verstärkt reproduziert; sowohl im Hinblick auf die popularen Schichten als auch im Bereich der Patrimonialverhältnisse.

Bibliographie

Amin, Samir (1979): Clases y naciones en el materialismo histórico. Barcelona: El Viejo Topo.

Marx, Karl (1988): Resultate des unmittelbaren Produktionsprozesses. Sechstes Kapitel des ersten Bandes des „Kapitals". Entwurf 1863/1864. Berlin: Dietz Verlag.

Marx, Karl/Engels, Friedrich (1999): Das kommunistische Manifest. Eine moderne Edition. Mit einer Einleitung von Eric Hobsbawm. Hamburg/Berlin: Argument Verlag.

Sereni, Emilio (1973): La categoría de formación económico-social. In: Luporini, Cesare/Sereni, Emilio (Hg.): La categoría de formación económico-social. Mexiko: PyP.

Tapia, Luis (2005): El presidente colonial. In: Garcia Linera, Álvaro/Prada, Raúl/Tapia, Luis/Vega, Oscar (Hg.): Horizontes y límites del estado y el poder. La Paz: Comuna-Muela del Diablo.

Weber, Max (2006): Wirtschaft und Gesellschaft. Paderborn: Voltmedia.

Zavaleta, René (1986): Lo nacional-popular en Bolivia. Mexiko: Siglo XXI.

Oscar Vega Camacho

Südlich des Staates
Kritische politische Theorie als Praxis in Zeiten von Scheidewegen[1]

... da unser Horizont in Wirklichkeit der Süden ist.[2]
Manuel Torres García, Titel eines seiner Bilder

Indem man versucht den Süden des Staates zu benennen, bezieht man eine bestimmte Position und nimmt zugleich die Konsequenzen in Kauf, die die Frage des Staates aufwirft – insbesondere, wenn dies von den Peripherien des Weltsystems aus geschieht, oder von dem, was peripher erscheint: Kolonialismus, Rassismus, Unterentwicklung und Modernisierung. In diesem Sinne könnte es eine Maßlosigkeit und somit eine Provokation darstellen, wenn versucht wird, das zu benennen und einzuordnen, was im Rahmen der aktuellen Globalisierungstendenzen als Staat verstanden wird. Einerseits sehen wir eine Intensität und Beschleunigung der Gleichzeitigkeit und Allgegenwärtigkeit, andererseits aber entstehen auch ständig neue Grenzen, Schranken und Klüfte zwischen denen, die miteinander wetteifern und sich innerhalb dieser Tendenzen bewegen. Dabei spielt die Tatsache eine Rolle, dass ihre Erscheinung, Sprachmerkmale, Kultur und geographische Verortung sie kennzeichnen und unterscheiden. Auch wenn die Staaten des Südens den Früchten der „traurigen Tropen" gleichen, weiß niemand genau, was sie bewerkstelligen oder welche Auswirkungen sie hervorrufen können. So erscheint es am besten, sie voneinander und von den Staaten des Nordens fern zu halten und zu trennen.

Es wird uns beigebracht, dass der Staat universell ist und deshalb auch jenseits der Geographie, der Politik und der Zeit fortbesteht und einer eigenen Logik folgt. Aus diesem Grund ist oder kann der Gedanke, dass der Staat auch zu anderen Formen neigen und es Alternativen geben könnte, skandalös erscheinen. Zu denken, dass man auch anders denken kann, wird als pervers angesehen. Eine andere und pluralistische Universalität anzustreben, ist eine Barbarei; Personen, die dies tun, werden als Barbaren betrachtet.

---

1 Übersetzung aus dem Spanischen von Dana de la Fontaine, Melanie Hernández und Lukas Neißl.

2 Im spanischen Ausgangstext („*...porque en realidad, nuestro norte es el sur*") hat das Polysem *norte* u.a. sowohl die Bedeutung von *Horizont* im Sinne von *Referenzpunkt* als auch von *Norden* im Sinne der *Himmelsrichtung*. [Anm. d. Ü.]

Der vorliegende Artikel über den Staat ist in drei Teile gegliedert: erstens Betrachtungen, zweitens Orientierungen und drittens Scheidewege. Sie stellen drei simultane Modi oder Ebenen dar, die gleichzeitig neuformuliert und überarbeitet werden sollen. Das heißt, dass sowohl die Konjunktur, als auch die Horizonte, die Transformationstaktik und -strategie[3], die politische Form und der politische Inhalt stets eine Ebene der Kohärenz und Effektivität erfordern, um sie auf ihre Gültigkeit zu überprüfen. Denn sie sind gesellschaftlich und gemeinschaftlich produziert worden, um das real Existierende zu verändern, und leisten daher einen Beitrag zur laufenden Arbeit.

1 Erster Teil: Betrachtungen

> Überall – unter sehr unterschiedlichen Umständen – fragen sich die Menschen: Wo sind wir? Die Frage ist historisch, nicht geographisch. Was erleben wir? Wohin führt es uns? Was haben wir verloren? Wie fahren wir fort ohne eine plausible Perspektive? Weshalb haben wir den Blick dafür verloren, was jenseits eines Lebens liegt? (Berger 2010, Übersetzung der HerausgeberInnen)

Den Süden zu denken war und ist ein permanentes historisches Erfordernis, jedoch stets als koloniale Tatsache: Der Süden ist dem Norden auf dem Gebiet der Produktion und möglicher Lebensweisen, sowie in den notwendigen Sphären des Wissens und der Disziplinen ein Begriff. Die Trennung zwischen dem Norden und dem Süden wurde erst seit der Intensivierung der gegenwärtigen Globalisierung als solche benannt. Zweifellos aber waren die Kolonialherrschaft und die spätere Abhängigkeit von den Metropolen stets geopolitische Schlüsselelemente. Heute erwartet man ängstlich oder hoffnungsvoll die Ankunft der Barbaren aus dem Süden.

Die Geographie kann kuriose Gedankengänge hervorrufen: Von der modernen runden Welt mit unbekannten und unergründeten Gebieten gehen wir über zu einer globalen unmittelbaren Welt, und erschöpfen dabei die Alternativen für ihre Aufrechterhaltung. Von der Geographie für die Eroberung gelangen wir zur Geopolitik der Knappheit und Marginalität; der Raum wird kleiner und die Zeit wartet nicht mehr. Jetzt ginge es darum, vom Süden aus über die anderen Himmelsrichtungen nachzudenken und mit ihnen in einen Dialog zu treten. Aber in erster Linie ginge es um die Möglichkeit, ausgehend von den Initiativen und Alternativen, die durch diesen Bruch und die Trennung materieller und kultureller Realitäten hervorgerufen werden, einen Kompass für diese Zeiten zu bauen und zu kalibrieren. Dieser Kompass

---

3 Im folgenden Artikel werden die Begriffe Transformation und Transition gezielt unterschiedlich verwendet. Transformation bezieht sich in einem engeren Sinne auf den Bereich der Institutionen und ihrer Praktiken, das heißt, auf die Anpassungsfähigkeit des staatlichen Apparates. Transition hingegen bezeichnet in einem weiteren Sinne die gesellschaftlichen Bedingungen – gesellschaftliche Veränderungen, Umgestaltungen und Umformungen – die angestrebt werden.

könnte uns hin zu noch zu erschaffenden Welten orientieren, hin zu anders gedachten Geographien und hin in andere mögliche Welten führen.

Um die Worte des griechischen Dichters aufzugreifen, wir „Warten auf die Barbaren" (vgl. Kavafis 2001), denn, wenn sie ankommen, werden sie uns mitnehmen, um die Reise fortzusetzen, die nun vielleicht wirklich einem Regenbogen gleicht – das Pluriversum, in dem wir (zusammen)leben – um Mauern und Grenzen zu durchbrechen und die Pluralität der Seins- und Lebensformen in eine Vielfalt von Farben zu baden. Andernfalls müssten wir das Gedicht wie im Original beenden: „Und nun, was sollen wir ohne Barbaren tun?" Die Herausforderung besteht darin, aus dem Süden zu schreiben und dabei an den Süden zu denken und eine Orientierung des Südens zu entwickeln. Sie besteht darin, mit all ihren Konsequenzen und allen Möglichkeiten der Dringlichkeit und Notwendigkeit gerecht zu werden, die geographischen Parameter der Verortung, des Politischen und des Wissens, mit denen wir denken und handeln, zu überwinden.

Deshalb muss man damit beginnen, den Staat zu denken. Dies ist keine neue Aufgabe. Wenn wir es genau nehmen, besteht sie in Wirklichkeit schon solange wie ihre unmittelbaren Korrelate: Geschichte, Gesellschaft und Politik, um einige der konzeptuellen Konstellationen zu erwähnen, die ihn stets begleitet haben. Der Bruch besteht darin, wer den Staat denkt und ihn somit ergründen und bearbeiten möchte. Hier wird mit Seins- und Schaffensformen gebrochen, der Sinn des (Ver-)Laufes der Worte und Dinge verschoben, die Orientierung und die Zeitlichkeit verändert. Hier zeigt sich die Dringlichkeit, die Lage der Dinge neu zu erschaffen: Horizonte und Alternativen des Denkens und Handelns werden möglich.

Es ist die gesellschaftliche Explosion: die plebejische Rückkehr, die einfällt, um die Herrschaft durcheinander zu bringen und den Verlauf des Rechtlichen und Institutionellen zu verändern; eine Bemächtigung derer, die weder an der Gesellschaft teilhaben, noch Teil ihrer sind und die Fähigkeit Gesellschaftliches und eine Gesellschaft zu schaffen. Es handelt sich um ein Ereignis, das die Zeit und die Bedingungen für alternative Möglichkeiten, und daher auch neuartige Formen des Denkens und Benennens, schafft.

Wenn John Berger, der seit Jahrzehnten über die Arbeitswelten, BäuerInnen und MigrantInnen schreibt, sich fragte: Wo sind wir und wohin gehen wir? (vgl. Berger 2010, Übersetzung der HerausgeberInnen) können wir versuchen, uns in plebejische Rückkehr zu versetzen, um zu antworten, dass ein Übergang versucht wird, dass wir an Schritten zur Transition arbeiten. Und somit können wir die Veränderungen reifen lassen und uns all das vornehmen, was noch verändert werden muss. Der Bruch ist lediglich der Anfang, der große Anstoß, die Kraft, die verändert, aber noch nicht die Veränderung an sich ist. Die Bühne der Veränderung wird gerade erst betreten und die Agenda der Veränderungen wird erst aufgeworfen und der Sinn und die Vorstellung überhaupt Veränderungen herbeiführen zu können wird genährt.

Deshalb verpflichtet uns die Herausforderung, den Staat ausgehend von den politischen Prozessen, die die sozialen und indigenen Bewegungen in Bolivien eingeleitet haben, zu bearbeiten. Dabei müssen wir entweder die Tradition berücksichtigen, die den Staat als die Gestalt versteht, die die Macht und die politische Autorität verkörpert, oder andernfalls das Staatsverständnis neu denken. Somit ist eine Positionierung gegenüber dem Staat notwendig. Den Staat zu denken, war historisch entweder eine Frage der Reform – die Notwendigkeit den Staat zu erneuern, seine Strukturen zu modernisieren oder die Verwaltungsabläufe effizienter zu gestalten – oder wurde er abgelehnt und ihm gegenüber Konfrontation angesagt durch den Kampf und vielleicht seine Zerstörung – die Idee der Revolution und eines Neuanfangs. In beiden Fällen verkörpert der Staat die Autorität und die Macht in der Gesellschaft. Dies sagt viel darüber, wie sehr wir uns eine juristische Auffassung von Autorität, und damit auch der Macht und ihrer Formen, angeeignet haben und sie als eindeutig und allmächtig erachten. Nicht nur, da nicht ausgehend von diesen Vorstellungen gedacht wird, sondern da es diejenigen tun, die bisher weder zählten noch Teil des Staates waren. Zweifelsohne sind die Rahmen und Parameter anders. Ihre Wurzeln und Quellen fließen mit unterschiedlichen Modi zusammen und streben nach einer anderen Art des gesellschaftlichen Seins und Gesellschaft. Diese, für das herrschende Denken seltsame und schockierende Art und Weise, ist die Entfaltung des globalen Südens, einer kolonisierten Hemisphäre, die an der Peripherie und abhängig vom kapitalistischen Weltsystem wirkt.

2 Der Nationalstaat als soziale Form

Die Entwicklung einer allgemeinen Staatstheorie würde unausweichlich scheitern, und somit auch ein Staatsmodell mit seinen mehr oder weniger kompletten, fehlgeleiteten, unzureichenden oder scheinbaren Varianten – denn die Verfasstheit der Staaten, wie weiter unten noch verdeutlicht wird, ist vielfältiger Natur. Dieser Zustand mag für das herrschende politische Denken skandalös wirken, warnt jedoch auch vor den gelegentlichen Versuchungen nach einer allgemeinen Staatstheorie – nicht nur seitens institutionalierter BürokratInnen, sondern seitens so genannter Radikaler und RevolutionärInnen. Diese Auseinandersetzung soll in der vorliegenden Arbeit allerdings nicht ausgetragen werden. Wir gehen vielmehr von dem gemeinsamen Standpunkt des Scheiterns aus, der in den Ländern des Südens gelebt und wahrgenommen wird; Länder, die ausgehend von der Kolonialisierung und später von der Abhängigkeit von den Zentren der weltwirtschaftlichen Entwicklung allesamt in die kapitalistische Dynamik eingebunden sind.

Sollte es sich tatsächlich um einen gemeinsamen Standpunkt handeln, dann nicht, da wir uns über den Staat, seine Besonderheiten und Mängel bewusst geworden sind und uns somit beglückwünschen könnten, nicht dieselben Fehler und Kunstgriffe der

Antiken und Modernen, Liberalen und RevolutionärInnen, ModernisiererInnen und ReformerInnen zu machen, als sie die Frage des Staates angingen. Vielmehr müssen wir den gemeinsamen Standpunkt vor dem Hintergrund verstehen, dass das Statut der Theorie selbst sich drastisch verändert hat: Einerseits steht die Theorie selbst in Frage – ihre Formalisierung, Funktion und Effektivität – und andererseits ihre Korrelate, die Wissensformen und Wissenserzeugung, deren Bedeutung und Grenzen viel beachtet und debattiert werden, die jedoch auch mit Interessen und Gewinnen zu tun haben, von der Idee der Wissens- und Informationsgesellschaft, über den Patent- und Markenschutz, bis hin zu Kontroll- und Disziplinierungsstrategien in den Organisations- und Verwaltungsformen der bestehenden Institutionen.

Stellt man das unweigerliche Scheitern einer allgemeinen Staatstheorie fest, so eröffnen sich unmittelbar neue Wege: Es muss dringend und notwendigerweise von der eigenen Praxis ausgegangen werden, um ein anderes Staatsprojekt zu denken und zu verwirklichen, da wir die Bestrebungen, neue Formen von Gesellschaft zu schaffen und die Strukturen politischer Autorität und Institutionalität zu verändern, nicht aufgeben dürfen. Noch viel weniger dürfen wir gerade nun am Aufbau einer neuen Staatsform, die die Fähigkeiten einer Gesellschaft in Bewegung nährt und kräftigt, scheitern. Die Dringlichkeit, den Staat aus Perspektive derer zu denken, die bisher nicht Teil von ihm waren, verändert nicht nur den Blickwinkel, sondern auch das Augenmerk und die Art wie man sieht – um optische Metaphern zu bedienen. Folglich verändert sich die Konzeption des Staates an sich: das Weshalb und das Wofür.

Einige werden dies als Pragmatismus bezeichnen, da es sich schlussendlich um einen anti-essenzialistischen und anti-fundamentalistischen Standpunkt handelt und sich folglich auch damit auseinandersetzt was ist und werden kann – ihre vollkommene Singularität mit ihren Sonderbarkeiten, die ihre Fremdartigkeiten und Monstrositäten auf sich nimmt, um Wege des Wandels und der Transformation aufzuzeigen. Andere werden sagen, es sei postmodern, da der Standpunkt den modernen Kanon absichtlich nicht annimmt und sich erlaubt, all das zu vermischen und durcheinanderzubringen was so mühsam klassifiziert, geordnet und universalisiert wurde, und uns damit vergiftet, alles zu theoretisieren und alles als möglich und wünschenswert zu feiern. Auch die Bezeichnung als postkolonial darf nicht fehlen, mit dem Argument, dass unser Standpunkt das Kulturelle überbetonen würde, um für Differenzen Platz zu schaffen und die Räume der Produktion und Transmission zu relativieren, um das vergessene Erbe wieder aufzunehmen und das am meisten Verworfene zum Protagonismus zu machen. Auch wird der Standpunkt als perspektivistisch kritisiert, da er darauf abzielt, den Blickwickel sosehr zu erweitern, dass man vergisst, von wo aus man überhaupt blickt, oder dass schlicht gar nichts mehr zu sehen ist, ohne dass man sich sicher ist, welches Spiel mit einem/einer selbst gespielt wird. In all diesen möglichen Einwänden liegt etwas Wahrheit. Aber gerade diese vielen erwarteten Einwände verdeutlichen, dass wir uns inmitten einer Krise der Theorie, und somit auch des Wissens und der Erkenntnis befinden.

Wir sollten somit vom Scheitern der Staatstheorie aus weitergehen, nicht um die Theorie zu verwerfen und theoretischen Betrachtungen zu entsagen, sondern um die An- und Herausforderungen anzunehmen, vor die uns die Krise der Theorie und des Staates stellt. Die Krise ist einerseits die Grenze oder Erschöpfung einer Form und ihrer Implementierung und andererseits die Möglichkeit, das begriffliche Gebilde und die Funktionsweisen zu ändern und zu transformieren. Zavaleta würde in diesem Zusammenhang bekräftigen, dass die Krise eine Methode der Erkenntnis ist – dem Geist eines aleatorischen Materialismus von Demokrit und Lukrez folgend und von Althusser wieder aufgegriffen, um die „Bedingungen für eine Abweichung [zu] schaffen" (Althusser 2010). Es könnte keinen günstigeren Moment dafür geben als den heutigen, in dem wir weltweit eine unsichere Entwicklung der Wirtschaft, des Sozio-Politischen und der Ökosysteme erleben: Eine Turbulenz des globalen kapitalistischen Systems.

Woraus entsteht die Staatsform oder zumindest das, was als moderner Staat bezeichnet wird? Im Süden ist dies offensichtlich und problematisch zugleich, da der Staat aus den Freiheits- und Unabhängigkeitskämpfen der Republik mit ihren langen Episoden territorialer Veränderungen und Schlachten, in denen Dynastien und Sektoren um Vorherrschaft kämpften, entsteht. Diese Darstellung lässt jedoch den Charakter und die Bedeutung der indigenen Aufstände außer Acht, die den anti-kolonialen Freiheitskämpfen vorausgingen.

Dabei werden der Protagonismus und die inhaltlichen Forderungen der indigenen Völker ignoriert und vergessen, die zwar auf eine lange und nachhaltige Geschichte der Zerstörung und Kolonialisierung zurückblicken, jedoch auch auf ihre Bräuche und Gebräuche im materiellen Leben (siehe Kapitel von Pablo Mamani in diesem Buch). Aus dieser Perspektive ist der moderne Staat eine Fortsetzung der Kolonisierung und muss daher transformiert und neu gegründet werden, sich der Staatsform der indigenen Realität anpassen und ihr entsprechen. Vielleicht presche ich gedanklich zu schnell vor. Allerdings lassen sich durch diese Eile die Fortbestände und Brüche, die den Süden im Rahmen der Globalisierung und ihren Alternativen in der Gegenwart ausmachen, nachzeichnen.

Der Staat stellt grundsätzlich eine Abstraktion dar – ihm wohnen aber auch die Kraft der Konkretisierung und die Macht der Effektivität, umgesetzt mittels verschiedener Apparate, Einrichtungen, Netzwerke, Autoritäten und Staatsbediensteten, inne. Es handelt sich um eine Abstraktion, da wir nicht sagen können: Das ist der Staat, hier ist der Staat, oder der Staat ist so und so... Auch wenn wir uns daran gewöhnt haben, diese Ausdrücke zu verwenden, benennen wir damit jedoch etwas, oder sprechen im Auftrag und Namen von etwas, was nicht da ist. Der Staat an sich ist nicht greifbar; er ist von einer eigentümlichen Immaterialität oder einer andersartigen Zusammensetzung der Realität. Dasselbe geschieht – nicht zufällig – mit dem Kapital, denn wo auch immer es sich befindet: Können wir es als solches greifen, sehen, fühlen...? Dies verhindert allerdings nicht, dass es sich um eine Realität, oder eine Art der Realität, handelt, die ein anderes Verständnis des Realen erfordert. Beide sind schließlich das Ergebnis eines spezifischen sozialen Verhältnisses, das eine Zeitlichkeit und Räumlichkeit des Materiellen und seiner Auswirkungen eröffnet. Wir können somit seine Geschichte und seine Bewegungen, seine Erfolge und Protagonisten, seine Gegenspieler und Kämpfe, seine Geburt und eines Tages seinen Tod abhandeln, da auch sie keine zeitlosen und ewigen Formen darstellen (vgl. Poulantzas 2002).

Die moderne Staatsform wurde ausgehend von einem nationalen Rahmen entwickelt, der Folgendes umfasst: ein festgelegtes Territorium, eine bestimmte Bevölkerung und eine bestimmte Sprache und Kultur. Diese gliedern sich in einer Organisation von Apparaten und Institutionen, die untereinander als komplexe Abfolge von Entscheidungen und Anweisungen verbunden sind. In letzter Instanz handelt es sich um die Fähigkeit und Wirksamkeit, eine Anweisung oder einen Befehl zu erteilen und dessen Ausführung und/oder Gehorsam zu gewährleisten. Daher rührt die Notwendigkeit der Frage, wie das Nationale gelenkt werden kann, was das Nationale tatsächlich ist und auf welche Weise man das Nationale schützen und gleichzeitig für das nationale Wohl fördern und aufblühen lassen kann.

Dies wird nur dann möglich sein, wenn die Staatsform über folgende Eigenschaften verfügt: 1) Die Legitimation, sich als solche zu erklären und zu konstituieren, 2) die notwendige Autorität, damit ihre Anweisungen, mittels Konsens oder Zwang, befolgt werden, 3) eine wirksame Gerichtsbarkeit, um es mit den Angelegenheiten und Konflikten der Rechtsprechung aufnehmen zu können, 4) die Macht, die Interessen und Entscheidungen ihrer Gerichtsbarkeit zu schützen und zu verteidigen, 5) die Aufmerksamkeit und Sorgfalt hinsichtlich des Wohlergehens und des Wohlstandes ihrer EinwohnerInnen. Die Streitthemen innerhalb der Gesellschaft werden sich deshalb auf eine oder mehrere dieser Eigenschaften konzentrieren. Da dies zeitlich variieren kann, werden so jeder modernen Staatsform ihre eigenen Charakteristika verliehen.

Diese Eigenschaften sind entlang der Trennung von Staat und Gesellschaft – anhand der Fähigkeit, die Gesellschaft als autonome, selbstregulierte und selbstbestimmte Sphäre zu konstituieren und zu benennen – strukturiert. Deshalb kann die Gesellschaft die notwendigen Mechanismen oder Methoden schaffen, um selbstbestimmt und selbstreflexiv zu organisieren, regieren und lenken. Vor diesem Hintergrund sind die Regierungsformen, die Machtformen und die Anforderungen der Repräsentation bei allen Überlegungen zur Gesellschaft von Bedeutung. Ihre Relevanz kommt auch daher, dass sie von den Dynamiken des sozialen Lebens abhängen, dadurch ständig instabil und ungewiss sein werden, und in Folge im Staatsapparat fortwährend überarbeitet und verändert werden müssen. Selbstverständlich spielen die Politik und die Demokratie in dieser Debatte eine entscheidende Rolle. Aber sie sind nicht die ausschließlichen Faktoren und schon gar nicht beenden sie diese Auseinandersetzung; vielmehr sind sie die Schauplätze, die Auseinandersetzung konstituieren: Welche Demokratie, mit wem und für wen? Oder, was ist Politik und was nicht?

Vor diesem Hintergrund müssen wir die umfangreiche Literatur über den Staat und das Nationale verstehen, die sowohl die Verschränkung beider als auch ihre Entfremdung und Trennung behandelt; und das von der Epoche der ersten modernen Republiken im 17. Jahrhundert – unter anderem Spinoza, Hobbes, Locke, Machiavelli – bis hin zu den gegenwärtigen Debatten über das Postnationale oder die Krise des Nationalstaats. Stets wird dabei von der Konzeption einer Trennung zwischen Staat und Gesellschaft einerseits ausgegangen und andererseits von der impliziten Erfordernis einer bestimmten Staatsform, um auf einem internationalen oder globalen Schauplatz, jenseits der Grenzen des Nationalen, teilnehmen zu können. Das heißt, im Kern geht es um die innerste Beziehung zwischen Nationalem, Gesellschaft und Staat. Diese haben zwar unterschiedliche Erscheinungs- und Darstellungsformen, werden aber trotzdem aufgrund der historischen Dynamiken und ihrer Kämpfe um die Ausrichtung im kapitalistischen Weltsystem stets neu definiert und mit neuem Sinn erfüllt.

3 Zweiter Teil: Orientierungen

> Die Menschen lernen die Demokratie nur, indem sie sie üben. Die notwendige Veränderung – ein eigenständiges Verhalten ohne die Führung durch Herren zu erlernen – kann nur durch Übung und ihre Umsetzung in die Tat verwirklicht werden. (Hardt 2007, Übersetzung der HerausgeberInnen)

Die Zeiten des Wandels, die wir in Bolivien durchleben, halten uns einerseits dazu an, den Wandel und die Art und Weise, in der dieser sich auf das gesellschaftliche Leben auswirkt, zu skizzieren. Andererseits wollen wir einige Orientierungen geben, um den Übergang der verschiedenen gesellschaftlichen Dynamiken und Zeitlichkeiten zu berücksichtigen und zu stärken.

Als Arbeitshypothese könnte man anführen, dass es sich im Fall von Bolivien um den Übergang von einer überlagerten Kolonialgesellschaft[4] – um eine Charakterisierung René Zavaletas aufzugreifen – zum Aufbau einer plurinationalen demokratischen Gesellschaft handelt. Selbstverständlich ist die Hypothese äußerst diskutabel und die Begriffe können in der Tat polemisierend wirken. Dies zeugt von der Intensität der Debatte als Symptom der Dringlichkeit, die gesellschaftliche Wirklichkeit zu überdenken und zu benennen. Aber niemand würde daran zwei-

---

4   Hinweis auf nähere Erläuterungen zum Begriff der überlagerten Gesellschaftsformationen nach Zavaleta im Beitrag von Luis Tapia in diesem Buch.

feln, dass es sich um ein Übergangsmoment handelt – eine Zeit der Veränderungen und eine Reise durch verschiedene mögliche Projekte verschiedener Länder. Daher rührt auch die Verantwortung an der sozialen Debatte teilzunehmen und die Diskursbedingungen und sozialen Praktiken zu verstehen, die eingesetzt werden, um die gesellschaftlichen Projekte sichtbar zu machen. Denn erst dadurch werden die Gesellschaftsprojekte sichtbar: die auf dem Spiel stehenden Umfänge und Grenzen, die neu auftretenden Akteure und Identitätsformen (die den verschiedenen laufenden Prozessen entspringen) und die gesellschaftliche Notwendigkeit für die Schaffung und Umverteilung des Gemeinwohls. Dabei haben das Zugehörigkeitsgefühl, das Eigentumsverständnis und die Verwaltung des Gemeingutes – des gesellschaftlich und gemeinschaftlich Hergestellten – zur Änderung des National-Popul.aren, um erneut Zavaleta (vgl. 1986) aufzugreifen, geführt; und dazu, dass dabei die Bedeutung der kulturellen Identitäten als Element der Inklusion und Partizipation am Gemeinschaftlichen gesät wurde – eine gemeinsame Wurzel, die dem Pluralismus entspringt.

Die Bedeutung des bolivianischen Prozesses des letzten Jahrzehnts liegt in der Durchführung einer konstitutionellen demokratischen Transition in Zeiten des politischen Umbruchs, die durch den Aufstieg der sozialen und indigenen Bewegungen, durch die Krise des Nationalstaats, die Veränderungen der regionalen geopolitischen Ordnung und den Krisenzyklen des Weltwirtschaftssystems – einigen zufolge handelt es sich dabei bereits um eine Systemkrise des kapitalistischen Weltwirtschaftssystems (vgl. Wallerstein 2009; 2005) – hervorgerufen wurden. Deshalb muss unterstrichen werden, dass die Verwirklichung einer demokratischen Transition anhand der Transformation der politischen Ordnung erfolgt: Von der politischen Agenda und der Wahl staatlicher Autoritäten bis hin zur Einberufung der verfassunggebenden Versammlung und der Annahme der neuen Verfassung. Aber auch die strukturellen und organisatorischen Grenzen des Staatsapparats und des produktiven Sektors des Landes – sowohl in Bezug auf die Möglichkeiten und Fähigkeiten der Regierungsführung in den verschiedenen Regierungsapparaten und -ebenen als auch die Änderungsvorhaben in der Produktionsstruktur – müssen berücksichtigt werden.

Die Untersuchung dieses Schritts einer konstitutionellen demokratischen Transition macht eine besondere Herangehensweise hinsichtlich des konzeptuellen Rahmens, insbesondere der methodologischen Vorschläge und der Arbeitsinstrumente notwendig. Um ihre Wirkung in vollem Maße entfalten zu können, muss eine solche Untersuchung inhaltlich auf die strukturellen und produktiven Transformationen des Staates und der Gesellschaft in ihrer Gesamtheit ausgerichtet sein, um somit auch den neuen (Grund-)Rechten der Verfassung gerecht zu werden. Diesen Übergangsmoment zu verstehen, heißt eine Gesamtheit an Strategien zu entwickeln, die Neues hervorbringen, während das Alte abstirbt. Deshalb ist eine bestimmte politische Abhandlung erforderlich, um die Umrisse, Umgebungen, Netzwerke,

AkteurInnen und TeilnehmerInnen der eigenen zeitlichen und situativen Dynamik zu bestimmen.[5] Das bedeutet eben auch, ein ausgearbeiteter konzeptueller Körper und Beobachtungs- und Evaluierungsrahmen, der auf einen Übergangsmoment abgestimmt ist und darauf orientiert, den status quo zu ändern. Somit stellen sich auch weiterhin folgende Fragen: Welche Gebiete entsprechen dem Regierungsbereich, welche den organisierten Teilen der Gesellschaft und welche der öffentlichen Partizipation und Diskussion?

Zweifellos handelt es sich um einen konstitutiven Moment, der aber als Prozess mit eigener Zeitlichkeit und eigenen Modalitäten behandelt werden muss, in dem die Gesellschaft als solche ein Staatsprojekt konstituiert – eine gesellschaftliche Dynamik, die auf die Errichtung einer Institutionalität und Rechtlichkeit in Übereinstimmung mit ihrer Realität und ihren Projektionen orientiert. Es handelt sich somit um einen konstituierenden Prozess, in dem die Gesellschaft die Aufgabe übernimmt Staat zu sein und der Staat ein Produkt der Gesellschaft ist; im Unterschied zum Paradigma der Veränderung im 20. Jahrhundert, das den Staat als Subjekt des Wandels der Gesellschaft und die Gesellschaft als dessen Objekt verstand. Die Beziehung Staat-Gesellschaft hat sich verändert und definiert nun ihre Rollenverteilung, Funktionen und Verbindungen neu. Folglich ist das Thema des Staates und seiner Transformation für den Verlauf der Transition und die Auslegung der konstitutiven Potenziale der Gesellschaft von grundlegender Bedeutung (vgl. de Sousa Santos 2004; 2008a; 2008b).

Das Thema der Transition nimmt vor diesem Hintergrund hinsichtlich der Verfassung und der staatlichen Transformation in Bolivien eine besondere Bedeutung an, da sie vor dem Hintergrund eines neu entstehenden geopolitischen Szenarios der südamerikanischen Völker und Nationen entsteht, das neue Erfordernisse der Staaten und eine neue Solidarität zwischen den Staaten anregt. Wir können konkret die Gebiete der Energie und der Ernährung als Beispiele anführen, aber auch die neue Zusammenarbeit zwischen Märkten und Unternehmen sowie die Solidarität und gegenseitige Unterstützung auf sozialer Ebene. Diese Transition tendiert tendenziell in Richtung Konsolidierung eines neuen regionalen geopolitischen Blocks, der noch nie da gewesene Szenarien, Herausforderungen und Problematiken für die Beziehungen zwischen Völkern und Nationen aufwirft (vgl. Vega Camacho 2011).

Die Beziehung Gesellschaft-Staat muss aber auch durch die sozialpolitische und generell die politische Agenda verändert werden. Die Dringlichkeit einer sozialpolitischen Agenda gemäß dem neuen Rahmen an Rechten kann dem konstituieren-

---

5   Die Lektüre des Verfassungstextes in diesen Übergangszeiten des konstituierenden Prozesses kann dazu verführen, den Text als politische Programmatik zu verstehen, was einen Rahmen darstellen würde, um dessen Implementierung zu evaluieren und so die Reichweite und die Grenzen der staatlichen Transformation zu definieren. Siehe dazu Prada 2008.

den Prozess und der konstitutionellen demokratischen Transition folgen, sofern man unter Sozialpolitik die Stärkung und Förderung des bestehenden sozialen, kulturellen und menschlichen Kapitals der Gesellschaft versteht. Das heißt, die sozialpolitische Agenda muss darauf ausgerichtet sein, eine neue Beziehung zwischen dem Staat und der Gesellschaft herzustellen. Aus dieser neuen Beziehung erwachsen schließlich Strategien zur BürgerInnenbeteiligung und Regierungsführung der verschiedenen Territorialregierungen. Dabei geht es um deren Konzeption, Skizzierung und Ausführung sowie deren weitere Kontrolle und Evaluierung. Aus dieser Perspektive könnten wir von einem „neuen Sozialpakt" (*nuevo pacto social*) zwischen Gesellschaft und Staat sprechen, vorausgesetzt wir behandeln das Produktive – in seinem ganzen Umfang – als soziale und kulturelle Fähigkeit zur Veränderung der bestehenden materiellen Ordnung.

Die Möglichkeitsbedingungen für eine solche politische Agenda werden davon abhängen, inwieweit wir die politischen Anforderungen dieser Transition verständlich machen können. Deshalb müssen wir nicht nur damit beginnen, eine neue Kartographie der (Grund-)Rechte der Verfassung und der institutionellen, rechtlichen und verfahrenstechnischen Mechanismen, die ihre Durchsetzung und Einhaltung gewährleisten, auszuarbeiten. Wir müssen auch die politische Ausgestaltung beachten, die der konstituierende Prozess in seinen verschiedenen Etappen begründet, da sich in diesen Szenarien und Zeitlichkeiten die Potenziale und Grenzen desselben herausbilden. Gleichzeitig müssen dringend die Begrifflichkeiten überdacht werden, anhand derer die Organisation der Produktion und der Arbeit in der gegenwärtigen Gesellschaft und ihre Integration in das Weltwirtschaftssystem behandelt werden. Es handelt sich dabei um eine Wirtschaft, die in erster Linie auf Export ausgerichtet ist und deshalb notwendigerweise eine untergeordnete Stellung im weltweiten System einnimmt und folglich andere Produktionsweisen überdeterminiert. Die Herausforderung besteht darin, die Instrumente und Mechanismen der Selbstbestimmung und Selbstverwaltung zu entwickeln, die dem Staatsprojekt, und allen voran den Fähigkeiten und Potenzialen der gesamten Gesellschaft als lebendiger und produktiver Raum dienen.

4 Verfassunggebender Prozess und neuer rechtlicher Rahmen

Die im Februar 2009 in Kraft getretene Verfassung schafft einen neuen rechtlichen Rahmen und eine neue Skizze der Basis, Struktur, Organisation und Autonomie des Staates. Folglich ändert sich auch die Konzeption des Staates und der Gesellschaft. Dieser Wandel kommt in einer Sprache und in Kategorien zum Ausdruck, die eine Behandlung und Interpretation erfordern, die den in der Gesellschaft angelegten Anforderungen sowie den legalen und institutionellen Veränderungen des Staates entsprechen.

Die Definition „Sozialer Gemeinschaftlicher Plurinationaler Einheits- und Rechtsstaat" (*Estado Unitario Social de Derecho Plurinacional Comunitario*) in Artikel 1 der Verfassung unterstreicht die Suche nach einer neuen Terminologie, um den Übergangsmoment in der Gesellschaft zu beschreiben und ein Staatsprojekt vor dem Hintergrund der Globalisierung zu entwickeln. Ebenso ermöglicht die Definition „originäre bäuerliche indigene Völker und Nationen" (*naciones y pueblos indígena originario campesinos*), einen Teil der Gesellschaft als Gesamtheit und Block zu benennen, der die aus seiner Identitätszugehörigkeit abgeleiteten sozialen und kollektiven Rechte verteidigt und bisher nicht Teil der Gesellschaft war. Auch die tief greifenden Konsequenzen der pluralistischen Prinzipien gehen auf Artikel 1 zurück: „Bolivien gründet innerhalb seines integrativen Prozesses auf Pluralität und einem politischen, wirtschaftlichen, rechtlichen, kulturellen und sprachlichen Pluralismus." Die Interpretation der Verfassung erfordert daher Behutsamkeit und die Ausarbeitung neuer Sprachen für die Verfassungsordnung und, daraus folgend, für die politische Ordnung des Staates und der Gesellschaft. Auf diese Weise fordert sie die Paradigmen und die Logik des herrschenden Wissens und Verständnisses heraus.

Aus Sicht der Grundrechtsentwicklung kann man im Vergleich zu früheren Verfassungen Folgendes feststellen: „Die Verfassung von 1967 – die 1994, 2004 und 2005 abgeändert wurde – hielt lediglich in Artikel 7 Grundrechte fest. Dieser Minimalkatalog veranlasste den Verfassungsgerichtshof die Allgemeine Erklärung der Menschenrechte, die Internationalen Pakte und die internationalen Menschenrechtsabkommen in einem „Block der Verfassungsmäßigkeit" (*Bloque de Constitucionalidad*) – ein neues Konzept, das die Verfassung von 1967 nicht kannte – zusammenzuführen, um eine stärkere Entfaltung und den stärkeren Schutz der Grundrechte zu gewähren. Die Verfassung von 2009 erweitert den Grundrechtskatalog auf de facto alle Menschenrechte der Allgemeinen Erklärung der Menschenrechte von 1948, des Internationalen Paktes über bürgerliche und politische Rechte von 1966 und des Internationale Paktes über wirtschaftliche, soziale und kulturelle Rechte von 1966. Des Weiteren umfasst sie einige anerkannte Menschenrechte bestimmter Bevölkerungsgruppen. In Übereinstimmung mit dem „Block der Verfassungsmäßigkeit" regelt Artikel 410 die internationale Normativität der Menschenrechte und der gemeinschaftlichen Rechte. Der neue Katalog an Grundrechten und Grundrechtsgarantien umfasst 130 Artikel im dogmatischen Teil und strebt auch im organischen Teil der Verfassung nach Ganzheitlichkeit." (Rojas Tudela 2009)

Die neue Kartographie der verfassungsmäßigen Grundrechte entstand nicht durch eine bloße Erweiterung des Grundrechtkatalogs, sondern durch ein neues Schema, das eine neue Ausformung einer ganzen Generation von Rechten – Menschenrechte, soziale Rechte, kollektive Rechte und Rechte der indigenen Völker – einführt und unter „Grundrechten und Grundrechtsgarantien" (*Derechos Fundamentales y Garantías*) zusammenfasst. All diese Grundrechte wurden von den Vereinten Nationen ratifiziert und sind zum ersten Mal in ihrer Gesamtheit verfassungsmäßig geschützt und vollständig vom Staat anerkannt. Dies macht uns auf die Weitläufigkeit und die Anforderungen des Aufbaus eines Staates aufmerksam, der auf die Erfüllung dieser Aufgaben ausgerichtet ist.

Es muss jedoch verdeutlicht werden, dass diese Orientierung der Gesellschaft und die Ausübung ihrer Rechte gegenüber dem Staat sowie der pluralistische Geist ihrer Verfasstheit aus der Fähigkeit entspringt, das Indigene zu verorten und zu benennen. Dies drückt sich etwa in Artikel 2 aus, der die vorkoloniale Existenz der originären bäuerlichen indigenen Nationen und Völker als konstituierende Komponenten einer neuen pluralistischen Gesellschaft und einer Staatsstruktur, die ihre Selbstbestimmung und ihre Rechte gewährleisten kann, verdeutlicht.

Die Einführung des Pluralismus mit all seinen Konsequenzen wird sich auf die Konzeption des Staates und der Gesellschaft auswirken. Sie bedeutet einen Schritt weg von einer einheitlichen, monokulturellen und monolinguistischen Sichtweise des Staates hin zu einer Konzeption der Pluralität und Komplexität der Beziehungen und Strategien, die der Staat im Dienst der Gesellschaft und des Allgemeinwohls erfüllen muss. Diese Veränderung der Rolle des Staates wird als *Dekolonisierung* bezeichnet und umfasst folglich die vollständige Demokratisierung der staatlichen Instanzen und der Staatsapparate.

Das Indigene ist Teil der Rekonstruktionsprozesse der Identität, anhand derer eine Aufwertung und Bestätigung des kulturellen Werdegangs als entscheidendes ethnisch-kulturelles Kapital erfolgt. Zudem steht das Indigene für das Plurale unserer Gesellschaft, da es eine Pluralität an Lebensweisen und -formen benennt. Ausgehend vom Sinn des Lebens und dem Prinzip des Lebendigen wurden die neuen Rechte inhaltlich gänzlich neu formuliert. Deshalb sprechen wir von einer neuen Kartografie. Diese beinhaltet als Teil der sozialen Errungenschaften, Kämpfe und Emanzipationen im Laufe der Geschichte nicht nur eine ganze Reihe an Rechten, sondern ermöglicht vor allem einen neuen Sinn und ein neues Verständnis aller vom Leben und Lebendigen ausgehenden Rechte. Einerseits sind diese somit auf das pluralistische Prinzip des Lebens und des Lebendigen gestützt, andererseits eröffnen sie neue Horizonte der Schaffung von Leben und Lebensweisen.[6]

Eine kurze Zusammenfassung der in der Verfassung gewährleisteten Grundrechte (siehe Tabelle 1) gibt uns Aufschluss über die umfassenden Funktionen und Ziele

---

6   Darauf weist auch Artikel 8 hin und eröffnet dadurch eine breit angelegte Debatte, sowie ein aktuelles Arbeitsgebiet: Der Staat anerkennt und fördert als ethisch-moralische Prinzipien der pluralen Gesellschaft: ama quilla, ama llulla, ama suwa (sei nicht faul, sei kein Lügner und auch kein Dieb), suma tamaña (gut lebend), ñandereko (harmonisches Leben), teko kavi (gutes Leben), ivi Maradi (Welt ohne Übel) y quapaj ñan (nobler Weg oder nobles Leben).

des Staates, deren Anwendung wiederum ein eigenes Arbeitsfeld darstellen. Dementsprechend erfolgt sowohl ein Rollenwechsel von Staat und Gesellschaft als auch eine Veränderung des Aktionsrahmens:

Tabelle 1: Schaubild einiger Grundrechte

Artikel 15. Recht auf Leben und körperliche Unversehrtheit
Artikel 16. Recht auf Wasser und Nahrung
Artikel 17. Recht auf Bildung
Artikel 18. Recht auf Gesundheit
Artikel 19. Recht auf Lebens- und Wohnraum
Artikel 20. Allgemeines und gleiches Recht auf Grundversorgung durch Trinkwasser, Kanalisation, Elektrizität, Gas für den Eigenverbrauch, Post- und Telekommunikationswesen.
Artikel 33. Recht auf Umwelt

Quelle: Verfassung 2009

Die veränderte Beziehung zwischen Staat und Gesellschaft begründet neue Mechanismen zur Erfüllung staatlicher Aufgaben. Danach sollte (1) Staatspolitik durch strategische Richtlinien definiert werden, (2) Institutionen und Verfügungen als Instrumente für die Umsetzung der Staatspolitik konsolidiert und (3) wirtschaftliche Ressourcen für die Staatsführung garantiert werden.

Seitens der Gesellschaft – eine nach der Verfassung pluralistische Gesellschaft – werden durch die demokratischen Mechanismen auf den verschiedenen Regierungsebenen, die die territoriale Struktur und Organisation des Staates bilden, Vorschläge, Entwürfe, Pläne, Umsetzungsmechanismen, Wirkung und Evaluierung der Staatsaktivitäten begründet. Dabei wird davon ausgegangen, dass die direkt Begünstigten diejenigen sind, die über die meisten Fähigkeiten und den größten gesellschaftlichen Rückhalt verfügen und somit auch diejenigen, die das größte Wissen und die größte Erfahrung haben, die Sozialpolitik anzugehen, durchzuführen und zu evaluieren. Die Festlegung und Umsetzung dieser Politik fällt ausgehend von ihrem organisatorischen und partizipativen Potenzial in den Zuständigkeitsbereich der Gesellschaft auf den verschiedenen Regierungsebenen.

5 Staatliche Transformation und BürgerInnenschaft

Die Transformation des Staates im Rahmen der konstitutionellen demokratischen Transition gehört zu den grundlegenden Aufgaben des konstituierenden Prozesses, da sich dort die wichtigsten Ziele finden, um die Potenziale einer Gesellschaft zu entfalten.

Die Gesellschaft als pluralistische, dynamische und multidimensionale Sphäre schafft das gemeinschaftliche Leben und das Gemeinschaftliche für das Leben. Damit ist die Fähigkeit gemeint, sich als Gesellschaft in Bewegung zu organisieren und zu partizipieren; als Gesellschaft, die eine Vielfalt an Räumen, Zeiten und Strömungen, miteinander verbinden, verknüpfen und verarbeiten kann, die das gemeinschaftliche Leben benötigt und erfordert.[7]

Der Nationale Bericht über die Menschliche Entwicklung 2007 der Vereinten Nationen verweist auf Folgendes:

> Der bolivianische Staat wurde im Laufe der kolonialen und republikanischen Geschichte auf fragmentierte, unterbrochene und heterogene Weise errichtet. Das territoriale Ausmaß seiner rechtlichen und bürokratischen Macht spiegelt andauernde und langwierige Verhandlungsprozesse der Legitimität, Autorität und Souveränität wider. Diese Charakteristika – Fragmentierung, Diskontinuität und Heterogenität – sind struktureller Natur, da sie eine strukturell pluralistische, heterogene und sich verändernde Gesellschaft widerspiegeln. (vgl. UNDP 2010: 32)

Es findet ein Umdenken hinsichtlich der Verfasstheit und Dynamik der Gesellschaft statt. Dieses entspringt und folgt der globalen, sowohl strukturellen als auch systemischen, Krise des Kapitalismus. Damit sind im Spezifischen die finanzwirtschaftlichen Prozesse sowie die Auswirkungen des Kapitalismus auf die Umwelt, das Urbane, die Migration und die Arbeit gemeint; diese ergeben sich aus den Produktions- und Entwicklungsmodellen, die eingeführt wurden, um mit einem schwindelerregenden Wachstums- und Konsummodell mithalten zu können. Das Umdenken geht auf die Dringlichkeit zurück, die Gesellschaft als unabdingbare Heterogenität zu begreifen und sich folglich den Grenzen, Schwächen und Versäumnissen des Staatsapparats, die sich als Krise des Staates äußern, zu stellen; ebenso wie der Forderung nach einem neuen Staatsprojekt mittels einer verfassunggebenden Versammlung und nach Erlass einer neuen Verfassung.

Der UN-Bericht fährt fort: „Die Herausforderung liegt vielmehr darin einen Staat zu schaffen, der mit dem Rhythmus, der Diversität und dem Pluralismus des sozialen Wandels Schritt hält." (ebd.) Die konstitutionelle demokratische Transition ist die Errichtung des Plurinationalen Staates. Dieser nimmt eine neue Rolle für die Gesellschaft ein, da er deren Verpflichtungen, Funktionen, Struktur, Territorialitäten und Ökonomien neu festgelegt, wobei die Möglichkeiten und Anforderungen der Implementierung und Institutionalität dieses neuen Staates vom „Rhythmus, der Di-

---

7   Für eine aufmerksame Lesart, die die Komplexität und die Zeitlichkeiten dieser Aufgabe thematisiert, siehe Tapia 2009.

versität und dem Pluralismus des sozialen Wandels" begleitet werden. Dabei geht es im Grunde um Stärkung und Partizipation durch die Ausübung der BürgerInnenschaft.

Die neue Komponente ist dabei nicht die BürgerInnenschaft, sondern die Konzeption der pluralistischen Gesellschaft und ihrer Teilhabe an der Errichtung des Plurinationalen Staates, die vielfältige Arbeits-, Partizipations- und Lernweisen als Formen der Ausübung der BürgerInnenschaft eröffnet. Die BürgerInnenschaft als reale gesellschaftliche und kulturelle – und nicht nur deklarierte und erlassene – Errungenschaft ist für den Aufbau eines neuen Staates und die Konsolidierung demokratischer Prozesse in zutiefst asymmetrischen, ungleichen und hierarchisierten Gesellschaften von entscheidender Bedeutung. In der pluralistischen Gesellschaft fördert die BürgerInnenschaft die Inklusion, Anerkennung und Partizipation, denn ihr liegen Diversität und Differenz als Prinzipien zur Schaffung und Gestaltung eines neuen gemeinsamen Staats- und Gesellschaftsprojekts zugrunde. Diese BürgerInnenschaft basiert auf dem neuen Rahmen der (Grund-)Rechte. Das bedeutet, über die Postulate der Freiheiten und Grundrechte hinausgehend, stehen insbesondere die Lebensbedingungen und die Lebensqualität aller BewohnerInnen und der Respekt gegenüber allen Lebensformen und der Natur im Vordergrund.

Aus diesem Grund muss die BürgerInnenschaft auf mindestens zwei Ebenen verstanden werden, die sich im eigenen Transitionsprozess ergänzen: Zum Einen können über die politische Teilhabe der BürgerInnen die gesellschaftlichen Potenziale für die staatliche Transformation hergestellt werden, da es schließlich die Gesellschaft ist, die den Staat und dessen Organisations-, Institutionalisierungs- und Entscheidungskapazität zu ihrem Objekt macht. Somit wird der Staat je nach gesellschaftlichen Möglichkeiten und gesellschaftlichem Rhythmus entlang den Notwendigkeiten verändert und erschaffen, wie es historisch in den modernen demokratischen Gesellschaften gefordert wurde.

Zum anderen ist die Art und Weise der staatlichen Transformation nach dem Willen der Gesellschaft direkt mit den Organisations- und Beteiligungsformen der BürgerInnen auf lokaler und gemeinschaftlicher, regionaler und autonomer Ebene verbunden. Denn die Forderungen nach Aufteilung und Dezentralisierung der staatlichen Verwaltungs- und Entscheidungsebenen bedeuten auch neue Kompetenzen und Pflichten. Es gibt allerdings kein einheitliches Modell oder System, um diese Prozesse auszuführen und zu evaluieren. Die staatliche Transformation und ihre Errungenschaften erfordern die gesellschaftlichen, in eine Kultur der politischen Partizipation eingebundenen Dynamiken.

Beide Dimensionen eröffnen mögliche Pfade, die durch ihr Aufeinandertreffen neue Räume und Zeitlichkeiten für Debatten und Entscheidungen schaffen. Dies geschieht auf der Grundlage von Konzepten und Begriffen unterschiedlicher Kulturen, Modi von Autoritätsstrukturen und Formen der Institutionalisierung, wodurch ein untereinander verbundener Komplex, ein dichtes Netz aus interkulturellen Wissensformen und Praxen, entsteht. Für eine ganzheitliche und partizipative BürgerInnenschaft ist die Interkulturalität das demokratische Ziel im Rahmen der Transformation des Staates; so muss vom Prinzip einer interkulturellen BürgerInnenschaft ausgegangen werden, die sich in territorialer, ökonomischer und kultureller Hinsicht unterschiedlich artikuliert und somit die institutionelle Schaffung neuer Instanzen und praktischer Räume vorantreibt.

Um die handelnden AkteurInnen, die im Aufbau begriffenen Projekte und das Kräfteverhältnis zu verstehen, die durch den verfassunggebenden Prozess eröffnet wurden und sich in die neue Verfassung eingeschrieben haben, kann exemplarisch Folgendes herangezogen werden: das Übergangsgesetz für das Wahlregime (*Ley Transitoria del Régimen Electoral*), das Rahmengesetz für Autonomien und Dezentralisierung (*Ley Marco de Autonomías y Descentralización*), das Regierungsprogramm 2010–2015, das Thema der Pluralen Ökonomie und des Rechtspluralismus. All diese Projekte sind Schauplätze in einem demokratischen Prozess und somit Räume für die Debatte und den Streit um Interpretationsweisen der verschiedenen betroffenen Positionen und Kräfte sowie um die Qualität und Beständigkeit einer Demokratie hoher Intensität (*democracia de alta intensidad*), wie Boaventura de Sousa Santos sagen würde.

6 Gesellschaft und Arbeit

Die Dynamik der gegenwärtigen Gesellschaften hat sehr explizit die Frage nach der Arbeit und ihren Auswirkungen auf das Leben und die Entwicklung der Gesellschaft gestellt. Thematisch geht es dabei vom Ende der Arbeit bis hin zur notwendigen Neudefinition der informellen Arbeit. So öffnet sich ein weitreichendes Spektrum an Organisationsformen der Produktion und an Funktionsbedingungen der zeitgenössischen kapitalistischen Logik. Die gängigen Positionen verstehen diese als Ergebnis der dritten industriellen Revolution (vgl. Furtado 2003; für eine kritische Lektüre vgl. Oliveira 2009) oder als eine neue modernisierende kapitalistische Wende (vgl. Domingues 2009). In jedem Fall wird dieses strukturelle Problem und die uns trennende enorme technologische Kluft zwischen abhängigen und peripheren Ökonomien und dem globalen System eingestanden – um sie zu überwinden oder sie zumindest zu verbessern.

Ausgehend vom gegenwärtigen verfassunggebenden Prozess steht eine Vision zur Debatte, die die soziale Frage als eine Staatspflicht und -aufgabe versteht. Dieser sollte durch Instanzen und Mechanismen begegnet werden, die politische Strategien für ein gerechtes, würdevolles und gesundes Leben verfolgen und behaupten können. Zweifelsohne findet ein Wandel in der Betrachtungsweise statt. Dennoch ist die Frage der Arbeit weiterhin anhängig, da Arbeit durch den Artikel 46 zwar als ein Recht definiert wird, es aber noch keine entsprechenden rechtlichen und normativen

Grundlagen in Bezug auf die aktuelle Situation und Lebensbedingung des Arbeiters/der Arbeiterin gibt. Es bleibt zu hoffen, dass sich das zukünftige plurinationale Parlament dieser offenen Frage annehmen wird.

Wie dem auch sei folgen die Möglichkeiten der gegenwärtigen Organisationsformen der Wirtschaftsweise und ihrer Reproduktion den Logiken des globalen Systems, die jenseits der Einflussmöglichkeiten des Staates liegen; ebenso wie der Fluss der (Finanz-)Kapitale. Nichtsdestotrotz können und müssen diese aber reguliert werden, um die Ausrichtung des Produktionsmodells des Landes zu bestimmen, wie die Verhandlungen der Verstaatlichung der Erdöl- und Erdgasressourcen im Jahr 2006 gezeigt haben. In Bezug auf das Thema Arbeit sind wir mit einer Reihe von großen Fragen konfrontiert, um mögliche Regulierungs- und Normierungsmaßnahmen zu definieren. Schließlich haben die Stratifizierung und Fragmentierung der Arbeitsformen beinahe monströse Ausmaße angenommen: Es gibt keine Möglichkeiten, deren Zusammensetzung, Funktion und vor allem ihren Wert zu bestimmen.[8] So werden noch größere Ungleichheiten geschaffen und Armut und Elend weiter vergrößert. Das heißt, dass wir im Grunde auf die anfänglichen Alternativen stoßen: Entweder wir wenden uns von der Kategorie der Arbeit ab oder wir müssen neue Konzeptionalisierungen ausloten, um die auftretenden Produktionsformen zu benennen.[9]

In diesem noch strittigen und unklaren Punkt finden wir, dass sich – wenn auch minimale – Verknüpfungen zwischen der Gesellschaft und dem Staat wiederhergestellt haben, die Teil der notwendigen ausstehenden Aufgaben sind, um den Schritt der Transition zu konsolidieren. Denn bis vor kurzem war Arbeit nicht direkte Aufgabe des Staates, sondern des „freien Marktes", der – abgesehen von der polemischen Begrifflichkeit und der Frage, inwiefern dieser tatsächlich „frei" und ein „Markt" ist – die Entkopplung zwischen Staat und Arbeit ermöglichte und deren Regulierung durch den Markt festlegte.[10]

Die Suche nach Lösungen erfolgte nicht anhand von Arbeitsmarktpolitiken, sondern mit dem Fokus auf verschiedene bestehende häusliche Produktionseinheiten, um Zugang zu den am stärksten gefährdeten sozialen Schichten zu erlangen: Kinder, alte Menschen und schwangere Frauen. Eine Erweiterung dieser Maßnahmen durch

---

8   Ein Beispiel für Bolivien: „Das reichste Fünftel (20%) der männlichen Erwerbsbevölkerung verdient bis zu 30mal mehr als das unterste Fünftel. Das obere Fünftel hält 58,5% des Gesamteinkommens im Gegensatz zu den 3,8% des unteren Fünftels. Diese Asymmetrie tritt auch unter der weiblichen Erwerbsbevölkerung – wenngleich weniger deutlich – auf: Das Ungleichverhältnis liegt bei 6:1; das oberste Fünftel hält 41,%, das unterste Fünftel 7% des Gesamteinkommens." (CEDLA 2009: 1)

9   Eine Sichtweise auf diese Arbeit beschreibt García Linera (2000 und 2001); für eine eher postfordistische und biopolitische Position siehe Cocco (2003).

10 Eine der Pionierarbeiten und heute noch aktuellen Untersuchungen zu dem Thema ist Rosavallon (2006).

andere Maßnahmen zur Konsolidierung und Potenzierung häuslicher Produktionseinheiten ist noch ausständig. So können wir beispielsweise die Regierungsmaßnahmen durch die – jetzt verfassungsrechtlich verankerten – staatlichen Unterstützungen verstehen: *Juancito Pinto, Juana Azurduy* und die „Rente der Würde" (*Renta Dignidad*), die einen bedeutsamen sozio-ökonomischen Einfluss auf die Struktur der Einkommensverteilung hatten. Ebenso sind die Maßnahmen zur Senkung der Strom- und Telekommunikationskosten und die Ergebnisse der Alphabetisierungs- und Gesundheitskampagne *Operación Milagro* zu beachten. Hinzu kommt die Gründung des staatlichen Unternehmens zur Förderung der Lebensmittelproduktion (EMAPA) und das Programm „Nahrungsmittel zu gerechten Preisen" (*Alimentos a Precio Justo*) sowie die Ausrichtung der Entwicklungsbank (*Banco de Desarrollo Productivo*) mit Finanzierungsprojekten für Kleinst- und Kleinbetriebe und Genossenschaften v.a. im Landwirtschaftssektor. Schließlich ist noch das staatliche Infrastruktur- und Wohnbauprogramm *Bolivia Cambia, Evo cumple* mit 2.387 laufenden Projekten im ganzen Land zu nennen.

In der Verfassung befasst sich erstmalig ein Abschnitt mit dem Thema der Wirtschaft (Vierter Teil – Wirtschaftliche Struktur und Organisation des Staates), in dem vor allem die Rolle des Staates in der Wirtschaft und die verschiedenen Bereiche dargestellt werden: Steuer-, Währungs-, Finanz- und Branchenpolitik. In den Allgemeinen Bestimmungen des Artikels 306 wird festgelegt:

> I. Das bolivianische Wirtschaftssystem ist pluralistisch und darauf ausgerichtet, die Lebensqualität und das „Gute Leben" (*vivir bien*) aller Bolivianerinnen und Bolivianer zu verbessern.
>
> II. Die plurale Ökonomie grundet auf den wirtschaftlichen Organisationsformen der gemeinschaftlichen, staatlichen, privaten und kooperativen Ökonomie.
>
> III. Die plurale Ökonomie und die unterschiedlichen wirtschaftlichen Organisationsformen gründen auf den Prinzipien der Komplementarität, Gegenseitigkeit, Solidarität, Umverteilung, Gleichheit, Rechtssicherheit und Transparenz. Die soziale und gemeinschaftliche Wirtschaft ergänzt das Einzelinteresse mit dem kollektiven „Guten Leben" (vivir bien).
>
> IV. Zu den in dieser Verfassung anerkannten wirtschaftlichen Organisationsformen gehören auch gemeinschaftlich verwaltete Unternehmen.
>
> V. Das höchste Gut, dem der Staat verpflichtet ist, ist der Mensch. So gewährleistet der Staat dessen Entwicklung mittels der gerechten Umverteilung des wirtschaftlichen Überschusses durch die Sozial-, Gesundheits-, Bildungs- und Kulturpolitik und mittels Investition in die Wirtschaftsentwicklung. (Ebd.)

Erstens verlangt die Definition eines pluralistischen Wirtschaftsmodells ein anderes Verständnis der Wirtschaft und der unterschiedlichen wirtschaftlichen Organisationsformen. So wäre es nicht mehr verfassungskonform, die Einführung eines „Wachstums- und Entwicklungsmodells" vorzutäuschen. Vielmehr geht es um ein neues produktives plurinationales Wirtschaftsmodell, das den pluralistischen Charakter der Ökonomien fördert und zudem darauf ausgerichtet ist, die verfassungsgemäß definierte Lebensqualität und das „Gute Leben" der EinwohnerInnen zu verbessern. Zweitens werden die verschiedenen wirtschaftlichen Organisationsformen benannt, für deren Förderung institutionelle Normen und Instanzen benötigt werden. In diesem Sinne haben die Mechanismen und Strategien für ihre Vernetzung und Verbindung und ihr Funktionieren noch keine ausreichende Grundlage. Drittens wird die gerechte Umverteilung der wirtschaftlichen Überschüsse durch sozialpolitische Maßnahmen angeführt. Das erfordert angemessene sozialpolitische Strategien, die mit den Bedürfnissen und Entwicklungen der Gemeinden und Gemeinschaften, Regionen und Departements abgestimmt werden müssen.

In einem weiteren Artikel der Verfassung wird die angestrebte wirtschaftliche Ordnung definiert, die auf die Erreichung des „Guten Lebens", der Beseitigung der Armut und der sozialen Ausgrenzung abzielt:

> Artikel 313. Zur Beseitigung der Armut und der sozialen wie auch ökonomischen Ausgrenzung, zur Erreichung des „Guten Leben" in seinen vielfältigen Dimensionen, legt die ökonomische Ordnung Boliviens folgende Ziele fest:
>
> 1. Wirtschaftswachstum im Rahmen der Einhaltung der individuellen Rechte sowie der kollektiven Rechte der Völker und Nationen.
>
> 2. Die gerechte Schaffung, Verteilung und Umverteilung des Reichtums und des wirtschaftlichen Überschusses.
>
> 3. Die Verringerung des ungleichen Zugangs zu den produktiven Ressourcen.
>
> 4. Die Verringerung der regionalen Ungleichheiten.
>
> 5. Die Entwicklung der industriellen Verarbeitung der natürlichen Ressourcen.
>
> 6. Die aktive Teilnahme der öffentlichen und gemeinschaftlichen Wirtschaft am Produktionsprozess.(Ebd.)

7 Gutes Leben (*Vivir Bien*)

Von der Transition aus zu denken ist eine Art, den temporären, fließenden und veränderlichen Charakter der sozialen Phänomene unserer gegenwärtigen Gesellschaften zu veranschaulichen und steht im Gegensatz zur Auffassung und Terminologie der Sozialwissenschaften, die dazu neigen, sich anhand von Daten oder empirischen Größen auf die Untersuchung stabiler und regulärer Prozesse zu konzentrieren.

Nicht, dass diese Sozialwissenschaften keine historische Position oder Sensibilität hätten, aber sie betrachten das Objekt durch die Geschichte als gegeben und konzentrieren sich folglich auf dessen Auftreten und Entwicklung im Laufe der Zeit. In keinem Moment aber fällt ihnen ein, dass das Untersuchungsobjekt selbst eine historische Konstruktion ist, von der Geschichtsauffassung an sich einmal ganz abgesehen. Aus diesem Grund ist es entscheidend, unsere Kategorien und Auffassungen zur Ergründung von Phänomenen und Geschehnissen in unseren Gesellschaften neu zu überdenken und neu zu definieren. Vor allem aber ist es eine Verantwortung gegenüber den politischen Entscheidungen, um Visionen der Veränderung und ein gemeinsames Projekt zu erarbeiten.

Eine Möglichkeit besteht darin, von den Formen auszugehen, auf die zurückgegriffen wird, um das zu benennen und zu erzählen, was geschieht, was man glaubt, dass es geschieht oder was man hofft, dass es geschehen kann: Damit sind die gesellschaftlichen Formen des Sprechens gemeint. Das heißt, dass die Sprechweisen etwas über die Gesprächssituation, aber auch über die Position des Sprechers/der Sprecherin und des Angesprochenen aussagt und somit auch konkrete Aktionen und Praktiken darstellen. Die Sprechweisen sind also die gesellschaftliche Fähigkeit Wissen, Erfahrungen und Vorstellungen hervorzubringen. Sie stellen auch eine entscheidende Komponente der Produktivität der Gesellschaft und für das Leben dar.

Es ist klar, dass über das Gesellschaftliche und die Gesellschaft in diesen Zeiten der Veränderung und Transition nicht getrennt vom Leben gesprochen werden kann. In Bolivien wird das „Gute Leben" von unterschiedlichen Kulturen und Sprachen als *suma qamaña, suma kawsay, ñandereko, ishi visuri* bezeichnet. Diese Verbindung, oder vielleicht besser noch, dieses intime Verhältnis kann uns in Bezug auf das sensibilisieren, worüber ausgehend von Prozessen der ökonomischen und kulturellen Globalisierung als Macht über das Leben, die Biopolitik oder Biomacht debattiert wird.

Das sind die Ziele des gegenwärtigen globalen Kapitalismus, der darauf abzielt sich alle Bereiche der Lebensformen einzuverleiben, die die Lebensformen oder das Lebende umfassen oder ermöglichen: u.a. die Energieproduktion, die natürlichen Ressourcen und andere Dimensionen der Natur, das Wissen und die Kenntnisse. Das Postulat, dass man sich zwischen Kapitalismus und Leben zu entscheiden hat, um Alternativen oder Auswege aus den Turbulenzen unserer Zeiten zu finden, ist weder eine Übertreibung noch eine tragische Geste, sondern stellt die mögliche systemische Bifurkation der Weltwirtschaft dar, die wir durchleben.

Zum einen tendiert die Dynamik des globalen Kapitalismus selbst dazu, sich auf die Lebensformen zu konzentrieren, um die Möglichkeiten Wert zu schaffen zu kontrollieren und zu verwalten. Gleichzeitig aber gefährdet sie die Möglichkeiten und die Entfaltung des Lebendigen selbst. Zum Anderen sind es die originären bäuerlichen indigenen Nationen und Völker der Region mit dem Appell an das Leben, ihrer Vorsorge und ihren Gebräuchen, die dafür kämpfen, die Notwendigkeiten unserer Welt sicht- und hörbar zu machen. Sie sind es auch, die sich für die Herstellung von Produktionsbedingungen des Gemeinsamen als Komponente des Lebens einsetzen.

Im Begriff „Gutes Leben" suchen die diversen Auffassungen und Praktiken nach Verbindungspunkten für ein gemeinsames Projekt. Dieses Projekt wird den Konzepten gegenübergestellt, die als externe Entwicklungs- und Fortschrittsmodelle angesehen werden und die ohne Rücksicht auf die im Gebiet selbst bestehenden

Fähigkeiten und Möglichkeiten und die eigenen Organisations- und Verwaltungsformen aufgesetzt werden. Der Ausdruck „Gut Leben" bezeichnet die unterschiedlichen Initiativen und Vorschläge, die auf den spezifischen Besonderheiten und Bedürfnissen der verschiedenen Bevölkerungen gründen, die nach konkreten Lösungen und Alternativen im Rahmen eines gemeinschaftlichen Projekts suchen.

Im „Nationalen Entwicklungsplan: Würdevolles, souveränes, produktives und demokratisches Bolivien für das 'Gutes Leben'. Strategische Leitlinien 2006–2011" (*Plan Nacional de Desarrollo. Bolivia Digna, Soberana, Productiva y Democrática para Vivir Bien. Lineamientos Estratégicos 2006–2011*) wird dazu folgendes ausgeführt:

> In diesem Aufbauprozess steht das Gemeinschaftliche, die Vereinigung von 'Ergänzungen, die gleichzeitig verschieden sind', die Reziprozität, das harmonische Verhältnis zwischen Mann/Frau und Natur und die ganzheitliche Sichtweise auf die Wirklichkeit im Vordergrund.
>
> Kurzfristig weisen die De- und Konstruktion auf die Stärkung eines – die Entwicklung fördernden und tragenden – Staates hin, der Reichtum und Möglichkeiten verteilt und das Verhältnis zwischen staatlicher, gemischter und privater Produktion fördert. Diese Veränderung erfolgt durch die Umsetzung von vier nationalen Strategien:
>
> Die 'Sozial-gemeinschaftliche Strategie: Würdevolles Bolivien' hat das Ziel, Armut und Ungleichheit zu bekämpfen und die Entwicklung eines gerechten Verteilungs- und/ oder Umverteilungsmodells von Einnahmen, Reichtum und Möglichkeiten zu fördern.
>
> Die 'Strategie der sozialen Macht: Demokratisches Bolivien' gründet auf einer/einem pluralistischen und sozial-gemeinschaftlichen Gesellschaft und Staat, in denen das Volk die soziale und gemeinschaftliche Macht ausübt und für die Entscheidungen über seine eigene Entwicklung und sein eigenes Land mitverantwortlich ist.
>
> Die 'Wirtschaftsproduktive Strategie: Produktives Bolivien' hat das Ziel die Transformation und den integrierten und diversifizierten Wandel des Produktionsmodells zur Schaffung von Überschüssen, Einkommen und Arbeitsplätzen zu bewerkstelligen.
>
> Die 'Strategie der internationalen Beziehungen: Souveränes Bolivien' besteht in der Interaktion mit dem Rest der Welt auf Grundlage unserer Identität und Souveränität. (Ebd.)

Vier Jahre nach Inkrafttreten des Entwicklungsplans ist eine Evaluation und Bilanzierung der Strategien hinsichtlich der erreichten Ergebnisse notwendig. Dafür liegen ohne Zweifel stichhaltige Daten und Zahlen für die Wirtschaftspolitik, die Geldstabilität, das Steueraufkommen und die Entwicklung der Auslandsverschuldung sowie für die verschiedenen Regierungsmaßnahmen zugunsten der am stärksten gefährdeten Schichten der häuslichen Produktionseinheiten vor. Zusammengefasst wird dies „das neue nationale Wirtschafts- und Produktionsmodell" (García Linera in diesem Band) genannt und stellt die Grundlage des „Regierungsprogramms für das gut leben. 2010–2015" (*Programa de Gobierno para Vivir Bien. 2010–2015*) dar, das entlang der Linien „des großen industriellen Sprungs" verläuft. Dieser Sprung soll zum Wiederaufbau einer starken staatlichen Wirtschaft führen, die das Produktionsmodell des Landes diversifiziert und eine gerechte Einkommensumverteilung umsetzt. Allerdings sind die skizzierten Strategien bislang rein deklaratorisch, da ihre Umsetzung entweder nicht erfolgt ist oder blockiert wurde. Das bedeutet, ein Über- und Neudenken sowohl auf strategisch-konzeptueller Ebene als auch auf Ebene der gesetzlichen Grundlagen und der politischen Umsetzung ist dringend notwendig. Ohne Zweifel stoßen wir auf verschiedene und problematische Perspektiven hinter dem Sinn und der Umsetzung des „Guten Lebens". Hielten wir uns beispielsweise an die Vorgaben der Verfassung, wäre es notwendig, die anderen wirtschaftlichen Organisationsformen, die als plurale Ökonomie bezeichnet werden, sichtbar zu machen und miteinander in Einklang zu bringen. Aber auch wenn wir uns an den verfassunggebenden Prozess in seiner Gesamtheit halten, treffen wir auf die Zentralität und den Drehpunkt des Gemeinschaftlichen und Sozialen als eine Verflechtung an Produktionsweisen, die keiner kapitalistischen Logik folgen und deren Rolle und Funktion im krisenhaften hegemonialen System deshalb problematisiert werden.

In Anbetracht der enorm turbulenten Verfasstheit des globalen Systems und in einem entscheidenden Moment der konstitutionellen demokratischen Transition im Land können wir lediglich kurz- und mittelfristige Tendenzen und Perspektiven aufzeigen.

In dieser aktuellen und noch laufenden Debatte greife ich auf die Worte eines Handbuches des bolivianischen Außenministeriums mit dem Titel „Das Gute Leben als Antwort auf die globale Krise" (*El Vivir Bien como respuesta a la Crisis Global*) zurück:

> Unsere Hoffnung auf die Schaffung von stabilen Arbeitsplätzen, Einkommen und Wirtschaftswachstum hängt von der richtigen Antwort auf die Frage ab: Für eine auf Industrialisierung und Export ausgerichtete wirtschaftliche Entwicklungsstrategie oder für eine Strategie zur Förderung des 'Guten Lebens' auf Grundlage unserer eigenen Anstrengungen und Ressourcen. [...] Von der richtigen Antwort auf diese Frage hängt ab, ob es möglich sein wird, kurzfristig den sozialen Frieden und wirtschaftliche, politische, soziale und institutionelle Stabilität zu garantieren. Dies fußt einerseits auf der Hoffnung, dass sich nationale Privatunternehmen sowie internationale Investoren dazu bereit erklären, Arbeitsrechte und Steuer- und Umweltauflagen einzuhalten, also einen Gesellschaftsvertrag für Arbeit zu schaffen. Und andererseits hängt es davon ab, ob wir eine richtige Analyse der Krisenentwicklung in den nächsten Jahren vornehmen und von unseren Fähigkeiten, Probleme zu lösen und die entstandenen Hürden zu meistern." (Ministerio de Relaciones Exteriores 2009: 189)

8 Vorschläge und Strategien

Die konstitutionelle demokratische Transition in Bolivien ist ein breiter, komplexer und gradueller Prozess der staatlichen Transformation und der Ermächtigung der BürgerInnen sowie der gesellschaftlichen Mobilisierung. Ziel ist es, das „Gute Leben" *in* der und *der* Gesellschaft zu erreichen, was eine besondere Achtung des Pluralismus der Lebensformen und -organisation bedeutet. Es ist somit ein Prozess, der darauf ausgerichtet ist, die pluralistischen Wurzeln der Gesellschaft und die alternativen Formen und Produktionsweisen des Gesellschaftlichen zu stärken.

Für eine sozialpolitische Agenda im Rahmen dieser Transition sind zwei Hauptachsen zentral, die grundlegend für den Aufbau eines sozialpolitischen Prozesses und für die Formulierung von punktuellen und effizienten sozialpolitischen Strategien sind: Bürgerinnenschaft und Produktion.

Bezüglich der BürgerInnenschaft sieht die neue Rahmengesetzgebung mit ihrem weitgehenden Prinzipienkatalog vor, dass die Organisationsstruktur des Staates universellen Charakters – sprich allen zugänglich – sein soll (Gesundheit, Bildung, Wohnen, öffentliche Dienstleistungen, Kommunikation, Sicherheit). Ihre Umsetzung und Verwaltung muss sich aber in kultureller, regionaler und lokaler Hinsicht den Niveaus der staatlichen Organisation und der Zusammensetzung ihrer Regierungen sowie Möglichkeiten der sozialen Partizipation anpassen. Somit ist die Stärkung der BürgerInnenrechte gleichbedeutend mit der Ausübung einer aktiven und kreativen BürgerInnenschaft.

Die Aktivitäten und Möglichkeiten des gesellschaftlichen Lebens werden durch ihre Produktions- und Produktivitätsform bestimmt. Gerade deshalb müssen die Methoden, wie sie gemessen und bewertet werden, überdacht und in Frage gestellt werden. Das „Gute Leben" ist ein Konzept, das es ermöglicht in einer – aufgrund ihres ungleichen und kombinierten Einflusses auf die Wirtschaft des Landes – unbeständigen Geometrie unterschiedliche Entwicklungs-, Wachstums- und Wohlstandsalternativen, die unterschiedliche Zivilisationsmodelle als Alternative zu den globalen Krisen suchen und fördern, ausgewogen und gleichberechtigt zu bearbeiten.

Einerseits ist die Notwendigkeit gegeben, die bestehenden wirtschaftlichen Organisationsformen zu fördern, damit sie auf den territorialen Organisationsebenen ergänzend wirken und die Vielfalt der Aufgaben der BürgerInnen stärken. Andererseits ist es wichtig, die unterschiedlichen bestehenden Arbeitsformen und -weisen, die weder rechtlich noch wirtschaftlich abgesichert sind, sichtbar zu machen und aufzuwerten.

9 Dritter Teil: Scheidewege

> Das Politische – so wie es Lefort versteht und Rancière und andere entwickeln – ist immer „inkorrekt" im Sinne, dass es einen bestimmten Bruch (oder eine Herausforderung) gegenüber den bisherigen Konventionen und Prinzipien der Ordnung darstellt. So könnte gesagt werden, dass die politische „Berichtigung" einen erneuten (regressiven) Versuch darstellt, um die Dimension des Politischen zu eliminieren. (Žižek, Douzinas 2010, Übersetzung der HerausgeberInnen)

Wir stehen im Verlauf einer Periode wirtschaftlicher und finanzieller Turbulenzen des kapitalistischen Weltsystems vor neuen politischen Konstellationen im bolivianischen und im regionalen geopolitischen Prozess. Somit ist es auch eine ungewisse und unsichere Zeit, insbesondere für die Regierungs- und Verwaltungsformen, die in den letzten Jahrzehnten Governance-Techniken übernommen haben.

In der südamerikanischen Region setzte nach der Zeit der Diktaturen und ihrer entsprechenden demokratischen Öffnung – in Bolivien im Zeitraum von 1985–2005 – eine Phase der institutionellen demokratischen Erneuerung ein; in völliger Synchronie mit dem Aufstieg der neoliberalen Hegemonie und ihren Strukturanpassungen für Auslandsinvestitionen. Die neoliberale Hegemonie ist seit einem Jahrzehnt in der Krise, aber dennoch können wir nicht behaupten, dass sie begraben oder überwunden ist, weshalb sich turbulente Zeiten ankündigen.

Die neoliberalen Merkmale bestehen also fort, aber die Parameter und Ziele des weltweiten Wirtschaftssystems sind mit der Notwendigkeit konfrontiert, Reformen einzuleiten, um die Logik der kapitalistischen Dynamik zu beschützen. Wahrscheinlich handelt es sich um eine der schwersten Krisen des kapitalistischen Systems und wir befinden uns erst am Anfang der Krise und kennen weder ihre Effekte und Folgen, noch ihre Richtung oder Dauer. Das ruft eine hilflose Grundstimmung in jeglicher Hinsicht hervor, die dazu verleitet einen ausschließlich konjunkturellen Überlebensinstinkt zu entwickeln; zynisch und räuberisch in Anbetracht der Möglichkeit, nur zu überleben oder das nächste Opfer zu sein. Die Rechnung ist: Alles oder Nichts, gewinnen oder verlieren, leben oder sterben. Aber das ist nur eine Seite der Medaille der Krise und womöglich die Seite auf die diejenigen setzen, die auf eine Kurskorrektur und Neuausrichtung hoffen, damit der systemische Selbstregulierungsmechanismus wiederhergestellt wird. Für sie geht es um darum, das kapitalistische System anzupassen und zu reformieren.

Die andere Seite der Medaille sind diejenigen, die das kapitalistische System nicht akzeptieren und deshalb dagegen kämpfen. Und die gegenwärtige Krise ist nicht einfach das Ergebnis der Widersprüche und Fehlfunktionen des Systems – die optimistisch gesehen behoben werden können –, sondern das Ergebnis der Dynamik und Kraft der Kämpfe gegen die Logik des kapitalistischen Systems. Somit eröffnet die gegenwärtige Krise die Möglichkeit, Alternativen verstehen und reifen zu lassen, um den Kampf gegen den Kapitalismus fortzusetzen. Es ist nicht das Ende des Kapitalismus, wohl aber handelt es sich um Einschnitte und Gelegenheiten zur Entwicklung und Institutionalisierung anderer Produktions- und Lebensformen.

Deshalb sollten wir einige Konstanten der Veränderungsprozesse in der Region betrachten, die allgemein als „Linksruck" bekannt wurden und womöglich im bolivianischen Prozess am deutlichsten zur Geltung kommen: 1) das Staatsziel der Transformation, die neoliberale Komponenten und Normen, sowie weiterhin bestehende Kolonialstrukturen und -verhältnisse abschafft – und dabei das Indigene und zunehmend auch das Afroamerikanische sichtbar macht; 2) die politischen Veränderungen zur Etablierung nicht institutionalisierter Praktiken und Diskurse und zur Re-Territorialisierung oder De-Territorialisierung der Politik; 3) die geopolitischen Szenarien mit dem Ziel, strategische Beziehungen und Kooperation auf dem Gebiet der Energiepolitik und der Wirtschaft und auch Netzwerke der Gegenseitigkeit und des gerechten Handels aufzubauen. Sicherlich werden diese Ziele je nach Land unterschiedlich priorisiert und mit anderen Mitteln verfolgt, aber sie stellen dennoch die strategischen Züge dar, die den geopolitischen südamerikanischen Block bilden und dessen Aufstieg ermöglichen könnten.

10 Drei Etappen im bolivianischen Transitionsprozess

Im bolivianischen Prozess können wir drei Phasen unterscheiden, in denen sich der Veränderungsprozess entfaltet hat. In ihnen verändert die Geschwindigkeit der Politik – auf intensive und schwindelerregende Weise – die Spannungen und Widersprüche einer sich bewegenden Gesellschaft. Aus diesem Grund können Kräfte und Möglichkeiten als Tendenzen aufgezeigt werden, die sich jedoch noch nicht klar herausgebildet oder etabliert haben. Deshalb ist die im Februar 2009 verabschiedete Verfassung der Referenzpunkt und der politische Rahmen des Prozesses – sowohl in Bezug auf ihre Fortschritte als auch ihre Grenzen.

Erste Phase: Das Aufkommen der sozialen und indigenen Bewegungen leitet im Jahr 2000 einen Zyklus der Kämpfe ein, der sich über den Oktober 2003 bis zum Wahlsieg der Bewegung zum Sozialismus – Politisches Instrument für die Souveränität der Völker (MAS-IPSP) unter Evo Morales erstreckt. Die politischen Entwicklungen in Venezuela, Brasilien, Ecuador und Argentinien lassen gemeinsam mit den jährlichen Weltsozialforen den Geist der Veränderung in der Region aufleben. Die Wahlerfolge und die darauf folgenden Regierungs- und Kurswechsel ermöglichen zumindest anhand einer stärkeren Intervention des Staates die Bearbeitung der Krisen und des Todes des Neoliberalismus.

Zweite Phase: Die Einleitung der staatlichen Transformation und der politisch-demokratischen Transition im Sinne der politischen Agenda vom Oktober 2003, durch die Regierungsübernahme durch Evo Morales im Jahr 2006, die Verstaatlichung der Erdöl- und Erdgasvorkommen und den schwierigen Prozess der verfassunggebenden Versammlung. Diese Phase war geprägt durch ständige Zusammenstöße mit den Departementregierungen, in denen es um deren de facto Autonomie ging. Diese Zusammenstöße führten zum Massaker in Pando (siehe dazu Artikel von Mokrani und Chávez in diesem Buch) und es folgten Änderungen des Verfassungstextes durch das Parlament und die Durchführung des Verfassungsreferendums.

Die Gründung des alternativen regionalen Integrationsmechanismus Bolivarianische Allianz für die Völker Unseres Amerikas (ALBA) ist in diesem Kontext ein neues und entscheidendes zwischenstaatliches Kooperationsinstrument, das sich für die bisher aufgeschobenen und vergessenen Bereiche Gesundheit, Bildung und Dienstleistungen einsetzt. Die Gemeinschaft Südamerikanischer Staaten (UNASUR) wiederum hat eine enorme thematische Spannbreite, die Fragen der Wirtschaft, Finanzen, Produktion, Energie und Dienstleistungen mit einschließt bzw. diese gerade erst entwickelt. Ihre größte Wirkung hat die Union bisher in der politischen Rückendeckung der demokratischen Prozesse in der Region gezeigt. Neue Möglichkeiten des Dialogs und der politischen Übereinkünfte wurden damit entwickelt, obgleich auch auf Unfähigkeit der UNASUR in Hinblick auf den Putsch in Honduras hingewiesen werden muss.

Dritte Phase: Die Umsetzung eines hegemoniefähigen Plans und Programms der Veränderung in Bolivien. Im Konkreten gingen diese aus den Wahlsiegen in den Referenden, der Wahl von – immer mehr – reformorientierten PolitikerInnen sowie der Neudefinition der politischen Regierungsagenda des Wandels hervor. Dies war auch im Kontext der Wahlen vom Dezember 2009 festzustellen. Die Wahl endete mit einem klaren Wahlsieg von 64% und der Erreichung von praktisch zwei Dritteln der Parlamentssitze für die MAS-IPSP im plurinationalen Parlament. Andererseits folgte die eindeutige Zustimmung zur Autonomie der Departements in jenen departamentalen Referenden, in denen es noch vier Jahre zuvor keine Unterstützung für dieses Reformprojekt gab. Unterdessen eröffnete der Wahlkampfdiskurs vom Ziel des „industriellen Sprungs" und der Ausweitung der sozialen und kulturellen Rechte neue Felder und wirft neue Fragen in Bezug auf die Wahlprozesse und die Strategie der Veränderung auf.

Weitere Ungewissheiten schaffen die Listen der Gouverneurs- und BürgermeisterInnenkandidatInnen der Provinzhauptstädte, vor allem in den Departements Santa Cruz und Beni: Schließlich wurde deren Auswahl vor dem Hintergrund der Öffnung und möglicher Allianzen festgelegt, die zwar für ein hegemoniales politisches Projekt entscheidend sein können, aber genauso gefährlich und destabilisierend für die Zukunft des Prozesses insgesamt. Diese Indizien für eine mögliche Kluft zwischen dem Wahlprozess und der Strategie der Veränderung hängen direkt mit dem Politikverständnis und der politischen Praxis zusammen. So muss beachtet werden, dass die Politik in diesem Übergangsmoment eine Arena darstellt, die die Weltanschauungen, Zeitlichkeiten und Fähigkeiten der unterschiedlichen staatlichen bzw. nicht-staatlichen Bereiche konzentriert und überdeterminiert. Diese wiederum sind das Bindeglied zu den gesellschaftlichen Dynamiken in Wirtschaft, Finanzbereich, Dienstleistungen, Gesundheit, Bildung, Justiz, öffentlichen Infrastrukturprojekten, des Rechts und der (Grund-)Rechte.

Das Verständnis der Politik und ihre vielfältigen bürgerlichen, institutionellen, normativen und partizipativen Ausformungen ermöglichen es, die politischen Errungenschaften und Demokratisierungspotenziale zu betrachten und zu bewerten. Diese finden in unseren Realitäten des Globalen Südens – sprich der südamerikanischen, afrikanischen und asiatischen Realitäten – in der Entkolonialisierung ihren Impuls und Ausgangspunkt: Das ist ein radikaler Aufruf, die Paradigmen und Konzepte zu überdenken und neu zu definieren, mit denen wir unsere Realitäten und Horizonte gewöhnlich betrachtet haben.

Nichtsdestotrotz müssen wir den raschen Aufstieg der konservativen und als „rechts" geltenden Sektoren in der Region beachten. Die Präsidentschaftswahlen in Chile weisen darauf hin, dass Maßnahmen zur Konsolidierung und Verankerung des geopolitischen Wandels der so genannten „fortschrittlichen oder linksgerichteten Regierungen" in der Region dringend notwendig sind. Wahrscheinlich werden wir bald eine neue konservative regionale Integrationsstrategie erleben, die den jüngsten fortschrittlichen Initiativen und ihrer Suche nach Alternativen im Kontext der Krise der kapitalistischen Zivilisation die Stirn bieten.

Vor diesem Hintergrund müssen die Agenden zu den Themenbereichen Energie, Umwelt und Klimawandel sowie in Bezug auf die Rechte der indigenen Völker und Nationen mit der Dringlichkeit verstanden werden, um Ungleichheit, Ausgrenzung und Unrecht im Globalen Süden *und* im Globalen Norden zu bekämpfen; und auch die Dringlichkeit, dass sich die Führung und Regierung von Evo Morales in Anbetracht der möglichen Ablehnung und ausbleibenden Unterstützung in der Region als hegemonial etabliert.

In jedem Fall ist es notwendig, die zentralistische und industrie-orientierte Wende als Konsolidierungstaktik des Veränderungsprozesses sorgfältig abzuwägen und zwar nicht nur diskursiv, da bereits Maßnahmen gesetzt werden, die die weitere Orientierung des Prozesses bestimmen. Oder wird die Orientierung nun nicht mehr diskutiert? Aus diesem Grund haben die jüngsten Bezugnahmen des Präsidenten und des Vizepräsidenten in ihren Antrittsreden auf ihren erklärten Antikapitalismus und ihren sozialistischen Horizont das breite Spektrum an Alternativen zum Schweigen gebracht; Alternativen, die andere Horizonte, andere Horizonte des Lebens und der Zivilisation, des „guten Lebens" und des Gemeinschaftlichen anvisieren.

Schließlich ist der Sozialismus, auch zurechtgerückt und in seinem Idealzustand, durch seine unverbesserliche produktivistische Logik, die dem kapitalistischen System dient, entlarvt worden. Die Berliner Mauer ist aufgrund kollektiver Aktionen gefallen und die ChinesInnen arbeiten diszipliniert zur Stillung unserer unersättlichen Konsumlust.

Und die Isolierung Kubas bezieht sich nicht nur auf seine geographische Lage als Insel, sondern auch auf seine politische Realität, welche undenkbar scheint und von vornherein verurteilt wird. Zudem gibt es keine, oder nur teilweise, eine diesbezügliche geopolitische Haltung in der Region.

11 Von welchem Sprung sprechen wir?

Kommen wir also wieder zum Ausgangspunkt zurück: Was sind die Scheidewege in der Hegemonie des Veränderungsprozesses? Man könnte antworten, dass es um den Horizont des Wandels und nicht um den Zielpunkt geht. Aber niemand in Zeiten

der globalen Krise würde die Einfältigkeit oder den Zynismus aufbringen, die Frage
so zu beantworten, zumindest nicht als Gesellschaft oder Zivilisation (denn *New
Age*-Initiativen und neue individualistische Welten der Subjektivitäten gibt es in
der Literatur und der Medienshow zur Genüge). In jedem Fall stehen wir vor dem
Dilemma zwischen Leben und Kapitalismus, ohne dabei dramatisch zu werden oder
apokalyptische Szenarien zu beschwören: Denn die Folgen und Auswirkungen des
Systems treten durchgehend in unserem täglichen Leben auf und der kommende
Morgen könnte bereits in Gefahr sein. Oder wie ein Denker sagte, die Vergangenheit
liegt noch vor uns. So frage ich: Stehen wir vor der Konsolidierung der Hegemonie
im Sinne einer neuen Phase der Modernisierung und des industriellen Sprungs, die
durch die Konjunktur der gesellschaftlichen Arbeitsteilung spektakuläre Chancen
auf den Rohstoffmärkten in einem relativ kurzen Zyklus ermöglichten? Und versuchen wir einmal mehr ein Industrialisierungsprojekt zu verfolgen, das Antworten
für eine vermeintlich vormoderne Entwicklungsstufe liefert? In diesem Kontext ist
nicht zu leugnen, dass der so genannte „Sprung" im Augenblick in anderen Wirt-
schaftsbereichen und in der Modernisierung der energetischen Grundlagen liegt.
Heißt das also, dass wir somit unsere produktive Kluft weiter vergrößern und die
Abhängigkeiten lediglich erweitern?

Die Sorge – und das muss gesagt werden, auch wenn es uns schwer fällt – ist,
dass wir mit einer neuen Modernisierungsphase konfrontiert sein werden, die ausgehend von einem extraktivistischen Produktionsmodell die anderen bestehenden
Wirtschaftsformen überdeterminiert und zudem die massive Expansion der kapitalistischen Logik über bisher unbekannte oder sich gegen ihre Dynamiken wehrende
Grenzen hin befördert.

Gleichzeitig können wir am Horizont des Veränderungsprozesses aber aus den
Lernprozessen der sozialen und indigenen Bewegungen auch eine Perspektive erkennen: Der Horizont des Gemeinschaftlichen des Lebens und für das Leben – das „Gute
Leben". So wird es auch in den Prinzipien der Verfassung – dieses schwierige und
flüchtige Objekt der Kämpfe der Bewegungen und der sich bewegenden Gesellschaft
festgelegt. Das heißt, durch die Pluralisierung der Produktionsweisen und durch die
Absicherung ihrer Entwicklung und ihres Wachstums werden die Alternativen zur
kapitalistischen Akkumulationslogik gestärkt.

Und als Voraussetzung dafür, dass diese „alternativen" Wirtschaftsformen nicht
durch die kapitalistische Produktionsweise dominiert werden, müssen diese durch
regionale geopolitische Strukturen unterstützt werden, da der „nationale" Rahmen
alleine dafür nicht ausreicht.

Somit kann man sagen, dass der zentrale Antagonismus unserer Gesellschaften im
Verlauf des 20. Jahrhunderts in der Entscheidung Kapitalismus *versus* Demokratie
gelegen ist. Aber heutzutage bewegt er sich im Rahmen der Auseinandersetzung
Kapitalismus *versus* Leben. Das bringt uns direkt zum zentralen Scheideweg der

zwei Horizonte: zur Politik. Welche Politik steht auf dem Spiel und welche Politik bringen wir ins Spiel?

Ich gehe, aus Platzgründen und da es sich um die latenten Richtungen im Veränderungsprozess handelt, nur auf zwei Vermächtnisse ein, die im gesamten Verlauf des verfassunggebenden Prozesses in Bolivien in der Auseinandersetzung um den Staat und seiner angestrebten politischen Verfasstheit im Rahmen der Verfassung explizit sichtbar waren. Einerseits ist Politik Führung und Leitung oder schlichtweg Ordnung und Befehlsgehorsam. Hierbei geht es um eine lange Tradition der Reflexion über Autorität und Hierarchie oder vielmehr die Usurpation und das Monopol der Führung und unendliche Überlegungen über Disziplin und Macht. Die Politik ist eine Frage der Führung und Leitung oder, wie andere sagen würden, die Kunst der Herrschaft.

Andererseits gibt es auch ein anderes Vermächtnis, dass vielleicht unscheinbarer und versteckter, aber nicht weniger alt ist, wonach Politik zwischen Gleichen gemacht wird und sich auch als Kampf um die Anerkennung als Gleiche übersetzt. Das bedeutet also, Vermittlung zwischen Verschiedenen und Unterschiedlichen, niemals zwischen Gleichen und Gleichen, so dass all dies von einem pluralistischen Ursprung zu einem pluralistischen Ausgang führen muss. Demnach ist die Politik das Feld, auf dem über diese Unterschiede und Ungleichheiten gekämpft wird und diese beseitigt werden. So entsteht aus Einzelteilen ein endloses Ganzes, eine nie vollendete Gesamtheit, ein offenes Unvollendetes.

Wo stehen wir? Auf welchem Punkt oder in welchem Moment des Scheideweges befinden wir uns? Welche Politik steht auf dem Spiel? Auf welche Positionen treffen wir auf diesem Scheidepunkt? In dieser Zeit der Verfassungstransition ist es unsere Verantwortung, darüber nachzudenken und kollektiv zu handeln, um das Gemeinschaftliche hervorzubringen und um das Plurale, das Lebendige – das Leben – zu stärken.

Bibliographie

Althusser, Louis (2010): Materialismus der Begegnung. Zürich-Berlin: Diaphanes.

Berger, John (2010): A und X: Eine Liebesgeschichte in Briefen. München: Carl Hanser Verlag.

CEDLA (2009): El 20% más rico de los trabajadores recibe 58% de los ingresos laborales. In: Control ciudadano. Boletín de seguimiento a políticas públicas. Segunda época – Año VI – No13. August 2009, S. 1, in: http://www.cedla.org/system/files/Control%20 ciudadano%2013.pdf (9.10.2011)

Cocco, Guiseppe (2003): Trabajo y ciudadanía. Producción y derechos en la globalización. Xátiva: Diálogos L'Ullal Edicions.

de Sousa Santos, Boaventura (2004): Democracia de alta intensidad. Apuntes para democratizar la democracia. La Paz: Corte Nacional Electoral.

– (2008a): Conocer desde el Sur. Para una cultura política emancipatoria. La Paz: CLACSO-CIDES/UMSA- Plural Editores.

– (2008b): Pensar el Estado y la sociedad: desafíos actuales. La Paz, CLACSO- CIDES/ UMSA- Muela del Diablo- Comuna.

Domingues, José Maurício (2009): La modernidad contemporánea en América Latina. Buenos Aires: Siglo XXI.

Furtado, Celso (2003): En busca de un nuevo modelo: reflexiones sobre la crisis contemporánea. Buenos Aires: F.CE.

García Linera, Álvaro (2001): La condición obrera. Estructuras materiales y simbólicas del proletariado de la Minería mediana (1950–1999). La Paz: IDIS-UMSA-Muela del Diablo-Comuna.

– (2000): La muerte de la condición obrera del siglo XX. La marcha minera por la vida. In: El retorno de la Bolivia plebeya. La Paz: Muela del diablo-Comuna.

Hardt, Michael (2007): Presentation. In: Jefferson. Thomas: Declaration of Independence. London/New York: Verso.

Kavafis, Konstantinos (2001): Das Gesamtwerk. Aus dem Griechischen übersetzt und herausgegeben von Robert Elsie. Mit einer Einführung von Marguerite Yourcenar. 2. Auflage. Frankfurt am Main: Fischer Taschenbuch Verlag.

Ministerio de Relaciones Exteriores (2009): Manual de construcción del Vivir Bien para nuestras comunidades y organizaciones ante las tendencias globales de crisis y probable colapso de los modelos de desarrollo occidentales. La Paz: Estado Plurinacional de Bolivia. Ministerio de Relaciones Exteriores.

Oliveira, Francisco de (2009): El ornitorrinco. In: El neoatraso brasileño. Los procesos de modernización conservadora, de Getúlio Vargas a Lula. Buenos Aires: Siglo XXI.

Poulantzas, Nicos (2002): Staatstheorie. Politischer Überbau, Ideologie, autoritärer Etatismus (Original 1977). Hamburg: VSA Verlag.

Prada Alcoreza, Raúl (2008): Análisis de la nueva Constitución Política del Estado. In: Crítica y emancipación. Revista latinoamericana de ciencias sociales, Vol. 1, Nr. 1, S. 35 50.

Rojas Tudela, Farit (2009): El Estado Plurinacional y los derechos humanos. La Paz: Defensor del Pueblo. [Documento de la Adjuntaría de Promoción y Análisis]

Rosavallon, Pierre (2006): El capitalismo utópico. Historia de la idea de mercado. Buenos Aires: Ediciones Nueva Visión. [Französische Fassung 1979 und 1999]

UNDP (2007): El estado del Estado. La Paz: PNUD-Bolivia.

Tapia, Luis (2009): La coyuntura de la autonomía relativa del estado. La Paz: CLACSO-CIDES/UMSA-Muela del Diablo-Comuna.

Vega Camacho, Oscar (2011): Pensar el sur. In Errancias. Aperturas para vivir bien. La Paz: CLACSO- CIDES/UMSA-Muela del Diablo-Comuna.

Verfassung (2009): Estado Plurinacional de Bolivia: Constitución política del Estado. Vicepresidencia del Estado Plurinacional. Presidencia de la Asamblea Legislativa Plurinacional. Texto aprobado en el Referéndum Constituyente de enero de 2009.

Wallerstein, Immanuel (2009): Conferencias Internacionales: Pensando el mundo desde Bolivia. Octubre de 2009.

– (2005): Tercera Parte: ¿Adónde vamos?. In: La decadencia del poder estadounidiense. Estados Unidos en un mundo caótico. Santiago: LOM, S.195–255.

Zavaleta, René (1986): Lo nacional-popular en Bolivia. Mexiko: Siglo XXI.

Žižek, Slavoj/Douzinas, Costas (2010): The idea of communism. London/New York: Verso.

Boaventura de Sousa Santos

Plurinationaler Konstitutionalismus und experimenteller Staat in Bolivien und Ecuador[1]

Die Neugründung des Staates in Bolivien und Ecuador beinhaltet die Anerkennung der Plurinationalität.[2] Dies bedeutet eine radikale Herausforderung des Konzepts des modernen Staates, das auf der Idee der BürgerInnennation begründet ist. Diese BürgerInnen – konzipiert als Gesamtheit aller EinwohnerInnen eines bestimmten geopolitischen Raumes, die vom Staat als BürgerInnenschaft anerkannt wird – formen den Nationalstaat. Die Plurinationalität hingegen erfordert die Annahme eines anderen Konzepts der Nation, welches die Nation als gemeinsame Zugehörigkeit zu einer bestimmten Ethnie, Kultur oder Religion konzipiert.

In Bezugnahme auf die internationalen Menschenrechte, kann die Plurinationalität als Anerkennung von kollektiven Rechten sozialer Gruppen verstanden werden. Es handelt sich um Gruppen, bei denen der Schutz der individuellen Rechte ihrer Angehörigen ungenügend wäre, um das Fortbestehen ihrer kulturellen Identität zu gewährleisten oder um ihre soziale Diskriminierung zu beenden. Wie die Existenz einiger plurinationaler Staaten belegt (Kanada, Belgien, Nigeria, Neuseeland etc.), kann die BürgerInnennation mit verschiedenen kulturellen Nationen innerhalb desselben geopolitischen Raumes (des Staates) zusammenleben.

Die Anerkennung der Plurinationalität geht einher mit der Anerkennung von Selbstregierungs- und Selbstbestimmungsrechten, allerdings nicht notwendigerweise mit der Idee der Gründung unabhängiger Staaten. Dieses Verständnis wird von den indigenen Völkern des lateinamerikanischen Kontinents geteilt und spiegelt sich in internationalen Menschenrechtsinstrumenten über indigene Völker wider, darunter das Übereinkommen 169 der Internationalen Arbeitsorganisation ILO und die jüngere Erklärung der Vereinten Nationen über die Rechte indigener Völker vom 7. September 2007. Die Idee der Selbstregierung, welche der Plurinationalität zugrunde liegt, hat viele Facetten und umfasst: eine neue Form der staatlichen Institutionenlandschaft, eine neue territoriale Organisation, interkulturelle Demokratie, neue

---

1 Übersetzung und Kürzung aus dem Spanischen von Almut Schilling-Vacaflor.

2 Das ist auch in einigen Ländern Afrikas der Fall, wo die Plurinationalität als ethnischer Föderalismus begriffen wird (siehe Akiba 2004: 121-155; Berman/Eyoh/Kymlicka 2004; Keller 2002: 33-34).

Formen öffentlicher Politiken (Gesundheit, Bildung, soziale Sicherheit); die Neugestaltung der öffentlichen Verwaltung, der BürgerInnenbeteiligung, der Dienstleistungen und der öffentlichen AmtsträgerInnen. Jede einzelne dieser Facetten stellt eine Herausforderung für die Prämissen dar, auf denen der moderne Staat aufgebaut ist.

Bevor die einzelnen Bereiche des zu gründenden plurinationalen Staates im Detail behandelt werden, möchte ich betonen, dass die Anerkennung der Plurinationalität ein anderes Staatsprojekt bedeutet, andere Ziele des staatlichen Handelns und andere Beziehungsmuster zwischen Staat und Gesellschaft. Die Anerkennung der nationalen und kulturellen Unterschiede bezieht sich nicht auf eine regellose Nebeneinanderreihung von Weltanschauungen oder eine Hybridität bzw. einen Eklektizismus ohne Prinzipien. Im Gegenteil, sie beinhaltet auch interne Hierarchien und Heterogenität: innerhalb einer Kultur oder Nation können bestimmte Versionen bevorzugt werden, denn kulturelle und nationale Identitäten sind weit davon entfernt homogen zu sein.

1 Das Gesellschaftsprojekt (*proyecto de país*)

Das politische Projekt der Neugründung des Staates kann vom Gesellschaftsprojekt abgeleitet werden, welches in den neuen Verfassungen Boliviens und Ecuadors verankert wurde.[3] Beispielsweise beinhalten diese das Prinzip des *Buen Vivir* (*Sumak Kawsay* oder *Suma Qamaña*) als normatives Paradigma der sozialen und wirtschaftlichen Ordnung.[4] Die neue Verfassung Ecuadors inkorporiert sogar explizit die Rechte der Natur gemäß der andinen Weltanschauung über die *Pachamama*.[5] Diese Innovationen implizieren, dass sich die neuen Staatsprojekte nicht an kapitalistischen und vom Ressourcenabbau sowie vom Agro-Export abhängigen Wirtschaftsformen orientieren sollten.

Vielmehr privilegieren die neuen Verfassungen ein solidarisches und souveränes Wirtschaftsmodell (vgl. Acosta 2009a: 20; León 2009: 65), basierend auf einer harmonischen Beziehung mit der Umwelt. Diese wird nach Eduardo Gudynas (2009: 39) nicht mehr als natürliches Kapital verstanden, sondern als Naturerbe. Das bedeutet nicht, dass die kapitalistische Wirtschaft aus den Verfassungen ausgeschlossen wurde, aber es soll immerhin verhindern, dass die globalen kapitalistischen Verhältnisse die Logik, Richtung und den Rhythmus der nationalen Entwicklung determinieren. Die neuen Verfassungen verhindern außerdem nicht, dass die nationale Einheit weiterhin gefeiert und sogar intensiviert wird, aber immerhin sollen sie verhindern, dass im Namen der Einheit die Plurinationalität aberkannt oder abgewertet wird.[6]

---

3   Zur Verfassung Ecuadors und dem darin enthaltenen landesweiten Projekt siehe Acosta/ Martínez (2009a, 2009b und 2009c) und Walsh (2009).

4   Siehe Art. 275 der Verfassung Ecuadors und Art. 8, 306 und 307 der Verfassung Boliviens.

5   Siehe Art. 71 der Verfassung Ecuadors.

6   Siehe Art. 3 der Verfassung Boliviens.

Die Verfassungsbestimmungen geben den Regierungen, den sozialen Bewegungen und den BürgerInnen mehr oder weniger eindeutige Orientierungen vor, wie der öffentliche und der private Raum, die politisch-administrativen Institutionen sowie die sozialen und kulturellen Beziehungen organisiert werden sollen. Die Fälle von Bolivien und Ecuador sind in diesem Kontext besonders komplex, da die Idee der Plurinationalität von den kulturellen Identitäten ebenso geprägt ist, wie von der Idee der Kontrolle über die natürlichen Ressourcen. Letztere ist in Bolivien verknüpft mit der Forderung nach der Verstaatlichung der natürlichen Ressourcen, ein gesellschaftlicher Kampf der mindestens seit der Revolution von 1952 im Gange ist und seit dem so genannten „Wasserkrieg" (2000) und dem „Gaskrieg" (2003) wieder ins Zentrum der Konflikte zwischen Staat und Gesellschaft gerückt ist. In diesem Prozess ist eine Konstruktion der bolivianischen Nation von unten beobachtbar, die Zavaleta mit dem Konzept des National-Popularen umschrieben hat. Die Idee der bolivianischen Nation ist der Oligarchie fremd, nicht aber den popularen Klassen; daher gibt es nicht notwendigerweise einen Widerspruch zwischen der Verstaatlichung der natürlichen Ressourcen und der Plurinationalität.[7] Wenn beide Forderungen angenommen würden hieße dies, dass die indigene Bewegung ihre Aktionen auf die Idee stützt, dass nur ein plurinationaler Staat eine Nation gegenüber dem Ausland bilden kann und gleichzeitig nur der plurinationale Staat eine Nation gegen den internen Kolonialismus hervorbringen kann. Die Pluralität ist der Weg, um die Nation der Plurinationalität zu konstruieren.

Aus diesen Gründen ist die Plurinationalität nicht die Verneinung der Nation, sondern die Anerkennung, dass die Bildung der Nation unabgeschlossen ist. Die Polarisierung zwischen der BürgerInnennation und der ethnisch-kulturellen Nation ist ein Ausgangspunkt, aber nicht notwendigerweise das Ziel. Der historische Prozess kann zu einem Konzept von Nation führen, das diese Polarisierung überwindet. Die Schaffung von internen „internationalen" Feldern in den jeweiligen Ländern kann eine neue Form des transmodernen politischen Experimentalismus darstellen.

2 Die neue Institutionenlandschaft

Die Plurinationalität impliziert das Ende der institutionellen Homogenität des Staates. Die Heterogenität kann intern oder extern sein. Sie ist immer dann intern, wenn in ein- und derselben Institution verschiedene Formen der institutionellen Zugehörigkeit in Funktion der kollektiven Rechte gegeben sind. Sie ist extern, wenn die Dualität von parallelen und/oder asymmetrischen Institutionen der Weg ist,

---

7   Luis Tapia merkt in diesem Sinne an, dass „die Kritik an der Idee eines homogenen Staates mit der Forderung nach Verstaatlichungen in keinem Widerspruch zueinander [...]" (2008: 67) stehen.

um die Anerkennung der Unterschiede zu garantieren. Es gibt daher zwei unterschiedliche Formen der institutionellen Anerkennung der Unterschiede, die von der Plurinationalität abgeleitet werden können: jene, die innerhalb der gleichen Institutionen eingebettet werden (gemeinsame) und jene, die unterschiedliche Institutionen voraussetzen (duale). Die interne institutionelle Heterogenität sollte auf eine Vielzahl an Institutionen angewandt werden, darunter die Planungsinstanzen, die Förderungsinstitute für akademische Forschungen, Militär, Polizei und das Bildungs- sowie Gesundheitssystem.

Ein Beispiel der gemeinsamen Institutionen ist die kürzlich gewählte Plurinationale Legislative Versammlung von Bolivien, in der sieben Sitze für ethnische Minderheiten reserviert sind, die nach eigenen Normen und Verfahren gewählt werden.[8] Der plurinationale Charakter der Legislative kommt daher nicht von der „universellen" Wahl von RepräsentantInnen verschiedener Kulturen oder Nationen, sondern von der Anerkennung unterschiedlicher Kriterien der politischen Repräsentanz dieser Kulturen oder Nationen. Was heute aus der Perspektive der liberalen politischen Kultur absurd erscheint, kann morgen als Praxis der Gleichheit in der Differenz akzeptiert sein. Die Möglichkeit sollte nicht ausgeschlossen werden, dass die Unterschiede zwischen den verschiedenen Repräsentationsformen im Laufe der Zeit geringer werden, wenn auch nicht hinsichtlich der ihnen zugrunde liegenden Prinzipien, aber zumindest in den politischen Praktiken, die davon abgeleitet werden. Die politische Bewertung dieser Prozesse der Hybridisierung sollte das Ausmaß der Inklusion und Partizipation, die diese erzeugen, als Maßstab nehmen.

Ein weiteres Beispiel findet sich in den neuen plurinationalen Verfassungsgerichten, die nun gebildet werden. Diese sind zentrale Institutionen in einem plurinationalen Staat, da sie dafür zuständig sind, einige der kompliziertesten Konflikte, die aus der Koexistenz verschiedener Nationen in ein und demselben geopolitischen Raum resultieren, zu lösen. Damit das Verfassungsgericht tatsächlich plurinational ist, reicht es nicht aus, dass RepräsentantInnen verschiedener Nationalitäten darin vertreten sind, sondern der Prozess seiner Zusammensetzung selbst sollte notwendigerweise plurinational sein.[9] Im Fall von Ecuador wurde das vorhergehende Verfassungstribunal in das neue Verfassungsgericht umgewandelt, das in der Verfassung von 2008 festgelegt und mit zusätzlichen Kompetenzen ausgestattet wurde. Es wird

---

8   Im Zuge der politischen Verhandlungen über das neue Wahlregime wurde die Anzahl reservierter Sitze eingeschränkt und es entstand eine Asymmetrie zugunsten des eurozentrischen Systems der politischen Repräsentanz; das bedeutet, dass die Kriterien zur Wahl der RepräsentantInnen weniger plurinational sind als die repräsentierte Plurinationalität.

9   Der Art. 197 der bolivianischen Verfassung legt fest, dass „das Verfassungstribunal aus RichterInnen zusammengesetzt sein wird, die nach plurinationalen Kriterien festgelegt werden und die das ordentliche sowie das indigen-bäuerliche Rechtssystem repräsentieren".

mit der gleichen Zusammensetzung wie zuvor funktionieren, bis die Mechanismen der RichterInnenernennung festgelegt werden. Das Verfassungsgericht (bisher als „Verfassungsgericht für die Übergangsperiode" bezeichnet) hat seine neuen Aufgaben zur Gänze übernommen.[10]

Ein drittes Beispiel einer zentralen gemeinsamen Institution für die Konstruktion der neuen bolivianischen Demokratie ist die plurinationale Wahlbehörde (Art. 245ff. der Verfassung), das vierte staatliche Organ neben der Exekutive, der Legislative und der Judikative. Seine wesentliche Aufgabe besteht darin, die Prozesse der politischen Repräsentation zu beobachten und zu kontrollieren. Dies ist eine sehr große Herausforderung, was auf die in der neuen Verfassung festgeschriebene hohe Komplexität der politischen Repräsentation zurückgeht. Sie beinhaltet nicht nur verschiedene Skalen der repräsentativen Demokratie (nationale, Departement- und Gemeinde-Ebene), sondern auch verschiedene Formen der Organisation von Interessen (Parteien und zivilgesellschaftliche Organisationen) sowie unterschiedliche Formen der Demokratie (repräsentativ, partizipativ und gemeinschaftlich). Außerdem reicht die Kompetenz des Wahlorgans bis zur Aufgabe, die interne Demokratie der politischen Organisationen zu überprüfen, darunter die eigenen Normen und Verfahren der indigenen Völker und bäuerlichen Gemeinschaften. Bereits die Zusammensetzung des Wahlorganes sollte die plurinationale Natur des Staates ausdrücken; deswegen legt die Verfassung die obligatorische Präsenz von RepräsentantInnen indigener und bäuerlicher Nationen, Völker und Gemeinschaften im Wahlorgan fest (mindestens zwei auf nationaler und eine auf Departement-Ebene).

José Luis Exeni (2009), der bis zum 1. Mai 2009 Präsident des nationalen Wahlgerichtshofes war, bemerkte, dass die demokratische Konstruktion des neuen Staatsmodells nicht einfach sein werde, da dieses die Realität der 36 indigenen und bäuerlichen Völker, Nationen und Gemeinschaften (sowie jene der interkulturellen und afrobolivianischen Gemeinschaften) widerspiegeln sollte. Die Verfassung schreibt diesem Staatsmodell elf Attribute zu: einheitlich, sozial, rechtsstaatlich, plurinational, gemeinschaftlich, frei, unabhängig, souverän, demokratisch, interkulturell und dezentralisiert mit Autonomien. Exeni stellt sich in diesem Zusammenhang folgende Fragen: „Wie kann eine Demokratie mit großer Intensität in Bolivien geschaffen werden, und zwar mit dem Prinzip der geteilten Autorität und unter der Herausforderung der Demo-Diversität? Wie kann das perverse lateinamerikanische Dreieck bestehend aus Wahldemokratie, sozialer Ungleichheit und Armut überwunden werden? Was bedeutet der Horizont des Verfassungs-Experimentalismus für die Struktur und die Reichweite des politischen Regimes und, im Speziellen, für die bolivianische Wahlbehörde? Konkret: Auf welcher prinzipiellen und normativen Basis sollen die

---

10 Siehe beispielsweise das Gerichtsurteil über die indigene Universität „Amwtay Wasi" (Fall N° 0027-09-AN vom 9. Dezember 2009).

Gesetze des Wahlregimes aufbauen, die von der neuen plurinationalen legislativen Versammlung ausgearbeitet werden?" (Exeni 2010).

Ein Beispiel für duale Institutionen hingegen sind die territorialen Autonomien (siehe unten). Die Verfassung Boliviens verankert im Abschnitt zur territorialen Struktur und Organisation des Staates vier Typen von Autonomien: departamentale, regionale, kommunale und indigen-bäuerliche. Die Verfassung Ecuadors wiederum erkennt fünf autonome Regierungen an (Art. 238) und sieht die Schaffung indigener und plurikultureller territorialer Wahlkreise mit speziellen Wahlregimen vor (Art. 242). Es gibt eine Dualität zwischen den verschiedenen Autonomieformen, wobei nur die indigene (oder im Fall Ecuadors die plurikulturelle) Autonomie eine eigene Rechtsprechung beinhaltet. Obwohl die unterschiedlichen Autonomieformen legislativ-normative Befugnisse besitzen, hat lediglich die indigene im Rahmen ihres Selbstbestimmungsrechtes die rechtliche Autonomie, abgeleitet von der verfassungsrechtlichen Anerkennung ihrer traditionellen Rechtsprechung. Der Rechtspluralismus (traditionelles Recht auf der einen Seite und eurozentrisches Recht auf der anderen) ist ein weiterer Fall der institutionellen Dualität, wie wir im folgenden Abschnitt sehen werden.

3 Der Rechtspluralismus

Die moderne liberale Symmetrie – der gesamte Staat ist ein Rechtsstaat und alles Recht geht vom Staat aus – ist eine der großen Innovationen der westlichen Moderne. Diese Symmetrie ist jedoch sehr problematisch, vor allem weil sie die gesamte Diversität von in den Gesellschaften bestehendem nicht-staatlichem Recht aberkennt.

Der plurinationale Konstitutionalismus bedeutet einen Bruch mit diesem Paradigma, da er festlegt, dass die Einheit des Rechtssystems nicht seine Einheitlichkeit voraussetzt. Im Rahmen der Plurinationalität bekommt die verfassungsrechtliche Anerkennung des traditionellen indigenen Rechts eine zusätzliche Bedeutung: sie ist nicht nur eine zentrale Dimension der Interkulturalität, sondern auch der Selbstregierung der indigen-bäuerlichen Gemeinschaften. Die zwei oder drei Rechtssysteme – eurozentrisch, indozentrisch und, in einigen Ländern oder Situationen, afrozentrisch – sind autonom; sie können und sollen aber miteinander kommunizieren und eben diese Beziehungen zwischen ihnen stellen in jedem Fall eine Herausforderung dar. Nach zwei Jahrhunderten einer vermeintlichen rechtlichen Einheitlichkeit wird es für die BürgerInnen, sozialen Organisationen, politischen AkteurInnen, öffentlich Bediensteten, AnwältInnen und RichterInnen nicht einfach sein, ein umfassenderes Rechtskonzept anzunehmen, das, indem die Pluralität von Rechtsordnungen anerkannt wird, das Recht teilweise vom Staat entkoppelt und es mit dem Leben und der Kultur der Völker rückverbindet.

Verschiedene Formen der Legalität werden in Zukunft offiziell koexistieren und miteinander in Konflikt stehen. Der Kontrast zwischen diesen Ordnungen kann am besten hervorgehoben werden, wenn man sich die Beziehungstypen an der Schnittstelle zwischen verschiedenen kulturellen Universen ansieht, die die jeweiligen rechtlichen Paradigmen bevorzugen bzw. ablehnen (vgl. Santos 2009b: 542-611). Ich unterscheide zwischen vier verschiedenen Beziehungsmustern: Gewalt, Koexistenz, Versöhnung und Zusammenleben.

Die Gewalt ist die Art des Zusammentreffens, in der die dominante Kultur eine absolute Kontrolle über die Kontaktzone beansprucht und sich dazu legitimiert fühlt, die subalterne Kultur zu unterdrücken, zu marginalisieren oder sogar zu zerstören. Die Koexistenz ist das typische Beziehungsmuster der kulturellen Apartheid, in der sich die verschiedenen Rechtskulturen getrennt voneinander und einer rigiden Hierarchie folgend entwickeln. Kontakte, Vermischungen und Hybridisierung werden starr vermieden oder komplett verboten. In diesem Fall werden parallele Rechtssysteme gestattet, aber mit vollkommen asymmetrischem Status, was sowohl die Hierarchisierung als auch die Trennung zwischen beiden Systemen garantiert. Die Versöhnung ist das Fundament der restaurativen Justiz, bei der versucht wird, die Verletzungen der Vergangenheit zu heilen. Sie ist eine Beziehungsform, die sich stärker an der Vergangenheit als an der Zukunft orientiert. Daher bestehen die Ungleichheiten der Vergangenheit häufig unter einem neuen Deckmantel weiterhin fort. Die Rechtssysteme kommunizieren miteinander nach Regeln, die beispielsweise das kommunale oder indigene Recht als Relikt der Vergangenheit auf dem Weg zu seiner Überwindung konzipieren. Das Paradigma des Zusammenlebens ist gewissermaßen eine Versöhnung, die auf die zukünftige Entwicklung hin ausgerichtet ist. Die Verletzungen der Vergangenheit werden in einer Form bereinigt, welche die Beziehungen begünstigt, indem ein tendenziell gleichwertiger Austausch und eine geteilte Autorität angestrebt werden. Die verschiedenen Rechtsuniversen werden als alternative Zukunftsvisionen behandelt und bei Konflikten zwischen ihnen werden diese nach gemeinsam erarbeiteten Verfassungsregeln gelöst. Lediglich dieses Beziehungsmuster respektiert das Prinzip der Plurinationalität.

Die offizielle Anerkennung dieser Art des Zusammenlebens von Rechtssystemen bedeutet Veränderungen sowohl für das traditionelle Recht (mit großer interner Diversität), als auch für das eurozentrische Recht. Die verfassungsrechtlichen Grenzen der indigenen Rechtsprechungen (personelle, materielle und territoriale Grenzen) sind nicht ausreichend, um die Konflikte auszumerzen, die nicht mehr in einem normativen Rahmen der Legalität sondern in jenem der Inter-Legalität entstehen. Die Lösung von solchen Konflikten wird immer prekär, riskant und provisorisch sein, denn sie verpflichtet zur interkulturellen Übersetzung (z.B. was ist ein gerechtes Verfahren im traditionellen Recht? Kann ein Traum das Fundament einer legitimen Verteidigung darstellen?). Dennoch ist dies der Weg der beidseitigen Würde und des gegenseitigen Respekts, der Weg der Dekolonisierung. Innerhalb und außerhalb des Rechtsfeldes werden Institutionen und Praktiken der Mediation aufkommen und die wichtigste diesbezügliche Institution wird in Bolivien und Ecuador der Verfassungsgerichtshof sein.

In ihrem Artikel 30 etabliert die bolivianische Verfassung eine umfassende Liste an Rechten der indigenen und bäuerlichen Nationen, Völker und Gemeinschaften. Dies ist der erstmalige verfassungsrechtliche Ausdruck der Korrespondenz zwischen der großen Bevölkerungszahl und dem politischen Protagonismus der indigenen Völker. Zu diesen Rechten zählt jenes der eigenen Rechtsprechung, das in den Artikeln 190, 191 und 192 definiert wird. In der Verfassung von Ecuador sind ebenfalls die Rechte der indigenen Völker (Art. 57) und der indigenen Rechtsprechung verankert (Art. 171).

Der Vergleich beider Verfassungen macht deutlich, dass es viele Ähnlichkeiten zwischen ihnen gibt. In beiden Fällen soll die indigene Rechtsprechung die in der Verfassung verankerten Rechte und Garantien respektieren und in Ecuador findet sich außerdem die Anforderung der gleichwertigen Partizipation der Frauen, die bereits im Forderungskatalog der Konföderation der Indigenen Nationalitäten Ecuadors (CONAIE) für die neue Verfassung enthalten war. Die personelle, materielle und territoriale Gültigkeit der indigenen Justiz weist ebenso Ähnlichkeiten auf. Die indigene Justiz wird ausschließlich auf die indigene Bevölkerung angewandt, was das Problem hervorruft, dass sie nicht anwendbar ist, wenn sowohl indigene als auch nicht-indigene Personen in Konflikte involviert sind. Außerdem wird die indigene Rechtsprechung in indigenen Territorien angewandt, was zwei weitere Probleme mit sich bringt. Erstens ist die Abgrenzung dieser Territorien in vielen Fällen unklar. Zweitens finden viele Konflikte zwischen Indigenen außerhalb ihrer Territorien statt. Gemäß der Verfassung Ecuadors kann die indigene Rechtsprechung nur auf interne Konflikte angewandt werden. Die bolivianische Formulierung geht hier weiter und legt explizit fest: „[die indigene Rechtsprechung] wird auf Beziehungen oder Tatsachen angewandt, die oder deren Auswirkungen sich innerhalb der indigenen Jurisdiktion hervorbringen" (Art. 191.II.3 bolivianische Verfassung). Das bedeutet, dass die indigene Rechtsprechung auch außerhalb des indigenen Territoriums anwendbar ist, wenn die Konflikte zwischen Indigenen deren Rechtsgüter verletzen (mit Auswirkungen innerhalb des Territoriums). Hinsichtlich der materiellen Gültigkeit legt die bolivianische Verfassung fest, dass die indigene Rechtsprechung indigene Angelegenheiten „in Übereinstimmung mit dem Gesetz der Kooperation und Koordination der Justiz" (Art. 191.II.2 bolivianische Verfassung) behandelt. Bis zur Verabschiedung der neuen Gesetze ist die materielle Kompetenz der indigenen Justiz, ebenso wie in Ecuador, genereller Natur. Schließlich sehen beide Verfassungen die Schaffung von Mechanismen der Kooperation und Koordination zwischen der indigenen und der ordentlichen Justiz vor.

4 Die neue territoriale Aufteilung

Der moderne liberale Staat ist die politische Konstruktion seiner Abtrennung von der Lebenswelt. In der Wissenschaft oder im Recht ist das Universelle das unabhängig vom Kontext Gültige. Die Glaubwürdigkeit des Universellen wird gestärkt durch die Metapher der Homogenität, der Gleichheit, der Atomisierung, der Indifferenz. Die beiden wichtigsten Metaphern sind jedoch jene der Zivilgesellschaft und des nationalen Territoriums. Die erste macht alle Bevölkerungsgruppen gleich; die zweite den geopolitischen Raum. Beide stehen miteinander in Beziehung, denn nur indifferente Personen können in einem indifferenten Raum leben.

Diese Konstruktion ist ebenso hegemonial wie willkürlich, und sie lenkt die soziologische, politische und kulturelle Realität in ihre politisch tolerierten Grenzen. Je weiter die Realität von diesen Grenzen entfernt ist, desto autoritärer und ausschließender wird die liberale Demokratie. Der plurinationale Konstitutionalismus bricht radikal mit dieser ideologischen Konstruktion. Einerseits wird die Zivilgesellschaft wieder in ihren Kontext gesetzt, durch die Anerkennung der Existenz von Gemeinschaften, Völkern, Nationen und Nationalitäten. Andererseits wird das nationale Territorium zum Raum der Einheit und Integrität, der die Beziehungen zwischen verschiedenen geopolitischen und geokulturellen Territorien regelt. Dabei sind die Verfassungsprinzipien der Einheit in der Diversität und der Integrität bei gleichzeitiger Anerkennung asymmetrischer Autonomien maßgeblich.

Die Asymmetrie zwischen Autonomien gründet auf zwei Faktoren: 1) der politisch-administrative Faktor der Dezentralisierung und der regionalen Gerechtigkeit, und 2) der politisch-kulturelle Faktor der Plurinationalität und der historischen Justiz (im Fall der indigen-bäuerlichen Autonomien). Im letzteren Fall hat die territoriale Autonomie eine spezifische Begründung und historisch-kulturelle Dichte. Da diese Einheiten bereits vor dem modernen Staat existierten, sind es nicht die BewohnerInnen des Territoriums, die diese Autonomien begründen müssen, sondern der Staat, der die Grenzen, die er den Autonomien im Namen des nationalen Interesses auferlegt, begründen muss (paradoxerweise ist ein Teil dieses nationalen Interesses wiederum die Promotion der Autonomien).

Die Departement- und Gemeinde-Wahlen Boliviens am 4. April 2010 waren ein wichtiger Schritt für die Konstruktion des plurinationalen Staates und insbesondere für die departamentalen, regionalen, kommunalen und indigenen Autonomien. Zum ersten Mal wurden neben der Gemeinderegierung auch departamentale Gouverneure und Versammlungen gewählt. Die plurinationale Konstitution des Staates drückte sich in der direkten Wahl von 23 Departement-Abgeordneten aus, die Minderheiten in den jeweiligen Departements darstellen. Es handelt sich um den dritten konkreten Fortschritt nach der Wahl im Dezember 2009 (durch anonyme Wahlen, nicht eigene Normen und Verfahren) von sieben indigenen Abgeordneten in speziellen Wahlkreisen und der Zustimmung im Rahmen eines Referendums zur Schaffung von elf indigenen Autonomien auf Gemeinde-Ebene. Die indigenen Völker und Nationen registrierten damit vor der Wahlbehörde ihre eigenen Normen und Verfahren, nach denen ihre Abgeordneten gewählt, ernannt oder nominiert wurden. Die Diversität dieser eigenen Normen und Verfahren für die Wahl oder Bestimmung ihrer Abgeordneten ist eine starke Affirmation der Demo-Diversität und der interkulturellen Demokratie.

Die Termini, nach denen diese Autonomien gegründet werden, sind im Weiteren auch entscheidend für die Bestimmung der Art der Kontrolle, die der Zentralstaat legitimerweise innerhalb der autonomen Territorien ausüben kann. Es ist bekannt, dass die indigenen Autonomien durch das internationale Recht gestützt werden[11], welches unter anderem die Kontrolle der natürlichen Ressourcen und die diesbezügliche Gewinnteilhabe regelt. Diese internationalen Normen wurden von den plurinationalen Staaten anerkannt. Darin besteht der kontroversiellste Aspekt der indigenen Autonomien, denn gerade in diesen Territorien befindet sich ein Großteil der natürlichen Ressourcen. Dabei geht es nicht um eine Ethnisierung des Reichtums (von der Ethnisierung der Armut gibt es ausreichend historische Beweise), sondern um neue und inklusivere Kriterien der nationalen Solidarität. Die Forderung nach historischer Gerechtigkeit ist nichts anderes als die öffentliche Kritik an der brutalen Abwesenheit von nationaler Solidarität während der letzten Jahrhunderte. Wie kann die Tatsache erklärt werden, dass die Ärmsten in den Territorien mit dem größten Reichtum leben? Die Solidarität muss auf der Basis postkolonialer Prinzipien neu geschaffen werden: *affirmative action* zugunsten der indigen-bäuerlichen Gemeinschaften, als Grundbedingung für die plurinationale Solidarität.

5 Neue Organisation des Staates und neue Form der Planung

Alle bisher angeführten Veränderungen, die von der Idee des plurinationalen Staates abgeleitet werden, verpflichten zu einer neuen Organisation des Staates; das bezieht sich auf alle politischen und administrativ-bürokratischen Institutionen der öffentlichen Verwaltung und Planung. In diesem Bereich kann beobachtet werden, in welchem Ausmaß das Prinzip der Plurinationalität im neuen politischen Pakt vorhanden ist und in welchem Ausmaß dieses Prinzip relativiert und mit anderen Prinzipien verknüpft wird.

Ein systematischer Vergleich beider Verfassungen zeigt, dass die Plurinationalität im bolivianischen Fall viel verbindlicher ist als im Fall Ecuadors. Dies erklärt sich aus

---

11 Insbesondere die Konvention der Internationalen Arbeitsorganisation (ILO) 169 und die Erklärung der Vereinten Nationen über die Rechte indigener Völker, die am 7. September 2007 offiziell angenommen wurde.

den politischen Prozessen heraus, die die Basis der neuen Verfassungen darstellen. In Ecuador steht das Prinzip der Plurinationalität in einer ständigen Spannung mit dem Prinzip der BürgerInnenbeteiligung. Die BürgerInnenbeteiligung ist tatsächlich das stärkste übergreifende Moment der neuen ecuadorianischen Verfassungsarchitektur.

Die Verfassung Boliviens etabliert vier Organe: Legislative, Exekutive, Justiz und Wahlbehörde; die Legislative, die als Plurinationale Legislative Versammlung bezeichnet wird, ermöglicht die Repräsentation von speziellen indigenen Wahlkreisen (Art. 146). Die Verfassung von Ecuador definiert die Organisation des Staates als „Partizipation und Organisation der Macht" (Titel 4); sie etabliert die „Partizipation in der Demokratie" (Kap. 1) als zentrale Orientierung und beinhaltet fünf „Funktionen" des Staates – Legislative; Exekutive; Justiz und indigene Justiz; Transparenz und soziale Kontrolle; und die Wahlfunktion. Doch die legislative Funktion, ausgeübt durch die Nationalversammlung, erkennt die direkte indigene Repräsentation nicht an, obwohl dies von der CONAIE gefordert wurde.

Theoretisch müsste es keine Spannungen zwischen den Prinzipien der Plurinationalität und der Partizipation geben. Im Gegenteil, die Plurinationalität beinhaltet die Idee von weit fortgeschrittenen und komplexen Formen der Partizipation. Neben der liberal-republikanischen BürgerInnenbeteiligung anerkennt sie die Partizipation der Völker oder Nationalitäten. Die Verknüpfung der beiden Prinzipien bzw. die mögliche Spannung zwischen ihnen betrifft die Organisation und Funktionalität des Staates auf verschiedenen Ebenen. Um dies zu illustrieren, möchte ich den Fall der öffentlichen Verwaltung und Planung heranziehen. In Bolivien ist das Gesetz der Öffentlichen Verwaltung des Plurinationalen Staates in Vorbereitung. Zwei zentrale Ideen sollten in diesem Zusammenhang hervorgehoben werden. Erstens impliziert die Konstruktion des neuen Staatsmodells den Abbau des Kolonialismus im Staatsmodell, der in den rassistischen Praktiken und im Übermaß an Bürokratisierung der öffentlichen Verwaltung Ausdruck findet. Zweitens benötigen die öffentlichen Politiken eine zyklische Planung, die Aktivitäten und Resultate mit dem Ziel des „gut leben" (*Buen Vivir*) verbinden, in Übereinstimmung mit den unterschiedlichen Temporalitäten, die öko-kulturelle und administrative Räume im Land bilden. Der Gesetzesentwurf über die öffentliche Verwaltung (Februar 2010) besagt in Art. 1, dass

> die interkulturelle und kommunale plurinationale öffentliche Verwaltung die Gesamtheit der integralen und komplementären Prozesse darstellt, die die partizipativen öffentlichen Politiken und Strukturen mit der holistischen und kommunalen Kosmovision verbinden, die den indigenen und bäuerlichen Nationen und Völkern eigen ist.

In Ecuador werden die Herausforderungen der Partizipation in ähnlicher Intensität erlebt, jedoch mit einem anderen Fokus. Die Partizipation ist in diesem Fall der zentrale Hebel zur Etablierung partizipativer Planung. Gleichzeitig geht es um Plurinationalität. Der nationale Entwicklungsplan trug sogar den Namen „Nationaler Plan für das *Buen Vivir*, 2009-2013: die Schaffung eines Plurinationalen und Interkulturellen

Staates" (vgl. SENPLADES 2009). Doch die Idee des *Buen Vivir* findet sich nicht eingebettet in partizipative Praktiken im Rahmen der Plurinationalität, es gibt hierbei also keinen besonderen Fokus auf die Praktiken und Konzeptionen der indigenen Völker. In der ecuadorianischen Regierung werden Spannungen deutlich zwischen der politischen Logik des Entwicklungsplans und der Praxis der Verabschiedung von Gesetzen, die die indigenen Völker betreffen, ohne diese vorher zu konsultieren. Dies widerspricht nicht nur der Verfassung, sondern auch der ILO-Konvention 169 und der UN Erklärung über die Rechte indigener Völker.

Jedenfalls ist die Neuschaffung des Staates nach den Prinzipien der Plurinationalität, Interkulturalität und demokratischen Partizipation ein langfristiger und komplexer politischer Prozess. Für einen langen Zeitraum werden die Prinzipien und Diskurse den Praktiken weit voraus sein. Die größere bzw. kleinere Distanz dazwischen wird der Maßstab für die Intensität der Demokratisierung der Demokratie sein.

6 Die interkulturelle Demokratie

Die Plurinationalität ist die Anerkennung dessen, dass die Interkulturalität nicht durch einen voluntaristischen Akt des historischen Schuldeingeständnisses der Privilegierten entsteht. Sie ist vielmehr das Resultat eines politischen Konsenses zwischen verschiedenen ethnisch-kulturellen Gruppen, die trotz einer von Gewalt gekennzeichneten gemeinsamen Geschichte ein Möglichkeitsfenster für eine andere Zukunft öffnen. Im Rahmen der Plurinationalität findet die Interkulturalität in der interkulturellen Demokratie ihren Ausdruck.

Unter dem Begriff der interkulturellen Demokratie im lateinamerikanischen Kontinent verstehe ich 1) die Koexistenz verschiedener Formen der demokratischen Deliberation, von der individuellen Wahl bis zur Konsensentscheidung; von Wahlen zur Bestimmung der Autoritäten nach dem Rotationsprinzip bzw. dem „gehorchend führen" (*mandar obedeciendo*); vom Wettkampf um Ämter zur Verpflichtung, diese auszuüben (diese Koexistenz bezeichne ich als Demo-Diversität), 2) verschiedene Kriterien der demokratischen Repräsentation, 3) Anerkennung der Kollektivrechte der Völker als Bedingung zur effektiven Ausübung von Individualrechten, 4) Anerkennung umfassender fundamentaler Rechte: Recht auf Wasser, Land, Nahrungssicherheit, natürliche Ressourcen, Biodiversität, Wälder und traditionelles Wissen und 5) Bildung mit dem Ziel, die kulturelle Reziprozität zu fördern.

Die Verfassungen Boliviens und Ecuadors beinhalten bereits die Idee der interkulturellen Demokratie. Beispielsweise anerkennt die bolivianische Verfassung drei verschiedene Demokratieformen: die repräsentative, die partizipative und die gemeinschaftliche (vgl. Art. 11 der Verfassung Boliviens). Es handelt sich dabei um eine der fortschrittlichsten verfassungsrechtlichen Formulierungen weltweit. Die Departement- und Gemeindewahlen am 4. April 2010 waren eine beeindruckende

Bestätigung der interkulturellen Demokratie. Zwei mit der interkulturellen Demokratie verbundene Probleme zeigen auf, wie sehr sich diese von der eurozentrischen Demokratietradition unterscheidet.

Das erste Problem ist, wie Deliberationen, die dem Konsens- und Einstimmigkeitsprinzip folgen, oder Wahlen nach dem Rotationsprinzip überprüft werden können. Diese Schwierigkeiten sollten intern diskutiert werden, denn wie wir wissen sind Gemeinschaften weder kulturell noch politisch homogen und Gender- oder Generationsunterschiede können in den Debatten entscheidend sein. Das zweite Problem, das ebenso wie das erste häufig aus einer monokulturellen Kritik an der Interkulturalität heraus aufgeworfen wird, besteht darin, dass die indigenen Gemeinschaften undemokratische Enklaven darstellen würden, in denen Frauen systematisch diskriminiert werden. Es wird außerdem häufig kritisiert, dass durch die Anerkennung der Kollektivrechte in der interkulturellen Demokratie die Individualrechte verletzt würden. Diese Kritikpunkte sind relevant, um die Funktionsweise der interkulturellen Demokratie zu verbessern. Den indigenen Frauen wird heutzutage jedoch immer klarer, dass das „Gute Leben" zu Hause anfängt und sie gehören bereits zu den Protagonistinnen der aktivsten und innovativsten Frauenbewegungen des Kontinents.[12]

Die Kollektivrechte kollidieren nicht notwendigerweise mit den individuellen Rechten. Es gibt verschiedene Arten von Kollektivrechten: abgeleitete und ursprüngliche. Wenn beispielsweise ArbeiterInnen ihre Gewerkschaft gründen und die Verteidigung ihrer individuellen Arbeitsrechte an diese delegieren, ist diese Gewerkschaft dazu berechtigt, ihre Mitglieder zu repräsentieren. In diesem Fall gibt es keinen Konflikt zwischen verschiedenen Rechtstypen. Die ursprünglichen Kollektivrechte wiederum sind jene der Gemeinschaften und können daher unter bestimmten Umständen mit den Individualrechten in Konflikt treten. Für diesen Fall sollte es eigene Instanzen der Konfliktlösung geben, die häufig interkulturelle Übersetzungsarbeit benötigt. Beispielsweise ist es nicht legitim, ausgehend von einem eurozentrischen Rechtsverständnis zu entscheiden, ob ein Fall der indigenen Justiz gegen das Recht auf gerechte Verfahren verstoßen hat (etwa die Abwesenheit von professionellen AnwältInnen in der indigenen Justiz wäre ja per Definition bereits ein solcher Verstoß). Im Gegenteil, um ein gerechtes Verfahren herzustellen, ist es notwendig, interkulturelle Kriterien zu formulieren, die Äquivalente zwischen unterschiedlichen Formen zur Herstellung eines gerechten Verfahrens festlegen. Die interkulturelle Übersetzung müsste außerdem einbeziehen, dass die Beziehung zwischen Rechten und Pflichten keine universelle Konstante darstellt; sie variiert je nach Rechtskultur. Im indigenen Recht ist die Gemeinschaft in stärkerem Ausmaß

---

12 In diesem Sinne fügt Art. 11 der bolivianischen Verfassung hinzu, dass die verschiedenen Demokratieformen „von Männern und Frauen zu gleichen Bedingungen" ausgeführt werden.

eine Gemeinschaft von Pflichten als von Rechten; wer die Pflichten nicht akzeptiert, hat daher auch keine Rechte (siehe Santos und García 2001).

Hinzuzufügen ist, dass die ursprünglichen Kollektivrechte auf zwei Arten ausgeübt werden können. Individuell, z.b. wenn ein *Sikh* seinen Turban trägt, oder kollektiv, wenn es sich beispielsweise um das Recht auf Selbstbestimmung oder Selbstregierung handelt. Die verschiedenen Kollektivrechte können strukturelle oder historische Ungerechtigkeiten verringern und sie begründen notwendige affirmative Aktionen, um Gemeinschaften oder Völker von der systematischen Unterdrückung zu befreien oder um ihr Überleben als Kollektive zu garantieren.

7 Das aufkommende postkoloniale MestizInnentum

Im lateinamerikanischen Kontext ist das MestizInnentum ein Produkt des Kolonialismus und der indigenistischen Politik. Auch wenn dabei die indigene Identität anerkannt wurde, wurde der Fortschritt immer mit der eurozentrischen Akkulturalisierung identifiziert. In diesem Kontext kann der indigene Kampf um die Plurinationalität nur eine kritische Perspektive auf die Idee der Mestizisierung haben. Dennoch gibt es in diesem Kontext komplexe Konstellationen, die nicht ignoriert werden sollten, wie z.b. MestizInnen, die sich gleichzeitig als Indigene identifizieren, oder MestizInnen, die als Alliierte der Indigenen agieren und die Idee der Plurinationalität verteidigen. Es stellt sich die Frage, ob der indigene Protagonismus unter der Fahne der Plurinationalität dazu führen kann, die Ziele einer großen Bevölkerungsmehrheit, die sich als MestizInnen definiert und ein wichtiger Teil aktueller Transformationsprozesse ist, in den Hintergrund zu drängen oder zu marginalisieren.

Aus einer anderen Perspektive ist es offensichtlich, dass das Konzept des MestizInnentums historisch ganz unterschiedliche Bedeutungen gehabt hat (vgl. Hale 1996). Die soziale Kategorie des/der „MestizIn" verdeckt daher enorme soziale Differenzen, nämlich, dass neben dem Weißen Mestizen immer der/die Indio-MestizIn existiert hat und dass ihre Beziehungen häufig die kolonialen und rassistischen Unterschiede reproduzierten. Eine andere Dimension der Komplexität dieses Themas hat weniger mit der Vergangenheit als mit der Zukunft zu tun. Die Plurinationalität schafft den Rahmen für neue Typen von interethnischen und interkulturellen Beziehungen, von denen neue empirische, kulturelle und konzeptuelle Hybridisierungen ausgehen. Wie kann, ausgehend von der Idee der Plurinationalität, das MestizInnentum neu verstanden werden?

Bei der Interkulturalität ist es von großer Bedeutung zu bestimmen, was das Gemeinsame zwischen verschiedenen Kulturen ist, damit das „inter" Sinn macht. Die Unterscheidung zwischen *Intra*kulturalität und *Inter*kulturalität ist komplex, denn sie ist das Resultat einer sich in Veränderung befindlichen gesellschaftlichen Konstruktion. Die Transformation der Interkulturalität in Bolivien und Ecuador ist ein historisch doppelt komplexer Prozess, denn erstens geht es darum, vertikale Beziehungen zwischen Kulturen in horizontale Beziehungen zu verwandeln und zweitens kann sie nicht zu einem Relativismus führen, da sie in einem bestimmten verfassungsrechtlichen Rahmen von statten geht.

Noch wichtiger als die Kenntnis des gemeinsamen Fundaments ist die Identifizierung der politisch-kulturellen Bewegung, die schrittweise die Mentalitäten und Subjekte im Sinne einer Anerkennung von Gleichheit/Äquivalenz/Komplementarität/ Reziprozität zwischen Unterschiedlichen verändert. Erst dann kann ein bereichernder Dialog entstehen, denn dies ist der Moment, bei dem die Unvollständigkeit jeder einzelnen Kultur ersichtlich wird; jede Kultur ist auf ihre Weise problematisch und unfähig dazu, alleine auf den Wunsch der Völker zu antworten, eine tatsächlich inklusive Gesellschaft zu konstruieren. Die Interkulturalität führt nicht zum Vergessen oder zur Fusion der vorhandenen Kulturen. Die vorhandenen Kulturen verlieren ihre Wurzeln nicht, aber sie schaffen von ihnen ausgehend neue Möglichkeiten.

Die Anerkennung der Plurinationalität ist ein politisches Mandat für die Promotion der Interkulturalität. Ihre Praxis über einen längeren Zeitpunkt hinweg wird den Ursprung für eine neue Form der Mestizisierung legen. Das koloniale MestizInnentum ist ein entfremdetes MestizInnentum, das nicht selten gewalttätig und immer unilateral vom „Mestizierenden" reguliert wird. Die postkoloniale Mestizisierung – die sich noch im Stadium eines Projektes befindet – ist im Dialog begründet und plurilateral, sowohl hinsichtlich ihrer Kreation als auch ihres Resultats. Die Vorstellung Weißer MestizInnen, die viel zur Isolierung der indigenen, bäuerlichen und afro-amerikanischen Bewegungen beigetragen hat, wird schrittweise rückverwandelt und rückübersetzt als Indo-MestizIn oder Afro-MestizIn, was die kulturellen Identitäten und die Prozesse der Allianzbildung signifikant verändern wird.

8 Dekolonisierender Feminismus und die Neuschaffung des Staates

Der Feminismus hat entscheidend zur Kritik der dominanten eurozentrischen Epistemologie beigetragen (vgl. Santos 1995: 32–33). Der postkoloniale oder dekolonisierende Feminismus ist von entscheidender Bedeutung bei der Konstruktion der Epistemologie des Südens, der Interkulturalität und der Plurinationalität – eine Tatsache, die bisher nicht die gebührende Beachtung erfahren hat. Unter dem Begriff des postkolonialem Feminismus verstehe ich die Gesamtheit der feministischen Perspektiven, die 1) die geschlechtsspezifische Diskriminierung im Rahmen eines weiteren Systems der Dominanz und Ungleichheit in heutigen Gesellschaften integrieren, darunter Rassismus und Klassenherrschaft; 2) das Ziel der Dekolonisierung der eurozentrischen Strömungen des Feminismus verfolgen, die in den letzten Jahrzehnten und teilweise bis heute dominant waren; 3) ihren kritischen Blick auch auf die eigene Diversität richten, indem sie Formen der Diskriminierung von Frauen in unterdrückten Gemeinschaften thematisieren und die Diversität innerhalb der Diversität betonen (vgl. Anzaldúa 1987; Crenshaw 1991 und 2000; Curiel 2002; Navaz und Hernández 2008; Vargas 2009; Harding 2008). Der postkoloniale Feminismus hat noch keine Theorie der Konstruktion des interkulturellen und plurinationalen Staates geschaffen, aber einige grundsätzliche Charakteristika seines möglichen Beitrages dazu sollen hier vorgestellt werden.

Postkoloniale FeministInnen weisen auf die Verschränkung mehrerer Achsen der Ungleichheit hin. Der moderne monokulturelle Staat geht jedoch von der formell-rechtlichen Gleichheit der BürgerInnen aus: da die Unterschiede zwischen ihnen vielfältig sind und sie sich nicht akkumulieren, ist die Indifferenz ihnen gegenüber in diesem System möglich. Der eurozentrische Feminismus fokussierte sich in diesem Sinne lediglich auf die Gender-Ungleichheit, so als ob andere Formen der Ungleichheit diese nicht mitprägen würden. Dadurch leistete er einen Beitrag zur Essentialisierung des Frau-Seins und zur Verdeckung enormer Ungleichheiten zwischen Frauen. Durch den Fokus auf den akkumulativen Charakter von Ungleichheiten, distanziert sich der postkoloniale Feminismus von der kritischen eurozentrischen Tradition. Er verleiht dem interkulturellen und plurinationalen Staat damit seine tiefere dekolonisierende und antikapitalistische Wirkung.

Die Kämpfe der indigenen und afro-amerikanischen Frauen haben den lateinamerikanischen Mythos der (rassistischen) Demokratie am stärksten kritisiert, da sie als Schwarze oder indigene Frauen ihre negativen Auswirkungen am stärksten gespürt haben. Ihre Beiträge sind von zweierlei Art. Erstens thematisieren sie die Diskriminierungen von Frauen innerhalb ihrer vermeintlich homogenen Gemeinschaften. Dieser Beitrag zur Neuschaffung des plurinationalen Staates ist fundamental, denn er zeigt auf, dass die Unterdrückten gleichzeitig UnterdrückerInnen sein können und dass angenommene Konsensentscheidungen in einigen Fällen nicht mehr als selektive Visionen von kollektiven Rechten sind, bei denen die kollektiven und individuellen Rechte von Frauen außen vor bleiben. Dabei zeigen sie auch auf, dass so genannte traditionelle Systeme nicht statisch, sondern dynamisch sind und sich gemäß ihrer eigenen Logik, ihrem eigenen Rhythmus und ihrer eigenen Zeitlichkeit verändern.

Der dekolonisierende Feminismus macht zweitens darauf aufmerksam, dass es nicht eine einzige und universelle Form der *Gender*-Gleichheit gibt. Innerhalb der indigenen Weltanschauung, bei den Quechua und Aymara, werden die Beziehungen zwischen Mann und Frau als *chacha-warmi* konzipiert. Die zentrale Idee hinter diesem Konzept ist, dass weder der Mann noch die Frau alleine vollkommene BürgerInnen in ihrer Gemeinschaft sind. Sie sind die Hälfte eines Ganzen und gemeinsam stellen sie ein komplettes Wesen vor der Gemeinschaft dar. Die Aymara-Intellektuelle und Aktivistin María Eugenia Choque Quispe (vgl. ebd. 2009: 36) stellte bezüglich der Idee des *chacha-warmi* kritisch fest: „Diese Vision ist Teil eines andinen Essentialismus, der die alltägliche Realität der Menschen aberkennt". In der Praxis kann die

Komplementarität bedeuten, dass die ökonomische Relevanz der Frauen anerkannt wird, aber nicht ihre politische; oder sie kann eine symbolische Anerkennung der Frau bedeuten, verbunden mit ihrer passiven Rolle im öffentlichen Leben. Choque Quispe stellt außerdem fest, dass die Aufgabe indigener Frauen nicht jene ist, das Konzept des *chacha-warmi* zur Gänze zu verwerfen, sondern es neu zu definieren, um das tatsächliche hierarchische Verhältnis, versteckt hinter der Idee der Komplementarität, sichtbar zu machen. Dies ist die Alternative, um die eigene Kultur zu transformieren und gleichzeitig das politisch-kulturelle Erbe des globalen feministischen Kampfes anzureichern, das bisher von eurozentrischen und liberalen Konzepten dominiert ist.

9 Der experimentelle Staat

Wahrscheinlich ist es die experimentelle Natur des historischen Prozesses der Neuschaffung des Staates, die diesen am besten beschreibt. Der fundamentalste Bruch mit dem modernen eurozentrischen Konstitutionalismus liegt tatsächlich in der Institution eines experimentellen Staates. Der Prozess der Neuschaffung des Staates hat keine präzise Orientierung und entwickelt sich nicht immer in die Richtung, die sich die BürgerInnen und Völker vorgestellt hatten. Es gibt keine Patentrezepte im Stil von *one-size-fits-all*, die vom modernen Liberalismus so geliebt werden. Es ist nicht möglich, alle Fragen zu lösen oder Fehlentwicklungen eines transformierenden Konstitutionalismus von unten zu vermeiden. Einige neu aufgeworfene Fragen werden wohl von zukünftigen verfassunggebenden Versammlungen gestellt werden.

Der Experimentalismus kann zwei Formen annehmen: die reflexive und die nicht-reflexive. Die reflexive Form beruht auf der Annahme, dass die geschaffenen Institutionen unvollständig sind und die neuen Gesetze eine kurze Lebensdauer haben. Das würde bedeuten, dass die Innovationen permanent von unabhängigen Forschungsinstitutionen überprüft und evaluiert werden, die regelmäßig Berichte über deren Entwicklungen veröffentlichen, und am Ende der experimentellen Periode neue Debatten geführt und politische Entscheidungen getroffen werden, um das Profil der Institutionen und Gesetze zu beschließen. Der nicht-reflexive Experimentalismus wiederum resultiert aus immer wieder unterbrochenen und widersprüchlichen politischen Praktiken, ohne eine eigene politische Form anzunehmen.

Der experimentelle Staat ist die radikalste Herausforderung für den modernen Staat, dessen Institutionen und Gesetze wie in Stein gemeißelt erscheinen. Der Prozess der Neuschaffung des Staates ist höchst konfliktreich und seine langfristige Weiterentwicklung wird davon abhängen, ob die verschiedenen Konfliktachsen (ethnisch, regional, klassenspezifisch, kulturell) sich akkumulieren oder vielmehr neutralisieren werden.

Der Experimentalismus schafft eine politisch mehrdeutige Semantik, bei der es keine definitiven Sieger und Verlierer gibt. Der Experimentalismus bietet dadurch den

Vorteil, dass eine relative Aufhebung der Konflikte möglich wird. Es wird eine politische Phase geschaffen, die notwendig sein kann, um die Polarisierung zu verringern. Diese politische Effektivität ist die instrumentelle Dimension des experimentellen Staates. Dennoch sollte sich seine Verteidigung auf Prinzipien stützen, wodurch es den BürgerInnen möglich wird, die konstituierende Kraft zu erhalten, solange die Experimente anhalten und Entscheidungen über konkrete Veränderungen getroffen werden. Es handelt sich daher beim experimentellen Staat um eine längerfristige Spannung zwischen dem Konstituierten und den Konstituierenden.

Druckverweise

Dieser Artikel wurde auf Spanisch veröffentlicht, in: De Sousa Santos, Boaventura (2010): Refundación del Estado en América Latina. Lima: IILS, S. 81–111.

Bibliographie

Acosta, Alberto (2009a): „Siempre más democracia nunca menos: a manera de prologo". In: Acosta, Alberto/Martínez, Esperanza (Hg.): El buen vivir: una vía para el desarrollo. Quito: Abya-Yala.

– (2009b): La maldición de la abundancia. Quito: Abya-Yala.

Acosta, Alberto/Martínez, Esperanza (Hg.) (2009a): El buen vivir: una vía para el desarrollo. Quito: Abya-Yala.

– (2009b): Plurinacionalidad: democracia en la diversidad. Quito: Abya-Yala.

– (2009c): Derechos de la naturaleza: el futuro es ahora. Quito: Abya-Yala.

Akiba, Okon (Hg.) (2004): Constitutionalism & Society in Africa. Aldershot/Burlington: Ashgate.

Anzaldúa, Gloria (1987): Borderlands/La Frontera. The New Mestiza. San Francisco: Aunt Lute Books.

Berman, Bruce/Eyoh, Dickson/Kymlicka, Will (Hg.) (2004): Ethnicity & Democracy in Africa. Oxford/Athens: J. Currey/Ohio University Press.

Crenshaw, Kimberlé (1991): Mapping the Margins: Intersectionality, Identity Politics and Violence against Women of Color. In: Stanford Law Review, 43/6, S. 1241–1299.

Curiel, Ochy (2002): Identidades esencialistas o construcción de identidades políticas: El dilema de las feministas negras. In: Otras Miradas, 2/2, S. 96–113.

Exeni, José Luis (2010): Miradas al Título IV de la Constitución Política del Estado. Un Órgano Electoral para la Demo-Diversidad. La Paz: Vicepresidencia del Estado/IDEA Internacional.

Gudynas, Eduardo (2009): Seis Puntos clave en Ambiente y Desarrollo. In: Acosta, Alberto/ Martínez, Esperanza (Hg.): El buen vivir: una vía para el desarrollo. Quito: Abya-Yala.

Hale, Charles (1996): Mestizaje, Hibridity, and the cultural Politics of Difference in Post-Revolutionary Latin America. In: Journal of Latin American Anthropology, vol. 2, no. 1, S. 34–61.

Keller, E.J. (2002): Ethnic Federalism, Fiscal Reform, Development and Democracy in Etiopia. In: African Journal of Political Science, vol. 7, no. 1, S. 21–50.

León, Magdalena (2009): Cambiar la Economía para cambiar la vida. In: Acosta, Alberto/ Martínez, Esperanza (Hg.): El buen vivir: una vía para el desarrollo. Quito: Abya-Yala.

Navaz Suarez, Liliana/Hernández, Rosalia Aída (Hg.) (2008): Descolonizando el Feminismo. Madrid: Ediciones Cátedra.

Quispe Choque, María Eugenía (2009): Chacha warmi. Imaginarios y vivencias en El Alto. La Paz: Nuevo Periodismo Editores.

Sousa Santos, Boaventura (1995): Toward a New Common Sense: Law, Science and Politics in the Paradigmatic Transition. New York: Routledge.

Sousa Santos, Boaventura/García Villegas, Mauricio (Hg.) (2001): El calidoscópio de las justicias en Colombia. Bogotá: Ediciones Uniandes/Siglo del Hombre.

Tapia, Luis (2008): Una reflexión sobre la idea de un estado plurinacional. La Paz: Oxfam UK.

Walsh, Catherine (2009): Interculturalidad, Estado, Sociedad: Luchas (de)coloniales de nuestra Época. Quito: Universidad Andina Simón Bolivar/Abya-Yala.

Ulrich Brand

Konturen *glokaler* Alternativen
Transnationale Lernprozesse in Zeiten der multiplen Krise des Kapitalismus

1 Einleitung[1]

Im April 2010 hatte ich erstmals die Möglichkeit, von und mit interessanten Leuten mehr über die Entwicklungen in Bolivien zu erfahren: Nach zehn Jahren intensiver Kämpfe, fünf Jahren linker Regierung, einer ab 2006 verhandelten, 2009 in Kraft getretenen Verfassung als ein zentrales Ergebnis dieser Kämpfe – oder besser gesagt: als situativer Kompromiss – und inmitten einer sehr ernsthaft angegangenen Staats- und Gesellschaftstransformation. Von diesen komplexen und spannenden Dynamiken lernend, wurde rasch deutlich, dass die Entwicklungen selbst und die Reflexion darüber einer deutschsprachigen LeserInnenschaft zugänglich gemacht werden sollten. Es kann, trotz aller Differenzen zwischen Bolivien und Europa, enorm viel gelernt werden von Bolivien – über historische Möglichkeiten eines alternativen Staats- und Gesellschaftsprojekts und die damit verbundenen Strategien und Suchprozesse, über Probleme und Blockaden und den hoffentlich demokratischen Umgang damit.

Die Mehrheit wurde – das zeichnen Patricia Chávez und Dunia Mokrani in ihrem Beitrag präzise nach – in den letzten Jahren in Bolivien auch zur politischen Mehrheit, deren Interessen öffentlich verhandelt werden und die sich in staatlichen Politiken, in einer anderen politischen Ökonomie (oder besser: in pluralen politischen und kulturellen Ökonomien), in transformierten Geschlechterverhältnissen, in einem veränderten Blick auf und Umgang mit der Natur symbolisieren und materialisieren – und in Bolivien natürlich in einem anderen Verständnis und einer ganz anderen gesellschaftlichen Anerkennung der Indigenen und der indigenen Völker.

Die Entwicklungen in Bolivien zeigen zudem: Radikale, d.h. an die Wurzeln gehende Kritik und befreiende Geschichte wird oft von den (welt-)gesellschaftlichen Rändern aus betrieben. Dies wird nicht im geringsten aus einer romantisierenden Perspektive festgestellt, sondern aus einer wissenschaftlichen Haltung heraus, die

---

1   Klaus Meschkat, Isabella Radhuber und Almut Schilling-Vacaflor danke ich für wertvolle Hinweise.

sich in diesen Zeiten – in denen auch und gerade in der Krise die Imperative der Wettbewerbsfähigkeit, des Wirtschaftswachstums mit dem gewollten Effekt der Entsolidarisierung und Polarisierung vorangetrieben werden – einem emanzipatorischen Internationalismus verpflichtet.

Solch ein Publikationsprojekt, in dem Arbeiten von in Bolivien lebenden WissenschaftlerInnen einem deutschsprachigen Publikum zugänglich gemacht werden, nimmt viel Zeit in Anspruch, es bedeutet Arbeit, es bringt im akademischen Spiel relativ wenig ein.

Es ist aber notwendig. Es ist, wie der Beitrag von Raúl Prada eindrucksvoll zeigt, Teil einer De-Kolonisierung des Denkens auch hierzulande, einer anderen Art von Wissensrezeption, die das Nadelöhr der angelsächsischen akademischen Debatten aufbricht (nicht unbedingt vernachlässigt). Einer Wissensproduktion, die in transnationalen Netzwerken unterschiedliche Erfahrungshintergründe und Reflexionen, Wissenskulturen und Produktionsweisen des Wissens zur Kenntnis nimmt und davon lernt.

Das ist auch deshalb notwendig, da sozialwissenschaftliche Analysen empirischer wie theoretischer Art selbst Teil gesellschaftlicher Auseinandersetzungen und Kräftekonstellationen sind. Unter den Bedingungen kapitalistischer Globalisierung kann die Antwort auf die gegenwärtig vielfach zerstörerischen Strukturen und Prozesse nur eine transnationale sein, ohne die lokalen bzw. regionalen Wissenskulturen und -bestände zu entwerten. Das ist auch auf der sachlichen Ebene wichtig, denn politische, ökonomische und kulturelle Herrschaft wird zunehmend transnational ausgeübt, der auf allen Ebenen begegnet werden muss.

Das macht den Reiz eines solchen Projektes aus. Daher möchte ich an dieser Stelle neben den AutorInnen zuvorderst Isabella Radhuber und Almut Schilling-Vacaflor danken, die dieses Projekt vorgeschlagen und vorangetrieben haben und das sich zeitlich gut in die oben angedeuteten Erfahrungen in Bolivien fügte.

In diesem den Band abschließenden Beitrag geht es um einige Einsichten, mehr aber noch um glokale, d.h. aus den konkreten Entwicklungen für globale Prozesse zu gewinnende Anregungen, die meines Erachtens aus der Beschäftigung mit der bolivianischen Gesellschaft gelernt werden können. Neben anderen Formen der Produktion des Wissens sind mir die Frage einer alternativen politischen Ökonomie, die Veränderung von Staat und Politik und der Stellenwert des vieldiskutierten Begriffs des „Guten Lebens" wichtig.

2 Transformation der Wissensproduktion

Viele Beiträge in diesem Band dechiffrieren den universalistischen Wissensanspruch westlichen Denkens als zutiefst kolonial und legen die zugrundeliegenden Mechanismen offen. Daher kann nicht genug auf den de-kolonisierenden Charakter der aktuellen politischen und kulturellen Prozesse insistiert werden. Dekolonisierung benötigt zuvorderst einen anderen Blick auf Geschichte; Alison Spedding spricht von einem „andinen Kontinuismus". Viele Beiträge in diesem Band nehmen diese andere historische Perspektive ein, mit der auch aktuelle Entwicklungen besser verstanden werden können. Das kennen wir auch in Europa: Ein feministischer Blick auf Geschichte etwa versucht, die vielfältigen Entnennungen patriarchaler Herrschaftsverhältnisse zu überwinden, sichtbar zu machen, und damit der Veränderung zugänglich zu machen.

Aus den jüngsten Veränderungen in Bolivien kann zudem die faszinierende Tatsache gelernt werden, dass und wie sich das politische Denken selbst dynamisiert. Dies steht ganz im Gegensatz zu den hierzulande intellektuell eher eingefrorenen Verhältnissen, die sich in den Sozialwissenschaften in der Dominanz institutionalistischer Perspektiven befinden. Obwohl die aktuelle multiple Krise ein sehr grundlegendes Umdenken und anderes Handeln nahelegt, findet dies gesellschaftspolitisch nicht statt und wird wissenschaftlich in wenig kritischen Begriffen wie *Governance* (sprich: verbesserte oder reflexive Steuerungsfähigkeit) bestätigt.

In den Debatten in Bolivien und Lateinamerika bemerkt man rasch: Es geht darum – über eine rein defensive Haltung hinaus –, neue Vorschläge und Alternativen für die gesellschaftliche Gestaltung zu entwickeln. Es geht darum, Theorie nicht nur als Strukturanalyse zu betreiben, sondern Erfahrungen und Subjektivitäten, widerständige Praktiken und die Unterbrechung von Normalität, das Entnannte und die konstitutiven Elemente von Alternativen zu berücksichtigen. Das macht es spannend und lohnt internationaler Diskussionen umso mehr. Das gilt es zu unterstützen, um allerorten Freiräume zu sichern und Anerkennung für kritisches Denken zu schaffen.

Das Äquivalent einer De-Kolonisierung des Denkens hierzulande ist und bleibt die Kritik an der Herrschaftsförmigkeit von Begriffen und Theorien, etwa an den fast unerträglichen Gefechten der gegenüber gesellschaftlichen Verhältnissen weiterhin weitgehend blinden Wirtschaftswissenschaft, sowie an der Verfasstheit des akademischen und wissenschaftlichen Betriebs. Diese Kritik ist gut entwickelt und dennoch scheint sie aktuell gesellschaftlich wenig relevant zu sein.

Gerade in der aktuellen Krise werden in den imperialen Zentren der Wissensproduktion die Grenzen und die Gefährlichkeit eben dieses Wissens allzu deutlich und öffnen vielleicht einen Weg zur Intensivierung transnationaler Lernprozesse in emanzipatorischer Perspektive. Wir können uns dabei nur auf den steinigen Weg transnationaler Wissensproduktion machen. Sie ist notwendig inter- und transdisziplinär – letzteres im Sinne eines Austausches unterschiedlicher AkteurInnen und Erfahrungshintergründe weit über das Akademische hinaus – und eine schwierig herzustellende Praxis, da es ja immer wieder zu kommunikativen Blockaden und Missverständnissen, mitunter auch zu Konkurrenzen kommt.

Derart könnten sich verstärkt Formen transnationaler Intellektuellenpolitik herausbilden – Intellektualität im Sinne Antonio Gramscis als gemeinsame Analyse und alternative Orientierungen ausarbeitend, die an widersprüchliche Erfahrungen anknüpfen und ihnen eine herrschaftskritische und emanzipatorische Richtung zu geben versuchen –, zu der sich dieses Buch als Beitrag versteht.

3 „Entwicklung", Kritik und alternative politische Ökonomie

Einer der anregendsten Aspekte der jüngeren Entwicklungen Boliviens liegt in der begrifflichen und realen Neufassung der politischen und kulturellen Ökonomie. In der Verfassung von 2009 wird eine „plurale Ökonomie" als vom „sozialen, plurinationalen, gemeinschaftlichen Rechtsstaat" zu fördernde formuliert. Darauf wird in verschiedenen Beiträgen dieses Bandes eingegangen.

Plurinationalität hat neben demokratiepolitischen auch materielle Implikationen, denn es besteht die Chance, dass demokratische Strukturen und Prozesse nicht nur auf den Bereich staatlicher Politik beschränkt bleiben. Demokratie umfasst eben auch die Produktion und Reproduktion des gesellschaftlichen Lebens, damit verbunden der gesellschaftlichen Kontrolle über die Lebensmittel und ihre Herstellung, was in Bolivien auch sehr stark bedeutet: der Verwendung der natürlichen Ressourcen oder, präziser gesagt, der für menschliche Nutzung verfügbar gemachten Elemente der außermenschlichen Natur.

Solch eine breit praktizierte Demokratie kann auch bedeuten, dass sich lokale Bevölkerungsgruppen gegen die Ausbeutung der natürlichen Ressourcen stellen, wie dies im Herbst 2011 am breit kritisierten und von der Regierung derzeit auf Eis gelegten TIPNIS-Projekt der Fall war, einem Straßenbauprojekt im Amazonas durch das Indigene Territorium und Nationalpark Isiboro Sécure (abgekürzt TIPNIS), das als Teil der Initiative zur Regionalen Infrastrukturintegration Südamerikas (IIRSA) geplant war und auf heftigen Widerstand stieß. Und dennoch sehen die alternativen Perspektiven einer anderen, pluralen und weniger herrschaftlichen politischen Ökonomie sich bislang einer wirtschaftlichen Praxis gegenüber, die alles andere als nachhaltig ist.

Die „lateinamerikanische Paradoxie" der progressiven Regierungen wie jener in Bolivien, Ecuador oder Venezuela, in Brasilien, Uruguay oder Argentinien besteht darin, dass ihnen der politische Spielraum zuvorderst durch eine verstärkte Weltmarktintegration über die Produktion bzw. Förderung und den Verkauf von Agrargütern, fossilen Energieträgern oder Mineralien ermöglicht wird. Die Wirtschaftliche Kommission für Lateinamerika und die Karibik (CEPAL) nennt das eine „Rückkehr des Kontinents zur Primärgüterproduktion". Es kommt in diesem Kontext flächendeckend zu einer verstärkten Naturausbeutung durch nationale oder transnationale Unternehmen. Ikonisch ist das bereits erwähnte umfassende IIRSA-Programm. Es umfasst über 500 Staudammprojekte, Straßen, Gasleitungen und Häfen im Wert von mindestens 70 Milliarden US-Dollar. Widerstand dagegen wird vielfach als fortschrittsfeindlich denunziert – der ecuadorianische Präsident Rafael Correa kreierte den unsäglichen Begriff des „ökologischen Infantilismus". Verfassungsnormen und -wirklichkeiten klaffen also in zentralen Fragen weit auseinander, die postulierten Transformationsprozesse sind oft genug Slogans.

Politisch geht das mit der Gefahr einher, das haben viele unserer AutorInnen selbst erlebt, dass die progressiven Regierungen in autoritärer Weise jegliche linke Kritik als Schulterschluss mit der Rechten denunzieren. Die progressiven Regierungen und staatlichen Apparate werden dann weniger als Bestandteil emanzipatorischer Veränderungen gesehen, in denen gesellschaftliche Organisierung und die kollektive Verwaltung gesellschaftlicher Angelegenheiten vorangetrieben werden – Vorschläge und Programme dafür gibt es genug, bis hin zu umfassenden wirtschaftsdemokratischen Vorstellungen –, sondern es werden in überkommener Form vertikale Politikmuster aufrechterhalten.

Offen ist derzeit, ob und inwieweit den Regierungen, trotz ihrer hohen Legitimität in der Bevölkerung, ihre eigene Basis wegzubrechen droht. Beim Putschversuch gegen den ecuadorianischen Präsidenten Correa im September 2010 deutete sich das an (der bedrohte Präsident wurde nicht unisono von den Bewegungen verteidigt), beim Aufstand der bolivianischen Bevölkerung zur Jahreswende 2010/2011 gegen die über 70-prozentige Erhöhung der Energiepreise (*gazolinazo*) durch die Regierung wurde das besonders deutlich. Die Preiserhöhung musste angesichts der Proteste nach wenigen Tagen zurückgenommen werden. Deutlich ist in allen Ländern mit progressiven Regierungen und exemplarisch in Bolivien: Es besteht die Gefahr, das ressourcenintensive und am Weltmarkt orientierte Entwicklungsmodell ohne Rücksicht auf Natur und lokale Bevölkerung fortzuführen. Und bei genauerem Hinsehen sind die staatlichen Umverteilungen hin zu unteren Bevölkerungsschichten gar nicht so enorm. Korruption, Klientelismus und Militärausgaben stehen dem oft entgegen.

Bislang dominiert in Bolivien eine Politik der materiellen Umverteilung der Staatsrente. Es ist angesichts einer ansonsten brüchigen Ökonomie und für viele in prekären Verhältnissen lebenden Menschen die rascheste Form, um konkrete Unterstützung zu leisten und dem Projekt Legitimität zu geben. Umverteilungspolitik stößt aber nicht nur rasch an Grenzen, sondern schafft noch keine anderen sozio-ökonomischen, politischen und gesellschaftlichen Strukturen. Im Gegenteil können assistenzialistische Politiken die Stärkung alternativer Produktions- und Lebensformen auch behindern und die Durchsetzung kapitalistischer Lebensverhältnisse eher befördern. Aus diesem Dilemma herauszukommen, zudem bei für Bolivien vorteilhaften hohen Weltmarktpreisen für Erdgas und dem großen Interesse etwa an Lithium für die „grüne Ökonomie" in den kapitalistischen Zentren (Stichwort: Batterien für Elektromotoren), ist ein Problem mit enormer Sprengkraft.

Diese Paradoxie zu verstehen und sie in eine emanzipatorische Richtung aufzulösen, ist derzeit eine der wesentlichen Aufgaben internationalistischer Analyse und Politik. Denn es zeigt sich bereits in Lateinamerika, dass es das Zusammenspiel konkreter Kämpfe ist, nämlich meist lokaler Widerstände gegen die Zumutungen einer neuen Runde der Inwertsetzung und Zerstörung der Natur und die systematisierende Arbeit von kritischen NGOs, PublizistInnen und WissenschaftlerInnen, welche überhaupt ein Problembewusstsein schaffen.

Entscheidende Dimension transnationalen Austauschs und entsprechender Lernprozesse wird etwa sein, wie sich ein emanzipatorischer „Post-Extraktivismus" konkret gestaltet. Eine geringere Nachfrage auf den Weltmärkten nach den natürlichen Reichtümern in Ländern des globalen Südens in den kapitalistischen Zentren ist die Grundbedingung. Erforderlich wird dafür wahrscheinlich auch eine stärkere politische Regulierung des Weltmarktes sein. Höhere Umwelt- und Sozialstandards in den Extraktionsregionen, so wichtig sie sind, reichen wahrscheinlich nicht aus.

Denn eine reale Bedrohung bleibt, neben immer denkbaren offenen politischen Aggressionen von außen oder die Stärkung der konservativen Opposition, „der stumme Zwang der Verhältnisse" (Marx) in Form des Weltmarktes. Es sollte nicht vergessen werden, dass der Spielraum für progressive Regierungen in Lateinamerika neben den innergesellschaftlichen Konstellationen sehr stark von den relativ hohen Weltmarktpreisen für Rohstoffe und Landwirtschaftsprodukte abhängt. Die Frage ist daher, wie das Prinzip der Extraversion (Joachim Becker), also die einseitige und abhängige Außenhandelsorientierung der politischen Ökonomie, überwunden werden kann. Hier liegt die Gefahr einer wirtschaftspolitischen Orientierung, die nicht nur Rohstoffe exportieren will, sondern mehrere Schritte der Wertschöpfungskette im Land behalten will. Mit der Logik des kapitalistischen Weltmarkts wird damit nicht gebrochen.

Deshalb geht es nicht nur darum, Ressourcen im Boden zu lassen, sondern um die Zurückdrängung der Dominanz der kapitalistischen Produktionsweise mit ihrer rastlosen Suche nach Verwertung und damit auch der Inwertsetzung der Natur gegenüber anderen Produktionsweisen. Und zwar weltweit. Kapitalismus ist ja kein geschlossenes und allumfassendes System, sondern eine starke herrschaftliche und sich ausbreitende Grammatik. Es handelt sich um eine mehr oder weniger starke, immer auch umkämpfte Dominanz der kapitalistischen Produktionsweise über andere, aber ihre Ausbreitung und Dominanz sind kein Automatismus. Das ist der analytische Gewinn des Begriffs der „überlagerten Gesellschaftsformation", den Luis Tapia im Anschluss an René Zavaleta stark macht (siehe Beitrag in diesem Band). Der Begriff der „pluralen Ökonomie" versucht das aufzunehmen. Auch eine solche Ökonomie wird Dimensionen von Produktivität und Innovation zu berücksichtigen haben und kann sich nicht auf das Prinzip der Reziprozität beschränken.

Bestandteil einer alternativen politischen und kulturellen Ökonomie wird zudem eine intensivere Auseinandersetzung mit dem Begriff des (kapitalistischen) Wachstums sein. Er sollte nicht der Entwicklungslitanei entlehnt werden, dass bei allen globalen ökologischen und Verteilungsproblemen „natürlich" die armen Gesellschaften des Südens wachsen müssten. Radikales Denken und Handeln nimmt zum Ausgangspunkt: Wirtschaftliches Wachstum, d.h. die jährliche Zunahme der geld- und marktvermittelten Produktion von Waren (sei es Naturgas, seien es andere Produkte), bedeutet potentiell mehr Staatseinnahmen und damit mehr Verteilungsspielraum für Regierungen, potentiell mehr Erwerbsarbeitsplätze und damit Chancen für Menschen, der informalisierten Arbeit zu entkommen. Es bedeutet aber eben auch die Kommodifizierung gesellschaftlicher Verhältnisse, der Arbeitsverhältnisse, der menschlichen und gesellschaftlichen Reproduktion, der Naturverhältnisse. Dieses Problem zeigt sich auch in unseren Gesellschaften, in denen die Abhängigkeit vom Lohneinkommen und der warenvermittelten Reproduktion des Lebens den Wunsch nach Wirtschaftswachstum und Lohnerhöhungen an erste Stelle schiebt und damit die Macht des Kapitals wie auch die eigene Subalternität bestätigt. Das sind keine guten Bedingungen für grundlegende Alternativen.

4 Politik und die Rücknahme des Staates in die Gesellschaft

Neoliberalismus war, das wird heute in Bolivien deutlich, nicht nur ein wirtschaftspolitisches Projekt im Sinne einer marktradikalen Ausrichtung, das mit einer anderen Wirtschaftspolitik wieder verändert werden kann. Neoliberalismus war – und ist auch in seiner Krise – ein Projekt der Gesellschaftstransformation. Nicht nur die Ökonomie im engeren Sinne, sondern auch andere gesellschaftliche Verhältnisse, bis hinein in die individualisierte Subjektivität vieler Menschen, wurden neoliberalisiert. Vieles wurde in Bolivien in den letzten Jahren bereits anti-neoliberal verändert, insbesondere die gesellschaftlichen und politischen Kräfteverhältnisse. Und dennoch gibt es neoliberale Pfadabhängigkeiten, die noch zu überwinden sind. Das betrifft insbesondere den Staat und die politische Öffentlichkeit.

Die aktuellen Veränderungen inspirieren theoretische wie empirische Diskussionen um periphere Staatlichkeit in Bolivien selbst und weit darüber hinaus bereits heute. Es ist eine breit geteilte Einschätzung im heutigen Bolivien, dass die jüngsten Veränderungen ganz wesentlich auf die Organisierung, Politisierung und Mobilisierung der Bevölkerung zurückgehen. Diese Erfahrung wird immer wieder über Mobilisierungen und entsprechende Richtungsänderungen der Regierung in wesentlichen Fragen aktualisiert. Und es ist eine wichtige, im Zeitverlauf immer deutlicher werdende Erfahrung, dass eine progressive Regierung noch keinen progressiv orientierten Staatsapparat macht. Der Staat bleibt ein wesentliches und herrschaftlich strukturiertes Terrain sozialer Kämpfe; er ist Ausdruck und Verdichtung gesellschaftlicher Verhältnisse und gleichzeitig in diesen Verhältnissen auf unterschiedliche Weise präsent.

Der Band präsentiert diesbezüglich ungemein spannende theoriegeleitete Analysen historischer und aktueller Art.

Deutlich wird, dass es in der aktuellen Konjunktur um eine Renovierung und Stärkung des Staates als Rechts- und Interventionsstaat geht. Die meisten Menschen erleben trotz der starken Politisierung und Polarisierung der öffentlichen und partei-politischen Debatte eine Stabilisierung ihres Alltags, was nicht zuletzt den staatlichen Politiken zu verdanken ist. Der Staat ist auf andere Weise in den Produktions- und Lebensverhältnissen präsent als in früheren Zeiten. Die verstärkten Staatsinterven-tionen in den Wirtschaftsprozess führten etwa zu einer Verdreifachung der Staats-einnahmen aus der Erdgasförderung durch die Neuverhandlung der Verträge, zu historisch nicht gekannten massiven Investitionen des Staates in den produktiven Sektor der Gasexploration und des Bergbaus sowie in Infrastruktur (die mitunter als problematisch angesehen werden; Stichwort TIPNIS), zu deutlich gewachsenen Verteilungsspielräumen und – neben anderen Faktoren wie hohen Weltmarktpreisen für Rohstoffe – zu einer erstaunlichen Resilienz Boliviens in der aktuellen Krise. Immer wieder wird in Analysen die Analogie mit der historischen Sozialdemokratie und dem keynesianischen Staat verwendet.

Politisch und analytisch fällt an den Diskussionen auf, dass der Staat weiterhin weitgehend als Nationalstaat verstanden wird, dessen Regierung und andere politi-sche Institutionen nach innen und nach außen wirken. Das ist verständlich: Die Beto-nung der nationalstaatlichen Handlungsebene hat nach Jahrzehnten der neoliberalen „Außensteuerung" des Landes auch politisch-strategische Dimensionen. Doch dabei wird die Internationalisierung des Staates im Sinne der Bedeutung internationaler politischer Institutionen und hinsichtlich einer Interiorisierung internationaler Verhältnisse in die nationalstaatliche Apparatur deutlich weniger diskutiert bzw. recht allgemein als Kolonisierung des Staates gefasst. Allzu oft wird internationale Politik mit den USA, Weltbank, Währungsfonds und Welthandelsorganisation, die sich lokale Verbündete sichern, gleichgesetzt. Teilweise wird die Internationalisierung von Staat und Politik normativ gewendet: Als Postulat einer notwendigen *Global Governance*, um die globalen Probleme zu bearbeiten.

Wichtig für den Handlungsspielraum progressiver Politik bleibt die Position einer Gesellschaftsformation wie der bolivianischen in der internationalen Arbeitsteilung bzw., um mit Nicos Poulantzas zu sprechen, die konkrete Rolle des Gliedes Bolivien in der „imperialistischen Kette". Bislang werden meines Erachtens die internationalen Kräfteverhältnisse sehr stark ausgehend von Staaten und transnationalem Kapital in den Blick genommen. Hier könnte – im Modus gemeinsamer Reflexion – ein Beitrag internationaler kritischer Staats- und Politikanalysen liegen, die das Internationale und Multiskalare stärker als verdichtete Kräfte*verhältnisse* und Handlungsdispositive verstehen.

Die relative Autonomie des bolivianischen Staates stellt sich nicht nur über ver-änderte Kräfteverhältnisse in Bolivien auf Dauer, sondern über sich verändernde transnationale Kräfteverhältnisse (die sich ja gegenwärtig durch den Aufstieg Chinas,

Indiens und Brasiliens verschieben) – das gelingt aber nur mit einem internationalen progressiven Projekt, das sich mit vielen lokalen und einzelstaatlichen Projekten artikuliert. Sonst besteht die Gefahr, dass Spielräume konjunkturell bleiben, insbesondere abgesichert über hohe Weltmarktpreise.

Politisch schließen sich daran wichtige Fragen an: Was würde es bedeuten, wenn Bolivien oder Lateinamerika nicht mehr oder ganz anders zum Reproduktionsort des transnationalen Kapitals würde? Inwieweit müsste dessen Reproduktionsbasis, nämlich die Kräfteverhältnisse, der Machtblock und die vielfältigen Reproduktionsmodi (über die Exploration von Gas, die Landwirtschaft bis hin zu den konkreten Arbeits- und Lebensverhältnissen) in Bolivien, in Lateinamerika und weltweit ganz grundlegend werden? Der Weltmarkt ist ja nichts Abstraktes, sondern stellt sich in Bolivien bzw. Lateinamerika konkret her.

Der Fokus der bolivianischen Gesellschaftsformation hat einen historischen Kern. Denn die zentrale Ebene emanzipatorischer Politik ist in Lateinamerika gegenwärtig in der Tat die nationalstaatliche; dazu kommen die lokale und die regional-lateinamerikanische Ebene. Während es in Europa so scheint, dass die relative Autonomie des Politischen in den Imperativen von Bankenrettung, Wettbewerbsfähigkeit und Schuldenbremse sowie angesichts der Verteidigung der Interessen der Vermögenden verloren geht, wurde sie in Lateinamerika in den letzten knapp fünfzehn Jahren post- bzw. anti-neoliberaler Politik wieder hergestellt. Es gibt große Bemühungen, den staatlichen Institutionen eine größere Dichte und Eigenständigkeit zu geben, um sie dem direkten Zugriff herrschender ökonomischer Interessen – etwa über Korruption – zu entziehen. Doch diese relative Autonomie, die überhaupt wieder Handlungsspielraum gegenüber transnationalem Kapital, internationaler Politik sowie der bolivianischen inneren Bourgeoisie und Kompradorenbourgeoisie schafft, wird ganz wesentlich über gesellschaftliche Kämpfe erreicht – mit Kämpfen meine ich nicht nur offene Mobilisierungen, sondern auch die kleinteiligen und alltäglichen institutionellen wie außerinstitutionellen Auseinandersetzungen; insbesondere jene im Bereich der gesellschaftlichen Arbeit, d.h. der Reproduktion der Gesellschaft. Wenn diese stillstehen, werden auch der plurinationale Staat und die neue Verfassung rasch zum falschen Versprechen; und die alten Kräfte mit ihren Interessen, ihrer Position in der gesellschaftlichen Arbeitsteilung, ihren Anliegen gegenüber dem und mit ihrer Präsenz im Staat werden sich restaurieren; ihre organischen Intellektuellen werden wieder an Bedeutung gewinnen. Sie werden den progressiven Regierungen Kompromisse vorschlagen, um ihre Interessen zu wahren. Diese Gefahr ist enorm präsent in den kritischen politischen Debatten Boliviens. Und das ist aus meiner Sicht einer der Gründe, warum sich im Jahr 2010/2011 um den *gazolinazo* und um das TIPNIS-Projekt derart intensive und schwierige Debatten entwickelten.

Eine dynamische und spannungsreiche Veränderung liegt entsprechend darin, den Staat so umzubauen, dass indigene Autonomien und ein plurilegales System institutionalisiert werden; denn diese Aspekte bilden – und darin stimmen zahlreiche AutorInnen überein, wie den Artikeln zu entnehmen ist – den Kern des plurinationalen Staatsprojektes. Das ist schwierig genug, denn der moderne Staat mit seinen abstrakten Gesetzen und Regeln, die natürlich nicht abstrakt wirken, sondern in konkreten gesellschaftlichen Lebens- und Machtverhältnissen, erhebt den Anspruch, Menschen in ein Staatsvolk zu homogenisieren. Die Monokultur wird immer noch als weniger problematisch gesehen als plurikulturelle Existenzformen. Die Anerkennung und Praktizierung von Pluralität, zumal wenn diese soziale Herrschaftsverhältnisse infrage stellt, ist bislang nicht die Sache des Staates. Auch wenn es in der neuen bolivianischen Verfassung so festgeschrieben wurde. So bleiben das Parteiensystem und entsprechend Parteienkonkurrenz intakt als wesentliche Elemente der Artikulation gesellschaftlicher Interessen und der Transformation und Bearbeitung gesellschaftlicher Konflikte als politische Konflikte. Doch dies entspricht nicht den realen Organisationsstrukturen der bolivianischen Gesellschaft. Ansätze, die Dominanz des Parteiensystems aufzuweichen, bestehen in den Bestimmungen, dass ethnische Minderheiten Parlamentssitze zur Besetzung zugesprochen bekommen und dass auch VertreterInnen zivilgesellschaftlicher Gruppen bei Wahlen antreten können. Ob das die Logik des Parteienstaates zu durchbrechen vermag, muss sich zeigen. Und auch die postkolonialen strukturellen Selektivitäten des Staates bleiben trotz progressiver Regierungen häufig intakt und sind schwierig zu verändern. Häufig genug werden formal als berechtigt anerkannte Anliegen und Forderungen – wie etwa jene der indigen-bäuerlichen Bevölkerung – lediglich symbolisch aufgenommen. Der Staat funktioniert immer noch auf der Grundlage des etatistischen Selbst(miss-)verständnisses, der höchste Ausdruck des gesellschaftlichen Gemeinwillens und Gemeinwohls zu sein. Die vermeintlich einzige Alternative ist Unordnung, De-Stabilisierung – und nicht befreiende und gleichzeitig sich auf verbindliche Normen einlassende Pluralität.

Ein anregender Gedanke der Diskussionen in Bolivien liegt darin, den Staat anders zu denken und zu konzipieren – und zwar ausgehend von den bislang Ausgeschlossenen (Oscar Vega in diesem Band). Das ist dort evident angesichts einer indigenen Bevölkerungsmehrheit. Auch hierzulande würde der Staat anders gedacht, wenn jene ohne StaatsbürgerInnenrechte, gar die Illegalisierten systematisch berücksichtigt würden – und zwar nicht als großzügige Geste des Staates im Sinne eines Partizipationsangebotes, sondern als Bestandteil von Auseinandersetzungen um ein gutes Leben für alle, die hier leben; und nicht zulasten anderer Menschen und Gesellschaften. Dann wären wir schnell bei Fragen der gesellschaftlichen Arbeitsteilung oder der herrschaftlichen Kategorien (wenn etwa Menschen in die scheinbar statische, de facto abwertende Kategorie des „Migrationshintergrundes" gezwungen werden).

Der plurinationale Staat ist Ausdruck sich verändernder gesellschaftlicher Selbstverständlichkeiten und soll diese absichern. Das betrifft insbesondere Klassifizierungen. Die lange Zeit herrschaftliche Zuschreibung von Menschen als „Indios", die sich in einem über 20 Jahre währenden Prozess – das Jahr 1992 dient in vielen Ländern als Ausgangspunkt – davon zu emanzipieren versuchen, indem Indigenes umgedeutet wird, de-essentialisiert, seiner herrschaftlichen Kraft beraubt.

In den Umbrüchen in Bolivien wird gleichzeitig deutlich, wie schwierig emanzipatorische Formen der Repräsentation sind. So kam es auch in der verfassunggebenden Versammlung immer wieder zu Situationen, in denen die progressiven Mestizischen Eliten mit der konservativen Seite indigene Fragen verhandelten und nicht die VertreterInnen der Indigenen selbst.

Daher die Frage: Wie kann Politik im Sinne der Gestaltung gesellschaftlicher Verhältnisse ganz anders gedacht werden? Wahrscheinlich, so der Ton vieler Beiträge in diesem Band und in der Debatte Boliviens, in Form von Such- und Lernprozessen. Welche gesellschaftlichen Prozesse und Konflikte sind aber notwendig, um eine gesellschaftliche Diskussion darüber führen zu können, dass der Staat nicht „Vater" ist, nicht das Zentrum des Politischen, sondern Instrument der Gesellschaft? Doch dies geschieht unter einem enormen Erwartungsdruck breiter Teile der Bevölkerung und unter internationalen wie innenpolitischen Unwägbarkeiten. Auch das ist ein Element der oben skizzierten lateinamerikanischen Paradoxie.

Theoretisch gesprochen stellt sich nicht nur die Frage nach einem anderen Staat, sondern nach anderen sozialen Formen – der politischen Form, die sich wesentlich als Staat materialisiert, aber auch der Wertform mitsamt der Geldform und der Form des bürgerlichen Rechts. Wie können sich gesellschaftliche Strukturen, die alltäglich durch die Myriaden der Handlungen von Menschen reproduziert werden und die wiederum diese Handlungen wesentlich bestimmen, ganz grundlegend verändern, weg von der Dominanz der alltäglich gelebten kapitalistischen und neo-kolonialen Formen? Es wäre ein Missverständnis, die grundlegende Veränderung der herrschaftlichen sozialen Form Staat alleine auf institutionelle Veränderungen zu reduzieren.

Diese Frage, dieses Experiment, ist gerade in Zeiten, in denen der Kapitalismus zunehmend autoritär wird und die Möglichkeiten einer Einhegung ökonomischer Macht zunehmend leerlaufen lässt, ganz wesentlich für eine emanzipatorische Zukunft der Menschheit. Und diese Frage ist nicht allgemein beantwortbar, sie muss aber als solche gestellt und eben vielfältig und „fragend voranschreitend" – um das berühmte *mandar obedeciendo* der mexikanischen Zapatistas zu bemühen, das im Südosten Mexikos inzwischen von den Gegenkräften kaputtgekämpft wurde – beantwortet werden.

Der Staat bzw. staatliche Politik und ihre AkteurInnen können in diesem Prozess nicht vorangehen. Er muss sich vielmehr zurücknehmen bzw. von der Gesellschaft in diese zurückgenommen werden. Und zwar nicht, um den Marktkräften oder dem Kapital das Terrain zu überlassen, sondern damit ganz andere, nicht herrschaftliche Verhältnisse sich entwickeln können. Und dennoch, dafür gibt Álvaro García Linera in seinem Beitrag ein eindrucksvolles Beispiel, kann der Staat in bestimmten historischen Konstellationen initiativ sein und – in seiner Sprache – am Bifurkationspunkt das Projekt in eine vom Anspruch her emanzipatorische Richtung vorantreiben und einen neuen Machtblock festigen. Allerdings gilt auch hier konkret zu fragen, unter welchen Bedingungen, mit welchen Kompromissen und mit welchen Ein- und Ausschlüssen das geschieht (in Bolivien gehen diesbezüglich die Einschätzungen der Kompromisse mit der Opposition weit auseinander). Deutlich wird auch: Es bedarf auch der programmatischen und organisatorischen Alternativen bei Wahlen, welche unter den gegebenen Umständen den Anliegen sozialer Bewegungen Ausdruck verleihen und die sich nicht nur parteipolitisch artikulieren.

Emanzipatorische Politik kann sich nicht auf die Übernahme des Staates und damit auf Regierungsmacht konzentrieren, sondern muss eine Politik sich verändernder gesellschaftlicher und dann auch politischer Kräfteverhältnisse sein – und eine Politik sich verändernder gesellschaftlicher Selbstverständlichkeiten. Es ist das Primat der Praxis und der aus der Gesellschaft stammenden Initiative. In diesem Prozess verändert sich nicht nur der Staat (der ja in der Gesellschaft präsent ist und gesellschaftliche Verhältnisse wie Eigentum oder Klasse wesentlich mitkonstituiert), sondern auch und zuvorderst die Gesellschaft. Der sich zurücknehmende Staat ist in diesem Sinne die materielle Verdichtung emanzipatorischer Kräfteverhältnisse und gesellschaftlicher Selbstverständlichkeiten. Boaventura de Sousa Santos verwendet in seinem Beitrag den Begriff des „experimentellen Staates" um anzuzeigen, dass politische Institutionen sich in ihrer Funktionalität für gesellschaftlich formulierte Ansprüche immer wieder selbst infrage stellen müssen.

5 Gutes Leben

Der Begriff des „Guten Lebens" (*vivir bien* bzw. *buen vivir*) ist die international wohl prominenteste Chiffre der jüngsten Entwicklungen in Bolivien und Ecuador. Er wurde in den beiden Verfassungen – der ecuadorianischen von 2008 in Artikel 3 sowie in der Präambel; in der bolivianischen von 2009 in den Artikeln 8 und 309 – als Staatsziel verankert. Beim Weltsozialforum 2009 im brasilianischen Belém wurde der Begriff zentral für die globalen sozialen Bewegungen; in der aktuellen multiplen Krise des neoliberalen Kapitalismus wird er auch in den Zentren stark rezipiert. Es gibt Bezüge zur Debatte um Nachhaltigkeit und hier insbesondere zum Aspekt der Subsistenz (auch hier geht es um ein auskömmliches Leben), zu wachstumskritischen Ansätzen sowie zur christlichen Sozialethik.

Dabei sollte der Kontext berücksichtigt werden. In Bolivien hat das jahrhundertelange kapitalistische, imperiale und rassistische Herrschaftsprogramm für die meisten Menschen nicht viel gebracht, außer der mehr oder weniger brutalen Vernutzung ihrer Arbeitskraft und der Verweigerung eines würdigen Lebens. Die Menschen in Bolivien wissen sehr gut, dass ihnen historisch der Ressourcenreichtum eher geschadet hat als genutzt. Mit der im Buch ausführlich dargestellten Ausnahme der Revolution von 1952 – und auch dort nur sehr gebrochen – gab es für die indigene Bevölkerungsmehrheit wenig Fortschritte. Das erklärt zum Teil die Persistenz anderer, nicht-kapitalistischer Produktions- und Lebensweisen einer „überlagerten Gesellschaftsformation". In einem der ärmsten und polarisiertesten Länder der Welt war die kapitalistische Moderne längst kein Versprechen mehr. Das neoliberale Gesellschaftsprojekt hat diese Konstellation nochmals deutlicher konturiert. Dies erklärt zumindest partiell die Vehemenz der Kämpfe der letzten zwölf Jahre und den in Bolivien breit geteilten Wunsch nach etwas ganz anderem.

Zentral scheint mir für unsere Debatte zu verstehen, dass es sich beim Guten Leben nicht um einen individuellen Appell handelt („mal runterfahren", „weniger ist mehr", „Entschleunigung"). Es geht um einen Horizont der Veränderung gesamtgesellschaftlicher Verhältnisse, der in Konflikten und Lernprozessen konkretisiert werden muss, der aber von den marginalisierten und beherrschten Lebensweisen einiges zu lernen hat und viele Anknüpfungspunkte findet. Nichts wäre jedoch schlimmer, als den Begriff des „Guten Lebens" lediglich als Angebot aus den Andenländern zu rezipieren und nicht zu versuchen, ihn sorgfältig in hiesige Verhältnisse zu übersetzen.

6 Geschichte als offener Prozess

Ein interessanter Aspekt an dem vorliegenden Band, dessen Beiträge naturgemäß nicht allesamt auf die spannenden und spannungsreichen Entwicklungen der Jahre 2011/2012 eingehen können, liegt in der expliziten oder intuitiven Feststellung einer relativ offenen Konstellation. Der Übergang „wird geprobt", wie Oscar Vega schreibt, es wird an Schritten der Transition gearbeitet. Trotz der überaus progressiven Verfassung und einer insgesamt recht schwachen Opposition, sind viele Probleme deutlich: Was bedeutet eine plurale Ökonomie konkret, wie geht es mit den indigenen Autonomien weiter, was sind die konkreten und attraktiven Alternativen zum Extraktivismus, welche Formen internationaler Kooperation sind sinnvoll? Die AutorInnen dieses Bandes und viele Menschen in Bolivien haben etwas, was hierzulande progressiven AkteurInnen oft abgeht: Ein Bewusstsein der historischen Konstellation, ihrer Kontinuitäten, ihrer kreativen Aufbrüche, ihrer Probleme – und der eigenen Rolle darin. Nur so wird verständlich, warum und wie kurzfristige und langfristige Perspektiven der Emanzipation nicht in einer unerträglichen Spannung aneinander zerschellen, warum der Gewalt der Opposition nicht mit derselben Gewalt begegnet wird, auch wenn man sich das angesichts des real exekutierten Rassismus und Klassismus der Rechten im Moment gewünscht hätte. Silvia Riveira arbeitet das in ihrem Beitrag gut heraus. Einiges steht am Anfang eines langen historischen Transformationsprozesses. Und es gibt die sehr präsente Erfahrung der Revolution von 1952, in der ein ähnlicher Aufbruch nach wenigen Jahren vertan war.

Und hier liegt wiederum die Verantwortung kritischen Denkens und Handelns in anderen Teilen der Welt. Den enormen Druck des eurozentrischen Dispositivs von „Entwicklung", auch in seiner derzeit entstehenden „grünen" Version, die Zwänge der internationalen Politik im Zeichen geopolitischer und geoökonomischer Konkurrenz und damit verbunden die strukturierende Macht des Weltmarktes von Gesellschaften wie der bolivianischen und vielen anderen zu nehmen. Das geschieht nicht nur von „außen", sondern – wie diese Zwänge und Mächte auch – in komplexen intellektuellen und politisch-praktischen Artikulationen auf sehr verschiedenen räumlichen Ebenen. Das bedarf der transnationalen Austausch- und Lernprozesse. Dieses Buch versteht sich als kleiner Beitrag dazu.

Anhang

Valeria Silva und Juan Jáuregui[1]

Chronologie der Geschichte Boliviens[2]

	KOLONIALZEIT
1532-1533	Erste Präsenz der Spanier in der Region. Atahuallpa wird gefangengenommen und vom spanischen Militär getötet.
1539	Gründung der Siedlung La Plata, heute Sucre, Hauptstadt von Bolivien.
1545	Der Bergbau am Cerro Rico in Potosí beginnt.
1548	Gründung der Siedlung Nuestra Señora de La Paz (heute La Paz).
1559	Die Expeditionen in den Chaco beginnen. Gründung des königlichen Gerichts und Kanzleramtes in der Siedlung La Plata, mit der Jurisdiktion in Callao.
1561	Gründung der imperialen Siedlung Potosí. Gründung der Siedlung Santa Cruz de la Sierra.
1571	Erste Gründung der Siedlung Oropeza, heute Cochabamba. 1574 wurde sie ein zweites Mal gegründet, was vermutlich auf die Existenz von zwei spanischen Machtzentren zurückzuführen ist.
1572	Vizekönig Toledo führt die *Mita* (von der Krone institutionalisierte Zwangsarbeit der Indigenen) als Form der Bergbauproduktion ein.
1574	Gründung der Siedlung San Bernardo de Tarija (heute Tarija). Gründung des Münzamts (*Casa de la Moneda*) in Potosí und Beginn der Münzenproduktion mit indigener Arbeitskraft.
1590	Der Silberabbau in Oruro beginnt.
1606	Gründung der Siedlung von San Felipe de Austria (heute die Stadt Oruro), in Ehrung des Königs Felipe III. Die Siedlung war Sitz des Bergbaus im Departement Oruro.
1621-1624	Kämpfe zwischen zwei kolonisierenden iberischen Gruppen (Vicuña und Basken), um den Minenbesitz in Potosí.
1623	Gründung der Universität San Francisco Xavier in La Plata, die erste in der Region.
1686	Gründung der Siedlung Trinidad (heute Trinidad).

---

1 Valeria Silva ist Studentin der Geschichtswissenschaften an der Universidad Mayor de San Andrés UMSA (La Paz) und der Politikwissenschaft an der Universidad Católica Bolivia „San Pablo" (La Paz). Juan Jáuregui ist Historiker, Promotion der Geschichtswissenschaften an der FLACSO (Ecuador), Dozent der Universidad Mayor de San Andrés UMSA (La Paz). Der Text wurde von Almut Schilling-Vacaflor und Isabella Radhuber übersetzt, gekürzt und überarbeitet.

2 Die Chronologie basiert auf dem Buch: Crespo Rodas, Alberto/ Crespo Fernández, José/ Kent Solares, Maria Luisa (Hg.) (1993): Los bolivianos en el tiempo. Cuadernos de historia. La Paz: Instituto de Estudios Andinos y Amazónicos/ Universidad Andina Simón Bolívar.

1734	Steigerung der Steuereintreibung von Indigenen ohne Landbesitz.
1739	Bewaffnete Aufstände der kreolischen Bevölkerung in Oruro und Cochabamba gegen die spanische Kolonialherrschaft.
1750	Rebellion von Ambaná für die Dekolonisierung von der katholischen Religion.
1771	Indigene Rebellion in Chulumani gegen die spanische Kontrolle des Kokaanbaus.
	Ermordung des königlichen Repräsentanten auf (heute so bezeichneter) Gemeindeebene in Caquiaviri wegen indigenem Aufstand für die Selbstregierung in Form eines Ayllus.
1776	Gründung des Vizekönigreichs in La Plata.
1780	In Cusco beginnte der Aufstand von Tupaj Amaru.
1781	Mai: In Peru werden José Gabriel Condorcanqui, (alias Tupaj Amaru; der Anführer des wichtigsten antikolonialen Aufstands in der Region) und seine Familie ermordet.
	Februar: Tupaj Katari führt die Umzingelung der Stadt Nuestra Señora de La Paz an.
	November: Tupaj Katari wird gefangengenommen und zur Vierteilung verurteilt.
1779-1782	Indigene Aufstände, darunter jene von Tupaj Katari und Bartolina Sisa sowie von den Kataris im Gebiet von La Paz und Potosí. Diese Aufstände wurden mindestens 10 Jahre lang vorbereitet.
1809	Revolution in *La Plata*, Aufstand der kreolischen Bevölkerung gegen die „schlechte Regierung" von den Brüdern Jaime und Manuel Zudañez sowie Bernardo Monteagudo.
	Revolution in la Paz, Übergangsrat proklamiert Regierungsübernahme wegen der Konflikte der Krone, angeführt von Pedro Murillo.
1810	Revolution in Cochabamba und in Santa Cruz. Beide streben kreolische unabhängige Regierungen an.
1813-1814	In Charcas bilden sich Guerilla-Truppen zum Kampf für die Unabhängigkeit.
1817-1825	Versuche der Republiksgründung (*republiqueta*) durch Unabhängigkeitsbewegungen in Ayopaya, angeführt von Manuel Chinchilla.

REPUBLIK BOLIVIEN

1825	Beratende Versammlung der Repräsentanten von Alto Perú, einberufen von Simón Bolivar während der Regierung von Antonio José de Sucre.
	August: Gründung der bolivianischen Republik, durch 48 Repräsentanten, die Bolivar zum ersten Präsidenten der Republik erklären.
1826	Reformen gegen das Eigentum der Kirche.
1828	Sucre erleidet einen Mordversuch wegen seiner progressiven Politik. Er tritt zurück und flüchtet aus Sucre.
1829-1835	Der Merkantilismus wird zur Regelung der Wirtschaft eingeführt und das bürgerliche und kaufmännische Gesetzbuch werden eingeführt.
1830	Die *Universidad Mayor de San Andrés* wird in La Paz gegründet.

1831	Verfassunggebende Versammlung.
1832	Gründung des privaten Bergbauunternehmens von Huanchaca durch bolivianische Unternehmer.
1834	Verfassunggebender Kongress zur Modifikation der beschlossenen Verfassung.
1836	Durch ein Dekret wird die peruanisch-bolivianische Konföderation, gegen den Willen Chiles, ausgerufen.
1839	Auflösung der peruanisch-bolivianischen Konföderation in Folge der Schlacht von Yungay. Verfassunggebender Kongress.
1841	Schlacht von Ingavi gegen peruanische Truppen, als Folge der Krise zwischen Bolivien und Peru.
1842	Gründung des Departements Beni.
1843	Verfassunggebende Versammlung.
1846	Erster nationaler Zensus (2,1 Millionen EinwohnerInnen); dieser belegt, dass 90% der Bevölkerung in ruralen Gebieten lebt und nur 7% alphabetisiert sind.
1848	Außerordentlicher verfassunggebender Kongress. „Tata" (Vater) Isidoro Belzu übernimmt die Präsidentschaft, mit Bürgerbeteiligung und indigener Beteiligung, wobei ein katholischer Protektionismus vorherrscht.
1849	Versuche des Staatsputsches, gefördert durch Bergbauunternehmer.
1850	Die moderne Industrie beginnt den Bergbau zu dominieren.
1851	Verfassunggebende Versammlung
1857	José María Linares wird der erste zivile Präsident Boliviens.
1860	Indigenes Massaker in Copacabana. 36% der Staatskasse stammt vom indigenen Tribut. Entdeckung von wichtigen Reserven von Guano, Silber und Nitrat im bolivianischen Küstengebiet
1861	Nationale verfassunggebende Versammlung.
1864	Mariano Melgarejo kommt durch einen Staatsputsch an die Macht. Die Beschlagnahmung von gemeinschaftlichen Ländereien beginnt.
1866	Es wird festgelegt, dass die indigenen Landbesitzer (Gemeinschaftseigentum) Abgaben für ihr Land leisten müssen. Ein Übereinkommen wird unterzeichnet, das Chile dazu befugt Salz in Bolivien abzubauen.
1868	Ein Übereinkommen wird unterzeichnet, welches festlegt, dass Bolivien 100.000 km² Territorium an Brasilien abgibt.
1871	Agustin Morales wird Präsident von Bolivien nachdem er Melgarejo besiegt. Verfassunggebende Versammlung (national).
1872	Nationales Schatzamt, departamentales und Gemeinde-Budget werden angelegt.

1874	Gemeinschaftlicher Besitz insbesondere des Landes wird aberkannt (*Ley de Exvinculación de Tierras*): Das Hacienda-System wird eingeführt und die Gemeinschaften werden gezwungen, ihre Ländereien zu verkaufen und verlieren ihr Territorium. Dagegen richten sich die Aufstände der Willkas (seit 1873) im Jahr 1899.
1877-1878	Verfassunggebende Versammlung.
1878	Neue Verfassung, aktualisiert 1880. Eine geringe Steuer auf den chilenischen Salzabbau wird eingeführt, was als Begründung der chilenischen Militärbesetzung in Antofagasta angeführt wird.
1879-1880	Salpeterkrieg zwischen Bolivien, Peru und Chile um die Kontrolle der Pazifikküste und ihrer Ressourcen, v.a. Guano und Salz. Das Ende des Konfliktes besiegelt den Status Boliviens als Binnenland.
1880	Narciso Campero wird Präsident Boliviens. Damit beginnt ein Zyklus konservativer Regierungen (dominiert von den Silberbergbauunternehmen). Annahme der neuen Verfassung, die eine zivile Epoche einleitet und bis 1938 gültig bleibt. Verabschiedung eines neuen Bergbaugesetzes.
1881	Beginn der Enteignung gemeinschaftlicher Ländereien.
1899	Föderalkrieg zwischen föderal-konservativen Kräften (Sucre und Potosí) und liberalen Kräften (La Paz, für den Einheitsstaat), endet mit der Verlegung der Exekutive und der Legislative von Sucre nach La Paz. Aufstand von organisierten und bewaffneten Aymara-Truppen, unter Anführung der Willkas. Manuel Pando wird Präsident Boliviens und damit beginnt ein Zyklus liberaler Regierungen.
1900	Verfassunggebende Versammlung.
1901	Gerichtsverfahren gegen die aufständischen Indigenen. Bautista Saavedra übernimmt ihre Verteidigung.
1902	Der Stahl wird zum Hauptexportgut.
1903	Krieg von Acre zwischen Bolivien und Brasilien. Der Vertrag von Petrópolis wird unterzeichnet, wodurch Bolivien 191.000km² Territorium verliert und stattdessen 3.163km² Territorium und 2.500.000 Pfund Sterling (*libra esterlina*) bekommt.
1904	Übereinkommen des Friedens und der Freundschaft zwischen Bolivien und Chile.
1906	Verabschiedung des Gesetzes der Glaubensfreiheit.
1909	Die Zugverbindung von La Paz wird eingeweiht, sie ist Teil des britannischen Unternehmens *Bolivian Power Co.*
1917	Arbeiter-Aufstände und Repressionen in den Bergbauzentren.
1920	Verfassunggebende Versammlung.
1921	Bautista Saavedra wird Präsident Boliviens; die Ära der republikanischen Partei beginnt.

1921	Indigener Aufstand unter Faustino und Marcelino Llanqui in Jesús de Machaca gegen den Großgrundbesitz. Er endet in einem der schlimmsten Massaker der Indigenen.
1931	Gründung der indigenen Schule von Warisata.
1932-1935	Chaco-Krieg zwischen Bolivien und Paraguay um die Kontrolle des nördlichen Chacos und die natürlichen Ressourcen des Gebiets, v.a. Erdgas. 65.000 Personen werden umgebracht (ca. 25% der bolivianischen Kämpfer). Schließlich wird der Waffenstillstand ausgerufen.
1936	German Busch, populistischer, linker Militär wird bolivianischer Präsident. Nationalistische Militärregierung, im Rahmen des „Militärsozialismus"; angeführt von David Toro.
1937	Verstaatlichung des Unternehmens *Standard Oil of Bolivia*. Gründung des staatlichen Erdgasunternehmens Boliviens (YPFB).
1938	Verfassunggebende Versammlung; Beginn eines sozialen Konstitutionalismus.
1939	Ermordung von Santos Marka T'ula, führende indigene Autorität, vom örtlichen Priester. Marka T'ula war ein wichtiger Forscher zu den Dokumenten der indigenen Land-Gemeinschaftstitel.
1941	Gründung der Parteien Nationalistische Revolutionäre Bewegung (MNR) und der Revolutionären Linken (PIR).
1942	Massaker in Catavi bei dem die Bergbauarbeiter von Simón Patiño brutal niedergeschlagen werden.
1943	Gualberto Villarroel führt mithilfe der MNR den Regierungsrat an.
1944	Verfassunggebende Versammlung.
1945	Verfassunggebende Versammlung.
1946	Gualberto Villarroel wird am Plaza Murillo während einem zivilen Aufstand gegen die Regierung erhängt.
1951	Generelle Wahlen: Die MNR gewinnt mit dem Kandidaten Víctor Paz Estensoro (aus dem Exil) den ersten Platz, mit einer dreifachen Stimmenanzahl der zweitplazierten Republikaner. Urriolagoitia übergibt die Regierung dem Militär, welches die Regierungsübernahme der MNR verhindert. Hugo Ballivián führt den Rat der Militärregierung an.
1952-1955	Nationale Revolution vom 9. April: Hernán Siles Zuazo wird provisorischer Präsident bis Paz Estensoro zurückkehrt und von einer massiven Menschenmenge empfangen wird. Siles Zuazo wird Vize-Präsident. Einführung von Bürgerrechten (universelles Wahlrecht und Bildungsreform), Agrarreform und Verstaatlichung der natürlichen Ressourcen (Bergbauunternehmen: Gründung des staatlichen Unternehmens COMIBOL). Gründung der bolivianischen Arbeitergewerkschaft (COB).
1964	Militärputsch; René Barrientos Ortuño wird Präsident der Militärregierung.
1966	Barrientos Ortuño schließt den Bauern-Militär-Pakt ab, in Folge nehmen systematische Attacken gegen Bergbauarbeiter, urbane Sektoren und linke ArbeiterInnen zu.

1966-1967	Verfassunggebende Versammlung.
1967	Ernesto Che Guevara wird vom bolivianischen Militär ermordet nachdem er wegen seinem Guerrilla-Projekt von Ñancahuazú verfolgt wurde.
	Massaker von San Juan. In Siglo XX versammeln sich Bergbauarbeiter um über ihre Arbeitsbedingungen und Che Guevara zu debattieren. Sie werden vom Militär bekämpft; mindestens 27 Tote und viele Verletzte sind die Folge.
1969	Verstaatlichung der *Gulf Oil*, vorangetrieben durch den damaligen Minister für Bergbau und Erdöl, Marcelo Quiroga Santa Cruz.
1970	Die Guerrilla von Teoponte wird gegründet, nach dem Vorbild Guevaras, von 67 jungen urbanen Mitgliedern des Heeres der Nationalen Befreiung (ELN). Sie werden geschlagen und 58 Guerrilla-Kämpfer getötet.
	Militärregierung, Juan José Tórrez wird Präsident Boliviens.
1971	Einrichtung der popularen Versammlung, zusammengesetzt aus Delegierten von produktiven Sektoren und mit Klassenvertretung, mit dem Ziel, die traditionellen Strukturen zu ersetzen. Geleitet von Juan Lechín Oquendo, Bergbaugewerkschaftsführer. Bestand nur 11 Tage lang, wegen inneren und äußeren Spannungen.
	Die „Indio-These" von Fausto Reinaga wird veröffentlicht, dieser gründet die Indio-Partei der Quechua und Aymara (PIAK) und später die Indio-Partei Boliviens (PIB).
	Eine Miliärregierung kommt an die Macht.
	Hugo Bánzer Suárez kommt durch einen Putsch an die Macht; seine Regierung ist eine der repressivsten der Geschichte Boliviens.
1973	Manifest von Tiwanaku, zentrale Säule des Katarismus.
1974	Massaker von Epizana und Tolata: das Militär reprimiert Bauern-Versammlung, wodurch der Militär-Bauern-Pakt geschwächt wird.
1979	Gründung der Indio-Bewegung Tupaj Katari (MITKA).
	Erster Kongress der Konföderation der LandarbeiterInnengewerkschaft Boliviens (CSUTCB).
	Alberto Natusch Busch wird für zwei Wochen Präsident Boliviens – in diesem Zeitraum werden viele Personen ermordet bzw. „verschwinden".
	Lidia Gueiles ist die erste und einzige interimistische Präsidentin Boliviens, zuvor war sie Präsidentin der Abgeordnetenkammer.
1980	Luis García Meza wird durch einen Staatsputsch Präsident Boliviens; seine diktatorische Regierung ist die gewalttätigste und repressivste der gesamten bolivianischen Geschichte.
	Gründungskongress der Nationalen Föderation der Landarbeiterfrauen Boliviens „Bartolina Sisa" (FNMCB „BS"), Teil der CSUTCB.
	Aufkommen der KokabäuerInnen-Föderationen im tropischen Gebiet Boliviens.
1981	Evo Morales wird Gewerkschaftsführer der KokabäuerInnen.
1982	Guido Vildoso wird Präsident Boliviens, er ruft nach einer Periode der Diktaturen zu Wahlen auf.

1982-1985   Rückkehr der Demokratie: Hernán Silez Zuazo wird Präsident Boliviens.
            Die größte Hyperinflation der bolivianischen Geschichte wird registriert
            (2.700%). Viele Minen schließen, Tausende MinenarbeiterInnen der
            Anden wandern in den Chapare und die Yungas ab und widmen sich der
            Kokaproduktion.

1985   Aufbau der Demokratie als Pakt zwischen politischen Parteien und Beginn
            des Neoliberalismus. Siles Zuazo wird zum Rücktritt gezwungen und Victor
            Paz Estenssoro wird Präsident Boliviens.
            Gründung der Konföderation Indigener Völker des Ostens Boliviens (heute
            CIDOB).
            Erlass des Dekrets 21060, welches eine neoliberale Wirtschaftspolitik vorgibt.

1986   Protestmarsch (Marsch des Lebens) nach La Paz, gegen die Schließung der
            Minen, gewaltsam in Calamarca niedergeschlagen.
            Gründung der Versammlung des Guaraní-Volkes (APG).

1987   Gründung der Partei Bewegung zum Sozialismus-Unzaguista (MAS-U).
            Sie entsteht aus einem linksgerichteten Flügel der bolivianischen Falange-
            Bewegung. Das Partei-Sigel wird später von der heutigen MAS übernommen,
            die sich jedoch völlig von den Falangisten distanziert.

1989   Jaime Paz Zamora wird Präsident Boliviens. Die Korruption breitet sich im
            Staat aus und es entstehen viele Verbindungen mit dem Drogenhandel. Paz
            Zamora wurde vom Kongress gewählt obwohl er bei den Wahlen den dritten
            Platz belegt hatte.

1990   Erster Protestmarsch eines folgenden Zyklus an Protestmärschen für das
            Territorium und die Würde der indigenen Tiefland-Völker Boliviens.
            Die Existenz des Guerilla-Heers Tupaj Katari (EGTK) wird öffentlich be-
            kannt, vor allem subversive Strömungen der indigenen Aymara und indigenen
            urbanen Intellektuellen.

1992   Die EGTK wird zerschlagen und ihre Mitglieder werden gefoltert und
            eingesperrt, alle ohne eine Gerichtsverhandlung.

1993   Gonzalo Sánchez de Lozada wird Präsident von Bolivien. Prozesse der Privati-
            sierung und „Kapitalisierung" der Staatsgüter.

1994   Gründung des Zentralverbands Ethnischer Völker in Santa Cruz (heute
            CPESC).
            Reform der bolivianischen Verfassung: Verankerung Boliviens als multieth-
            nischer und plurikultureller Staat, Einführung uninomineller Wahlkreise für
            Abgeordnete der Legislative, verfassungsrechtliche Stärkung der sozialen, wirt-
            schaftlichen und kulturellen Menschenrechte und jene der indigenen Völker.
            Verabschiedung des Gesetzes für Bürgerbeteiligung (*participación popular*),
            Gründung neuer Gemeinden und zusätzliche Kompetenzzuteilung an diese.

1995   Gründung der Partei Bewegung zum Sozialismus – Politisches Instru-
            ment für die Souveränität der Völker (MAS-IPSP), getrennt von der
            Unzaguista-Linie, durch die KokabäuerInnengewerkschaften und die
            LandarbeiterInnengewerkschaften.

1996	Zweiter Protestmarsch für das Territorium, die Entwicklung und die politische Partizipation der indigenen Völker von den indigenen Tieflandorganisationen.
1997	Gründung der indigenen Organisation Nationalrat der *Ayllus* und *Markas* des *Qullasuyu* (CONAMAQ).
	Evo Morales wird Abgeordneter des bolivianischen Parlaments.
	Hugo Bánzer Suárez wird erneut Präsident Boliviens; er ist der einzige Diktator Lateinamerikas, der später demokratisch gewählt wurde. Seine Politik „Null Kokaproduktion" wird durchgesetzt und die Präsenz der Drogenvollzugsbehörde DEA im Land wird deutlich gestärkt, weshalb die KokabäuerInnen zahlreiche Protestmaßnahmen durchführen.
1999	November: Gründung der Koordinationsgruppe für Wasser (*Coordinadora del Agua*) zum Kampf gegen die Privatisierung des Wassers.
2000	Dritter Protestmarsch der indigenen Tieflandbevölkerung für das Land, Territorium und die natürlichen Ressourcen.
	Wasserkrieg: Soziale Bewegung in Cochabamba zur Verteidigung des Wassers als Menschenrecht, gegen die Vergabe von Konzessionen an ein transnationales Unternehmen; Rauswurf des Unternehmens aus Bolivien und Rücknahme der Konzession.
2001	Nationaler Zensus zeigt, dass 62% der Bevölkerung sich mit einem indigenen Volk identifiziert.
	Jorge Quiroga wird Präsident Boliviens, nach dem Tod von Bánzer Suárez.
2002	Vierter Marsch der indigenen Tieflandvölker für die populare Souveränität, das Territorium und die natürlichen Ressourcen.
	Sánchez de Lozada wird erneut Präsident Boliviens. Evo Morales erlangt überraschend den zweiten Platz bei den Wahlen, was auf die starken sozialen Bewegungen der Vorjahre zurückgeführt werden kann.
2003	Ein starkes Fiskaldefizit wird festgestellt. Die Regierung hebt die Steuern an (*impuestazo*), was zu einem Aufstand der Polizei im Februar führt und bewaffnete Kämpfe zwischen dem Militär und der Polizei zur Folge hat.
	Massaker von Warisata-Sorata, angeordnet von der Regierung unter dem Vorwand Straßenblockaden zu zerschlagen. Sechs Personen werden getötet und fast 20 Personen verletzt.
	Oktober: Gaskrieg, Bevölkerungsaufstand in La Paz und El Alto, gegen den Verkauf von Erdgas über einen chilenischen Hafen an die USA, später auch für die Verstaatlichung der natürlichen Ressourcen, die Einberufung einer verfassunggebenden Versammlung und den Rücktritt von Sánchez de Lozada (die „Oktober-Agenda"). Den Protesten wird repressiv begegnet, 60 Personen werden getötet und ca. 300 verletzt.
2003	Evo Morales Ayma etabliert sich als Anführer der Opposition und wird wegen Teilnahme an den Protestbewegungen der KokabäuerInnen vom Kongress ausgeschlossen.
	Nachdem Sánchez de Lozada in die USA flüchtet wird Carlos Mesa Präsident Boliviens. Bolivien hat seine Auslieferung verlangt, um die Gerichtsverhandlung gegen Sánchez de Lozada wegen Verbrechen gegen die Menschlichkeit durchzuführen.

2004   Zweite Reform der Verfassung von 1967: Drei Formen der politischen Beteiligung werden festgelegt: das Referendum, die verfassunggebende Versammlung und die Gesetzesinitiative durch BürgerInnen; außerdem können nicht mehr nur politische Parteien ihre KandidatInnen aufstellen sondern auch zivile Gruppierungen und indigene Völker.
        Referendum über das Erdgas, bei dem sich ein Großteil der Bevölkerung für seine Verstaatlichung ausspricht.

2005   Mesa tritt aufgrund von erneuten sozialen Unruhen zurück. Eduardo Rodriguez Veltzé wird Übergangs-Präsident; seine Aufgabe ist es innerhalb von sechs Monaten Neuwahlen auszurufen.
        Dritte Reform der Verfassung von 1967; die Möglichkeit der Einberufung einer verfassunggebenden Versammlung wird darin festgelegt.
        Wahlen im Dezember, Evo Morales gewinnt mit 54% der Stimmen.

2006   Januar: Evo Morales Ayma wird der erste indigene Präsident Boliviens, der Vize-Präsident ist Álvaro García Linera, ehemaliges Mitglied der EGTK.
        Der Prozess der Verstaatlichung des Erdgases beginnt, im Gegensatz zu den ersten beiden Verstaatlichungen ohne Enteignungen.
        Fünfter Protestmarsch der indigenen Tieflandvölker für das Territorium und die Durchführung der Agrarreform mit einem Fokus auf gemeinschaftliche Ländereien.
        Juli: erste direkte Wahl der Abgeordneten der verfassunggebenden Versammlung.
        August: Angelobung der verfassunggebenden Versammlung in Sucre.
        Präsentation des Nationalen Entwicklungsplans „Bolivia digna, soberana, productiva y democrática para vivir bien".

2007   Juni: Sechster Marsch der indigenen Tieflandvölker für die Verteidigung des plurinationalen Staates, das Eigentum der Territorien und natürlichen Ressourcen, die indigenen Autonomien, die plurikulturelle, mehrsprachige, intrakulturelle und gemeinschaftliche Bildung und die direkte Repräsentanz indigener Völker in der Struktur des neuen Staates.
        Dezember: der neue Verfassungstext wird in Oruro von der verfassunggebenden Versammlung angenommen.

2008   Durchführung rechtlich nicht vorgesehener Autonomie-Referenden in Santa Cruz (Mai), Beni, Pando und Tarija (Juni).
        August: Abwahlreferendum des Präsidenten und aller Präfekten. Evo Morales wird mit 64,4% der Stimmen in seinem Amt bestätigt. Zwei Präfekten (La Paz und Cochabamba) werden abgewählt.

2008   August, September: Proteste der konservativen Opposition im Tiefland gegen die Regierung, die neue Verfassung und vorgesehene Reformen; Massaker in Pando, bei dem regierungsnahe Gewerkschaftsmitglieder in der Nähe von Cobija in Pando attackiert werden; über 20 Personen werden getötet und Dutzende verletzt.

	PLURINATIONALER STAAT BOLIVIEN
2009	Januar: Annahme der neuen Verfassung im Rahmen eines Referendums mit 61,4% der Stimmen.
2009	Februar: Die neue Verfassung wird promulgiert.

Dezember: Wiederwahl von Morales Ayma mit 64,2% der Stimmen und Gewinn der MAS von 68% aller Parlamentsabgeordneten. Die MAS kontrolliert dadurch beide Kammern im Kongress (seit der neuen Verfassung: „plurinationale legislative Versammlung")

Autonomie-Referenden auf drei Ebenen: departamentale, regionale und indigene Autonomien; Departement-Autonomien werden in allen neun Departements eingeführt und 11 indigene Autonomien werden gegründet.

2010 April: Wahl von Gouverneuren und BürgermeisterInnen im Rahmen eines Übergangsgesetzes für Autonomie und Dezentralisierung.

Juni: Neues Gesetze für die Justiz, das Wahlregime, die Wahlbehörde, das plurinationale Verfassungsgericht, Autonomie und Dezentralisierung.

Siebter Protestmarsch der indigenen Tieflandvölker für das Territorium, die Autonomie und die Verteidigung der indigenen Völker.

Dezember: Erlass des Dekrets No. 748 zur Regulation der Preise von Treibstoff und das Streichen von Subventionen; wird wenige Tage später wegen starker Proteste wieder aufgehoben.

2011 August-Oktober: Achter Protestmarsch der indigenen Tieflandvölker gegen den Bau einer Schnellstraße durch das Indigene Territorium und Nationalpark Isiboro Sécure (TIPNIS) erreicht La Paz, nach 65 Tagen des Marsches und einer brutalen Polizeiintervention. Die Regierung und die Indigenen erzielen einen Kompromiss über die 16 Punkte des Forderungskatalogs der Protestierenden; das wichtigste Resultat ist die Promulgation eines Gesetzes zum Schutz des TIPNIS (*Ley 180 de intangibilidad del TIPNIS*).

Oktober: Erste direkte Wahl der höchsten RichterInnen Boliviens, eine große Anzahl ungültiger Stimmen und unausgefüllter Wahlzettel werden registriert.

2012 Dezember-Februar: Protestmarsch der EinwohnerInnen im Süden des TIPNIS (größtenteils KokabäuerInnen), des Indigenen Rats des Südens (CONISUR), für den Bau der Schnellstraße durch den TIPNIS. Sie erreichen die Promulgation eines Gesetzes zur Durchführung einer vorherigen Konsultation der Gemeinschaften des TIPNIS über die zukünftige Entwicklung des Gebiets (*LEY 222 de consulta a los pueblos del TIPNIS*).

April-Juni: Neunter Protestmarsch der indigenen Tieflandvölker gegen den Bau der Schnellstraße durch den TIPNIS und gegen das Gesetz 222.

Juni 2012: Das plurinationale Verfassungsgericht Boliviens erklärt das Gesetz 222 für verfassungsgemäß, wenn bestimmte Auflagen erfüllt und Änderungen durchgeführt werden. Es verordnet, dass eine Konsultation durchgeführt werden soll, allerdings soll diese nicht von der Regierung vorgegeben werden, sondern in Übereinstimmung mit den betroffenen Gemeinschaften geplant und durchgeführt werden.

Seit Juni 2012: Durchführung einer umstrittenen und stark kritisierten Konsultation mit den betroffenen Gemeinschaften des TIPNIS.

Politische und Topographische Landkarte Boliviens

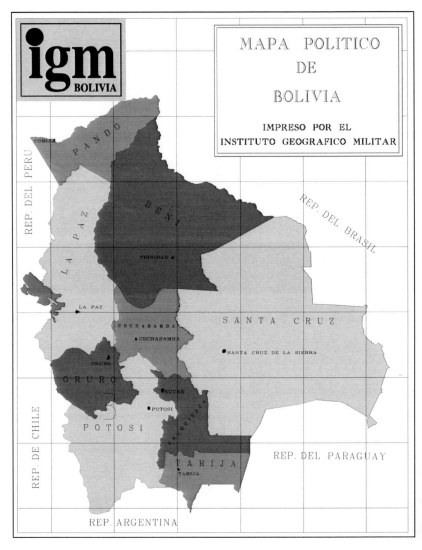

Quelle: Istituto Geográfico Militar – Bolivia, angefragte Karte

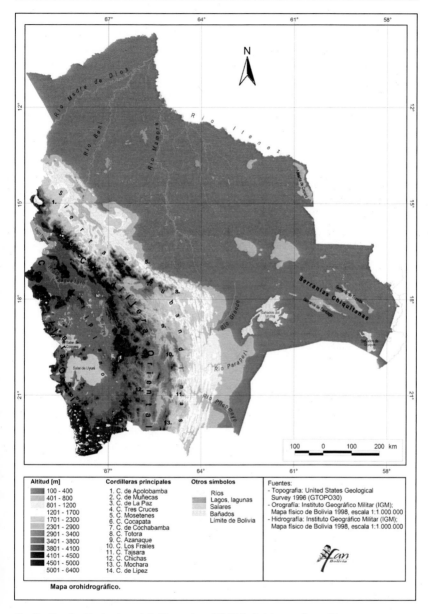

Mapa orohidrográfico.

Quelle: Fundación Amigos de la Naturaleza (FAN Bolivia), angefragte Karte

Abkürzungsverzeichnis

ADN: *Acción Democrática Nacionalista*; Nationalistische Demokratische Aktion

ALBA: *Alianza Bolivariana para los Pueblos de Nuestra América*; Bolivarianische Allianz für die Völker Unseres Amerikas

ANARESCAPYS: *Asociación Nacional de Regantes y Sistemas Comunitarios de Agua Potable*; Nationaler Verband der Gemeinschaftlichen WassernutzerInnen und Trinkwassersysteme

APG: *Asamblea del Pueblo Guaraní*; Versammlung des *Guaraní*-Volkes

ATPDEA: *Andean Trade Promotion and Drug Eradication Act;* Gesetz für die Förderung des Andinen Handels und die Drogenbekämpfung

BDP: *Banco de Desarrollo Productivo*; Bank für produktive Entwicklung

CBF: *Corporación Boliviana de Fomento*; Bolivianische Entwicklungsbehörde

CEPAL: *Comisión Económica para América Latina y el Caribe*; Wirtschaftliche Kommission für Lateinamerika und die Karibik

CIDOB: *Confederación de Pueblos Indígenas de Bolivia;* Konföderation Indigener Völker des Ostens Boliviens

COB: *Central Obrera Boliviana*; Bolivianische Gewerkschaftszentrale

COBOCE: *Corporación Boliviana de Cemento;* Bolivianisches Zementunternehmen

COMIBOL: *Corporación Minera de Bolivia;* Staatliches Bergbauunternehmen Boliviens

CONAIE: *Confederación de Nacionalidades Indígenas del Ecuador*; Konföderation der Indigenen Nationalitäten Ecuadors

CONALDE: *Consejo Nacional Democrático*; Demokratischer Nationalrat

CONAMAQ: *Consejo Nacional de Ayllus y Markas del Qullasuyu*; Nationalrat der *Ayllus* und *Markas* des *Qullasuyu*

CONISUR: *Consejo Indígena del Sur [del TIPNIS]*; Indigener Rat des Südens [des TIPNIS]

COR: *Central Obrera Regional*; Regionale Gewerkschaftszentrale

CORDECRUZ: *Corporación de Desarrollo de Santa Cruz*; Regionale Entwicklungsstelle

CPESC: *Coordinadora de Pueblos Étnicos de Santa Cruz*; Zentralverband Ethnischer Völker in Santa Cruz

CSUTCB: *Confederación Sindical Única de Trabajadores Campesinos de Bolvia*; Konföderation der LandarbeiterInnengewerkschaft Boliviens

DEA: *Drug Enforcement Administration*; Drogenvollzugsbehörde

EBRP: *Estrategia Boliviana de Reducción de la Pobreza*; Bolivianische Strategie zur Armutsreduzierung

EGTK: *Ejército Guerrillero Tupaj Katari;* Guerilla-Armee Tupaj Katari

ELN: *Ejército de Liberación Nacional*; Nationale Befreiungsarmee

EMAPA: *Empresa de Apoyo a la Producción de Alimentos*; Unternehmen zur Förderung der Lebensmittelproduktion

FEJUVE: *Federación de Juntas Vecinales de El Alto*; Nachbarschaftsvereinigung von El Alto

FFAA: *Fuerzas Armadas*; Nationale Streitkräfte

FNMCB „BS": *Federación Nacional de Mujeres Campesinas de Bolivia „Bartolina Sisa"*; Nationale Föderation der Landarbeiterfrauen Boliviens „Bartolina Sisa"

FNMCIOB „BS": *Federación Nacional de Mujeres Campesinas, Indígenas Originarias „Bartolina Sisa";* Nationale Föderation der Originären Indigenen Landarbeiterfrauen „Bartolina Sisa"

HIPC: *Heavily Indebted Poor Countries;* Hochverschuldete Entwicklungsländer

ICSID: *International Centre for Settlement of Investment Disputes;* Internationales Zentrum zur Beilegung von Investitionsstreitigkeiten

IDH: *Impuesto Directo a los Hidrocarburos;* Direkte Steuer auf die Erdöl- und Erdgasproduktion

IIRSA: *Initiative for the Integration of the Regional Infrastructure of South America;* Initiative zur Regionalen Infrastrukturintegration Südamerikas

ILO: *International Labour Organization;* Internationale Arbeitsorganisation

IPCC: *Intergovernmental Panel on Climate Change;* Zwischenstaatlicher Ausschuss für Klimaänderungen („Weltklimarat")

LDN: *Ley de Diálogo Nacional;* Gesetz des Nationalen Dialogs

LPP: *Ley de Participación Popular;* Gesetz für die BürgerInnenbeteiligung

MAS: *Movimiento al Socialismo;* Bewegung zum Sozialismus

MAS-IPSP: *Movimiento al Socialismo – Instrumento Político para la Soberanía de los Pueblos;* Bewegung zum Sozialismus – Politisches Instrument für die Souveränität der Völker

MAS-U: *Movimiento Al Socialismo-Unzaguista;* Bewegung zum Sozialismus-Unzaguista

MERCOSUR: *Mercado Comun del Sur;* Gemeinsamer Markt des Südens

MITKA: *Movimiento Indio Túpac Katari;* Indio-Bewegung Tupaj Katari

MIP: *Movimiento Indígena Pachakuti;* Indigene Bewegung Pachakuti

MIR: *Movimiento de Izquierda Revolucionario;* Linksrevolutionäre Bewegung

MNCS: *Mecanismo Nacional de Control Social;* Nationaler Mechanismus der Sozialen Kontrolle

MNR: *Movimiento Nacionalista Revolucionario;* Nationalistische Revolutionäre Bewegung

NFR: *Nueva Fuerza Republicana;* Neue Republikanische Kraft

PAN: *Partido Autóctono Nacional;* Autochtone Nationale Partei

PDVSA: *Petróleos de Venezuela S. A.;* Staatlicher Erdölkonzern Venezuelas.

PIAK: *Partido Indio de Kechua y Aymaras;* Indio-Partei der Quechua und Aymara

PIB: *Partido Indio de Bolivia;* Indigene Partei Boliviens

PIR: *Partido Izquierda Revolucionaria;* Partei der Revolutionären Linken

PNCC: *Programa Nacional de Cambio Climático;* Nationales Programm zum Klimawandel

REDD: *Reducing Emmissions from Deforestation and Degradation;* Initiative zur Verringerung der Emmissionen aus Entwaldung und Waldzerstörung.

SENHAMI: *Servicio Nacional de Meteorología e Hidrología;* Nationaler Meteorologie- und Hydrologie-Dienst.

SITC: *Standard International Trade Classification;* Internationales Warenverzeichnis für den Außenhandel

TCO: *Tierra Comunitaria de Origen;* Indigene Gemeinschaftliche Ländereien

TIPNIS: *Territorio Indígena y Parque Nacional Isiboro Sécure;* Indigenes Territorium und Nationalpark Isiboro Sécure

TRIPS: *Agreement on Trade-Related Aspects of Intellectual Property Rights;* Übereinkommen über Handelsbezogene Aspekte der Rechte am Geistigen Eigentum

TRIMS: *Agreement on Trade-Related Investment Measures*; Übereinkommen über Handelsbezogene Investitionsmaßnahmen

UDAPE: *Unidad de Análisis de Políticas Sociales y Económicas;* Analyseeinheit für Sozial-
und Wirtschaftspolitik

UCS: *Unidad Cívica Solidaridad*; Solidarische BürgerInneneinheit

UJC: *Unión Juvenil Cruceñista*; Jugendvereinigung von Santa Cruz

UN: *Unidad Nacional*; Partei der Nationalen Einheit

UNASUR: *Unión de Naciones Sudamericanas*; Gemeinschaft Südamerikanischer Staaten

YPFB: *Yacimientos Petrolíferos Fiscales Bolivianos;* Staatliches Erdgasunternehmen Boliviens

Verzeichnis der AutorInnen

Barragán, Rossana. Historikerin, promovierte an der Schule für Höhere Sozialwissenschaftliche Studien in Paris zum Thema des paktierten Staates in Bolivien („El Estado Pactante. Gobierno y Pueblos: la construcción del estado en Bolivia y sus fronteras en el siglo XIX"). Sie war von 2005 bis 2008 Direktorin des Historischen Archivs von La Paz und ist derzeit für den Bereich Lateinamerika am Internationalen Institut für Sozialgeschichte in Amsterdam zuständig. Zu ihren Publikationen zählen „Asambleas Constituyentes. Ciudadanía y elecciones, convenciones y debates (1825-1971)" (Muela del Diablo, La Paz, 2006) und „Bolivia: Bridges and Chasms" (in: „A Companion to Latin American Anthropology", MA/ Oxford, 2008).

Ulrich Brand. Politikwissenschafter, promovierte zur Rolle von NGOs in der internationalen Umweltpolitik und habilitierte sich mit einer theoretischen Arbeit zur Rolle von Staat und Politik in der Globalisierung. Seine aktuellen Arbeitsschwerpunkte sind *Critical State and Governance Studies*, Internationale Politische Ökonomie, Umwelt- und Ressourcenpolitik sowie Lateinamerika. Jüngste Publikation als MItherausgeber „ABC der Alternativen 2.0". Er ist Professor für Internationale Politik an der Universität Wien, Mitglied der internationalen Forschungsgruppe „Ressourcenextraktivismus und Alternativen zu Entwicklung", die vom Anden-Büro der Rosa-Luxemburg-Stiftung koordiniert wird, und Mitglied der Enquete-Kommission „Wachstum, Wohlstand, Lebensqualität" des Deutschen Bundestages.

Chávez León, Patricia M. Soziologin und derzeit Doktorandin am *Postgraduate*-Zentrum für Entwicklungsstudien CIDES der *Universidad Mayor San Andrés* UMSA. Ihre aktuellen Arbeitsschwerpunkte sind die Partizipation und Repräsentation von indigenen Völkern und Frauen in den politischen Machtstrukturen. Sie ist Mitglied des Frauenkollektivs *Samka Sawri – Tejedoras de Sueños* und Forscherin im „Centro de Estudios Andino Amazónico Mesoamericanos". Zu ihren Publikationen zählen „Los indígenas en el poder" (in: „Sujetos y formas de la transformación política en Bolivia" Tercera piel, La Paz, 2006) und „Despatriarcalizar para Descolonizar la gestión pública" (Ko-Autorin, Vicepresidencia del Estado, La Paz, 2011).

De Sousa Santos, Boaventura. Rechtssoziologe, promovierte an der *Yale University*. Er ist derzeit Professor an der Universität von Coimbra und Direktor des Zentrums für Soziale Studien der Universität Coimbra in Portugal. Er hat u.a. „Reinventar la Democracia. Reinventar el Estado" (CLACSO, Buenos Aires, 2005) und "Refundación del Estado en América Latina. Perspectivas desde una epistemología del Sur (Siglo Veintiuno Editores, México, 2010) publiziert.

Flores Bedregal, Teresa. Politikwissenschaftlerin mit Schwerpunkt Umweltkommunikation, promovierte an der Bolivarianischen Universität in Chile. Ihre aktuellen Arbeitsschwerpunkte sind ökologische und umweltbezogenen Themen. Sie absolvierte Forschungsaufenthalte an der Autonomen Universität von Barcelona, an der Universität von Kalifornien, und an der Universität von Oregon. In Bolivien arbeitet sie u.a. mit den Umweltschutzorganisationen PRODENA (*Asociación Pro Defensa de la Naturaleza*) und LIDEMA (*Liga de Defensa del Medio Ambiente*) zusammen. Sie publizierte u.a. „El desarrollo sostenible de Río a Johannesburgo" (Friedrich Ebert Stiftung, La Paz, 2003) und „Desarrollo sostenible y Asamblea Constituyente: propuestas" (Plural Editores, La Paz, 2005).

García Linera, Álvaro. Mathematiker und Soziologe. Ehrendoktortitel der sozialwissenschaftlichen Fakultät der Universität von Buenos Aires. Mitorganisator der Guerilla-Armee Tupaj Katari (EGTK) und Gefängnishaft von 1992 bis 1997. Seit 2005 Vizepräsident Boliviens. Er publizierte u.a. „La Potencia Plebeya (CLACSO-Prometeo, Buenos Aires, 2008)" und „Las tensiones creativas de la Revolución. La quinta fase del proceso de cambio" (Vicepresidencia del Estado Plurinacional, La Paz, 2011).

Gray Molina, George. Ökonom. Zu seinen Forschungsschwerpunkten zählen Wirtschaftspolitik, natürliche Ressourcen, Entwicklungsmodelle und ländliche Entwicklung. Derzeit *Chief Economist for UNDP-Latin America and the Caribbean* in New York. Zuvor an der *Universidad Católica Boliviana* (UCB) und an der Universität Oxford tätig. Zu seinen Publikationen zählen „Informe Nacional sobre Desarrollo Humano 2007" (PNUD, La Paz, 2007) und „El estado del Estado en Bolivia" (UNDP, La Paz, 2007).

Mamani Ramírez, Pablo. Soziologe, Aymara und Alteño, Master in Sozialwissenschaften an der Lateinamerikanischen Fakultät für Sozialwissenschaften (FLACSO, Ecuador). Er leitet die Zeitschrift *Willka* und ist derzeit Doktorand in Lateinamerikanischen Studien an der Autonomen Nationalen Universität von Mexiko (UNAM). Zu seinen Publikationen zählen „El Rugir de las multitudes. La fuerza de los levantamientos indígenas en Bolivia/Qullasuyu" (Yachaywasi, La Paz, 2004) und „Wiphalas y fusiles: poder comunal y levantamiento aymara de Achakachi-Omasuyus (2000-2011)" (Revista Willka et. al., La Paz, 2012).

Mokrani Chávez, Dunia. Master am *Postgraduate*-Zentrum für Entwicklungsstudien CIDES der *Universidad Mayor San Andrés* UMSA in Philosophie und Politikwissenschaft. Sie ist Mitglied des Koordinationsteams des „Observatorio de Conflictos del Comité del Observatorio Social de América Latina", Aktivistin im Frauenkollektiv *Samka Sawuri - Tejedoras de Sueños* und Projektkoordinatorin für Bolivien der Rosa-Luxemburg-Stiftung des Büros der Andenregion. Sie publizierte u.a. mit Pilar Uriona „Cronología Anual Mínima y análisis del Conflicto Social 2010" (in Revista Osal Nº 29, CLACSO, Buenos Aires, 2011) und ist Koautorin von „Despatriarcalizar para Descolonizar la gestión Pública" (Vicepresidencia del Estado Plurinacional, La Paz, 2011)

Paz Patiño, Sarela. Anthropologin, promovierte am Zentrum für Sozialanthropologische Forschung und Höhere Studien (CIESAS) in Mexiko. Sie arbeitete mit indigenen Organisationen zum Thema der territorialen Verwaltung, ist Mitglied der Arbeitsgruppe zum lateinamerikanischen Rechtspluralismus; mit dem UNDP arbeitete sie weiters im Bereich der Stärkung der Parteien sowie zu Interkulturalität und Gender, mit CIUDADANIA im Bereich der multikulturellen StaatsbürgerInnenschaft und mit der indigenen Tieflandorganisation CIDOB zu Territorium und natürlichen Ressourcen. Zu ihren Publikationen zählen „La política de la diferencia y las visiones de multiculturalismo en Bolivia: el caso de la EIB" (CIESAS, México, 2011) und „Nuevas dinámicas de territorio y poder: materiales para reflexionar acerca de las luchas local/regionales en Bolivia" (in *Poder y Cambio en Bolivia*, PIEB et.al., La Paz, 2009).

Peña Claros, Claudia. Sozialwissenschaftliche Autorin und literarische Essayistin, M.A. in nachhaltiger Entwicklung. Aktuell ist sie Ministerin für Autonomien. Zu ihren Publikationen zählen „Ser Cruceño en Octubre" (PIEB, La Paz, 2006) und „Un pueblo eminente: Autonomist Populism in Santa Cruz" (in Latin American Perspectives, vol 37, 4, Juni 2010).

Prada Alcoreza, Raúl. Demograph, Mitglied der Gruppe Comuna. Tätig an der *Universidad Mayor de San Andrés* UMSA und an der *Universidad Católica Boliviana* (UCB). Er war Abgeordneter der verfassunggebenden Versammlung und Vizeminister für Strategische Planung unter der Regierung Morales, er ist Berater der indigenen Organisationen CONAMAQ und CIDOB. Zu seinen Publikationen zählen: „Horizontes de la Asamblea Constituyente" (Yachaywasi, La Paz, 2006) und „Umbrales y horizontes de la descolonización" (In: El Estado: Campo de lucha, Muela del Diablo, La Paz, 2010).

Radhuber, Isabella Margerita. Politikwissenschaftlerin, promovierte in Politikwissenschaft an der Universität Wien. Sie ist derzeit Postdoc-Fellow im Projekt „Nationalization of Extraction in Bolivia and Ecuador" des Instituts für Soziale Studien, Den Haag. Ihre Forschungsschwerpunkte sind Staatstransformation, Demokratisierungsprozesse, Plurinationalität, Lateinamerika und Ressourcenpolitik. Zu ihren Publikationen zählen „Die Macht des Landes" (LIT-Verlag, Münster, 2009) und „Rediseñando el Estado. Un análisis a partir de la política hidrocarburífera en Bolivia" (In: UMBRALES, 20, La Paz, 105-126, 2010).

Schilling-Vacaflor, Almut. Rechtsanthropologin, promovierte an der Universität Wien. Derzeit ist sie wissenschaftliche Mitarbeiterin des GIGA German Institute of Global and Area Studies in Hamburg. Ihre Forschungsschwerpunkte sind: Rechtsanthropologie, Andenländer, Verfassungswandel, Indigene Völker, Menschenrechte, Ressourcenpolitik. Zu ihren Publikationen zählen „Recht als umkämpftes Terrain. Die neue Verfassung und Indigene Völker in Bolivien" (Nomos-Verlag, Baden-Baden, 2010) und „Bolivia's New Constitution: Towards Participatory Democracy and Political Pluralism?" (In: *European Review of Latin American and Caribbean Studies*, 90, 3-22; 2011).

Rivera Cusicanqui, Silvia. Soziologin, Aymara, emeritierte Professorin der *Universidad Mayor de San Andrés* UMSA. Sie ist Mitglied der Gruppe *El Colectivo 2* und Aktivistin im Rahmen der kataristischen indigenen Bewegung, der Kokabewegung und der ökoanarchistischen Bewegung. Zudem hat sie 1983 die Werkstatt der Andinen *Oral History* mitbegründet, die zu den Themen der oral festgehaltenen Geschichte, der Identität und der sozialen Bewegungen arbeitet. Zu ihren Publikationen zählen „Oprimidos pero no vencidos. Luchas del campesinado aymara y qhichwa de Bolivia, 1900-1980" (THOA, La Paz, 1984, übersetzt ins Englische und Japanische) und „Violencias (re)encubiertas en Bolivia" (Piedra Rota, La Paz, 2010).

Spedding, Alison. Anthropologin und Romanautorin, promoviert in Sozialanthropologie an der *London School of Economics*. Dozentin an der *Universidad Mayor de San Andrés* UMSA. Sie ist gebürtig aus Großbritannien, lebt seit 1986 in Bolivien und ist Mitglied der Agrargewerkschaft der Gemeinschaft Apa Apa in den Süd-Yungas des Departements La Paz, das ökologisch-organisches Koka produziert. Zu ihren Forschungsschwerpunkten zählen die bäuerlichen Lebensformen, der Kokaanbau und Gender, zu ihren Publikationen „Kawsachun coca. Economía campesina cocalera en los Yungas y el Chapare" (PIEB, La Paz, 2004) und „La segunda vez como farsa. Etnografía de una cárcel de mujeres en Bolivia" (Mama Huaco, La Paz, 2008).

Tapia Mealla, Luis. Philosoph, promovierter Politikwissenschaftler. Derzeit ist er Koordinator des Doktorats für Entwicklungsstudien am Postgraduiertenzentrum der *Universidad Mayor de San Andrés* UMSA, Mitglied der Gruppe Comuna und Mit-Verantwortlicher des

Verlags autodeterminación. Er hat u.a. „La velocidad del pluralismo" (Muela del Diablo, La Paz, 2002) und „El estado de derecho como tiranía" (Autodeterminación/CIDES, La Paz, 2011) publiziert.

Vega Camacho, Oscar. Philosoph und Literat. Er ist Mitglied der Gruppe *Comuna*, aktuell Vizepräsident der Kulturstiftung der Bolivianischen Zentralbank und Mitinitiator der Arbeitsgruppe zu den Verfassungsstudien der Rechtsfakultät der *Universidad Católica Boliviana* (UCB). Er war u.a. Mitglied der *Representación Presidencial para la Asamblea Constituyente* (REPAC) und Mitarbeiter im Postgraduiertenprogramm des Internationalen Instituts Andrés Bello (IIAB). Zu seinen Publikationen zählen: „El Estado Plurinacional. Elementos para el debate" (In: Descolonización en Bolivia. Cuatro ejes para comprender el cambio, Vicepresidencia del Estado Plurinacional de Bolivia/FBDM, La Paz, 2011) und „Errancias. Aperturas para Vivir Bien" (Comuna/CLACSO/Muela del Diablo, La Paz 2011).

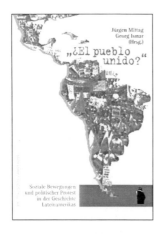

Jürgen Mittag / Georg Ismar (Hrsg.)
„¿El pueblo unido?"
Soziale Bewegungen und politischer
Protest in der Geschichte Lateinamerikas
2009 – 576 Seiten – € 39,90
ISBN 978-3-89691-762-1

2. Auflage
Raul Zelik

Die kolumbianischen Paramilitärs
„Regieren ohne Staat?" oder terroristische
Formen der Inneren Sicherheit
2010 – 352 Seiten – € 29,90
ISBN 978-3-89691-766-9

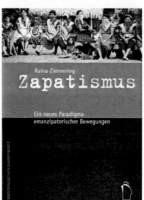

Raina Zimmering
Zapatismus
Ein neues Paradigma
emanzipatorischer Bewegungen
2010 – 300 Seiten – € 29,90
ISBN 978-3-89691-867-3

PROKLA 168

42. Jahrgang · Nr. 3 · September 2012 · H20739 ·
Zeitschrift für kritische Sozialwissenschaft

Die EU und der Euro
in der Krise

Andreas Fisahn
Den Stier das Tanzen lehren? Europa vor neuen
Herausforderungen

Martin Konecny
Die Herausbildung einer neuen Economic Governance
als Strategie zur autoritären Krisenbearbeitung in
Europa – gesellschaftliche Akteure und ihre Strategien

Mathis Heinrich
Zwischen Bankenrettungen und autoritärem
Wettbewerbsregime

Lukas Oberndorfer
Die Renaissance des autoritären Liberalismus?
Carl Schmitt und der deutsche Neoliberalismus

Andrés Musacchio
Umstrukturierung der Verschuldung und Wachstumsbe-
dingungen: Griechenland und Argentinien im Vergleich

Nikolai Huke, Jan Schlemermeyer
Warum so staatstragend? Die Krisen der repräsentativen
Demokratie in der Euro-Krise als Chance für radikalen
Reformismus und gesellschaftliche Emanzipation

Joachim Becker
Blindstellen: ungleiche Entwicklung und ungleiche
Mobilisierung in der EU

Michael Wendl
Selbstentzauberung einer Avantgarde

Bodo Kahmann
Extremismustheorie als
Vergangenheitsbewältigung

Aaron Tauss
Argentiniens besetzte Betriebe

PROKLA
Zeitschrift für kritische
Sozialwissenschaft

Einzelheft € 14,00
ISSN 0342-8176

Eine der wichtigsten theoretischen
Zeitschriften der parteiunabhängigen
Linken, deren Beiträge noch nach Jahren lesenswert sind. Keine Tageskom-
mentare, kein Organ einer Partei, kein
journalistisches Feuilleton: eher eine
Anregung zum gründlichen Nachdenken über den eigenen Tellerrand
hinaus.
Die PROKLA erscheint viermal
im Jahr und kostet im Abo jährlich
€ 38,00 (plus Porto) statt € 56,00.
AbonnentInnen können bereits er-
schienene Hefte zum Abo-Preis nach-
bestellen. Das Abo kann jeweils bis
acht Wochen vor Jahresende schriftlich beim Verlag gekündigt werden.

WESTFÄLISCHES
DAMPFBOOT

e-mail: info@dampfboot-verlag.de
http://www.dampfboot-verlag.de

PERIPHERIE

Zeitschrift für Politik und Ökonomie in der Dritten Welt

PERIPHERIE 128
Fair Trade – Eine bessere Welt
ist käuflich
2012 – ca. 140 Seiten – € 12,00
ISBN: 978-3-89691-832-1

PERIPHERIE 126/127
Umkämpfte Räume
2012 – 252 Seiten – € 24,00
ISBN: 978-3-89691-831-4

PERIPHERIE 125
Politik mit Recht
2012 – 140 Seiten – 12,00 €
ISBN 978-3-89691-830-7

PERIPHERIE 124
Land – Konflikt, Politik, Profit
2011 – 156 Seiten – 10,50 €
ISBN 978-3-89691-829-1

PERIPHERIE 122 / 123
Im Namen der Sicherheit
2011 – 252 Seiten – 21,00 €
ISBN 978-3-89691-828-4

PERIPHERIE 121
Eigensinn und Entwicklungspolitik
2011 – 140 Seiten – € 10,50
ISBN 978-3-89691- 827-7

PERIPHERIE 120
Postkoloniale Perspektiven
auf „Entwicklung"
2010 – 140 Seiten – € 10,50
ISBN 978-3-89691- 826-0

ISSN 0173-184X

Die **PERIPHERIE** erscheint mit 4 Heften im Jahr – jeweils zwei Einzelhefte von
ca. 140 Seiten Umfang und ein Doppelheft von ca. 260 Seiten. Sie kostet im Privatabo
jährlich € 30,10 und im Institutionenabo € 55,20 jeweils plus Porto.
Das Abo kann jeweils bis 8 Wochen vor Jahresende schriftlich beim Verlag gekündigt
werden. Das Einzelheft kostet € 10,50, das Doppelheft € 21,00.

WESTFÄLISCHES DAMPFBOOT

Hafenweg 26a · 48155 Münster · Tel. 0251-3900480 · Fax 0251-39004850
e-mail: info@dampfboot-verlag.de · http://www.dampfboot-verlag.de